红军长征湘江战役
研究报告及史料选编

中共中央党史和文献研究院第七研究部　编

中共党史出版社

图书在版编目（CIP）数据

红军长征湘江战役研究报告及史料选编 / 中共中央党史和文献研究院第七研究部编 . -- 北京 : 中共党史出版社 , 2022.8

ISBN 978-7-5098-5986-5

Ⅰ . ①红… Ⅱ . ①中… Ⅲ . ①湘江战役 (1934) —研究 Ⅳ . ① E297.23

中国版本图书馆 CIP 数据核字 (2021) 第 281588 号

出版发行：中共党史出版社
责任编辑：李亚平　李　杨
责任校对：申宁
责任印制：段文超
社　　址：北京市海淀区芙蓉里南街 6 号院 1 号楼
邮　　编：100080
网　　址：www.dscbs.com
经　　销：新华书店
印　　刷：北京中科印刷有限公司
开　　本：170mm × 240mm　1/16
字　　数：650 千字
印　　张：48.5
版　　次：2022 年 8 月第 1 版
印　　次：2022 年 8 月第 1 次印刷

ISBN 978-7-5098-5986-5
定　　价：115.00 元

此书如有印制质量问题，请与中共党史出版社出版部联系
电话：010 — 82517197

关于《红军长征湘江战役研究报告及史料选编》编委会名单

前 言

湘江之战是长征途中关系中央红军生死存亡的关键一战。1934年11月25日至12月初，为确保中共中央和中央红军主力渡过湘江，红军在广西全州等地同国民党军队展开殊死决战，终于突破敌军重兵设防的第四道封锁线，粉碎了敌人围歼红军于湘江以东的企图。红军为渡过湘江也付出了极为惨重的代价，渡过湘江后，中央红军和中央机关人员由长征出发时的8.6万余人锐减至3万余人。湘江战役是中央红军长征以来最壮烈的一战，惨痛的牺牲也促进了广大干部战士的觉醒。湘江战役不久，中共中央在贵州遵义召开政治局扩大会议，中国共产党在政治上开始走向成熟，实现了伟大的历史转折。

湘江战役中，英勇的红军将士付出了巨大牺牲，他们用鲜血和生命生动诠释了伟大长征精神。习近平总书记高度关注湘江战役这段历史，多次提及湘江战役牺牲的英烈，对湘江战役研究作出重要指示。2021年4月，习近平总书记到广西考察调研工作，第一站就来到桂林全州县红军长征湘江战役纪念园，向湘江战役红军烈士敬献花篮，瞻仰"红军魂"雕塑，参观纪念馆，目的是在全党开展党史学习教育之际，缅怀革命先烈，赓续共产党人精神血脉，坚定理想信念，砥砺革命意志。他指出："革命理想高于天，理想信念之火一经点燃就会产生巨大的精神力量。红军将士视死如归、向死而生、一往无前、敢于压倒一切困难而不被任何困难所压倒的崇高精神，永远值得我们铭记和发扬。在实现第二个百年奋斗目标的新长征路上，我们要抱定必胜信念，勇于战胜来自国内外的各种重大风险挑战，朝着实现中华民族伟大复兴的目标奋勇前进。”

为落实中央领导同志指示批示精神，我们对湘江战役有关情况进行了梳理，并将相关成果编辑为《红军长征湘江战役研究报告及史料选编》。本书收录了湘江战役历史经过、战斗地点、作战部队和部队损失情况的研究报告，收录了我党我军有关湘江战役的资料，主要包括电报、报刊记载、日记、回忆录等重要资料。为使读者更为全面了解湘江战役，本书还收录了国民党方面的有关资料。需要说明的是，这些资料充斥着对共产党和红军的污蔑和攻击，但为保持资料的原貌，我们未作改动，请读者阅读和使用时注意。

总的来看，本书是目前国内关于湘江战役研究最为全面系统的研究成果和资料汇编，较为完整地展现了湘江战役的全貌，有针对性地回答了湘江战役的一些关键问题。但是，由于文献资料众多，编辑时间紧迫，编者水平有限，书中难免存在不当之处，欢迎读者批评指正。

中央党史和文献研究院第七研究部

2021 年 10 月

编辑凡例

（1）本书分为关于湘江战役历史的研究报告、文献资料、红军将领回忆、附录和大事记等部分，我们撰写了报告，其余部分均系根据已发表或已征集的资料编辑而成。

（2）关于资料的标题。当年所有的军事电文都是没有标题的，我们根据电文的主要内容进行了编辑，并注明了年、月、日及时辰；新闻报导的标题，一般选择原有标题中较有代表性的一条，个别由我们另拟；其他资料如回忆录等，均按原有标题，一般不作变动。

（3）关于标点符号。有的历史资料（主要是电文）是没有标点符号的，在编入本书时我们一律加上了标点；有的资料的标点符号明显有错漏，我们作了订正。现统一在此说明，文中不再一一加注。

（4）关于注释。对整篇资料需要说明的问题，采用题注，用“*”标出。正文中需要说明的问题，采用脚注。所有题注和脚注，一律放在当页之末，以便查阅。资料的出处，一般在文后说明，不放入题注。

（5）编辑本书的资料，凡大段采用的，在标题后用注明“节录”；凡少量采用的，注明“摘录”。

（6）资料中明显的错字、别字，一般在其后用[ ]标注出我们改为正确的文字；明显的漏字用〔 〕标出；无法辨认的字，则用“□”逐字标出。出于保密，对一些部队番号、地名、日期用“××”代替。

目 录

红军将领回忆 / 197

关于湘江战役历史的研究报告

全面梳理湘江战役历史经过的报告

王均伟　李艳杰　李树泉　谢文雄

湘江战役是中央红军长征中最惨烈的一战，也是关系中央红军生死存亡的关键一战。根据中央领导同志关于做好湘江战役红军遗骸收殓保护工作的重要指示，中央党史和文献研究院于 2018 年 12 月 20 日成立"全面梳理湘江战役历史工作领导小组"。工作领导小组在通过多次实地调研、查阅相关文献资料的基础上，对湘江战役中央红军作战部队编制情况、战役经过、战役所涉地区、战役期间中央红军人员损失情况等四个方面形成了四个子课题报告。现就有关情况报告如下：

一、"全面梳理湘江战役历史工作领导小组"及课题组工作情况

中央党史和文献研究院根据退役军人事务部制定的《湘江战役红军遗骸收殓保护工作方案（征求意见稿）》中的任务分工，就落实湘江战役历史的全面梳理等任务，与中央军委政治工作部牵头，退役军人事务部、广西壮族自治区参加，成立了"全面梳理湘江战役历史工作领导小组"，并制定《全面梳理湘江战役历史工作方案》。

根据工作方案，"全面梳理湘江战役历史"课题有四个子课题，即中央红军部队编制情况、湘江战役经过、湘江战役所涉地区和中央红军人员损失。中央红军部队编制由中央军委政治工作部承担，湘江战役经过由中央党史和文献研究院第二研究部承担，湘江战役所涉地区由中央党史和文献研究院第七研究部承担，湘江战役中央红军损失情况由退役军人事务部承担。

2018 年 12 月 20 日，课题工作领导小组召开第一次会议，对工

作进行动员和部署。2019 年 3 月 15 日至 16 日，工作领导小组在广西桂林召开“全面梳理湘江战役历史”课题工作推进会。2019 年 6 月，在充分的实地调研走访及查阅大量历史资料的基础上，各子课题开始分别起草子课题报告。

二、关于湘江战役中央红军编制及战役经过

湘江战役只是一个约定俗成的说法，但其主要发生地段并不在湖南的湘江边，而在广西的湘江上游的三角地带。湘江战役从 1934 年 11 月 25 日，中共中央下达突破敌人第四道封锁线、渡过湘江的政治命令开始，到 12 月 1 日红军主力渡过湘江，12 月 3 日战役基本结束。

（一）湘江战役中央红军编制情况

湘江战役参战部队有五个军团和两个中央纵队，具体如下：

红一军团：

军团长林彪，政治委员聂荣臻，参谋长左权，政治部主任朱瑞，政治保卫分局局长罗瑞卿，供给部部长赵尔陆，卫生部政治委员萧望东。教导团团长陈士榘，政治委员邓富连（邓飞）。下辖第一、第二、第十五师。

第一师：师长李聚奎，政治委员赖传珠，参谋长聂鹤亭，政治部主任谭政，卫生部部长张杰。

直属队：总支书记龙福才。

第一团：团长杨得志，政治委员黎林；

第二团：团长刘瑞龙，政治委员邓华；

第三团：团长黄永胜，政治委员林龙发。

第二师：师长陈光，政治委员刘亚楼，参谋长李棠萼，政治部主任符竹庭，供给部部长赖际发，卫生部部长陈先多。

直属队：总支书记刘振球。

第四团：团长耿飚，政治委员杨成武；

第五团：团长张振山，政治委员易荡平；

第六团：团长朱水秋，政治委员王集成。

第十五师：师长彭绍辉，政治委员萧华，卫生部部长兼政治委员刘元。

直属队：总支书记宋景华。

第四十三团：团长周松山；

第四十四团：政治委员孙文采；

第四十五团：团长陈正湘。

红三军团：

军团长彭德怀，政治委员杨尚昆，参谋长邓萍，政治部主任袁国平，政治保卫分局局长张纯清，供给部部长唐延杰、政治委员邱创成，卫生部部长饶正锡、政治委员黄应龙。下辖第四、第五、第六师。

直属队：总支书记杨光池。

第四师：师长张宗逊，政治委员黄克诚，参谋长杜中美，政治部主任吕振球，供给部部长汤平，特派员方正平。

第十团：团长沈述清，政治委员杨勇；

第十一团：团长邓国清，政治委员王平；

第十二团：团长谢嵩，政治委员张爱萍。

第五师：师长李天佑，政治委员钟赤兵，参谋长胡震（浚），政治部主任唐天际，卫生部部长兼政治委员尹明亮。

第十三团：团长黄珍，政治委员苏振华；

第十四团：团长黄冕昌，政治委员毛国雄；

第十五团：团长白志文，政治委员罗元发。

第六师：师长曹德清，政治委员徐策，政治部主任欧阳钦，卫生部部长曾育生。

第十六团：团长李寿轩，政治委员余瑞祥；

第十七团：团长王松青，政治委员徐迪生；

第十八团：团长曾春鉴。

红五军团：

军团长董振堂，政治委员李卓然，参谋长刘伯承，政治部主任曾日三，政治保卫分局局长欧阳毅，供给部部长傅兰荪、政治委员刘型，卫生部部长姬鹏飞，直属队总支书记张力雄，中央代表陈云。下辖第十三、第三十四师。

第十三师：师长陈伯钧，政治委员罗华民，参谋长潘同，政治部主任周碧泉，特派员龙道权。

第三十七团：团长王彦秉，政治委员谢良；

第三十八团：团长夏忠兴；

第三十九团：团长黄严斌（代）。

第三十四师：师长陈树湘，政治委员程翠林，参谋长张福升，政治部主任蔡中（代）。

第一〇〇团：团长韩伟，政治委员侯中辉；

第一〇一团：团长苏达清，政治委员彭竹峰；

第一〇二团：团长梅林，政治委员蔡中。

红八军团：

军团长周昆，政治委员黄甦，参谋长毕占云，政治部主任罗荣桓，政治保卫分局局长许建国，供给部部长左叶，卫生部部长侯政，直属队总支书记温玉成。下辖第二十三师。

第二十三师：师长周昆（兼），政治委员黄甦（兼），参谋长毕占云（兼），政治部主任甘渭汉。下辖：

第六十七团：政治委员黄志勇；

第六十八团：团长邓文玉；

第六十九团：团长兼政治委员杨焕章。

红九军团：

军团长罗炳辉，政治委员蔡树藩，参谋长郭天民，政治部主任黄火青，政治保卫分局局长李涛，后方部部长张令彬，供给部部长赵镕，卫生部部长吴清涪、政治委员周志刚。下辖第三师。

第三师：师长罗炳辉（兼），政治委员蔡树藩（兼）。

第七团：团长洪玉良（洪涛），政治委员周生珍（周彪）；

第八团：团长利松（李松），政治委员幸世修；

第九团：团长萧新槐。

军委第一纵队：

纵队司令员兼政治委员叶剑英，参谋长钟伟剑，政治部主任王首道。下辖：

第一梯队：队长兼政治委员彭雪枫；

第二梯队：队长兼政治委员罗彬；

第三梯队：队长兼政治委员武亭；

第四梯队：即干部团，团长陈赓，政治委员宋任穷。

军委第二纵队：

纵队司令员兼政治委员罗迈，副司令员兼副政治委员邓发，参谋长姚喆，政治部主任邵式平。下辖：

第一梯队：即教导师，队长张经武，政治委员何长工，政治部主任陈漫远，特派员裴周玉；

第二梯队：不详；

第三梯队：司令员兼政治委员贺诚；

第四梯队：其中政治保卫团，团长姚喆，政治委员张南生，其他不详。

（二）关于湘江战役经过

1934 年 10 月，由于第五次反“围剿”斗争的失败，中央红军开始实行战略转移。按照原定计划，中央红军准备转移到湖南西部同红二、红六军团会合。部队基本上沿着红六军团走过的行军路线，即沿赣、粤、湘、桂边境的五岭山脉一直向西行动。国民党当局察觉后，在赣南、湘粤边、湘东南、湘桂边构筑四道封锁线，安排重兵进行堵截和尾追。由于国民党各军之间存在着复杂的矛盾以及中共中央卓有成效的统战工作，至 11 月 15 日，中央红军比较顺利地通过了前三道封锁线，进入湘南地区。

1.战役的第一阶段：前出至湘江地域（1934.11.25—27，共三天）。

1934 年 11 月 25 日，中央红军正式决定迅速从全州、兴安之间抢渡湘江，突破敌人第四道封锁线。当晚 23 时半，中央红军终于准确地掌握了湘江防线空虚的情报，也了解到国民党军第一路军、第二路军正企图由黄沙河向全州推进，填补因桂军撤防留下的空隙。但是，博古、李德等人仍然坚持北出湘西北，同红二、红六军团会合的原定计划，命令中央红军仍然照旧执行四路进军的计划，一味西进，且部队仍带着许多“坛坛罐罐”，行动迟缓。

11 月 27 日，国民党军已形成南北两方，一头一尾，夹击中央红军的态势。形势十分严峻。此日晚，中央红军终于改变原定的四路进军作战计划。

2.战役的第二阶段：掩护中央纵队渡江（1934.11.28—30，共三天）。

11 月 28 日，中革军委发布行动部署，要求红军应从 28 日起至 30 日止全部渡过湘江。当日，红三军团第四师先头第十团渡过湘江进至界首以南光华铺、枫山铺地区。至此，从界首到屏山渡 30 公里湘江的所有渡口和徒涉点均掌握在红军手中。但直到 11 月 30 日早，中央第一纵队才从界首渡过湘江。中央第二纵队随红三军团行动，更迟至黄昏才渡河。这 55 公里的路程就走了两天，平均每天行程仅 27.5 公里。由于中央纵队行动迟缓，红一军团和红三军团就必须在湘江两岸的防御阵地被动地同国民党军展开激战，后卫红五军团及最后入关的红八、红九军团也无法及时过江。

而国民党军方面，此时正全力向中央红军后续部队发起攻击。

从11月28日至30日，红军与各路敌军在湘江两岸进行了一场殊死的决战。从11月28日开始，红三军团第五师之第十四、第十五两团开始在新圩抗击桂军之二个师又一个团。从11月29日开始，红一军团在脚山铺开始了对湘军三个师的阻击战。30日，红三军团第四师在湘江西岸之光华铺及其以西抗击由兴安北上之桂军，掩护军团主力渡过湘江。担任两翼掩护任务的红一军团、红三军团付出了重大伤亡，终于保住了中央纵队向湘江前进的通道，使中央纵队得以顺利通过湘江。与此同时，红五军团、红八军团、红九军团仍在湘江东岸一边阻击敌人的追击，一边向渡河点前进。

3.战役的第三阶段：后继部队抢渡湘江（1934.12.1）。

12月1日晨，除中央纵队已过江外，中央红军全军12个师，在湘江以西的只有四个师，即红一军团之第一师、第二师；红三军团的第四师、第五师。尚未过江的有六个师，除红一军团之第十五师、红三军团之第六师外，红五军团、红八军团、红九军团的全部都没有过江。形势万分危急！

12月1日凌晨1时半，中革军委向全军下达了紧急作战命令。紧急作战命令下达两小时之后，12月1日3时半，中共中央、中革军委、红军总政治部又联合致电红一、红三军团，电令指出："一日战斗，关系我野战军全部西进，胜利可开辟今后的发展前途，退则我野战军将被敌层层切断。"这一仗，"我们不为胜利者，即为战败者，胜负关系全局"。这是关键的一天，也是战斗最紧张、最激烈的一天。激烈的战斗主要在脚山铺、新圩红树脚、光华铺等地进行。经过红军整日的浴血奋战，终于阻止住敌军的进攻。至12月1日17时，除红八军团之一部被敌击散，红三军团第六师第十八团和红五军团第三十四师被敌切断外，中央机关和红军大部渡过了湘江。

12 月 1 日晚，红九军团接到军委命令，限当晚 11 时渡过湘江，渡江后占领西岸高地，掩护担任后卫的红十三师、红三十四师渡江。12 月 2 日凌晨 1 时 30 分许，红九军团分头到达全州、兴安交界处的湘江渡口——麻子渡、极山之间，之后实行强渡。红九军团渡过湘江后，罗炳辉留下第七、第九团暂在西岸掩护后续兄弟部队过江，随后立即率其余部队转入强行军西进至护卫岭一带。

因此，从总体上看，湘江战役至 12 月 1 日晚基本宣告结束。

4. 战役尾声（1934.12.2—3，共两天）。

12 月 1 日晚后，还有少部分担负断后和掩护任务的红军部队渡江，还有以红三军团第六师第十八团、红五军团第三十四师为代表的后卫部队的突围战。

第十八团担负掩护红八军团过江任务，在新圩向湘江两岸撤退中，于宁远陈家背地区被桂军分隔包围，战至弹尽粮绝，最后大部分壮烈牺牲。

红八军团一部为掩护前面同是后卫的红九军团过江，在凤凰嘴渡口下游董家堰水坝抢渡时，遭到敌机轰炸和尾追桂军在湘江东岸架起机枪的疯狂扫射。凤凰嘴渡口成为红军突破湘江最为惨烈的渡口之一。

红五军团第三十四师于 12 月 2 日赶到湘江边时，发现所有渡口已被敌人占领，西去的道路被敌人切断。他们自身也在凤凰嘴渡口陷入桂军三个师的重重包围，只得转战灌阳、道县一带。尽管予敌重大杀伤，但终因寡不敌众，全军覆没。师长陈树湘身负重伤，在道县不幸被俘。在敌人抬着他去向上级邀功请赏时，乘敌不备，用手从腹部伤口处绞断了肠子，壮烈牺牲，年仅 29 岁。

三、湘江战役所涉地区、中央红军人员损失情况

（一）湘江战役所涉地区

主要指的是从11月24日红军开始准备渡过湘江，至12月3日红三军团第三十四师遭桂军伏击后折返，即整个湘江战役期间红军各部行军、驻扎地、战斗地等。主要战役发生地为脚山铺、光华铺、新圩。

11月24日：中央红军各军团、纵队之行动和位置如下：红一军团主力于黄昏起向永安关方向移动，第二师全部抵蒋家岭、永安关；在河东的后卫第一师转到道州地域。红三军团主力本晚全部西渡潇水，并向通往灌阳及永明以北程义家的平行山路侦察警戒。红五军团于黄昏从福禄岩、下茶园经浮桥渡河，并在九井渡、福禄岩、薛家厂地域阻敌西渡。红八军团于黄昏经下茶园浮桥全部渡过河西至大盘铺地域。红九军团占领江华县城。中央第一纵队到达福禄岩西岸四里之咀塘。中央第二纵队到达杨林塘地域。

11月25日：中革军委下达关于向全州、光安西北之黄山地域进军，强渡湘江的作战命令。部署是：以第一军团主力为第一纵队，沿道州、蒋家岭、文市向全州以南前进；第一军团一个师、军委第一纵队和第五军团（欠一个师）为第二纵队，经雷口关或永安关及文市以南前进；第三军团、军委第二纵队及第五军一个师为第三纵队，经小坪、邓家源向灌阳前进；第八、第九军团为第四纵队，向灌阳、兴安前进。

11月26日：第三纵队在邓家源因山道不通受阻，后改道雷口关入广西；第四纵队攻占永明，战斗使部队受到损失，拖延了时间，且行军道路十分艰难，无法按既定路线行军。本日红一方面军各军团、纵队之行动及位置如下：红一军团主力进入广西灌阳之文市地域，第一师由道县附近进抵杨家桥。红三军团在邓家源受阻（山道

不通），改由永安关、雷口关进入广西，主力到达水车地域。红五军团仍在分江渡至故子江的四个渡桥地区阻击追敌。红八军团攻占永明县城。红九军团主力仍在江华之石桥及江渡，第三师第九团仍留永明附近，以保证主力继续通过永明地域。中央第一纵队经永安关进抵王家、玉溪地域。中央第二纵队随红三军团最后一个师开至雷口关、茅铺地域。

11 月 27 日：中央红军各军团、纵队之行动和位置如下：红一军团先头第二师全部进入全州县境，军团主力进入全州县境；第一师仍在道县境内扼阻敌周浑元部。红三军团前锋第四师占领界首以南的光华铺，向南警戒兴安县城之敌；第五师经大塘到苗园向马渡桥方向侦察，准备阻击桂军，主力从湘桂边界连夜赶到灌阳县城以北的新圩一线构筑工事，以便抵抗桂军从侧面对红军进行攻击；第六师暂留水车、丁家桥地域。红五军团由潇水西岸向蒋家岭、永安关移动，对追敌进行运动阻击。红八军团攻击三峰山隘路受阻。红九军团由江华向永明移动，随红八军团后跟进。中央第一纵队一部在玉溪休息，一部由桂岩到达文市。中央第二纵队随红三军团的后方部队进到丁家桥。

11 月 28 日：中央红军各军团、纵队之行动和位置如下：红一军团第一师午前开抵文市归还主力；第二师第四团警卫界首，第五团、第六团占领咸水之朱塘铺、坪山地域；第十五师进抵石塘圩。红三军团第四师在光华铺地域与桂军对峙；第五师在新圩西南与桂军激战；第六师到达泡江、长塘坪地域，准备接防第五师。红五军团主力进到蒋家岭、永安关、雷口关地域；后卫部队与敌保持接触，以迟滞追敌。红八军团临近雷口关。红九军团到达永明通灌阳、道县通灌阳两大道交叉处之孔家地域。中央第一纵队、中央第二纵队到达石塘圩以东地域。

11 月 29 日：中央红军各军团、纵队之行动和位置如下：红一军团第二师晨起在朱塘铺、咸水山地抗击湘军；第一师进抵湘江渡河点之大坪。红三军团第四师两个团在界首，一个团在光华铺，抗击桂军；第五师今晚尚在新圩以北；第六师主力移至新圩及其以南地域。红五军团扼守蒋家岭、永安关、雷口关地域；午后，沿两关至文市、水车大道进行运动防御。红八军团下午赶到水车地域与红三军团第六师取得联络，并准备经下背田、青龙山向光华铺方向前进。红九军团清晨赶到文市与红一军团第十五师取得联络，并准备经古岭头、凤凰嘴涉渡湘江。中央第一纵队进至石塘圩以东之官山。中央第二纵队一部随红三军团的后方部到达界首河东；一部随中央第一纵队之后到达官山。

11月30日中央红军各军团、纵队之行动和位置如下：红一军团之第一、第二师在朱塘铺、咸水圩地域抗击由全州出击之湘军；第十五师执行掩护文市、石塘通全州道路的任务。红三军团第四师主力在界首附近，军委要求特别要保持唐家市道路枢纽于红军手中；前卫十团在光华铺地域与桂军发生激战，顶住了敌人的进攻；团长和继任团长光荣牺牲；第五师3时从新圩以北出发，取道陈家背、青龙山、大塘村、唐子头、佳城洞到达渠口；第六师两个团本日晨占领富岁岭、建乡地域；一个团之两个营留红树脚，一个营留泡江之北抗击灌阳之敌；第六师主力于下午4时取道陈家背、青龙山、大塘村尾随第五师到佳城洞、保布坪地域。红五军团第十三师于黄昏时分进到石塘圩；第三十四师本日晨前接替第六师在红树脚、泡江以北部队的防务；由于敌情变化，没有接上，遂从洪水浸折向西进。红八军团经古岭头向湘江急进，沿途遭桂军截击，下午到青龙山地域宿营。红九军团于29日在水车渡过灌江后，本日经何家冲、两河圩于午刻进到石塘圩地域。中央第一纵队本日晨从界首渡过湘江，进抵界首西北之大田地域。中央第二纵队午前进抵界首以东之月亮山附近，黄昏时分渡过湘江，进抵鲁塘地域。至晚上止，除中央第一、中央第二纵队已渡过湘江外，全军十二个师，已过江四个师，尚有八个师没有过江。

12月1日：中央红军各军团、纵队之行动和位置如下：红一军团主力固守珠兰铺、白沙、夏壁田、水头之第二阻击线，与湘军展开激烈战斗；敌猛攻红军阵地被击退后，即转而进攻红一、红二师之接合部，被敌突破，红军被迫向西边大山靠拢；临近中午，第一、第二师交替掩护，第一师经木皮口、鹞子江口中，第二师经庙山、梅子岭、大湾，分别从两个隘口退入通西延的大山区；第十五师于本日夜渡过湘江，归还主力。红三军团集中两个师在界首附近桂黄公路及其以西地域，扼阻光华铺之桂军；第六师之一部留河东占领石玉村，以掩护红五、红八军团及第六师被切断的部队通过湘江。红五军团缺（第三十四师）本日晨经麻子渡于倒风塘过江，进入咸水地域。红八军团冒着敌机轰炸扫射，从凤凰嘴过江后，在咸水圩以东宿营。红九军团从石塘圩出发，在凤凰嘴涉渡湘江，进抵清水、严家地域。中央第一纵队进抵鲁塘。中央第二纵队进抵洛江。

12月2日：中央红军各军团、纵队之行动和位置如下：红一军团由咸水地域经瑶岭及其以北转移到尧家崔塘、杨梅道、杨岭、西山、黄屋田及清水江地域，对全州县城至咸水圩进行严密侦察警戒；第一师于下午开到大埠头及其以东地域，并占领有利地势，阻击敌人，坚守阵地。红三军团转移到鲁塘、洛江等地域，以一个师在鲁塘布防，向界首方向占领阵地，准备阻击来犯之敌。红五军团（缺第三十四师，下同）在咸水地域集结，本晚经黄屋田转移到南宅、焦川地域。红九军团转移到油榨坪地域。中央第一、第二纵队本日早进到西延之护卫、枫木地域。军委令红八军团突围的部队及其他失掉联络的部队与人员，当到达某个地域时，受该地域行动兵团首长指挥。

12月3日：中央红军各军团、纵队之行动和位置如下：红一军团移到米产子平，以第一师控制土地坳、大埠头地域；第十五师集结油榨坪地域；一个团扼守表坪界隘口。红三军团移到火兑炜、广塘、水埠塘、雷霹州地域；第五师暂留洛江扼阻界首方向来追之敌。红五军团集结于清和岭、洛江、三千界地域。红九军团集结油榨坪地域并警戒青坪界方向。中央第一纵队仍留枫木。第二纵队移到佘家坪、石丘坪地域。

（二）湘江战役中央红军人员损失情况

湘江战役是中央红军长征中损失最大的一次战役。目前党史军史上常见的说法是：中央红军渡过湘江后，连同前三次突破封锁线的损失，由长征出发时的 8.6 万余人锐减至 3 万余人。但湘江战役中的损失数字以及各作战部队的具体损失数字，直到目前仍没有定论。我们在梳理相关历史文献资料的基础上，对长征初期特别是湘江战役期间中央红军各部队的损失情况进行研究。

从 11 月 25 日中央红军发起湘江战役开始，到 12 月 1 日止，红一方面军各部与国民党军展开激烈战斗，同时由于高强度行军，牺牲、伤病、冲散、掉队人员急剧增加。我们认为，由于在湘江战役中基本没有人对作战中的牺牲情况有具体记载；由于军情紧急战斗激烈，战斗后的详报和战后实力统计也没有；当事人后来的回忆也是十分零碎的，满足不了基本材料要求；已经开始的烈士遗骸收殓工作，对牺牲统计有帮助，但没有从根本上改变这种状况。就目前来说，由于缺少具体材料，特别是原始材料和考证材料的支持，没有办法给出湘江战役大体牺牲情况，无法推出准确的牺牲总数。

为便于对整个中央红军湘江战役损失情况进行分析，现将各部队从长征出发到黎平整编时的损失情况简列如下：

1. 长征出发时，全军共计 86959 人。

2. 湘江战役前中央红军能够明确的损失情况。

红一军团 1000 人以上；红三军团约 2000 人；红八军团军团部和第二十一师 4000 人左右；红九军团约 6000 人；教导师 2000 余人；其他未列出的部队具体情况不详。综上，湘江战役前中央红军能明确的损失约为15000人。

3. 湘江战役期间中央红军能够明确的损失情况。

红三军团第四师第十团、第五师、第六师第十八团共计4000多人；红八军团约3400人；教导师2000人左右；其他未列出的部队具体情况不详。综上，湘江战役期间中央红军能明确的损失约为9400人。

4. 从长征出发到黎平整编中央红军能明确的损失情况。

红一军团约8700人；红三军团约9500人；红五军团约9300人；红八军团约8100人；红九军团约6300人；军委第一、第二纵队约9500人。综合以上数字，中央红军从长征出发到黎平整编时，损失约51400人，剩下约35500人。

我们认为，湘江战役中央红军能够明确的损失约为9400人，但这个数字不包括红一军团，红五军团，军委两个纵队（除教导师），红三军团第四师第十一、第十二团和第六师第十六、第十七团以及红九军团的损失情况。能够肯定的是这些部队均有一定的损失，甚至红一、红五军团损失还很严重，但因受材料所限，具体数字无法列出。同时能够基本明确的是，中央红军从长征出发时到湘江战役后，损失约为51400人。综合上述论证，我们认为，中央红军从出发时的8.6万余人到渡过湘江后锐减为3万余人的表述，是符合历史事实的。

在湘江战役中，中央红军克服难以想象的重重困难，血战五昼夜，成功突破敌军重兵设防的第四道防线，粉碎了蒋介石“围歼”中央红军于湘江以东的企图，实现了中央红军进行湘江战役的主要作战目标。在这场伟大的战役中，英勇的红军将士发扬大无畏的英雄主义精神，如同红色铁流奋勇向前，用鲜血和生命生动诠释了伟大的长征精神。湘江战役进一步促进了党和红军的觉醒，在党领导的伟大革命进程中树立了一座高耸入云光耀千秋的巍峨丰碑。

（中共中央党史和文献研究院）

湘江战役经过的报告

李颖　曹子洋

习近平总书记在纪念红军长征胜利80周年大会上的讲话，指出了长征在我们党、国家、军队发展史上的伟大意义，及其对中华民族历史进程所具有的深远影响。“长征是一次理想信念的伟大远征”，“长征路上的苦难、曲折、死亡，检验了中国共产党人的理想信念，向世人证明了中国共产党人的理想信念是坚不可摧的”，“长征迸发出的激荡人心的强大力量，跨越时空，跨越民族，是人类为追求真理和光明而不懈努力的伟大史诗”，“伟大长征精神，作为中国共产党人红色基因和精神族谱的重要组成部分，已经深深融入中华民族的血脉和灵魂，成为社会主义核心价值观的丰富滋养，成为鼓舞和激励中国人民不断攻坚克难、从胜利走向胜利的强大精神动力”①。习总书记这些重要论述，实际上已经点明了我们“全面梳理湘江战役历史”课题的重要意义和价值。

1934年10月10日晚，中央红军开始实行战略转移。11月13日至15日，中央红军从湘粤边界的郴县、良田、宜章、乐昌之间通过国民党军第三道封锁线，进入湘南地区。

中央红军在通过国民党军第三道封锁线时，蒋介石已判明红军西进的战略企图，并于11月12日任命何键为“追剿军”总司令，指挥原“围剿”中央苏区的西路军和北路军薛岳、周浑元两部共16个师77个团，专事“追剿”中央红军主力；令陈济棠部四个师北进粤湘桂边进行截击；令广西（桂军）第四集团军总司令李宗仁、副总司令白崇禧以五个师控制灌阳、兴安、全州至黄沙河一线；令贵州省

① 习近平：《在纪念红军长征胜利80周年大会上的讲话》（2016年10月21日），人民出版社2016年版，第3—9页。

“剿共”总指挥王家烈派有力部队到湘黔边堵截，企图将红军“歼灭于湘江、漓水以东地区”。

11 月 13 日，何键发布了“追剿”计划，将所属部队编为五路“追剿军”，以第十六、第六十二、第六十三师和第十九师第五十五旅、补充第一、第二、第三、第四团和保安第九、第二十一、第二十二团编为第一路军，刘建绪任司令，其主力集结于黄沙河附近，与桂军协同，堵击红军西进，并以一部兵力沿湘江碉堡线布防；第五十九、第九十、第九十二、第九十三师和一个支队编为第二路军，薛岳任司令，其主力集结于零陵附近地区，与第一、第三路军联系，堵截红军北进和西进；第五、第十三、第九十六、第九十九师编为第三路军，周浑元任司令，继续向道县前进，尔后与第一、第二路军及桂军联络，截击红军；第二十三、第十五师编为第四路军，李云杰任司令，与第三路军联络，经嘉禾向宁远及其以南地区尾追红军；第五十三师为第五路军，李韫珩任司令，与第四路军及粤军联络，经临武、水口（今江华）、永明（今江永），尾追红军，并以航空兵实施侦察和轰炸。

这时，蒋介石虽然调集了 25 个师的兵力，对中央红军进行围追堵截，但是，在这些部队中，派系林立，矛盾重重，各有各的打算。其中，由于中央红军进入湘南，直接威胁到何键的统治，因此，他的所部行动比较积极，企图早日把红军撵出湘南；而蒋介石的嫡系薛岳、周浑元两部虽然装备好，战斗力比较强，何键却对其指挥不灵，行动比较消极；粤、桂两军则在其边境防堵，只求自保，行动亦不积极。另外，朱德、陈毅等曾于 1928 年 1 月在湘南地区领导南昌起义军余部举行过暴动，党和红军的政治影响比较大，群众基础比较好，国民党军的力量不强，又属于无堡垒地域，便于红军机动作战。

因此，毛泽东根据上述情况，曾向中共中央建议：乘各路国民党军正在调动之际，薛、周两部尚未靠拢之时，组织力量进行反击，杀一个回马枪，寻歼国民党军一路或一部，以扭转战局，变被动为主动。红三军团军团长彭德怀也建议："以一军团迅速向湘潭、宁乡、益阳挺进，威胁长沙，在灵活机动中抓住战机消灭敌军小股，迫使蒋军改变部署，阻击、牵制敌人；同时我中央率领其他兵团，进占溆浦、辰溪、沅陵一带，迅速发动群众，创造战场，创造根据地，粉碎敌军进攻。否则，将被迫经过湘桂边之西延山脉，同桂军作战，其后果是不利的。"[①] 但是，博古、李德等人"根本忘记了红军的战略转变将遇到敌人严重的反对，忘记了红军在长途运动中，将要同所有追堵截击的敌人作许多艰苦的决斗，才能达到自己的目的"[②]，他们拒绝采纳毛泽东、彭德怀的正确建议，一味命令中央红军西进，以致丧失了红军在湘南歼灭围追堵截的国民党军一部或大部的良机。

红军突破国民党军第三道封锁线时，各路敌军开始向湘南地区开进。11 月 14 日，中革军委发布命令指出，敌人向湘南地区开进的主要企图，"是在从两翼截击我军之后续部队，以后则向我主力两侧后行并行的追击"。因此，决定中央红军"迅速、秘密的脱离尾追之敌，前出临武、嘉禾、蓝山地域"。并规定："三军团应占领嘉禾城，一军团应占领临武及蓝山城。"部署是：以第三、第八军团为右纵队，归彭德怀、杨尚昆统一指挥，由秀凤圩等地出发，经保和圩、青和圩，向嘉禾方向前进；第一、第九军团为左纵队，归林彪、聂荣臻统一指挥，由宜章、坪石地区出发，经梅田，向临武、蓝山前进；军委第一、第二纵队及第五军团为军委纵队，随后跟进。各纵队遵照中革军委的命令，于 15 日继续西进。16 日，红一军团占领临武城。这时，桂阳之敌两个团已到嘉禾，强攻对红军不利。17 日，红三军团以红六师从嘉禾南面扼制该城之敌南进，以保障红一军团攻占蓝山。18

① 《彭德怀自述》，人民出版社 1981 年版，第 193 页。

② 《中共中央关于反对敌人五次"围剿"的总结的决议》，《建党以来重要文献选编（1921—1949）》第 12 册，中央文献出版社 2011 年版，第 61 页。

日，红九军团占领蓝山城。接着，中央红军继续西进，红一军团第二师第四、第五团，以日行50余公里的速度，长途奔袭，于22日攻占道县城，消灭守敌一部，为入关渡江造成了有利的态势。

一、战役的准备阶段（1934.11.23—25，共三天）

11月23日20时，由于周浑元纵队以一部进占构岭天堂圩，其第二十三师已前出到张屋、南坪圩地域，中革军委决定，中央红军渡过潇水，“迅速打开西进道路，并打击尾追之敌”，其中红九军团担负袭取江华的任务，并向江华、永明及其通灌阳大道侦察警戒[①]。中革军委制订的作战计划是：第一，打击在我军后面紧追的周浑元部第九十六师、李云杰部第二十三师，然后迅速脱离敌人，在25日拂晓前全部渡过潇水；第二，攻占桂、湘边界的蒋家岭（属湖南道县）、永安关（属广西灌阳），并袭取江华。

此时，敌情发生了有利于中央红军的重大变化——桂军于11月22日下午撤离了湘江防线。还在中央红军向道县长驱直进的时候，桂系已经看到，红军过境是势不可免的。面临和红军决战的重要关头，他们本着事前的既定方针，认为让路时机已到。但他们深知，这样做无异于将红军引向湘西，必然遭到何键的坚决反对。桂系头目遂于11月20日以李宗仁名义直接发电给蒋介石，略谓：“据迭报，匪主力由临武分经嘉禾、蓝山西窜，龙虎关、富川、贺县同时吃紧。仁部原在龙虎关以北防堵，故拟即将仁部主力，移赴恭城附近，策应富、贺、兴、灌。但兴安、灌阳以北，仅能留一部，诚恐力量单薄，请转饬何总司令所部，向江华、贺县[②]推进，以期周密。”[③]22日，蒋介石

① 中央档案馆编：《红军长征档案史实选编》，学习出版社1996年版，第33—34页。

② 江华、贺县，应为全州、兴安。参见白崇禧1934年12月1日东戌电及1934年12月2日致何键、刘建绪冬末电。胡羽高：《共匪西窜记》，第190、196页。

③ 胡羽高：《共匪西窜记》，第164页。

复电同意[1]。桂军立即将原在全州、兴安、灌阳布防的第十五军撤往恭城，仅在全州留有第七十二团的两营干训队，兴安留有一个团，灌阳留有一个团。至此，从全州至兴安60公里的湘江，已无兵防守，湘江防线完全向中央红军敞开。第二天，即11月23日，湘军刘建绪得知桂军南撤的情报，立即报告何键。何键大为恼火，即于当天下午下令调整部署[2]，令刘建绪部四个师立即南下全州，令各路追击部队加紧追击，企图以追击部队迟滞红军行动，以便刘建绪部赶到全州，填补桂军南撤后之真空，仍然梦想实现原定围歼中央红军于湘水以东的计划。当然，何键也考虑到如果让湘军主力去填从全州至兴安的60公里防线，湖南同样会对国民党中央军不设防，于是他也耍了滑头，只接防到全州，而不是兴安，并没有完全堵死红军西渡湘江的缺口。

可惜，中央红军对敌情的这一重大变化并不了解，因而未能利用桂军撤防的极其有利时机，大举入关渡江，而是在道县停了三天，从而耽误了极为宝贵的时间。虽然在这三天中，中央红军给了周浑元部第九十六师和湘军第二十三师以一定的打击，并于24日占领江华，但从整个战役来看，则是得不偿失的。特别是当红军抬着坛坛罐罐，慢吞吞地抵达湘江渡口时，南北两路敌军抵不住蒋介石的压力，已经严阵以待，一场本可以避免的血战在所难免。

11月24日，红四团一部占领水口，并在西元地区击落敌机一架。同日中午，红九军团主力从蓝山出发，分八路纵队齐头并进，向江华前进；第九团担任后卫，阻止敌人追击。一路上，红军顶风冒雨，日夜兼程。江华之国民党守军，闻讯红军到来，未加抵抗便随县长等官员一起逃窜。红九军团先头部队第七团顺利占领江华。11月25日，中央红军从道县与水口间全部渡过潇水，继续西进。

---

① 胡羽高：《共匪西窜记》，第164页。

② 何键漾申电，胡羽高：《共匪西窜记》，第164页。

中央红军渡过潇水后，蒋介石认为红军已是流徙千里，四面受制，下山猛虎，不难就擒。他命令何键的“追剿军”与粤、桂军相配合，凭借湘江险阻，从四面对中央红军进行围追堵截，企图把红军歼灭于湘江以东地区。其部署是：以第一路“追剿军”日夜兼程，开赴广西全州沿湘江布防，与在灌阳、兴安以北的桂军取得联系，进行堵截；第二路“追剿军”沿湘桂公路对红军进行侧击，并防止红军北上与红二、红六军团会合；第三路“追剿军”占领道县，继续尾追红军；第四路“追剿军”与第三路“追剿军”相配合，由桂阳向宁远方向尾追红军；第五路“追剿军”协同粤、桂军，向水口、永明尾追红军；桂军五个师仍在灌阳、兴安以北至全州地域集结，堵截红军西进。为了掩护中央红军主力西进，中革军委命令红九军团（缺第九团）和第一师、红五军团至少要扼阻周浑元纵队及第二十三师于潇水东岸两天①。接令后，罗炳辉、蔡树藩立即做出部署：以一个连及一个排另一个机枪班位于故子江口；第八团位于江渡、大林江西岸位置，第七团位于江域、大石桥向蓝山、马头铺占领阵地②。与此同时，中央红军为了调动敌人，寻机渡江，以红九军团第三师第九团和红八军团西进永明。

二、战役的第一阶段：前出至湘江地域（1934.11.26—27，共两天）

1934年11月25日，中央红军正式决定迅速从兴安、全州间抢渡湘江，突破敌人第四道封锁线，冲出敌军的重围。这是关系红军生死存亡的关键一战。

当时，中央红军对敌情的了解是：“北面为敌之第一、第二路军，

---

① 参见军事科学院战史研究部：《第二次国内革命战争史料选编》第6辑第1册，1964年编，第193页。

② 参见军事科学院《罗炳辉军事文选》课题组：《罗炳辉军事文选》，军事科学出版社2011年版，第153页。

南面则为广西的主力，而敌之第三、第四及第五路军则直接尾追我们。”[①] 中革军委判断：敌之企图是在湘江阻击我们，并从两翼突击我们[②]。为实现中央红军的战役目的，决定以红一军团主力及红三、红八军团组成进攻部队，以进攻动作迅速连续占领营山山脉之各关口隘路，并于全州、兴安之间渡过湘江。在这一决心之下，必须坚决迅速地消灭国民党军之第一、第二路军及与中央红军接触之桂军部队。以红一军团一个师及红五、红九军团为掩护部队，在潇水及营山诸隘口阻止国民党军第三、第四、第五路军前进。当其急进时，则应坚决消灭其先头部队[③]。

11 月 25 日 17 时，中革军委下达关于向全州、兴安西北之黄山地域进军，强渡湘江的作战命令，规定第一步进到湘江地域。部署是：以第一军团主力为第一纵队，沿道州、蒋家岭、文市向全州以南前进；第一军团一个师、军委第一纵队和第五军团（欠一个师）为第二纵队，经雷口关或永安关及文市以南前进，尔后则依侦察结果决定前进路线；第三军团、军委第二纵队及第五军团一个师为第三纵队，经小坪、邓家源向灌阳前进，相机占领该城，以后则向兴安前进；第八、第九军团为第四纵队，经永明（如不能占领永明，则从北绕之）、三峰山向灌阳、兴安前进。

从中央红军对敌情的了解可以明显看出，直到 11 月 25 日 17 时军委发布上述作战命令时止，中央红军还不了解桂军已从湘江地域撤防。这个四路进军的计划，是从全面打乱敌之部署，多路强渡湘江为目的的。但是，到当天 23 时半，中央红军已准确地掌握了湘江防线的情况，知道了全州、兴安没有大部敌军，特别是全州城防非常空虚；

① 中央档案馆编：《红军长征档案史料选编》，学习出版社 1996 年版，第 38 页。从这里可以看出，此时中央红军还未了解桂军业已南撤。

② 1934 年 11 月 25 日 17 时，军委致各军团、纵队电令，《红军长征档案史料选编》，学习出版社 1996 年版，第 38 页。

③ 1934 年 11 月 25 日 17 时，军委致各军团、纵队电令，《红军长征档案史料选编》，学习出版社 1996 年版，第 38 页。

也知道了何键第一路军、第二路军正企图由黄沙河向全州推进。在这种情况下，中央红军应利用桂军与国民党中央军的矛盾，果断南下，直逼广西桂林，以调动国民党军，寻求新的机动。当时桂军只有两万多人，还不是红军的对手。他们必然会撤离全州等地，加强桂林的防守，蒋介石的中央军薛岳、周浑元部也会尾随进入广西。这样，红军既可调头北上或西进，从容地向湘中发展，或西渡湘江，或去湘西北会合红二、红六军团。通过及时收缩红八、红九军团，将第三、第四纵队改为左翼部队，全军精简辎重，从永安关、雷口关大举入关，直达湘江，一两日内即可通过湘江地域。但是，博古、李德等人仍然坚持北出湘西北，同红二、红六军团会合的原定计划，命令中央红军仍然照旧执行四路进军的计划，一味西进，这就与实际情况不相符合了。

同日，中共中央、红军总政治部发布《关于野战军进行突破敌人第四道封锁线战役渡过湘江的政治命令》，指出："我野战军即将进行新的最复杂的战役，要在敌优势兵力及其部分的完成其阻我西渡的部署的条件下，来突破敌人之第四道封锁线并渡过湘江。此战役须经过粮食较缺乏之两个大山脉，并要克服二条〔河〕道与开阔地带，及部分的敌人堡垒，野战军应粉碎前进路上敌人之抵抗与击溃向我翼侧进攻及尾追之敌，任务是复杂与艰巨的，但由于敌我部队质量之悬殊，我工农红军之顽强坚决、忍苦耐劳，可断言胜利是属于我们的。"并要求中央红军："进攻部队应最坚决果断的粉碎前进路上之一切抵抗，并征服一切天然的和敌人设置的障碍；掩护部队应不顾一切阻止及部分的扑灭尾追之敌。"①

这时，何键的"追剿军"两个师正由东安向全州、咸水一线急进；第二路一部进至零陵、黄沙河一线；第三路由宁远进至潇水以东之

① 军事科学院军事历史研究所编著：《中国工农红军长征全史——中央红军征战记》，军事科学出版社2006年版，第30页。

道县地区；第四、第五路则由宁远向东安集结；桂军见红军主力未经永明西取桂林，由全州、兴安南撤的部队约四个师又重新向灌阳及其西北前进，企图配合“追剿军团”“围歼”红军于湘江以东地区，形势十分严峻。

中央红军原定的四路进军作战计划，终于在11月27日晚由中革军委予以改变。11月26日，中央红军第一纵队进入灌阳文市地域。第二纵队进入灌阳文市以南之王家、玉溪地域。第三纵队在邓家源受阻（山道不通），军委即果断改变原定路线，令其改道由雷口关进入广西，主力到达灌阳水车地域。第四纵队之红八军团攻占永明，红九军团主力仍在江华之石桥及江渡。这样，中央红军主力实际上都是从永安关和雷口关进入广西的，并形成红一军团为右翼，红三军团为左翼，向湘江前进的态势。但红八、红九军团仍远在江华和永明，如不能及时从三峰山进入广西，还会形成被动的局面。

中央红军按照中革军委的命令，昼夜兼程向湘江急进。11月27日，红一军团先头部队第二师顺利地渡过湘江，控制了界首到脚山铺之间的渡河点，并在附近架设浮桥。11月28日，红一军团主力经鞍山坝到达石塘圩。同日，红三军团第四师先头第十团渡过湘江进至界首以南光华铺、枫山铺地区。当晚，第十团从红一军团第二师第四团手中接过界首防务，并进至光华铺，向南警戒兴安县城之敌。这样，红军就控制了脚山铺至界首间30公里的湘江两岸渡口。红五军团扼守蒋家岭、永安关、雷口关地域，迟滞追击之敌，掩护后续部队通过。按照中革军委的部署，红军主要是从永安关、雷口关入桂，经全州、灌阳、兴安三县之间地带，在全州、兴安间西渡湘江。全州至兴安间有四个渡口，从北到南分别为：屏山渡口、大坪渡口、凤凰嘴渡口、界首渡口，每个渡口之间相距十余里。选择这一段渡江，无疑是明智之举。因为这一带江面宽阔平缓，水流不急，可以架设简易浮桥，浅滩处甚至可以徒步涉江。而此时，军委纵队已进到灌阳以北的文市、桂岩一带，距湘江渡河点只有80多公里，如果采取轻装急进，可迅速渡过湘江，减少损失。但是，部队仍带着那么多坛坛罐罐，行动迟缓，每天只走二三十公里，致使湘江两岸的部队为了掩护全军渡江，与优势的敌军展开激烈的战斗，付出了沉重的代价。

与此同时，红九军团的形势也十分严峻。11 月 27 日 17 时 30 分，中革军委命令红八军团“不顾任何牺牲夺取三峰山”，红九军团“即随其后跟进”；并强调：“必须不顾一切障碍坚决执行此命令，否则八、九军团有与主力相切断的可能，特别要注意在夺取三峰山后应迅速追击前进，不使敌人有可能在前进道路上组织新的防御”[①]。红九军团向三峰山的攻击，受到桂军阻击。鉴于湘江渡口已为中央红军占领，从永安关、雷口关至湘江暂无敌军，中革军委最后决定，令红八、红九军团立即改道，以强行军从雷口关进入广西，跟上主力。

这样，至 11 月 27 日晚，中央红军终于改变了四路进军的局面，并以前锋抢占了湘江渡口，做到了乘敌之隙，形成全军从永安关、雷口关直达湘江的态势。但还是晚了一步，在这两天中，情况已逐渐恶化。国民党中央军周浑元部于 26 日占领道县，中央红军红八、红九军团从江华、永明北上雷口关，稍有不慎，就有可能被敌切断；桂系看到国民党中央军已占道县，为防止中央军尾追中央红军进入广西，遂令第十五军从恭城返回灌阳，在新圩以南展开，随时有截击中央红军后卫部队之可能；湘军力图封锁湘江渡口，其第一路军刘建绪部于 27 日进占全州。从总的情况看，国民党军已形成南北两方、一头一尾，夹击中央红军的态势。中央红军如不能迅速摆脱这个处境，尽快渡过湘江，一场恶战将势不可免。

---

① 参见军事科学院战史研究部：《第二次国内革命战争史料选编》第 6 辑第 1 册，1964 年编，第 204 页。

三、战役的第二阶段：掩护军委纵队渡江（1934.11.28—30，共三天）

11 月 28 日，桂军一个旅向红九军团逼近，与第九团激战于牯牛岭、青塘一线，中革军委命令红九军团必须顶住该敌于永明东南地区。入夜，牯牛岭战斗越来越激烈，第九团不支，罗炳辉急令第七团前去增援。29 日，红九军团紧随红八军团向永明前进时，被敌阻于永明城东 15 里的地域，罗炳辉令第八团跑步前去增援，终将敌人火力压住，随后击溃该敌，攻克永明县城①。

中央红军前出至湘江地域后，即面临渡过湘江的作战任务。此时，情况迅速恶化。蒋介石从湘军刘建绪（经由何键的“追剿总部”）的报告中，得知了湘江无兵防守的情报，对桂系的狡猾大为震怒，乃于 11 月 28 日严斥桂军放弃职责，严令桂、湘两军按原定计划，对中央红军已过河之先头部队进行夹击，对未过河部队进行堵击，仍然企图将中央红军主力歼灭于湘水以东、四关以西地区②。蒋介石这一电令下达后，何键即令刚进占全州的刘建绪部，以三师之众（第十六、第六十二两师及第十九师李觉所率之补充总队各团）南下，企图封锁从全州至咸水的沿江渡口，并要求桂军负责从咸水至灌阳（包括咸水以南经界首至兴安的湘江）的防务。但桂军并未按蒋介石和何键的意旨，以主力前出兴安，沿江北上，封锁渡口，与刘建绪部衔接。他们只以一个师驰援兴安，以防中央红军南下，而令已从恭城返回地处桂、湘边界之灌阳新圩的夏威所部，全力向中央红军后续部队发起攻击。显然，桂军执行的仍然是“只能追击，不能堵击”的方针。他们在新圩地域发起攻击，既不会冒红军回头打击的风险，又能向蒋介石交差，更重要的是可防中央军入桂，其目的是很明显的。此时中央红军的态势，具有有利的一面与不利的一

① 参见赵镕：《长征日记》，山西人民出版社 1990 年版，第 170—171 页。
② 1934 年 11 月 28 日，蒋介石南昌行营俭亥电，胡羽高：《共匪西窜记》，第 181 页。

面。有利的一面是：红一、红三军团的前卫师已占领从界首到屏山渡30公里湘江的所有渡口和徒涉点；军委纵队已到达文市、桂岩一带，前距湘江最近的渡河点只有55公里。不利的一面是：中央红军部队拉得很长，前锋已至湘江，而红八、红九军团在三峰山受阻后，正改道向雷口关急进，尚在永明、道县之间，还未入关，致使中央红军前后相距达100公里。当时，中革军委已掌握桂军在兴安的意图，指出他们"准备防御兴安"，决定中央红军在30日止全部渡过湘江。这是基于敌我态势作出的十分正确的决定。如果中央红军真能按中革军委的要求，轻装急进，仍然可以利用最后的有利时机，以较小的损失渡过湘江。

但是，庞大的军委纵队，由于辎重压身，行动异常迟缓。直到11月30日早，军委第一纵队才从界首渡过湘江，军委第二纵队随红三军团行动，更迟至黄昏才渡河。这55公里就走了两天，平均每天行程仅27.5公里。由于军委纵队行动迟缓，后卫红五军团及最后入关的红八、红九军团就无法及时过江。为了掩护中共中央和后方机关安全渡江，博古、李德等人命令红军分兵抵御，与优势的国民党军死打硬拼，"不应离开、放弃完成自己的前进道路"[①]。结果，使各路红军都陷入了以少对多、以弱对强的被动境地。担任两翼掩护的红一、红三军团，为对付敌人，不得不付出惨重的代价。

从11月28日开始，红三军团第五师之第十四、第十五两团（第十三团归军团直接指挥）就开始在新圩抗击桂军之两个师又一个团。新圩阻击战之所以重要，是因为如果让敌人突破了这段阵地，向东北则可直取水车、文市，阻住湘桂边边界的永安关、雷口关，向西北则可直捣全州石塘到湘江西岸的各个渡口，将对军委纵队和后续部队抢渡湘江构成重大威胁，整个红军西进队伍则有被拦腰斩

① 军事科学院军事历史研究所编著：《中国工农红军长征全史——中央红军征战记》，军事科学出版社2006年版，第30页。

断的危险。为了保证党中央、中革军委和兄弟部队的安全，红五师必须要像颗钉子似的牢牢钉在新圩，决不能让敌人突破这道防线。面对数量和装备都占绝对优势的敌人，红军毫无惧色，逐个山头与敌争夺，表现了顶天立地的英雄气概。

11 月 29 日，敌第一路“追剿军”一部由全州向脚山铺的红二师发起进攻，一部向黄沙河开进；其余几路“追剿军”正分别向道县、文市等地红军后卫部队进攻。桂军李宗仁、白崇禧将其主力分两路，一路由灌阳地区北上向湘江东岸进攻；一路由兴安向湘江西岸的红军进攻，企图夺回渡河点。于是，在湘江两岸，红军与各路敌军进行了一场殊死的决战。

是日，红一军团主力由石塘圩、太平圩渡过湘江，占领了界首、绍水，第二师前进到朱塘铺，一部向全州迫近。红三军团第四师主力过江后，占领光华铺、界首之间地区。红五军团仍在蒋家岭一带扼阻追敌。红八、红九军团到达水车。野战军司令部、军委第二纵队之一部在官山。30 日，红一军团在湘江西岸之脚山铺与敌第一路“追剿军”激战终日。聂荣臻在其回忆录中写道：“三十日，全军团展开阻击。一师是二、三团阻击，一团作预备队。二师是四、五团阻击，六团作预备队。敌人前锋为十六、十九师两个师的兵力。拂晓时的第一次冲锋，很快被我军打垮。在尖锋[峰]岭和美女梳头岭丢下了几十具尸体。敌人不甘心失败，又组织第二次冲锋。后来随着冲锋次数的增多，投入的兵力越来越多，在十多架飞机的掩护下，攻击也越来越猛。阵地上硝烟弥漫。我们利用有利地形杀伤敌人，阵地前敌人的尸体越积越多。战至下午，敌人以优越兵力，猛烈的炮火，突破了一师米花山防线，威胁我美女梳头岭等阵地。最后，一师只剩下一个怀中抱子岭。入夜，敌人又利用夜幕迂回进攻。我一师为了避免被包围，退往西南方向水头、夏壁田一带。”[①]“敌人占领米花山和美女梳头岭以后，对我二师前沿阵地尖锋[峰]岭威胁也很大。敌人从三面向我尖锋[峰]岭进攻，五团在上面只派有两个连，尖锋[峰]岭失守，五团政委易荡平负重伤。这时，敌人端着刺刀上来了。荡平同志要求他的警卫员打他一枪，警卫员泪如泉涌，手直打战，岂能忍心对自己的首长和同志下手，荡平同志夺过警卫员的枪，实现了他决不当俘虏的誓言。五团阵地失守，二师主力只得退守黄帝岭。敌人紧跟着向黄帝岭进攻，于是在黄帝岭展开了一场惊天动地的拼杀战，黄帝岭终于守住了。入夜，在一师撤出之后，二师孤军突出，为了避免被敌包围，也主动撤退至珠兰铺、白沙，与一师占领的夏壁田、水头，构成第二道阻击线。第一天战斗，四团政委杨成武也负重伤。”[②]

红三军团第四师在湘江西岸之光华铺及其以西抗击由兴安北上之桂军，掩护军团主力渡过湘江。红五军团主力由文市渡过灌江，进占王家湾。红八、红九军团由水车附近渡过灌江，到达青龙山、石塘圩地域。军委纵队渡过湘江后进到界首附近的王家。野战军司令部渡过湘江后进到界首西北的大田。

这时，红军的处境十分险恶。渡过湘江的部队正在同截击的敌军顽强拼搏，滞留湘江以东部队的困难更多。当日夜，军委命令红一军团，在原地阻击全州之敌的进攻，无论如何要控制西进道路；红三军团集中两个师以上兵力，“有向南驱逐光华铺之敌的任务，并占领唐家市及西山地域，六师之部队应留河东岸，有占领石玉村的任务，并掩护我五、八军团及六师切断的部队通过湘水”。“在万不得已时，三军团必须固守界首及其西南和东南的地域”。红五军团“主

① 聂荣臻：《奔袭道县，强渡湘江，突破敌人第四道封锁线》，中共广西壮族自治区委员会宣传部编：《红军长征过广西纪实》，广西人民出版社 2006 年版，第 38 页。
② 聂荣臻：《奔袭道县，强渡湘江，突破敌人第四道封锁线》，中共广西壮族自治区委员会宣传部编：《红军长征过广西纪实》，广西人民出版社 2006 年版，第 38 页。

力应向麻子渡前进，并有扼阻桂军及周敌追击的部队之任务。被切断的部队应自动的突围，向麻子渡前进”。

至11月30日红三军团第五师撤离阵地时，自师参谋长以下，团、营、连干部几乎全部伤亡，人员损失达1000左右。红三军团第四师第十团在光华铺地域顶住了桂军一个师又一个团的猛烈进攻，11月30日一天之内，团长和继任团长先后光荣牺牲。从11月29日开始，红一军团第二师也在脚山铺开始了对湘军三个师的阻击战。11月30日凌晨，第一师赶到脚山铺和第二师共同战斗。在脚山铺两侧的山头上和敌人展开了惊天动地的争夺战。当天，第五团政治委员英勇牺牲，第四团政治委员负重伤。入夜，第一、第二师退守珠兰铺、白沙至夏壁田、水头的第二道阻击战，准备继续抗敌。经过从11月28日到30日的左、右两翼阻击战，担任两翼掩护的红一、红三军团以重大代价，终于保住了军委纵队向湘江前进的通道，使军委纵队得以顺利通过湘江。

四、战役的第三阶段：掩护后继部队抢渡（1934.12.1）

12月1日晨，中央红军态势是：红一军团之第一、第二师在珠兰铺至水头一线阻击湘军，第十五师在文市、石塘之线向全州警戒。红三军团之第四师在界首附近抗击兴安之敌，第五师从新圩撤至渠口，第六师除留第十八团在新圩之红树脚接防外，主力到达保布坪。红五军团之第十三师到达石塘圩，第三十四师主力到达红树脚，准备接替第六师第十八团的防务（以后未能接上）。红八军团于11月29日晚从水车出发，30日晚进到青龙山。红九军团进到石塘圩地域。军委第一纵队过湘江后到达界首西北之大田地域；第二纵队进到鲁塘地域。总起来看，12月1日晨，除军委纵队已过江外，中央红军全军十个师，在湘江以西的只有四个师，即红一军团之第一师、第二师；红三军团的第四师、第五师。尚未过江的有六个师，除红一军团之第十五师、红三军团之第六师外，红五军团、红八军团、红九军团的全部都没有过江。此时，从全州南下的湘军三个师，力图封锁湘江渡口；从新圩北上的桂军二个师又一个团，已在临近红军重要交通枢纽的古岭头一带展开；光华铺的桂军一个师又一个团以主力向石塘一带推进，企图配合新圩之敌，会攻中央红军后续部队。中央红军后卫第三十四师和第六师的第十八团面临被敌切断的危险。因此，如何保住湘江渡口，组织湘江以东各军星夜兼程过河，就成为当时最重要的任务。

12 月 1 日凌晨 1 时半，中革军委向全军下达了紧急作战命令，命令红军野战军主力消灭由兴安、全州向界首进攻之敌，钳制桂军及由东尾追而来的周浑元部，保证中央红军后续部队于 2 日早通过湘江。其中，命令红一军团“全部在原地域有消灭全州之敌由朱塘铺沿公路向西南前进部队的任务，无论如何要将由汽车路向西前进诸道路保持在我们手中”。命令红三军团“应集中两个师以上的兵力在汽车道及其以西地域，有向南驱逐光华铺之敌的任务，并须占领唐家市及西山地域”。命令红五军团“主力应向麻子渡前进，并有扼阻桂军及周敌追击部队之任务。被切断的部队应自动的突围向麻子渡前进”①。

紧急作战命令下达两小时之后，12 月 1 日 3 时半，中共中央、中革军委、红军总政治部又联合致电红一、红三军团，电令指出：“一日战斗，关系我野战军全部西进，胜利可开辟今后的发展前途，退则我野战军将被敌层层切断。”② 这一仗，“我们不为胜利者，即为战败者，胜负关系全局，人人要奋起作战的最高勇气，不顾一切牺牲，克服疲惫现象，以坚决的突击执行进攻与消灭敌人的任务”，“消灭敌人进攻的部队，开辟西进的道路，保证我野战军全部突过封锁线，应是今

① 中共桂林地委《红军长征过广西》编写组编著：《红军长征过广西》，广西人民出版社 1986 年版，第 32 页。

② 军事科学院军事历史研究所编著：《中国工农红军长征全史——中央红军征战记》，军事科学出版社 2006 年版，第 33 页。

日作战的基本口号”[①]。

电令下达后，从 12 月 1 日凌晨到清晨，中央红军都在进行战斗动员和战斗准备。这是一个紧张的不眠之夜。牺牲已到最后关头，生死存亡在此一战。

12 月 1 日，激烈的战斗主要在脚山铺进行。北上的桂军和“追剿军”主力，向中央红军各部队发起全线进攻，妄图夺回渡口，围歼红军于湘江两岸。战场上，硝烟弥漫、杀声震天。红军广大指战员，坚决响应中共中央、中革军委、红军总政治部的号召，发扬英勇顽强的战斗精神，不顾一切牺牲，同敌军展开激烈拼搏，用刺刀、手榴弹打垮敌军整连、整营一次又一次的冲击。经过整日的浴血奋战，终于阻止住敌军的进攻。直到中午，第一师和第二师才交替掩护，撤出战斗。与此同时，红三军团第六师第十八团在新圩红树脚、第四师在光华铺地域也和桂军进行着激烈的战斗。这就为掩护红军后续部队相继渡过湘江争得了时机。至 12 月 1 日 17 时，除红八军团之一部被敌击散，红三军团第六师及红五军团之第三十四师被敌切断外，中央机关和红军大部渡过了湘江。红八军团的“二十一师几乎全部损失，二十三师也严重减员，全军团剩下不足两千人”[②]。红六师第十八团担任掩护红八军团渡江的任务，红三军团从湘江上游灵渠分洪处过江，红十八团与敌两个师又一个团浴血奋战几昼夜，终于完成了任务，全团指战员大部壮烈牺牲[③]。

12 月 1 日晚之后，少部分担负断后和掩护的红军部队渡江，还有部分被合围的红军部队在湘江边与国民党军进行激战，但从总体上看，湘江战役至 12 月 1 日晚基本宣告结束。这从 1934 年 12 月 1

① 军事科学院军事历史研究所编著：《中国工农红军长征全史——中央红军征战记》，军事科学出版社 2006 年版，第 33 页。

② 莫文骅：《血染湘江》，中共广西壮族自治区委员会宣传部编：《红军长征过广西纪实》，广西人民出版社 2006 年版，第 113 页。

③ 王平：《万里征途》（节录），中共广西壮族自治区委员会宣传部编：《红军长征过广西纪实》，广西人民出版社 2006 年版，第 66 页。

日，朱德“关于我军主力已渡过湘江，二号进到西延地域整理的部署致各军团电令”中可以看出：“（甲）在三十号及一号战斗中，桂敌之十五军已进到古岭头地域，兴安之敌无大变更，周敌及湘敌第一路军尚无新的情报。我八军团之一部被敌击散，我六师约一个团及三十四师被切断，其余部队则已渡过湘江。（乙）估计明二号敌人将继续其坚决的进攻，其目的是在占领湘水西岸的谷地，并前进到西延地域，以求消灭我军主力。兴安之敌将会派队前出到华章及路塘地域，而全州之敌将会派队前出到土地坳、大埠头地域。（丙）我野战军于二号早应进到西延地域，整理部队并准备新的战斗。被切断的部队，应自动的突围向西延总的方向前进。三十四师归军委直接指挥，并于新圩以南突围西进”①。

五、战役尾声（1934.12.2—3，共两天）

12月1日晚后，以红三军团第十八团、红五军团第三十四师为代表的后卫部队同国民党军队进行了浴血奋战。

红三军团第六师第十八团担负掩护红八军团过江任务，在新圩向湘江两岸撤退中，于宁远陈家背地区被桂军分隔包围，战至弹尽粮绝，最后大部分壮烈牺牲。

红八军团一部为掩护前面同是后卫的红九军团过江，在凤凰嘴渡口下游董家堰水坝抢渡时，遭到敌机轰炸和尾追桂军在湘江东岸架起机枪的疯狂扫射。凤凰嘴渡口成为红军突破湘江最为惨烈的渡口之一。

红三十四师是在毛泽东、朱德的关怀和谭震林、罗瑞卿、萧劲光等具体帮助下，由闽西地方武装逐步改编、组建起来的。师、团干部大多数是原红四军调来的骨干和红军学校毕业的作战经验丰富、指

① 中央档案馆编：《红军长征档案史料选编》，学习出版社1996年版，第46页。

挥能力较强的干部。广大指战员出身贫苦，阶级觉悟较高，部队士气旺盛，战斗力较强。部队组建后，虽然隶属关系几次变更，但始终服从命令听从指挥，指到哪里，打到哪里，在第四、第五次反“围剿”战斗中，屡建战功。

红军长征后，红三十四师随红五军团担任全军的殿后任务。在湘江战役中，中革军委又规定红三十四师的具体任务是：坚决阻止尾追的国民党军，掩护红八军团通过苏江、泡江，尔后为全军后卫。红三十四师的确是一支英雄的部队。他们不失英雄本色，在完成掩护中共中央、中革军委和红军主力抢渡湘江的任务后，于12月2日赶到湘江边时，发现所有渡口已被敌人占领，西去的道路被敌人切断。他们自身也在凤凰嘴渡河口陷入桂军三个师的重重包围。12月3日凌晨4时，中革军委电令红三十四师，如有可能于12月3日晚渡河归还主力，如不可能，就发展游击战，但因红三十四师被敌人重重包围，只得转战灌阳、道县一带，尽管予敌重大杀伤，但终因寡不敌众，全军覆没。师长陈树湘身负重伤，在道县不幸被俘。在敌人抬着他去向上级邀功请赏时，乘敌不备，用手从腹部伤口处绞断了肠子，壮烈牺牲，年仅29岁。

12月1日晚，罗炳辉接到军委命令，限红九军团当晚11时渡过湘江，渡江后占领西岸高地，掩护担任后卫的红十三师、红三十四师渡江。军情紧急，部队离渡江点还有45公里路程，完成任务每小时至少要走7.5公里。为加快速度，罗炳辉将部队分10路纵队，沿着宽广的湘桂公路向湘江跑步前进。

12月2日凌晨1时30分许，红九军团分头到达全州、兴安交界处的湘江渡口——麻子渡、极山之间。关于红九军团过江的情形，彭寿生回忆道：“五军团同志讲：‘桥被炸了，只有渡水。’罗炳辉一看形势，果断命令：强渡。江水冷得刺骨，没有毅力是过不去的。我会水，划过对岸，在水上拉起绳子，让不会水或不太会的同志拉着过到对岸，个个冷得说不出话，烧火烤，军团长命令：不准烤火！”“军团长表现了认真负责的精神和果敢坚决。他干事决心大，山都推得倒。”[1]

红九军团在湘江战役中的损失不算大，仅伤亡了几百人，之所以能如此，主要靠罗炳辉的游击运动战。红九军团渡过湘江后，罗炳辉留下第七、第九团暂在西岸掩护后续兄弟部队过江，立即率其余部队转入强行军西进至护卫岭一带。待第七、第九团完成任务归队后，全军团奉命前进至张家湾、竹子水一线宿营。此处距离中革军委指定的全军中心集结点油炸[榨]坪已不过六公里[2]。

六、湘江战役的结果与评价

湘江战役的第一个结果，是中央红军粉碎了国民党军妄图全歼红军于湘江以东的作战计划。

湘江战役是中央红军突围以来最壮烈的一仗。红军广大指战员以高度的政治热情和英勇的献身精神，与优势敌军苦战五昼夜，终于突破了敌军重兵设防的第四道封锁线，保护中共中央领导机关安全渡过湘江，粉碎了蒋介石“围歼”中央红军于湘江以东的企图。红军挫败了国民党军的企图，连敌人也不得不承认。湘江战役的国民党军指挥官“追剿军”总司令何键说：“敝部奉令追剿西窜股匪，未能达到歼匪于湘水以东地区之任务，实深惭悚。”[3]

在整个战役中，蒋介石共投入嫡系部队和湘、粤、桂三省地方军阀部队合计达26个师近30万人，妄图全歼中央红军于湘江以东地区。敌我力量对比悬殊，“左”倾领导人的错误决策又造成了红军的全盘被动，在这种险恶的情况下，红军终于突破了湘江，这是一般的

---

① 1980年2月10日采访彭寿生材料，《罗炳辉传》，军事科学出版社2016年版，第163页。

② 参见赵镕：《长征日记》，山西人民出版社1990年版，第174—175页。

③ 1934年12月5日何键通告全国微末电，胡羽高：《共匪西窜记》，第202页。

军事家所不敢想象的。但是，红军也付出了极为惨重的代价。渡过湘江后，中央红军和中央机关人员，已由出发时的8.6万余人锐减到3万余人。这是“左”倾冒险主义领导者实行逃跑主义所造成的严重恶果。当然，在“左”倾冒险主义的军事路线造成的全盘被动局面下，中革军委主要领导同志指挥若定，各军团主要负责同志都能主动承担最艰险的任务，宁可牺牲自己，以顾全大局，从而保全了红军大部主力，使中央领导机关没有受到损失，这也是必须充分肯定和给予正确评价的。

关于湘江战役，许多老首长老领导回忆当年的战斗情景，仍记忆犹新。聂荣臻元帅生前在回忆录中写道：

十二月一日，是战斗最激烈的一天。凌晨，敌人在敌机狂轰滥炸之下，更加嚣张地向我进犯。而总参谋部命令我们在本日十二时前，要保证决不让敌人突破白沙河，使总部和全野战军能顺利地渡过湘江封锁线。敌众我寡，但在“一切为了苏维埃新中国”的口号下，我们的士气惊天地而泣鬼神。于是在二十多里地的战场上，炮声隆隆，杀声震天。在茂密的松林间，展开了生死存亡的拼杀战。

开始，敌人猛攻三团阵地，三团连续打了几次冲锋。敌转而猛攻我一、二师的接合部，终于被敌突进四五里地，并迂回到三团背后，包围了三团两个营。一个营当天奋勇地突出了重围，和一、二团会合。一个营突错了方向，反而突入敌群，被分割成许多小股，在班、排长和党的支委小组长带领下，两天以后多数人归回了自己的部队。敌人从我接合部突破以后，二师也有被包围的危险。因为二师部署靠外，他们当机立断，命令守白沙的团队将敌人坚决顶住，这个团打得非常顽强，他们硬是凭着刺刀，将来势汹汹的敌人顶住了，其他两个团才撤出向西边大山靠拢。

……

在我们一军团与敌人血战的同时，三军团在兴安、灌阳一带，与广西敌人进行了激战。五军团则在文市附近与周浑元等追敌进行激战。他们也都打得顽强而艰苦，损失很大[①]。

当时任红三军团第四师师长张宗逊在后来的回忆中，也比较详细地记述了血战湘江的悲壮情景：

红军通过第三道封锁线以后，蒋介石大为震惊，亲自部署二十个师，要在湘江以西堵截消灭红军。湖南和广西军阀商定以全州为界，全州以北为湖南军阀防区，全州以南为广西军阀防区。由于“左”倾冒险主义的错误领导，红军在接近第四道封锁线时行动迟缓，延误了四天时间，以致敌人重兵紧迫，造成非常严重的局面。

蒋介石在湘江东岸修筑了大量碉堡，他预期在湘江以东消灭红军，万一红军突过湘江以西，也不能让中央红军和四川红军或红二、红六军团会合。红军决定在全州和兴安之间渡过湘江，红一军团在右翼，红三军团在左翼苦战，冒着敌机轰炸和地面敌军的火力封锁，掩护全军脱离了险境。这次强渡湘江的战役，红八军团损失惨重，溃不成军，其他军团的损失也很大，强渡湘江时，红四师在界首渡过湘江，控制了界首渡河地段，以一天时间阻击广西敌军的进攻，掩护中央红军通过。第二天，我率红四师两个团继续西进，红十团艰苦战斗了两天两夜，打退了敌人十多次冲锋，红十团团长沈述清在战斗中英勇牺牲，红四师参谋长杜宗美接任团长指挥战斗，不久也壮烈牺牲了。红十团胜利完成了掩护任务，付出了伤亡 400 多人的代价[②]。

从湘江战役的直接战果看，一方面红一方面军损失惨重，战斗

① 军事科学院军事历史研究所编著：《中国工农红军长征全史——中央红军征战记》，军事科学出版社 2006 年版，第 34 页。
② 军事科学院军事历史研究所编著：《中国工农红军长征全史——中央红军征战记》，军事科学出版社 2006 年版，第 35 页。

力最强的红一军团损失 6000 余人，长征出发时约有 1 万余人的红八军团由于所剩无几被整建制撤销，红三军团第六师第十八团和红五军团第三十四师全军覆灭，其余各部编制均不足半数；另一方面湘江战役的领导指挥，特别是三个主要战场的战术指挥，即新圩阻击战、脚山铺阻击战、光华铺阻击战，却是出色的。红军组织湘江战役的主要作战目标就是渡过湘江，最终中共中央和中革军委机关及红军主力也成功地渡过了湘江，基本达到了起初政治动员令中提到的主要目的，因此湘江战役应该说是胜利了。正如陈云在《随军西行见闻录》中所言："赤军一出此四道封锁线，如虎出柙，可以东奔西突矣。……而南京政府蒋委员长几年来碉堡政策与剿共军事，全部付之东流矣。赤军当时之喜悦，真是无以形容。"[①] 当然，红军制定的作战目标并没有完全实现，因为湘江战役后，到湘西与红二、红六军团会合的希望基本破灭。然而，恰恰是因为无法实现湘西合兵，遵义会议的拨乱反正才有了可能，因此，不能以此为理由否定胜利的结果。

湘江战役的第二个结果，是宣告了"左"倾冒险主义的军事路线的破产。

在湘江战役前，中央红军一直往国民党军布置的口袋里钻，造成全盘被动；在战役过程中，又多次出现重大失误，致使红军一直处于被动挨打的局面。特别是在战役的第二阶段和第三阶段，即 1934 年 11 月 28 日至 12 月 1 日短短 4 天中，损失近 2 万人。这是"左"倾领导者在整个战役中的错误决策所造成的必然结果。湘江战役中红军损失情况的较准确表述是：中央红军长征于 1934 年 10 月 10 日从江西出发的 8.6 万余人，至湘江战役前，一路上各种减员损失约为 1 万余人；至 1934 年 12 月初湘江战役止，强渡湘江已损失过半，折员达 3 万余人，到遵义时只有 3 万余人。

面对第五次反"围剿"的失败和中央红军长征初期的严重损失，

---

① 陈云：《随军西行见闻录》，《陈云文选》第 1 卷，人民出版社 1995 年版，第 48 页。

中共中央、中革军委的许多领导人，包括一些曾经支持过“左”倾错误的领导人，都从正反两方面的经验教训中深刻认识到博古、李德所推行的“左”倾教条主义错误给中国革命战争带来的严重危害。他们坚决主张纠正“左”倾错误，恢复毛泽东在中共中央和红军中的领导地位。刘伯承在《回顾长征》一文中指出：红军长征开始后，“广大干部眼看反五次‘围剿’以来，迭次失利，现在又几乎濒于绝境，与反四次‘围剿’以前的情况对比之下，逐渐觉悟到这是排斥了以毛泽东同志为代表的正确路线，贯彻执行了错误的路线所致，部队中明显地滋长了怀疑不满和积极要求改变领导的情绪。这种情绪，随着我军的失利，日益显著，湘江战役，达到了顶点”①。

红军在长征初期的接连失利，特别是湘江战役的严重损失，实际上意味着博古、李德等人“左”倾教条主义的彻底破产，也预示着遵义会议的曙光即将到来。

习近平总书记指出：“长征永远在路上。一个不记得来路的民族，是没有出路的民族。不论我们的事业发到哪一步，不论我们取得了多大的成就，我们都要大力弘扬伟大长征精神，在新的长征路上继续奋勇前进。”②“伟大长征精神，是党和人民付出巨大代价、进行伟大斗争获得的宝贵精神财富，我们世世代代都要牢记伟大长征精神、学习伟大长征精神、弘扬伟大长征精神，使之成为我们党、我们国家、我们人民、我们军队、我们民族不断走向未来的强大精神动力。”③这是我们推进“全面梳理湘江战役历史”课题研究的政治站位和行动指南。

（中共中央党史和文献研究院）

---

① 刘伯承：《回顾长征》，《伟大的转折——遵义会议五十周年回忆录专辑》，贵州人民出版社 1994 年版，第 4 页。

②《十八大以来重要文献选编》（下），中央文献出版社 2018 年版，第 397 页。

③《十八大以来重要文献选编》（下），中央文献出版社 2018 年版，第 404 页。

湘江战役期间红军路过及战斗地点的报告

李树泉　谢文雄

本报告主要研究记述湘江战役期间红军路过及战斗地点。第一部分主要叙述从 11 月 23 日红军开始准备渡过湘江，至 12 月 3 日红三军团第三十四师遭桂军伏击后折返，即整个湘江战役期间红军各部行军、驻扎地、战斗地等，另附红军及桂军、湘军的战略意图等战役背景的简要介绍。

第二部分主要介绍 12 月 27 日至 12 月 1 日红军先锋部队为掩护主力过江，展开的三大阻击战经过及次续战斗的地方。

以上两个部分基本上汇总了目前已有的对湘江战役的研究成果，可以作为下一步进行实地调研、考证的参考。

第三部分主要是目前材料中存疑的问题，也是下一步需要解决的问题。

一、湘江战役前后红军各部分路过及战斗地点详述

11 月 23 日

本日，红军攻占湖南道县。军委决定：迅速开辟西进道路，打击后面紧追的三路敌人，迅速摆脱尾追敌人，在 25 日前全部渡过潇水，攻占桂、湘边界的蒋家岭、永安关，袭取湖南江华。后，红军在道县停留三日，浪费桂军“让道”良机。

红一方面军各军团、纵队之行动和位置如下：

1. 红一军团第二师由道州向桂、湘边界的蒋家岭（属湖南道县）、永安关（属广西灌阳县）方向前进。第一师、第十五师移至道

州。第一师在潇水东岸之瓶塘、佛祖庙、七星岗地域布置阵地，迎击周浑元部。

2. 红三军团先头部队和后方部进至九井渡、新车渡、福禄岩地域。主力控制鸡公神、大坝头、石马神地域。配合第一师突袭追我之敌。

3. 红五军团移至桂里园、大欧、周塘营地域，准备钳制和打击湘敌第二十三师。

4. 红八军团移至新铺地域。作为红五军团的预备队，暂归董振堂、李卓然指挥。

5. 红九军团向江华前进。所属一个团渡河占领杨林塘及火烧桥。

6. 中央第一纵队进到消水塘。中央第二纵队仍在四眼桥。野战司令部于本日晚抵达四眼桥东南之新岩口。

11 月 24 日

本日红一方面军各军团、纵队之行动和位置如下：

1. 红一军团主力于黄昏起向永安关方向移动。第二师全部抵蒋家岭、永安关。在河东的后卫第一师转到道州地域。

2. 红三军团主力本晚全部西渡潇水，并向通往灌阳及永明以北程义家的平行山路侦察警戒。

3. 红五军团于黄昏从福禄岩、下茶园经浮桥渡河，并在九井渡、福禄岩、薛家厂地域阻敌西渡。

4. 红八军团于黄昏经下茶园浮桥全部渡过河西至大盘铺地域。

5. 红九军团占领江华县城。

6. 中央第一纵队到达福禄岩西岸四里之咀塘。中央第二纵队到达杨林塘地域。

11 月 25 日

红一方面军正式决定突破敌人的第四道封锁线，渡过湘江。总部署：四路纵队挺进湘江。中革军委决定：以一军团主力及三、八军团组成进攻部队，迅速占领道县、江华至湘、桂边界之各关隘口，并于广西全州、兴安之间渡过湘江，同时，保持湘江渡口，消灭北面敌第一、二路军及与红军接触的桂军，以一军团一个师及五、九军团为掩护部队，阻击三路尾追之敌。据此，军委将红军分成四路纵队向广西防线的湘江区域前进：第一纵队为一军团主力，沿蒋家岭、文市向全州以南前进；第二纵队为一军团一个师、军委第一纵队及五军团第十三师，经雷口关及文市南面前进；第三纵队为三军团、军委第二纵队及五军团三十四师，经小坪、邓家源向灌阳山道前进，相机占领灌阳后向兴安前进；第四纵队为八、九军团，经永明（今湖南江永县）或绕过永明县城，从三峰山向灌阳、兴安前进。几小时后，尽管准确掌握了湘江防线空虚情况及敌何键、薛岳部正企图由黄沙河向全州推进的战况，仍未改变部署。由于湘桂边界山道上几乎无路可走，四路进军更加迟滞了辎重压身的红军行军速度。

本日红一方面军各军团、纵队之行动和位置如下：

1. 红一军团主力攻占永安关。第一师仍留道州地域，准备抗击追敌。

2. 红三军团第四师拂晓前渡河完毕后，即沿西岸组织防御。师附迫击炮营本日晨抵达小坪，向大江源、邓家岭侦察前进。红三军团主力经九井渡、莲花塘、两渡桥拂晓前渡河完毕，随第四师跟进。

3. 红五军团拂晓前经薛家厂、福禄岩、两渡桥全部渡河完毕。在河西四个渡桥地区组织顽强防御。

4. 红八军团于24日半夜前经薛家厂浮桥渡河完毕。本日拂晓进至上江圩，继向永明前进。

5. 红九军团在江华之石桥及江底扼阻追敌。

6. 中央第一纵队到达麻园、禾塘。中央第二纵队随第四师后进抵莫索湾地域。

11 月 26 日

本日，第三纵队在邓家源因山道不通受阻，后改道雷口关入广西；第四纵队攻占永明，战斗使部队受到损失，拖延了时间，且行军道路十分艰难，无法按既定路线行军。

敌军方面：周浑元部万耀煌师占领道县。桂军第十五军之两个师及第七军之独立团返回灌阳。湘军刘建绪部向全州急进。

本日红一方面军各军团、纵队之行动及位置如下：

1. 红一军团主力进入广西灌阳之文市地域。第一师由道县附近进抵杨家桥。

2. 红三军团在邓家源受阻（山道不通），改由永安关、雷口关进入广西，主力到达水车地域。

3. 红五军团仍在分江渡至故子江的四个渡桥地区阻击追敌。

4. 红八军团攻占永明县城。

5. 红九军团主力仍在江华之石桥及江渡。第三师第九团仍留永明附近，以保证主力继续通过永明地域。

6. 中央第一纵队经永安关进抵王家、玉溪地域。中央第二纵队随红三军团最后一个师开至雷口关、茅铺地域。

11 月 27 日

本日，红一军团前锋四团从界首渡口过湘江，占领渡口西岸以南三公里的光华铺，作为阻击桂军北上封锁湘江的阵地，三军团四师前锋十团随后接手阵地，四团赶往脚山铺阵地；第五团受命相机占领全州，这一任务未能实现，后占领脚山铺一线，作为阻击湘军南下，掩护红军抢渡湘江的阵地；第六团由大坪涉渡湘江到达二美滩，控制了从界首至大坪的湘江所有渡口和徒涉点。至晚间，红军一、三军团前卫师已占领从界首至屏山渡 30 公里湘江两岸的所有渡口和徒涉点；因道路受阻，中革军委令八、九军团改走雷口关入广西，跟上主力。至此，形成一军团为右翼，三军团为左翼，军委纵队和八、九军团随后，五军团打后卫向湘江前进的态势。于是军委改变四路进军计划，决定红军在30日前全部渡过湘江。

敌军方面，因红一军团前锋五团带队领导坐等军委命令，错失良机，湘军刘建绪部开进全州。

本日红一方面军各军团、纵队之行动和位置如下：

1. 红一军团先头第二师全部进入全州县境，军团主力进入全州县境。第一师仍在道县境内扼阻敌周浑元部。

2. 红三军团前锋第四师占领界首以南的光华铺，向南警戒兴安县城之敌。第五师经大塘到苗园向马渡桥方向侦察，准备阻击桂军，主力从湘桂边界连夜赶到灌阳县城以北的新圩一线构筑工事，以便抵抗桂军从侧面对红军进行攻击。第六师暂留水车、丁家桥地域。

3. 红五军团由潇水西岸向蒋家岭、永安关移动，对追敌进行运动阻击。

4. 红八军团攻击三峰山隘路受阻。

5. 红九军团由江华向永明移动，随红八军团后跟进。

6. 中央第一纵队一部在玉溪休息，一部由桂岩到达文市。中央第二纵队随红三军团的后方部进到丁家桥。

11月28日

灌阳新圩、全州脚山铺、兴安光华铺三大阻击战于本日先后打响。此乃湘江战役三个主战场，它们构成了确保红军渡江的生命线。下午3时，中革军委致电各军团、纵队，要求全军30日前渡过湘江。

红八、红九军团进攻三峰山受阻后，绕道折回，向雷口关急进，仍在永明、道县之间，致使全军前后相距达100公里。为掩护军委纵队向湘江前进，三军团五师之第十四、十五两团在新圩抗击桂军两个师又一个团的兵力，阻击战激烈进行。

因蒋介石严斥桂军放弃职责，桂军执行“只能追击，不能堵击”方针，以一师兵力驰援兴安，令位于灌阳新圩的夏威所部全力向我后续部队发起攻击，防止中央军尾随红军入桂；湘军刘建绪部以三师之众从全州南下，妄图封锁全州至咸水的沿江渡口。

本日红一方面军各军团、纵队之行动和位置如下：

1. 红一军团第一师午前开抵文市归还主力。第二师第四团警卫界首，第五团、第六团占领咸水之朱塘铺、坪山地域。第十五师进抵石塘圩。

2. 红三军团第四师在光华铺地域与桂军对峙。第五师在新圩西南与桂军激战。第六师到达泡江、长塘坪地域，准备接防第五师。

3. 红五军团主力进到蒋家岭、永安关、雷口关地域。后卫部队与敌保持接触，以迟滞追敌。

4. 红八军团临近雷口关。

5. 红九军团到达永明通灌阳、道县通灌阳两大道交叉处之孔家地域。

6. 中央第一纵队、中央第二纵队到达石塘圩以东地域。

11月29日

红一军团第二师在脚山铺抗击湘军三个师又一个团的进攻。

新圩阻击战仍激烈进行。

本日红一方面军各军团、纵队之行动和位置如下：

1. 红一军团第二师晨起在朱塘铺、咸水山地抗击湘军。第一师进抵湘江渡河点之大坪。

2. 红三军团第四师两个团在界首，一个团在光华铺，抗击桂军。第五师今晚尚在新圩以北。第六师主力移至新圩及其以南地域。

3. 红五军团扼守蒋家岭、永安关、雷口关地域。午后，沿两关至文市、水车大道进行运动防御。

4. 红八军团下午赶到水车地域与红三军团第六师取得联络，并准备经下背田、青龙山向光华铺方向前进。

5. 红九军团清晨赶到文市与红一军团第十五师取得联络，并准备经古岭头、凤凰嘴涉渡湘江。

6. 中央第一纵队进至石塘圩以东之官山。中央第二纵队一部随红三军团的后方部到达界首河东；一部随中央第一纵队之后到达官山。

11 月 30 日

本日晨，中央第一纵队从界首渡过湘江。中央第二纵队午前到达界首以东的月亮山，黄昏时渡过湘江。

红一军团第一师凌晨赶到脚山铺和第二师共同抗击湘军。入夜，退守珠兰铺、白沙至夏壁田、水头之第二道阻击线。

新圩方面，由于第六师未能及时赶到接防，第五师苦战三天两夜，于本日撤离阵地。

第四师在光华铺地域顶住了桂军的进攻。

本日红一方面军各军团、纵队之行动和位置如下：

1. 红一军团之第一、第二师在朱塘铺、咸水圩地域抗击由全州出击之湘军。第十五师执行掩护文市、石塘通全州道路的任务。

2. 红三军团第四师主力在界首附近，军委要求特别要保持唐家市道路枢纽于红军手中。前卫十团在光华铺地域与桂军发生激战，顶住了敌人的进攻。团长和继任团长光荣牺牲。第五师 3 时从新圩以北出发，取道陈家背、青龙山、大塘村、唐子头、佳城洞到达渠口。第六师两个团本日晨占领富岁岭、建乡地域；一个团之两个营留红树脚，一个营留泡江之北抗击灌阳之敌。第六师主力于下午 4 时取道陈家背、青龙山、大塘村尾随第五师到佳城洞、保布坪地域。

3. 红五军团第十三师于黄昏时分进到石塘圩。第三十四师本日晨前接替第六师在红树脚、泡江以北部队的防务。由于敌情变化，没有接上，遂从洪水浸折向西进。

4. 红八军团经古岭头向湘江急进，沿途遭桂军截击，下午到青龙山地域宿营。

5. 红九军团于29日在水车渡过灌江后，本日经何家冲、两河圩于午刻进到石塘圩地域。

6. 中央第一纵队本日晨从界首渡过湘江，进抵界首西北之大田地域。中央第二纵队午前进抵界首以东之月亮山附近，黄昏时分渡过湘江，进抵鲁塘地域。

至晚上止，除中央第一、第二纵队已渡过湘江外，全军12个师，已过江4个师，尚有8个师没有过江。

12月1日

凌晨1时半，中革军委向全军下达了紧急作战命令。命令各野战军主力消灭由兴安、全州向界首进攻之敌，钳制桂军及由东尾追而来的周浑元部，保证红军后续部队于2日早通过湘江。

凌晨3时半，中央局、中革军委、总政又联合下达给红一、红三军团一定要保证执行中革军委上述命令的指令。

经过激烈战斗，至本日晚止，红一方面军除红八军团之一部被敌击散，红三军团第六师之第十八团及红五军团之第三十四师被敌切断外，其余部队都已渡过湘江。

何键将其所属湘军和中央军重新进行编组，分为第一、第二两个兵团，以刘建绪为第一兵团总指挥，下辖第一、第四、第五各路，计七个师；以薛岳为第二兵团总指挥，下辖第二、第三两路，计八个师又一个支队。（另有一个预备兵团，辖两个师又一个旅，用以对付红军在湘西北之红二、红六军团）同时，命令上述两个兵团迅速向新宁、城步、绥宁方面转移。

本日红一方面军各军团、纵队之行动和位置如下：

1. 红一军团主力固守珠兰铺、白沙、夏壁田、水头之第二阻击线，与湘军展开激烈战斗。敌猛攻红军阵地被击退后，即转而进攻红一、红二师之接合部，被敌突破，红军被迫向西边大山靠拢。临近中午，第一、第二师交替掩护，第一师经木皮口、鹞子江口中，第二师经庙山、梅子岭、大湾，分别从两个隘口退入通西延的大山区。第十五师于本日夜渡过湘江，归还主力。

2. 红三军团集中两个师在界首附近桂黄公路及其以西地域，扼阻光华铺之桂军。第六师之一部留河东占领石玉村，以掩护红五、红八军团及第六师被切断的部队通过湘江。

3. 红五军团（缺第三十四师）本日晨经麻子渡于倒风塘过江，进入咸水地域。

4. 红八军团冒着敌机轰炸扫射，从凤凰嘴过江后，在咸水圩以东宿营。

5. 红九军团从石塘圩出发，在凤凰嘴涉渡湘江，进抵清水、严家地域。

6. 中央第一纵队进抵鲁塘。中央第二纵队进抵洛江。

12 月 2 日

红一方面军决定在西延地域休整一两天，以便集结兵力，继续前进，从大埠头出湖南城步，再去和红二、红六军团会合。

桂军重新进行编组。以第十五军副军长夏威为第一追击队指挥官，下辖两个师，在红军左后方追击；以第七军军长廖磊为第二追击队指挥官，下辖两个师，准备进驻龙胜。

本日红一方面军各军团、纵队之行动和位置如下：

1. 红一军团由咸水地域经瑶岭及其以北转移到尧家崔塘、杨梅道、杨岭、西山、黄屋田及清水江地域。对全州县城至咸水圩进行严密侦察警戒。

第一师于下午开到大埠头及其以东地域，并占领有利地势，阻击敌人，坚守阵地。

2. 红三军团转移到鲁塘、洛江、火兑炜地域，以一个师在鲁塘布防，向界首方向占领阵地，准备阻击来犯之敌。

3. 红五军团（缺第三十四师，下同）在咸水地域集结，本晚经黄屋田转移到南宅、焦川地域。

4. 红九军团转移到油榨坪地域。

5. 中央第一、第二纵队本日早进到西延之护卫、枫木地域。

6. 军委令红八军团突围的部队及其他失掉联络的部队与人员，当到达某个地域时，受该地域行动兵团首长指挥。

12 月 3 日

根据敌情变化，红军决定脱离敌人，继续西进，放弃从西延地域出湖南城步的打算，向西深入越城岭山区。

本日红一方面军各军团、纵队之行动和位置如下：

1. 红一军团移到米产子平，以第一师控制土地坳、大埠头地域。第十五师集结油榨坪地域。一个团扼守表坪界隘口。

2. 红三军团移到火兑炜、广塘、水埠塘、雷霹州地域。第五师暂留洛江扼阻界首方向来追之敌。

3. 红五军团集结于清和岭、洛江、三千界地域。

4. 红九军团集结油榨坪地域并警戒青坪界方向。

5. 中央第一纵队仍留枫木。第二纵队移到佘家坪、石丘坪地域。

二、湘江战役三大阻击战主战场发生地

（一）灌阳新圩阻击战战斗地点及战斗经过

主战场：位于狮子山、瘦马岐、张家岭一线。

战斗经过：28 日，三军团五师李天佑部十四、十五团及军委炮兵营防守于钟山、水口山一带，晚，撤至杨柳井两侧山头平头岭、尖

背岭一线；29日晚至30日早上，在龙桥村对面的虎形包构筑工事进行防守，后退至新圩附近的楠木山和炮楼山一线；12月1日，接防的三军团六师十八团被围歼于陈家背一带。

（二）脚山铺阻击战战斗地点

主战场：东西走向两公里长的小山岭，南北走向的桂黄公路。公路右侧的尖峰岭、双把牛角抱西瓜山、黄帝岭；左侧的冲天凤凰山、美女梳头山、米花山、怀中抱子岭。

战斗经过：

红一军团一师二团，二师四、五、六团参战。28日中午，尖峰岭歼灭战，晚撤回位于脚山铺北侧山岭的第一道阻击阵地，29日，尖峰岭与美女梳头岭下的坡地接合部，30日红一师赶到，下午，战斗至米花山、美女梳头岭以东山头，后至怀中抱子岭、尖峰岭，二师退守黄帝岭，在左权带领下，二师退至一师右侧的珠兰埔、白沙一带，构成第二道阻击线。12月1日中午，军委纵队越过桂黄公路进入越城岭山区，后续部队除三十四师及十八团外，基本全部过江，一师和二师交替掩护，边打边撤，一师经木皮口、鹞子江口，二师经庙山、梅子岭、大弯，分别从两个山隘口西边，朝资源大山区转移。

（三）光华铺阻击战战斗地点

主战场：光华阵地、界首镇、光华铺与塘家市之间。

战斗经过：28日下午，中革军委令三军团四师准备进攻兴安县城。晚，一军团二师四团赶往觉山阵地，十团在光华铺与塘家市之间构筑工事，防御兴安之敌。29日下半夜，争夺界首渡口，30日，光华铺失守，坚守光华铺北段西自石门飞龙殿、碗塘岭，东至茅坪岭湘江边的第二道阻击线，界首渡口激战，12月1日，红四师控制飞龙殿制高点，在界首西南阻敌，红五师主力接防红四师，于界首至百里道路以南阻敌，红六师十八团接防新圩枫树脚，在界首东岸石玉村阻敌，同时，界首、凤凰嘴渡口战况惨烈，十八团大部被围歼。因大部分野战部队过江，三军团撤往越城岭山区。

（四）其余战斗

1. 红五军团在文市与周浑元部激战，损失较大。

2. 11 月 30 日，三军团六师十八团赶到新圩接防五师，遭敌分割包围，无法前进湘江，恶战至晚，后全团损失于全州、灌阳交界处。

3. 12 月 3 日早，红三十四师在全州安和文塘村遭敌伏击，鉴于敌人已封锁湘江，被迫折返，一路上被敌人几次包围截击，队伍所剩无几，师长陈树湘等英勇牺牲。

三、需要解决的几个问题

1. 有些地名需要进一步核实，如以前编的军史中提到的“脚山铺”，现在桂林地区党史部门改为“觉山铺”，是同一地方还是方言导致的不一致？

2. 三大阻击战开始的时间是否都是 28 日，有资料显示并不一致。

3. 中革军委究竟何时决定正式过江？是以 27 日晚还是以 28 日对各部队电文为准？

4. 湘江战役何时算正式结束？ 12 月 1 日还是 12 月 3 日？目前已有的大都以红三军团结束光华铺阻击战，撤往越城岭山区为标志。但红三十四师作为红一方面军后续部队，此时仍在赶往湘江，12 月 3 日早上遭桂军伏击，才不得不折返。

（中共中央党史和文献研究院）

湘江战役中央红军作战部队情况研究的报告

翟清华　褚银　李涛　王建强　魏希楠

1934年11月27日至12月1日，中央红军在广西兴安、灌阳、全州之间的湘江两岸，与国民党近30万“追剿”大军血战五天四夜，终于突破了国民党军第四道封锁线，挫败了蒋介石企图歼灭红军于湘江以东的计划。但此役也是中央红军长征中损失最大的一次。连同前三次突破封锁线的损失（包括非战斗减员），中央红军渡过湘江后已由长征出发时的8.6万余人锐减为3万余人。本课题在梳理相关历史文献资料的基础上，对长征初期特别是湘江战役期间中央红军作战部队（包括人数、编成、团以上领导变化、作战等）的情况进行研究。

为了更好地掌握资料，课题组于2019年3月前往广西桂林及灌阳、兴安、全州、龙胜、资源五县和湖南永州及道县、江永、江华、蓝山四县进行实地调研，与当地党史部门、红军纪念设施单位以及红军战斗地的专家、群众进行座谈，走访了当年红军战斗过的具体地点，考察了红军烈士遗骸的收集现场，调研了当年红军牺牲的部分情况。这些调研活动使课题组成员进一步认识到此课题的重要意义，但搜集到的能为本课题研究提供有力支撑的材料较为有限。

需要说明的是，为了更好地反映中央红军各部队在这一重大历史事件中的情况，课题研究没有局限于战役本身，而是前伸后延。全文分为五个部分：第一部分为长征出发时中央红军各部队情况；第二部分为突破三道封锁线后中央红军各部队情况；第三部分为湘江战役期间中央红军各部队情况；第四部分为湘江战役后中央红军各部队情况；第五部分为需要说明的几点情况。

一、长征出发时中央红军各部队情况

（一）红一军团

长征出发时，根据 1934 年 10 月 8 日《野战军人员武器弹药供给统计表》，全军团原有 17280 人，新补充 2600 人，共计 19880 人[①]。军团长林彪，政治委员聂荣臻，参谋长左权，政治部主任朱瑞，政治保卫分局局长罗瑞卿，供给部部长赵尔陆，卫生部政治委员萧望东。教导团团长陈士榘、政治委员邓富连（邓飞）[②]。下辖第一、第二、第十五师。

第一师：师长李聚奎，政治委员赖传珠，参谋长聂鹤亭，政治部主任谭政，卫生部部长张杰。

直属队：总支书记龙福才。

第一团：团长杨得志，政治委员黎林；

第二团：团长刘瑞龙，政治委员邓华；

第三团：团长黄永胜，政治委员林龙发。

第二师：师长陈光，政治委员刘亚楼，参谋长李棠萼，政治部主任符竹庭，供给部部长赖际发，卫生部部长陈先多。

直属队：总支书记刘振球。

第四团：团长耿飚，政治委员杨成武；

第五团：团长钟学高，政治委员易荡平；

第六团：团长朱水秋，政治委员王集成。

第十五师：师长彭绍辉，政治委员萧华，卫生部部长兼政治委员刘元。

---

① 中国人民解放军历史资料丛书编审委员会编：《红军长征・文献》，解放军出版社 1990 年版，第 92 页。

② 本研究报告基本参照的编制表是中国人民解放军总政治部组织部编写的《中国共产党中国人民解放军组织史资料》第 1 卷，长征出版社 1994 年版。对相关有疑问的任职情况，根据掌握的材料进行了必要的考证和改动。下文均相同，不再一一注释。

直属队：总支书记宋景华。

第四十三团：团长周松山；

第四十四团：政治委员孙文采；

第四十五团：团长陈正湘。

（二）红三军团

全军团原有15205人，新补充2600人，共计17805人。军团长彭德怀，政治委员杨尚昆，参谋长邓萍，政治部主任袁国平，政治保卫分局局长张纯清，供给部部长唐延杰、政治委员邱创成，卫生部部长饶正锡、政治委员黄应龙，直属队总支书记杨光池。下辖第四、第五、第六师。

第四师：师长洪超，政治委员黄克诚，参谋长杜中美，政治部主任李井泉（一说吕振球[①]），供给部部长汤平，特派员方正平。

第十团：团长沈述清，政治委员杨勇；

第十一团：团长邓国清，政治委员王平；

第十二团：团长谢嵩，政治委员张爱萍。

第五师：师长李天佑，政治委员钟赤兵，参谋长胡震（浚），政治部主任唐天际，卫生部部长兼政治委员尹明亮。

第十三团：团长黄珍，政治委员苏振华；

第十四团：团长黄冕昌，政治委员毛国雄；

第十五团：团长白志文，政治委员罗元发。

第六师：师长曹德清，政治委员徐策，政治部主任欧阳钦，卫生部部长曾育生。

第十六团：团长李寿轩，政治委员黄振棠（代）；

第十七团：团长王松青，政治委员徐迪生；

① 中国工农红军第三军团史编委会：《中国工农红军第三军团史》，国防大学出版社1992年版，第321页。中国工农红军第三军团史编辑委员会：《中国工农红军第三军团纪事》，国防大学出版社1988年版，第186页。

第十八团：团长曾春鉴。

（三）红五军团

红五军团原有10868人，新补充1300人，共计12168人。军团长董振堂，政治委员李卓然，参谋长刘伯承，政治部主任曾日三，政治保卫分局局长欧阳毅，供给部部长傅兰荪、政治委员刘型，卫生部部长姬鹏飞，直属队总支书记张力雄，中央代表陈云。下辖第十三、第三十四师。

第十三师：师长陈伯钧，政治委员罗华民，参谋长潘同，政治部主任周碧泉。

第三十七团：团长刘培笃，政治委员谢良；

第三十八团：团长夏忠兴，政治委员曹胜节（代）；

第三十九团：团长黄严斌（代），政治委员张卿云（代）。

第三十四师：师长陈树湘，政治委员程翠林，参谋长袁良惠，政治部主任朱良才，特派员张福升。

第一〇〇团：团长韩伟，政治委员张力雄；

第一〇一团：团长苏达清，政治委员彭竹峰；

第一〇二团：团长梅林，政治委员蔡中。

（四）红八军团

红八军团原有9022人，新补充1900人，共计10922人。军团长周昆，政治委员黄甦，参谋长唐濬，政治部主任罗荣桓，政治保卫分局局长许建国，卫生部部长侯政，中央代表刘少奇。下辖第二十一、第二十三师。

第二十一师：师长周昆（兼），政治委员黄甦（兼），参谋长唐濬（兼），政治部主任罗荣桓（兼）。

第六十一团：政治委员林忠照（代）；

第六十二团：团长马良骏，政治委员温玉成；

第六十三团：政治委员黄志勇。

第二十三师：师长孙超群，政治委员李干辉，政治部主任周桓。

第六十七团：团长罗占云；

第六十八团：团长邓文玉；

第六十九团：团长兼政治委员杨焕章。

（五）红九军团

红九军团原有10238人，新补充1300人，共计11538人。军团长罗炳辉，政治委员蔡树藩，参谋长郭天民，政治部主任黄火青，政治保卫分局局长李涛，后方部部长张令彬，供给部部长赵镕，卫生部部长吴清涪、政治委员周志刚，中央代表凯丰。下辖第三、第二十二师。

第三师：师长罗炳辉（兼），政治委员蔡树藩（兼）。

第七团，团长洪玉良（洪涛），政治委员周生珍（周彪）；

第八团，团长利松（李松），政治委员幸世修；

第九团，团长萧新槐[①]。

第二十二师[②]：师长周子昆，政治委员黄开湘，政治部主任刘道生。

第六十四团，团长帅荣，政治委员彭嘉庆；

第六十五团，团长何中瑶，政治委员庄振风；

第六十六团，团长李国柱，政治委员翁祥初。

---

① 中国人民解放军总政治部组织部编：《中国共产党中国人民解放军组织史资料》第1卷，长征出版社1994年版，第253页记载，此时九团团长为李国柱，但第254页又记载第六十六团团长为李国柱，二者是矛盾的；据王耀南回忆文章《突围路上》记载，湘江浮桥炸毁后，有一个团涉水过江，团长为萧新槐。这与后来采访曾任军团部参谋的彭寿生的材料相符。故我们认为，长征出发前第九团团长应为萧新槐。

② 第二十二师由第二十三军在1933年6月7日改编而成，原为粤赣军区主力部队。据赵镕《长征日记》记载，第二十二师编入红九军团前，人数约8000人，但就红九军团长征时11538人来看，此数不确。

（六）军委第一、第二纵队

军委第一纵队共计4693人，由军委总司令部和直属单位组成。纵队司令员兼政治委员叶剑英，参谋长钟伟剑，政治部主任王首道。下辖：

第一梯队：由军委总部第一、第二、第三局及无线电台三台、电话一排、通信队、警备连、工兵连、运输排组成，队长兼政治委员彭雪枫；

第二梯队：由军委总部第四、第五局及总政治处、警卫营、红军总政治部、医务所、运输一排组成，队长兼政治委员罗彬；

第三梯队：由军委工兵营、炮兵营、运输一大队、附属医院组成，队长兼政治委员武亭；

第四梯队：即干部团，由红军大学、公略步兵学校、彭杨步兵学校、特科学校合并组成，团长陈赓，政治委员宋任穷，下辖四个营和上级干部队。

军委第二纵队共计9853人，由中共中央机关、中华苏维埃中央政府机关、后勤部队、卫生部门、总工会、青年团等组成。司令员兼政治委员罗迈，副司令员兼副政治委员邓发，参谋长张宗逊，政治部主任邵式平，下辖：

第一梯队：即教导师，队长张经武，政治委员何长工，参谋长孙毅，政治部主任陈漫远（一说李熙[①]），特派员裴周玉；

第二梯队：由总供给部、通信学校、军事工业局、军事工厂、运输大队等部编成；

第三梯队：由总卫生部和部分医院编成，司令员兼政治委员贺诚；

第四梯队：由中共中央机关、国家政治保卫局、军委政治保卫局、政治保卫团、特务队等部编成，其中政治保卫团团长姚喆，政治委员张南生。

---

① 《何长工回忆录》，解放军出版社1987年版，第332页。

二、突破三道封锁线后中央红军各部队情况

（一）红一军团

红军长征以来，红一军团作为前锋，与国民党军进行了多次战斗。红一军团一部在九峰山地区遭遇国民党军截击；红一军团先后派出部队进占临武、蓝山、道州等地，并在黄家桥、佛寿圩、天堂圩、横岭等地与国民党军激战。这一时期，红一军团在作战中有部分减员，亦曾在宜章、白石渡等地大量扩红，但编制情况基本没有变化。

（二）红三军团

红三军团进行了白石圩、古陂圩、汝城、良田、万会桥、黄泥坳、天堂圩等战斗，占领了崇义、宜章、白石、嘉禾等城镇，开辟了九峰山、九嶷山等行军通道。在白石圩战斗中，第四师师长洪超牺牲，由张宗逊继任。编制情况没有其他变化。

（三）红五军团

红五军团进行了渡头、土地圩、下灌、红岭、王家等战斗，由于一直担负后卫掩护任务，受到一定损失[①]。但军团的建制和序列还是基本完整的，个别师、团领导人有所变动：王彦秉接任第十三师第三十七团团长[②]，张福升代第三十四师参谋长，蔡中代理第三十四师

---

① 据李德回忆："兵力强大的粤军和国民党中央军，开始在后面紧紧追赶，使得第五、九军团好几天陷入损失巨大的后卫战斗之中。" 奥托·布劳恩：《中国纪事》，李逵六译，东方出版社 2004 年版，第 108 页。另据韩伟在《红三十四师浴血奋战湘江之侧》中回忆："周浑元、薛岳两部紧紧地咬住我们的屁股。我们常常是吃不上饭，睡不成觉，夜间行军，白天打仗"，"我们左边打，右边也打，被动得很"。

② 据谢良回忆：过湘江时，"刘佩都（即刘培笃）同志已经调走，新来的团长是王彦秉同志"。见《铁流后卫》，解放军文艺出版社 1977 年版，第 19 页。

政治部主任[①]，侯中辉接任第三十四师第一〇〇团政治委员[②]。

（四）红八军团

红八军团在这一时期没有经历大的战斗。根据李德回忆：“第八军团（第二十一、二十三师）和第九军团的第二十二师减员也很严重，但主要不是打仗的结果，因为除了掩护战和后卫战以外，他们几乎没有参加大的战斗，而是逃跑和离散、掉队和生病所致。”[③]因部队减员严重，11 月 17 日，中革军委签发了关于红八、红九军团进行改编的命令，其中将第二十一师编为五个补充营，一个营补充红八军团（第二十三师），三个营补充红三军团，一个营补充红五军团。红八军团首长兼第二十三师首长。

需要说明的是：有些材料认为红八军团由于行军紧张，改编工作没有完成[④]。但是根据此后电文和相关报告，可以看出红八军团的改编实际上已经完成。主要理由是：一是 1934 年 11 月 21 日 4 时朱德、周恩来急电强调，要求“应迅速结束八军团的改编”。二是 12 月 11 日，李卓然、陈云向博古、朱德、周恩来报告中提到，红八军团只有 3 个团 600 余人。这是很明确的一个师的编制规模。三是 11 月 17 日之后电文中第二十一师番号没有再出现。综合以上情况，我们认为，红八军团在 11 月 17 日改编命令下达后，实际上已经将第二十一师建制撤销，只是由于战事紧张，可能具体人员没有按时到位，但从目前掌握的材料表明撤并第二十一师的命令是执行了的，此后红八军团仅辖第二十三师。

---

① 《中国工农红军第一方面军人物志》，解放军出版社 1995 年版，第 706 页。

② 参见中国人民解放军总政治部组织部编：《中国共产党中国人民解放军组织史资料》第 1 卷，长征出版社 1994 年版，第 250 页记载：张福升、王光道先后任第三十四师参谋长，均牺牲于 1934 年 12 月。另据韩伟回忆：1934 年夏，第三十四师转归红五军团建制，对师、团干部进行调整。侯中辉接任第一〇〇团政治委员。

③ 参见奥托·布劳恩：《中国纪事》，李逵六译，东方出版社 2004 年版，第 110 页。

④ 参见《莫文骅回忆录》，解放军出版社 1996 年版，第 248 页；刘崇文、陈绍畴编：《刘少奇年谱》，中央文献出版社 1996 年版，第 138 页。

（五）红九军团

红九军团进行了安西圩、青龙圩、延寿圩等战斗。在这一时期，红九军团特别是第二十二师减员严重。上文中提到的李德回忆也证明了这一点。另据军委纵队工兵营营长王耀南回忆：到道州后，第二十二师工兵连“只剩下30多个人”，和只剩下100多个人的军委工兵营中八九十个人合并为工兵一连。这也说明了第二十二师减员严重。

11月17日，中革军委下令，红九军团仅保留第三师，将第二十二师编五个补充营，以两个营补充其第三师，两个营补充红一军团，一个营补充红五军团。罗炳辉、蔡树藩仍分别兼第三师的师长、政治委员。根据赵镕的《长征日记》记载：11月23日，“上级命令，为充实主力，减少机关单位，将通过第三道封锁线受到一部分损失的红一十二师，分别拨给一、三、九各军团。该师的第六十五团1000余人及师部一部分归属我军团，六十四团归一军团，六十六团归三军团。”[①]另据红九军团司令部参谋林伟日记记载：11月23日，在双和圩接到“军委电令，为充实主力，减少机关单位，将红二十二师分别拨调给一、五、九各军团，六十五团及师部一部分归九军团，所以今天司令部增加来了不少人，使得参谋部更加健全充实了”[②]。再据彭寿生回忆：第二十二师到甲禾圩的当晚，“我忽然接到通知，要我到军团司令部工作。当夜11点多我和二十二师的一个作战参谋，带着介绍信到军团司令部报到，我被分在军团司令部侦察科当参谋。甲禾圩整编之后，红二十二师就不再存在了”[③]。此外，查找此后红军相关文电，第二十二师的番号未再出现。上述材料，均表明

---

① 中共中央党史研究室：《红军长征纪实丛书·日记卷》(2)，中共党史出版社2016年版，第417页。其中的“一十二师”应为第二十二师，“三军团”应为红五军团。

② 中共中央党史研究室：《红军长征纪实丛书·日记卷》(3)，中共党史出版社2016年版，第873页。

③ 中共中央党史研究室：《红军长征纪实丛书·红一方面军卷》(11)，中共党史出版社2016年版，第4845—4846页。

撤并第二十二师的命令是执行了的。

需要说明的是：(1)曾任红九军团第七团团长的刘华香回忆：渡过湘江后，第二十二师人员“已所剩无几，大约千把人。正值中央补给队抬机器的人也多半掉队，就把二十二师余下的人员调去抬机器了。这样一来，九军团只剩下一个师了，也就是九军团本身了”[①]。这个回忆与上述日记内容矛盾，在红军相关电文中也得不到佐证。时任红九军团政治部主任的黄火青在1995年也回忆了相关内容：“经过进入湖南后紧张的行军征战，二十二师人员已所剩无几，大约只有千把人。正值中央纵队抬机器的人也多半掉了队，就把二十二师余下的人员调去抬机器。这样一来，九军团只剩下一个师也就是九军团本身了。”[②]两人的回忆内容基本相同，不同的是撤编的发生时间，刘华香认为是在湘江战役之后，黄火青明确是在11月中旬即湘江战役之前，而黄火青的回忆与前述日记是相吻合的，因此我们认为，刘华香的回忆有误。(2)关于红九军团长征初期团以上干部牺牲情况，在以上日记和相关回忆中，均未见记载。

(六)军委第一、第二纵队

红军长征以来，军委第一、第二纵队各部队没有参加大的战斗，根据教导师特派员裴周玉回忆：“出发1个月来，教导师没有参加什么大的战斗。”[③]在教导师参谋长孙毅的回忆中，也只提到该师在乌径阻击敌人这一次战斗[④]。军委第一、第二纵队编制基本没有大的变化，第四师师长洪超在突破第一道封锁线时牺牲，军委第二纵队参

---

① 中共中央党史研究室：《红军长征纪实丛书·红一方面军卷》(2)，中共党史出版社2016年版，第465页。

② 黄火青：《一个平凡共产党员的经历》，人民出版社1995年版，第84页。

③ 中国人民解放军历史资料丛书编审委员会编：《红军长征·回忆史料》(1)，解放军出版社1990年版，第131页。

④《孙毅将军自述》，辽宁人民出版社2007年版，第119页。

谋长张宗逊调任第四师师长[①]，所遗职务由姚喆代理，姚喆仍兼第四梯队政治保卫团团长。

（七）湘江战役前中央红军编制情况[②]

1. 红一军团：军团长林彪，政治委员聂荣臻，参谋长左权，政治部主任朱瑞，政治保卫分局局长罗瑞卿，供给部部长赵尔陆，卫生部政治委员萧望东。教导团团长陈士榘，政治委员邓富连（邓飞）。下辖第一、第二、第十五师。

第一师：师长李聚奎，政治委员赖传珠，参谋长聂鹤亭，政治部主任谭政，卫生部部长张杰。

直属队：总支书记龙福才。

第一团：团长杨得志，政治委员黎林；

第二团：团长刘瑞龙，政治委员邓华；

第三团：团长黄永胜，政治委员林龙发。

第二师：师长陈光，政治委员刘亚楼，参谋长李棠萼，政治部主任符竹庭，供给部部长赖际发，卫生部部长陈先多。

直属队：总支书记刘振球。

第四团：团长耿飚，政治委员杨成武；

第五团：团长张振山，政治委员易荡平；

第六团：团长朱水秋，政治委员王集成。

第十五师：师长彭绍辉，政治委员萧华，卫生部部长兼政治委员刘元。

直属队：总支书记宋景华。

第四十三团：团长周松山；

第四十四团：政治委员孙文采；

第四十五团：团长陈正湘。

---

①《张宗逊回忆录》，解放军出版社 1990 年版，第 125 页。

② 本编制情况与现有相关研究最大的不同是：删掉了已撤并的第二十一师、第二十二师。

2. 红三军团：军团长彭德怀，政治委员杨尚昆，参谋长邓萍，政治部主任袁国平，政治保卫分局局长张纯清，供给部部长唐延杰、政治委员邱创成，卫生部部长饶正锡、政治委员黄应龙。下辖第四、第五、第六师。

直属队：总支书记杨光池。

第四师：师长张宗逊，政治委员黄克诚，参谋长杜中美，政治部主任吕振球，供给部部长汤平，特派员方正平。

第十团：团长沈述清，政治委员杨勇；

第十一团：团长邓国清，政治委员王平；

第十二团：团长谢嵩，政治委员张爱萍。

第五师：师长李天佑，政治委员钟赤兵，参谋长胡震（浚），政治部主任唐天际，卫生部部长兼政治委员尹明亮。

第十三团：团长黄珍，政治委员苏振华；

第十四团：团长黄冕昌，政治委员毛国雄；

第十五团：团长白志文，政治委员罗元发。

第六师：师长曹德清，政治委员徐策，政治部主任欧阳钦，卫生部部长曾育生。

第十六团：团长李寿轩，政治委员余瑞祥；

第十七团：团长王松青，政治委员徐迪生；

第十八团：团长曾春鉴。

3. 红五军团：军团长董振堂，政治委员李卓然，参谋长刘伯承，政治部主任曾日三，政治保卫分局局长欧阳毅，供给部部长傅兰荪、政治委员刘型，卫生部部长姬鹏飞，直属队总支书记张力雄，中央代表陈云。下辖第十三、第三十四师。

第十三师：师长陈伯钧，政治委员罗华民，参谋长潘同，政治部主任周碧泉，特派员龙道权。

第三十七团：团长王彦秉，政治委员谢良；

第三十八团：团长夏忠兴；

第三十九团：团长黄严斌（代）。

第三十四师：师长陈树湘，政治委员程翠林，参谋长张福升，政治部主任蔡中（代）。

第一〇〇团：团长韩伟，政治委员侯中辉；

第一〇一团：团长苏达清[①]，政治委员彭竹峰；

第一〇二团：团长梅林，政治委员蔡中。

4. 红八军团：军团长周昆，政治委员黄甦，参谋长毕占云，政治部主任罗荣桓，政治保卫分局局长许建国，供给部部长左叶，卫生部部长侯政，直属队总支书记温玉成。下辖：

第二十三师：师长周昆（兼），政治委员黄甦（兼），参谋长毕占云（兼），政治部主任甘渭汉。下辖：

第六十七团：政治委员黄志勇；

第六十八团：团长邓文玉；

第六十九团：团长兼政治委员杨焕章。

5. 红九军团：军团长罗炳辉，政治委员蔡树藩，参谋长郭天民，政治部主任黄火青，政治保卫分局局长李涛，后方部部长张令彬，供给部部长赵镕，卫生部部长吴清涪、政治委员周志刚。下辖：

第三师：师长罗炳辉（兼），政治委员蔡树藩（兼）。

第七团：团长洪玉良（洪涛），政治委员周生珍（周彪）；

第八团：团长利松（李松），政治委员幸世修；

第九团：团长萧新槐。

6. 军委第一纵队：纵队司令员兼政治委员叶剑英，参谋长钟伟剑，政治部主任王首道。下辖：

第一梯队：队长兼政治委员彭雪枫；

第二梯队：队长兼政治委员罗彬；

---

① 《中国工农红军第一方面军人物志》，解放军出版社 1995 年版，第 229、230 页。苏达清于 1934 年 11 月在湖南嘉禾作战中牺牲。

第三梯队：队长兼政治委员武亭；

第四梯队：即干部团，团长陈赓，政治委员宋任穷。

军委第二纵队：司令员兼政治委员罗迈，副司令员兼副政治委员邓发，参谋长姚喆，政治部主任邵式平。下辖：

第一梯队：即教导师，队长张经武，政治委员何长工，政治部主任陈漫远，特派员裴周玉；

第二梯队：不详；

第三梯队：司令员兼政治委员贺诚；

第四梯队：其中政治保卫团，团长姚喆，政治委员张南生，其他不详。

三、湘江战役期间中央红军各部队情况

11 月 25 日，中革军委在湖南道县豪福村发布了从全州、兴安抢渡湘江，突破敌人第四道封锁线的命令，拉开了湘江战役的帷幕。

（一）红一军团

在湘江战役中，红一军团与国民党湘军等进行了多次激烈的战斗。第一师于 11 月 25 日到 27 日在道州等地阻击追敌西渡潇水。第一师（11 月 30 日—12 月 1 日）、第二师（11 月 28 日—12 月 1 日）在脚山铺、朱塘铺、咸水圩、坪山、下坡田、珠兰铺、白沙、夏壁田、水头等地域，全力抗击全州出击之敌，基本保证了湘江通道的北部安全，付出重大牺牲。第五团政治委员易荡平在尖峰岭英勇牺牲，王道邦代理政治委员。第四团政治委员杨成武身负重伤。第十五师在鲁圩街、鲁塘圩、土桥、楠木山、九龙安等地阻敌，其第四十三团、第四十五团在咸水圩地域被敌阻截后，绕道界首圩渡江，部队有较大损失。

（二）红三军团

在湘江战役中，红三军团与国民党桂军进行了多次激烈战斗。第四师于 11 月 27 日到 12 月 1 日在界首、光华铺等地域，抗击北进的桂军，付出重大牺牲，基本保证了湘江通道的南部安全。11 月 30 日，第十团团长沈述清在指挥第一营实施反冲击过程中牺牲。师参谋长杜中美代替指挥。当日下午，杜中美在第二营阵地指挥作战时牺牲，由团政治委员杨勇指挥。第十团共牺牲 400 多人。第五师第十四、第十五团从 11 月 27 日到 30 日在灌阳新圩、马渡桥等地阻击桂军，伤亡 2000 多人，师参谋长胡震、第十四团团长黄冕昌以及副团长、参谋长、政治处主任都英勇牺牲，第十五团团长、政治委员和第十四团政治委员均负重伤，营以下干部大部牺牲。第六师第十八团接替第五师新圩地域阻击任务后，与优势敌军激战两昼夜，被阻在湘江以东，在陈家背地域大部牺牲。

（三）红五军团

在湘江战役中，红五军团进行过多次激烈的战斗。第十三师于 11 月 29 日至 30 日在蒋家岭、永安关附近高明桥、文市东南的钩脑坳、全州县两河乡鲁枧村隔壁山等地阻击追敌。12 月 1 日在凤凰嘴渡过湘江时，遭敌机轰炸。第三十四师于 11 月 25 日至 30 日在道县城南、灌阳水车等地域与追敌激战。12 月 1 日中央红军主力渡过湘江后，第三十四师被阻于湘江以东，先后在道县安和乡文塘村、全灌交界的猫儿源、灌阳清塘乡小坪村、永明牯子江渡口等地与敌激战，最终全军覆没。师长陈树湘、政治委员程翠林、参谋长张福升、王光道，政治部主任蔡中、团长周子安[①]等英勇牺牲。

---

① 《长征大事典》（下），贵州人民出版社 1996 年版，第 2664 页。原一〇二团团长梅林是 1934 年 11 月在湘南牺牲的。梅林牺牲后由周子安接任第一〇二团团长。

（四）红八军团

在湘江战役中，红八军团于11月28日至12月1日在永明、三峰山、古岭头、水车、杨梅山等地与敌激战。红八军团大部在凤凰嘴渡口渡江时，遭敌轰炸扫射，建制被打乱，损失很大[①]。

（五）红九军团

在湘江战役中，红九军团于11月28日至30日，在牯牛岭、青塘、永明等地与敌激战。12月1日，红九军团通过石塘圩地域后转移到清水严家地域，作为红一军团的预备队，在麻子渡、枧山之间渡过湘江。

（六）军委第一、第二纵队

在湘江战役中，军委第一、第二纵队基本没有参加战斗。各部于11月30日先后从界首渡口渡过湘江，向西延山区前进。

四、湘江战役后中央红军各部队情况

中央红军渡过湘江进入西延山区后，沿越城岭向通道方向前进。12月4日中革军委在油榨坪发布命令，要求缩编各部后方机关，主要是取消师的后方机关，师、团的卫生队缩小一半，即团为30人，师为90人；取消兵站；军团医院缩编；红八、红九军团取消后方部等[②]。

12月13日，中革军委发布《关于红八军团并入红五军团的决定及其办法》规定：撤销红八军团，将红八军团人员编入红五军团第十三师，五军团十三师师部取消，军团司令部直辖十三师三

---

①《莫文骅回忆录》，解放军出版社1996年版，第248页。

② 军事科学院战史研究部：《第二次国内革命战争史料选编》第6辑第1册，1964年，第237页。

个团，人员尽可能充实作战部队。根据中革军委指示，刘伯承调回军委，陈伯钧为五军团参谋长，周昆、黄甦待改编完后即回军委，罗荣桓为五军团政治部主任，毕占云调回军委，马良骏留五军团为团长，其他军政人员除加强五军团各团外，余应送军委四局及总政治部①。

中革军委同时发布《关于取消第二纵队，合编第一、二纵队的命令》，将军委第一、第二纵队合编为军委纵队，并规定其序列如下：第一梯队辖军委总司令部五局及其直属部队（缺炮兵营）、总政治部没委会、中局队、中央队、国家保卫局及一医务所。第二梯队辖总卫生部及一个医院（五个所）。第三梯队辖总供给部及通信队。三个梯队外，另以干部团、保卫团为独立的作战部队，归军委纵队司令部直辖。12 月 15 日起，以军委纵队名义直接指挥所属各部队②。

综合上述情况，湘江战役后中央红军编制情况如下：

1. 红一军团：军团长林彪，政治委员聂荣臻，参谋长左权，政治部主任朱瑞，政治保卫分局局长罗瑞卿，供给部部长赵尔陆，卫生部政治委员萧望东。教导团政治委员邓富连（邓飞）。下辖第一、第二、第十五师。

第一师：师长李聚奎，政治委员赖传珠，参谋长聂鹤亭，政治部主任谭政，卫生部部长张杰。

直属队：总支书记龙福才。

第一团：团长杨得志，政治委员黎林；

第二团：团长刘瑞龙，政治委员邓华；

第三团：团长黄永胜，政治委员林龙发。

---

① 中国人民解放军历史资料丛书编审委员会编：《红军长征・文献》，解放军出版社 1990 年版，第 188 页。

② 中国人民解放军历史资料丛书编审委员会编：《红军长征・文献》，解放军出版社 1990 年版，第 190 页。

第二师：师长陈光，政治委员刘亚楼，参谋长李棠萼，政治部主任符竹庭，供给部部长赖际发，卫生部部长陈先多。

直属队：总支书记刘振球。

第四团：团长耿飚，政治委员杨成武；

第五团：团长钟学高，政治委员赵云龙；

第六团：团长朱水秋，政治委员王集成。

第十五师：师长彭绍辉，政治委员萧华，卫生部部长兼政治委员刘元。

直属队：总支书记宋景华。

第四十三团：团长周松山；

第四十四团：政治委员孙文采；

第四十五团：团长陈正湘。

2. 红三军团：军团长彭德怀，政治委员杨尚昆，参谋长邓萍，政治部主任袁国平，政治保卫分局局长张纯清，供给部部长唐延杰、政治委员邱创成，卫生部部长饶正锡、政治委员胡定国。下辖第四、第五、第六师。

直属队：总支书记杨光池。

第四师：师长张宗逊，政治委员黄克诚，参谋长黄子荣，政治部主任吕振球，供给部部长汤平，特派员方正平。

第十团：团长陈连华，政治委员杨勇；

第十一团：团长邓国清，政治委员王平；

第十二团：团长谢嵩，政治委员刘随春。

第五师：师长李天佑，政治委员钟赤兵，参谋长李骏，政治部主任唐天际，卫生部部长兼政治委员尹明亮。

第十三团：团长黄珍，政治委员苏振华；

第十四团：团长文年生，政治委员甘渭汉；

第十五团：团长白志文，政治委员罗元发。

第六师：师长曹德清，政治委员徐策，参谋长曾春鉴，政治部主任欧阳钦，卫生部部长曾育生。

第十六团：团长李寿轩，政治委员黄振棠；

第十七团：团长王松青，政治委员徐迪生[1]。

3. 红五军团：军团长董振堂，政治委员李卓然，参谋长陈伯钧，政治部主任罗荣桓，政治保卫分局局长欧阳毅，供给部部长傅兰荪、政治委员刘型，卫生部部长姬鹏飞，直属队总支书记张力雄，中央代表陈云。直辖第三十七、第三十八、第三十九团。

第三十七团：团长刘培笃（代），政治委员谢良；

第三十八团：团长刘丕基；

第三十九团：团长马良骏。

4. 红九军团：军团长罗炳辉，政治委员蔡树藩，参谋长郭天民，政治部主任黄火青，供给部部长赵镕，卫生部部长吴清涪、政治委员周志刚，中央代表凯丰。下辖第三师。

第三师，师长罗炳辉（兼），政治委员蔡树藩（兼）。

第七团，团长洪玉良（洪涛），政治委员周生珍（周彪）；

第八团，团长利松（李松），政治委员幸世修；

第九团，团长萧新槐。

5. 军委纵队：司令员刘伯承，政治委员陈云，副司令员叶剑英，参谋长钟伟剑，政治部主任李富春（代）。下辖：

第一梯队，司令员兼政治委员邓发；

政治保卫团：团长姚喆，政治委员张南生；

第二梯队，司令员兼政治委员何长工；

第三梯队，司令员兼政治委员罗迈；

干部团：团长陈赓，政治委员宋任穷。

---

① 1935 年 1 月撤销，人员编为独立团，2 月编入第四师。参见中国人民解放军总政治部组织部编：《中国共产党中国人民解放军组织史资料》第 1 卷，长征出版社 1994 年版，第 247 页。

五、需要说明的几点情况

（一）湘江战役中的具体作战过程、作战地域，已有专门课题研究，本报告不做详细论述。

（二）因受材料限制，部队序列表中个别任职情况未列出。

（三）本报告主旨是研究作战部队情况，故将基本未参加作战的军委第一、第二纵队编制情况放在最后列出。

（中国人民解放军军事科学院党史军史研究中心）

湘江战役中央红军作战部队损失情况研究的报告

翟清华　褚银　李涛　王建强　魏希楠

按照课题总要求，本子课题主要研究湘江战役“红军牺牲情况”。在搜集梳理相关情况、现地调研和咨询相关老专家后，我们讨论认为，受历史材料所限，这一主题不具备研究条件。而牺牲情况包含于损失情况中。对于湘江战役红军损失情况的深入研究，既有助于搞清红军牺牲情况，也能为全面梳理湘江战役的历史、服务湘江战役红军遗骸收殓保护工作提供基本支持。因此，我们将本子课题主题扩展为研究湘江战役中央红军损失情况。

湘江战役是中央红军长征中损失最大的一次。目前党史军史上常见的说法是：中央红军渡过湘江后，连同前三次突破封锁线的损失，由长征出发时的8.6万余人锐减至3万余人。但湘江战役中的损失数字以及各作战部队的具体损失数字直到目前仍没有定论。我们在梳理相关历史文献资料的基础上，对长征初期特别是湘江战役期间中央红军各部队的损失情况进行研究，形成了本报告。

为了更好地掌握资料，课题组于2019年3月前往广西桂林及灌阳、兴安、全州、龙胜、资源五县和湖南永州及道县、江永、江华、蓝山四县进行实地调研，与当地党史部门、红军纪念设施单位以及红军战斗地的专家、群众进行座谈，走访了当年红军战斗过的具体地点，考察了红军烈士遗骸的收集现场，调研了当年红军牺牲的部分情况。这些调研活动使课题组成员进一步认识到此课题的重要意义，但搜集到的能为本课题研究提供有力支撑的材料较为有限。

一般来说，部队的损失包括作战中牺牲、负伤、被俘等战斗减员，还包括病故、落伍、安置在当地等非战斗减员，也包括逃跑甚至投敌等情况。

本报告的主要思路：为了更好地反映中央红军各部队在这一重大历史事件中的损失情况，本课题研究没有局限于战役本身，而是前伸后延。全文分为七个部分：第一部分为长征出发时中央红军人数的具体情况；第二部分为突破三道封锁线后中央红军损失情况；第三部分为湘江战役期间中央红军损失情况；第四部分为中央红军在湘江战役中的牺牲情况；第五部分为湘江战役后中央红军损失情况；第六部分为结论；第七部分为需要说明的两个问题。

本报告的基本设想是按照各部队在不同时间节点的损失情况分别进行研究，以最后得出整体结论，但因受材料所限，个别部队暂时无法给出某个节点的具体损失数字。

由于缺少中央红军某些作战部队在湘江战役各个战斗中的具体损失数据，以及突破湘江后的实力统计数据，因此研究中央红军湘江战役中的损失（包括牺牲）情况，我们只能通过梳理已有的材料，如敌我双方电文、战报以及当事人的回忆、日记等材料，在综合分析研究的基础上进行较为合理的推算，进而得出湘江战役中损失的大致数字。所以，本报告中大部分数字只是一个概略数字而不是精确数字，这是我们的初步研究，有待进一步发掘资料进行论证。

一、长征出发时中央红军人数的具体情况

根据10月8日《野战军人员武器弹药供给统计表》显示：长征出发前，全军共计86959人[①]。但此统计资料没有关于各师团的具体人数。

根据1933年6月中革军委颁布的《中国工农红军暂行编制

① 中国人民解放军历史资料丛书编审委员会编：《红军长征·文献》，解放军出版社1990年版，第92页。此数字不包括红一军团原教导队人数。

表》，军团编制员额约为 2 万人[①]。另据 1933 年 12 月 8 日中革军委颁布的《中国工农红军编制表》规定，师的编制员额是 5462 人，团的编制员额是 1508 人，营的编制员额约为 383 人[②]。目前我们没有发现 1934 年 1 月至中央红军长征出发时新的编制表。尽管这一时期各军团损耗、补充等情况不尽一致，但基本上参照了编制表规定的原则。因此，对中央红军各部队长征初期的编制情况，我们以上述编制表为基础，并结合长征初期的文电、相关日记和回忆文章进行推算。根据 1934 年 9 月 10 日《军团后方勤务的组织》规定，各军团均成立后方部，包括军团医院、兵站、修械所、几百人的运输队和 1—2 个补充团（每团 1400 人）[③]。这一规定，使军团部的机关过于庞大。尽管补充团用来补充 10 月和 11 月各种消耗，但基本达到军团部编制员额的一倍左右。10 月 13 日《关于各补充团正式拨给各兵团管辖并负责训练的指令》规定：红一、红三军团各补充 2 个团，红五、红八、红九军团各补充 1 个团[④]。虽然有些补充人员是在长征出发后才陆续补充到位的，但为了便于统计部队损失，我们将这些补充人员一并算在了长征出发时各部队的人数中。

（一）红一军团

红一军团长征出发时，原有 17280 人，新补充 2600 人，共计

① 后勤学院学术部历史研究室、中国人民解放军档案馆编：《中国人民解放军后勤史资料选编（土地革命战争时期）》第 1 册，金盾出版社 1993 年版，第 80—107 页。
② 后勤学院学术部历史研究室、中国人民解放军档案馆编：《中国人民解放军后勤史资料选编（土地革命战争时期）》第 1 册，金盾出版社 1993 年版，第 119—135 页。
③ 后勤学院学术部历史研究室、中国人民解放军档案馆编：《中国人民解放军后勤史资料选编（土地革命战争时期）》第 1 册，金盾出版社 1993 年版，第 136—137 页。
④ 中国人民解放军历史资料丛书编审委员会编：《红军长征 · 文献》，解放军出版社 1990 年版，第 75 页。

19880 人[①]。

根据 1934 年 8 月的统计，全军团共有 19813 人：其中直属队为 2682 人，第一师为 5244 人，第二师为 4902 人，第十五师 5010 人，另有补充第一师，约为 2000 人。[②] 补充第一师于同年 9 月撤销，人员补入第一、第二师。此时第一、第二师各约 6000 人。据彭绍辉日记记载，第十五师长征"出发时为 5000 余人"[③]。加上军团直属队，各部队人数之和与红一军团长征出发时总人数基本相符。

根据以上各师情况进一步分析，我们认为：第一、第二师各团比较充实，每团人数约 1700 人，第十五师每团人数约 1500 人。[④]

（二）红三军团

红三军团长征出发时，原有 15205 人，新补充 2600 人，共计 17805 人。

根据 1934 年 8 月统计，红三军团人数为 18733 人。其中第四师为 5426 人，第五师为 5058 人，第六师为 5243 人（1934 年 9 月统计，其中直属队为 1045 人，第十六团为 1387 人，第十七团为 1366 人，第十八团为 1445 人），另有补充第二师和直属队共 3000 多人。军团直属队一般为 2000 人左右，照此推算，补充师 1000 多人。补充师于 1934 年 9 月撤销，人员补充第四、第五、第六师。长征时红三军团人数约比 1934 年 8 月统计人数少 900 多人，由此可见，红三

---

① 各军团数字均根据：中国人民解放军历史资料丛书编审委员会编：《红军长征 · 文献》，解放军出版社 1990 年版，第 92 页。下文不再一一注释。

② 各军团 1934 年 8 月统计数字参见中国人民解放军总政治部组织部编：《中国共产党中国人民解放军组织史资料》第 1 卷，长征出版社 1994 年版。下文不再一一注释。

③《彭锋绍辉日记》，解放军出版社 1988 年版，第 60 页。

④《萧锋日记》记载：红三团长征出发时，全团共有 2724 人。参见《萧锋日记》，知识产权出版社 2012 年版，第 16 页。《邓华将军传》记载：红二团长征出发时，全团共有 3100 多人。参见罗印文：《邓华将军传》，中共中央党校出版社 1995 年版，第 79 页。这两个材料中，人员已大大超过编制要求，故不采用。

军团各师为5000多人，每团为1500人左右[①]。

（三）红五军团

红五军团长征出发时，原有10868人，新补充1300人，共计12168人[②]。

据1934年8月统计，全军团12056人，下辖直属队（2295人）、第十三师、第三十四师（4264人）、补充第三师。据此可知，第十三师和补充第三师共为5497人。补充第三师仅辖2个团，并于同年9月撤销，第一团补充第十三、第三十四师，第二团补充红八军团。

综合上述情况，我们分析认为：第十三师和第三十四师各有5000人左右，军团直属队2000人左右[③]。这种认识与韩伟等人的回忆基本相符。

（四）红八军团

红八军团长征出发时，原有9022人，新补充1900人，共计10922人。

根据上文1934年9月10日《军团后方勤务的组织》规定，“八、九军团没有军团直属队，军团的后方机关，即是兼一个师机关，其机关首长亦是兼任的”[④]，即红八军团机关兼第二十一师机关。另第二十一师1934年9月组建时有4300余人。[⑤]

综合上述情况，我们分析认为：红八军团部和第二十一师有

---

① 杨尚昆回忆：全军团共有1.77万多人，辖第四、第五、第六3个师，一个师平均不到6000人。这个说法和红三军团出发时的人数情况基本相符。参见《杨尚昆回忆录》，中央文献出版社2001年版，第102页。

② 中国人民解放军总政治部组织部编：《中国共产党中国人民解放军组织史资料》第1卷，长征出版社1994年版，第247—250页。

③ 韩伟回忆：长征出发前，红三十四师每个团约一千六七百人。

④ 后勤学院学术部历史研究室、中国人民解放军档案馆编：《中国人民解放军后勤史资料选编（土地革命战争时期）》第1册，金盾出版社1993年版，第136—137页。

⑤ 中国工农红军第一方面军史编审委员会：《中国工农红军第一方面军史》（上），解放军出版社2017年版，第375页。

6000 人左右，第二十三师有 5000 人左右。

（五）红九军团

红九军团长征出发时，原有 10238 人，新补充 1300 人，共计 11538 人。

据 1934 年 8 月统计，第三师有 4244 人，第二十二师有 4521 人[①]。根据黄火青回忆：10 月上旬，“会昌工人师（又称二十二师，政治委员朱良才，有 4000 多人）改归九军团建制。九军团第三师也补充了兵员，两个师合起来共 9000 多人”[②]。另据 1934 年 9 月 10 日《军团后方勤务的组织》规定：“九军团没有军团直属队”[③]，即红九军团机关兼第三师机关。

综合上述情况，我们分析认为：第二十二师有 5000 人左右，军团部和第三师有 6500 人左右。

（六）军委第一、第二纵队

据 1934 年 10 月 8 日的统计，军委第一纵队有 4693 人，军委第二纵队有 9853 人。其中教导师有 6000 余人[④]，干部团有 1000 余人[⑤]，其他不详。

二、突破三道封锁线后中央红军损失情况

至 1934 年 11 月中旬，中央红军突破国民党军三道封锁线。在此过程中，尽管没有经历大的战役战斗，但仍发生了多次激战，加之

---

① 中国人民解放军总政治部组织部编：《中国共产党中国人民解放军组织史资料》第 1 卷，长征出版社 1994 年版，第 219 页。

② 黄火青：《一个平凡共产党员的经历》，人民出版社 1995 年版，第 81 页。

③ 据《林伟日记》记载，长征出发后，军团是有直属队的。

④ 参见中国人民解放军历史资料丛书编审委员会编：《红军长征・回忆史料》，解放军出版社 1990 年版，第 120 页；《孙毅将军自述》，辽宁人民出版社 2007 年版，第 110 页。

⑤《宋任穷回忆录》，解放军出版社 2009 年版，第 50 页。

非战斗减员，中央红军遭受了一定损失。

（一）红一军团

从 10 月 10 日长征出发到 11 月 25 日前，红一军团的减员情况。

1. 红一军团从行军开始到 10 月 29 日，根据朱瑞的报告：红一军团在战斗中伤亡为 300 多人；逃亡（除伕子外）为 230 人左右；伤愈归队 130 余人；同时，“我军经过油山游击区域时，一师、十五师及直属队，均安插了万分不能行走的伤病员”①。由于没有具体统计数字，我们没有计算在内。根据这些已知的条件，我们基本推断出红一军团在此阶段减员数为 400 人以上。

2. 根据《萧锋日记》11 月 14 日记载，第三团出发时是 2700 多人，到过湘江前就剩了 1700 人，后来扩红又达到 2000 人。虽然《萧锋日记》关于第三团出发时的人数不合理，我们不予认可，但是从日记来看，在湘江战役发起前，第三团应有数百人的损失。

3. 红一军团其他部队在经过国民党军第二、第三道封锁线时，也均有伤亡。根据《杨得志回忆录》，“我们攻一下山头，他们（粤军）退一个山头。真是一步一个血印从敌人手里夺过来的”。“越过九峰山虽然困难重重，付出的代价尽管很大，但整个红一团基本上没有非战斗减员”②。除了战斗伤亡外，非战斗减员中主要是重病号和重伤员的离队等情况。

4. 这一时期，第十五师亦有较大伤亡。彭绍辉在 11 月 11 日的日记中有这样记载：在延寿圩，“我师伤亡及失联络者颇多，伤兵无法抬走”；11 月 12 日在文明司，“掉队者非常严重”。根据彭绍辉 1935 年 1 月 10 日日记，“我师由中央根据地于都出发时五千余人，现在已不到三千人”③，即损失的 2000 多人，既包括在湘江战役中的

---

① 朱瑞：《部队情况报告》，1934 年 10 月 29 日。

②《杨得志回忆录》，解放军出版社 1992 年版，第 117、126 页。

③《彭绍辉日记》，解放军出版社 1988 年版，第 60 页。

损失，也包括在通过前三道封锁线时，因红军伤病、掉队、落伍等因素造成的损失在内。

根据目前掌握的材料，我们分析认为：红一军团在这一时期能够明确的损失在 1000 人以上。红一军团的其他部队亦有损失，但受材料所限，无法得出具体数字。

（二）红三军团

从 10 月 10 日长征出发到 11 月 25 日前，红三军团的减员情况。

能够明确的损失情况：第五师第十四、第十五团在湘江战役期间，由 3000 多人减至不到 1000 人。这个伤亡数字“将近全师的一半”[①]。说明第五师在湘江战役前有 4000 余人，损失约 1000 人。第十五团政治委员罗元发回忆：在湘江战役中“全团干部战士伤亡过半，约 700 余人”，说明在湘江战役前第十五团人员不足 1400 人，损失在 100 多人以上[②]。张震（时任第十团三营营长）回忆：“湘江一战，我们团共伤亡 400 多人，几乎接近全团人员的一半”[③]。据此推断，至湘江战役前，第十团人数近 1000 人，按长征出发时该团 1500 人计，损失约 500 人。第四师作战参谋陈彪回忆：第十一团从宁远出发时人数为 1000 多人[④]，按长征出发时该团 1500 人计，损失约 500 人。第十一团政治委员王平回忆：部队天天行军打仗，极度疲劳，“部队掉队的越来越多，收容队根本没法收容。掉队的人员一天赶不上，以后也就永远赶不上了”[⑤]，说明当时掉队情况非常严重。

---

① 《杨尚昆回忆录》，中央文献出版社 2001 年版，第 113 页。

② 中共中央党史研究室：《红军长征纪实丛书·红一方面军卷》（2），中共党史出版社 2016 年版，第 718 页。

③ 中共中央党史研究室：《红军长征纪实丛书·红一方面军卷》（2），中共党史出版社 2016 年版，第 713 页。

④ 中共中央党史研究室：《红军长征纪实丛书·回忆卷》（2），中共党史出版社 2016 年版，第 621 页。

⑤ 中共中央党史研究室：《红军长征纪实丛书·回忆卷》（2），中共党史出版社 2016 年版，第 441 页。

根据目前掌握的材料，我们分析认为：红三军团在这一时期能够明确的损失约 2000 人。红三军团的其他部队亦有损失，但受材料所限，无法得出具体数字。

（三）红五军团

从 10 月 10 日长征出发到 11 月 25 日前，红五军团的减员情况。

根据《陈伯钧日记》记载：10 月 20 日，“三十七团落伍的不少。这几天全师开小差的计三十三名”；10 月 31 日，“三十九团逃跑现象比较严重，前后共计三四十人”；11 月 3 日，“因长途跋涉，致病故者不下十人”；11 月 6 日，“昨日各部逃亡现象极为严重，特别是三十八团有两人竟拖枪投敌”；11 月 12 日，在钩刀坳第三十七团遭敌袭击，“伤亡失联者约在百人左右”；11 月 14 日，“掉队的较多，尤以三十八团为最”；11 月 23 日，“三十七团主力向下灌集中，并在途中与敌迂回部队遭遇时，敌已占领我左翼制高点，我完全由下仰攻而上”“三十九团亦参加突击，肉搏四五次，因组织不太健全，进攻战斗的战术运用较差，未能解决战斗”。[①] 据韩伟回忆：“周浑元、薛岳两部紧紧地咬住我们的屁股。我们常常是吃不上饭，睡不成觉，夜间行军，白天打仗”；“我们左边打，右边也打，被动得很”。第十三师三十七团政治委员谢良也回忆：在突破三道封锁线的过程中，“行动十分缓慢，一路上损失很大”；“五军团担任全军的后卫，遭受的损失更大”[②]。李德在《中国纪事》一书中记载：在突破第二道封锁线时，“兵力强大的粤军和国民党中央军，开始在后面紧紧追赶，使得第五、九军团好几天都陷入损失巨大的后卫战斗之中”[③]。

根据目前掌握的材料，我们分析认为：红五军团在这一时期虽然能够明确的损失数字很少，但实际上损失数字不会少于红一、红

---

① 《陈伯钧日记》（上），中国财政经济出版社 2002 年版，第 155—162 页。

② 节选自《铁流后卫》，解放军文艺出版社 1977 年版，第 18—26 页。

③ 奥托·布劳恩：《中国纪事》，李逵六译，东方出版社 2004 年版，第 108 页。

三军团的损失。而且红五军团作为后卫，其掉队人员基本等同于人员损失。

（四）红八军团

从10月10日长征出发到11月25日前，红八军团的减员情况。

1. 根据红三军团第五师特派员陈复生回忆：长征开始后，红八军团驻扎在兴国，为了和主力部队会合，必须经过突围。“这次突围给八军团带来了巨大的牺牲。突围以后的八军团人也不多了，不得不进行了改编”。[①]据莫文骅回忆，他在10月17日赶到红八军团政治部报到时，军团政治部主任罗荣桓介绍部队情况说，红八军团共7000余人[②]。因此，红八军团在长征出发不久的突围作战中就已损失约3000人。

2. 根据李德的回忆：红八军团第二十一、第二十三师减员很严重，他们的损失主要是逃跑、离散、掉队和生病所致[③]。莫文骅在回忆红八军团在湘江战役之前的情况时也说：“这支没有经过战火锻炼和严格训练的队伍，不仅战斗力较差，行军也缺乏经验。凡老部队旅次行军，约10公里一小休，20公里一大休，快到宿营地时，再加一把劲。而我军团这些新兵，出发时一个劲地走，该休息时也不休息，最后没有劲了，累极了，一头躺倒在路旁便呼呼睡着了，怎么喊也喊不醒。这样，掉队或开小差的人也渐渐多起来。”[④]

3. 突破三道封锁线后，红八军团由于部队损失较大，11月17日中革军委决定，将红八军团由辖两个师改为辖一个师，撤销第二十一师番号，人员编为5个补充营。根据前面所述，红军营的编制员额为383人，5个补充营即为1900余人，此外还有编余者，第

---

① 中共中央党史研究室：《红军长征纪实丛书·红一方面军卷》（2），中共党史出版社2016年版，第727页。

②《莫文骅回忆录》，解放军出版社1996年版，第237页。

③ 奥托·布劳恩：《中国纪事》，李逵六译，东方出版社2004年版，第110页。

④《莫文骅回忆录》，解放军出版社1996年版，第240页。

二十一师参加改编的人数应有2000人左右。根据以上材料，按长征出发时红八军团部和第二十一师有6000人左右计算，在经过三道封锁线后，只剩下2000人左右，损失为4000人左右。5个补充营，除第二十三师增加了1个补充营外，其余4个营（大约1600人）补充到了其他军团。

综合以上情况，我们分析认为：红八军团军团部和第二十一师在这一时期损失为4000人左右。第二十三师亦有损失，但受材料所限，无法得出具体数字。

（五）红九军团

从10月10日长征出发到11月25日前，红九军团的减员情况。

1. 湘江战役前，据李德回忆，红九军团特别是其所属的第二十二师，遭受了重大损失。“第八军团（第二十一、二十三师）和第九军团的二十二师减员也很严重，但主要不是打仗的结果，因为除了掩护战和后卫战之外，他们几乎没有参加大的战斗，而是逃跑和离散、掉队和生病所致。”彭寿生回忆：“九军团为了保卫军委机关，担任阻击敌人的任务，花了很大代价。首先是在广东南雄的界址打了一仗，第二仗是在大余的黄龙、青龙圩，第三仗是在湖南汝城县文明圩、延寿街，都伤亡了不少人。”①

从赵镕和林伟的日记中，我们也可看出红九军团减员的严重。10月24日，安息圩战斗，“俘敌200余人，但是我亦伤亡达百人，军团作战科长郑伦阵亡”②。10月29日，供给部“今天拂晓前出发，走到海拔800公尺高的赣粤湘三省交界的大庾岭山脉的群岭之间时，气温已降到摄氏零度，加之山路狭窄，甚为难行，运输员见越走离家

---

① 中共中央党史研究室：《红军长征纪实丛书·红一方面军卷》(11)，中共党史出版社2016年版，第4845页。

② 中共中央党史研究室：《红军长征纪实丛书·日记卷》(3)，中共党史出版社2016年版，第857页。

越远，担心期满后回家困难，所以开始大量掉队了。途中，经兵站和监护连的同志大力说服，均收效不大，看来极待教育整顿，可是情况紧张，时间有限，只好尽力而为。” 10月30日，“供给部在出发前抓紧时间对运输员进行了动员，返家之心暂时平静下来，今天掉队的显著减少了”。11月8日，供给部“昨今两日，掉队者又急剧上升，民夫掉队现已达百分之五十以上”。11月10日，供给部“从昨天到今朝，我们边战边走，已走了100多里的路程，昨天没有跟上来的几十个运输员，恐怕也没有跟上来的希望了”。11月15日，“我供给部的民夫已掉队的没有跟上，昨天又有十几名民夫掉了队，军实科长隰志良同志也没有跟上来”。11月16日，供给部“今天又有很多人掉队，人们已非常疲劳”。11月20日，“供给部昨夜又有五人掉了队”①。同时，这种状况在作战科参谋林伟的日记中也有记载：11月16日，“今天掉队100多人”；11月27日，经过40天的艰苦行军，“牲口一天天减少，文件担子也少了，有的同志生了病，有的同志体力不支掉了队”②。

以上列举只是赵镕所在供给部和作战科参谋林伟所在军团机关的情况，其他掉队和损失情况当不在少数。据李德回忆，过第二道封锁线后，“逃兵和掉队的人数在日益增加”③。根据王耀南回忆：到道州后，第二十二师工兵连只剩下30多个人④。也说明了第二十二师减员严重。

2.11月17日，鉴于部队减员严重，中革军委下令，红九军团仅保留第三师的编制，将第二十二师编为五个补充营，以两个营补充

---

① 中共中央党史研究室：《红军长征纪实丛书·回忆卷》(2)，中共党史出版社2016年版，第399—414页。

② 中共中央党史研究室：《红军长征纪实丛书·回忆卷》(3)，中共党史出版社2016年版，第870、875页。

③ 中共中央党史研究室：《红军长征纪实丛书·回忆卷》(2)，中共党史出版社2016年版，第109页。

④ 王耀南：《坎坷的路》，战士出版社1983年版，第97页。

第三师，两个营补充红一军团，一个营补充红五军团；军团直属队照师直属队编制，多余的人员除编入各连队外，编余者编入后方队。整编后，红九军团仅辖第三师，有四五千人①。

据以上整编命令，第二十二师整编为五个补充营，以每营 383 人计算，约为 1915 人，此外还有编余者，至此保留人数应为 2000 人左右。按以上第二十二师出发时加上一路上增补总人数为 5000 人计，损失在 3000 人左右。而红九军团整编后仅为四五千人（为方便计算，取中间值 4500 人），加上补充红一、红五军团的 3 个营计 1149 人，共计保存 5649 人，损失在 5889 人左右。这一统计和推断与湘军方面电文中关于红九军团"几于消灭半数"②的记载基本相符，同时也符合李德关于红九军团在此期间大量减员的回忆。

（六）军委第一、第二纵队

从 10 月 10 日长征出发到 11 月 25 日前，军委第一、第二纵队减员情况。

1. 根据军委第二纵队司令员兼政治委员李维汉回忆："由于长征前没有进行动员解释工作，行军情况很不好，队伍稀稀拉拉，有时先头部队出发了，后卫才到达宿营地。几乎天天都被敌人尾追，掉队的很多，收容队里的人员大量增加，部队人员大量减少。我所在的'红章纵队'，也是稀稀拉拉的，实在走不动了，才慢慢地把东西扔掉，把一捆捆苏维埃银行的纸币烧掉，把机器也打烂了。我看到年轻的战士牺牲在路旁，心中很难过。"③

2. 根据教导师特派员裴周玉的回忆：教导师 1934 年 8 月底仓促成立后，"直属中革军委领导，下设三个团，约 6000 余人"。"由于

---

① 1980 年 2 月 10 日，采访原红九军团侦察参谋彭寿生少将材料记载："蓝山整编，我被调到红九军团军团部侦察通讯科当参谋。整编后九军团有四五千人，只一个师。"

②《红军长征过广西》，广西人民出版社 1986 年版，第 556 页。

③ 李维汉：《回忆与研究》（上），中共党史出版社 2013 年版，第 348 页。

上路仓促，准备不足，没有进行深入的思想动员，行军的意图严格保密，许多基层干部不了解上级精神，只是盲目地跟着大部队走，所以，从一开始部队的思想就比较混乱，存在着各种各样的怀疑和谣言，逃亡现象几乎每天都在发生，增加了部队行军的困难。”“出发一个月来，教导师没有参加什么大的战斗，光是逃亡、掉队、伤残病等非战斗减员已达三分之一之多。”① 也就是说，教导师已从长征出发时的6000 人减员约 2000 人，实有人数在 4000 人左右。

3. 第一纵队同样减员严重。王耀南回忆第一纵队工兵营的损失情况：长征一个多月后，“部队都异常疲劳，减员也很厉害，我们工兵营只剩下 100 多人了”。到道州后，第二十二师工兵连“只剩下 30 多个人”，合并到工兵营，“后来总部把我们工兵营的八九十个人同二十二师工兵连的 30 多人合编为工兵一连”②。

综合以上情况，我们能够明确教导师损失 2000 余人，但军委第一、第二纵队其他部队损失情况，因受材料所限，无法得出具体数字。

三、湘江战役期间中央红军损失情况

（一）红一军团

从 11 月 25 日中央红军发起湘江战役开始，到 12 月 1 日止，红一军团各部与国民党军展开激烈战斗，同时由于高强度行军，牺牲、伤病、冲散、掉队人员急剧增加。

1. 第一师第一团在湘江战役中担任预备队，各种材料均很少提到损失情况，曾在脚山铺战斗中担负交替掩护任务，作战程度与其他各团相比较低，伤亡应该是较少的。时任第一团团长杨得志在

---

① 中国人民解放军历史资料丛书编审委员会编：《红军长征·回忆史料》，解放军出版社 1990 年版，第 120、122、123 页。

② 王耀南：《坎坷的路》，战士出版社 1983 年版，第 97 页。

自己的回忆录中，没有提到这次战斗。其他红军将领的回忆也很少提到第一团的战斗情况。第二团是参加脚山铺战斗的主力团之一，但在当事人的回忆中均未明确提及伤亡数字。仅据《邓华将军传》的记载，参加湘江战役前，第二团全团有 1700 多人，“而现在，仅仅八九百人”[①]。此说法可作为参考。第三团亦是参加脚山铺战斗的主力团。根据《萧锋日记》和其他回忆资料，第三团在激烈的战斗中伤亡巨大，曾被敌人包围了两个营，虽然其中一个营整体突出来，另一个营分散突围，但受到严重损失，全团减至八九百人[②]。

2. 第二师第四团是参加脚山铺战斗的主力团。“全团伤亡过半，政委负伤”[③]。第五团是参加脚山铺战斗的主力团。在战斗中，政治委员易荡平牺牲，部队伤亡三分之一，坚守尖峰岭的两个连伤亡殆尽。第六团作为红二师预备队，在此次作战中曾抽出部分部队掩护第四、第五团转移，有部分伤亡。时任第一师师长李聚奎曾回忆说：“我们的部队虽然连续四个晚上未睡眠，一天多时间未吃饭，体力极度疲劳，但仍同敌人争夺前沿阵地，不少阵地是在战士全部阵亡后，才被敌人夺去的。”[④]

3. 第十五师没有担负重要作战任务，但在向湘江运动过程中，强度很大，掉队较多，特别是 12 月 1 日，师直和第四十四团在大坪渡河后与强敌激战，第四十三、第四十五团曾被敌截断，绕道界首圩渡过湘江，部队有部分损失[⑤]。根据《彭绍辉日记》：第十五师在 1 月 8 日撤编时，仅剩不到 3000 人。说明其从长征出发到遵义会议之前，减员有 2000 多人。渡过湘江后到遵义会议前，第十五师没有担负重要作战任务，沿途虽有损失，但记录较少，可以认为损失不大。

---

① 罗印文：《邓华将军传》，中共中央党校出版社 1995 年版，第 79 页。

② 萧锋：《长征日记》，知识产权出版社 2012 年版，第 29 页。

③《耿飚回忆录》（上），人民出版社 2012 年版，第 181 页。

④《李聚奎回忆录》，解放军出版社 1986 年版，第 124 页。

⑤《彭绍辉日记》，解放军出版社 1988 年版，第 49 页。

故大部分损失应是在长征出发后到湘江战役结束发生的。

综合上述情况，我们分析认为：红一军团各部在湘江战役中损失较为严重，但受材料所限，无法给出具体数字。

（二）红三军团

从 11 月 25 日中央红军发起湘江战役开始，到 12 月 1 日止，红三军团各部与国民党军展开激烈战斗，同时由于高强度行军，牺牲、伤病、冲散、掉队人员急剧增加。根据杨尚昆回忆：红三军团作为中央红军主力之一，实力“损失了一半，元气大伤”[①]。

1. 第四师经过高强度行军后进至光华铺、枫山铺地域，第十团在此构筑阵地，阻击桂军的猛烈攻击。“这一仗一直打了两天两夜，异常激烈。我们部队受到很大损失。”[②] 两任团长牺牲，伤亡 400 多人。第十一团从宁远撤出后还有 1000 多人，随后执行向桂林佯攻的任务，损失应该不大。第十二团的伤亡情况未见材料。

2. 第五师第十三团特派员欧致富回忆：在湘江战役中，在灌阳以北，第十三团阻击桂敌。经过三天三夜的战斗，敌人付出了重大代价，“我团也伤亡惨重，减员过半”[③]。第十四、第十五团在新圩、杨柳井地区的战斗中，由 3000 多人减至不到 1000 人。这个伤亡数字“将近全师的一半”[④]。说明第五师有 4000 多人，除去第十四、第十五团 3000 多人，即第十三团有 1000 多人，“减员过半”意味着第十三团损失 500 多人。据此，第五师损失 2500 多人。

3. 湘江战役中，第六师第十八团在新圩地域担任后卫掩护任务，未能及时过江，绝大部分损失，至少损失 1000 多人。据《杨尚昆回忆录》：“第十八团大部壮烈牺牲，六师的其他两个团也遭受很

① 《杨尚昆回忆录》，中央文献出版社 2001 年版，第 114 页。
② 《黄克诚自述》，人民出版社 1994 年版，第 126 页。
③ 欧致富：《我的红军时代》，广西人民出版社 1991 年版，第 266 页。
④ 《杨尚昆回忆录》，中央文献出版社 2001 年版，第 113 页。

大伤亡。全师已基本上不成建制。后来整编时，缩编为一个独立团。”① 但据第六师敌工科长吴西回忆：第十六团在灌阳县城东北警戒敌人，后“在渡过湘江时无一损失”②。这两个材料互相矛盾，由于没有其他材料佐证，我们无法判断哪一方材料更为符合实际。关于第十七团具体损失情况，亦未发现材料说明。

综合上述情况，我们分析认为：红三军团在湘江战役中能够明确的损失情况，即有第四师第十团、第五师、第六师第十八团的损失共计 4000 多人，其他部队损失情况受材料所限，无法作出判断。

（三）红五军团

红五军团第三十四师长征出发时人数为 5000 人左右，通过三道封锁线后的具体人数不详，湘江战役中被阻于湘江东岸，最终全军覆没。也就是说，第三十四师从长征出发时至湘江战役后，共损失 5000 人左右。

红五军团部和第十三师在湘江战役中的损失情况，目前没有直接证明材料，但我们能够基本推算出红五军团部和第十三师从长征出发到湘江战役后的损失情况。在 1934 年 12 月中旬贵州整编时，红五军团缩编为 3 个团，撤销第十三师师部。据陈伯钧回忆：红八军团“只剩下 1200 人，编了一个团给我们”③。这说明，当时红五军团只剩下两个团。另据陈伯钧回忆，红五军团“在数量上，不到三个月时间，差不多去掉了一半以上”④。这又说明，红五军团部和第十三师由长征出发时的约 7000 人，到 1935 年 1 月减至约 3500 人。

12 月 7 日，第十三师在广西资源县油榨坪与桂军交战，遭到一

---

①《杨尚昆回忆录》，中央文献出版社 2001 年版，第 113 页。

② 中共中央党史研究室：《红军长征纪实丛书·红一方面军卷》（2），中共党史出版社 2016 年版，第 647 页。

③《红军长征过广西》，广西人民出版社 1986 年版，第 271 页。

④ 陈伯钧：《第二次国内革命战争历史情况的回忆》，载《中共党史资料》第 13 辑，中共党史资料出版社 1985 年版，第 89—96 页。

定损失，有800人左右。据国民党《四集团军行营通报》（1934年12月8日）记载，“颜营阳日（7日）在油榨坪与伪五军团十三师千五百人决战，俘匪官兵七百余名，缴枪一百九十八枝。同日午后，该团长率黄营到老山界与匪遭遇激战，俘匪百十余名，缴枪二十八枝”①。由此说明，红五军团和第十三师在渡过湘江后至千家寺战斗前，人数应为4300人左右，即长征出发时到湘江战役后损失了2700余人。

综合上述情况，我们分析认为：红五军团在长征出发时至湘江战役后，约损失7700人。

（四）红八军团

根据莫文骅回忆：红八军团在抢渡湘江时，损失严重。“我们刚到江边渡口，后面传来追敌的枪声。敌机又在渡口上空轮番轰炸、扫射”，“渡口临时搭起的浮桥已被炸断”，我们只能“冒着弹雨冲进江里，徒涉渡河”。渡过湘江后的“第二天早上整理队伍，我军团的二十一师②几乎全部损失，二十三师也严重减员，全军团剩下不足两千人”③。另据时任军团政治部主任的罗荣桓说：渡过湘江后，“整个军团三停已去二停，还剩下不足2000人”④。因红八军团11月17日改编后不到5000人，按“三停去两停”进行推算，八军团渡过湘江后，损失约3400人，剩余1600人左右。这和莫文骅回忆“全军团剩下不足两千人”的数字大致相符。

（五）红九军团

与其他部队不同的是，红九军团在湘江战役期间虽参加了一些

---

① 《陈伯钧日记》中也记载了此次战斗，但未明确损失情况。《陈伯钧日记》（上），中国财政经济出版社2002年版，第166页。

② 此处记忆有误，第二十一师已于11月17日撤销。

③ 《莫文骅回忆录》，解放军出版社1996年版，第247、248页。

④ 《罗荣桓传》编写组：《罗荣桓传》，当代中国出版社2015年版，第73页。

战斗，但与其他军团相比损失较小。

据时任红九军团第九团政治委员的幸世修回忆：红九军团在湘江战役中的损失不算大，仅伤亡了几百人，之所以能如此，主要靠罗炳辉的游击运动战。他十多天没有很好的睡觉，指挥部队有时散开，有时集中，迷惑敌人，到敌人的屁股后头去打，拖敌人的大腿，和敌人周旋，胜利地掩护了红五军团主力、军委纵队渡过了湘江①。根据赵镕12月2日日记记载：红九军团涉水过江，虽有："迫击炮弹落入江中"，但部队损失不大，"我们渡过湘江后，除留七、九两团暂留湘江西岸执行掩护任务外，余者均立即进入强行军"②。这也说明，红九军团是成建制渡过湘江的。

（六）军委第一、第二纵队

军委第一、第二纵队在湘江战役期间的损失数据目前没有查到任何资料，但大致可以推算出第二纵队所辖教导师的损失情况。过湘江前教导师还有4000余人，到黎平整编时，据裴周玉回忆："有6000人的教导师只剩下2000人了"，军委决定"撤销教导师建制，归建到一、三军团"③。孙毅回忆："两个月的行军和战斗，部队减员严重，有的连队失去了战斗力。当翻过老山界后，教导师6000人只剩下一半"；"教导师所剩3000人，编入一军团、三军团各一半"④。教导师政治委员何长工回忆："由于敌人的前堵后追，我们且战且走，部队牺牲数量大。因此，黎平会议前后，教导师所剩人员无几，基本上补充到部队里去了。"⑤据李德回忆：损失最大的是新编成的部队，

---

① 1979年12月9日，采访幸世修材料。

② 中共中央党史研究室：《红军长征纪实丛书·红一方面军卷》(2)，中共党史出版社2016年版，第424页。

③ 中共中央党史研究室：《红军长征纪实丛书·红一方面军》(2)，中共党史出版社2016年版，第598页。

④ 中共中央党史研究室：《红军长征纪实丛书·红一方面军》(1)，中共党史出版社2016年版，第355页。

⑤《何长工回忆录》，解放军出版社1987年版，第332页。

“这些部队主要由动员兵和自愿兵组成，作战经验很少，或者根本没有作战经验。据总参谋部的粗略估计，他们在占领贵州东部县城黎平时损失达到百分之五十，预备师的损失甚至达到实有人数的百分之七十五”①。李德所说的预备师，即为教导师。教导师6000人的百分之七十五即4500人，也就是说，李德认为教导师到黎平时损失已达到4500人，则剩余人数在1500人左右。

综合以上情况，教导师过湘江后剩余2000人左右的说法可能更符合实际。结合湘江战役前教导师4000人左右，则湘江战役期间教导师损失在2000人左右。

四、中央红军在湘江战役中的牺牲情况

部队的损失应包括牺牲在内，而牺牲有多种情况，包括作战中牺牲、被敌机炸死、被俘后遭杀害、伤病掉队后被民团杀死，还包括饿死、病死、累死、淹死、摔死等诸多情况。我们的共识是红军在湘江战役期间损失严重，牺牲很多，但由于年代久远，且没有发现当时的作战记录、花名册，亦没有战后的统计数字。目前，除了在战斗地域挖出的部分烈士遗骸能够认定以外，由于没有材料的支撑，不能准确计算牺牲数字。现在能初步判断的牺牲情况、具体数字均是模糊的。我们仅就目前掌握的部分的零碎的材料（这些材料虽然前面大部分已经用过，但侧重点不同，旨在说明牺牲问题），以各军团为单位分别列出，以期对这一时期牺牲情况的研究有所帮助。

（一）红一军团

参加脚山铺战斗的一线部队：第一师第二、第三团，第二师第

① 李德：《中国纪事》，东方出版社2004年版，第111页。

四、第五团，均付出了重大牺牲，第五团政治委员易荡平、第二师管理科科长彭文光牺牲。第一师师长李聚奎回忆："不少阵地是在战士全部阵亡后，才被敌人夺去的。"[①] 第一师政治委员赖传珠的日记中记载：脚山铺战斗"损失颇大"。第四团团长耿飚称："全团伤亡过半，政委负伤"。坚守尖峰岭的第五团两个连伤亡殆尽。在全州县脚山铺地域，也有当地老百姓对红军伤亡和牺牲情况的部分回忆：才湾乡的周生财说："红军在先锋[尖峰]岭上牺牲了很多人"；才湾乡的蒋传弟说："红军在米花山的鸭岭、三怪冲、乌龟冲，人死得多，我和蒋传顶等三个人去埋了三天才埋完"；才湾乡的王寅修说："红军守卫在桂黄马路的左侧，包括胚中抱子岭（怀中抱子岭）、美女梳头岭、米花山之头（米花山），敌人飞机轰炸扫射，像扎鞋底一样，伤亡很大，连树叶都染红了"[②]。这些回忆只能证实这些地方曾发生过激烈战斗，红军有巨大牺牲，但没有准确的统计数字。

（二）红三军团

根据材料，参加光华铺战斗的第四师第十团"战士伤亡400多人"，第十团团长沈述清、继任团长杜中美（第四师参谋长）牺牲。参加新圩战斗的第五师第十四、第十五团牺牲巨大。据师长李天佑回忆："有的山头是全部战士伤亡之后才被敌人占领的"。此次作战中，师参谋长胡震、第十四团团长黄冕昌牺牲，第十五团"团长、政治委员负伤，三个营长两个牺牲，全团伤亡约五百余人"。随后到新圩接替第五师阻击任务的第六师第十八团，在楠木山村附近的炮楼山、陈家背被桂军包围，"大部壮烈牺牲"[③]。根据第十五团三营二连战士刘来保（失散红军，留在新圩乡潮立村）回忆说：

---

① 李聚奎：《突破敌人四道封锁线》，载于《中国工农红军长征史料丛书》回忆史料第1册，解放军出版社2016年版，第126页。

② 全州县政协文史委员会编：《红军过全州》（内部材料），第377—379页。

③《杨尚昆回忆录》，中央文献出版社2001年版，第113页。

在新圩作战的时候，有100多个重伤员被安置在下立湾祠堂里，他们都不能行走，部队撤退时来不及运走，被敌人抓住。他们用棕绳捆住红军伤员的颈和脚，丢到酒海井。灌阳县新圩乡龙桥村黄玉修谈道：红军在新圩地区的枫树脚水口乡与桂军打了一天。到第三天，红军仍在我们这里抵抗。“那次红军在我们这里牺牲好多啊，山上、田边、地边、路边到处是红军的尸体，起码有几百人，在麻园坳口一个地方就牺牲了二十多个，我们挖了五个坑才埋完。”①

上述材料，说明红军牺牲很多，但因为都是伤亡情况，既包括牺牲，也包括负伤，因此我们不能给出光华铺和新圩战斗的具体牺牲数字。第十八团虽然最后大部伤亡，由于没有材料支持，仍无法推断出牺牲、被俘、流散等各种情况的具体数字。较为确定的是牺牲在新圩附近酒海井的烈士，根据失散红军的回忆有100多人，但最终核准的数字还要看烈士遗骸的收殓情况。

（三）红五军团

红五军团第十三师“在灌阳以北的隔壁山被敌人切断了”，但没有具体牺牲数字；后在凤凰嘴抢渡时遭敌机扫射轰炸，有人员牺牲，但亦没有具体牺牲数字。第三十四师在灌阳水车阻击桂敌，“在激烈的血战中，全师指战员前仆后继，付出了重大的代价，师政治委员程翠林同志和大批干部、战士献出了宝贵的生命”②。随后第三十四师在多次战斗中牺牲巨大，最后全军覆没，师长陈树湘，政治委员程翠林，参谋长张福升、王光道，政治部主任蔡中等英勇牺牲，但能认定的牺牲数字是较少的，绝大多数没有具体牺牲数字。在这些材料中，目前较为明确的是根据失散红军、时任第三十四师第一〇二团

---

① 中共灌阳县委党史办编：《红军在灌阳》，广西师范大学出版社2018年版，第203页。

② 韩伟：《红三十四师浴血奋战湘江之侧》，载于《红军长征·回忆史料》(1)，解放军出版社2016年版，第166页。关于程翠林牺牲地点，另有一说是12月2日在文塘战斗中。

机枪连连长廖人和的回忆：在灌江过河时，部队遭敌机轰炸扫射，牺牲 200 多人[①]。但因为是渡河，可能很多牺牲的烈士被河水冲走了，亦有实地认证的问题。

（四）红八军团

11 月 28 日，红八军团在红九军团工兵连及迫击炮排配合下，进攻湖南永明（今江永）与广西灌阳交界的三峰山，与国民党桂军第七军第十九师激战三个多小时。红军两轮强攻均未能突破敌人防线，遂后退至山下程义家待命。课题组在实地调研时，当地老百姓称，山上多年无人敢去。据当地民政局工作人员描述：他们去年在勘察省界界碑时发现，山上森林茂密，在厚厚的落叶覆盖下有大量的人骨遗骸，均在我军进攻一侧且山势较陡的斜坡下方处，并发现当年遗留的两道战壕仍存在。在这次战斗中，红军的牺牲数字没有记载。12 月 1 日，红八军团部队在向湘江运动时遭敌截击，与敌肉搏数次；在凤凰嘴渡口渡江时，敌机在渡口上空轮番轰炸扫射，“部队徒步渡河”，“沿途有些同志被飞机打死了”，“在抢渡中，不少同志中弹倒在江里，被湍急的江水卷走”[②]。这两次战斗红八军团伤亡惨重，但由于没有具体材料，无法给出牺牲数字。

（五）红九军团

在湘江战役期间，未见有明确牺牲情况的材料。

（六）军委第一、第二纵队

湘江战役期间，军委第二纵队第一梯队（即教导师）牺牲数量较大。据教导师政治委员何长工回忆：“由于敌人的前堵后追，我们且

---

① 廖人和：《难忘红三十四师》，载于《红军长征纪实丛书·红一方面军卷》（2），中共党史出版社 2016 年版，第 666 页。

② 莫文骅：《在重围中》，载于《红军长征纪实丛书·红一方面军卷》（2），中共党史出版社 2016 年版，第 673 页。

战且走，部队牺牲数量大。”有回忆说，干部团虽然在这一时期没有参加大的战斗，但亦有损失。受材料所限，我们无法明确教导师的牺牲数量、地点，不能知道牺牲的红军官兵姓名，也不能明确干部团的牺牲数量。

（七）在国民党的材料中，也有部分关于红军伤亡情况的电文和报道，譬如：何键在 1934 年 12 月 5 日《通知全国微未电》[①]中“炫耀”：“我刘司令建绪急率所部向咸水、界首猛力堵剿，自感晚经俭艳等日，在寨圩、路板铺、沙子包、珠兰铺、五里牌、觉山一带，连日激战。匪死伤约六千余，俘匪二千余。”12 月 1 日，“本日空军对兴隆村的轰炸，见匪五六百正在徒涉，炸毙殆尽。咸水、麻子渡各发现匪二三千，亦炸毙甚众”。香港《循环日报》1934 年 12 月 15 日报道说：国民党桂军此次作战情况：“自经本军在富贺灌全兴龙迭予痛击，先后毙匪经掩埋者约三千余人，俘虏达六千”。上述材料虽然有一定实际内容，但无论是国民党中央军还是桂军、湘军，都对自己的“战果”极力夸大，甚至有些材料是编造的；客观地讲，这些材料对我们了解湘江战役的残酷性有所帮助，但对研究红军官兵的具体牺牲情况助力很少。因此，这些材料只能作为参考而不能作为依据。

综合上述情况，我们认为，在湘江战役中基本没有人对作战中的牺牲情况有具体记载；由于军情紧急战斗激烈，战斗后的详报和战后实力统计也没有；当事人后来的回忆也是十分零碎的，满足不了基本材料要求；已经开始的烈士遗骸收殓工作，对牺牲统计有帮助，但没有从根本上改变这种状况。就目前来说，由于缺少具体材料，特别是原始材料和考证材料的支持，我们没有办法给出湘江战役大体牺牲情况，无法推出大致的牺牲总数。

---

① 《追剿军何总司令键通知全国微未电》，胡羽高：《共匪西窜记》，第 202—203 页。

五、湘江战役后中央红军损失情况

12月4日，中革军委在油榨坪发布命令，要求缩编各部后方机关，主要是取消师的后方机关，师、团的卫生队缩小一半，即团为30人，师为90人；取消兵站；军团医院缩编；红八、红九军团取消后方部，将后方机关、直属队编余人员补充到作战部队；抛弃或毁灭不必要的担子等①。12月13日，中革军委发布《关于红八军团并入红五军团的决定及其办法》，撤销红八军团，将红八军团人员编入红五军团第十三师，为其作战部队；八军团之工兵连、排，补入十三师各团加强其各工兵排，其余则编入步兵分队。五军团十三师师部取消，五军团司令部直辖十三师三个团。十三师师部全部人员及直属队应编入各团；五军团后方部，应依军委四日电令立即缩小为师的编制，编余人员亦应编入各团。凡八军团及十三师师部下级指挥员及工作人员，应尽量编入作战部队，不能编入作战部队的，再另行编入五军团直属各部，或送军委四局及总政处理。另根据中革军委指示，刘伯承调回军委，陈伯钧为五军团参谋长，周昆、黄甦待改编完后即回军委，罗荣桓为五军团政治部主任，毕占云调回军委，马良骏留五军团为团长，其他军政人员除加强五军团各团外，余应送军委四局及总政治部②。

中革军委同时发布《关于取消第二纵队，合编第一、二纵队的命令》，将军委第一、第二纵队合编为军委纵队，并规定其序列如下：第一梯队辖军委总司令部五局及其直属部队（缺炮兵营）、总政治部没委会、中局队、中央队、国家保卫局及一医务所。第二梯队辖总卫生部及一个医院（五个所）。第三梯队辖总供给部及通信队。三个梯

---

① 军事科学院战史研究部：《第二次国内革命战争史料选编》第6辑第1册，1964年，第237页。

② 中国人民解放军历史资料丛书编审委员会编：《红军长征·文献》，解放军出版社1990年版，第188页。

队外，另以干部团、保卫团为独立的作战部队，归军委纵队司令部直辖。12 月 15 日起，以军委纵队名义直接指挥所属各部队①。

（一）红一军团

红一军团渡过湘江后，12 月 4 日，根据军委缩编后方机关的命令，将后方机关的大部分人员编入各师。12 月中旬，根据军委命令，教导师改编后，一半人员编入红一军团②。此时，红一军团人员虽有补充，但在长途行军作战中仍有损失，部队并不满员，但仍保持了第一、第二、第十五师③的编制。这一时期，编制人数和具体损失情况不详。

（二）红三军团

红三军团渡过湘江后，12 月 4 日，根据军委缩编后方机关的命令，将后方机关的大部分人员编入各师。12 月中旬，根据军委命令，教导师改编后，一半人员编入红三军团④。红三军团此时仍保持第四、第五、第六师⑤的编制。这一时期，编制人数和具体损失情况不详。

（三）红五军团

红五军团渡过湘江后，12 月 4 日，根据军委缩编后方机关的命令，将后方机关的大部分人员编入各师。12 月 7 日，第十三师在油榨坪千家寺战斗中损失 800 人左右。12 月 13 日，中革军委决定将红五军团十三师师部取消，军团司令部直辖十三师三个团。十三师师部全部人员及直属队编入各团；红五军团后方部，应依军委 4 日电

---

① 中国人民解放军历史资料丛书编审委员会编：《红军长征·文献》，解放军出版社 1990 年版，第 190 页。

②《孙毅将军自述》，辽宁人民出版社 2007 年版，第 121 页。

③ 第十五师是在 1935 年 1 月中旬撤编，人员并入第一、第二师。这与《彭绍辉日记》记载相符。参见《彭绍辉日记》，解放军出版社 1988 年版，第 60 页。

④《孙毅将军自述》，辽宁人民出版社 2007 年版，第 121 页。

⑤ 第六师是在 1935 年 1 月中旬撤编，编为独立团，2 月编入第四师。

令缩小为师的编制，编余人员编入各团。根据陈伯钧 12 月 17 日日记记载：“此次不但五、八军团部队合编，三指挥机关亦合编为一。”[①]

（四）红八军团

湘江战役中损失惨重的红八军团，在渡过湘江到达黎平途中，仍然有掉队、牺牲的人员，“现状极严重”。12 月 11 日李卓然、陈云向博古、朱德、周恩来报告八军团情况：3 个团只有 600 余人，后方部及师直属队超过此数，军委改编命令未执行[②]。12 月 13 日，中革军委决定，撤销红八军团第二十三师，除营以上干部外，人员编入红五军团。陈伯钧回忆：八军团在贵州整编时，只剩下 1200 人，编了一个团给我们[③]。陈伯钧的回忆与李卓然、陈云报告所说的人数是可以互相印证的，即渡过湘江后，红八军团只剩下 1600 余人，在到达黎平前沿途又损失了三四百人，撤编时红八军团除营以上干部外，只有 1200 人编入了红五军团。

（五）红九军团

湘江战役后红九军团应有 4000 人左右。但据红九军团原七团团长刘华香回忆：红九军团“到湄潭后不足 3000 人”[④]。如前所述，刘华香对第二十二师撤并和保存人数的回忆已存在疑问，对这一数字也要慎重采用。从湘江战役结束到湄潭，红九军团基本上是行军，赵镕和林伟的日记中也未见损失情况的记载。另据李德回忆：“向遵义的继续进军看来比较顺利地完成了，他们到达遵义时的人数，同在黎平时一样，减员不多。”[⑤] 显然，刘华香的回忆，与上

① 《陈伯钧日记》（上），中国财政经济出版社 2002 年版，第 168 页。

② 军事科学院战史研究部：《第二次国内革命战争史料选编》第 6 辑第 1 册，1964 年，第 291 页。

③ 《红军长征过广西》，广西人民出版社 1986 年版，第 271 页。

④ 中共中央党史研究室：《红军长征纪实丛书·红一方面军卷》（3），中共党史出版社 2016 年版，第 1114—1115 页。

⑤ 奥托·布劳恩：《中国纪事》，李逵六译，东方出版社 2004 年版，第 111 页。

述材料和李德回忆是存在一定矛盾的，但因未找到其他材料佐证，暂存疑。

（六）军委第一、第二纵队

受材料所限，我们无法统计军委两个纵队从湘江战役结束至黎平时的人数变化，但可以得出从长征出发至黎平整编时的损失情况。据李维汉回忆："黎平会议后，部队实行整编。一纵队二三千人，二纵队一万多人，合编为三个梯队。三个梯队没有统一的指挥机关，司令部也取消了，直属军委。"① 考虑长征出发前第二纵队只有 9853 人，而此时作为第二纵队第一梯队的教导师已减员 4500 人左右，因此第二纵队不可能有"一万多人"。另据李德回忆："非战斗人员部队的减员很厉害，后勤纵队比中央纵队更为严重。这两支队伍的人数下降到三四千人，甚至也许更少。军事学校和军事学院的警卫团以及掩护团被改编成营。"② 可见，李维汉所称"二纵队一万多人"是不准确的，同时也说明第二纵队和第一纵队已"下降到三四千人"，也就是说，第二纵队不会超过这个数。第二纵队长征出发时实有人数 9853 人，其中的教导师即损失 4500 人，此时即使其他单位人员没有损失，也仅有 5353 人，再减去教导师剩余的编入其他军团的约 1500 人，第二纵队最多仅为 3853 人。当然，其他单位不可能没有损失，且按照李德第二纵队比第一纵队减员更为严重的说法，即使按照最低"损失达到百分之五十"计算，此时第二纵队最多仅剩 1900 人。也就是说，李维汉回忆第二纵队"一万多人"的失误是错了一个"万"字，即第二纵队到黎平整编时仅剩"一千多人"。另据李维汉回忆：黎平整编时"一纵队二三千人"，这样，加上第二纵队此时剩下的"一千多人"，基本与李德回忆的第一、第二纵队"这两支队伍的人数下降到三四千人，甚至也许更少"能相互

① 李维汉：《回忆与研究》（上），中共党史资料出版社 1986 年版，第 351 页。

② 奥托·布劳恩：《中国纪事》，李逵六译，东方出版社 2004 年版，第 113 页。

印证。

综合以上材料，我们认为，军委第一、第二纵队黎平整编时为“三四千人”，加上补充给其他军团的教导师 1500 人，共计剩下约 5000 人左右。也就是说，从长征出发到黎平整编时，军委第一、第二纵队由出发时的 14546 人减少至 5000 人左右，损失在 9500 人左右。

六、结论

为便于对整个中央红军湘江战役损失情况进行分析，现将各部队从长征出发到黎平整编时的损失情况简列如下：

（一）长征出发时，全军共计 86959 人。

（二）湘江战役前中央红军能够明确的损失情况：

1. 红一军团 1000 人以上；

2. 红三军团约 2000 人；

3. 红八军团军团部和第二十一师 4000 人左右；

4. 红九军团约 6000 人；

5. 教导师 2000 余人；

其他未列出的部队具体情况不详。

综上，湘江战役前中央红军能明确的损失约为 15000 人。

（三）湘江战役期间中央红军能够明确的损失情况：

1. 红三军团第四师第十团、第五师、第六师第十八团共计 4000 多人；

2. 红八军团约 3400 人；

3. 教导师 2000 人左右。

其他未列出的部队具体情况不详。

综上，湘江战役期间中央红军能明确的损失约为 9400 人。

（四）从长征出发到黎平整编中央红军能明确的损失情况：

1. 红一军团约 8700 人[①]；

2. 红三军团约 9500 人[②]；

3. 红五军团约 9300 人[③]；

4. 红八军团约 8100 人；

5. 红九军团约 6300 人；

6. 军委第一、第二纵队约 9500 人；

统计以上数字，中央红军从长征出发到黎平整编时，损失约 51400 人，剩下约 35500 人。

综合以上情况，我们认为湘江战役中央红军能够明确的损失约为 9400 人，但这个数字不包括红一军团，红五军团，军委两个纵队（除教导师），红三军团第四师第十一、第十二团和第六师第十六、第十七团以及红九军团的损失情况。能够肯定的是这些部队均有一定的损失，甚至红一、红五军团损失还很严重，但因受材料所限，具体数字无法列出。同时能够基本明确的是，中央红军从长征出发时到湘江战役后，损失约为 51400 人。综合上述论证，我们认为，中央红军从出发时的 8.6 万余人到渡过湘江后锐减为 3 万余人的表述，是符合历史事实的；黄克诚回忆中关于“湘江战役中，中央红军损失不下两万人”的表述，也是可信的。

---

① 红一军团在此时期没有总体损失数字。1935 年 1 月 18 日，第十五师桐梓撤编时，红一军团直辖第一、第二师。两个师的员额按照编制表计算，约有 11000 人。另考虑到军团后方部缩编的情况，我们推断军团部人数在 1000 余人，估算此时红一军团总数为 12000 人左右，另减去曾由第二十二师撤编时补入该军团的 2 个补充营，约 800 人，由此得出，从长征出发到黎平整编时，红一军团损失 8700 人左右。

② 根据杨尚昆回忆：红三军团从长征出发到湘江战役结束，实力“损失了一半，元气大伤”，其总人数 17805 的一半约为 8900 人，加上第二十一师撤编时补入该军团的 3 个补充营约 1200 人，共约 9500 人。

③ 损失包括第二十一师和第二十二师撤编时补入该军团的各 1 个补充营，共约 800 人，再加上 12 月 7 日油榨坪千家寺战斗损失 800 人。

七、需要说明的两个问题

（一）“第一次在江西苏区突围减员 3700 余人；第二次在湘粤赣边的汝城、仁化、乐昌阁突围减员 9700 余人；第三次在湘境的郴县至宜章间突围减员 8600 余人，共减员 2.2 万余人。红军突破第四道封锁线的实际兵力，不再是出发时的 8 万多，而只有 6.4 万人左右”[①]。这一说法在相关学术论文、专著中广泛使用，其中包括石仲泉的《长征行》、广西当地党史研究专著、论文等。经过查找，此说法出自西安陆军通信学院尤大云撰写的《突破敌人四道封锁线中央红军人员损失概况》一文，收录于纪念红军长征会师五十周年学术研讨会论文集《红军长征大事文集》（内部资料，1988 年）。我们分析研究认为，此文章只是列举了以上数据，既没有进行考证，也没有注明相关材料来源，因此不予采用。

（二）关于国民党军资料。我们查阅了大量国民党军资料，但经过分析研究，我们认为很多材料有夸大或编造的成分，其中涉及我军部队番号、作战时间、作战地域、作战经过、伤亡人数等情况，与我方相关文献、日记、回忆等材料基本对应不上。除个别材料在本报告中采用外，其余均未作为依据。

（中国人民解放军军事科学院党史军史研究中心）

---

① 中共道县县委党史办编：《工农红军过道州》，2010 年，第 8 页。

文献资料

重要电报

中革军委关于红八、九军团进行改编的命令

（1934年11月17日）

一、八、九军团应即改编为一个师的编制，并进行分编二十一师及二十二师。

二、二十一师及二十二师的人员武器，应用来补充野战军各兵团。该两师的全部人员（除两师后方机关、师属工兵连及团属重机枪连、师防空排、无线电队、电话队外），各改编为五个补充营，每营应占全师人数五分之一，其分配如下：

甲、二十一师以一个营补充八军团（二十三师），三个营补充三军团，一个营补充五军团。

乙、二十二师以两个营补充九军团（三师），两个营补充一军团，以一个营补充五军团。

三、营及以下的军政干部及团直属队，亦随其他人员一同分配；营以上的干部（团长、参谋长、参谋，师长，参谋长、参谋等），由野战军司令部依需要分配之，政治干部（师、团政委、政治部主任及政治人员）由总政治部分配之。分编后余下来的人员，送军委第四局（第一纵队）处置。

四、通讯工具的分配如下：

A、二十三师的第二十三分队小电台，应移交三军团使用。

B、二十二师第十七分队小电台，应交一军团使用。

C、二十一师、二十二师的电话队，应补充八、九军团的电话队，各一排人[1]，每排电线十二里，总机一个，单机六个，多余的送军委三局。

五、二十一、二十二两师的团属工兵排，照步兵一样分配到补充营去；师属工兵连，则二十二师的拨为一军团工兵连，二十一师的拨为三军团工兵连。

六、二十一、二十二两师的团属重机枪连六，及师防空排二，共有重机枪四十二挺，应作如下分配：

1. 以二十一、二十二两师各一连及一防空排附机枪九挺，共八个排、机枪十八挺，拨交十三师，补充为其营属机枪排。

2. 二十一师其余的两个连附机枪十二挺，拨给二十三师为其营属机枪排，另缺营属三个排，由二十三师原来三个团属的机枪连各拨出一排编成。如此，团属机枪连附机枪四挺，营属机枪排附机枪二挺。

3. 二十二师其余的两个连，则拨给三师，办法同2页。

七、二十一师轻机枪二十二挺，除照甲种师以二十挺补齐二十三师的三十二挺外，多余两挺拨交十三师；二十二师轻机枪九挺，除以五挺补充齐三师的三十二挺外，多余四挺拨交十三师。

八、二十一师现有的步枪、刺刀，应分配到五个补充营去每营得五分之一，二十二师办法同。弹药俟八、九军团报告到后，另电分配。

九、二十一、二十二两师后方机关，除能编入补充营为战士外，其余的应集中为一后方队，交由野战司令部处置之。八、九军团的后方机关，应缩小到一个师的编制：

1. 军团医院改为两个所，其收容量为一千人。

2. 兵站改为中站一、小站一。

3. 小修械〔所〕以五人。

4. 缝工三人。

5. 教导连一个：两个步兵排、一个政治排。

---

① 此处，本命令另种档案文本上为“各到一排人”。

6. 运输队每团六十，军团一百八十，共三百六十名，其余的亦送到后方队。

所有编余的卫生机关，应组织为一个预备医院、四个所，及编余的运输队，交军委二纵队指挥。

十、八、九军团直属队，均应照师直属队编制，多余的人员除编入各连队为战士外，余亦编入后方队。迫击炮排，仍留八、九军团。

十一、九军团首长仍旧为三师的首长，八军团首长即现二十一师首长担任二十三师首长；现二十一师①、二十三师首长由军委另行处置。在分配直属队参谋人员及后方勤务人员时，应首先充实第三及二十三师。为作好及审查预先统计进行分编分配，特指定如下的委员会：

A、二十二师的委员会，以凯丰②同志及一军团选派军政干部及李弼庭同志各一人组织之③。

B、二十一师以刘少奇④同志及三军团选派的军政干部各一人组织之。

十二、由十八号开始这一工作，并限五天内完成。为派送及分配各补充营及后方队，另指定通讯站与军团、纵队间连[联]络，并责成总政治部督率各军团、纵队政治机关进行必要的解释工作。

军委主席　朱　德

副主席　周恩来

王稼祥

十一月十七日⑤

---

①“现二十一师”，疑文字有误。据本命令内容，第二十一师首长已担任第八军团首长兼任第二十三师首长，故此处应为：“现二十二师”。

② 原名何克全，时为中共中央政治局候补委员、驻工农红军第九军团中共中央代表。

③ 此句，本命令另种档案文本上为：“以凯丰同志及一军团选派军政干部各一人组成之。”

④ 时为中共中央政治局候补委员、驻工农红军第八军团中共中央代表。

⑤ 本命令另种档案文本上发电时间为“十七日十八时”。

朱德关于我军向道县、江华、永明地域转移的部署

（1934年11月18日）

各军团、纵队首长：

一、周纵队经桂阳、宁远向道县与我们并行前进，以图向南突击我之右翼队。湘敌之一个支队于我前进路上阻我前进，其另一支队则尾追我们。粤敌有两个师正向临武前进中。

二、军委决定为取得更有利的作战及前进的条件，立即由现地转移到道县、江华、永明[①]地域为转移地域，分两翼队西进：

甲、一、三、八军团、十三师及一纵队为右翼队，经嘉禾、蓝山间向宁远及其以南地区前进，以后则续向道县及其以南地区前进。

乙、九军团、五军团（欠十三师）及二纵队为左翼队，经蓝山城向江华城前进。

三、各军团十八日至十九日的行动如下：

甲、三、八军团归彭、杨统一指挥，前进到水乐圩、甘露田、下路桥地域，并向冷水铺及宁远派出得力的侦察队。如沿冷水铺至宁远的道上及宁远无敌或只有少数敌人时，则应迅速前出到该道上，向嘉禾派出掩护队，并迅速占领宁远城。如宁远城及其道路以东有敌人大的兵力时，则应由宁远城之南及其西南，侦察到柑子园及到油湘的道路与渡河点，以便取得由柑子园及油湘西进的两条道路于我们的手中。

乙、一军团（缺第一师）于临武地域扼阻粤敌，直到十九日晨。然后进到朱木铺、大树脚地域，以后则赶过第二及第一纵队前出到阴亭铺、楠木圩[②]及落山庙地域。第一师（缺第三团）于军委第一纵

① 江华，今名江华瑶族自治县；永明，即今江水县，均属湖南省。

② 楠木圩，即今楠市，属湖南省蓝山县。下同。

队未到达竹管市[①]地域以前，应留虎口渡、上桥圩[②]地域，以后则向楠木圩归还主力。第三团于九军团先遣团到达蓝山后，即向楠木圩，以便归还主力。

丙、九军团于十九日晨进至蓝山地域，向万年桥派出警戒部队，并派出侦察队查明由廖村洞、樟水口经香草坪冲到咸宜亭，及由樟水口至下雾、江中的这两条山路。

丁、一纵队明十九〔日〕早进到雷家岭、永盛圩地域，以后则让一军团通过，然后则前进到竹管市地区。

戊、第二纵队明十九日晨进到田心铺、雁山地域，以后则随九军团后向蓝山前进。

己、五军团至半夜止，阻止敌人于土地坪、牛头粪地域，以后则转移到粗石江、楚江圩地域，继则向田心铺前进。由田心铺地域五军团（缺十三师）随第二纵队后跟进，而十三师则受军委直接指挥，随一纵队跟进。

四、破坏道路仍照以前电示执行。

朱　德

十八号十六时半

① 即竹管寺，今名竹市，属湖南省蓝山县。下同。

② 上桥圩，应为土桥圩，今名土市，属湖南省蓝山县。下同。

朱德关于准备与敌第二十三师等部进行决战致各军团电

（1934 年 11 月 21 日）

林、聂、彭、杨、董、李、周、黄、陈、罗①：

一、军委决定，于今二十一日晨与敌二十三师、〔十五师〕②当其由嘉禾向宁远及甘露田（正义圩）方向前进时进行决战，目的为在其他敌军未到达之前消灭之。

二、各兵团在四时前应准备进入进攻出发点，以便在得到命令后可执行规定部署③。

三、政治机关应立即起来进行各兵团间之短促政治工作，电台应立即准备接收作战命令。

朱　德

二十一号一时

朱德关于我军在宁远、道州之间突击消灭周浑元部左翼队的行动部署

（1934 年 11 月 21 日）

林、聂、彭、杨、董、李、周、黄、罗、蔡、罗、邓：

（一）敌二十三师于二十日、二十一日与我军作战后，已在嘉禾之西面及南面停止作工事。周纵队于二十二日可全部到达宁远，其主力有向道州前进可能。

---

① 指林彪、聂荣臻、彭德怀、杨尚昆、董振堂、李卓然、周昆、黄甦、陈伯钧（时任第五军团第十三师师长）、罗华明（时任第五军团第十三师政治委员）。

② 〔十五师〕，据本电另种档案文本增补。

③ “执行规定部署”，本电另种档案文本此处是“执行朱、周部署”。

（二）军委决定于宁远、道州之间坚决突击和消灭周纵队之左翼队，对敌二十三师则以后卫部队箝制之。

（三）二十二日各兵团的动作如下：

甲、一军团（缺第二师）于二十二日上午仍在天堂圩、柑子园地域，并向黄金桥派出一个团，担任掩护主力西进及抗击宁远周敌之任务。从二十二日晚，一军团即向鸡公神、大坝头、石马神地域移动。一师在楠木桥[圩]之三个营，应由三军团令其于二十二日归还主力，第二师明日应首先佯攻道州，以后则转移到桐油坪地域，有掩护野战军左翼之任务。

乙、三军团经水源洞、吴家坊、项山，于二十三日晨以前应到达梅山冈①、欧家及大欧②地域。

丙、五军团经殖黎铺、山口、南坪圩，于二十三日晨以前应到达百草坪、杨梅洞地域。

丁、八军团应经新屋地、曹家园、宁蓝圩，于二十二〔日〕晚到达下灌地域。然后即占领阵地，以便扼阻敌二十三师的追击部队，并掩护五军团通过。

戊、九军团于二十二〔日〕晚，应转移到新铺及风村铺地域，并准备于薛家厂附近渡河和侦察通江华的道路。

己、第二纵队于二十二〔日〕晚以前，应到达四眼桥地域。

庚、一纵队二十二日晨进到南坪圩地域，二十三号晨则进到消水塘。

（四）各兵团在进军及宿营时，应加强对宁远方向及对敌二十三师严密警戒，并须特别注意防空的规定。

朱　德

二十一号二十时

---

① 即今梅冈，属湖南省宁远县。

② 即今大欧家，属湖南省宁远县。

红军西方军占领道州城*

前线电：我红军西方军[①]一部于本二十二日占领道州城。

同志们，配合红二、六军团的胜利[②]，开展我们胜利的反攻，发扬我们红军固有的吃苦耐劳，英勇顽强的特长，在运动战中大量的消灭敌人的武装部队，为实现创造新苏区的伟大任务而斗争！

朱德关于野战军二十五日晨前西渡潇水的部署

（1934 年 11 月 23 日）

林、聂、彭、杨、董、李、周、黄、罗、蔡、叶、罗、邓：

A、周敌以一部进占构[横]岭[③]、天堂圩，而敌二十三师已前出到张屋、南坪圩地域。

B、我野战军为执行迅速开辟西进道路，并打击尾追之敌的任务，定二十五日晨止的行动部署如下：

1. 一军团（缺一个师）应于今二十三〔日〕夜移至道州地域，以一个师控置[制]于河水东岸之瓶塘[④]、佛祖庙、七里岗地域，向宁远、天堂圩之敌布置阵地，准备突击向西追我之敌。第二师附炮兵营，待一军团先头部队开抵道州后，立即向蒋家岭、永安关搜索前进。在有利条件下，应攻占该地。第六团待三军团先头师接替任务后，即归还主力。二十四号黄昏起，一军团主力应向永安关方向移

---

* 此文，按《红星》报 1934 年 11 月 25 日第 5 期同标题新闻报道刊印。

① 指向西转移的中央红军。下同。

② 指红二、六军团会师后，为策应中央红军的战略转移行动，并创造新的苏区，于 1934 年 10 月下旬起，由黔东转向湘西地区发动攻势。11 月 7 日占领永顺县城，16 日至 17 日，在永顺县龙家寨地区歼灭敌新编第三十四师两个旅的大部，击溃另一个旅，共俘敌 2000 余人，缴枪 2000 余支，取得重大胜利。

③ 据本电另种档案文本订正为“横岭”，该地属湖南省宁远县。

④ 即今坪塘，属湖南省道县。

动，在河东之后卫师转移到道州地域，并破坏浮桥。

2. 三军团应即以先头师及后方部由九井渡渡河（如桥未架好，则改由福禄岩[①]），进至九井渡、新车渡、福禄岩地域，接替六团任务。三军团主力如来得及，仍应以一个师随先头渡过河西。三军团主力或一个师，则应控置[制]在鸡公神、大坝头、石马神地域，准备明晨突击追我之敌。二十四号夜，三军团主力应全部西渡完毕，而后卫则应破坏桥梁，以后前进方向由侦察结果而定。

3. 五军团今夜应移至桂里园、大欧、周塘营[②]地域占领阵地，准备明日突击由东向我尾追之敌。部份的参加突击由宁远方向追来之敌，严防敌向翼侧包围。从二十四〔日〕黄昏起，应迅速脱离敌人，从福禄岩、下茶园两处浮桥渡河，并在九井渡、福禄岩、薛家厂地域阻止敌人西进，并破坏浮桥。

4. 八军团今夜移至新铺地域，以一个团接替第八团，控制井塘；一个团接替薛家厂、下茶园之干部团两个营的任务，并令其于明早开咀塘归还野战司令部。如时间许可，八军团主力可于二十四〔日〕拂晓前渡过河西，如不可能，应改于二十四〔日〕黄昏时经下茶园浮桥全部渡过河西至大盘铺地域，并限三小时渡完。

5. 九军团袭取江华的任务不变。

6. 军委一纵队二十四〔日〕晨到达咀塘（福禄岩西岸四里），二纵队到达杨林塘地域。

C、各兵团渡河后的侦察、警戒任务如下：

1. 一军团向永安关、全县，及由小坪通灌阳的道路。

2. 三军团向永明、灌阳，及由新车渡、上江圩通灌阳及永明以北程义家的平行山路。

3. 九军团向江华、永明及其通灌阳大道。

---

① 即今福乐祥，属湖南省道县。下同。

② 周塘营，即今周塘，属湖南省道县。

D、二十三日抗击追敌，一、三、五军团应协同动作，并保证电台不断连[联]络。

E、二十三、二十四〔日〕两夜渡河动作应迅速，绝对保证遵守时刻，严禁日间渡河。各兵团应派得力人督队收容落伍，限二十五〔日〕拂晓前止全部渡完，并破坏完浮桥，将一切船只集中西岸。

朱　德

二十三号二十时

野战司令部关于何键二十三日作战命令内容的通报*

（1934 年 11 月 24 日）

致一、三、五、八、九军团，罗、叶[①]：

甲、何键[②]二十三日命令：

1. 情况：我军大部在宁远、道县刻与第三、四两路[③]对战中，我军一部已进富川，我一、九军团在龙虎关[④]与敌激战，桂敌主力已移向恭城方向。

2. 判断：我军以一部佯攻龙虎关，吸引桂军主力东移[⑤]，以大部

---

* 此通报内容，是何键任“追剿军”总司令后发出的作战命令之一，是中国工农红军总司令部运用侦察手段截获的情报。

① 指罗迈、叶剑英。

② 1934 年 11 月 12 日，蒋介石任命何键为国民党“追剿军”总司令，“追剿军”总部下辖五路“追剿军”。

③ “追剿军”第三路，第三十六军军长周浑元兼任司令官，下辖第三十六军之第五、第十三、第九十六师及第五军之第九十九师；第四路，第二十七军军长兼第二十三师师长李云杰任司令官，下辖湘军第二十三、第十五师。下同。

④ 湘桂两省边界关口，属今广西壮族自治区恭城县，位于该县东北部。下同。

⑤ 此处，据国民党军档案资料，应是“南移”。

沿我六军团原路向西突窜。

3. 决心以不失时机向我追击，巩固湘水上游防线，协同桂军防堵。

4. 部署：

①三、四路速击破当前之我军，而追击之。

②第二路[①]克日集结东安附近，与第一路[②]连合并抽出一部开赴城步，沿某某庙、某某水、下某水、桥头寨、梧林口、长安营之线[③]，赶筑工事，扼要构成据点堵击。

③第一路沿湘水上游延伸至全州之线，与桂军联络，堵我西进。

④第五路[④]由嘉、蓝[⑤]向我追击，随三、四两路之进展，连[联]络策应，并与桂军连[联]络。

野战司令部

二十四日二十二时半

---

① "追剿军"第二路，第五军军长薛岳兼任司令官，下辖第四军之第五十九、第九十、第九十二师及第五军之第九十三师和惠济支队。下同。

② "追剿军"第一路，由第二十八军军长刘建绪兼任司令官，下辖湘军第二十八军之第十六、第六十二、第六十三师及第十九师第五十五旅和另七个团。下同。

③ 此句，据国民党军资料记载是：沿唐家园、白毛坪、下水坪、水桥、头寨、桃林、丹口、长安营之线。

④ "追剿军"第五路，由第十六军军长兼第五十三师师长李韫珩任司令官，辖第五十三师。下同。

⑤ 指嘉禾、蓝山。

朱德关于红五、九军团及红一师扼阻敌周浑元等部于潇水东岸的部署

（1934年11月25日）

董、李、李、赖、罗、蔡并告林、聂、彭、杨①：

（甲）第一师、五军团及九军团（缺一个团）有掩护我野战军西进之任务，为此至少要扼阻周敌及二十三师于潇水东岸二天。

（乙）为要执行这一任务，规定负责地区如下：

（A）第一师由青口市到分江渡止，道州为其主要方向。

（B）五军团由分江渡到故子江口止，在四个浮桥的地区为主要的方向。

（C）九军团（缺一个团）由故子江口到江华止（含），主要方向为江华之石桥及江渡。

（丙）在主要的方向要在西岸组织顽强的防御，在负责区内之其他方向，则组织经常的监视哨及巡查哨。在纵深内应控制强有力的突击队，以便使用在最受威胁的方向。

（丁）在敌先头部队未抵达河东岸时，应向东岸派出便衣侦察，查明敌人部队的前进，并保证我便衣侦察适时西渡。

（戊）第一师暂归军委直接指挥，望李、赖即令一师电台注意与军委电台联络。

朱

二十五日十时半

---

① 指董振堂、李卓然、李聚奎、赖传珠、罗炳辉、蔡树藩并告林彪、聂荣臻、彭德怀、杨尚昆。

中共中央及总政治部关于野战军进行突破敌人第四道封锁线战役渡过湘江的政治命令

（1934 年 11 月 25 日）

（致一、三、五、八、九军团，二纵队）

各兵团首长：

一、我野战军即将进行新的最复杂的战役，要在敌人优势兵力及其部份的完成其阻我西渡的部署条件下，来突破敌人之第四道封锁线并渡过湘江。此战役须经过粮食较缺乏之两个大山脉[①]，并要克服二条〔河〕道[②]与开阔地带，及部份［分］的敌人堡垒。野战军应粉碎前进路上敌人之抵抗与击溃向我翼侧进攻及尾追之敌，任务是复杂与艰巨的。但由于敌我部队质量之悬殊，我工农红军之顽强坚决、忍苦耐劳，可断言胜利是属于我们的。

二、为着胜利的进行这次战役，要求野战军全部人员最英勇坚决而不顾一切的行动。进攻部队应最坚决果断的粉碎前进路上之一切抵抗，并征服一切天然的和敌人设置的障碍，掩护部队应不顾一切阻止及部份［分］的扑灭尾追之敌。各兵团应不断的注意自己翼侧之安全，如敌人向我翼侧进攻时，应机断专行的坚决击溃之。同时，不应离开、放弃完成自己的前进道路。

三、对每一个指挥员要求明确的执行放在前面的战斗任务，与友军确实的协同动作，不间断的进行各种侦察、警戒，并应遵守一切战术规定，以避免不必要之损伤。指挥员应牢记争取战斗的胜利，不仅依靠个人的勇敢，而首先是在正确的指挥部队。

四、政治工作人员应不疲倦的政治宣传与鼓动及个人的模范，克服战斗员中的疲劳、落伍与各种动摇，应与指挥员一起征服为完成战

---

① 指位于湘桂两省边界的都庞岭和越城岭。

② 指今广西壮族自治区西北部的灌江与湘江。

斗任务上的一切客观困难，并最高限度的提高全体红色军人的战斗精神、顽强抗战及其坚定性。我野战军的基本口号应该是：不仅要安全的不受敌人损害的通过封锁线，且须击溃及消灭所遇之敌军。

五、当前战役的胜利完成，是将决定着我们突破敌人最后的封锁线，创造新的大块苏区，协同其他红军部队（二、六军团，四方面军）一致进行全线的总反攻，与澈[彻]底粉碎敌人五次“围剿”。

六、本政治命令随军委二十五日十七时作战命令同时下达至团、至梯队首长为止。军团、师、团政治部（处）应据此进行加强的政治工作，但不应下达提出作战任务。

党中央及总政治部

二十五日

朱德关于我军向全州、兴安西北之黄山地域进军的作战命令

（1934 年 11 月 25 日）

林、聂、彭、杨、董、李、周、黄、罗、蔡、叶、罗、邓：

（甲）根据敌人最后的部署，其企图是在湘江阻止我们，并从两翼突击我们。北面为敌之第一、第二路军，南面则为广西的主力，而敌之第三、第四及第五路军则直接尾追我们。

（乙）我野战军为达到前出至全州、兴安西北之黄山①地域（湘桂边境）的目的，应该：

（A）我进攻部队（一军团主力及三、八军团）连续的应迅速的占

---

① 此地区未查到黄山山名；据电文所述地理位置判断，似指桂、湘北部边界附近的越城岭南段苗儿山一带地区。

领营山山脉[①]之各关口隘路，并于全州、兴安之间渡过湘河。在此种决心下，应迅速、坚决消灭敌之第一、第二路军及与我接触之桂军部队。

（B）掩护部队（一军团一个师及五、九军团）应连续于潇水及营山诸隘口，阻止敌第三、第四、第五路军前进，当其急进时，则应坚决消灭其先头部队。

（丙）作战的第一步是前出到湘江地域。在这个阶段中，野战军分四个纵队前进：

（A）一军团主力为第一纵队，沿道州、蒋家岭、文市向全州以南前进。

（B）一军团一个师、军委第一纵队及五军团（缺一个师）为第二纵队，经雷口关或永安关[②]及文市以南前进，以后则依侦察结果决定前进路线。

（C）三军团、军委二纵队及五军团一个师为第三纵队，经小坪、邓家源向灌阳山道前进，相机占领该城，以后则向兴安前进。

（D）八、九军团为第四纵队，经永明（如不能占领永明，则从北绕过之）、三峰山向灌阳、兴安县道前进。

（丁）二十六日诸兵团的行动如下：

（A）一军团主力于文市地域停止，向全州派出得力的侦察队，并侦察向全州、兴安间的前进道路、渡河点及沿岸的工事情形，特别要注意麻子渡、咸水圩等水田地域。第六团则进至永安关地域。

（B）第四师占领邓家源以后，则向灌阳方向侦察前进。三军团主力于二十六日晨应进到小坪地域，以后则随四师后跟进。

（C）八军团应协同九军团之第九团占领永明城。如不能占领永

---

① 该山脉位于湖南省道县西，接今广西壮族自治区灌阳县界，绵亘数十里，即都庞岭北段。

② 雷口关、永安关，均系湘、桂两省边界上关隘，在两省分界线上，位于湖南省道县属蒋家岭西南方。下同。

明城时，则从北绕道进至武村、程义家地域，其先头部队应进占三峰山隘口。第九团则仍留永明附近，以保证九军团主力继续通过永明地域。

（D）第一师、五军团及九军团的主力则照今二十五日十时〔半〕的电令①行动。

（E）军委一纵队于二十六日晨进到高明桥地域，军委二纵队今日仍在原地休息，并准备从二十六日午刻随三军团后进到小坪地域。

（戊）各军团执行情形电告军委，此电不得下达。

朱　德

二十五号十七时

朱德关于红三军团行动致彭德怀、杨尚昆电

（1934 年 11 月 27 日）

彭、杨：

甲、湘敌之一路军向全州前进，薛路军亦向黄沙河跟进中，桂军约四个师拟经灌阳前出到苏江、新圩、石塘圩之线，阻止我军西渡湘江，并相机袭击我的左翼。桂军究已进到何处，灌阳已否到桂军，现尚未查明。周敌今二十七日始可全部渡过潇水。

乙、我五军团于明二十八日晨占领蒋家岭、永安关、雷口关地域，后卫部队则与敌人保持接触，以迟滞其前进。我八、九军团由永明沿通灌阳的县道前进，先头部队到达三峰山时，即遇着民团有力

① 此电为当日 10 时半朱德致一、三、五、九军团及一师电，主要内容是："第一师，五军团及九军团（缺一个团）有掩护我野战军西进之任务，为此至少要扼阻周敌及二十三师于潇水东岸二天"。

的抵抗。已令八军团至迟应于二十八日晚以前进到永明、灌阳及道州、灌阳县道交叉处之孔家地域，九军团在后跟进。一军团情况可直询一军团，已令十七团今晚赶至水车地域归还建制。

丙、野战军一般作战任务仍旧。

丁、三军团行动如下：

（A）五师主力应进到新圩地域，其一个团则进到苏江地域，主力应确实进占马渡桥。如灌阳尚未到有桂军在一团以上时，并应进占灌阳。在苏江之一个团应驱逐泡江之敌，然后则占领三县道交叉处之孔家，并派小部队与八军团联络和带路。

（B）四师为先头师，有准备三军团及后续兵团前出到界首（不含）到兴安（含）地带的一般任务为目的，四师应派队到界首、兴安地带侦察渡河点及公路两旁的工事与兴安敌情，并派出有力的警戒部队以抗击之。

（C）六师于水车为三军团的预备队。

戊、三军团于二十八日午前，应最后查明车头、马渡桥至界首、兴安间的道路，由文市经车塘渡到界首的道路应空出给一军团左翼部队及军委一纵队，并派出几个侦察队侦察灌阳、兴安间的横贯路，特别是建乡、富岁塘①之横贯路。侦察时应尽可能的利用同情于我们的当地瑶族居民。

己、为保证任务的执行，在情况变化时得变更部署，但须先和军委商定。

朱

二十七日十七时

① 建乡、富岁塘，今名不详。据国民党政府1929年所绘军用图，建乡属广西省全州县，位于该县南部；富岁塘属广西省兴安县，位于兴安县城东偏南，两地相距约四公里，在两县分界线的东、西侧。下同。

朱德关于夺取三峰山致红八、九军团电

（1934年11月27日）

罗、蔡、周、黄：

（甲）湘敌第一路军向全州前进，桂敌主力向灌阳前进，周敌本二十七日可全部渡过潇水。

（乙）我主力已至全州、灌阳之线，先头部队已前出到湘江。五军团二十八日于蒋家岭、永安关、雷口关扼阻周敌。

（丙）我军占领灌阳或不可能，因此已令三军团占领永明至灌阳及道县至灌阳两县道的枢纽之孔家地域，三军团并由孔家派小部队与八军团取联络。

（丁）八军团应不顾任何牺牲夺取三峰山①，并以强行军于二十八日晚以前进到孔家地域，如时间来得及，九军团之工兵连、迫炮排应赶至三峰山，受八军团指挥，助攻该隘口。

（戊）八军团占领三峰山后，九军团即随其后跟进。

（己）八、九军团后方部应于八、九军团之间行进，粮食供给则吃随带的米粮。

（庚）必须不顾一切障碍坚决执行此命令，否则八、九军团有与主力相切断的可能。特别要注意在夺取三峰山后应迅速追击前进，不使敌人有可能在前进道上组织新的防御。

朱

二十七日十七时半

---

① 三峰山，位于湖南省今江永（原永明）县西北部，湘桂两省边界线附近，系都庞岭上一鞍部通道处。下同。

朱德关于保证一、五军团、军委在全州、界首间渡过湘江致林彪、聂荣臻电

（1934年11月27日）

林、聂：

一、湘敌军似已抵全州，薛路军之一部续进至黄沙河、东安之线，灌阳情况尚不明，周敌今二十七日可全部渡过潇水。

二、我五军团二十八日扼阻周敌于蒋家岭、永安关、雷口关地域，而后卫部队在其以东地区与敌保持接触，以迟滞之。已令一师二十八日中午前开抵文市归还主力，八军团正攻击三峰山之隘路，九军团随其后进，已令其至迟于二十八日晚抵达永灌、道灌两大道[①]交叉处之孔家地域，以便参加主力战斗。三军团情况可询彭、杨，致彭、杨电令[②]另附。

三、一军团之任务为：

1. 保证一军团、军委与五军团之通过及在全州与界首之间渡过湘水。

2. 坚决打击由全州向南及西南前进之湘敌一路军，为此：

甲、二师应确实占领界首、咸水圩、朱塘铺、坪山[③]地区，应准备打击由全州出动之敌，并与四师前出至界首、兴安间之部队取得联络。

乙、十五师应派出至少一团至水井坪、木叶铺及土桥地区，扼守该处隘口。

---

① 指湖南永明（今江永）至广西灌阳，湖南道县至广西灌阳两条道路。

② 指1934年11月27日17时朱德致彭德怀、杨尚昆电。

③ 界首，属今广西壮族自治区兴安县，位于该县东部偏北、湘江左（西）岸；咸水圩，属今广西壮族自治区全州县，位于该县南部、湘江左（西）侧；朱塘铺，今名不详，据1929年版国民党军用图，该地属广西省全县，位于该县城西约10公里处的公路线上；坪山，即屏山渡，属今广西壮族自治区全州县，位于该县中部、湘江江岸。下同。

丙、十五师主力及一师应集结文市及其西北地区，准备突击由全州出动之敌。

丁、最后查明文市、全州及界首、全州间之平行路及徒涉场，以便保证数纵队同时并进，并于二十八日中午报告我们。在各南北小路上，应派出小部队以防止敌人之袭击。

戊、林、聂准此令目的，依情况变动得变更部署，特别是十五师主力与其派出之一团相隔太远，林、聂可改定或令十五师之一团的［向］主力靠〔近〕，最好是十五师主力稍向其派出之团靠近，但最后决定望与军委商定后执行。

朱　德

二十七日十八时

朱德关于红五军团扼守蒋家岭地域掩护全军西进致董振堂、李卓然电

（1934 年 11 月 28 日）

董、李：

甲、何[①]敌二十七〔日〕午电令周[②]敌向永安关大道“追剿”。

乙、五军团无论如何须扼守蒋家岭、永安关、雷口关地域，直止［至］二十九日夜止，以保证和掩护八、九军团由水坪[③]赶到蒋家岭与野战军全部西进。为此目的，五军团须以十五师[④]有力之一团或

---

① 指何键。

② 指周浑元。

③ 水坪，疑有错字；据同日 1 时朱德致罗迈、邓发电，应为“小坪”，该地在蒋家岭东南方约 20 公里处。

④ 十五师，疑误；据 27 日 18 时朱德致林彪、聂荣臻电，十五师在执行阻击全州敌军任务，此处似应为第五军团所属第十三师。

一团以上兵力前出至杨家桥以东，进行步步抗退的运动防御，逼使敌人展开兵力，以迟滞敌进。

丙、执行情形电告。

朱

二十八日一时半

朱德为至三十日止全部渡过湘江对我军二十九日行动的部署

（1934 年 11 月 28 日）

林、聂、彭、杨、董、李、周、黄、罗、蔡、叶、罗、邓：

（甲）敌情另电告。我们估计湘敌第一路军之两个师，明二十九日晨有可能由全州沿湘江向我进攻，其主要突击方向是沿全、桂汽车道[①]。桂军于灌阳、兴安间约各有一个至二个师，企图从南阻止我军沿灌阳至界首大道西进，并由南进行辅助突击。周敌将企图占领蒋家岭诸关口，并进行猛追。

（乙）我军应自二十八日[②]起至三十日止全部渡过湘水，并坚决击溃敌人各方的进攻。

（丙）各兵团二十九日之部署及任务：

子、一军团明二十九日晨主力应在朱塘铺、咸水圩、坪山地域，并准备消灭自全州沿汽车道或湘江前出之敌。十五师应固守小崃[宗]岭、五百岭、算井[③]地带，主力位置〔于〕文市河[④]西岸，在敌人

① 指广西壮族自治区全县城至桂林的汽车路。

② 本电另种档案文本为："二十九日"。

③ 算井，本电另种档案文本此处为"第二团"。

④ 指灌江。下同。

向文市方向强力压迫之下可转入运动防卫，并应于文市之北最后扼阻敌人。

丑、三军团[①]应确实保持石玉村、水车、光华铺[②]地域，并应消灭自兴安前进之敌。五师应进至四师之西南地区，并突击自南经建乡、富岁塘两路前进之敌，并协助四师。第六师以一个团固守泡江之北，主力应移至新圩[③]及其以南地区，以击溃自灌阳前进之敌。

寅、五军团至二十九日中午止，应扼守蒋家岭、永安关、雷口关地域，从二十九日中午后到[则]于蒋家岭及文市、水车[④]之间沿永安、雷口两道[条]大道进行运动防卫，并扼阻周敌于文市、水车之线以东，后方部则转移至古岭头。

卯、九军团二十九日晨应赶到文市，其任务为当全州之敌向文市前进时则消灭之，因此，应与在小崠[崇]岭之十五师之一团取得连[联]络，并准备经古头岭、桥南山头[⑤]（凤凰嘴）方向前进。

辰、八军团二十九日中午应赶到水车地区，并与六师取得联络为其突击队，并准备经下背田、青龙山向光华铺方向前进。

巳、军委一纵队进至石塘圩以东之官山。

午、军委二纵队分两队前进，二、四梯队由邓率领，随三军团后方部行动，并受彭、杨指挥。一、三梯队由罗迈率领，随一纵队前进。二十九日晨应至上营地域。

---

① 本电另种档案文本此处为："三军团四师"；据电文内容所述三军团各师部署，此处应是"三军团四师"。

② 石玉村，今名不详，据1929年版国民党军用图，该地属广西兴安县，在湘江右（东）侧、界首镇对岸地区；水车，指兴安县属之水车，位于该县城东北、湘江左（西）岸；光华铺，今名不详，据1929年版国民党军用图，该地位于兴安县城东北方13公里处，在湘江右（东）侧、全（县）兴（安）公路上。

③ 属今广西壮族自治区灌阳县，位于该县人民政府驻地灌阳镇西北、通往全州的公路上，在灌江上游左岸。下同。

④ 水车，此指灌阳县属之水车；本电寅、辰项中所述水车，均与此同。

⑤ 桥南山头，本电另种档案文本为："桥南岭"。

未、各兵团应以最大的坚决性完成放在自己面前的战斗任务，各兵团后方及军委纵队应充分准备坚决抗击侵入与接近自己之敌人。

朱　德

二十八号十五时

（董、李抄转罗、蔡、周、黄）

彭德怀、杨尚昆关于红三军团战斗情况及部署致朱德等电

（1934年11月30日）

朱、林、聂：

（一）马渡桥□敌[①]约一师，拂晓向新圩出击，五师伤亡颇大，两团长、政委伤，师参谋长及一政委亡。六师未按时赶到接替任务。五师（缺十三团）二十九〔日〕晚尚在新圩以北，今改道上林家、青龙山、大塘村到达光华〔铺〕以北及以东之唐子头、陈东、渠口[②]。第六师主力尾五师进到保布圩、佳城向文堂、富□塘派出侦察，以一团主力位置于新圩，阻止农塘[③]之敌北进，以一营位置于陈家背[④]附近，以保证友军通过，该团待五军团接替后即归还主力。

（二）第四师在彭、杨赶到以前由林、聂指挥。

（三）第二纵队于三十日午前进到界首以东之月亮山附近，准备黄昏渡河。

---

① 此敌，据国民党军资料，系桂系第十五军第四十四师王赞斌部。

② 唐子头，今名塘子头；陈东，今名城东；渠口，在湘江右（东）岸，界首镇对岸地区。均属今广西壮族自治区兴安县，位于该县东北部。下同。

③ 今名龙塘，属今广西壮族自治区灌阳县。下同。

④ 今名新卫，属今广西壮族自治区灌阳县。下同。

（四）第十三团三十日八时可到渠口，接替四师河东警戒，该师河东之警戒队待该团接替后归还主力。

彭、杨

三十日一时于大塘村

一军团领导人给军委的电报*

（1934 年 11 月 30 日晚）

朱主席：

我军向城步前进，则必须经大埠头，此去大埠头，经白沙铺或经咸水圩。由脚山到白沙铺只二十里，沿途为宽广起伏之树林，敌能展开大的兵力，颇易接近我们，我火力难发扬，正面又太宽，如敌人明日以优势猛进，我军在目前训练装备状况下，难有占领固守的绝对把握。军委须将湘水以东各军，星夜兼程过河。一、二师明天继续抗敌。

（选自《聂荣臻回忆录》(上)，
战士出版社 1983 年版）

---

* 本件标题为编者所加。

朱德关于消灭由兴安、全州进攻之敌与箝制桂军和周浑元部追击致红一、三军团电

（1934年12月1日）

林、聂、彭、杨：

（一）三十日的战斗，全州之敌已进到朱塘铺，兴安之敌已进到光华铺，灌阳之敌[①]已进占新圩，并续向古岭头方向前进。周敌之先头部队有已渡过文市河之可能。

（二）〔一〕[②]、三军团主力在全州、兴安间河西岸沿马路的地域，军委一、二纵队已进到路塘、路江圩[③]地域，九军团已通过到石塘圩地域以西，五、八军团情况不明，其一部及六师之一小部有被新圩北进之敌切断的可能。

（三）一号，敌人将从各方面向界首行坚决的进攻，目的是在驱逐我先头部队到山中去，并切断我之后续部队，以便其各个消灭我之单个部队。

（四）野战军应以自己的主力消灭由兴安、全州向界首进攻之敌，箝制桂军及周敌由东尾追的部队。这样可以保证我军之后续部队于二号晨在掩护队掩护之下通过湘水，以后即前出到西延地域。

（五）一号各兵团之部署及任务应如下：

A、一军团全部在原地域，有消灭全州之敌由朱塘铺沿公路向西南前进部队的任务，无论如何要将由汽车路向西之前进诸道路保持

---

① 此处，本电另种档案文本为“灌阳之敌约两个师”。

② 此处，据本电另种档案文本增补。

③ 路塘、路江圩，今名未详；据1929年版国民党军用图，该两地均属广西全县，位于该县西部，在咸水圩以西及西北方山区。下同。

在我们手中，在湘水东岸只留小的侦察部队。

B、九军团于一号转移到清水、严家[①]地域配置，暂为一军团之预备队，并受其指挥。

C、三军团应集中两个师以上的兵力在汽车道及其以西地域，有向南驱逐光华铺之敌的任务，并须占领唐家市[②]及西山地域。六师之部队应留河东岸，有占领石玉村的任务，并掩护我五、八军团及六师切断的部队通过湘水。以一个营仍留界首任掩护，该营应向麻子渡[③]派队与五军团切取联络。在万不得已时，三军团必须固守界首及其西南和东南的地域。

D、五军团于〔一〕[④]号晨渡过麻子渡、大塘村间的河道以西，主力应向麻子渡前进，并有扼阻桂军及周敌追击的部队之任务。被切断的部队应自动的突围，向麻子渡前进。

E、八军团前出到马路上，经麻子渡进到凤凰嘴与咸水圩（均不含）间的适当地域宿营。

F、二纵队进到路江圩待命。

G、一纵队在路塘地域。

（六）各兵团与军委保持无线电、电话联络，并与军委在界首所建立之交通站取得徒步的通信联络。

朱

一日一时半

---

① 清水、严家，属今广西壮族自治区全州县，位于该县西南部、咸水圩以北六七公里处。下同。

② 今名不详，据 1929 年版国民党军用图，唐家市属广西兴安县，位于该县城东北方，湘江左（西）岸，在界首镇附近。下同。

③ 即今麻市，属广西壮族自治区全州县。下同。

④ 此处，据本电另种文本档案增补。

中共中央局、中革军委、总政治部关于保证军委一号一时半作战命令全部实现致红一、三军团电

（1934年12月1日）

林、聂、彭、杨：

一日战斗，关系我野战军全部西进，胜利可开辟今后的发展前途，退则我野战军将被敌层层切断。我一、三军团首长及其政治部，应连夜派遣政工人员分入到各连队去进行战斗鼓动，要动员全体指战员认识今日作战的意义。我们不为胜利者，即为战败者，胜负关系全局。人人要奋起作战的最高勇气，不顾一切牺牲，克服疲惫现象，以坚决的突击执行进攻与消灭敌人的任务，保证军委一号一时半作战命令全部实现。打退敌人占领的地方，消灭敌人进攻的部队，开辟西进的道路，保证我野战军全部突过封锁线，应是今日作战的基本口号。望高举着胜利的旗帜向着火线上去！

中央局
军　委
总　政
十二月一日三时半

朱德关于我军主力已渡过湘江，二号进到西延地域整理的部署

（1934年12月1日）

林、聂、彭、杨、董、李、周、黄、罗、蔡：

（甲）在三十号及一号战斗中，桂敌之十五军已进到古岭头地

域，兴安之敌无大变更，周敌及湘敌第一路军尚无新的情报。我八军团之一部被敌击散，我六师约一个团[①]及三十四师被切断，其余部队则已渡过湘江。

（乙）估计明二号敌人将继续其坚决的进攻，其目的是在占领湘水西岸的谷地，并前进到西延地域，以求消灭我军主力。兴安之敌将会派队前出到华章[②]及路塘地域，而全州之敌将会派队前出到土地坳、大埠头[③]地域。

（丙）我野战军于二号早应进到西延地域，整理部队并准备新的战斗。被切断的部队，应自动的突围向西延总的方向前进。三十四师归军委直接指挥，并于新圩以南突围西进。

（丁）各兵团二号的部署及动作如下：

A、一军团应转移到尧家塘、杨梅道、梅岭、西山、黄屋田及清水江地域，转移的道路由咸水圩到瑶岭及其以北的诸道路（均含），并有掩护九军团集结油榨坪[④]及五军团集结咸水圩的任务。明二号应于全州至咸水圩间进行严密的侦察、警戒，当敌人侵入或接近我配置地域时，应坚决击退之。

B、三军团转移到路塘、路江圩、华章（江）地域，利用由界首到华章及于夜间利用界首到路江圩的道路前进，向麻园、界首、华章间及兴安方向进行侦察、警戒。至少应以一个师布置在路塘地域，向界首方向占领阵地，组织顽强防御，如敌侵入到我驻地时，则应坚决击退之。

C、五军团（缺三十四师）于集结咸水圩地域后，今晚即经屋田转移到南宅、田川地域，并向咸水圩方向严密侦察、警戒，二号应坚决扼阻由咸水圩向南宅、田川前进之敌。

---

① 据当日14时朱德致红三十四师首长陈树湘、程翠林电称："六师之十八团于陈家背被切断。"

② 应为华江，属今广西壮族自治区兴安县。下同。

③ 大埠头，又名大合镇即今广西壮族自治区资源县人民政府驻地。下同。

④ 又名中峰，属今广西壮族自治区资源县。下同。

D、九军团转移到油榨坪地域，向大埠头派出得力的侦察队，查明由全州及觉山西进之敌。如敌接近土地坳、油榨坪时，则应坚决扼守以上地域。

E、一、二纵队明二日早进到西延（胡岭）地域，并向大榕江口、城步[①]及新宁方向警戒。

（戊）八军团突围的部队及其他失联络的部队与人员，一号、二号当到达某个地域时，即受该地域行动兵团首长指挥，〔各〕[②]兵团首长则应将这种情况经常电告军委。

（己）各部队应于二号晨移动完毕，并应于二号内整理完毕。

（庚）各兵团到达指定地域后，即应电告军委，并保持与军委不断的无线〔电〕联络和徒步联络。军委在界首之交通站今晚撤消之。

朱　德

一号十七时[③]

我野战军决脱离敌人继续西进的部署*

（1934 年 12 月 3 日）

林、聂、彭、杨、董、李、罗、蔡、周、黄、叶、罗：

甲、全敌约一师，今日进占大埠头。全桂之敌，昨占界首，今日未向路江圩[洛江]进攻。估计全敌十六、十九师主力将经大埠头向我尾追；桂敌主力将采取由兴安、大溶江口、灵川向龙胜的并行追击，并企图在龙胜实行堵截；由界首向华江将为其辅助的追击。刘

---

① 大溶江口，即今大榕江，属今广西壮族自治区兴安县，位于该县西部漓江右（西）岸；城步，即湖南省今城步苗族自治县。下同。

② 据本电另种档案文本增补。

③ 此处，本电另种档案文本为："一号十七时（用野战司令部及南昌司令部路线图）"。

* 本件系节录军委致各军团、纵队的电令，标题为编者所加。

聂[薛]两敌主力则将经新宁到武岗[冈]、城步、绥宁堵我前进。

乙、我野战军现决脱离敌人继续西进。其任务以我军一部尽力迟阻追敌，主力则向西开辟前进道路，并钳制企图向我翼侧截击的湘桂之敌。我前进道路采取北经小李、西山岭、社水、皮水隘向龙胜以北，南经枫木山、广塘、千家寺、中洞向龙胜及中间由枫木山经塘坊边、两渡桥西进的诸道路。

朱

三日十六时

我野战军继续西进及九日行动部署

（1934 年 12 月 8 日）

各兵团、纵队首长（董、李抄送周、黄）：

A、湘敌主力正向新宁、武岗[冈]、绥宁、靖县、洪江运动中，并拟追我入黔。其十六师开城步，拟将经舟口、木路口、临口、通道堵截我军。丹口、大圳岩之线有团队。桂敌无新消息。龙胜之敌有与其向塘洞、江底追我之敌夹击我三军团部队可能。

B、我野战军明九日继续西进的部署

1. 一军团有钳制城步追敌，消灭沿途团队，以迅速占领通道的任务。第二师应进至木路口及其以西地域，向绥宁通道侦察警戒。在大岭岭寨应留下一个团为掩护部队，警戒和钳制城步之敌及大岭团队，待九军团部队赶到接替任务后，再西开归还主力。九军团进至长安营，派一个团至大岭岭寨接替二师一个团任务。一师进至广南城，南柴，侦察经龙坪〔通〕道道路，并警戒长安营。十五师应进至鸡公界，如能赶至长安营则即开长安营，并向城步方向警戒。

2. 三军团主力应控制在寨纳塘、三百冲、马蹄街地域，监视与钳制龙胜之敌，向江底方向派出掩护部队，以便三军团留在矮岭马蹄河口部队全部西移。另一个师应前进至平寨的岩地域，向龙胜警戒，向长安营侦察。

3. 军委一纵队进至扬湾，二纵队至横水寨、芙蓉市地域。

4. 五、八军团应经黄详进至东寨、水林冲地域，向城步警戒。

C、一、三、五军团后卫部队应负责在通敌各来路破坏道路桥梁，并收容落伍病员。

朱

八号二十一时

我各兵团、纵队十日前进部署

（1934年12月9日）

各兵团、纵队首长（董、李抄转周、黄）：

甲、依本日情报，通道（龙胜）似已到桂敌廖部约一师，其前出部队，昨已逼近马蹄街八里，与我四师对峙中；占领唐洞之桂敌仅一营，昨今似未续进。

乙、我各兵团纵队明十日前进部署如下：

1. 一军团应以先头师进占通道，向绥宁、靖县警戒。其第一师经长安堡，或经长安堡东北进至通道以南适当地域。九军团进至临江口、木路口之间，向绥宁及来道警戒。其在大岩、岩砦警戒部队，待十五师部队接防后，归还主力。十五师进至长安营，并应以先头部队接替九军团留在大岩部队的任务，向城步严密警戒。

2. 三军团主力应进至白岩、平寨、石村地域。一部扼守从林、孟坳两隘口，阻廖部北进。其先头师或团应进至陇城，向长安堡及其以西通黎平道路侦察警戒。其侦察部队应相机占领长安堡，并另以一部扼守甘溪塘隘口，向龙胜方向警戒。如今日情况不利，五师未能通过大断串镇头，则三军团明日应改道西进，但不应弯入芙蓉市通布朗、中洞到广南城通路，因五、八军团须明日下午方能空出芙蓉市。

3. 军委一纵队进至萃[龙]坪，二纵队由潘村经中洞赶至广南城。

4. 五、八军团由芙蓉市经潘村、中洞，随二纵队后开至昌贝及其附近地域，向来路及龙胜方向警戒。

丙、各兵团首长根据实况变更此命令的位置，但毁的路〔总的前进〕方向不得改变，同时应将部署电告军委。

朱

九日二十时

我军明十一日继续西进的部署*

（1934年12月10日）

各军团、纵队首长（董、李转周、黄）：

A、绥宁已到敌六十三师，其六十二师亦将续到，有由绥宁以南及向通道截击我军可能。桂敌廖部昨已进占马蹄街、石村，并闻有一部到林溪，企图利用由南〔至〕北大道向我侧击。

B、我军明十一号继续西进的部署：

1. 一军团主力及九军团应进占通道及其东南与以南的地域，向绥宁、靖县两方派出侦察部队，向城步来路派出警戒。其先头侦察部队应前进至岩鹰坡，向新厂、马路口侦察入黔的道路。其十五师应进至下乡地域，向绥宁、木路口两方警戒。如通道已有湘敌到〔达〕，并有强固工事，则一军团主力及九军团应进至通道以南及东南，并控制瓜坪以北及地阳坪的西进道路，以掩护后续军通过。

---

* 本件标题为编者所加。

2. 三军团主力应进至长安堡、陇〔城〕地域，向林溪、龙胜两方警戒。其先遣部队应前出至团头所、头所地域，侦察通播扬所及黎平的道路。其后卫师或团应留河口，钳制石村之线，以掩护三军团主力通过。

3. 军委一纵队拟进至流源，二纵队进至辰口。

4. 五、八军团随二纵队后进至麻隆塘地域，并应不经长安堡，以免深入三军团行进路线。

C、各军团依此电令方针，应据实情自行部署，但同时须电告军委。

D、各兵团纵队应在此备足米粮四天。

朱

十日二十三时

我一、三军团入黔路线及注意集结兵力*

（1934年12月12日6时）

林聂：

甲、我军西路线一军团应经岩鹰坡、新厂、马路口入黔；三军团应经团头、播阳所入黔。望依此分界线自定前进路线。

乙、在目前湘敌向我追击条件下，一军团应稍集结，不宜过于分散，不利作战。

丙、你们行动仍应遵昨日十八时半电令执行。

朱

十二日六时

---

* 本件系军委致一军团电令。

我军明十三日继续西进的部署*

（1934年12月12日）

（万万火急）

各军团、纵队首长（五、八军团互相抄送）：

A、湘敌以陶广一路军主力向通道进逼，其他各路仍续向洪江、靖县前进，企图阻我北进，并准备入黔。桂敌有拟由林溪进至团头消息，但未证实。

B、我军明十三号继续西进的部署如下：

1. 一军团之第二师及九军团应前进至新厂、崖鹰坡、溶洞地域，向靖县派出警戒，向马路口及黎平方向继续派出侦察部队。其第一师如今日已抵洪洲司，则应相机进占黎平；如尚在牙屯堡，则应进至洪洲司，向黎平侦察警戒。并须于十二时前全部离开牙屯堡。其十五师应进至通道，向绥宁、靖县两方向派出游击部队，加强侦察警戒。在十五师先头部队未到达接替任务前，九军团警戒部队不得先撤。

2. 三军团以迅速脱离桂敌之目的，明日应以主力进至牙屯堡、团头所、头所地域，向林溪、古宜方向游击警戒。其先头团或师应进至播阳所、黄垢地域，侦察部队则前出至贵州境界之江口屯。三军团在长安堡、黄土塘地域应留下后卫部队，向陇城、林溪警戒，以保证主力通过。

3. 军委一、二纵队拟进至播阳所以北地域。

4. 五、八军团应赶进至土溪、元心团地域，并应由双江口不经牙屯堡另找路线西进。

C、各军团依实际情况得变更其前进道路位置，但须严格地遵守

---

* 本件系节录军委致各军团、纵队电令。标题为编者所加。

前进的主要路线及其分界线，以免障碍运动，并将部署电告军委。

朱

十二号十九时半

中央政治局关于战略方针的决定

（1934年12月18日）

各军团及军委纵队首长：

兹特电告中央政治局本十八日关于战略方针之决定，此决定经你们传达至师及梯队首长为止。在部队中关于本决定之解释，总政治部另有训令。

中央书记处

中央政治局决定

1. 鉴于目前所形成之情况，政治局认为过去在湘西创立新的苏维埃根据地的决定在目前已经是不可能的，并且是不适宜的。

2. 根据于：甲、使我野战军于今后能取得与四方面军及二、六军团之密切的协同动作。乙、在政治的、经济的及居民群众的各种条件上，求得有顺利的环境，便利于彻底的粉碎五次“围剿”及今后苏维埃运动及红军之发展。

政治局认为新的根据地区应该是川黔边区地区，在最初应以遵义为中心之地区，在不利的条件下应该转移至遵义西北地区，但政治局认为深入黔西、黔西南及云南地区对我们是不利的。我们必须用全力争取实现自己的战略决定，阻止敌驱迫我至前述地区之西南或更西。

3. 在向遵义方向前进时，野战军之动作应坚决消灭阻拦我之黔敌部队。对蒋、湘、桂诸敌应力争避免大的战斗，但在前进路线上与上述诸敌部队遭遇时则应打击之，以保证我向指定地区前进。

4. 政治局认为，为着保证这个战略决定之执行，坚决反对对于自己力量估计不足之悲观失望的失败情绪及增长着的游击主义的危险，这在目前成为主要危险倾向。

5. 责成军委依据本决定按各阶段制定军事行动计划，而书记处应会同总政治部进行加强的政治工作，以保证本决定及军事作战部署之实现。

一九三四、十二、十八

重要报告

在中国共产党第七次全国代表大会期间关于选举问题的两次讲话（节录）

（1945年5月24日、6月10日）

毛泽东

遵义会议是一个关键，对中国革命的影响非常之大。但是，大家要知道，如果没有洛甫、王稼祥两个同志从第三次"左"倾路线分化出来，就不可能开好遵义会议。同志们把好的账放在我的名下，但绝不能忘记他们两个人。当然，遵义会议参加者还有别的好多同志，酝酿也很久，没有那些同志参加赞成，光他们两个人也不行；但是，他们两个人是从第三次"左"倾路线分化出来的，作用很大。从长征一开始，王稼祥同志就开始反对第三次"左"倾路线了。

（选自中共中央党史资料征集委员会、中央档案馆编：《遵义会议文献》，人民出版社1985年版，第62页）

在延安中央政治局会议上的发言（节录）

（1943 年 11 月 27 日）

周恩来

从湘、桂、黔交界处，毛主席、稼祥、洛甫即批评军事路线，一路开会争论。从老山界到黎平，在黎平争论尤其激烈。这时李德主张折入黔东，这也是非常错误的，是要陷入蒋介石的罗网。毛主席主张到川、黔边建立川黔根据地，我决定采取毛主席的意见，循二方面军原路西进渡乌江北上。李德因争论失败大怒。此后，我与李德的关系也逐渐疏远。我对军事错误开始有些认识。军事指挥与以前也不同，接受毛主席的意见，对前方只指出大方向，使能机动。因此，遵义会议上我与博古的态度有区别。

〔原载《党史通讯》1985 年第 1 期（总第 91 期），第 13 页〕

党的历史教训（节录）*

（1972 年 6 月 10 日）

周恩来

毛主席说：一九三五年一月遵义会议纠正了王明的路线错误，王明倒台了。这是简单的总结的话。事实经过是：在长征中，毛主席先取得了稼祥、洛甫的支持。那时在中央局工作的主要成员，经

* 这是周恩来同志在当时党中央召集的一次会上讲话的一部分。

过不断斗争，在遵义会议前夜，就排除了李德，不让李德指挥作战。这样就开好了遵义会议。中央的很多同志都站在毛主席方面。由于毛主席拨转了航向，使中国革命在惊涛骇浪中得以转危为安，转败为胜。这是中国革命历史中的伟大转折点。毛主席的正确路线在党中央取得了领导地位，真正取得了领导地位。遵义会议一传达，就得到全党全军的欢呼。

（选自中共中央党史资料征集委员会、中央档案馆编：《遵义会议文献》，人民出版社 1985 年版，第 66 页）

遵义政治局扩大会议传达提纲（节录）*

（1935 年 2 月或 3 月）

陈云

遵义政治局扩大会议的召集，是基于在湘南及通道的各种争论而由黎平政治局会议所决定的。这个会议的目的是在：（一）决定和审查黎平会议所决定的暂时以黔北为中心，建立苏区根据地的问题。（二）检阅在反对五次“围剿”中与西征中军事指挥上的经验与教训。

（选自中共中央党史资料征集委员会、中央档案馆编：《遵义会议文献》，人民出版社 1985 年版，第 34 页）

---

* 这是一九三五年陈云同志传达遵义会议情况提纲的手稿。手稿形成于遵义会议后不久从威信到鸭溪的行军途中，时间在二月中旬至三月中旬，具体日期尚难确定。手稿提供了许多重要的历史事实，是一份珍贵的历史文献。

从福建事变到遵义会议（节录）*

（1943 年 12 月 16 日）

张闻天

长征出发后，我同毛泽东、王稼祥二同志住一起。毛泽东同志开始对我们解释反五次“围剿”中中央过去在军事领导上的错误，我很快的接受了他的意见，并且在政治局内开始了反对李德、博古的斗争，一直到遵义会议。

（选自中共中央党史资料征集委员会、中央档案馆编：《遵义会议文献》，人民出版社 1985 年版，第 79 页）

在中央政治局会议上的发言（节录）

（1943 年 11 月 13 日）

秦邦宪

长征军事计划未在政治局讨论，这是严重政治错误。长征是搬家，抬轿子，使红军受到很大削弱。当时军事计划是搬家，准备到湘鄂西去，六军团是先头部队。当时三人团处理一切（博、李、周）。干部的处理我负全责。长征过程中毛主席起来反对错误领导，从湘南争论到遵义会议。长征军事计划全错的，使军队有消灭危险，所以能保存下来进行二万五千里长征，因有遵义会议，毛主席挽救了

* 这是张闻天同志延安整风笔记的摘录，标题为编者所加。

党，挽救了军队。教条宗派统治开始完结，基本上解决问题，组织上也做了结论。

（选自中共中央党史资料征集委员会、中央档案馆编：《遵义会议文献》，人民出版社1985年版，第108页）

在中国共产党第七次全国代表大会上的发言（节录）

（1945年5月3日）

秦邦宪

五中全会以后，这条路线的恶果已经开始可以看出，白区工作，在冒险盲动的路线下，已全部损失了，红军苏区在五次“围剿”中不断的遭受失败。这个时候在党内对这条路线的不满、反抗增加了，教条主义同志内部也发生分裂，有的同志过去犯了错误，这时也开始觉得有错误，而反对这个不正确的路线了。一直到了一九三五年一月在毛主席的领导下，在遵义会议上宣告了这条路线的破产。

（选自中共中央党史资料征集委员会、中央档案馆编：《遵义会议文献》，人民出版社1985年版，第107页）

英勇的西征（节录）

（1936年）

施平

西征目的已经达到

红军英勇的西征，是在最艰难的条件之下进行的。我们经过的是什么道路呢？当然不是柏油马路，或者石板铺的大路。我们走的多半都是崎岖险阻的羊肠鸟道。我们爬过了中国最高的山脉：川康间的山脉，高达五千米以上。五月间，中国各地炎热如火，而川西高山积雪不融。

我们渡过了二十多条地理上著名的大河：扬子江，乌江，湘江，金沙江，大渡河，等等。我们依靠什么工具，渡过这些大河呢？什么现成的、便利的工具也没有。

这次西征全程，从江西过去中央苏区出发，直到和红四军会合，历时共有八个半月。跋涉约一万二千里。我们通过了十二省边界：福建，江西，广东，湖南，广西，贵州，四川，云南，西康，甘肃，青海，陕西。中国本部十八省，我们走过了三分之二。

这次西征底目的和原因是什么呢？

最近几年来，我们党所要解决的主要问题之一，就是建立苏维埃革命根据地。我们深知巩固根据地为红军所必须，没有这种根据地，可使内战之进行感到莫大的困难，从一九三〇年起，我们党就已开始用全力来解决这个最紧急最重要的任务。直到今天，这还是我们最主要的任务之一。一九三四年，敌人向我们过去中央苏区四面围攻，把我们挤到了较小的区域；我们的党为保全红军实力起见，于是决定主力退出中央苏区，以便在中国西部广大领土上建立新的根据地。因此，中国共产党便有这次著名西征之组织。

我们准备西征的全盘计划，原定在三个月内完成；可是因为情势严重，指挥部乃不得不限定两个月完成。在这样的短促期内，而准备工作还是做得尽美尽善。

这次西征是怎样准备的呢？第一，当主要部队还没有从中央苏区向西开拔以前，党已派了一部分红军到苏区境外，深入敌人后方。特别是组织了第七军北上，就是全国闻名的抗日先遣队，向福建方面以及闽赣边界进发。如此，我们的军力在东北方面抄到了敌人的后方。

接着，从湘东派兵深入湖南境内。这便是肖克底第六军，该军已同贺龙底第二军会合。如此，在西北方面我们的兵力也抄到了敌人的后方。

此外，我们还进行了为红军主力远征所必需的准备工作：我们吸收了广大愿意武装保护中国革命的青年壮丁，更扩大了红军的实力。

第二，对红军基本干部实行加速训练。担任训练的有三个学校：红军大学、步兵学校，以及专门学习防空和防毒的军事专门学校。红军干部人员，大部份都进过了这三个学校。此外各卫生学校（专门训练军医、看护员的）、通信学校（专门训练电话电报等通讯工作），转送大批干部到各军团中去。

第三，在出发前时期，采买了六十万石粮食、军械、火药等，就底［地］制造，增加了六倍到三十倍，还采办了大批特别军衣给兵士穿，以及其他等等。

在西征中，经常的粮食问题怎样解决的呢？

主要的，是各地人民自愿供给我们。以及没收了地主豪绅底财产，给红军享用。

现在我们可以断定说，西征目的已经达到了：

（一）我们真的保全了红军底实力；

（二）我们终于和红四军汇合了；

（三）两军汇师以后，建立了新的更强大更富足的苏维埃根据地。

作战的经过

西征底第一阶段——从江西出发，到贵州边界。这个阶段是胜利了，因为我们从战斗中冲过了敌人底四道封锁线。在这些封锁线上敌人早已用钢骨水泥筑起了防御工事，埋伏了大批机关枪迫击炮；总之，在这些强固的防御工事地方，算是飞渡不过的难关。但是这四道防线我们都冲过了；我们沿途扫除了一切障碍，扫荡了敌人军队，冲倒了所谓铜墙铁壁的堡垒封锁线。

第一道封锁线，是在江西赣江沿岸。第二道是在粤北仁化和赣南之间。第三道是沿粤汉铁路的株韶路段（该路建筑未完，但马路已通，沿路也用钢骨水泥筑起了防御工程）。第四道是在湘南桂北一带。

在这几道封锁线上，敌人所埋伏的机关枪，简直造成了一座火药森林。我们都受强敌的双方夹攻，可是我们很快冲破了敌人的封锁线，渡过了赣江，占领了城口，就冲破了第二道线；后来占领宜章，就冲破了第三道线。第三与第四两道之间，则尽是一片高山峻岭。蒋介石正打算在这个地方来消灭我们。

我们在宜章胜利以后，一连占了六县：临武、嘉禾、曹［蓝］山、江华、道州、永明。如此，我们把第四道线也很快冲破了。至此，蒋介石底计划，他包围和消灭红军的企图，事实上已经完全失败。我们安全的突出了敌人的封锁，没有给敌人如愿以偿。

可是这里必须指出我们的几个缺点和错误。

第一个错误：就是当西征出发之前，在党内，在红军内以及交通群众中没有做得应有的解释工作。结果使西征的准备工作感受很大的困难。其次是使一部份不明了西征目的和前途的青年兵士以及某些个别份子，在行军时不十分坚忍。这种现象，当行军到湖南一带时特别发生。

我们为什么犯出这种错误呢？因为我们把军事秘密的问题看得

太机械了。我们曾认为，西征底任务，不能向党员、兵士和交通群众去解释。

第二个错误：我们所带的行装太多，笨重机器装得太多。我们把兵工厂、印刷厂、造币厂等项机器，通通都拖走了。专门担任运输的就有五千人。

经验证明了，带着骡马同行，有时却妨害我们行军，特别是过河的时候，何况这些笨重非常的机器呢！这个搬运机器的队伍，阻碍了军事行动。在它后面的后卫部队往往比先锋队迟到十天。

行军时有过这样的事实：在大雨滂沱之下，我们在泥泞下蹒跚，十二点钟之内一共走了四个启罗米特。这证明我们的行军多么困难。

我们主要的是分三路前进：左翼、右翼、主力则同中路行进。此外我们还有先锋队和后卫队。

我们行军的次序，大体上就是这样。可是这路之行进当然我们不常能按这计划进行。我们有时不得不分两路前进。但从来没有一路独进。

我们占领宜章之后，本应立即把全州也占据，以便立刻就在那里过河。这个地点很关重要。可是身上过重的负担，使我们不能及时占领全州。敌人反而跑在我们前面，先把全州占了。如果没有这些笨重行头，我们的后卫队一定会走得快些，我们就不会要作这么多的战斗。在湘桂边界上，我们大约耗费了一百天功夫去与敌人作战。

由于这种错误底结果，我们的基本部队变成了行装护卫队，而自由周旋的兵力反而不够。先锋队前进，而后卫队还落在两三百里路之外。凡此一切，都减弱了我们的战斗力，往往使敌人得以向我们侧面进攻。

为什么我们要带这样笨重的行装呢？这是由于一种不正确的幼稚的政治观念，以为创造新的苏维埃根据地，只是从这一个地方迁徙到别个地方，而不需要经过一番新的艰苦的斗争和大的努力。

第三个错误：就是纯粹军事上的错误。我们总是按照纸上画好的直线笔直前进。结果到处都遇着敌人迎击，因为他们老早从地图上知道了我们将经过何地，走向何方。于是我们自己不能取得主动地位去袭击敌人，反而变成了敌人袭击底对象。我们本应以更快的速度前进，以更快的速度占领地点。而我们却要在不利的条件之下搏战才夺取了这些地方，敌人有汽车及其他转运工具；而我们则走直路，坚持不肯改变方向，可是地图上往往画得不对，于是我们常常陷于绝境，而不得不重新折回。有一次，我们在四千米特以内同敌人打了三天。我们参谋部内的同志和各军军长，一连三天三夜没有吃东西，没有睡觉。往往窜来窜去，好久找不到出路。后卫队党代表，为要时常督促士卒前进，而他却整整六天六夜没有睡觉。

在这种条件之下，我们怎样安置受伤的同志呢？

要是不能带走的，我们就把他们安插在民家。有时我们组织了游击队以资掩护。地方人对待我们的伤人实在非常殷勤，病好后就把他们送上行营来。

行到黎平，我们就纠正了已犯的错误。在湘桂边界上，敌人集中了多过我们五六倍的军队，准备迎击我们，他们预料红军主力必会走第六军底旧路。桂军从南方进攻我们的后卫队。此外还有大批敌人向我们后面追击。

红军全体主张冲破薄弱的环节，即是说要走敌人较弱的我们可以得到补充的地方。那时才决定改变方向。这里就是西征第一阶段底终点。这个阶段共长一百天。当我们到达贵州边界时，红军已不在[再]是经常不断的被敌人攻击的对象，自己反而站到了主动地位，能够自由袭击敌人。

（作者施平，即陈云。原载《共产国际》1936年第1、2期合刊）

（选自中共贵州遵义地委党史资料征集研究领导小组办公室编：《纪念遵义会议五十周年专辑》1985年1月，第1—6页）

报刊资料

★捷报★

红军西方军占领道州城

（1934 年 11 月 25 日）

前线电：我红军西方军一部于本〔月〕廿二日占领道州城。

同志们！配合红二、六军团的胜利，开展我们胜利的反攻，发扬我们红军固有的吃苦耐劳、英勇顽强的特长，在运动战中大量的消灭敌人的武装部队，为实现创造新苏区的伟大任务而斗争！

（选自《红星》报 1934 年 11 月 25 日第 5 期第 1 版）

以坚决勇敢的战斗消灭当前的敌人（社论）

（1934 年 11 月 25 日）

我英勇红军在执行“突破敌人封锁，深入广大白区，实行反攻，彻底粉碎敌人五次‘围剿’创造新苏区”的历史任务中，经过月余长途行军与战斗，已取得了突破敌人三道封锁线，相继占领宜章、临武、蓝山、道州等县城的胜利。在这些胜利中，一方面表示了我工农红军阶级的觉悟，坚决的团结与英勇艰苦的奋斗；一方面把苏维埃反帝国主义的土地革命的影响与种子散布在广大的白区，推动了赣西、湘南千里地区中广大群众的斗争，调动与打击了蒋介石及湘、粤、桂之敌，保卫了中央苏区，配合了红四方面军和二、六军团反攻中的伟大胜利，这证明党中央与中央军委领导我们伟大转变实行反攻的完全正确，证明了只要我红军坚决团结艰苦奋斗坚决作战，就能光荣的完成彻底粉碎敌人五次“围剿”的历史任务！

正因为我们取得了这些胜利，已经部份的处在敌人的深远后方，震动了国民党军阀地主的血腥统治，并□命突破敌人最后封锁线，以便在运动战中消灭更多的敌人，全部粉碎敌人“围剿”，为创造新苏区而斗争。所以蒋介石急忙的抽调进攻中央苏区的周浑元、薛岳两纵队，联合湘、粤、桂之敌，企图从各方面截击、追击、堵击我们，因此，我们必须有坚决果敢的战斗动作在运动战中消灭大量的敌人，并突破敌人的最后封锁线，完成在我们肩上的光荣任务。

我们号召全体指战员、政治工作人员，要更加发扬工农红军顽强战斗的决心，提高战斗情绪到最高限度随时准备以坚决勇敢的战斗，绝战[对]执行军委命令，以完全消灭当前之敌，□□了这是粉碎敌人五次“围剿”的决定胜负的紧急关头。

各级政治机关应深入到连队中根据《红星》四期讨论提纲，联系目前形势，进行干部会、军人大会，解释和讨论，提高部队战斗情绪，消灭截击堵击追击的敌人，争取突破敌人最后封锁线的光荣胜利。

（选自《红星》报1934年11月25日第5期第1版）

打下飞机一架

（1934年11月25日）

我红军于廿四日在西元[延]击落敌人飞机一架，击落飞机师二，缴获花机关二，望远镜二。

（选自《红星》报1934年11月25日第5期第3版）

我军占领江华

（1934年11月25日）

我红军一部于昨（廿四）日占领江华县城。

（选自《红星》报1934年11月25日第5期第3版）

★最后捷电★

中央苏区红军大胜利

（1934年11月25日）

中央苏区电：白匪李延年纵队之第三师及第七师各一旅，廿二日企图进占会昌城。其先头之第九旅在谢坊、会昌间，被我红军配合工农群众将其全部击溃，大部消灭。毙敌团长一隻[名]活捉团长严稳仁一隻[名]，营以下官长十余名，士兵数百。缴获轻机枪十余挺，步枪及子弹甚多，正在清查中，敌伤亡损失极大。

湘赣红军推[摧]毁敌军堡垒百余座

（1934 年 11 月 25 日）

湘干[赣]电：我红军一部在岩田、路口间，攻破敌碉堡十余座，俘获人枪各数十。

又电：我湘、干[赣]红军另一部在永新一带焚毁敌堡百余座，恢复了象形、元头、黄岗[冈]、库前、三团、南汶、苏口等处大块苏区。

由于党和中革军委领导的正确，向着敌人进行了坚决的反攻。在我主力红军西进中，调动了蒋介石的主力离开中央苏区，同时也调动湖南军阀何键的部队离开湘干[赣]苏区。而尚在中央苏区的白军，亦以为我主力已经出动，敢于大胆的行动起来。这样，更便于我们寻求广大地区的运动战去消灭敌人。

中央苏区红军与广大群众的大胜利，以及湘干[赣]苏区的胜利，证明了我们坚决反攻的行动，不仅是为了在运动战中大量的消灭敌人创造新的苏区，而且也正是为了保卫中央苏区和湘干[赣]苏区。一切把我们离开中央苏区反攻敌人的行动，解释为退却逃跑的机会主义者，都在这些伟大的胜利之下，完全宣告了破产！

同志们！提高我们的战斗精神，配合中央苏区的大胜利，消灭当前的敌人！

（选自《红星》报 1934 年 11 月 25 日第 5 期第 3 版）

学习“无”团模范的战斗动作

（1934年11月25日）

最近，部队战斗情绪以“苏州”师为最好，特别是“无”团。十七号，该团受领任务驱逐嘉禾城外敌人的警戒部队，掩护主力部队通过时，曾以十分钟的时间，冒着敌火抢渡嘉禾河，消灭了敌人的小哨达成任务。这次的动作非常坚决和迅速。

廿九日，该团为军团后卫，掩护主力通过后，经虎口向土桥新村背进时，嘉禾之敌以两个团出击。其时因“汀州”派在虎口掩护该团之侧卫被敌击溃，敌即占领了虎口之隘路口，于是，该团全部被敌截断。此时，他们在危殆万分中，因为先头营动作坚决迅速，毫不犹豫的向敌冲锋，立即向[将]敌击溃，恢复了“汀州”失去之阵地，保证全团安全的退出了战斗。

“无”团在过去历次战斗中，曾在红军战史上写下他们最光荣的篇幅，此次在反攻敌人的战斗，又一次的显示了他们顽强抗战、坚决迅速的模范动作。我们号召各兵团学习“无”团的模范，最高度的发扬我们坚决的攻击精神，在运动战中大量的消灭敌人，为争取反攻敌人的全部胜利而斗争！（围）

（选自《红星》报1934年11月25日第5期第2版）

夜战中的模范连——“牲”部第五连

（1934年11月25日）

“牲”部第五连在某地奉命攻击敌人两个堡垒时，全连指战员英勇沉着，迅速秘密接近敌人，只有二十几分钟，以两个手榴弹便将敌人消灭，缴枪七枝，手榴弹五个，刺刀七把，子弹数百发，俘虏八名，自己毫无损伤。

这是夜间攻击堡垒的模范，是值得我们来学习。

（选自《红星》报 1934 年 11 月 25 日第 5 期第 2 版）

这样坚决勇敢的支部书记我们应该学习他

（1934 年 11 月 25 日）

“的”部第一连支书朱锡林同志，他这次在南岭背中，表示了他的坚决勇敢，真正为苏维埃流最后一点血、最后一口气。当敌人冲锋到四、五十米远时，他一个人跑到最前面打手榴弹阻住敌人，掩护了全营安全的撤退。结果，朱同志在此枪林弹雨的当中，也就光荣的牺牲了！我们每个红色战士都应继续朱同志这次坚决勇敢的精神，来彻底粉碎敌人的“围剿”！（钟伟）

（选自《红星》报 1934 年 11 月 25 日第 5 期第 2 版）

在很短时间内扩大了一个新兵连

（1934 年 11 月 25 日）

宜章砰石一带修铁路的工人都是湘南各县的灾民，他们很久以前参加伟大的湘南暴动，这次我们经过时，他们都热烈的来当红军。在很短时间中，就扩大了一个新兵连（百余人）。这连新战士情绪非常之好，几天的行军中没有逃跑掉队的，有的离家几里路，也不回家。

（原载《红星》报 1934 年 11 月 25 日第 5 期第 3 版）

学习“攻”团三营的河川战斗

（1934 年 11 月 29 日）

“攻”团三营这次担任渡河的前卫营，驱逐敌人的警戒部队，掩护我主力安全渡河的任务。该营受领任务后，就马上徒涉过河。河水深平胸中，同时受着敌人的火力扫射。但该营的指战员毫不动摇，没有一个犹豫，很迅速的不到五分钟，就渡河完毕，并立即驱逐了敌人的警戒部〔队〕，而掩护了我主力安全通过大石桥。这种坚决迅速的动作，值得我们学习的！（扶民）

（选自《红星》报 1934 年 11 月 29 日第 6 期第 3 版）

模范的指挥员　值得大家学习

（1934 年 11 月 29 日）

“突”团三连连长华英同志在战斗中表现非常勇敢。接到上级给该连以突〔击〕连任务的命令，他以身作则的领导全连战士，不怕一切牺牲，勇敢冲锋，坚决杀敌。在被敌包围时，很沉着的坚决顽强抗战，并且提出口号，鼓动全连战士，领导战士打手榴弹，自己向敌人打了三、四个手榴弹，把敌人打珊[坍]。

（选自《红星》报 1934 年 11 月 29 日第 6 期第 3 版）

负伤不下火线　战到最后一滴血

（1934 年 11 月 29 日）

“突”团二连一班长李赖福同志（党员），在战斗中表现非常勇敢坚决，以身作则，为群众的模范。他接到自己的突击任务，领导一班人向敌人冲锋时，自己负伤不下火线，继续战斗，后负重伤，光荣的牺牲了！我们要继续李赖福同志这种勇敢坚决牺牲的精神，消灭蒋介石和湘、桂的白军！（邓德）

（选自《红星》报 1934 年 11 月 29 日第 6 期第 3 版）

“全”师宣传队的活跃值得每个宣传队学习

（1934 年 11 月 29 日）

“全”师宣传队在最近几天雨天行军中，每天都努力在沿途写标语、张贴宣传品，对部队的沿途挂政治问答题及布置鼓动棚，大贴五色标语画报，唱留声机，分站喊话。特别是第四组的小同志，能化装冒雨唱歌、呼口号，启发战士的兴趣。到宿营地，他们仍不觉疲劳的连接化装打锣鼓、唱留声〔机〕，分头向群众宣传。又有部分宣传员连夜里都打起火把去写标语。有一天，半日请得十一个短期伕子。在宜章一天能扩大九个红军。

“全”师宣传队的工作精神，是值得我们每一个宣传队学习的。同时，我们希望“全”师宣传队的同志更加努力，做全军团的模范！

（选自《红星》报 1934 年 11 月 29 日第 6 期第 4 版）

两个扩红的模范连队大大超过了原定计划

（1934年11月29日）

“争”政治部单位，自接到火线扩红号召后，立即召集了支委会、支部大会、军人大会，以及党团员小组会，经过热烈的讨论，党团小组自动提出比赛，并在军人大会上提出与保卫局单位比赛。经过这一热烈动员后，每到一地方大家都自动的去做扩大红军的工作。由于大家的努力，截至十九日已扩红廿五名，这要算是全军团扩红的模范。

“击”部七连十二日到白石渡游击时，很清楚的了解了当地群众被何键军阀压迫筑炮楼、修飞机场、修马路，弄得没有饭吃的痛苦，便抓住了群众的这些痛苦，进行了宣传鼓动，结果不到一天就争取了七个工人自动加入红军。

这算是全军团扩红的模范，给他们以扩红飞机！

（选自《红星》报1934年11月29日第6期第3版）

把巩固部队的飞机送给我们的模范连

（1934年11月29日）

“锋”部第五连

“锋”部第五连自执行总的反攻任务以来，没有一个逃跑掉队失联络的，他们是我们巩固部队的模范连。“坚”政治部同样准备送他们一面奖旗。

他们巩固部队工作为什么会收得这样大的成绩呢？主要的有如下几个原因：

一、能及时的进行宣传解释工作和适合情况的进行政治教育。上级的文件及胜利消息，能及时的抓紧在部队中作鼓动。所以该连大多数的战士对目前行动意义及任务都很了解。

二、干部责任心强。干部能经常深入群众，解决红色战士的问题。组织很严密，随时随地注意清查人数，及时防止可能现象的发生。

三、阶级友爱很发扬。他们每到宿营地，能自动的首先帮助担任警戒勤务的同志烧洗脚水、摊铺、留饭菜等等，并且能发扬互助精神，互相帮助工作。

四、能及时注意改善给养，他们自出发以来，没有吃过生饭，菜蔬能经常注意调剂，并且够吃，味道也很好。在任何困难环境下没有饿过一餐饭。

因此，战士情绪极好，没有发生任何问题。最主要原因是他们支部工作健全，党的领导力量强，所以能有此成绩。

“吉水”第九连

“吉水”团九连在未出发前，曾有两个多月消灭了逃亡现象。在这次长途行军、艰苦奋斗的环境中，也同样保持了他的光荣模范。其主要原因是：

（一）支部真正成为了连队的堡垒，每个党团员都能在群众中活跃着，去教育群众、领导群众，起了党团员的模范作用。同时小组与支部委员都建立了经常汇报制度，所以群众中发现一个极小的问题，便能立即反映到支委，立即召集支委会（或其他会议）来解决这些问题。

（二）十人团的工作不但艰苦的放掩蔽哨，而且成为了宣传群众、教育群众和反逃亡斗争的积极领导者。无论在某一环境、某一任务下面能有计划的分配团员去群众中，尤其是对落后分子进行解释工作，反逃亡斗争真正成为了群众的广泛运动。如在金沙时，炊事班有一个企图逃跑的份子，被该党员发觉，立即报告并自动去捉回来，全连战士大呼口号反对他，并在军人大会开展严厉的斗争。

（三）能及时解决下级实际困难问题。如三班有三个战士没有鞋子穿，指导员即将自己足上穿的鞋子给他。模范的五班长王祖伟，看到本班钟天惟和一班赖世来没有衣裤穿，即将自己衣裤给他。最近该连又发起募捐，解决本连战士吃黄烟问题。

（四）阶级友爱的精神很好。在行军中党团员、十人团预先分配了行军的位置，行军中能发动党团员和群众帮助病员背包袱、背枪枝，到了宿营地，能替病员和行军疲劳的找禾草铺床等。

（五）教育工作比较经常而深入。虽在行军环境，能利用时间进行班排讨论会和读报工作，还正式上了几次政治课，同时采用了许多个别办法（如谈话等）去补救不足。所以检查该连战士对这次行动意义以及我们的胜利，大部份都能了解。

以上这些是九连消灭逃亡现象的主要原因，也即是巩固部队的宝贵经验。大家应把这宝贵经验运用到每一连队中去，学习模范的九连！（汗华）

“冲”部第三连

（1934年11月29日）

“冲”部第三连自执行新的任务以来，一个月没有一个逃跑掉队落伍的，只送了一个病员到后方，这是全军团巩固部队的模范连。

现军团政治部准备送给他一面奖旗。希望各连队大家来学习他们的光荣例子。（新吾）

（选自《红星》报1934年11月29日第6期第4版）

发扬阶级友爱

（1934年11月29日）

“斗”部第七连每次轮到该连的后卫和收容时，都遇着有病员不能走，该连能把病员抬上来。特别是一排长赖福标同志以身作则先抬，所以，战斗员没有发生意见。

（选自《红星》报1934年11月29日第6期第2版）

长征日记

长征大事记(陆定一日记)(节录)*

(1934年12月5日—12月13日)

十二月五日

三军团到中洞。

五军团进到水埠塘,千家寺。

八军团扼守老山界。

军委二纵队随三军团后跟进。

野战军司令部到塘洞。

十二月六日　晴

一军团到茶元。

三军团向河口前进,与桂敌激战终日。

五军团一部与突入千家寺之桂敌作战,主力撤塘洞。

八军团继续扼守老山界,与追敌作战。

九军团扼守红水东南阵地,掩护主力通过。

军委二纵队到塘洞。

---

* 陆定一同志长征过广西时在军委第一纵队工作。

野战〔军〕司令部到花桥。

十二月七日　晴

一军团主力在茶元阻止敌人。

三军团到河口、八滩。

五军团到中洞。

八军团到千家洞。

九军团在皮水隘阻止敌人。

军委二纵队在塘洞休息一天。

野战军司令部到江底。

朱总司令命令：连日桂敌派出大批密探，在我各兵团驻地，纵火焚烧民房，企图疲劳及嫁祸于我军，破坏红军在群众中的信仰，各兵团首长及其政治部，应于到达宿营地后，及离开宿营地以前，严密巡查，并规定各连值班，一遇火警，凡我红色军人，务必设法扑灭，及救济被难群众。纵火奸细，一经捕获，应即经群众公审后枪决。

十二月八日　晴

一军团主力经五塘到白竹坪。二师向通道前进。

三军团进到马蹄河口。

五、八军团进到江底。

九军团到鸡公界、水布蓬地域。

军委二纵队进至黄祥。

野战军司令部进到坳头。

十二月九日　晴

一军团主力经广南城，到平等。二师向通道前进。

三军团到马蹄街。

五、八军团经黄祥，到东寨，水林冲。

九军团进至长安营。

军委二纵队到芙蓉寺。

野战军司令部到杨湾。

十二月十日　晴

军团主力经平溪至刘延。二师占领通道县城。

三军团到白岩、平寨、石村地域。

五、八军团到昌贝。

九军团到临江口、木路口。

军委二纵队到广南城。

野战军司令部到龙坪。

十二月十一日　晴

一军团主力经双江到金点。二师在通道休息。

三军团到长安堡。

五、八军团到麻隆塘。

九军团向通道前进。

军委二纵队到辰口。

野战〔军〕司令部到平等。

十二月十二日　晴

一军团主力经长古到新都。二师在通道休息。

三军团主力进到黄土塘辰口，先头师进到团头所。

五、八军团经辰口至麻隆塘。

九军团进到通道县城。

军委二纵队到芙蓉市附近。

野战军司令部到芙蓉。

十二月十三日　晴　入贵州省

一军团主力经新昌[厂]到平查所。第一师向黎平前进。第二师在通道休息。

三军团到牙屯堡，先头师到播扬所。

五、八军团到土溪。

九军团休息一天。

军委一、二纵队在播扬所以北。

赖传珠日记(节录)*

（1934 年 11 月 21 日—12 月 18 日）

一九三四年　十一月

二十一日　拂晓第二团欠一营开至天堂圩。我们到达天堂圩已夜 12 时了。见到林彪，略谈即到宿营地。

二十二日　在天堂圩进行战斗准备，有钳制敌人的任务。当日第一团也到达。

二十三日　拂晓时准备在梧溪洞抗敌。经激战后，已将黄岭放弃，黄昏时撤至巴截宿营。

二十四日　一时从巴截出发，到龙江桥、瓶扩〔塘〕，已晚六时。留干部团在梧溪洞阻敌，二十时至二十四时全部撤至道州城宿营。破坏浮桥，严密警戒。当夜河上已发现敌人。

二十五日　在道州沿河一带布置阵地抗敌。十一时半已发现敌人在河下游偷渡。下午三时半道州被敌占领，我们撤至十里铺宿营。

二十六日　拂晓我全师集结山口铺、牛路口附近，准备抗击追击之敌。后撤至杨家桥宿营。

二十七日　在杨家桥待机。

二十八日　一时出发到文市宿营。

二十九日　出发经古岭头到麻子坑[渡]宿营，后又改至大平宿营。

---

* 赖传珠同志，长征过广西时任一军团第一师代理政治委员。

三十日　拂晓渡河[①]到赤兰。在脚山与敌激战后，撤至水头。下坡田［夏壁田］一线宿营。

十二月

一日　继续抗击敌人。因敌优势，我三团数次受敌包围和冲击，后撤至湖决口鹞子江口宿营，损失颇大。

二日　拂晓出发到油榨坪宿营，半夜又赶到大埠头阻敌。我在油榨坪布置警戒，到三号才知道部队已出发，立即赶去。

三日　在大埠头与敌接触，撤至沙溪头宿营。

四日　撤至车田已下午八时半，后又继续出发到烟竹坪宿营。

五日　从烟竹坪出发到天堂宿营。

六日　到都水寨宿营。

七日　在横水休息一天。

八日　从横水出发，经布朗到昌县［昌背］宿营。

九日　从昌县［背］出发到广南之广笑宿营，仅走30里，休息大半天。

十日　从广南出发，经长安铺到达双江口宿营，与军团部会合（70）[②]。

十一日　十二时出发到达牙屯铺宿营（40）。

十二日　六时由牙屯铺出发，到龙岭接命令打转，至张黄宿营。

十三日　十一时出发到新厂宿营。

十四日　从新厂出发到谭溪宿营。

十五日　从谭溪出发，有半途接命令折回到黎平城。

十六日　在黎平城休息一天。

十七日　由黎平城出发到龙里司、八标之线宿营。

---

① 渡河，系指渡过湘江。

② （70），是指广南至双江口之间的路程为70华里。以下之“（40）”亦为此意。

十八日　从龙里司出发到坡洞宿营。

（选自《军史资料》1985 年第 2 期）

陈伯钧日记（节录）*

（1934 年 11 月 20 日—12 月 13 日）

一九三四年十一月二十日　阴

行军——由杨梅山经火田渡、雷家岭到岩口铺，计程廿里。

今日我军准备在嘉禾、宁远、蓝山间与敌作战。我师为预备队，位置在岩口铺、岩口洞，准备随时策应各方。

十一月廿一日　阴

行军备战——由岩口铺经黄廿八、蒋家洞到楠木圩，计程十五里。

在楠木圩备战经阴亭铺到五祥塘。是夜又回楠木圩，约廿里。

拂晓以后才开始出发，过田家亭将五里，即闻黄泥井方向有机枪声。继续急进，八时〔左〕右即到楠木圩时，楠木圩友军尚多，三军团司令部亦在此。当即去该处接受作战命令。要我师进至五祥塘附近，准备参加打击东进之敌，时我五军团部及卅四师，因蓝山通江华道太小又险，结果亦折回黄泥井附近。是日敌廿三师分数路由甘露田、洪观圩、黄泥铺等地节节前进。主要是想抑留我军以便周纵队之截击，该敌并未与我真正作战，所以最后我们亦撤回楠木圩，未

* 陈伯钧同志长征过广西时任五军团十三师师长。

参加任何战斗。

十一月廿二日　阴

行军备战——由楠木圩经落井庙、山口到下灌，约廿五里。

我军为迅速脱离敌人，是日晨即全部离开楠木圩西进到下灌，遇军委即决定我师留下灌，并准备作战。当即以卅七团在红岭附近向宁远警戒，余均集结下灌，是晚即在该地宿营。

十一月廿三日　阴、晴

作战——下灌、红岭之线。是晚由下灌到百草坪，约十里。

晨五时许，军团李政委、陈云同志等来我处谈关于新的任务（准备坚决消灭周纵队）与部队中的一切问题，继而得伯承同志信要我派兵向张屋警戒。说张屋马上有发现敌人可能。当即派刘参谋率卅八团之一连向张屋配置警戒，并侦察当地地形。不久飞机亦来此盘旋，各团队已令其至郊野绿丛中隐蔽，紧接着枪声拍拍，侵入吾耳。于是仓猝间出而应战，幸我卅八团隐蔽飞机地点，即敌人来路，遂即进入阵地与之对抗。我友军卅四师在王家突遇敌人，被迫急促的退出该处，靠近下灌。是日敌人先以一小部占小河左岸阵地，掩护张屋，继以一大部（约两团）向卅四师压迫。最后以全部力量沿小河左岸向红岭迂回前进。于是我即下令红岭警戒之卅七团留一营在该地警戒，主力即靠近下灌，卅八团主力靠河左岸，卅九团全部又靠卅八团主力之左。正当我卅七团主力向下灌集中时，于途中与敌人迂回部队遭遇时，敌已占领我左翼之制高点，我完全由下仰攻而上。不过这次卅七团动作还迅速，在与敌遭遇时，敌人对我行进纵列，完全是个侧面阵地，是时我军不但未被敌人截击，反而迅速集中，立即攻击制高点之敌。继而卅九团亦参加突击，肉搏四、五次，是[只]

因组织上未十分健全，进攻战斗的战术运用较差，因此未得解决战斗，但给胆小的李云杰威胁却大，使来追之各敌闻之亦胆寒，再不敢小觑我们了！！是夜因战略上关系，以卅七、卅八〔团〕之各一部在红岭及下灌附近警戒，余均到百草坪集结待命。

十一月廿四日　晴

行军——由百草坪经大界、水打铺、桂里园、周塘营到喜桥、彭家，约廿五里。

为了迅速脱离敌人，今夜各部即陆续西进，我部则于晨二时许开始移动，至水打铺天已大亮了！到周塘营、桂里园时则卅四师全部占领阵地，我亦同军团首长观察地形后，并以一营补助卅四师的警戒。是日下午桂里园附近稍微发现枪声，敌人并无大的前进。

十一月廿五日　阴、微雨

行军（渡潇水）——由喜桥、彭家经四眼桥、福禄岩（渡河）到黄土坝约四十五里。本来先[昨]晚就出发过四眼桥，一营尚顺畅无阻，及福禄岩则三军团及五军团后方部全部未动，结果迟延至次晨（廿五）七时尚未过河。最后决定以一部改道下茶园，分头齐渡，至十二时才安全渡完，幸是日敌不敢进，不然又更多麻烦了！

十一月廿六日　阴

行军作战——由黄土坝经陈江渡到甘溪铺，约廿五里。

我军今日主要接防分江渡、五洲渡、上关渡至道州之线的警戒，以扼止东来之周纵队，缩短友军防线。但我卅七团将至道州尚未全部接替警戒，敌即由道州东北之白马渡过河抄我□翼侧，沿河侵入道州，我卅七团当即与之在道州附近对峙，卅八团到五州、分江〔渡〕之线时亦与对岸敌人隔河打起枪来。是日我第二梯队，因放得太远了，以致连[联]络不到，真是终夜焦急万分。

十一月廿七日　阴

行军——由甘溪铺经华岩铺、馒头寨、达村、螺海到高明桥，行程约五十里。

先夜因敌人已侵入道州城，并有迂回十里铺模样，于是我军遂于当晚布置撤至高明桥之线，本来叫卅八团先走，以便到高明桥附近，好占领阵地。但因该团掌握与指挥连[联]络不确，结果到廿七日二时以后，我们才毅然决然抓住卅八团之一个营（第三营），由甘溪铺开动，到华岩铺时卅七团已先到了，同时卅九团亦连[联]络好了，于是就挨次出发，到馒头寨天已大亮，然此地离道州□八里，将到达村附近之“濂溪故里”[①] 多数农民群众均出外来观。因我过桥迟缓，有十数农民即扛一桥板来帮我搭桥过河，这可见此地农民一般的对红军苏维埃之十分爱戴了！

十一月廿八日　阴

备战——在杨家桥、山口铺、高明桥、洞尾、山子脚、七里湾之线。（由高明桥到山子脚十里）

是日由我负全责拒止西追之敌，以一团在杨家桥附近取运动防御姿势，与敌抗战。另以第二梯队（两团）之一营位置高明桥、洞尾附近，为本阵地加强的宽正面的战斗警戒营，其余分左右两翼团，在七里湾、山子脚、童子山之线占领阵地，顽强抵抗。又由左翼团派一营兵到沙田向青[清]水关、高明瑕侦察游击。是日未发生半点情

① 濂溪，周敦颐（1017—1073），北宋理学家，湖南道县人。

况，我侦察队一直逼近到十里铺，均无敌人。据说今日敌人正在道州集中，与加筑城防工事。我卅四师亦于是日下午到齐，当晚我师即就各占领阵地布置宿营，师部即住山子脚。

十一月廿九日　阴

备战行军——由山子脚经蒋家岭，永安关到广西灌阳属之文市约四十里。（入广西）

因敌情有变化，我们不能多待，决定由我师之一团仍在杨家桥附近，以运动防御姿势与敌抗战。但若无情况，亦须于十时后自行撤退。其高明桥、七里湾、童子山之线的警戒完全由卅四师派队接替之，我主阵地又选移在蒋家岭附近之高山脚。至十时我杨家桥之营，将欲撤退才发现敌情，因队伍已脱离原阵地，结果未曾经过多大战斗，就节节的退回了！我军原来准备在十二时以后即挨次撤退，到十三时许部队尚未收齐，所以时间竟延长一下。同时，军团亦将赶到，所以到十五时以后，我们才带着我师之主力取道永安关向文市前进。是夜廿二时左右才全部到达文市，但沙田之营尚无确实消息。

十一月卅日　晴

行军作战——由文市经鲁坚、白落到石塘圩，约四十里。

敌人有由湘、桂分数路截击我军可能，情况十分紧张，今日我师仍为最后卫。于拂晓后才脱离文市，行未三里，敌机来扰，前面亦十分走不动，结果迟延时间过久。十四时许我后卫团才到泥口坪、马安山之线，占领阵地，拒抗由东面来追之敌。但是时我去路左前方（即西南方）亦发现枪声，及我到马安山亭子时，去路已被敌人截断，不能过去。当即下令以卅八团占领鲁坚西北高地与敌顽抗，其余则取道鲁坚设法弯过隔壁山，到石塘圩集合，来路则由侦察连负责扼止之。是日敌人系由灌阳经新圩来的，并不猛烈。所以我师虽夹杂比我大两倍的落伍人员亦安全通过。同时八军团亦在水车之线，被敌截断，转向鲁坚靠我后尾跟进。

十二月一日　晴

急行军——由石塘圩经蔴[麻]子渡过湘江上源，〔经〕咸水到白塘，计程六十五里。

到石塘圩将及廿四时以后，接军团首长及中央代表紧急信件。催促我们立即渡河，不然即有被敌截断可能，于是我们即不停止的向蔴[麻]子渡前进，到江边正赶上主力，接着过河后天已拂晓。部队又饥又渴，又兼之未睡觉，确实相当疲惫。过咸水大家都沿途购买零食充饿，我亦在咸水通白塘之间休息片刻。时全州方向枪声较烈，原来是一军团在此掩护我全军过河。

十二月二日　晴、晨霜

行军——由白塘经南朝、北朝到虎山，计程四十里。

先日黄昏前后全州敌分数路出击，压迫我一军团撤退，有相机占领咸水、白塘、清水的企图，当时我一军团即节节向清水抗[撤]退，我军则取道南、北朝向罗[洛]江前进。是晚走了一夜。将晓，即到虎山附近。当时军团决定在虎山附近宿营，并分头向南朝及清水派出警戒。是日因领导者受混乱影响关系，四出乱走，结果，师直〔属〕队、卅七团及卅八团之一部均未跟上我们直到二日，至虎山后才赶上队伍。午后通南朝方向警戒，因连日疲劳过度，所有警戒人员都睡着了！结果敌人上来了，架好了机关枪还不知道，直等敌人放枪喊杀，才由梦中醒来。稍微抵抗立即撤退，以致通南朝关口完全失守。不过人员枪支，除死伤外无什损失。最后将该团主力增加上去才与敌人对峙于虎山过去四里路之山地。清水方向是日未发现敌情。

十二月三日　晴、晨霜

行军——由虎山经周家过坳[坳]到罗[洛]江，约十五里。

是日无什情况，只铲匪与我侦察连及落伍人员捣了一下乱。

准备部队的改编及充实。

十二月四日　晴、晨霜

行军作战——由罗[洛]江经护卫到枫木山[①]约卅里。

本来准备廿二时出发，但因友军尚未走通[通过]，结果到廿四时以后才走动，到枫木山将拂晓。午后通罗[洛]江方向发现敌情，我卅七团即与之抗战，并看见敌人有一部迂回到竹子水模样。当即决定以卅九团向竹子水前进，并占领掩护阵地，其余则于黄昏后向西南前进（华江）[②]。

十二月五日　晴

行军作战——由枫木山经竹子水、华江、车田到千家寺[③]计程四十五里。

竹子水尚有八军团，已与我卅九团连[联]络上，当即由八军〔团〕派一部在竹子水占领阵地，掩护我军通过，其主力则先到华江，占领第二道掩护阵地。我军按次序通过竹子水向华江前进，到华江后天已拂晓，又继续向千家寺前进。时千家寺尚有友军之五师的一

---

① 枫木山，即今资源县中峰乡枫木村。下同。

② 华江，即今兴安县华江乡火兑炜村。下同。

③ 千家寺，即今兴安县华江乡政府所在地。

部在此警戒，当时我即派卅八团接替友军，通大溶江的警戒。然敌人已于未接〔替〕警戒之前，逼近黄隘（离千家寺十里），卅八团到后，即与之接触。不久又于我右侧翼通友军去路之千家洞[寺]方向，发现敌人直逼我后方机关，行李担子弄得一塌糊图[涂]，损失相当。我卅八及卅九团均被敌截断通塘坊边的道路，当时因情况不明，各部均未连[联]络上。我即率卅九团及一部落伍人员以及友军五师十五团之一营改道水埠塘到塘坊边归队。

十二月六、七两日　晴、晨霜

行军——由千家寺经车田、水埠塘、塘坊边、雷公岩、老山界、大坳、源头到唐[塘]洞计程约八十里。

两夜均未安寝，兼之越城岭主峰高耸入云，悬崖绝壁，上攀约三十里，人马困乏，不可剧登，沿途给养更成问题。以致落伍人员剧增，部队较乱。七日晨到老山界山脚之山庄露营二、三小时，天晓后即出发到塘洞宿营。晚得〔知〕八军团已失守天险之老山界，军团令我卅九团之一部占领源头附近，掩护阵地，侦察连即派出与最前线敌人保持接触，以便转移全军。

十二月八日　晴

行军作战——由唐[塘]洞经灰山、铁坑、葱[冲]坪、河口到牛皮岭，四十里。

卅八团在千家寺之役本来是很坚决的，由河道中冲出，直到塘坊边归队。但归部后又错认了行军方向及道路，结果迷失路途，连[联]络中断，这是掌握与指挥的一大缺点。老山界天险不易攀，而八军团同志竞[竟]轻于防范，予敌以隙，结果不战而走，因之军团决定该部在我先头先走，我则于八日拂晓前，全部离开唐[塘]洞。

离开时敌人尚与我侦察连在前线对峙，未到唐［塘］洞。我军过铁坑、葱［冲］坪时又留下后卫之团在此一带占领阵地，抗击来追之敌。到河口，又得友军情报，洪水发现敌人，我三十七团遂在该地向洪水警戒。下午铁坑阵地稍微与敌接触了一下，但两方均无什进展，成对峙形式［势］。晚间除以卅七团伍［向］来路警戒外，余均集结牛皮岭举行村落露营。

十二月九、十两日　晴

行军——由牛皮岭经贝子河口、贝子、黄祥、东寨、五塘、城头、九倒界到潘寨计程九十里。

九日出发时间，先头部队完全不按规定时间，兼之有河不徒涉，而是过朽木烂桥，而且是独木桥。因此，我们本来是六时半出发，弄得最后到十四时半还未挪得伸［身］，这是此次疲劳的原因之一。将到黄祥卅九团又中途停滞了三、四小时，夜深霜降，寒冷异常。而该团长，政委竟如此之漠视部队，何怪落伍人员之不得不多。因敌情关系，到东寨休息未四小时，又继续出发到潘寨宿营造饭。

十二月十一日　晴

行军——由潘寨经中洞、空心眼（过大山）到昌背，计程卅五里。（广暴纪念节）

十二月十二日　晴

行军——由昌背经廿宁冲、广南寨、盆［盘］胖、船树、栗子界、长安堡到蔴［麻］阳塘，计程六十五里。

连日山地行军疲惫已甚，部队除个别落伍的有增无减外，就整班、整排甚致[至]整连（卅九团第六连）落伍的均有，这固然客观有其各种困难原因，而主观上我之宣传解释不够，管理教育不严，特别是纪律的裁制不够，更是促成这些严重现象的最主要的因素，而总的原因则由于个别甚致[至]少部分干部的缺乏信心，因疲劳而放弃工作之所然耳！！！今日是广西、湖南的交界山脉，所以山峰仍较大，上下数十里，无处不是山。过船树即湖南管辖地区。迤逦[逦]而下，即较平坦。到长安堡附近则更为宽广，亦连日所未见到之平川。

是日我友军一军团已占领湖南之通道县城。十五团之一营即在麻隆塘归还建制。

十二月十三日　晴

行军——由蔴[麻]隆塘经黄家堡、马家坝、双江口、罗屋、芙蓉到金殿，六十里。

本来八时许即出发，后因友军阻滞，遂将主力停止在黄家堡之线造饭休息。后卫之团则在蔴[麻]隆塘、长安堡一带占领阵地，掩护我主力之前进。十五时以后，长安堡即发现敌人，与我后卫团接触。至廿时许，我主力已通过双江口，继进至罗屋附近，即闻双江口附近发现枪声。是晚敌人硬一直尾追我至马家坝（离双江口五里）。次日（十四日）二时许抵蓉芙[芙蓉]，先头走错了路，又耽误了二、三个钟头，结果拂晓后才到金殿。

张南生日记（节录）*

（1934年11月11日—12月14日）

十一月十一日

到黄家湾。过了大马路。

十一月十二日

到黄苎[茅]。

十一月十三日

到斗水坪。

十一月十四日

到沙田。

十一月十五日[①]

十一月十六日[②]

---

* 张南生同志，长征过广西时任五军团十三师政治部主任。

① 原件只写日期，未记内容。

② 原件只写日期，未记内容。

十一月十七日

到葡萄湾。

十一月十八日

到葡萄湾休息一天。

十一月十九日

到大树下。

十一月二十日

由大树下到古城（40）[①]。

十一月二十一日

到竹管寺。

十一月二十二日

到宁兰坪。

十一月二十三日

到水打铺。

---

① 似为当日行军里程。下同。

十一月二十四日

到杨林塘。

十一月二十五日

到李家湾。

十一月二十六日

到小坪（20）。

十一月二十七日

到大营（50）。

十一月二十八日

到石背田（25）。

十一月二十九日

到毛坪。

十一月三十日

到石井。

十二月一日

到罗[洛]江(70)。

十二月二日

到胡岭(20)。

十二月三日

到沙州坪(20)。

十二月四日

到水皆塘[水埠塘]。

十二月五日

到老山界。

十二月六日

到塘洞。

十二月七日

到江底。

十二月八日

到龙塘坪。

十二月九日

到芙蓉市。

十二月十日

到广南城。

十二月十一日

到辰口。

十二月十二日

到金殿[甸]市。

十二月十三日

到陈田。

十二月十四日

到老地圩。

伍云甫日记（节录）*

（1934年11月11日—12月14日）

十一月十一日　雨

由文明司至赤石司。

十一月十二日　雨

由赤石司至樟桥。

十一月十三日　雨

由樟桥至黄茅。

十一月十四日　雨

由黄茅至安源。

十一月十五日　雨

由安源至沙田。

十一月十六日　雨

由沙田经背岭至楚江圩。

---

* 伍云甫同志，长征时历任中央军委三局政治委员、二局政治委员、直属第二政治处主任。

十一月十七日　晴

驻楚江圩。

十一月十八日　微雨

由楚江圩出发，至雷家岭。

十一月十九日　微雨

由雷家岭至界头。

十一月二十日　阴

驻界头。

十一月二十一日　阴

由界头至南屏圩。

十一月二十二日　晴

由南屏圩经水头铺（很大的街市），至四眼桥以东七里处宿营（二十三日二时余才到达）。

十一月二十三日　晴

经四眼桥，过浮桥经福禄岩到下嘴塘（到达时已六时余）。

十一月二十四日　晴

下午十一时出发，过浮桥（原有的，不是临时架设的），次日六时余才到达禾塘。是日六分队掉队，该营人员未按指定地点设营。

十一月二十五日　雨

下午十时队伍自禾塘出发，经太平桥、寿福圩到达高明桥以东十里许之候铺。

十一月二十六日　阴

夜间大风。部队于十时出发，余赴一分队帮助工作，发完“1K”（原注：K 指军团或军，下同）、“5K”、“1D”（原注：D 指师，下同）的急电，至二十七日二时才由候铺动身经高明桥、蒋家岭、永安关，到达文市以东之王家村、五[玉]溪（二十七日上午九时半到达的）。

十一月二十七日　阴

驻五[玉]溪。

十一月二十八日　阴

由五[玉]溪至官山，随一分队行动。

十一月二十九日　晴

部队十七时出发，至界首西十五里。我留一分队帮助工作。

十一月三十日　晴

部队住邓家（界首西十五里）。余率一分队于八时出发，二十二时抵邓家，是日经大马路，敌机终日扰乱，在界首过浮桥（湘水）。

十二月一日　晴

十九时出发，越一大山，次日三时三十分抵枫木山。

十二月二日　晴

驻枫木山。

十二月三日　晴

下午六时自枫木山（或红木山）出发，次日上午七时到达六洞，住廖姓土豪房。

十二月四日　晴

原地休息。

十二月五日　晴

五时自廖姓房出发，经龙塘江、大坳，下午八时左右到达塘洞宿营。是日行程六十里，越四十五里的高山，险峻异常，其最陡一段，土人叫做三千七百坎，以三千七百个梯坎而得名。龙塘江居民均瑶人，能操汉语，甚流利。他们自相讲话，简直一句也听不懂。

十二月六日　晴

塘洞至江底，约七十里。大队伍十二时出发，余随一分队十八时才动身，等待发“5393”电报，未发出；二十四时在途中（花桥以东五里之小村）临时架线，发出“5393”的电报，是夜点火把的不小心，山中草木数处着火，蔓延十数里。至次日十一时许到达江底。

十二月七日　晴

驻江底，遇刘光甫等来宿。

十二月八日　晴

大队伍六时由江底出发。自率一分队，八时三十分出发，下〔午〕一时左右中途架设（地灵头），[在地灵头架线，] 回答“5343”（无效），至次日零时三十分到达坳头。

十二月九日　晴

五时自坳头出发，经芙蓉圩、太平街，十五时二十分达杨湾宿营。

十二月十日　晴

六时自杨湾出发，经鸡心界、太平堂至龙坪宿营，十九时左右龙坪遭火，移往平等宿营（平等有很大街市）。

十二月十一日　晴

队伍七时自平等出发，余随一分队十一时出发，十七时左右到流源宿营。

十二月十二日　晴

大队伍六时出发。余守候一分队发“5393”“5413”“5458”等台电报，下午到达芙蓉宿营。

十二月十三日　晴

自芙蓉出发，经芦溪到播扬所。是日走错五里路，绕道至芦溪。

十二月十四日　晴

自播扬所出发，经黄垢到洪州司宿营。

（选自《文史资料选辑》第七十二辑，文史资料出版社1980年版）

童小鹏日记（节录）*

（1934年11月21日—12月20日）

十一月二十一日

出发经大水坪到把截[戏]宿营。

---

* 童小鹏同志，长征过广西时在一军团政治部宣传队工作。

十一月二十二日

到道州。

十一月二十三日

休息。

十一月二十四日

出发到蒋家岭。

十一月二十五日

到盆塘。

十一月二十六日

到文市。

十一月二十七日

休息。此地已是广西属。

十一月二十八日

到大塘。

十一月二十九日

出发渡湘江上游，到赤兰附近之绍水。

敌企图封锁我军在道湘两水间而同我决战，由于占领道州、永安关的胜利，故敌之谋未能遂。我军已安全的渡过湘水了，已突破敌人四层封锁线矣。

十一月三十日

休息。敌已向我进到觉[脚]山。

十二月一日

觉[脚]山二时出发，由白塘爬山至大湾。晚饭后又爬至顶，下至油榨坪宿营。今天因敌已向我猛攻，我军撤退，故此行军。此山大〔约〕几十里，算是半月来爬的第一只山。今天已结束走平路生涯矣。

十二月二日

休息。

十二月三日

敌在大埠头阻我，故折向小里。到距小里五里之马桂塘宿营。

十二月四日

午饭后出发，本拟到洪水，因靖匪扼险拦阻，故致延时，即在廿牛塘宿营。

十二月五日

经洪水到沙州把[坝]宿营。

十二月六日

午后出发到茶元。

十二月七日

休息。

十二月八日

晨出发，到白竹坪。

十二月九日

本拟到双江，因道路被团匪破坏，故只到平等。

十二月十日

到刘延。

十二月十一日

到新都。

十二月十二日

到金店。

十二月十三日

△△[①]

十二月十四日

平茶所。

十二月十五日

古屯。

十二月十六日

八嫖。

十二月十七日

休息。

十二月十八日

到河口。

① 原文如此。

十二月十九日

到柳寨。

十二月二十日

到南哨。

红军将领回忆

彭德怀自述（节录）

彭德怀[①]

一九三四年十月，红军突出敌重围，十一月到达宜章、郴州间。我建议以三军团迅速向湘潭、宁乡、益阳挺进，威胁长沙，在灵活机动中抓住战机消灭敌军小股，迫使蒋军改变部署，阻击、牵制敌人；同时我中央率领其他兵团，进占溆浦、辰溪、沅陵一带，迅速发动群众创造战场，创造根据地，粉碎敌军进攻。否则，将被迫经过湘桂边之西延山脉，同桂军作战，其后果是不利的。但中央既未回信，也未采纳。最奇怪的是退出中央苏区这样一件大事情，都没有讨论过（我是从一九三二年三月中央局江口会议后，就没有参加过任何会议，当时，我不是中央委员和中央局委员，但听说其他中央委员也是如此）。结果红军深入湘桂边两省交界之大山（西延山脉）中，走了七天。桂军利用人熟、地熟条件，采用游击战，给三军团以极大困难。我军经过艰苦斗争，才进入贵州省境黎平。一军团走在最右，在湖南境内的情况较好些。中央纵队走在一、三军团中间，听说也很困难。一、三军团像两个轿夫，抬起中央纵队这顶轿子，总算是在十二月抬到了贵州之遵义城，结束统治了四年之久的王明路线。

在中国革命运动中的几次“左”倾路线中，王明路线时间是最长的一次。它以国际主义为幌子，穿着马列主义外衣，使人更不容易看出其真面目。我对王明路线，是在一个又一个的事实面前，碰得头破血流后才认识的。直到看到王明路线对福建事变的态度，我才开始把他和毛泽东同志的领导作了比较的认识。在第一、二、三次反“围剿”时，特别是第三次反“围剿”，蒋介石以五十万大军，分为三路长驱直入，我红军仅三万人多一点，丝毫不乱，一一将其粉碎，

---

① 作者时任红三军团军团长。

那是不容易的事。在反对第五次“围剿”时，客观形势和主观力量，比以前任何一次要好得多，可是得出了一个相反的结果。

我对“立三路线”的认识比较早些，原因有许多，对我最直接的因素是打武昌。当时如果执行打武昌这一指示，三军团有被全部消灭的危险，这是一个生与死的威胁。所以，对“立三路线”的冒险性，是从这样一个具体行动上认识的。这种认识是肤浅的，不深刻的。

从遵义会议后成立以毛主席为首的党中央，到一九四三年党内学习两条路线，我才进一步认识到党内马列主义和反马列主义两条路线的长期斗争。

（选自《彭德怀自述》，人民出版社 1981 年版）

长征的艰险历程（节录）

叶剑英[①]

中央苏区的反“围剿”战争，前三次在毛主席的指挥下打赢了。蒋介石在第二次“围剿”失败以后，开始研究我们的作战方法。从第三次“围剿”开始，每一次都采用了与前次不同的方式。在第五次“围剿”中，蒋介石采用堡垒战法，层层筑堡垒，节节推进，步步为营。

中央苏区变得越来越小了。就像用盆子养鱼，鱼很大，盆子很小，养不活了。最后决定转移，进行长征。长征是没有办法了，才采取的行动。

毛主席讲过，第五次反“围剿”开始就不应该这样打，也不需要打那么长时间。应该深入到敌人心脏里去，调动敌人，争取主动。但是，毛主席的建议没有被接受。

长征开始时，中央和军委机关、直属部队编成两个纵队，第一纵队的司令是我，第二纵队的司令是罗迈。

我们行军很艰苦，突破几道封锁线后，部队减员很大。我在一路上都看到有许多战友牺牲，心情十分沉重。有一天，爬到一座高山上，休息的时候，我想起毛主席、朱老总苦心创造的中央根据地丢给了敌人，苏区群众在受苦受难，我们转移的队伍前路漫漫，便哼了几句诗：越过千山与万水，问君西游何时还？……

我们进入广西境界以后，在一座山上，敌人的飞机发现了我们，飞过来扔炸弹。有一颗炸弹正巧在我不远的地方爆炸，把我震倒了。等我爬起来，才发现右大腿上部被一块弹片击中，流出的血把裤子染红了。手上拎的大衣也炸了几十个小洞。警卫员范希贤马上

---

① 作者时任中央革命军事委员会副总参谋长、军委第一纵队司令员兼政治委员。

跑过来扶起我。总卫生部的贺诚闻讯赶来，给我包扎止血，扶上担架。由于当时技术条件的限制，弹片留在肉里一直没有取出来。后来我就坐担架行军。

到了遵义以后，遵义会议我没有参加。当时，我的伤还没有全好，我在军委管作战。

（选自《叶剑英军事文选》，解放军出版社 1997 年版）

回忆红六军团的先遣行动（节录）

萧克①

这时，中央红军第五次反“围剿”屡战不利，被优势之敌压迫到闽赣边境。打破第五次“围剿”的希望断绝了。在这严重情况下，党中央、中央军委开始作退出中央根据地的准备，同时于一九三四年七月二十三日，给湘赣省委来电指示：“中央书记处及军委决定六军团离开现在的湘赣苏区，转移到湖南中部去发展广大游击战争及创立新的苏区。”电报还明确地讲了撤出湘赣的理由：在粉碎敌人五次“围剿”中，敌人正在加紧对湘赣苏区的封锁与包围，特别是加强其西边的封锁，企图阻止我们的力量向西发展。“在这种情况下，六军团继续留在现地区，将有被敌人层层封锁和紧缩包围之危险，而且粮食及物质的供给将成为尖锐的困难，红军及苏区的基本任务都发生困难。”来电还阐述了军委这一决定的目的，指出：红六军团在湘中的积极行动，将迫使湘敌不得不进行战场上和战略上的重新部署，破坏其逐渐紧缩中央苏区的计划，以补助中央苏区之作战；这一行动，还能最大限度地保存红六军团的有生力量，并在创建新的苏区的斗争中，“确立与二军团（作者注：一九三一年三月，原红二军团已改为红三军团。电报中的二军团是习惯称法②）的可靠的联系，以造成江西、四川两苏区联结的前提”。电报并对红六军团向湖南发展的路线、地域和行动作了具体规定：“六军团由黄坳、上下七地域的敌人工事守备的薄弱部或其以南，转移到现独立四团行动的桂东地域，在转移中要迅速脱离敌人，以便到桂东的游击地域，高度的迅速的发展游

---

① 作者时任红六军团军团长。

② 当时红三军团在中央苏区，彭德怀为红三军团军团长；文中的“红三军团”应为“红三军”；1934 年 12 月中央批准红三军恢复红二军团番号。

击战争和推广游击区域”，“六军团在桂东不应久停，第二步应转移到新田、祁阳、零陵地域去发展游击战争和创立苏区的根据地”，“以后则向新化、溆浦两县的山地发展，并由该地域向北与红二军团取得联系”。电报还就这次行动的组织领导作出了安排：“弼时同志及部分的党政干部应准备随军行动，弼时即为中央代表，并与萧克、王震三人组织六军团的军政委员会，弼时为主席。”在这个电报中，中央军委对中央红军的意图没有说明，后来我们从行动中体会到，中央红军也要向西撤，中央电令我们转移，是要我们起先遣队的作用。

接到中央军委电报以后，我们积极进行了转移的准备工作。在任弼时同志亲自主持下，召开了全体政工会议。他亲自作了“争取新的决战胜利，消灭湖南敌人，创造新的根据地”的重要报告，分析了目前形势，传达了任务，指出了有利条件和困难条件。军政委员会对这次转移部署作了缜密的研究，决定了突围方向和钳制方向，对留下的地方武装作了坚持根据地的妥善安排。西征部队积极打草鞋，做干粮，并实施了行军、侦察、警戒的教育。地方行政机关也进行精兵简政，充实部队。

经过充分的准备，我军于八月七日下午三时，全军九千多人，在独立四团的引导下，由遂川的横石出发，踏上了西进的征途。经日夜兼程行军，通过藻林、左安、高坪等地。连续突破敌人四道封锁线，于十一日中午到达了湖南桂东县的寨前圩。十二日，在寨前圩召开了连以上干部的誓师大会，庆祝突围胜利。根据中央军委指示，由任弼时正式宣布成立红六军团领导机关，萧克为军团长兼十七师师长，王震为军团政委兼十七师政委，李达为军团参谋长，张子意为军团政治部主任，龙云为十八师师长，甘泗淇为十八师政委，谭家述为十八师参谋长，方礼明为政治部主任。

这次向西行动，中央军委指示我们一切都要带走。由于我们主要领导人不大了解西征意图，也没有接受红十七师北上的经验，结果，把省保卫局的犯人、医院、兵工厂、石印机，甚至连个老虎钳子都带了。有个电台发动机很重，也带上走，你走十里路，它就掉队一二里。后续部队也跟着掉队。这种搬家式的行动，使部队的机动能力被这些家当缠住了，行军不灵便，打仗顾虑多，客观上降低了领导者寻找机会打仗的雄心。特别是到了贵州，山高路窄，崎岖曲折，很难走。我们从湘桂黔边进入贵州，带的东西就扔得差不多了。就把情况报告了中央，可是中央不吸取经验教训。不久，中央红军从中央苏区向西转移，他们搬得比我们还厉害，打仗是打被动的掩护战，因而吃亏也就更大。这种搬家式的转移，是五次反“围剿”后期军事保守主义的继续，完全违反了大踏步前进、大踏步后退运动战原则。历史是一面镜子，回顾这段往事更加发人深省。当中央红军沿着我六军团的行进路线前进时，国民党报纸说我们是：“前头乌龟扒开路，后头乌龟跟着来。”此语虽近乎笑话，但对我们自己来说，如果前头的“乌龟”走错了路，后头的“乌龟”就应警惕了，即所谓“前车之覆，后车之鉴”。如果后头来的不知所“鉴”，就必然造成更大的损失。中央红军搬家搬到贵州吃尽苦头，使我军遭致后车重覆之祸。在严峻事实检验下，“左”倾军事路线即宣告了破产。军事上如此，政治上也是如此。一个革命者如果不接受前人的教训，不接受自己的教训，只能沿着前车之覆而再覆。我党近六十年的历史中，无数类似事件是大可汲取的。

红六军团胜利突围的消息，震撼了湘桂两省军阀。湖南军阀何键一面急调刘建绪派两个师的兵力追击我们，一面令一个旅四个保安团防堵拦击我们。广西军阀也令第七军两个师向北部边境调动。由于敌情发生了变化，我们改变了在湘南地区停留的计划。八月十二日晚，从寨前圩出发，越过了郴宜公路，绕桂阳，于二十日占领了新田县城，休息了一天，二十三日，到达了湘江右岸的蔡家埠一带，准备抢渡湘江，向新化、溆浦地区前进。敌刘建绪发现我军抢渡湘江意图后，急忙调重兵堵防湘江，督令敌军尾击我军。与此同时，桂军第七军廖磊部分两路向道县、零陵运动，堵我西进。这时，湘江西岸有利地形已被敌人占领，布防严密，渡江已不可能。在这种严重情况下，我们决定放弃由零陵地区强渡湘江的计划，东行到阳明山地区，打算暂时立足，酌情建立根据地。但到达阳明山方知那里的地形、民情等，均不利于建立和发展根据地，我们就放弃了这个计划，进入白果市，从四倍于我的敌军包围中摆脱了出来。绕过敌十五师的侧翼部队，立即急转南下，日夜兼程，到达了嘉禾县城附近。敌军继续追来，我军当即折向西行，迅速进至江华、道县之间，渡过了湘江上游支流的潇水，顺利地进行了湘、桂交界永安关的战斗，破坏了尾追我军之湘桂军三个师的截堵计划，进入了广西的全县、灌阳东北地区的文市。敌人又集结兵力妄图阻拦我军在此西渡湘江。我军一举击溃敌八个多团，于九月四日上午在全县以南的界首，顺利地渡过了湘江，进占了西延县城①。

九月八日，我们在西延车田②接到中央军委的一个训令，要我们在城步、绥宁、武冈地区打击敌人，最少保持到九月二十日，然后沿湘桂边境行动，与红三军联系，在凤凰、乾城、永绥地域建立巩固的根据地。训令的主要意图是要红六军团钳制敌人，直接与即将长征的红一方面军配合行动。当日我们由车田出发西进，准备取城步、绥宁、武冈地区，但未成功，后来准备在绥宁以西打击西进的湘敌，不料在小水遭敌五十五旅的突然袭击。这时，湘、桂、黔三省敌军也先后集结在靖绥以北地区，防我北进。我们又迅速改变了计划，夺路南下，占领通道县城。渡渠水，西入贵州。我军这样迂回转移，忽东忽西，运用灵活战术，使敌人难于琢磨。反动军阀何键曾无可奈何地说，红军“时而声东击西，行踪飘忽，作圈子策略”，“我十五、六师跟踪追逐数千里”，“军队疲于奔命”，他还破口大骂其部下无能。

---

① 西延，当时为全县属的一个区，1935 年 11 月，国民党政府将全县之西延区，兴安之车田、浔源两乡合并成立资源县，县治设在大埠头。本文所说的“西延县城”，实际应是当时全县所属的西延区公所所在地大埠头。

② 车田为兴安县的一个乡。本文所说的“西延车田”，实际上是当时大埠头以西的车田。

我们进入贵州，那里群众没有受到我党和大革命的多少影响，对我们不大了解，有时碰到很多笑话。由于国民党反动派一再宣传什么“共匪、共匪”，有些年轻人不知道“共”是什么，“匪”是什么，他们看到我们纪律好，就不怕我们，但也叫我们“共匪”。我们问他们：“我们怎么样？”他们说：“你们好，你们共匪好！”我们就跟他们讲了一通大道理，他们才明白过来。在贵州除了群众不了解我们和山路难走外，我们对地形也不熟。那时我们只有中学生用的地图。我们打到黄平，在法国教堂里找到一张近一平方米大的法文贵州地图，但看不懂。好在那里有个法国牧师能讲中国话，不能写，发音也不准，但还能够听得懂，我们就指着地图，他讲我写，迅速译成中文。有了这张地图，才稍微详细地看清楚贵州的山川城乡的大略，行动才开始方便了一些。

从湘西到贵州，作战也非常困难。这时候笨重行李虽然丢得差不多了，但强敌跟踪尾追，我们走到通道以西四十里之新厂，杀了个回马枪，把何键的补充第一纵队何平部两个团全部击溃，缴获甚多。从此，敌人就不敢轻易尾追我们了。我们继续向西，通过锦屏、黎平，进入了苗、侗两族聚居的清水江流域。在准备渡江北进时，苗、侗两族人民，积极为我们寻找渡口，收集船只，绑结木筏，架设浮桥。在人民群众的协助下，胜利地渡过了清水河，又突破湘、桂、黔三省敌军共十八个团的包围，强渡大沙河，攻占地主武装盘踞的黄平县城，继续向石阡前进。

但是，我们在甘溪与桂敌遭遇战斗失利，我军被截为三段，陷入了湘、桂、黔三省敌军二十四个团的包围之中，形势对我非常不利。为了摆脱这种严重被动局面，十七师的四十九、五十两团之一部，由四十九团特派员谭善和、五十一团樊营长负责组织部队，在军团参谋长李达同志率领下继续前进，首先在黔东根据地之沿河地区，与红三军的一部会合了。而十七师的五十团与四十九团之一部和十八师、军直则转战于石阡、镇远、余庆、施秉一带，遇到了严重的困难。

这一地区，山势险峻，人烟稀少，物资奇缺。部队常常是在悬崖峭壁上攀行，马匹、行李不得不丢掉。一些部队有时一天一顿稀饭，饿着肚子走路打仗。指战员们没有鞋子穿，赤着脚在深山密林中行军，历尽艰辛。当时，中央代表任弼时同志得了很重的疟疾，在医药奇缺的情况下，他凭着坚强的革命意志，手拄木棍，领导着全军行动。当我军从朱家坝向南转移时，我后卫五十二团又遭敌截击包围，全团同志浴血奋战了三昼夜，终因敌众我寡，弹尽粮绝，遭受了惨重损失。师长龙云同志被捕，被军阀何键杀害。经过十多天的艰苦奋战，在一天下午，进至石阡至镇远敌之封锁线上，击溃了敌之巡逻警戒部队后，占领了东去的路口，并向南面之镇远及北面之石阡派出了强有力的警戒。而主力由当地老猎户引导，鱼贯向东，深夜从一条人迹罕至的谷涧水沟（贵州称为夹沟）通过，这时，南面的湖南补充第二纵队陈铁侠部、北面的桂系军队都发现了我军主力。将近黄昏，敌人从南面进攻我们。我军团教导队特务连利用黑暗坚持抵抗，直至午夜，部队全部通过，天亮出了夹沟，我们才松了口气。这是一个极端紧张而又关系到六军团大局的战斗行动，直到现在，一经忆起，心胆为之震惊，精神为之振奋。从此，六军团战胜了贵州和广西、湖南军队的围追堵截。终于在一九三四年十月二十四日在黔东印江县之木黄和贺龙、关向应、夏曦同志领导的红三军胜利会师了。

这次行动历时八十多天，跨越敌境五千多里，历尽千辛万苦，冲破了敌人的围追堵截，我们探明了沿途敌人兵力的虚实，查明了道路、民情，实施了大规模的战略转移，沿途播下了革命火种，实际上起到了为中央红军主力长征进行侦察、探路的先遣队的作用。

（选自《回顾长征》，人民出版社 1985 年版）

随军西行见闻录（节录）*

陈云①

我国共产势力，年来伸张极速。朱毛，徐向前，贺龙、萧克等赤军，已成为中国的一强大力量。当赤军初起时，本系星星之火，迄今则成燎原之势。朱毛赤军原系民国十六年国共分裂时朱德率领之叶挺、贺龙残部及毛泽东率领之湘赣农民军会合而成，南京及各省军队征剿已历八九载，但朱毛实力，有增无减。年来蒋委员长亲身督剿，步步筑碉，满拟一鼓歼灭之，不料朱毛早见及此，于去年十月中突围西走，由湘粤边而入黔，逗留于黔川滇三省一个时期，最后竟冒险突过金沙江、大渡河（此两河均为长江上游，河宽水急）而入川，与川北徐向前会合。现在中国两大赤军会合，声势大振，且军事重心，已由东南而移到西北，剿共军事，无论在作战上运输上皆大感困难，赤军活动愈难抑止矣。

记者向业医，服务于南京军者四年，前年随南京军五十九师于江西东黄陂之役，被俘于赤军。被俘之初，自思决无生还之望，但自被押解至赤区后方之瑞金后，因我系军医，押于赤军卫生部，赤军卫生部长贺诚亲自谈话。当时因赤军中军医甚少，他们要我在赤军医院服务，并称愿照五十九师之月薪，且每月还可寄回六十元安家费。我系被俘之身，何能自主，惟赤军尚有信用，除每月支薪外，即每月之安家费，亦曾得着家母回信按月收到。自此以后，我几次被遣至

---

* 这是陈云同志为宣传中国工农红军长征，在莫斯科写的一篇文章。为便于在国民党统治区流传，作者署名“廉臣”，并假托为一名被红军俘虏的国民党军医。本文最早于一九三六年三月在中国共产党主办的巴黎《全民月刊》上连载，同年七月在莫斯科出版单行本。随后，在国内多次印刷发行。此次收入本书时，除作了个别文字、标点符号订正外，均保持原貌。

① 作者时任红五军团中央代表。

石城之赤军预备医院，时而调回瑞金之卫生部。赤军中最高人物如朱、毛、林、彭及共党中央局等赤区要人，亦曾屡为诊病。这些名闻全国的赤色要人，我初以为凶暴异常，岂知一见之后，大出意外。毛泽东似乎一介书生，常衣灰布学生装，暇时手执唐诗，极善词令。我为之诊病时，招待极谦。朱德则一望而知为武人，年将五十，身衣灰布军装，虽患疟疾，但仍力疾办公，状甚忙碌。我入室为之诊病时，仍在执笔批阅军报。见我到，方搁笔。人亦和气，且言谈间毫无傲慢。这两个赤军领袖人物，实与我未见时之想象，完全不同。

去年十月中旬，南京军已占兴国，赤军即突围西行，我也被携同走。这次行军，真是我有生以来第一次，除在黔北之遵义府休息十余日，以及渡过金沙江后在会理县地界休息五日以外，不分晴雨，终日行军，由江西而湖南、广东、广西、贵州、四川、云南、西康，而转入四川之理番、松潘。足迹几遍大江以南，历时八月余，约计行程一万二千里，历尽无数高山大川，而与徐向前会合。我以文弱之躯，经此磨折而今日还能生还，自庆更生。但同时自幸此生竟能走遍长江及珠江流域之各省，并且到了许多梦想不到的地方，亦足自豪。至本年七月上旬，我被卫生部长贺诚派往懋（功）宝（兴）游击大队当军医，出没于两县之山地。某日晨，川军来攻，我被川军冲散，身存之现洋二十余元均被民团搜去。后幸遇川军五旅之军医正蒋君系昔年同学，得其帮助，由天全、雅州、成都、重庆而搭轮回家。合家欢叙，几如梦中。

此次赤军抛弃数年经营之闽赣区域而走入四川，显系有计划之行动。当去年退出江西以前，以我之目光观之，则赤军确已进行了充分准备。自五月到九月召集了赤军新兵将近十万人。当我与林何两医生（何亦系张辉瓒部之被俘者）于八月被派至军事工业局（赤军各军需工厂之管理机关）卫生所时，见兵工厂、被服厂等各有数千工人，日夜作工，状极忙碌。以后，九月间在《红色中华》报（赤区中央政府机关报）登载张闻天（中央政府之人民委员会主席）之文章，微露赤军有抛弃江西而到赤区以外之围剿军事力量空虚地区活动之可能。果然，十月中，全部队伍均行西走矣。朱毛破围之时，除在江西留有小部队外，朱毛率领退出江西之赤军人马兵伕，有八万多人。共党要人几全体随军。各县共党中下级干部之随军者甚多。并有妇女干部数十人，均腰悬短枪，脚穿草鞋随军出走。此辈娘子军，均系身体强壮，健步如飞者，常在卫生部招呼伤病兵。有时竟能充伕子抬伤病兵。

赤军分两路渡过信丰河后（一路由信丰北之王母渡，一路击退信丰东南之古陂、新田粤军），即在南康、大庾两县之间渡过章水，突过赣州、南雄之汽车路。在古陂、新田及赣雄汽车路上，粤军本筑有碉堡，并有守军，但寡不敌众，闻风逃逸。由此国军年来包围赣省赤军之第一道碉堡线，全被冲破。沿途碉堡，均被赤军及当地怨恨国军守碉兵士之平日强赊硬买之居民拆毁。碉堡系用以进攻及封锁赤军者，常筑于汽车路之两旁、重要路口及路旁之山巅。碉堡以石及砖造成，有方形或六角形不等；大小不一，有排堡、连堡及营堡。平日守军居于堡内，有步枪、机关枪之枪洞，可以向外射击。出入碉堡只有一小门，遇有赤军进攻，守碉兵士即闭门固守，向外射击。此种碉堡对赤军军事行动妨害甚大，故赤军须拆毁之；而守碉兵士平日对居民不守纪律，故赤军一至，居民亦起而拆毁碉堡。赤军一出封锁线，如虎添翼，即猛扑湘粤边之汝城（湘境）、城口（粤之仁化北），旋即占领城口，粤军之军用煤油几千箱及大批弹药均被赤军夺去。粤军在城口与湘南汝城、桂东相连之碉堡线（即国军第二道封锁线）即被突破，碉堡全被拆毁。此时，赤军锐不可当，中央军远在湘赣边，粤军只图自保，湘军则何能独力抵御，且早已闻风远走。故赤军未遇抵抗即占领宜章城，通过粤汉路之汽车线（此为国军之第三道封锁线），照例拆毁碉堡，前锋即占领临武、嘉禾、蓝山。此时湘军李云杰部从宁远南下，拟在天堂圩附江拦击赤军，岂知在天堂圩反被赤军包围，全部击溃，狼狈北退，赤军又获枪弹不少。此时也，赤军势如破竹，分两路：一出道州，一出江华、永明，城市悉被占领，即全部渡过潇水。南京军及湘军此时跟踪追剿，已无能为，仅派少数部队，尾随赤军监视。而薛岳、周浑元及湘军之大部集中湘江沿岸之零陵（湘境）、全州（桂境），命桂军集中灌阳、兴安。当时蒋委员长之计划，拟以大兵拦阻赤军渡江，并从北方驱逐赤军入桂，使赤军与桂军两败俱伤，以便坐收渔利。但桂军李（宗仁）白（崇禧）深知此隐，故一方惧怕损失实力，同时并惧赤军不能过江则必然停留桂省或桂林附近活动，则薛周两纵队将尾随赤军之后，而深入广西，桂省大权将落南京政府之手，所以将兴安桂军向南撤退。薛周及湘军在全州单方出击，不能阻止赤军渡江。赤军渡过湘江，把沿湘江两岸汽车路上之碉堡拆毁（此为国军第四道封锁线）。赤军一出此四道封锁线，如虎出柙，可以东奔西突矣。微闻兴安桂军之撤退，系与赤军订立互不侵犯条约。而南京政府蒋委员长几年来碉堡政策与剿共军事，全部付之东流矣。

赤军当时之喜悦，真是无以形容。赤军政治部印编一歌曲，系用中国马号进行曲旧谱，教赤军兵士唱，因此我所在之总卫生部之二百多个看护生（都是十五六岁者），天天高唱入云。这一歌曲之调句是表示赤军之喜悦和对于蒋委员长之碉堡政策的讥笑。歌词云：“共产党领导真正确，人民拥护真真多，红军打仗真英勇，粉碎了国民党的乌龟壳（意即国军之碉堡），我们真快乐，我们真快乐，我们真快乐。”

赤军之所以能突破重围，不仅在于有军事力量，而且在于深得民心。即如赤军入湘南时，资兴、郴州、宜章一带，为昔年朱毛久经活动之区域，居民受共党之宣传甚深，故见赤军此次复来，沿途烧茶送水，招待赤军。我在行军时见每过一村一镇，男女老幼立于路旁，观者如堵。而且湘南各县在几年前，朱毛在此活动时，已有居民加入赤军者。故此次赤军路过时，此辈赤军之家属，闻风早在路口探问其子侄还在赤军否。总卫生部之管理科长（如南京军之司务长）

即为宜章之文明司人，当日路过文明司时，其老母在路边迎接。但队伍休息十五分钟即前进。管理科长向卫生部之主任参谋（当时卫生部为一个梯队）告假两小时，回家一次。当日按时归队，又带了十一个农民来当赤军，两个当佚子（一个佚子以后即与我挑行李），又携来家制极甜之白酒（以米制的，远优于江西所产）分给我等。

湘南农民之所以能接受共党宣传者，半由于共党之活动，半由于当地土豪劣绅平日欺压农民之故。昔年朱毛退出湘南时，当地土豪回乡以后，以搜共为名，敲榨农民，因此农民以冤报冤，甚之农民有如此痛恨者，据由管理科长代我招来之佚子云："前几天我们街上早在传说红军要来了，我们村上前五年受那个李区长害的三十余家，就秘密商量，暗中监视李区长的行动。前天早晨团防退出文明司时，这三十余家百余男女即在离镇二十余里之某村中，捉获李区长，当日上午十二点钟即把李区长送到红军司令部，而且还领了一连红军上山搜出团防的长短枪二十余枝。现在这三十余家有五十一个人都当红军了。"他又继续说："红军来了，我们穷人才有一口饭吃，不说别的，像我这样当挑佚，每两天工钱就一元，而且先付十天工资安家。我家里那两个村子上前昨两天即有八十八个人去当红军挑佚了。"湘南农民之相信共党有如此之深，而且不是一处，在湘南以至全州附近渡过湘江时，所过城镇乡村，都是如此。至此而我更深叹剿共之不易矣。

赤军之所以能得民心者，不仅在于乡村农民拥护赤军"打土豪，分土地"、"没收土豪劣绅的谷米分给农民"之宣传和行动，而且在于军队有纪律。朱毛赤军中之三大纪律、八项注意（内容我已记不清），确使赤军兵士遵守。不说旁的，即如进延寿圩（湘南大镇）、宜章城时，赤军所用苏维埃银行钞票，均按日兑现。所以除几家大店主自惧有土劣之嫌者逃走以外，全城店铺照常营业，而且莫不利市三倍。这一点我在南京军中已服务多年，在乡僻之区行军或驻军时，均未见过。而且因为对于中央银行钞票之行使，过去各省门户之见特深，许多地方未设分行，当然不能兑现。故军队一到时，仅凭该军官长之一纸命令“按市通用”，而又无兑现机关，使商民对中央银行钞票反生疑虑。特别是兵士不守纪律，由此造成居民中不好印象。

还有一事为国民党及国军所无者，亦使我有深感者：赤军路过宜章时，在粤汉铁道（未筑成，现在只通汽车）上有修路工人四百余，内有几个共产党员，已秘密活动几年。且内中有一学生，亦为该党所派在修路工人中活动者。赤军来时，全数工人加入赤军。当我路过该处时，正见修路工人在持枪上操，赤军已派军官去训练，而该共党学生作修路工几年者已当政治委员（赤军营以上都有政治委员，职权甚大），正在向修路工人演讲。此事深深使我忆起，国民革命军北伐时，各处民众响应，北伐军势如破竹，正如王者之师。自国共分裂以后，像北伐时民众响应之事，已销声匿迹。反之，全国人心，大都失望。共党分子如此埋头苦干，而返视国民党员，则徒争名利，何曾见一个在东三省日本势力下埋头苦干的人！我深感共党自有其社会上根深蒂固之潜势力，剿共与消灭共党决难成功也。

赤军渡过湘江之后，已使当时薛周两军与桂军之迎头拦阻完全失败，而且尾追亦极困难。因为赤军渡过湘江以后，即上越城岭之西延山脉，山势连绵，追剿军无法包围。赤军之后卫节节抵抗，而赤军前锋即向湘黔边西进。

赤军之能够翻过越城岭之西延山脉，而且在此山高人迹稀少之区，未受损失者，确是赤军上至首领下至兵伕具有刻苦耐劳与其他各种优点，而这些都为国军所不及者。

西延山脉之高峰老山界，确为我十几年来第一次上过的高山。千家寺是在老山界的山脚下。我记得是一天的下午，总卫生部才抵千家寺，当时休息吃饭后，即上山。上了二十里，到一小村子，只七八家人户。此时太阳西下，伕子、马伕均忙于找火把。过一下天黑了，队伍还是前进。可是因为队伍中有些人没有找到火把（因为人家少，找不到火把的材料），在黑夜里黑摸，走得慢得很。我在第六连的先头走，简直是走一步停一下，走一步停一下。天气又冷，风又大，山又高，山下的泉水的流声如万马奔腾。人又疲倦，可是不敢合眼，因为路太狭了，只有一海关尺阔的路。有一个看护生在行军时，因为天黑未找火把，再加上睡眼朦胧地走着，忽然一失足滚入水沟里去了。当时就命传令兵执了火把，慢慢地拉住树根攀到水沟里，可是那个看护生已经跌得不只满身泥水，而且不能言语了。这就警惕了各人小心翼翼地慢慢地走着。因为走得慢，即使下午预备了火把的人，也已经把两三个火把烧光了，以后简直前后看不见火把了，只有稀稀地看见几个马灯的灯光在走动。队伍越走越慢了。走几步，停五分十分钟，既不像走路，也不像休息。时间已经是次晨两点钟了，前面顺次序地传下了司令员的口头命令："各连队随地靠路旁露营。各连火伕到前面煮饭。"同时大家又顺次序地喊："向后传……。"实在太疲倦了，不管地下是湿是干的，大家就横七竖八地倒在地下把被单往身上一盖就睡。人生再没有比这个时候、这个地方睡得舒服的，不要两分钟已经鼻息呼呼地入睡乡了。

次晨天尚未明，吹号，起身，吃饭，并且各人还带了午饭。据当地居民说，此地到唐庄还有六十里，而上山还有四十里。

山实在太耸了，因此队伍走不快。的确空身上山还要脚酸气喘，而那些伕子还要挑上三十五斤的担子，真是不容易。

在我们总卫生部先头走的是赤军总政治部，而苏维埃中央政府之要人林祖涵、徐特立等亦均与总政治部同一行列，故我时与林徐路遇。当日上老山界时，我见林徐两人亦正步行上山。林祖涵为苏维埃中央政府财政部长，曾与孙中山共事，创办同盟会，领导辛亥革命；北伐时为国民革命军第六军党代表；在赤区所有财政均出其一手计划。林年将五十，白发童颜，身体甚健，在八月余的行军中，林只骑十八天马，经常步行。徐特立为教育部副部长，年逾五十。赤军离江西时，徐本有一马，但半途因知伤兵缺乏驴马，徐竟转送给卫生部之伤兵，而其本人则步行。此林徐两老之洁身自好，愈老愈壮之精神，诚非南京政府之要人可比拟也。

老山界这个山高得非常使人发急，到了一个山顶，见前面只有一个高峰了，不料上了那个高峰，前面还有一个高峰。这样一个又一个地爬着高山，大家不停喘气和汗流浃背。正在这个时候，忽听见隐隐有留声机的声音，正唱着："骂一声毛延寿你卖国的奸贼……。"一张片子唱完，又听见一阵歌声："同志们快起来拿刀枪，我们是人民的武装，要打倒帝国主义国民党……。"原来是政治部的宣传队正摆着宣传棚，为鼓励行军、提起部队的精神，使之忘却行军之疲劳。在宣传棚旁边的石头上，拿粉笔写着："同志们努力啊！还有二十五里就到山顶了。""竞赛一下，谁先上山顶？"经过宣传棚的留声机和唱歌，的确我们把上山的疲倦忘掉了。我们队伍内的那些小看护生也唱起来了："……骂一声 ××× 你卖国的奸贼……为什么投日本，你丧尽了良心。"这样一唱，又到处引起唱着："粉碎了国民党的乌龟壳，我们真快乐……。"唱了一阵以后，大家还是照着路向上走，这样走了共有十二个高峰，才到山顶。当然到了山之最高顶，大家就兴高采烈，精神也兴奋了。时间已经下午四时了，但是八十里路的高山，终于走到了山顶。

从山顶到唐庄，名为二十里，实在将近三十五里，所以大家又走了一节黑路，当晚就到唐庄宿营。

八十里路的老山界，比之后来赤军所过的高山看来当然不算高。但是赤军在高山上两天两晚的不断地行军，而没有多少掉队落伍的兵伕（卫生部的病员都到齐了），这不是一件容易的事。这实在是由于赤军中兵伕的团结，同时在山上行军中，赤军政治部能设法以减少行军疲劳及提起行军精神，如用宣传棚等等，这确是他们设想得周到。

赤军在西延山脉周围遭遇了极多困难。最重要困难之一，就是赤军每到一处，全村全镇房屋、粮食统统烧了。究竟是谁烧的呢？

开始老百姓传说是赤军烧的，但是事实上我不能完全相信，因为许多镇市在赤军未到前已在火烧了，这样难道是赤军自造困难吗？把房屋、粮食统统烧光，岂非使赤军自己无处住无处吃吗？后来这个事情水落石出了。当赤军驻广南寨（广西龙胜县之西北）时，我们总卫生部于次晨集合于广南寨镇外田野间而快将出发时，忽见镇内三处房屋同时起火，显系有人放火。总卫生部司令员贺诚即下令警备连回镇搜索，忽然捉到七八个穿赤军军装的放火人来。一问他们，都是广西口音，就供出他们是龙胜县政府所派，专烧民房，每日得大洋两元，作用在一方使赤军无处住，不得食，一方则引起居民对于赤军之怀恨。一询其何处得来军衣，均说县政府捉获赤军之掉队落伍兵佚，杀之而剥去其军服，即由所派之放火人穿上赤军军服，冒充赤军。放火之后，使居民愤恨赤军。这几个人已放火烧了好几个镇市了。他们穿上赤军军衣，冒充有病而掉伍者，天天随在赤军队伍后面走，或者冒充赤军之侦察队，在赤军将来时，先放火烧屋。

总卫生部长贺诚当然不是一个笨人。他听了他们如此说后，即传令部队大家去救火。救熄后，召集全镇居民来开会，当场要这放火的冒充赤军的七八人在居民面前自供。结果，几百居民立刻动手，把这七八人一顿拳足，打得那几个人气都快没有了。贺诚忽然又劝止说："这是广西军阀官僚一方面诬害红军，一方面是残酷地使你们年终的时候，弄得无家可归。红军是帮助百姓的，我们帮助你们救火。现在你们太可怜了，哪家房子被烧的，红军愿把没收土豪的洋钱救济你们。大家到那边去领。这几个放火的人，大家愿意怎样办呢？"一经贺诚的演说，数百居民众口一声要求枪毙这七八个人。结果把这七八个人拖到镇外去了，大家跟着去，一会儿又回来在一个空场角上的桌子上领洋钱。忽一会就有五六十个年轻力壮的男子到贺诚面前说："我们要当红军。"结果就有一百多人连续地写上名字当红军了。

我于此事深深感觉，桂军领袖白崇禧氏，虽有小诸葛之称，但派人纵火以嫁祸于赤军之举，终属太惨，且也不智。如广南寨之事，岂非反增居民对于地方当局之恶感而助赤军以取得民心乎！

赤军由广南寨西北进，即为两河口与牛皮山，地处桂湘交界，由此下山西通湘之通道，北通绥宁，南通三江。当时薛周两纵队及湘军大部集中于城步、绥宁、靖县、会同等县以阻赤军北上与贺龙、萧克之赤军会合。桂军以一部扼于桂湘边以阻赤军南下，并以一部尾追赤军。当时赤军前锋已占通道县，即避实就虚而径趋贵州之黎平府。

（选自《陈云文选》第1卷，人民出版社1995年版）

回顾长征（节录）

刘伯承[1]

开始长征，由于“左”倾路线在军事行动中的逃跑主义错误，继续使红军受到重大损失。当时中央红军第五军团，自离开中央根据地起，长期成为掩护全军的后卫，保护着骡马、辎重，沿粤桂湘边境向西转移。全军八万多人马在山中羊肠小道行进，拥挤不堪，常常是一夜只翻一个山坳，非常疲劳。而敌人走的是大道，速度很快，我们怎么也摆脱不掉追敌。

我军经过苦战，突破敌人三道封锁线后，蒋介石急调四十万大军，分成三路，前堵后追，企图消灭我军于湘江之侧。

面临敌人重兵，“左”倾路线的领导更是一筹莫展，只是命令部队硬攻硬打，企图夺路突围，把希望寄托在与二、六军团会合上。在广西全县以南湘江东岸激战达一星期，竟使用大军作甬道式的两侧掩护，虽然突破了敌人第四道封锁线，渡过湘江，却付出了惨重的代价，人员折损过半。

广大干部眼看反五次“围剿”以来，迭次失利，现在又几乎濒于绝境，与反四次“围剿”以前的情况对比之下，逐渐觉悟到这是排斥了以毛泽东同志为代表的正确路线、贯彻执行了错误的路线所致，部队中明显地滋长了怀疑不满和积极要求改变领导的情绪。这种情绪，随着我军的失利，日益显著，湘江战役，达到了顶点。

这时，二、六军团为了策应中央红军，在川黔湘边界展开了强大攻势。蒋介石为了阻挡我军会师，忙调重兵堵截、追击。如果我们不放弃原来的企图，就必须与五、六倍的敌人决战。但部队战斗力又空前减弱，要是仍旧采用正面直顶的笨战法，和优势的敌人打硬

---

① 作者时任红五军团参谋长。

仗，显然就有覆没的危险。

正是在这危急关头，毛主席挽救了红军。他力主放弃会合二、六军团的企图，改向敌人力量薄弱的贵州前进，争取主动，打几个胜仗，使部队得以稍事休整。他的主张得到大部分同志的赞同。于是，部队在十二月占领湖南西南边境之通道城后，立即向贵州前进，一举攻克了黎平。当时，如果不是毛主席坚决主张改变方针，所剩三万多红军的前途只有毁灭。

中央政治局在黎平召开了会议，决定向敌人力量薄弱的贵州前进。部队在黎平整编后，立即出发，一九三五年一月强渡乌江，打下了遵义城。这时期，行军作战虽然同样紧张，但由于毛主席的英明主张，作战一直顺利，部队情绪也逐渐振奋。

在遵义休整了十二天。党中央就在这时候召开了扩大的中央政治局会议。

（选自《刘伯承军事文选》，解放军出版社 1992 年版）

回忆长征（节录）

李维汉[①]

1934年11月11日，在文明司接到中央革命军事委员会主席朱德签署的命令：

罗迈：

（一）一、九军团后方部及二十二师于11日晚或12日晨到达文明司地域。

（二）他们配置于现地第一纵队的宿营位置。

（三）罗迈同志为文明司的卫戍司令并负责分配宿营地域及一般秩序。

为了箝制敌人，九军团、二十二师处于比五军团更后的位置，所以经常掉队，在文明司宿营，就是为了等他们。我接到命令后，就按命令分配部队的宿营地，维持军队的秩序，进行军容风纪的教育。11月初，我们突破敌人第二道封锁线后，继续前进。11月中旬，解放了湖南的宜章县，突破了敌人的第三道封锁线。在宜章我们住了几天。我是分管长征沿途的白区工作和地方工作的安排的，所以到宜章后，就派了一部分人进去工作。宜章县原有我党县委组织，我送给他们一些人枪，组织他们打游击。我们离开宜章后，他们在县委领导下，也打了一段时间的游击战，后来终因敌强我弱而失败，游击队也不存在了。

过湘江是在夜里，部队走得很慢，等他们过去了，我们才开始过。我对前面的消息很少知道。后来才知道"左"倾机会主义的领导者要到湘鄂川黔根据地与红二、六军团会合。敌人估计到这一点，就调兵四十万分三路围追堵截，构成第四道封锁线，企图把我军

① 李维汉，又名罗迈，时任中央军委第二纵队司令员兼政治委员。

全歼于湘江边。因此湘江一仗打得很艰苦，红军损失过半。长征出发时，中央红军有八万多人，这一仗打下来，只剩下三万多人。这就引起人们的深思，为什么一、二、三、四次反“围剿”都胜利了，而第五次反“围剿”却失败得这么惨呢？

中央红军渡过湘江后，经湖南、广西边境的苗族、壮族居住的越城岭山区，向湘鄂川黔革命根据地前进。

越城岭又名老山界，是红军在长征途中遇到的第一座难走的大山。过老山界时，军委命令我们随左边的三军团行动。这时彭德怀给我纵队来电说，明天他们要打仗，我们如果跟他们军团行动，整个纵队要出问题，会有危险的。他已向军委发电报，建议二纵队跟一纵队走，由五军团殿后担任警卫。要我派人到军委领新的命令。我接到彭德怀来电后，立即派人到军委去。军委批准彭德怀的建议，叫我们跟一纵队后面走。多亏彭德怀的建议，不然我们跟着三军团后面走，三军团与敌战斗，会招致很大的损失。我们纵队过老山界，是夜间行动。在漆黑的夜晚，翻越高山峻岭，一级石阶一级石阶地往上攀登，山高路陡，马不能上山，只好把马扔掉。一纵队走在前面，我们跟在后面，走几步，停几步，行动缓慢。敌人追得很紧，五军团在后面打仗，挡住敌人，保卫我们。他们也催我们快走，以便甩掉敌人，减少兵力的损失。我赶到前面了解情况，才知道一纵队的电台队的工作人员实在太疲倦了，他们边走边睡觉，走走停停，停停走走，影响我纵前进。一纵队首脑部门早已走远，丢下电台队在后面，他们也不知道。我们催他们快走，他们才紧追上去。过了老山界，下山就快了，我们追上了第一纵队，到了宿营地休息。五军团在过老山界时，吃了很大的苦。老山界一仗，进一步暴露了长征初期我军的被动情况。

过了老山界，因为没有敌机骚扰，我们多半是白天行军。广西一带的房子都是木结构，很容易燃烧。阶级敌人为了制造所谓“共匪”杀人放火的舆论以破坏红军与当地居民的关系，扰乱红军的宿营，使红军得不到休息，就偷偷放火，妄图诬陷红军。我们在广西扑灭了好几处火，并捉到放火者加以处置。

这时红二、六军团为配合红一方面军的行动，也对敌人发动了猛烈的进攻。蒋介石反动派害怕红一方面军与红二、六军团会合，急忙调来五、六倍于红军的兵力，集中在武冈、城步、绥宁、靖县一线阻截，同时命令广西军阀配合堵击。在敌我兵力悬殊的情况下，如果还要与红二、六军团会合，去钻敌人布置好的“口袋”，红军就有全军覆没的危险。但“左”倾错误的领导者还是想与红二、六军团会合，在湘西洪江建立根据地。在这一危急关头，毛泽东积极建议放弃与红二、六军团会合的计划，改向敌人力量薄弱的贵州前进。在红军于12月11日占领湖南西南边境的通道县城以后，中央领导人举行了会议，会后继续向贵州黎平前进。12月15日，红军攻占黎平。大约一两天后，我们也到达黎平。12月18日，中央政治局在黎平召开会议，通过了《关于在川黔边建立新根据地的决议》，决定放弃北进湘西与红二、六军团会合的计划，改向敌人统治力量比较薄弱的贵州前进。会后，中央政治局将这一决定电告各军团及军委纵队首长等，然后通过他们传达到师及梯队首长。我也听了传达。黎平会议放弃了在湘西创立新的根据地的计划，决定在以遵义为中心的川黔边境建立新根据地。这个改变是因为：第一，按照当时的政治、军事形势在湘西建立新根据地已经不可能，也不适宜；第二，为尔后考虑计，能使红一方面军更有利于与红四方面军及红二、六军团一致行动，协同作战；第三，川黔边境在政治、经济及群众等条件上，有利于粉碎敌人的“围剿”；第四，该地区有利于苏维埃运动及红军的发展。

我认为长征改道是从通道会议开始酝酿，而由黎平会议最后决定的。这个决定非常重要，它既使红军避敌重兵，免遭灭顶之灾，又能放开自己的手脚，打运动战，主动消灭敌人。特别是使红一、三军团获得“解放”，可以灵活机动地消灭敌人的有生力量，红五军团也不致因担负后卫，老吃苦头。

黎平会议后，部队实行整编。一纵队二、三千人，二纵队一万多人，合编为三个梯队。三个梯队没有统一的指挥机关，司令部也取消了，直属军委。我是中央机关梯队的队长。卫生部是贺诚当队长，后勤部是叶季壮当队长。过湘江时，已把笨重的印刷机等丢掉了。这时比以前轻装多了，主动多了。

（选自《党史通讯》1985 年第 1 期）

奔袭道县，强渡湘江，突破敌人第四道封锁线（节录）

聂荣臻[1]

越过九峰山时，行军非常艰苦，我们冒雨行进在九峰山崎岖的羊肠小道上。这里没有村庄，看不到一户人家，部队没有饭吃，饥饿、寒冷和疲劳考验着每一个红军战士。但当我们得知，三军团、中央和军委纵队及其他兄弟部队已经通过了第三道封锁线，走到前面去了，于是大家互相鼓励，不顾一切地往前赶。我的脚就在过九峰山时磨破了，但仍坚持随队行动。

部队进到湖南、广西边境，还没有渡过潇水，蒋介石的嫡系薛岳、周浑元的几个师就尾追上来了。湖南军阀何键的部队，和广西军阀李宗仁、白崇禧的部队也乘机从两边夹击过来。这时蒋介石已任命何键为进剿军总司令，十一月十四日何键下令以十五个师分五路追击和堵击我们。第一路刘建绪四个师由郴县直插黄沙河、全州，第二路薛岳四个师由茶陵、衡阳插零陵，这两路主要是堵击我军去湘西；第三路周浑元四个师，第四路李云杰两个师向我追击；第五路李韫珩一个师在我军南部跟进，配合粤桂军围堵我军。广西军阀五个师已经先期占领了全州、灌阳、兴安等地。军委一方面向我们通报了上述严重的敌情，一方面仍要我们加速西进。

在我们前面，横着两条大江，一条是潇水，一条是湘江，都是由南往北流入洞庭湖的大水系。

过了第三道封锁线，一军团仍然先走左翼，沿临武、兰山方向前进。以后又变为右翼，向天堂圩、道县方向前进。

敌人的第一着恶毒计划是先合击我于天堂圩与道县之间的潇水

---

① 作者时任红一军团政治委员。

之滨。

在当时的形势之下，从右翼部队来说，若想掩护中央纵队渡过潇水，必须先敌抢占道县。

道县旧名道州，紧临潇水西岸，是这一带第一大县城，也是这一带第一大渡口。

十一月二十日，一军团二师受领了长途奔袭占领道县，并阻止零陵之敌向道县前进的任务。

二师师长陈光和政委刘亚楼决定，将抢占道县的任务交给四团。由四团主攻，五团迂回配合。四团团长耿飚，政委杨成武，他们率领部队，以日行一百多里的速度，长途奔袭，于十一月二十二日拂晓，泅渡潇水，急袭道县，消灭了守敌，并向零陵方向派出了警戒部队。六团在道县以南的葫芦岩、莲花塘、九井渡架起浮桥，掩护中央军委后续部队渡过了潇水。这样，使敌人第一个计划不能得逞，并为我进一步渡湘江造成有利态势。

紧接着，敌人的第二步计划是消灭我于湘江之滨。这是敌人第四道封锁线最严密的部分。

敌人麇集二十个师，为了紧缩包围圈，湖南军阀何键将他的指挥部从长沙迁至衡阳，将其所属的刘建绪的四个师调至桂北全州。第二路薛岳的四个师进驻黄沙河。广西白崇禧也将指挥所移到桂林，将他的五个师和民团配置在全州、界首、灌阳等地。重点在保境“灭共”。而蒋介石的嫡系周浑元的四个师和李云杰的两个师，则从我们红军的背后，象拉网似的压过来。

我们面前是一道又宽又深的湘江，湘江对岸还有一条与它平行的桂黄公路，敌人在湘江与桂黄公路之间连绵不断的丘陵间，修了一百四十多座碉堡。

本来，当十一月十六日我五团攻占临武，敌人弃守兰山，我军继续向江华、永明方向开进时，白崇禧一度命他的部队退守龙虎关和恭城，用意是既防止红军也防止蒋介石军队进广西。这时白崇禧部已经撤走，湘敌刘建绪部还没有赶到全州，灌江、湘江一线空虚得很。如果我们能抓住这一有利时机，没有那么多坛坛罐罐的拖累，是完全可以先敌到达湘江，抢先渡过湘江的。但我们丧失了这个宝贵的时机，直到十一月二十五日军委才发布命令，我军兵分两路渡江，这时的湘江就很难渡了。

中央军委将渡河点选在界首和凤凰咀之间。命令一军团从右翼，三军团从左翼，以及八、九军团等，从两翼掩护中央和军委纵队渡湘江。

当一军团率领二师从道县出发，经文市向湘江前进时，一师尚滞留在后面配合五军团对付周浑元。因为周浑元一直紧迫在后边不放，其先头部队已抵达道县，一师在五军团未到达之前，必须保住潇水西岸。同时，如果不给紧追之敌一个歼灭性的打击，我们也不能放心前进。

二师派四团作前卫。四团受领的任务是：提早出发，先去抢占全军左翼的界首，待夺取以后，移交给随后赶到的三军团六师。然后向右翼归还在全州方向的二师建制。这个任务四团按期完成了。与此同时，二师另两个团，也于二十七日由石塘抵达大坪，涉水渡过湘江。并派遣五团相机先敌占领全州。但当天全州已被湖南军阀刘建绪的部队先期占领，五团这一任务未能实现。

夺取全州未成，一军团只能将第一道阻击线选在全州西南、湘江西岸，距全州十六公里的鲁板桥、脚山铺一线的小山岭上。从全州，有一条公路，就是桂黄公路，正穿过脚山铺。这一线山岭走向与桂黄公路相交，正好成十字形。脚山铺，在这个十字中心，是个二十来户人家的小村庄。在公路的两侧，夹峙着两列二公里多长的小山岭，各有数个小山头。以东边的黄帝岭和西边的怀中抱子岭最高，标高有三百多公尺，其余二百多公尺。山岭上长满小松树。山岭前面有一个开阔地。这个地区是一个比较好的阻击阵地。

军团召集干部看了地形，决定先将二师重点部署在桂黄公路两侧，加紧构筑工事，待一师赶到，再将一师部署在公路西侧。

白崇禧看到我军直奔湘江，就又把他的九个师开回灌阳和兴安两点。从十一月二十七日起，三军团在左翼灌阳、新圩和桂军打了几天几夜。由于一、三军团同时在两翼强占要点，我军已控制了界首至屏山渡之间六十里地的湘江两岸，在此区域，甚至有四处浅滩可以涉渡。中央军委纵队也已于二十七日到达灌阳北的文市、桂岩一带。如果当时仍决定抢渡，由桂岩到最近的湘江渡点，只有一百六十多里地，采取轻装急行军，一天即可到达，仍有可能以损失较小的代价渡过湘江。但是“左”倾教条主义领导却没有利用这一大好时机。他们仍然让人们抬着从中央苏区带来的坛坛罐罐，按常规行军，每天只走四五十里，足足走了四天，才到达湘江边。使前线战士为了掩护任务付出了惨重的代价。

十一月二十九日，刘建绪得悉我中央纵队要渡湘江。而白崇禧又将全州以南至界首段他所部署的正规桂军都撤掉了，只剩下民团；识破了白崇禧的目的是想要让红军入湘，他就急了。即以其四个师的兵力，从全州倾巢出动，向我二师脚山铺阵地进攻。攻到第二天拂晓，即十一月三十日凌晨，我一师师长李聚奎，代政委赖传珠才率部队刚刚赶到，部队非常疲劳，队伍一停下，有些战士站在那里就睡着了。但军情紧急，立即紧急动员，仓促调整部署，进入阵地。

三十日，全军团展开阻击。一师是二、三团阻击，一团作预备队。二师是四、五团阻击，六团作预备队。敌人前锋为十六、十九师两个师的兵力。拂晓时的第一次冲锋，很快被我军打垮。在尖锋岭和美女梳头岭丢下了几十具尸体。敌人不甘心失败，又组织第二次冲锋。后来随着冲锋次数的增多，投入的兵力越来越多，在十多架飞机的掩护下，攻击也越来越猛。阵地上硝烟弥漫。我们利用有利地形杀伤敌人，阵地前敌人的尸体越积越多。战至下午，敌人以优势兵力，猛烈的炮火，突破了一师米花山防线，威胁我美女梳头岭等阵地。最后，一师只剩下一个怀中抱子岭。入夜，敌人又利用夜幕迂回进攻。我一师为了避免被包围，退往西南方向水头、夏壁田一带。

敌人占领米花山和美女梳头岭以后，对我二师前沿阵地尖锋岭威胁也很大。敌人从三面向我尖锋岭进攻，五团在上面只派有两个连，尖锋岭失守。五团政委易荡平负重伤。这时，敌人端着刺刀上来了，荡平同志要求他的警卫员打他一枪，警卫员泪如泉涌，手直打颤，岂能忍心对自己的首长和同志下手。荡平同志夺过警卫员的枪，实现了他决不当俘虏的誓言。五团阵地失守，二师主力只得退守黄帝岭。敌人紧跟着向黄帝岭进攻，于是在黄帝岭展开了一场惊天动地的拼杀战，黄帝岭终于守住了。入夜，在一师撤出之后，二师孤军突出，为了避免被敌包围，也主动撤退至珠兰铺、白沙，与一师占领的夏壁田、水头，构成第二道阻击线。

第一天战斗过去了，夜间也无法入眠。我们最担心的是中央军委和后续部队的安全。这几天，中央军委要求我们全天都和他们保持无线电联系，来往的电报，几乎都是十万火急，个别的是万万火急。十一月三十日晚上，我们军团领导人冷静地分析了当时的形势，在脚山铺附近给军委发了一份电报：

朱主席：

我军向城步前进，则必须经大埠头，此去大埠头，经白沙铺或经咸水圩。由脚山到白沙铺只二十里，沿途为宽广起伏之树林，敌能展开大的兵力，颇易接近我们，我火力难发扬，正面又太宽，如敌人明日以优势猛进，我军在目前训练装备状况下，难有占领固守的绝对把握。军委须将湘水以东各军，星夜兼程过河。一、二师明天继续抗敌。

十二月一日一时半，朱德主席给全军下达了紧急的作战命令。命令指出："一军团全部在原地域有消灭全州之敌由朱塘铺沿公路向西南前进部队的任务。无论如何，要将汽车路向西之前进诸道路，保持在我们手中。”紧接着，在三时三十分又以中央局、军委、总政的联合名义，下达了一定要保证执行军委上述命令的指令给一、三军团：

一日战斗，关系我野战军全部。西进胜利，可开辟今后的发展前途，迟则我野战军将被层层切断。我一、三军团首长及其政治部，应连夜派遣政工员，分入到各连队去进行战斗鼓动。要动员全体指战员认识今日作战的意义。我们不为胜利者，即为战败者。胜负关全局，人人要奋起作战的最高勇气，不顾一切牺牲，克服疲惫现象，以坚决的突击，执行进攻与消灭敌人的任务，保证军委一号一时半作战命令全部实现，打退敌人占领的地方，消灭敌人进攻部队，开辟西进的道路，保证我野战军全部突过封锁线应是今日作战的基本口号。望高举着胜利的旗帜，向着火线上去。

中央局
军　委
总　政

十一月三十日晚上，到十二月一日清晨，无论是红色指挥员、政工人员、参谋人员以及各类战勤人员，和连队的党团积极分子，都是一个最紧张的通宵达旦的不眠之夜啊！为了党中央的安全，为了红军的生存，都是熬红了眼在为第二天作战斗准备。生死存亡在此一战啊！

十二月一日，是战斗最激烈的一天。凌晨，敌人在敌机狂轰滥炸之下，更加嚣张地向我进犯。而军委命令我们在本日十二时前，要保证决不让敌人突破白沙河，使总部和全野战军能顺利地渡过湘江封锁线。敌众我寡，但在“一切为了苏维埃新中国”的口号下，我们的士气惊天地而泣鬼神。于是在二十多里地的战场上，炮声隆隆，杀声震天。在茂密的松林间，展开了生死存亡的拼杀战。

开始，敌人猛攻三团阵地，三团连续打了几次反冲锋。敌转而猛攻我一、二师的结合部，终于被敌突进四五里地，并迂回到三团背后，包围了三团两个营。一个营当天奋勇地突出了重围，和一、二团会合。一个营突错了方向，反而突入敌群，被分割成许多小股，在班、排长和党的支委、小组长带领下，两天以后多数人归回了自己的部队。敌人从我结合部突破以后，二师也有被包围的危险。因为二师部署靠外，他们当机立断，命令守白沙的团队将敌人坚决顶住，这个团打得非常顽强，他们硬是凭着刺刀，将来势汹汹的敌人顶住了，其他两个团才撤出向西边大山靠拢。

接近正午时分，得知中央纵队已经渡过湘江并已越过桂黄公路，我们才放了心，令一师和二师交替掩护，边打边撤。一师经木皮口、鹞子江口，二师经庙山、梅子岭、大湾，分别从两个山隘口退入通资源的大山区。

这一天，一军团军团部也遭受极大危险。敌人的迂回部队打到了我们军团部指挥所门口，这是很少有的事。当时指挥所在一个山坡上，我们正在研究下一步行动计划，敌人已经端着刺刀上来了。我起初没有发觉，警卫员邱文熙同志很机警，他先看到了，回来告诉我。我说，恐怕是我们的部队上来了，你没有看错吧？他说没有看错。我到前面一看，果然是敌人。左权同志还在那里吃饭。我说，敌人上来了，赶紧走。于是我一面组织部队赶紧撤收电台，向一个山隘口转移，命一部分同志准备就地抗击敌人，一面命令警卫排长刘辉山同志赶紧去山坡下通知刘亚楼他那个政治部，让他们向预定方向紧急转移。刘辉山往下走的时候，敌人正向我们方向射击，一抬脚，一颗子弹奇怪地把他的脚板心打穿了。由于我们这次及时地采取了适当措施，摆脱了敌人，避免了损失。进北京以后，刘辉山曾当过中央警卫团团长。在我们撤退的时候，敌人的飞机活动很疯狂，撒下很多传单，说什么如果不投降就要葬身湘江。国民党政工人员编写的这些狂妄浅薄的宣传品，连他们自己的士兵都称之为卖狗皮膏药，更吓唬不倒英雄的红军，没有人去理它！可是敌人的飞机几乎是擦着树梢投弹扫射，很多人被吸去了注意力，不注意往前走了。我说，快走！敌人的飞机下不来，要注意的是地面的敌人。快走！

在我们一军团与敌人血战的同时，三军团在兴安、灌阳一带，与广西敌人进行了激战。五军团则在文市附近与周浑元等追敌进行激战。他们也都打得顽强而艰苦，损失很大。

这次过湘江，我们不仅要掩护中央机关，而且要掩护几个新成立的部队。那时候，教条宗派集团，不注意主力兵团的充实建设，却成立了一些缺乏基础的新部队。我们主力兵团又缺乏兵员补充，是打掉一个少一个，而新成立的部队战斗力不强，我们既要完成主要任务，有时还要掩护他们。

准备撤往西边大山时，有一个山隘口叫梅子冲，通过这里，就可以到油榨坪，是我们预定的撤退路线。大家都往这个口子挤，这个口子很窄，部队多了势必谁也过不去。所以一定要安排开。我命令聂鹤亭同志带一支部队在通向油榨坪方向右边的一条路上抗击敌人，从右翼掩护大部队撤退。布置好后，急忙向梅子冲赶，当我到达这个口子的时候，罗炳辉和蔡树藩带着九军团过来了。我对他们说，你们部队比较少，可以走左侧的另外一个口子，不过稍微绕点路，但也不远。这个隘口今天一定让我们军团通过，我们也好掩护你们。我亲自在这个口子上调排各个部队的行进道路。一、九军团通过以后，我在口子上等后面渡江的兄弟部队，见到八军团的一位负责同志。他一见我就说："糟糕，我们的部队都被敌人打散切断了！"我说："此刻，过来多少是多少，先安置宿营。"因为这时已经天黑了。第二天，我们才知道彭绍辉、肖华同志带的那个少共国际师还没有过来。于是又派了一个部队，重渡湘江，把少共国际师接了过来。虽然如此，由于敌人来得快，我们行动太慢，所以仍然有一部分部队没能渡过湘江，象五军团的三十四师和三军团的一个团，还有八军团被打散的部队都被敌人切断了，损失很大，其中有些同志后来转到湘南打游击去了。

突破第四道封锁线这一仗，是离开中央苏区打得最激烈也是受损失最大的一仗。这时，红军由江西出发时的八万六千多人，经过一路上的各种减员，过了湘江已不足四万人。博古同志感到责任重大，可是又一筹莫展，痛心疾首。在行军路上，他拿着一支手枪朝自己瞎比划。我说，你冷静一点，别开玩笑。防止走火。这不是瞎闹着玩的！越在困难的时候，作为领导人越要冷静，要敢于负责。

我们在油榨坪没有敢休息，因为敌人在后面紧追。我们过了油榨坪，摆脱了敌人，到了一个大树林里，才得到休息。几天几夜的紧张激烈的战斗，这时候才感到又饥又饿，疲劳极了。我把身上带的干粮拿出来吃，也分了一些给林彪吃，觉得真是香极了。艰苦的岁月就是这样，紧张的战斗会使你忘记饥饿和疲劳，一旦休息，能睡上一小觉，或吃上一点干粮，就会觉得是一种极大的享受。

这次过湘江，进一步暴露了教条宗派集团在政治上和军事指挥上的逃跑主义错误，促使人们从根本上考虑党的路线问题，领导问题。

（选自《聂荣臻回忆录》，解放军出版社 1986 年版）

湘江血战：突破敌第四道封锁线（节录）

杨尚昆 [①]

中央红军突破敌三道封锁线后，蒋介石的追堵大军陆续赶到湘南。为了迅速摆脱追敌，三军团奉命和八军团组成右纵队，在彭、杨统一指挥下占领嘉禾城；第一和第九军团组成的左纵队，占领临武及蓝山城。

这一带是湘桂边境的九嶷山区，重峦叠嶂，山道崎岖。部队掩护着包袱沉重的中央纵队，行动更加困难。5天的行程，竟走了11天，部队拖得精疲力尽。彭总非常担忧和恼火。他对我说："尚昆，我们要扭转被动的局面，不能光走路，挨打，不打仗啊！要按过去毛主席领导反'围剿'的办法，机动作战。我们党在湖南的群众基础和条件都很好，敌人却彼此矛盾，我们有空子可以钻。"他向中央提出以下建议："以三军团迅速向湘潭、宁乡、益阳挺进，威胁长沙，在灵活机动中抓住战机，消灭敌小股，迫使蒋军改变部署，阻击牵制敌人；同时，我中央率领其他兵团，进占溆浦、辰溪、沅陵一带，迅速发动群众创造战场，创造根据地，粉碎敌军进攻。否则，将被迫经过湘桂边之西延山脉，同桂军作战，其后果是不利的。"我认为彭德怀的建议是很有价值的：第一，在敌军从四面八方向湘粤边袭来时，三军团出敌不意，北上威胁长沙，将使国民党湖南当局陷于惊慌。第二，当时二、六军团已会师黔东，正向湘西进军，将在湘鄂川黔建立根据地，发动湘西攻势。如果中央红军进占溆浦、辰溪、沅陵一带，两路红军对进，有可能在湘西会合。第三，如果中央红军东扰长沙，西联二、六军团，将迫使蒋、何改变"追剿"部署，红军可以避免进入西延山区。这项建议，同毛主席提出的停止西进、掉头北上摆脱敌人追

① 作者时任红三军团政治委员。

堵的见解正不谋而合。但是，博古和李德既不采纳，又不答复，执意沿着两个多月前红六军团开辟的行军路线行进。这使蒋介石对中央红军的意图摸得一清二楚，立即任命何键为“追剿军”总司令，分五路进行“堵截”、“追剿”。11月中，何键在衡阳召开军事会议，颁布“剿匪计划”，要旨是利用湘江天堑，布设第四道封锁线，以15个师的兵力合围，企图消灭红军于湘江以东。蒋介石在亲笔信中叮嘱何键：“党国命运在此一役，望全力督剿。”又对参加“堵截”的桂军说：如能在灌阳、全县（州）之间歼灭红军，“则功在党国，所需饷弹，中正不敢吝予。”这时，蒋军已在湖南零陵至广西全州地段的湘江两岸修筑了100多个碉堡，凡能徒涉的河段都加修大碉堡，以8个师严密防守；4个师担任“追剿”，一个师负责“围堵”，空中还有飞机扫射轰炸。面对着一场严重的恶战，博古和李德惊慌失措，一筹莫展，只知道命令部队硬打硬拼，夺路逃跑。至于向何处去，中革军委说尚待“侦察结果而定”。

11月25日，中革军委决定，中央红军在全州和兴安之间的界首和凤凰嘴抢渡湘江，命令红三军团和红一军团为左右两翼，掩护中央纵队渡江。

27日，彭总和四师师长张宗逊、政委黄克诚，率领两个团直插界首和兴安地区，军团政治部主任袁国平率领四师第十团为前卫，随同一军团抢渡湘江，控制了界首到脚山铺的渡河点，架起浮桥。第二天，四师有两个团西渡湘江，控制了界首以南的光华铺、枫山铺一带，在河东的一个团立刻修筑防御阵地，阻击桂军。界首扼湘桂公路和湘江的南北要冲，穿越公路向西便是名为老山界的越城岭，如果中央纵队及时赶到渡口，迅速渡过湘江，就能很快突破敌第四道封锁线，可是中央纵队行动缓慢，这时还在40公里以外的文市和桂岩一带。而桂军主力却已北上协同“追剿”军发起全线进攻，企图夺回湘江各个渡口，将红军“全歼”于湘江以东。于是，先期控制渡口的红军不得不全力同占绝对优势的敌军展开一场顽强的阻击战。

在这场战斗中，三军团的对手主要是战斗力很强的桂军。那时有这么个说法：滇军黔军两只羊，湘军就是一头狼；广西猴子是桂军，猛如老虎恶如狼。桂军首先向我据守界首渡河点的四师阵地发起进攻。30日那一天，他们发起了十几次冲锋，都被坚守阵地的第十团打下去了。战斗异常激烈。团长沈述清牺牲了，由杜仲美接任，杜仲美又很快牺牲，由团政委杨勇指挥。我们接到报告后，一再向军委发出“十万火急”、“万万火急”电，催军委“将湘水以东各军星夜兼程过河”，否则湘江渡口“难有占领固守的绝对把握”。军委却发来一个《训令》，空洞地说“由于敌我部队力量悬殊，我工农红军之顽强坚决，忍苦忍劳，可断言胜利一定属于我们”，要求我们“最勇敢、最坚决而不顾一切的行动”，以争取“渡江战役胜利”。在这样的紧急时刻，收到这样的训令，真使人啼笑皆非。这时，一军团奉命掉头对付湘军，把坚守渡河点的任务交给了三军团，我们派宣传部长刘志坚前往督战。等到29日，中央纵队才到达界首渡口，并在12月1日渡过湘江。这时，第十团已鏖战两昼夜，以伤亡400多人的代价，完成了掩护军委纵队和红九军团渡过湘江的任务。三军团的司令部设在湘江西岸的一个祠堂里，离界首渡口只有几百米，彭总和我三天三夜没有下火线。

与此同时，三军团第五师在灌阳附近距湘江不到40公里的新圩、杨柳井一带，全力阻击桂军，保障向界首进发的中央纵队的左翼安全。灌阳、兴安、全州被国民党称为“铁三角”，五师当面的敌人是桂军“精锐”第七军的两个师和湘军十五师一部。五师师长李天佑在百色起义时是桂军第七军的老对手，然而要以1个师的兵力对付3个师的敌军，困难可想而知。一是人数、装备悬殊，二是桂军地形熟悉，还常采用游击战术，派小股袭击我阵地，五师每前进一步，都要经过激烈的交战，但军委命令是“不惜一切代价，全力坚持三天四夜”。彭总和我明知任务艰巨，一起来到五师，检查他们的战前准备和工事构筑情况。李天佑和钟赤兵（政委）表示，人在阵地在。我面对这些身经百战而又年轻英俊的指挥员，内心里不禁涌起“风萧萧兮易水寒，壮士一去兮不复返”的悲壮感。我们默默地紧握着他们的手，叮嘱他们：既要坚决消灭敌人，又要注意保存自己。五师打得英勇顽强，野战工事几番被敌摧毁，战士们从泥土碎石中爬出来重新战斗；子弹打光了，就与敌白刃格斗，前赴后继，反复争夺。打得最厉害的时候，彭总和我住到前方的村子里去，敌人的机关枪就打到我们的房子上。我们一边了解前沿情况，一边催问中央纵队渡江进度。直到军委纵队渡过湘江，才命令五师撤出阵地，向湘江西岸转移，将阻击任务交给六师。这次战斗中，五师伤亡达2000多人，将近全师的一半，师参谋长胡浚，十四团团长黄冕昌，副团长、团参谋长及政治部主任都英勇牺牲了，负重伤的有十四团政委谢振华，十五团团长白志文、政委罗元发等。十五团参谋长胡震在接受任务时表示：只要有一个人，就不让敌人占新圩，第二天，他在反击敌人时牺牲了。营连级的指挥员牺牲的更多。他们以自己的鲜血、生命和奋不顾身的精神，保障了中央纵队安全渡江。

红六师接替五师的阻击任务后，命令第十八团掩护八军团渡江。这是大部红军渡江后，留在江东最后的掩护部队，处境更加险恶：国民党的“追剿”军已从四面八方赶到湘江边，摧毁浮桥，封锁江面。在这种严重情况下，他们和作为后卫的红五军团第三十四师被截留在湘江以东，在8个师的敌军包围下，孤军奋战。红六师十八团在团长曾春鉴、政委吴子雄率领下，完成掩护任务后，反复冲杀突围，最后弹尽粮绝，大部壮烈牺牲。六师的其他两个团也遭受很大伤亡。全师已基本上不成建制。后来整编时，缩编为一个独立团。

湘江之战是红军长征以来最险恶的一仗。广大的红军指战员浴血奋战五昼夜，终于跨越天堑湘江，突破敌人的第四道封锁线，粉碎了蒋介石“务求全歼，毋容匪寇再度生根”的梦想。他们的功绩将永垂史册。但在这一仗中，红军付出了惨重的代价，全军人数由出发时的8.6万人锐减到3万多人。作为中央红军主力之一的红三军团，实力也损失了一半，元气大伤。那时，幸好粤汉铁路的中间一段（从湖南衡阳到广东韶关）还没有修通，不然损失会更大。

转兵贵州湘江一战，红军折兵5万，似乎已濒临绝境。面对这样惨痛的事实，全军上下自然会同前四次反“围剿”的情况对比。那时，红军一直能以少胜多，苏区面积不断扩大。而第五次反“围剿”以来，正如彭总所说“没有打过一次好仗”，大家对博古、李德的指挥已由怀疑、不满到完全失去信任，逐渐觉悟到这是他们排斥毛主席的领导、推行错误的战略战术的结果。

湘江血战后，部队来不及休息和整理，就被迫进入湘桂边的西延山区。西延山脉海拔2000多米，主峰是被称为“老山界”的越城岭，地势险峻，道路崎岖，山地绵延数百里，西接贵州高原。“广西猴子”又在后面穷追不放，他们和民团一起，利用对地形熟悉，同我们打麻雀战，搞得我们很困难。这一带又是贫穷地区，没有多少地主老财可打，部队连吃包谷也有困难。

部队应该朝什么方向前进？12月9日，博古、李德电令各军团：“总的前进方向不得改变。”也就是说，不顾情况的变化，执意要循着两个月前红六军团的行军路线走，到湘西去同二、六军团会合。可是，这条路上蒋介石早已严加防范。11月中，蒋介石颁发的“剿匪计划”规定：万一红军突破湘水、漓水以西，应不使红军长驱入黔会合四川红军，或进入湘西会合二、六军团。他的主要部署放在后一方面。红军渡过湘江后，蒋介石的15个师共20万兵力已等候在芷江、靖县、城步、新宁一线，修筑碉堡，布成5条封锁线，湘西、黔东数县也筑堡200多座。如果红军按照博古、李德“不得改变”的方向前进，正好钻进蒋介石布设好的大口袋，自投罗网。在这个危急时刻，毛主席、王稼祥、张闻天和朱德总司令在通道县向“三人团”提出，放弃原订计划，避强就弱，向贵州转兵，因为王家烈的贵州兵都是“鸦片鬼”，人称“双枪兵”，不经打。12月8日，部队行进到黔东的黎平，周恩来主持召开政治局会议，接受毛主席的意见，通过《关于战略方针的决定》，指出：目前在湘西创建根据地已经“不可能”也“不适宜”，新的根据地应在以遵义为中心的“川黔边地区”。这是红军战略转变的开始。从这时开始，博古、李德的错误指挥开始被排除。这次会议成为遵义会议的前奏。

（选自《杨尚昆回忆录》，中央文献出版社 2001 年版）

最后的一道封锁线

谭政[①]

一个月零八天的时间，浩浩荡荡的长征英雄部队，冲破了敌人的重围，突破了蒋介石在湘赣边、在湘南的数道所谓战略封锁线，到达了湘、桂边境。此时人们心目中的问题便是最后的一道封锁线了。

我们的西进，引起了敌人的极大恐慌，同时也就暴露了我们的行动目标，给湘敌、粤敌、桂敌和蒋敌以应有的准备。他们的布置是：湘敌何键三个师扼守全州，广西敌人集中兴安、灌阳，用两个钳子布置一个袋形地带，然后周浑元纵队由宁远经天堂圩向道县尾追，湘敌李云杰部和李韫珩部分别由嘉禾、临武、蓝山向宁远、江华、永明尾追，薛岳纵队继何键之后，也到达全州一带。他们企图利用湘江这一障碍，在全州、灌阳、兴安之间，给我以严重打击，这就是敌人所幻想的狂妄计划。

突破敌人最后的一道封锁线，确是长征作战中一个严重的战斗。中央政治局的指示，给我们以兴奋和一种巨大的鼓舞力量。紧张的心情又在每个战士的心弦上浮动起来。

为了控制道县，以拒止周纵队，掩护我主力集中，我第一师于十一月二十五日受领任务，在道县城河的西岸阻敌。虽然周纵队由白马偷渡，于翌日的午后四时即占道县，但经我有力的反击，三天之内，敌终不敢越雷池一步。因阻敌任务已胜利达成，我第一师于二十八日星夜出发，奉命赶赴全州作战，并以一天半的时间，日夜兼程到达了全州附近，突破最后封锁线的决战，从此便开始了。

---

① 作者时任红一军团一师政治部主任。

担任抗击全州敌人的为我第一、第二两师，第一师任左翼，第二师任右翼。头一天战斗，敌以全力向脚山铺猛攻，阵地被夺去。第二天拂晓，我反击敌人，失去的阵地一部分又被我夺回。以后敌三个师全部出击，在敌机六七架掩护下向我正面猛扑。我第三团在下坡田附近阻止敌人，与敌反复冲锋五六次，将敌之冲锋一一击退。敌见正面攻击不能奏效，遂转向我侧翼和后方迂回。此时我们部队，因连续四夜未睡觉，一天多的时间未吃饭，体力疲劳，未向敌出击。我阵地周围数十里都是浓密的森林，也看不到敌人的行动。右翼的枪声越响越近了，正面却显得异样的沉寂，我们判断敌人从右翼向我迂回了，不到多久的时间，便证实了这种判断的正确性，担任正面阻止的我第三团之两个营陷于包围了。一个营急忙从左边冲出，与我一、二团会合，即幸而脱险；另一个营是从右边冲出的，恰当敌之来路，队形便突然混乱起来，正在大家彷徨无助的时候，营长在人群中大声地说："同志们不要着急，我有把握，政治委员告诉了我，如有紧急情况，要我们向左边的大山靠……"我们的部队就各自遵照营长的指示行动，逃脱了敌人的包围，一部分被冲散的人们，经过了几天，也就相继归队了。

此时敌之主力回我左翼蜂拥而来，向我一、二两个团施行重重迂回，我一、二两团也就梯次轮番地施行掩护，有组织有秩序地退出战斗，到达磘［鹞］子江附近，即利用磘［鹞］子江隘口扼守。因被地形所限，敌人对我毫无办法，只得在隘口外面干干地望着。全州战斗至此便告结束。

全州战斗，是长征中一个剧烈的战斗，也是突破封锁线的最后一仗。全州战斗虽然没有给敌人以创巨痛深的打击，歼灭其有生力量，然而在非常困难的条件下，整个红军七八万人，从敌人重重的封锁中，从容不迫的通过了，这就又一次地证明了我们这支军队是无坚不摧的，是不能战胜的，任何敌人的追击、堵击、截击计划都是徒然无效的。全州战斗我们在战略上是完全胜利了。这一胜利，在长征历史上，永远不失其光辉的意义。它开展了胜利的前途，奠定了在云、贵、川活动和从此转入川西北的顺利条件。

（选自《中国工农红军第一方面军长征记》，人民出版社 1955 年版）

长征中的红一师（节录）

李聚奎[1]

部队通过嘉禾、兰山后，横在我们面前有两条由南向北流入洞庭湖的大江，一条是潇水，一条是湘江。两江相隔一百多华里。这时，蒋介石的嫡系薛岳、周浑元的几个师已尾追上来了。湖南何键的部队和广西李宗仁、白崇禧的部队，也从两边步步逼近。敌人企图合击我于潇水之滨。因此，先敌占领这一带的大渡口——道县，并迟滞追赶之敌成了当务之急。当时，军团首长把抢占道县的任务交给了红二师，把阻击追敌的任务交给我师。十一月二十二日，红二师四团，在团长耿飚、政委杨成武同志的率领下，以日行一百多里的速度，长途奔袭潇水岸边的道县获得成功。我师抵达潇水西岸后，立即展开部队，在四十里的正面上阻击敌人。当中央纵队从我师控制的地段渡过潇水后，军团首长命令我师继续向湘江前进。这时，我师的右边是红三军团的部队，左边是红五军团的部队。我先利用当地的长途电话线同五军团司令部联系，告诉他们我师要立即往前赶，请他们的部队向这里靠拢。电话中传来了五军团参谋长刘伯承同志的声音，他说："同志呀！你们的队伍现在不能走，我们的队伍还没有上来哩！"我又到驻在附近村子里的红三军团军团长彭德怀同志那里，向他报告了我们军团首长的命令和刘参谋长的指示。彭德怀同志听了我的报告后，就说："刘伯承同志的意见很对，潇水西岸不能给敌留下空隙，只有保住西岸，并给追来之敌以一个歼灭性的打击，才能使已经过河的中央纵队和部队更远地脱离敌人，放心前进。所以，你们师不但现在不能走，而且我们三军团的六师还要暂时归你指挥（当时六师师长曹德卿同志因病不能指挥）。

① 作者时任红一军团第一师师长。

至于一军团命令你们往前赶，由我同你们军团司令部联系说明。”我素来了解彭德怀同志的脾气，知道他决心一下，就不容更改，只好坚决执行。因此，除二团已随军团司令部向湘江前进外，我和一、三团继续留下防守潇水西岸。

十一月二十五日，我师大部分部队和三军团的六师一起在潇水西岸阻敌，敌人一次又一次向西岸冲来的渡船，被我们打沉了，一批又一批企图泅渡过河的部队，被我们消灭了。潇水成了敌人不能逾越的障碍，敌人只能望河兴叹，不敢越雷池一步。我们在潇水西岸迟滞追敌两天以后，撤出战斗，继续向西进发。

红一方面军从十月中旬离开中央苏区，到十一月中旬相继突破敌人设置的三道封锁线，随后又打击了敌人的追击部队，渡过了潇水。在这段时间内，总的来说，由于我红军广大指战员猛打猛冲，英勇善战，再加上敌人的地方军阀各有各的打算，貌合神离，我军进展还是比较顺利的。

可是，红军一向湘江挺进，立刻引起了敌人的极大恐慌，同时也暴露了我军的行动目标。于是蒋介石又调兵遣将，在湘江两岸纠集了二十个师的兵力，设置了第四道封锁线。当时敌人的部署是：前面，国民党中央军薛岳所部和湖南军阀何键所部，集中于零陵、东安、全州一带，沿湘江布防；广西军阀李宗仁、白崇禧所部，集中于兴安、灌阳一带布防；后面，国民党中央军周浑元的部队和湖南军阀李云杰的部队衔尾紧追。敌人企图利用湘江这一天然障碍，消灭我红军于湘江之滨。因此，湘江一仗，是红一方面军离开中央革命根据地后打得最艰苦、最激烈的一仗。

十一月二十八日，我师撤离潇水西岸，昼夜兼程赶到了全州附近的觉山（即脚山铺）地区。当时，桂系军阀李宗仁、白崇禧由于害怕红军南下深入广西，自动放弃了兴安、灌阳一带的防线，将兵力南移到富川、贺县、恭城一带，这就使中央纵队得以顺利地接近湘江东岸。但驻守全州之敌刘建绪部见我主力红军要渡湘江，就急红了眼，于是从全州倾巢出动，猛攻我觉山阵地。

觉山，北距全州三十来里，南离我军控制的湘江渡口五十多里，是敌人进入我军渡口的咽喉要地。我师到达觉山时，红二师已在这里同敌人血战了一天。因此，虽然我师部队长途行军，非常疲劳，但仍紧急动员，同红二师一起阻击从全州方面进攻的敌军。当天下午，阵地被敌夺去。第二天拂晓，我们组织反击，失去的阵地一部又被我军夺回。以后敌人三个师在六、七架敌机的掩护下，向我正面猛扑。我第三团在下坡田附近阻击敌人，先后击退敌人的五六次冲锋。第三天，敌人见正面进攻不能奏效，遂改变了战术，除继续加强正面进攻的兵力、火力，以压制我们外，还以大部队迂回我们整个阵地后方和侧翼。此时我们的部队，虽然连续四个晚上未睡眠，一天多时间未吃饭，身体极度疲劳，但仍同敌人争夺前沿阵地。不少阵地是在战士全部阵亡后，才被敌人夺去的。

觉山阻击战，由于敌众我寡，敌逸我劳，终为敌所破。但我军在非常困难的条件下，仍给敌以巨创，迟滞了敌人的截击，这对于掩护整个部队渡过湘江起到了作用。

在我们一军团于觉山与敌人血战的同时，三军团、五军团也在湘江东岸同追敌进行了五天五夜的激战。他们也都打得很艰苦，损失很大。

湘江一仗，虽然全军指战员为了党中央的安全，为了红军的生存，不怕牺牲，英勇苦战，最后突破了第四道封锁线，渡过了湘江，但却付出了极大的代价：一些部队拖垮了，一些部队打散了；重武器、印刷机、兵工机械，以及文件、钞票被扔进湘江里了；全军人员由出发时的八万多人，减为三万多人。

红一方面军渡过湘江后，广大指战员眼看部队损失严重，人员骤减，无不痛心疾首。那时我们的心情，正如刘伯承同志在他的《回顾长征》一文中所描写的：“广大干部眼看反五次‘围剿’以来，迭次失利，现在又几乎濒临绝境，与反四次‘围剿’以前的情况对比之下，逐渐觉悟到这是排斥了以毛泽东同志为代表的正确路线、贯彻了错误的路线所致，部队中明显地滋长了怀疑不满和积极要求改变领导的情绪。这种情绪，随着我军的失利，日益显著，湘江战役，达到了顶点。”

红一方面军一渡过湘江，蒋介石就觉察到我红军要到湘西去和红二、六军团会合的意图。于是他一方面调集刘建绪、薛岳两部主力十多万人，配置在湘西城步、绥宁、靖县、合同、武冈一带，布成一个大口袋，等着红军往里钻；一方面在我红军前进的道路上，构筑碉堡，设置新的封锁线，全力堵击红军北上。

与此同时，地处湘鄂川黔边的红二、六军团，为策应中央红军北进，在贺龙、任弼时、肖克、王震等同志的率领下，曾向敌人发动强大的攻势，并消灭了敌军两个师，占领了澧州，桃源，威胁常德。但因城步、武冈已被敌军占领，红一方面军同红二、六军团会合的道路被堵住了，要实现原来的计划已经成为不可能。

面对这种情况，王明“左”倾冒险主义者仍企图孤注一掷，把希望寄托在与红二、六军团的会合上。一方面继续电令贺龙、任弼时、肖克、王震同志由湖南常德地区向湘西北发展，一方面强令红一方面军北上，准备以疲惫之师去同数倍于我之敌决战。我军处境万分险恶。

那时毛泽东同志虽身处逆境，但仍时刻关注着党中央和红军的安全。他在随部队渡过湘江后，既目睹了我军在错误的军事路线指挥下，人员天天减少，部队处处挨打的被动局面，又获悉了蒋介石已在我军前进的道路上布下口袋、设下圈套的严重情况，深感我红一方面军若不改变战略方向，继续向北，就可能投入敌人的罗网，招来全军覆灭之灾。于是他在行军途中，今天找这个谈谈，明天和那个聊聊，不断和大家商讨当时的军事路线和进军的方向问题，从而逐渐形成了改道贵州的正确意见。

（选自中共中央党史资料征集委员会编:《中共党史资料》第十四辑，中共党史资料出版社 1985 年版）

血战湘江

杨成武[①]

我们把道州交给一师，继续向西挺进。十一月中旬，我们接到命令，要我们日夜兼程突破湘桂路，占领界首拦阻广西军阀夏威的一个军。

师首长向我们交代任务时指出：第四道封锁线，是敌人经过精心部署的最后一道封锁线。它利用波涛滚滚的湘江水作为一道天然障碍，沿江一侧修筑了一百多个碉堡。

在这道天然屏障面前，蒋介石调集了近四十万大军，拼凑了五路所谓“追剿军”。

这五路的阵容是：

第一路“追剿军”司令何键部刘建绪率四个师与第二路“追剿军”司令薛岳率一个纵队扼守全县，同时急调广西李宗仁、白崇禧部队集中在兴安、灌阳以北，形成一个钳形阵地。

第三路“追剿军”司令周浑元率一个纵队兼程从道县方向奔来，尾追红军。

第四路“追剿军”司令李云杰，第五路“追剿军”司令李韫珩率部分从嘉禾、临武、蓝山向宁远、江华、永明尾追。

不用说，刘建绪与薛岳担任了这出戏的主角。他们企图利用湘江这一天然障碍，前后夹击，把我红军主力消灭在全县、兴安、灌阳那么一个袋形地域里，为了给刘建绪、薛岳助威，蒋介石还特意派了不少飞机在空中飞来飞去，不停地轰炸、扫射。

白崇禧于十一月十六日就趾高气扬地宣称：“我们能在湘江以东地区把他们消灭。”

---

① 作者时任红一军团第二师第四团政治委员。

当时我红军的情况是：离开瑞金时的八九万红军，由于一个多月的连续行军、战斗，减员很大，加之，当时“左”倾机会主义错误，从五次反“围剿”单纯防御失败以后，仓促地进行战略转移，未能很好精简机构，队伍不精干，带着坛坛罐罐、笨重的物资，使部队行动迟缓。虽然，我们的指战员英勇善战，为了保卫党中央肯于牺牲一切，但是毕竟为部队机动灵活、主动出击、跳出包围圈增加了困难。

情势十分危急！我红军能否突破湘江，冲出敌人重围，这是生死存亡的一仗！

红四团参加湘江之战，是从界首阻击夏威开始的。

夏威是广西军阀部队的主力，他依仗武器精良，目中无人，不可一世，殊不知他刚踏进界首，就遭到早到一个小时预伏在那里的我们一顿猛揍，把他打了个全线崩溃，仓皇逃遁。我们正为初战胜利高兴的时候，又接到新的行动命令。

命令说：国民党何键部队先我红五团抢占了全州，五团在全州以南占领了脚山铺一线阵地，命令我团将界首阵地交给三军团四师，尔后连夜奔向脚山铺，和五团共同阻击向南之敌，掩护我军主力通过湘江和湘桂路。

经过一夜的急行军，天刚蒙蒙亮，按照师部的命令，我团赶到了脚山铺。我们发现，除五团在公路以东占领了阵地，一师一团也已在公路以西的西半部占领阵地。我们遵照命令进入了公路及其两侧的正面阵地，与一团、五团并肩战斗。正面的敌人是刘建绪的三个师。

这一天清晨，天气晴朗，银霜遍地，秋风萧瑟，寒意袭人，我们站在脚山铺上，察看了周围的地形。脚山铺，北距全州三十来华里，它紧靠公路边。南面，离我军控制的湘江渡口五十多里。一条公路与湘江平行走向，公路两侧是起伏不平的丘陵，有几座互相孤立的山岗子，比较难守。连绵起伏的丘陵地上，长着疏密不匀的松树。脚山铺是扼守这条公路的高地，是敌人进入湘江的咽喉要地。我们要守住的就是这条通道。如今公路旁稻田里的庄稼已经收割，但树叶还没有脱落；满山的松树和一簇簇的灌木丛，约有一人多深，刚好成了我们的天然隐蔽物。看样子，我们一定要在这片山岭上守住，否则，山后一片平川，无险可守。

天渐渐亮了。团长耿飚同志和我把部队布置好了。他近来由于一直发病打摆子，忽冷忽热，面庞清瘦，身体虚弱。这时，我劝他在后面稍作小憩，我到前面指挥。耿飚同志却说什么也不肯，带着病也要站在自己的指挥位置上。突然，传来了“嗡嗡”的飞机声。我抬头一看，嗬，真不少，少说有十来架。它们穿梭似地俯冲扫射，最后丢下一批炸弹，地上立时掀起冲天的烟尘，震得我们身子直晃。

一批飞走了，一批又来了，这种情况一直伴着整个战斗过程。接着，对面山上的大炮响了，友邻部队和我们的阵地，立刻弥漫在一片火海之中，树林被打得遍体鳞伤，枝叶横飞。

敌人在攻击以前进行炮击，这是常事，但是如此密集，如此猛烈，长征以来还不多见。耿飚同志和我站在阵地上，他指着灰土，诙谐地说：“看，这么轰隆隆一震，把我的烟瘾，也赶跑了！”

“看来是一场恶战！”我说。话音未落，敌人从正面压过来了。

“嗬，还真不少！”李英华参谋长操起短枪跃入指挥岗位。我仔细一看，可不，黑糊糊的一片，像蚂蚁似的，直朝山坡上涌来，几乎把山坡都盖满了。而我们，整个阵地还是一座沉默的大山。我们的弹药非常缺乏，缴获来的尖头子弹，全部集中给机枪使用，步枪则尽量使用自己的土造子弹。为了节省弹药，战前规定了各种枪的射击距离，现在，不管敌人怎样吼叫，我们还是沉着地等待着。

沉默，在沉默中，时间一分一分地悄然逝去。

沉默，在沉默中，敌人一步一步地向我们逼近。

沉默，对我们来说，是短暂的忍耐，出击前力量的积聚；可是，沉默对敌人，却是意外的侥幸；我们片刻的沉默，激起他们百倍的幻想，千倍的疯狂。原来，他们错误地认为，经过飞机轰炸，炮兵轰击，我们的有生力量存在不多了。于是号叫着，攻了过来，先是匍匐，然后是弯腰前进，最后干脆直起腰杆子冲过来，肆无忌惮地往上攀登。殊不知，我们沉默的枪膛里，都有一颗将置他们于死命的复仇的子弹。

草木纹丝不动，我们的心脏急促地跳动着，敌人完全进入了我们的射击距离。

“砰！”突然一声枪响。

随即，手榴弹、步枪一齐吼叫起来，重机枪“哒哒哒”地发出粗犷的声响，轻机枪也用清脆的响声加入了这场雄壮、激烈的大合唱。

敌人像被风暴摧折的高粱秆似的纷纷倒地，但是打退了一批，一批又冲上来，再打退一批，又一批冲上来，从远距离射击，到近距离射击，从射击到拼刺，烟尘滚滚，刀光闪闪，一片喊杀之声撼山动地。我们的短兵火力虽然猛烈，可是不能完全压倒数量上绝对优势的敌人（事后知道，我们对付的敌人，是何键的十六个团）。他们轮番冲锋，不给我们空隙，整整地激战了一天。敌人死伤无数，我们也减员很大。

夜幕降临了，这对激战的双方，都是短暂休整的机会。踏着清冷的月光，我和耿飚同志分别到各连看望战士。

阵地上静极了。只有秋风掠过树梢时发出的轻微的簌簌声，月色笼罩着灌木丛。松树林里，战斗了一天的战士，大家都已经睡了，有时还发出轻轻的鼾声。是的，长久以来的战斗生活，我们都习惯了。敌人攻上来，狠狠地打，敌人一退，便倒在工事里睡上一觉，好以饱满的精力，迎接敌人的下一次攻击。

有几个伤员没有睡着，辛勤的卫生员还在给他们上药，换纱布。他们大都是刀伤和手榴弹伤，头部与上肢受伤的较多，而且伤势都很重。他们不哭也不叫，见我过去或点头、或轻轻一笑，没有任何要求，没有任何怨言。突然，我的视线落在其中一个人的身上。

这不是小老表吗？虽然他头上用布缠着，但我还能认清他那胖鼓鼓的脸蛋儿。卫生员告诉我，他除了头上有伤之外，胸部和腹部还负了重伤。我用手电照着他那昏迷的脸，果然，脸像黄表纸一样，鼻孔里的气息也很微弱。我不觉一怔。的确他伤情太重，已经非常危险了。卫生人员正在作最后的抢救。

我弯着腰凑近他，摸了摸他那冰凉的手。

他感到有人摸他，微微睁开眼来，见到前面站的是我，轻轻一笑。

“小老表，怎么样？”我问。

他无力地摇摇头。然后打起精神，用手抓住我，几次翕动嘴唇想说话，但是终于没有说出声音来。

我们望着他，想尽量说些话安慰他，但是说什么好呢？

这时，他终于挣扎着用微微颤抖的喉音，一边喘息着一边说：“政治委员，往前走，打敌人，我——懂——了！”他的声音渐渐微弱，然后，从另一只手里递给我一颗子弹，说了声“打……”无力地昏过去了。

我一手握着他那递过来的还存留着他的体温的子弹，一手紧紧地握住他的手，说：“小老表，你还有什么话要说吗？”

他紧紧地闭上了双眼，再也没有说什么。我很少流眼泪，可是，这时我的泪水禁不住悄然而下。

红军战士，多么好的红军战士啊，为了无产阶级和人民大众的利益，为了祖国和民族的前途，英勇无畏地献出了自己的一切，直到他生命的最后一刻，他想到的都不是自己，而是他信仰的革命事业。他的平凡而崇高的形象，至今仍留在我的记忆中。

我和团长回到指挥位置上，心情焦急地向右后方望去。漆黑的夜，什么也看不见，唯有遥远天空中缀着几点寒星。可是，在这墨染一般的夜色中，中央纵队和红军大部队正在绍水和界首日夜不停地抢渡湘江，跨越湘桂公路。而敌人则妄想扑向渡河点，封死湘江，切断湘桂路，实现他们在湘江两岸和湘江与潇水之间彻底消灭我红军的计划。我们决不能叫敌人得逞！想到这里，我们立即通知各营，加强战前的准备工作。

随着太阳升起，我们迎来了又一个激战的黎明。

拂晓，我们正在战壕里吃饭，突然，传来了敌人的炮声。原来，敌人用了整整一天时间，攻不下我们的阵地，第二天，准备以更优势的兵力再次发起进攻。显然，他们改变了战术，不仅从正面加强了兵力，火力，轮番猛攻，并以大部队迂回我们整个阵地的侧翼，特别是用重兵向五团阵地施加压力。

战斗越来越激烈，情况越来越严重，前沿的几个小山头丢失了。我们知道，这不是由于我们的战士不勇敢，有的小山头是我们的战士全部阵亡之后，才落到敌人手里的。

敌人的后续部队源源开来，他们企图加强实力，攻占脚山铺，封锁湘江。

伤亡在增多，一个个的伤员从我们的面前抬过去。

经过激烈的战斗，传来消息，五团右翼阵地被敌占领。接着，右翼阵地的敌人，便集中主要兵力往我们四团压来，向我们背后迂回。敌人从三面进攻过来，黑压压的一片，我们团的阵地处在万分危急之中。这时，陈光师长从阵地上传来命令，要四团转移阵地，以运动防御的手段，迟滞敌人的前进，好争取更多的时间。

我们开始边打边撤，尽量地阻挠、迟滞敌人，争取时间。

敌人继续疯狂进攻，最后完全占领了脚山铺。

我们沿着与湘江平行的湘桂公路往南边转移。

这时，后面不断传来情况：

红星纵队（即我中央纵队）正在接近湘江。

红星纵队已经渡过湘江，接近湘桂路。

红星纵队大部越过湘桂路。

几乎每一个消息，都要求我们坚持战斗，把敌人拖住。我们每一个指战员，都深深懂得此时此刻，每拖一分钟都有着极其重大的意义。

我们边战边退，敌人死命猛追，加上天上的飞机轰炸，我们每走一步，几乎都要付出血的代价。但是，为了保卫党中央，谁都没有怨言和胆怯。

我们主要的任务，是挡住敌人从公路上压过来的猛烈攻势。一营在公路左边，二营在公路右边，三营在一营阵地之后。

我本来在路右边指挥，但见一营渐渐不支，与敌人打起了交手仗，便想组织二营火力支援一营。这样我就从公路左侧横越公路，不料刚刚到路中央，一颗子弹飞来，打中了我的右腿膝下。这时，血流不止，我倒在公路上，根本不能走了。

通信排的一个战士想来救我，但刚上路边，便负了伤。

这时，敌人离我很近，一窝蜂似的向我拥来。他们疯狂地喊着："抓活的！抓活的！"

五团五连指导员陈坊仁同志带了几个战士，刚好从东边撤下来，见此情景，便奋不顾身地阻击敌人，掩护我。

我团二营副营长兼六连连长黄霖（黄古文）同志这时也带着一个班拼命向敌人射击，同时派出三名同志向我靠拢。

头一个战士跨上公路，中弹倒下了。

第二个战士还没靠上公路，又负了伤。

看着战友们为抢救我，连续流血牺牲，心里非常难过，我一边挥着手，叫黄霖同志不要上来，一边挣扎着向我方爬。

我心想：不能叫同志们再为我流血牺牲了。

可是，黄霖同志毫不迟疑，低姿匍匐着向我爬了过来。

他接近了公路，一梭子子弹打在他的前后左右，溅起一团尘埃。

但他毫不犹豫，还是冒着弹雨朝我这里爬着。

他爬上了公路。

他猛地抓住我的一只胳膊，把我向外拖着。

当他把我拖出公路时，他已两眼血红。他把我交给了我的警卫员小白，便抱起机枪，和陈坊仁一起向敌人扫射。复仇的子弹，暂时把敌人压在右前方树林旁的土坎后面。

我问黄霖同志："团长在什么地方？叫团长不要管我。你们按照团长的指挥办！"

黄霖喊着："政委快走！快走！小白，把政委架走！"警卫员白玉林和团部书记匡汉谋一左一右地架着我，顺着公路边起伏的丘陵地，向后撤。我的两条腿，在地上拖着。好在这一带地形起伏不平，又有零星松树和坟包，可以凭借地形地物避开敌人火力。警卫员小白由于是个中等身材，架着我非常吃力，呼哧呼哧直喘气。

小白是江西于都人，福建事变时，我们进军福建，支援福建人民政府，住在将乐县城，他是那时经过挑选给我当警卫员的。这小鬼话不多，却非常机灵，每到宿营地，他就悄悄地找一块门板，几块石头或砖头，给我和耿飚同志架好铺位，把我们包着两件衣服的小包袱放在一头，在下面垫两块砖，算是枕头。一会儿，他又端来一盆热水，叫我烫脚。我和团长研究工作时，他悄悄地跑到政治处，看打土豪没收了什么东西，有没有可以改善伙食的，碰上杀猪了，就要猪腰子或一叶猪肝给我们吃。几乎每打一仗下来，到了一地，他总是要千方百计买几个鸡蛋，做给我们吃。平时，我们只觉得这小鬼伶俐可爱，想不到在战场上，他简直是一头勇敢的狮子。

他和匡汉谋同志一气拖了我四五里路，突然遇到了担架兵。小白向他们喊了一声："担架兵！"

正在走着的担架兵站住了，见有伤员，便问道："你们是哪个团的？"

小白说："四团的。给我抬上！"

那些担架兵一听不是自己团的，忙说："我们是五团的，另有任务。"

小白一下子火了，用手往腰里一插道："不抬？不抬，我枪毙你！"

匡汉谋同志站在一旁指着我，对他们说："这是我们的团政委！"

担架兵迟疑了一下，过来看看，说：“是杨政委，快抬上！快走！”

原来我过去在十一师工作很久，他们都认识我。说实在话，眼下对这几位五团担架兵的心情，我是理解的。五团阵地首先被敌人突破，他们政委易荡平同志身负重伤无法抢下来，为了不让蜂拥而上的敌人抓去当俘虏，掏出枪给自己补了一枪，壮烈牺牲了。这样的恶仗，干部、战士伤亡很大。现在剩下的同志，又正和四团、五团一起，艰苦地战斗着，迟滞敌人，每一分钟都在流血。在这样的情况下，我上了担架，心里是非常不安的。

担架往后抬，敌人还在继续追击，飞机还在轰炸，我们很快钻进了绵密的松林里。

战友情，伤口痛，这当然触动着衷肠。但我一想起在这个严重关头，在我们中央红军生死存亡的关头，我负了重伤，离开战斗岗位，心里就更加难受。所赖者，耿飚同志有丰富的指挥经验。可是，眼下他正患着疟疾，这个病魔已经缠他很久了。我怎能不惦念着四团的战友呢？

（选自杨成武著：《忆长征》，解放军文艺出版社 1982 年版）

把敌人挡在湘水面前

李天佑[①]

一九四九年十一月底，我在北京参加了中国人民政治协商会议第一届第一次会议，参加了中华人民共和国开国大典以后，赶到广西去，参加解放全广西的战役。这天，本来想赶到兴安宿营的，但车子来不及，便在临江的一个镇子上停下来。我向老板打听这是什么地方，老板回答说："界首。"

啊！界首！这是多么熟悉的地方呀！恰巧是在十五年以前，我们曾经在这一带进行过艰苦的战斗，粉碎了敌人企图全歼我中央红军的阴谋，撕开了敌人苦心布置的第四道封锁线。我们掩埋了烈士的尸体，告别了伤残的战友，就在这个镇子西头的渡口上，踏着用美孚油桶搭成的浮桥，跨过湘江，继续走上长征的道路。

当晚，我立即找到几位年长的老乡，谈起了当年。这些老乡们还清楚地记得那时红军战斗、渡江的情景。这时，正是刚刚进行了衡宝战役和解放桂林以后。我们一道从今天的胜利谈到过去的日子。一位老人很有风趣地说："当年反动派中央军、广西军几十万人围着你们打，也没有消灭你们；现在，你们一下子消灭了他们，打到他们老窝去了。"

是的，经过长年的艰苦斗争，我们胜利了。

这一夜，我躺在床上久久不能入睡。这偶然的历史的巧合，把我又带回到了当年掩护党中央渡湘江的战场上。

一九三四年十一月末，长征中的中央红军，在突破敌人的第三道封锁线以后，正以急行军的速度向湘水兼程前进，因为敌人早已发现了我军西进的意图，利用湘江这条天然障碍，构成了第四道封

---

① 作者时任红三军团第五师师长。

锁线；左右有桂敌湘敌夹击，后有五次“围攻”中的中央军主力和广东军队的尾击，企图在全州、兴安、灌阳之间一举消灭我们。情势是十分危急的，我们必须打过江去！

行至文市附近，部队经过半日休息之后，正准备继续前进，译电员走过来，递给我一封电报。电报是军团发来的，命令我们师的十四、十五两团（十三团调归军团直接指挥），立即行动，赶赴灌阳的新圩附近，阻击广西军，保证整个野战军的左翼安全，掩护中央机关纵队过江。电文的语句像钢铁铸成的：“不惜一切代价，全力坚持三天至四天！”

任务是艰巨的。就在道旁，我打开了地图，借着手电的亮光找到了阻击位置，当即向部队下达了命令：部队行进方向转向西南，以急行军向新圩前进。

下午四点多钟，我们赶到了预定的地点。显然敌人是掉队了，我们比敌人先到达了这里。派出了侦察、警戒以后，我和师政治委员钟赤兵同志、参谋长胡震同志及两个团的指挥员、政治委员来到原定阵地上。这里，离湘江有七八十里路。一条通往灌阳的公路正在我们面前通过，这是敌人进逼江岸的必经之路。公路两侧则是一片连绵的丘陵地带，紧紧地扼住公路的道口。时间已是深秋了，公路两侧稻田里的庄稼已经收割，但树叶还没有脱落；满山的松树和簇簇的灌木丛，约有一人深，刚好成了隐蔽部队的场所。但是这个地形也告诉我们：一定要在这片山岭上守住，否则，过去背后的新圩直到江岸，就是一片大平川，无险可守了。我们把部队布置一下：十五团在左翼，十四团在右翼，师的指挥所就在离前沿二三里路的地方。还有临时归我师指挥的、武亭同志带领的军委“红星”炮兵营，也配置了适当的地方。

刚刚布置好，侦察员带来了报告，敌人是广西军队第七军的两个师，由夏威率领，离这里已经不远了。以现有的两个团来对付敌人的两个师，兵力的悬殊是很明显的。而且，我们的部队经过一个多月的长途连续行军，部队减员很大，也很疲劳，更重要的是，从这里到新圩只有十二三里路，又没有工事，在这样的情况下，估计坚持两三天有把握，四天就有困难了。但是部队的情绪还是高涨的，我和师政治委员十分信赖我们的战士们，为了打击敌人，为了党中央和兄弟部队的安全，他们会做出奇迹来的。

我把我的想法告诉了参谋长胡震同志，他正对着地图出神，显然也是想着同样的问题。听了我的话，他把拳头往桌子上一砸："让他们来吧，只要有一个人，就不让敌人到新圩！"

他的信心也有力地感染了我。我们一道给军团首长起草了一份电报：保证完成任务！

一切准备就绪，敌人也赶到了。敌人的企图是十分明显的，他们正沿着大路急进，要想快些赶到新圩，来控制我们渡河进路的左翼。但是却被我们这只铁拳迎头挡住了。

战斗一开始，就十分激烈。敌人在猛烈的炮火、机枪掩护下，向我们前沿阵地猛扑。我走出指挥所，站在一个山头上向前沿阵地观察。指挥所离前沿不过三里路，在望远镜里一切都清清楚楚，敌人的排炮向我们前沿猛击。一时，卧在临时工事里的战士们全被烟尘遮住，看不见了。敌人整营整连暴露地向前沿冲击，越走越近。但是我们的前沿还是沉寂着，仿佛部队被敌人的炮火杀伤完了。但是，当敌人前进到离我们只有几十公尺时，突然腾起了一阵烟雾——我们成排的手榴弹在敌群中爆炸了。战士们就像从土里钻出来似的，追着溃退下去的敌人的屁股射击。"红星"炮兵营的炮弹也在敌群中炸开来。敌人的冲击垮下去了。这个情景使我想到不久以前我们师所进行的高虎垴战斗。那时，我们的战士们也是这样杀伤敌人的。从敌人溃退的情况来看，我们给敌人的杀伤是不小的。但是，因为我们没有工事，在敌人的炮火和机枪扫射下，我们也付出了相当的代价。

第一天在连续不断的战斗中过去了，从第二天拂晓起，战斗更加激烈，敌人加强了兵力、火力，轮番冲击，并以小部队迂回我们。

情况越来越紧张。前沿的几个小山头丢失了。我知道，这不是由于我们的战士不勇敢，有的山头是全部战士伤亡之后才被敌人占领的。

伤亡增多了，一列列的伤员从我们身旁抬到后面去。

十四团报告：团政治委员负了伤。

十五团参谋长何德全同志来电话：团长、政治委员负伤，三个营长两个牺牲，全团伤亡约五百人。

团、营指挥员有这样多的伤亡，部队的伤亡是可以想见的。而在当时各团人数并不充实的情况下，一个团伤亡五六百人，也说明我们付出的代价实在不小。但是，尽管如此，我们的部队还在顽强地坚持着。

这样，军团的电报不断传来后面的情况：

“‘红星’纵队正在向江边前进。”

“‘红星’纵队已接近江边。”

“‘红星’纵队先头已开始渡江。”

几乎每一通电报都要求我们“继续坚持”。我知道，我们的任务是繁重的，稍有不慎，让敌人进到新圩，那后果就不堪设想了，但我也深深地感觉到：我们的后方机关是太庞大了，从五次反“围剿”防御失败以后，仓促地转入长征，又不好好地精简组织，坛坛罐罐什么都带上，使得我们的行动迟缓，有些能够摆脱的形势也摆脱不了，不能主动歼敌不说，现在还不得不付出更大的代价来掩护这庞大的机构转移，我不由得暗自希望中央纵队走快一些——他们走快一步，这里就减少一点伤亡。

我和钟政委简单地交换了一下意见，走到参谋长身边，告诉了他各团的情况：“十五团团长白志文牺牲了，政治委员罗元发负伤了。”我说：“你去负责，去组织他们顶住，在黄昏以前，一个阵地也不能失掉！”

他严肃地点点头，没有说什么。我知道，在这种严重情况下没有什么好说的。

我接着抓起电话找十四团的黄冕昌团长，我要他适当收缩一下兵力，把团的指挥所转移到我们师指挥所位置上来。

敌人的机枪、炮火已经打到师指挥所旁边来了。黄团长冒着弹雨来到我这里，他刚来到，十五团就来了电话，他们报告，师参谋长胡震同志牺牲了。他是在刚才反击敌人的一次攻击中指挥战斗时牺牲的。

我手捏着电话机愣了好大一会，我几乎不能相信这是真的。才这么短的时间，他就牺牲了。胡震同志到这师里还不久，但我们相识却很久了，早在瑞金红校学习时，我们就在一起。他年青、勇敢，指挥上也有一套办法。但是，永远不能再见到他了。

我硬压住自己痛苦的心情，把这个不幸的消息告诉钟政委，也告诉了黄团长。接着，向他谈了谈中央纵队渡江的情况，并严肃地交代他："无论如何不能后退。"说到这里，我不由得想起战斗开始时，胡震同志用那响亮的湖南口音说过的话，我重复了它一句："只要有一个人，就不让敌人到新圩！"

可是，当我刚刚到达新的师指挥所时，又接到了报告，黄冕昌同志也牺牲了。

这时已是下午，我们已整整抗击了两天，中央纵队还在过江。现在两个团的团长、政治委员都已牺牲或负伤了，营连指挥员也剩得不多了，负伤的战士们还不断地被抬下来。但是，我们是红军，是打不散、攻不垮的。我们的战士们在"保卫党中央"这个铁的意志下团结得更紧，伤亡的指挥员有人自动代理了，带伤坚持战斗的同志们越来越多……我们以拼死的战斗，坚持着第三天更险恶的局面，阵地仍然是我们的。敌人被搁在这几平方里的山头前面，不能前进！

下午四点多钟，接到了军团的电报：中央纵队已突过了湘江，正向龙胜前进，我们的阻击任务已经完成，军团命令我们把防务移交给六师，部队迅速过江。

我把来电仔细地看了两遍。我轻轻地吐出了一口气，紧紧握住钟政委的手：“好，中央纵队总算安全地渡过江去了，我们的任务完成了！”

我一面等待着六师的到来，一面向部队发出了准备撤退的命令。

事情已经过了许多年，仍然不能磨灭我对于这次战斗的深刻印象：无论敌人何等的凶恶、强大，要想消灭革命的武装力量——中国工农红军是不可能的。我也不能忘记“左”倾分子在军事指挥上所犯的错误，由于他们惊惶失措的逃跑主义，在这样大的战略转移中，不能主动灵活地歼灭敌人，行动迟缓，只以消极的防御作战来被动应付，致使我们付出了这样大的代价。我更不能忘记那些为了红军的生存，为了革命胜利而牺牲的烈士们。他们以自己的胸膛阻击敌人，保存了革命的力量。

烈士们永垂不朽！

（选自《红旗飘飘》第三辑，中国青年出版社1957年版）

万里征途（节录）

王平[①]

红军突破了敌军三道封锁线，蒋介石十分焦急，急忙成立“追剿军”总司令部，企图在湘江以东围歼红军。

湘江江宽水急，由南向北流经湖南全省，注入洞庭湖。湘江是敌人“追剿”红军必然利用的天然屏障，也是红军西进必越的障碍。蒋介石的“追剿军”总司令官何键，部署十六个师的兵力负责“追剿”红军，以五个师的兵力的前边堵截，在湘江东岸利用地形修筑了一百多个大小碉堡，设置第四道封锁线。但是敌军阵营中派系斗争严重，尔虞我诈，互相掣肘，部队集中并不很快。红军要免遭大的伤亡，必须抓紧时间，在敌人形成封锁线之前抢渡湘江。

红军越往前走，形势越险恶。当红三军团走到宁远附近的天堂圩时，上级命令我们红十一团单独向宁远方向牵制敌人。宁远方向粤军余汉谋的部队番号是第四师，我们也是第四师，相隔只有八里地，但是互相都没有发觉。一天夜里，我们的电话兵把电话接到敌人的电话线上，互相一通话，都自称是第四师，才发现敌人已经上来了。敌人是一个师，我们是一个团，只好停止前进监视敌人。这时师部一个参谋骑着师长的马赶来，通知我们马上转回去，要在四十里外的一座山上围歼敌人。

我们经过一夜急行军，在天亮前赶到指定地点，那天起了浓雾，朦朦胧胧看到两边山上有人活动，那个参谋说这边是红十团，那边是红十二团，他们已经进入预定阵地了。可是，山上响起号音，司号长一听，觉得不对头，告诉我山上是敌人。我立即命令部队停止行动，压低一切声响，暂时隐蔽起来。

---

① 作者时任红三军团第四师第十一团政治委员。

原来是军团突然改变了计划，决定这一仗不打了，主力已经撤离。这样我团正处在两个山头之间，陷于非常危险的境地。山上的敌人也发现山沟里有人，但在雾里看不清楚，他们先打了几枪。我们灵机一动，向他们喊话，骂他们瞎眼了。因为都是南方口音，敌人以为是自己人也就不打枪了。这一带是邓国清团长的家乡。部队到这里以后，他思想有点动摇，突然病倒了，我找担架把他抬上，让特派员陪着他，叫他们先走。然后下令部队迅速撤走。刚走出山外，正巧遇着师部的通信员，他传达了张师长的命令，让我们赶快向南撤。红十二团团长谢嵩带着一个营，在前边迎接我们团，掩护我团全部通过以后，他们跟着撤走。我们和师部会合以后，我把邓团长的思想情况向师里作了汇报。

红三军团占领道县、江华，渡过潇水，准备在广西全州、兴安之间抢渡湘江。红四师奉命归红一军团指挥，进击全州。敌薛岳纵队和湘军共三个师先于红军赶到全州，并已经构筑了工事，当红一军团第一、第二师赶到全州后，敌人在飞机和炮火掩护下全线出击，被红一军团一一击退。一军团感到在全州坚持下去对我不利，便撤出战斗。

红四师主力随一军团在全州和灌阳[1]之间的界首渡口强渡湘江。过湘江西岸以后，红十一团奉命轻装向桂林方向佯攻。师部指挥红十团在湘江西岸的光华铺阻击白崇禧部队的侧击，掩护红军主力和中央纵队、军委纵队通过。白崇禧部队以数倍于红十团的兵力，向红十团阵地连续发起冲锋，在一日之内，团长沈述清牺牲，师参谋长杜宗美接任团长又牺牲，可见战斗激烈之程度。红十团政委杨勇指挥部队苦战两天两夜，完成了控制界首以南渡口，掩护军委纵队和红九军团渡过湘江，突破敌第四道封锁线的任务。这一仗红十团伤亡四百多人。红十一团完成佯攻任务后随师行动。

---

① 灌阳应为兴安之误。

红三军团率五师和六师向灌阳方向攻击，红五师在新圩以两个团阻击敌人三个师，他们坚决执行中革军委“不惜一切代价，全力坚持三天四夜”的命令，与敌人拼搏，与阵地共存亡。红五师伤亡两千多人，师参谋长胡震牺牲，红十四团除政委谢振华外，其余团的干部都英勇牺牲。中央纵队和主力过江以后，红五师才撤出战斗，向西转移。阻击任务交给红六师。红六师十八团担任掩护红八军团渡江的任务。三军团从湘江上游灵渠分洪处过江。红十八团与敌两个师又一个团浴血奋战几昼夜，终于完成了任务。全团指战员大部壮烈牺牲。

担任后卫最后掩护部队，除十八团外，还有红五军团三十四师，他们在湘江以东阻击敌周浑元的三个师和白崇禧的三个师，最后被敌人隔断包围未能过江，全师战至弹尽粮绝，大部壮烈牺牲。师政委程翠林战死，师长陈树湘受重伤后被俘，在押解途中，他自己用手从腹部伤口把肠子拉断，英勇献身。

红军各部队冲破数倍于己的敌人的尾追堵截，胜利渡过湘江，靠的是各军团的正确领导和各师团指挥员的正确指挥，广大指战员的英勇顽强不怕牺牲，否则是难以想象的。

渡过湘江以后，中央红军已从长征开始时的八万六千余人，锐减为三万余人。这是“左”倾军事路线造成的恶果。沉痛的教训，引起了红军广大指战员对中央错误领导的不满，部队中要求改换中央领导的议论逐渐增多。

过了湘江以后，红四师回到了军团。

此时，蒋介石的“追剿军”十五个师分驻湘西南，黔军王家烈部进至黔湘边，湘、桂军各一部继续尾追红军，企图把红军围歼于西进湘西的路上。情况十分紧急。根据上级命令，红三军团继续西行，我红十一团为前卫，一天走一百二十里路，也没有掉队的。杨尚昆政委对彭德怀军团长说：“十一团是飞毛腿，他们当前卫后边部队非得累趴下不可。”在资源的两河口，我们和白崇禧的部队遭遇，打了两天，好不容易才摆脱敌人。

部队进到五岭山脉之一的越城岭，当地叫老山界，这里山势陡峭，重峦叠嶂，峰高沟深，林木繁茂，地形很复杂。这是长征以来红军翻越的第一座大山。白崇禧的部队都是本地的老兵，他们熟悉地形，常以班排为单位分散在山上侧击我们，很难对付。我们团的卫生队、伙夫担子在佯攻桂林时，一直跟着师部走，这时损失很大。

这时候，敌人已占领城步、武冈，堵住了中央红军北上与红二、六军团会合的道路。中央红军改变计划，按照毛泽东的主张，沿着西延山脉的龙胜苗山区进入敌人力量薄弱的贵州。

苗山是苗族聚居地域，山上是原始森林。苗族人民以木板搭房，房顶用树皮覆盖，房子互相连接，从山脚一直盖到山顶。这种房子，一旦失火，就会全部烧毁。因此，进入苗山区以后，我们特别注意教育部队防火，尤其晚上打着火把行军时，更要小心。头几天行军宿营没有发生问题。

军团规定在苗山区宿营，指挥机关不准住村子中央。一天，我们在一个村子宿营，团部住在村子边，晚上突然有人高喊救火，我赶快跑出屋指挥部队救火。指战员们拿着脸盆和木桶到山边水池里盛水救火，但是无济于事。晚上山风很大，风助火势，烈焰冲天，满天通红，大火蔓延很快，不到一个钟头几百家木屋大部化为灰烬。黄克诚政委跑得匆忙，把眼镜丢在屋里烧了。第二天，我见到他，他着急地说：“糟糕，糟糕，没有眼镜可怎么办？！”中午军团部路过，袁国平主任有两副眼镜，给了他一副凑合着用。这场大火赔了老百姓几千块大洋，据说后来捉到了一个纵火犯。桂军在红军可能经过的地方，事先派了不少人，一旦红军来到，他们就破坏红军与老百姓的关系。这个纵火犯就是桂军派来专门从事破坏活动的。

在这一带山里，流传着这样一个顺口溜：“你我两山站，彼此能见面，说话不用喊，都能听得见，要想拉拉手，就得走半天。”不懂得这里的地形特点，行军打仗就要吃亏误事。有一天，上级通知我们团在第二天拂晓到师部集合一起走。师部就住在山沟那边，望得见，也听得到号音，所以我不着急，起床晚了些。谁知一走出去，山沟很深，道路很窄，弯来弯去，部队头尾相距七八里，但还能互相说话，这样一来走的时间就长了。师部等不及我们，就先走了。后面山脚下敌人又追上来了，隔着沟向我们打枪，我督促部队跑步上山，迅速脱离敌人。这次差一点吃个大亏。

红军在广西境内走了十多天，搞得很紧张，直到进入湘西通道县境，才摆脱了广西部队的纠缠。随后，红军突破了黔军防线，进到贵州播阳、洪州司以西地域，红一军团攻占黎平，红九军团攻占老锦屏。

（选自《王平回忆录》，解放军出版社 1992 年版）

从第五次反“围剿”到遵义会议（节录）

陈伯钧[①]

严格地说，长征是没有什么准备的。按照教条主义者的想法认为是有一点准备的，如长征以前八月七日派六军团（弼时同志带着）从湘赣苏区遂川县横石地区出发，到湖南、贵州与贺龙同志会合，建立湘鄂川根据地。事实上这就是一个先遣部队，利用在与贺龙同志会合的过程中勘察一些路线，搜集些情况，供给些资料，以便中央主力红军长征。此外，长征前也补充了一些新兵，动员了一些人等。长征开始准备由中央苏区撤出，与二、六军团会合，但是结果没有做到，因为有几项最基本的工作没有搞。

首先，在政治上没有准备。在准备工作中没有政治动员，行动完全是秘密的，可以说是军事上的被迫。党内党外都没有深入动员，行动计划只传达到师一级的干部。那时五军团是由陈云同志（五军团的中央代表）受中央的委托给我们传达的。那样大的行动，没有政治动员就是最大的错误，就没有了精神准备，官兵的积极性就没有办法发挥到最高度，一遇到困难就不但不能克服，反而会产生各种各样的倾向。如果早就作了政治动员，各种倾向就会防止和容易纠正。

其次，在军事上准备也极端不够，必要的训练、休息、补充等工作都没有好好地搞。第五次反“围剿”时，我们就是光搞阵地战，不搞运动战，也不打遭遇战。没有运动、进攻、遭遇、抢隘口、抢河川、突破等必要的训练准备。主力也没有得到好好的休息。一九三四年十月十日退出兴国，十月十七日就走了。在补充工作上，本应该补充主力，但相反的却成立了新的兵团。主力师是四五千人，而教导

---

① 作者时任红五军团第十三师师长。

师也是五千多人，还有几个新兵团。八军团、九军团都是新的番号，除了第三师以外，其他的二十一、二十二、二十三师都是新成立的，不是老部队扩大起来的，干部大都是红军学校的学生，因而战斗力比较软弱。如果一个老的团扩大成为两个团，那就不同了。为什么新的部队战斗力弱呢？就是因为新的部队还没有经过很好锻炼和没有一个历史的传统作风，因而他们走路、吃饭都成问题，更不要说别的了。在大庾北稳下村时，广东敌人出来一个营，就把我们教导师的一个团打散了，跑得两面山上都是。后来八军团在贵州整编时，只剩下一千二百人，编了一个团给我们。所以，虽然组织了很多新的兵团，但作用并不很大，只有一个作用就是搭起了一个架子。走起路来，一、三军团为左右先锋，八、九军团打接应，后面由五军团担任掩护，中央军委直属队在中间，"坐的'五个人'抬的'轿子'"，搭的架子很大，但没有发挥主力的最大作用，新的部队也没有起到作用。

长征时不仅是基本准备工作没有做，而且对敌人的估计也是十分错误的。当时领导上为什么敢于采取这样的方法？就是因为误认西南（广西、贵州、湖南）的敌人装备差，而没有估计到西南敌人的战斗力是很强的。教条主义者在中央苏区作战时，由于遭受到严重的失败，把当面敌人的战斗力夸大了，害怕蒋介石，却轻视西南的部队。这种估计完全是错误的。长征的实践证明：蒋介石的部队倒还好打，红军和他们是老对手了，只要被我一包围，他们就集合缴枪；而西南的部队却不好打，有时费了很大的力气也搞不到他们的人和枪。他们也采取游击、袭击的办法搞我们。

由于以上的原因，所以长征开始是搬家式的，以后是退却逃跑式的，不是积极的战略转移。那时不但不把各主力部队扩大，反而把直属队扩大，每一个军团成立后方部，有的有一千副担子，有的有八百副担子，我们的军团就有一千副担子，什么东西都挑上。军委纵队更吓人，约三万人的庞大机关，还要部队掩护。供给部、卫生部人很多，连一个石印机都要带上。野战医院还以为就在附近苏区打仗，所以就连屎盆、尿盆都带上了。

当时整个部队连新兵、老兵、民夫、担架队加在一起，有七八万人，其中战斗部队加上直属队还不到一半。这样就没有办法打仗，结果所有的战斗部队都成了掩护部队，一碰到敌人，也不想办法去积极进攻，只是打掩护，只是跑。跑也应该跑得快，在战术上必须脱离敌人，跑到有利的地方，占领阵地，抵御敌人，但没有做到。战略上也要走得痛快，但也没有作到。那时候，如果平均一天走五十里路就可以抢到敌人前面了。因为我们从古陂圩突围的时候，敌人有一个错觉，以为我们会从赣江左岸打吉安，所以周、薛纵队赶快从苏区撤出来，在吉安、永新一直到井冈山一线布了防，并且等了一个礼拜。以后他们发现我们到了湖南，知道不是打吉安，才又把队伍集合起来追我们。如果我们那时一天走五十里路，就能走在敌人前面了。照例说，战役应该选择道路，控制要点，压迫敌人在不利的道路上，我们在有利的道路上。可是恰恰相反，我们在长征中走的是山路小道，敌人走的是大马路。我们沿着五岭山脉在大庾岭、骑田岭、越城岭上转来转去，走得很不痛快，而且是夜行军，一下雨路就相当滑，加上好多笨重的行李，就更困难。曾经有这样的事：一个夜晚从小山这边翻到小山那边，总共不到十里路，坐一下，走两步，行动就是这样迟缓。敌人走大路，我们走小路；敌人走得快，我们走得慢，所以丧失了很多机会，结果敌人就跑到了我们的前面。长征开始是摆起架子搬家，但碰到敌人一打就拼命退却逃跑。口头上天天喊“备战”，实际上天天在“避战”，敌人来了打一下，赶快转移，而不想办法消灭敌人。这样的方式，毛主席形容为“叫花子打狗，一边打一边走”。叫花子一边走，一边打狗，狗咬不着就行了，也不准备把狗打死。

长征的时候，前面先锋部队虽然打得好，但是后面走不动，前面打到一个地方就要守起来等，等后面部队到了再走。因为走不动，所以丧失了很多有利的机会，完全处于被动、处于消极逃跑的情况，而不是积极的战斗的战略转移。如果是积极的战斗的战略转移，首先就可以在湘南停下来。湘南过去搞过暴动，以后二十九团的人又回去过一些。在湘南过路时，有一个黄茅山，山上还有游击队。如果我们在那里停下来，把伤病员和拿不动的东西给他们，打一下周、薛纵队可不可以？完全可以。但是没有采取这个办法。在湘南不停，继续走。一过湘江、漓水，那时就很恼火了：广西敌人来了，湘南敌人也来了，周、薛纵队又追来了。这时一军团在全州，打了一个礼拜，三军团在灌阳、兴安打了一个礼拜，完全是掩护战斗，消耗很大。过湘江的时候很危险，几个军团的队伍都搞乱了，有的在全州附近打得很苦，有的没有赶上，中间的赶上了又走不动，后面的敌人又打来了。五军团十三师在没有到湘江的时候。在灌阳以北的隔壁山就被敌人切断了。后面文市的敌人又追上来，我们在夹击中打了一天，才掩护八军团渡过江来，但是五军团的三十四师被丢掉了。我们转移的时候，军团部参谋长刘伯承同志派了一个科长来找我们，带来陈云同志写的信，说这是紧急关头，关系中国革命的命运，希望你们下最大的决心，赶快拉过湘江。那时拉过多少就是多少，拉不过去就丢掉了。过了湘江以后，有一个命令：各军团自己收容部队，不管哪个部队的，都收容起来编在自己的军团里。当时就搞得那么紧张、狼狈。这也是教条主义者军事上指挥错误、路线错误的总暴露。

在长征这一阶段，过了几个要害的地方，一个是过湘南，一个是过湘江。由于没有远大的战略眼光，没有高明的战役指导，结果部队减员很多。夜行军搞多了，味道也不好受。那时弄得疲惫不堪，部队有很大的削弱。

过了湘江以后，本来还想向北转到二、六军团那里去，结果城步、武冈都有敌人赶到，把去路给堵住了。没有办法向北，只好向西。又由越城岭向西过苗岭，完全在山里转。这时广西的敌人侧击、袭击我们，还搞了一些特务，在我们刚到宿营地的时候烧房子，使得我们没有房子住，同时把我们和老百姓的关系搞坏。这样一搞几个月，弄得很疲惫。夜间行军行得久了，消耗很大，特别是快天亮的时候，最容易打瞌睡、掉队，发生问题。以后形成了一个规律，就是晚上行军，天亮后宿营，中午敌人追上就打几个钟头，等到黄昏就走，第二天又是这样。这样一搞，体力消耗很大，部队有很大的削弱。新兵、民夫不习惯这样的生活，很容易掉队。所以有很多人不是打死的，而是拖死的、累死的。我们军团走在后面，就更伤脑筋，前面走的还可以弄到些东西吃，我们走在后面的就没有了。有的同志疲劳到这样的程度：在山路上他靠着休息一下，一坐下来就再也起不来了。又饿、又累、又疲劳，在这样的情况下，军队的战斗力大大削弱了。在数量上，不到三个月的时间，差不多去掉了一半以上，而且战略目的没有达到。所以陈毅同志说：走死、饿死和战死的味道完全不一样，与其走死、拖死，不如战死。如果真正以这样大的牺牲来进行战斗，那要打多少漂亮的仗，要消灭多少敌人！

……

到黎平休息两天以后，改编了军委纵队，其他的军团整顿了一下，这样才过乌江。到一九三五年一月进入遵义，接着就开遵义会议。

遵义会议是一个很大的关键。这次会议是政治局扩大会议。毛主席事先作了很多的工作，他在中央苏区就看到不对头，在行军过程中又看到这些情况，所以写了一个东西，预备了一下，在长征过程中就和一些同志商量，事先酝酿。在下面，大家也对领导上有一些意见，因为客观事实就是中央苏区丢掉了，长征中红军削弱了，仗没有打好，大家都不满意。到遵义休息了十二天，就把这事情清算了一下。基本上是清算军事路线，从五次反“围剿”失败搞起一直到长征，把冒险主义、拼命主义、保守主义、退却逃跑等问题都好好地清算了一下。这是惨痛的血的教训。最后才取得了遵义会议的胜利。

（选自中共中央党史资料征集委员会编:《中共党史资料》第十三辑，中共党史资料出版社 1985 年版）

风烟滚滚的岁月（节录）

袁光[①]

抢在敌人前面

我红八军团在宁远、道县间阻击一直尾追我们的敌军周浑元纵队，掩护中央纵队及红五军团通过潇水后，作为中央红军的左翼，于二十四日拂晓也由道县过河，随红九军团向江华、永明（江永）前进，掩护主力突破敌人重兵扼守的第四道封锁线，准备于全州、兴安间渡过湘江。

形势十分严重。蒋介石为了实现其全歼中央红军的梦想，调集国民党中央军和湘、粤、桂数省敌军之精锐，以四十万大军分三路沿湘江和湘、桂公路对我实行堵截：湘敌何键和薛岳的中央军已进至全州，沿湘江布防；桂敌李宗仁、白崇禧所部，沿兴安、灌阳一线布防；敌中央军周浑元纵队和湘军一部则在我身后穷追。面对敌人重兵云集的第四道封锁线，同志们忘却了一路苦战的艰辛疲惫，准备迎接这一场即将来临的恶战。

十一月二十八日，我们又收到军委电令，要求我们二十九日中午之前赶到水车地域并与三军团六师取得联络。我们知道，情况发生了变化。这时，尾随主力的敌人，距我们只有五六十里路。我们为了避开当面之敌，还要折回道县，绕一个弯子，稍一延误，全军团就有被敌人切断的危险。军团首长立即命令部队日夜兼程直奔水车。

来不及进一步动员，部队就出发了。那时行军可真热闹啊，前

① 作者时任红八军团司令部无线电队政治委员。

面有当地民团的骚扰，后面有敌军尾追，天上还有敌机轰炸、扫射，我们走一阵，打一阵，不时还要荫蔽防空。从渡过潇水以来，部队就没有休息过一天，我们电台的同志还要抬着机器行军，更加艰苦。

利用短短的防空时间，我在路旁的一个沟里，把党、团支部书记和各排长召集在一起，研究如何完成艰巨的行军任务。同志们很快商量出几条办法，决定报务员、机务员协同保护收发报机和其他器材，帮助运输员不掉队，组织收容队，把电台马匹集中起来，收容病号和掉队同志；同时，要求党团员越是在困难的时刻，越要发扬吃苦在前的革命精神，注意起模范带头作用，做好宣传鼓动工作。

敌机刚飞过，部队又行动了。我们这支一百多人的队伍，顿时活跃起来。连日的疲劳和饥饿忘得一干二净，刚才还静寂的道路上，到处响起了歌声和口号声，大家迈开双脚，加快了行军的步伐。

可恨的敌机，今天却偏偏同我们捣乱。走上几里路，它就来转上一圈，这里丢几颗炸弹，那里又扫射一阵。同志们个个气得冒火，但为了不暴露目标，上级规定不准对空射击，大家一边荫蔽，一边愤恨地骂道："有本事下来和老子较量较量，老子不一刺刀捅穿了你才怪！"

走走停停，一个上午没有走出多少路。中午，正要吃饭，敌机又来了。我趴在一个小沟里，盯着敌人的飞机。奇怪，这次敌机既不投弹，也没有扫射，在空中转来转去，突然飘下了许多花花绿绿的纸片。我拣起落在身边的一张，原来是广西白军李宗仁、白崇禧散发的传单，上面说什么已在前面布下"天罗地网"，狂妄地叫嚣要我们投降："你们来，愿意回家的回家，愿意在我们这里干的就在这里干"；"这儿离你们家也不远，家里有妻子，又有老有小，我们护送你们回家去"。……还说叛徒孔荷宠，已在敌人那边做官了。看到这里，我肺都气炸了！妄图用一张纸片瓦解红军斗志，办不到！

我环视周围，有的同志拾起来，看也不看，一边骂一边撕得粉碎，也有的同志俏皮地喊着："多谢老蒋对我们红军的关心，怕我们拉肚子，送来这么多的擦屁股纸。”这一喊，引得许多同志哄笑起来。只有炊事班的同志闷着头一个劲地拣着：“这一下，再也不用为烧锅引火发愁了。”

夜幕又在紧张的战斗气氛中降临了。漆黑的夜色笼罩着大地，伸手不见五指，在坎坷不平的道路上，大家深一脚，浅一脚，跌跌撞撞地往前走着。尽管夜行军使同志们备尝辛苦，但是，夜晚终究是我们的天下。若不是那一阵阵沙沙的脚步声不时划破深夜的宁静，谁会想到这里有一支成千上万人的红军部队在疾速前进呢！

当夜，部队没有休息，第二天继续行军。长征以来，我们还是第一次这样紧张。我看看电台的同志们，个个仍然斗志昂扬，你追我赶。最艰苦的，要算是运输排的同志了。虽然已是隆冬季节，但是，我看到他们的棉衣却被汗水浸透了，一天一夜的急行军，汗水在身上湿了干，干了又湿，留下了一块块白色的汗迹。可是，他们仍旧不声不响地挑着、抬着沉重的机器，艰难地行进着，不肯让任何人来替换他们。我走到运输排刘排长身旁，问他：

“同志们情绪怎么样？”

“情绪还不错，就是干粮吃光了，肚子老提意见。”

是啊，从昨天出发到现在，为了不暴露目标，军团首长规定不准烧火做饭。饿了，大家就啃上几口干粮、红薯；渴了，就从路旁水田里舀碗水喝。我们这些人倒没有什么，可运输排的战士们负荷那么重……

“政委，你不用担心，就是再有两天两夜，我们也坚持得住。不过，你还是把报务员调到前面去吧。到了目的地，他们还有任务，现在和我们争着抬机器，累坏了就会误大事啊！”

刘排长的肺腑之言，使我感动得不知说什么好！多么好的同志啊，自己肩上的担子那么重，却一心想着其他同志，关心着整个电台的工作。

我朝前跑了几步，大声地说：

“同志们，我们要向运输排的同志学习，保证一个也不掉队。干粮吃光了，先吃把生米，坚持下去，赶上主力就是胜利！”

这一来，大家步伐更快了。有的同志真的从米袋里掏出一把生米，放在嘴里嘎吱嘎吱地嚼起来。不畏强敌，不畏恶劣的自然条件，也不怕肚子“造反”，在这些坚强的红军战士面前，还有什么艰难险阻能挡住他们前进的步伐呢？！

二十九日这天，敌机更加频繁地在我们头上绕圈子，我们还是时走时停。后面的追敌离得更近了。前面，也隐隐传来一阵阵的炮声。中午过去了，我们距水车还有相当一段距离。几个军团首长急得火烧火燎，如果敌人先于我们到达水车，则全军团的处境是不堪设想的。

入夜，部队仍在急行军。极度的疲乏，成为我们最大的敌人。有的同志走着路，一歪倒在路旁，就呼呼地睡起来，怎么拉也拉不醒。军团首长从后卫部队赶来，看到这个情况，大发脾气，黄甦政委，性情本来就有些暴躁，这时见睡着的同志怎么也叫不醒，没办法，急得用马鞭抽打，才使这些睡倒在路旁的战士，一下子跳起来，又跌跌撞撞地朝前面跑去。

半夜，我们终于赶到广西境内的水车。六师已经接到军委命令，赶向湘江，我们同留在那里担任全军后卫任务的五军团三十四师的部队会合了。见到兄弟部队，我心里的一块石头落了地。敌人终于落在我们后面。电台的几个小鬼更是高兴：“这回，可以饱饱地吃上一顿，美美地睡上一觉了！”炊事班的同志立刻烧火做饭，可是很多同志不等饭熟，早已进入了香甜的梦乡。电台值班同志仍不能休息，大家立刻架线开机，准备同军委联络。这时，五军团电台同志找到我，交给我一份军委让他们转达我部的电报。

我接过电报一看，原来军委命令我们军团火速前进，不惜任何代价，于三十日午时进到青龙山地域宿营。我拿起电报，立即向军团首长驻地奔去。

走进军团部，我看到五军团的同志正在向军团长介绍敌情。我将电报交给军团长，他把电报拿到油灯前，黄甦政委、毕占云参谋长、罗荣桓主任一起围拢过去。看罢电报，每个人的脸色都很沉重。从首长们的商谈中，我知道了敌人已逼得很近，为了确保中央纵队的安全，一、三军团分别在全州、新圩一带抗击威胁最大的薛岳、何键和李宗仁、白崇禧各部；五军团一部留在水车阻击尾追之敌。我们前面的九军团已先我四小时出发，并在文市架设浮桥渡过灌江。我军团必须立即随九军团出发，争取天亮之前渡过灌江，否则敌机一旦封锁浮桥，我军团势将被阻于灌江东岸。

在水车停留不到四个小时，部队又出发了，仿佛同这即将消逝的黑夜赛跑。可是，黑夜很快的过去了，天色越来越亮。突然，从水车方向传来了激烈的枪声，掩护全军的五军团三十四师同追击的敌人打响了。这越来越紧的枪声，也在催我们快走，快走！当火红的太阳升起来的时候，我们距文市还有十几里路。我担心地望着天空，还好，没有听见敌机那种讨厌的"嗡嗡"声。我一边走，一边布置监护排的同志帮助运输排做好防空准备。一直等我们到达文市，天上仍然十分安静。

文市是一个比较大的城镇，可是我们谁也顾不上多看它一眼。部队一溜小跑，通过灌江浮桥，这时，已是上午十点钟光景了。

过了浮桥，前面是一片开阔地，几里之外，有一片郁郁葱葱的松树林，把一座小山坡盖得严严实实。我让电台的同志跑步前进，进入松树林荫蔽，准备防空。我跑向军团部，去请示任务。

刚迈出几步，空中就传来了"嗡嗡"声，两架敌机向我们荫蔽的方向飞来。随着"嘀嘀嗒嗒"的防空号，队伍迅速荫蔽起来，田野上一片空旷。敌机在浮桥上盘旋了一阵，没有发现什么，又飞到我们头顶上兜起了圈子，三转两转，一架敌机翅膀一歪，朝着松林俯冲下来。几颗炸弹，呼啸着落在松林里。"糟糕！"我心头一沉，从地上爬起来向松林跑去。这里，另一架敌机也冲下来，几颗炸弹又在周围爆炸了。我一下卧倒在地，炸弹掀起的沙石劈头盖脑地向我身上砸来。松林中，烟尘滚动，透过浓烟，我看到电台的同志们一个个张开双臂，紧紧地贴在地上，身下压着一件件无线电器材，周围尽是燃烧着的松树……

这时，四周枪声大作，各部队都在组织对空射击，敌机像是大吃一惊，升高了许多，打了两个转，就仓皇遁去。

一阵轰炸，使队伍受到一些损失。我三步并作两步跑进松林，就在电台荫蔽的附近，敌人丢下了两颗炸弹，刘泮林等几个同志被埋在土里，有四个战友，当场牺牲了。可是，收发报机、充电机和其他器材却完好无损。电台保住了，这是用我们红军战士的鲜血和生命换来的。我看到身边的同志个个含着热泪，眼中喷出仇恨的烈火。我强压着悲痛和愤怒，大声说道："同志们，四个战友和我们永别了。但是，他们为革命而死，死的光荣。现在，我们和主力红军拉开了距离，电台关系到我们全军团的胜败，甚至关系到整个红军的命运，我们要像牺牲的战友那样，用生命来保护电台！保证全军的联络畅通无阻！"

我这样一说，大家都振作起来，仿佛感到了这职责的重大和光荣。

掩埋好牺牲的战友，部队又继续前进了。

中午，我们刚吃过饭，突然在后方响起了枪声。紧接着，传来了"非战斗单位跑步前进"的命令，我带着电台的同志立刻动身。敌人已经步步逼近，子弹就在我们头顶上呼啸着。前方，有一片起伏地，我停下脚步，扯开嗓门喊着："同志们，保护电台，翻过起伏地。"并催促掉队的同志快走。

一阵枪弹，打得周围的地上直响。我听到身后"扑通"一声，回头一看，是监护排的一个小鬼倒在地上。我转过身拉他："快走，小鬼，坚持一下，翻过坡就好了。""政委，我负伤了！"小鬼呻吟着。我一看，可不是，小鬼的腿上鲜血直流，伤势不轻。我立刻蹲下给他包扎，他使劲推开我的手，急促地说：“政委，你快走，别管我！”“瞎说，我怎么能把你丢下？”我板起脸说着。这时，监护排的两个同志赶来，背上他就跑，我随后也翻过了斜坡。

利用这一段起伏地，我们的战斗部队终于把尾追的敌人堵住了。我们电台的同志随着军团部一口气跑了几十里，直到天黑，才在一个小村子里停下来。

我正要安排大家休息，军团长气喘吁吁地从后面赶上来。他找到我，附在我耳边低声说：“你带电台立即随前卫出发，到前面的安全地点，立刻架线和军委取得联系。”

军团长严峻的脸色，使我感到形势的严重。现在，追敌一直紧紧咬着我军团的后尾，我们成了整个方面军的后卫。左、右两翼的友邻部队还在与敌激战，稍有迟误，我们就有被敌人四面合围的危险。此刻，我们多么需要得到军委的指示啊！

我立刻带着电台离开村子，飞快地行进。更深夜静之时，我们到了一个挺大的镇子，几座漂亮的洋房散布在大路旁。我们选择了镇外的一块开阔地停下来，监护排立刻架线，很快，报务员敲击电键的“嘀嗒”声打破了这个小镇的沉寂。开机时，我找到监护排长，叮嘱他多放几个岗哨，其他同志一律抓紧时间休息。查了一遍哨，我疾步回到报务员身旁。

夜色朦胧，镇中鸦雀无声，只有不停的“嘀嘀嗒嗒”的发报声，一遍遍在夜空中回响。五分钟过去了，十分钟过去了，仍没有收到军委的回音。报务员抬起头来，焦虑地望了望我，我的心也绷得紧紧的，只说了声“继续呼叫！”电键敲击声又响起来，一声声真像敲在我的心上。二十分钟过去了，仍然没有答复，透过微弱的照明灯光，我看到在这料峭的寒夜中，报务员的额头上却滚下了一颗颗豆大的汗珠，我才感到自己的手心也汗津津的。我的心中更加焦急：中央纵队现在情况怎么样了？远方隐约传来的枪声，更加剧了我和其他同志的不安。

又换了一个报务员，那清脆的发报声仍一丝不苟地响着。我看了看表，已经半个多钟头了，还是没有联系上。电台所有同志都圆睁双目死死盯着收发报机，一个个像是木在那里……

突然，后面又响起了枪声，军团部的参谋人员对我们的同志说："赶快告诉你们政委，后面有敌情，立刻转移。"我命令监护排的同志马上撤线。心想，准是后面的敌人又追上来了。可恶的敌人，真疯狂啊，就像鞋上沾的臭泥巴，怎么甩也甩不掉。我们走出不远，后面的枪声，就一阵阵地猛烈起来。

血染湘江

当东方露出鱼肚白的时候，我们终于把敌人甩出了老远。这时，同志们才长长地舒了一口气，我让大家原地休息，检查一下器材装备。天亮了，太阳刚出山，我看见军团部的同志们也陆续赶了上来，上前一问，知道军团首长也上来了，便急忙去向首长报告。

军团首长正在一座被击毁的破碉堡里开会，我十分内疚地走上前，向军团首长报告了昨夜的情况，为自己没有完成首长交给的任务而感到惭愧。军团长听了我的报告，沉吟了一下，没有批评我，只是缓缓地说了一句："军委可能也在行动。"首长这样一说，使我更加不安。我明白，在这样危急的形势下，同上级失去联系这关系到全军团的生死存亡，军团首长怎么能不焦急呢？

看到我不安的神情，军团长又说："袁政委，你们电台的同志辛苦了。现在，你们继续架线设法同军委联系，同时抓紧时间搞饭吃，吃完饭立刻出发。九军团可能已经过江了，我们要尽快向江边移动。"

接受了命令，我立刻跑回自己的队伍，向同志们布置了任务。大家马上架线开机，炊事班的同志也忙着烧火做饭。我寸步不离地守在电台旁边，盼望着能够听到军委的回答。

炊事班的同志已经烧好了饭，军委仍然没有音讯，我让报务员轮换去吃饭，以便争取时间尽快出发。我端起碗，刚要盛饭，一阵急促的枪声响了起来。敌人！我站起来嘹望，一股追兵已出现在我们后面。我们抢渡湘江前最激烈的战斗开始了！

在突如其来的追敌面前，同志们并没有慌乱，依然沉着迅速地撤线收机，我带着几个监护排的同志等电台人员全部撤走才开始离去。这时，阵地上敌我混战在一起，枪声、喊杀声响成一片。好在电台的同志们动作快，已走出很远。几个敌人端着枪朝我们追来，我们的一个马伕慢了一步，刚喊了一声“政委，我走不动！”我转眼一看，已连人带马被敌人捉住了。敌人听见马伕喊我政委，又见我只有一人，便放声大胆喊起来：“不要打枪，抓活的！”一边喊，一边有两个匪兵朝我猛扑过来。“捉活的，想得倒美！”我拔腿就跑，猛跑一阵，我回头瞧瞧，敌人已远远落在后面，不知何故，没有追来。

我追上队伍，看了一下，我们的同志差不多都到了，立刻带着队伍向前疾走。后面枪声响个不停，敌人被我们的队伍挡住了。

当我们赶到湘江东岸的麻子渡，已经是下午了。看到波光粼粼的江水，大家不约而同地欢呼起来。我们到底在敌人的前头赶到湘江了。可是，还没等大家缓过劲，后面枪声又响了，敌机也偏在这时赶来凑热闹。队伍在湘江边挤成一团，简直乱了套。我看见毕占云参谋长也赶到江边，便跑过去问他：“参谋长，队伍怎么办？”他一挥手，“你带电台立刻过江。”我一看，江面有一百多米宽，水势也很急，但已经有人涉水渡过，看来江水不深，就喊了一声“无线电队跟我来！”带头冲进水里。大家跟着跳下水。江水深只及腰，但寒冷刺骨。敌机不停地扫射、投弹，把江水激起一簇簇浪花。队伍中不断有人倒下，被湍急的江水卷走……

走到江心，可恶的敌机再次俯冲过来，又扫射，又投弹，江面上水柱冲天而起。挑收发报机的同志应声倒下，收发报机随之沉入红红的血水中。“哎呀！收发报机……”有人失声喊道。话音未落，只见一个同志冲过去紧追了几步，把收发报机捞起来扛在自己的肩上。我一看，原来是运输排的一个班长，“好样的！”我高兴地表扬了他。又一架敌机俯冲下来，“哗哗”一排机关枪子弹打在我的面前。抬充电机的两个运输员，后面的被子弹夺去了生命。我抢上去，抬起充电机往前走。看着身边一个个同志就这样倒在江中而无法抢救，我心中万分难过。可是，眼前最要紧的是保护电台的安全，我急切地朝大家喊着：“一定保住机器！”“跨上对岸就是胜利！”大家奋力冲上对岸，猛跑几步，就利用沙滩的洼地卧倒了。

敌机又俯冲下来，“轰！轰！”两声巨响，弹片溅起的烂泥巴盖了我一身一脸，周围的同志也都成了泥人，可是，大家一动不动，用身体掩护着机器。敌机又扫射了一阵，飞走了。大家从地上爬起来，顾不得擦一下脸上的泥沙，抬着、挑着又跑。利用这个空隙，我们终于冲进了岸边那一片茂盛的树林。

对岸枪声还在炒豆般的响着，我们在树林中向前奔跑。又冲出了几里路，后面的枪声渐渐停息了，我们才在一个山凹处停了下来。我抓紧时间清点了一下人员、装备，电台机器依然完好，只丢失了一副备用的双电池，可在我们的队伍中，许多熟悉的面孔不见了。我百感交集，一时竟然不知说什么才好，大家也都沉默不语，有几个同志在小心地擦拭着机器。一会儿，机器上的污泥被擦干净，可一滴滴泪水，又滴在上面。我的眼睛也湿润了，想起了刚才过江时战士们的举动，眼前清晰地出现了倒在江里的那些朝夕相伴、同甘共苦的战友们的身影……

四周的枪声渐渐沉寂下来。我看到军团直属队的同志三三两两地赶上来。从他们的口里，我才知道，部队在江边和敌人几次拼杀，才把敌人压了下去。军团首长都参加了战斗，部队损失很大，建制也打乱了。幸好由于敌我混战在一起，敌人的飞机失去了作用，不敢贸然投弹，我们的同志才交替掩护渡过了湘江。敌人追到江边，只是隔江打了一阵枪，却没敢过江。“真险啊！”大家不约而同地嘘了一口气。

军团首长也赶来了。我迎上去，向军团长报告了无线电队的损失情况。罗荣桓主任说："你们电台的同志不错，在这样险恶的形势下保住了电台，委实可贵，没有为革命舍生忘死的精神，是不容易做到这一点的。"他还告诉我，部队伤亡很大，军团直属队损失也不小，政治部只有他带过来一部油印机。

入夜，我们收容好部队，在树林中露营了。可是电台的同志还在紧张地忙碌着。我们和军委的联系已经中断两天两夜了，这四十八小时的每一分钟，我们都热切地期待着军委的信息。在焦虑和盼望中，好容易摆脱了敌人的追堵，而收发报机却偏偏出了故障。几个机务员、报务员急得连晚饭都不愿吃，一直检修到深夜，还是不能使用。

我把这令人沮丧的消息报告给军团首长，心想准要吃批评了。因为我比别人更清楚，首长们这几天不仅是急于得到军委的指示，而且更关心着军委的安危。结果出乎意料，几位首长听了我的报告，谁也没有批评，反而安慰我说："不要着急，回去让同志们休息，明天再修吧。"

回到电台，我把军团首长的意见转告大家，几个人像没有听见，半天谁也不动，仍是围着收发报机这里瞧瞧，那里弄弄。是啊，电台联系不上，都感到是自己的失职，这个时候，谁肯去睡觉呢？望着同志们那一双双布满了血丝的眼睛，那一张张枯瘦的面庞，我实在抑制不住自己内心的激动。

已是下半夜了，满天的星斗在夜空中闪烁着，同志们还是毫无倦意地检修着收发报机。不行，无论如何要让大家休息一会，哪怕是睡上几个钟头也好。我板起面孔，对大家说："现在，我命令立刻睡觉，谁也不准再干了。"大家望着我，人人都是满脸委屈。我只好又厉声说："执行命令，党员带头休息！"好不容易才把大家赶走了。我合衣在充电机旁躺下，翻来覆去睡不着，一合上眼皮，几天来的险恶场面便浮现在脑际，而更令人沮丧的是两天没有和军委联络上，军委和兄弟部队到底怎么样呢？……想着想着，毕竟我也是困倦至极，不知什么时候，蒙蒙眬眬地入睡了。

一道亮光射进我的眼帘，我一翻身坐起来。啊！天亮了！这是一个大晴天，灿烂的阳光照在林中的空地上，许多同志都把昨天的湿衣服晒在草地上。一个机务员找到我，指着这些衣服说："政委，有办法了。昨天检查收发报机的所有零件都没有毛病，准是因为过江在水里泡湿了。我们把收发报机也晒一下，说不定就能用了。""对呀！"围过来的几个同志兴奋地喊起来。

很快，我们把所有的器材都打开，一件一件地摆在阳光下，晒了整整一个上午，才装配起来。打开一试，果然成功了！报务员套上耳机，轻轻地敲击着电键，那清脆悦耳的"嘀嘀嗒嗒"的声音又响起来。同志们一片欢呼，像打了一个大胜仗。"嘘——"报务员突然神气庄重地竖起了一根手指，大家立刻安静下来。收报机传来了军委的呼号，顿时，我只觉得一股暖流涌遍了全身。

"同军委联络上了！"同志们一下沸腾了，跳呀、拍手呀，有的高兴得互相捶打起来，每个人的眼眶里都闪动着晶莹喜悦的泪花……

出发号响了，部队又要行动。我急冲冲地跑到军团部，向首长们报告了这一喜讯。军团首长如释重负，高兴地说："那就好了，你一到宿营地马上和军委联络。"

当天，我们军团跟着前面的队伍出发了，我望着行进的无线电队，心中油然升起了一种自豪之情。我为我们的电台自豪，为无线电队的每一个同志自豪。我们经受了种种严酷的考验，终于在殊死的斗争中成为胜利者！

今天，我们那台染着烈士血迹的充电机，作为革命文物，骄傲地陈列在中国人民革命军事博物馆里，成为这一壮烈史诗的见证。

大苗山上

嘹亮的军号声吹来了黎明，我睁开眼睛，一片金色的阳光已经在山顶上闪耀着。山谷中仍然是黑蒙蒙的，茂密的树林团团覆盖着幽深的峡谷，除了山，还是山，没有一块平地。几天来，我们一直在这样的崇山峻岭中行进。

过湘江以后，我们红八军团先于胡岭一带负责警戒全州的桂敌。十二月六日，又奉命同红五军团扼守老山界各隘口。老山界，地图上称为越城岭，耸立在湘江西岸，是湘、粤、桂边有名的五岭之一，最高峰海拔二千一百多米，上下八十余里路，所谓路，也仅仅是悬崖绝壁间的羊肠小径，远远望去，像一条细长的带子，伸向山巅，坠入峡谷，曲曲弯弯隐没在丛林深处。这里地势险要，真是"一夫当关，万夫莫开"。我军居高临下，以要道隘口为屏障，使敌人不敢轻进。第二天，我红五、八军团移驻塘洞，仍以一部扼守老山界隘口，迟滞敌人并破坏来路。完成阻击任务后，我们胜利地翻过老山界，赶上了主力。

过了老山界，山势未见平缓。路，越来越陡；山，越爬越高。前边，仍是一望无尽的群峰。这里是人烟稀少的苗族聚居区，人们都叫它大苗山。一路上虽然看到过几座苗寨，但寨子里空无一人。苗族同胞素有搬迁的习惯，过去我就听说过"桃树开花，苗子搬家"。可是在反动派的欺压下，苗胞们只能向山高林深的地方躲避。大概是因为他们分不清红军与反动派的区别，听到红军来到的消息，也同往常躲避汉人一样，在山上藏身了。这些苗胞跑［爬］山极快，有时前卫部队看到人影，三转两转就再也找不见了。出发以来，罗荣桓主任一再强调要各单位注意做好沿途的群众工作，我们无线电队在这方面一直做得不错，几次受到军团政治部的表扬。可是，在苗山上，连人影都找不到，又如何进行群众工作呢？连续的山地行军，使同志们相当疲劳，最糟糕的是粮食快吃光了。昨天晚上，司务长把保存了几天的一块猪肉拿出来，加上红薯，做了满满一大锅肉烧红薯，全队同志香甜地吃了一顿。大家吃得高兴，只有司务长在暗暗发愁：明天要是再找不到老百姓，我们就真要断粮了。

早上，我咬了咬牙，让司务长把最后的一点粮食也拿出来，煮了稀粥。这可真是名符其实的稀粥啊，除去稀稀拉拉的几把大米和切得碎碎的红薯，比清水汤稠不了多少。一些战士喝了四五碗，把肚子灌得圆圆的。不管怎样，毕竟算是吃过了早饭，队伍又继续前进了。

出发后，大家的情绪很高，欢笑声此起彼伏，几个兴国同志还兴致勃勃地哼起兴国山歌来。看着同志们个个生龙活虎的神气，我也受到了感染。是啊！血染湘江，突破敌人第四道封锁线之后，敌人的威胁被暂时地摆脱了，后面的追兵被甩得很远，高山密林也使敌人的飞机失去了威风。眼下，同志们流露出来的胜利的情绪，不正是我们用以战胜一切困难的精神力量吗？

山路，依然是那样陡峭，同志们挑着沉重的器材，一步一步地往上爬着。不一会，都大汗淋漓，不停地喘着粗气，每进一步，都要使出全身的气力。刚才的欢笑声渐渐消失了。队伍前进的速度越来越慢。在一块开阔地前，我停下脚步，担心地望着正在攀登着的同志们。突然，一阵争吵声传入我的耳朵。“给我，排长。”“不，还是我挑。”“排长，我能行。”“服从命令。”运输排刘排长声音一下严厉起来。声音消失了，刘排长挑着担子出现在我的面前。后面，一个年轻的战士噘着嘴跟上来，一见到我，那个小战士就振振有词地告起排长的状来：“政委，出发时排长讲的和我轮番挑机器。可是，到现在连担子边都不叫我碰一下，这，这合理吗？”这小鬼委屈得几乎掉下眼泪。我看着刘排长，他只是用毛巾擦着汗津津的额头，站在那里笑着，说：“我行啊，路还长着呢。”手里紧紧地握着扁担，扁担两头结结实实地拴着收发报机。看情形，这副担子他非要垄断不可了。一路上，运输排不知吃了多少苦，可器材却毫无损坏，只是在过湘江时掉在江里一副双电池。为这事，刘排长自责得比谁都厉害，这是多么强烈的责任感啊。从那以后，每次行军，他都不声不响地把收发报机挑在肩上。谁都知道，这副担子是整个电台的灵魂。对于这场争论，我没有表态，只是对刘排长说了一声“在这里休息一下”，便匆匆拔腿向军团部走去。

昨天晚上，我就听说军团卫生部担架队要解散，这消息在我脑子里转了一夜。过湘江后，我们电台也减员不少，器材又这么多，这么笨重，如果能够给我们补充几个人，就解决大问题了。运输排减少了十来个人，沿途又无法找挑夫，实在拖得疲惫不堪，不及时采取措施，很可能不出苗山就会被拖垮，同军团首长去说一下，兴许会给我们几个人，我一边走一边盘算着。到了军团部，他们也在休息。我找到黄甦政委，开口就把路上想好的理由一条条摆出来，谁知，没等我把话说完，他就发起火来：“这几个人补充战斗部队都不够，哪能给你们？告诉你，一个人也不给，如果把电台丢了，我杀你脑壳。”这个钉子可碰得不轻，我不免有些懊丧。看到我失望的神情，罗荣桓主任笑了：“袁政委，电台的同志是很辛苦，可是，连队更需要人呀。”道理我是清楚的，连队多一个战士，打起仗来前线就添一份力量。和他们相比，电台再重要毕竟还不是冲锋陷阵。可是，我们的处境也实在困难。接着，罗主任又说：“你们无线电队出发以来一直是军团的模范单位，领导上相信你们，你也要相信电台的同志们，只要讲明道理，我们的红军战士都能以一当十，克服任何困难的。”

罗主任的一番话，一下子使我开窍了。对呀，把困难摆到大家面前，群策群力，依靠大家来想办法，一定能把电台运出苗山。

回到电台休息的地方，我把干部召集起来开会，让大家出谋划策。大家沉默了一会，认真考虑着眼前的问题，运输排长第一个打破了沉默：“电台是同志们用生命换来的。我们排人虽然少了，但是我们要一个人挑两个人的担子，就是爬，也要把器材带走。”靳子云同志接着说：“运输排是最吃力的，现在应该集中全部人力保证运输排的任务。”他的建议，得到了监护排长的赞同。很快，大家就形成了一致的意见：抽调人员加强运输排的力量，号召党、团员带头克服困难。这时，司务长又提出来粮食问题，这一下，刚才兴奋的情绪又低落下来。是的，两天来，一到休息的地方，司务长就带头到处设法搞粮食，可是，没有找到苗族群众，有时路旁的粮食也被前面的部队吃光了，有钱买不到粮食，实在让司务长为难。“我看，粮食问题必须赶快解决。队伍出发前，先派几个人到前面去搞粮食，搞不到别的，搞些红薯也好；来不及煮，就吃生的，搞到粮食就在路旁等候部队。”这突如其来的声音才使我发觉，罗荣桓同志不知什么时候来到了我们身边。他的意见，立刻得到大家拥护。开完会，司务长就带着几个炊事员提前出发了。

队伍整装出发时，我又一次做了动员，提出了“人在器材在”的要求。在党、团员带动下，同志们纷纷要求参加运输排的工作，个个争先恐后，这么一来，倒让刘排长作难了。

当一切准备就绪，部队就要出发的时候，一向话不多的通信员小赖突然拉住我：“政委，我也要当个运输员，为电台贡献力量。”这个小鬼身体瘦小，怎么挑得动机器？我没有理他。他见我没有答应，更着急了：“政委，别看我个子不高，可是在山里长大的，爬山可是个行家！再说，我也要向党、团员同志学习呀！”望着他那满含期望的目光，我只好点了点头。他立刻一跳老高，敬个礼，转身就跑。“回来！”我喊住他，“到排里要服从领导，不许逞能。”他笑了笑，答道：“是！”“还有，把你的枪和挎包留下来。”他脸上的笑容消失了。“政委，你的担心够重的，我不能再给你增加负担。”说着，一溜烟地追赶队伍去了。望着他那一蹦一跳的身影，我心里热乎乎的，有这样的战士，还有什么困难不被踩在我们的脚下呢？

中午，我们开始向顶峰攀登。面前是高耸入云的峭壁，抬头看去，帽子险些掉下，再向上只能在嶙峋的怪石间择路而攀。同志们早已饥肠辘辘，全凭着顽强的意志，一寸寸地向上攀登。大家把勒紧裤带节省下来的最后一点应急干粮，这时都集中起来，让挑器材的同志添一点力量；有的同志甚至把脚上穿的草鞋脱下来送给打赤脚的运输员。为了保证器材的安全，每个运输员的身后都有一两个同志当“保险”。山路崎岖，大家就把器材捆在背上，有的则紧紧搂抱在怀里，犹如母亲照料襁褓儿一样。有一个同志实在走不动了，就背着器材一点一点往上爬，直到昏过去，仍咬紧牙关一声不吭。我们的这些运输员，真是个个都称得起英雄好汉。

正是凭着这种团结友爱和一往无前的精神，我们胜利地越过了山顶。站在山顶上，像是上了蓝天，一片片白云在脚下飘过，绵延西向的群岭在眼前起伏，胜利的欢呼犹如林涛海啸，激荡在我们心中。饥饿和疲劳连同这八十里大山一道，被红军战士战胜了。

下山路上，两个炊事员已经等在路旁，一大箩筐的红薯放在身边。这真是雪中送炭呀。同志们美美地吃了一顿生红薯，啊！又甜又脆，既解饿，又解渴。我问这两个炊事员从哪里搞来这么多红薯，他们兴致勃勃地讲起来：昨天夜里，前面部队驻在山下的一个苗寨。深夜，寨里突然四处起火，我们的同志在救火时抓住了三个冒充红军放火的家伙，一审问，原来是敌人派来搞鬼的，他们妄图把放火的罪责嫁祸给红军，却被警惕的红军战士抓住了。于是，我们的同志连夜在村里召集苗族同胞，让这三个放火者自己向大家交代了敌人的阴谋。反动派的罪行和红军奋不顾身救火的生动事迹教育了苗族群众，红军又送给了全寨受灾的苗胞许多白洋。这一来，苗族群众把红军当成了救命恩人，纷纷把藏起来的粮食拿了出来，一些青年还要求跟着红军打反动军阀，我们的司务长赶到那里，几乎没有费劲就买到不少粮食，还找到了挑夫。……两个炊事员绘声绘色的述说，把大家都吸引了过来。愚蠢的敌人做梦也想不到他们竟然帮助红军把群众动员起来了，这真是“搬起石头砸自己的脚”。不知是谁喊了起来：“走啊，下山吃大米饭喽！”队伍欢笑着向山下跑去。

下了山，天已经黑了，到处升起了炊烟。这情形，使我想起了三天前在老山界上的一件事。那天，我们翻过山顶以后，部队休息了。我看到路旁的地上堆了几块石头，上面架着一只茶缸，旁边有一位同志正跪在地上用双手拣着干草，填在石块中间，又划了一根火柴，引着了柴草。借着火光，我发现这位同志原来就是刘少奇同志。他当时是党中央政治局委员，长征时跟随我们八军团行动。过去，他曾到电台讲过几次话，我们对他很熟悉了："首长，你为什么不叫警卫员帮你弄呢？"他站起身来，拍了拍手上的泥土，微笑说着："这点事情我会做也能做，为什么一定要别人来做呢？"望着那越烧越旺的火苗，他又说："你看，这不是很容易吗？到处都是干柴，有一点火种就可以点燃。毛主席不是讲过星星之火可以燎原吗？就是这样一个道理。"少奇同志的话，像是在我心中燃起了一团火。我激动地向他敬了个礼："首长，请你放心，我们的同志一定会战胜一切困难，成为革命的火种。"少奇同志信任地点着头，紧紧地同我握了手。夜幕中，那一堆堆耀眼的篝火在我眼前跳动着，把苗岭映得通红。我们红军不正是革命的火种吗？这火种是任何反动派也无法扑灭的，迟早有一天，革命的烈火一定会冲天而起，烧遍整个中国。

（选自袁光著：《风烟滚滚的岁月》，战士出版社 1982 年版）

长征回忆录（节录）

成仿吾[①]

突破四道封锁线

由于情况严重，大约半个月，我们不分晴雨，不分昼夜，连续急行军。一个作战部队，为了抢占湖南的道州城，曾疾行二百里，先敌占领了道州城，阻击了南下的敌军，掩护了其他部队西进。有一夜，我们几支部队分三路打着火把，向道州方向行进，好像三条长长的火龙蜿蜒疾走，在漆黑无边的大地上，演出了一场光芒四射的火炬万人舞。

我们在道州附近渡过了潇水，红旗直指湘江。这时候，敌人从四面八方来尾追、堵击我们，敌军兵力多达三十万至四十万，空中还有敌机不断扫射与轰炸。敌人是企图利用湘江这一天然障碍物，在广西的全州与灌阳、兴安之间，建立第四道封锁线，形成一个口袋，妄想在这一带消灭我们。

王明路线的领导，处在这样严重的情况下，还是被动招架，只是命令部队硬打硬拼，以便突出重围，把希望完全寄托在与二、六军团会合上。十一月底当我们接近湘江的时候，敌人的四十万大军逐渐向我们逼拢，企图在湘江东岸、湘江与潇水之间消灭我们。而我们的逃跑主义的领导，这时只顾夺路突围，命令一军团往前冲，三、八、九军团在两侧打甬道式的掩护战，拼命地把敌人顶住，掩护中央纵队通过，五军团作后卫，边打边走。由于部队的英勇作战，中央纵队安全地渡过了湘江。但是，经过一星期的激烈战斗，部队遭受了惨重的损失，各军团都大量减员。三军团的两个团阻击敌人两个师，

① 作者时任中华苏维埃共和国中央执行委员会委员。

在“保卫党中央”的铁一般的意志下，拼死战斗，连续三天三夜，把敌人挡住在湘江前面，不能前进，但自己损失也很大，两个团的领导干部都牺牲或负伤了，营连指挥员剩得没几个了。特别是担任后卫的五军团，不分昼夜，抗击了尾追的敌人，到达湘江边时，左右两侧的敌人已经占领江边阵地，部队不得不另找渡河点，既无浮桥，又无渡船，就轻装涉水过去。五军团的三十四师被敌人重重包围，终于大部分壮烈牺牲。在这场恶战中，我军指战员奋勇作战，给了敌人沉重的打击，但自己也付出了很大的代价，无数英勇、顽强战斗的烈士们，为了保存革命力量，尽了最大的努力，为中国革命作出了重大的贡献，他们会永远活在我们的心中的。

我们终于渡过了湘江，十一月二十九日冲破了敌人的第四道封锁线，也就是从中央根据地以来的最后一道封锁线。敌人用层层封锁来消灭我们的全盘计划完全失败了。同时王明路线的严重恶果也已经暴露无遗，这条机会主义路线彻底破产了。

突围开始以来一个多月的经历，对我们广大的干部与部队指战员的教训，是极其深刻的。还在五次反“围剿”中，大家对比前四次反“围剿”的胜利，已经对领导上的错误感到担心。这回问题的实质更加充分暴露，再没有怀疑的余地了。

通过四道封锁线的活的事实证明，我工农红军的战斗力是无坚不摧的，我们这样的人民武装是打不散、攻不垮的。就是在数倍于我的强敌面前，只要有一人存在，敌人休想跨过去。这方面是没有谁能提出疑问的。但是，这回为什么失败得这样惨呢？我们红军什么时候打过这样的败仗呢？根源到底在什么地方呢？

“这是哪里来的打法？”

“这是什么军事指挥？”

“成万的英雄儿女就这样中途丧命！”

“这些战友们是怎么死的？”

“是不是要把中国革命断送掉？”

“毛主席从来没有打过这样的仗！”

“早就把毛主席排出军事领导岗位，而那伙人根本没打过仗。”

提到王明路线排挤毛主席，大家气更大了。

“五中全会还不让他参加，他不也是政治局委员吗？这又是哪里来的章程？”

“中央政府主席下面设一个人民委员会，把主席架空，用意何在？”

总之，这次血的教训使大家充分认识了王明机会主义路线对党与革命事业的极端危害性，更加想念毛主席，要求恢复到毛主席的正确路线上来。

跨过五岭最高峰

在我们离开老家，走上长征道路的最初一段时间，半个多月，我们总是夜间行军，以保守军事秘密。途中不许说话，不许点火，不让携带的东西发出响声，如果前后失去联络，规定了拍掌办法。各单位都在有岔道处放了自己的路标，或者用树枝等把岔道卡断（由后卫把路标收回）。如有人前后距离拉得太远，总是低声叫他“跟上”。遇到很暗的夜间，每人还在脖子上或臂上缠一白布条，以便容易看出。夜行军是使人非常疲倦的事情，有的人往往离队去大便（规定在道路三十步以外），久不回来，派人去找的时候，他却在那里蹲着睡糊涂了。

进了湖南境内的时候，因天气阴雨，多在白天行军。但道路泥泞，容易滑倒，一下能滑走十几步，大家把这叫作“坐飞机”，这时候常有人唱兴国山歌：

“哎呀来，

同志哥的飞机好快哎！”

这样常常引起了大家哄笑一阵，倒减轻了行军的疲劳。

我们从开始长征起，跋涉过的河流与山岭是很多很多的。但是在长征初期印象最深的，要数西延山脉的高峰老山界。这个大山在地图上叫越城岭。我们听说要爬一个三十里高的苗山，开始没有把它放在眼里。沿着山沟往上爬，时辰已经是下午，走几步，停一会，这也是队伍爬山的正常现象。但停停走走，越走越停得久，后面的队伍挤上前来。大家站久了，就在路边坐下来，一直等到有人喊"走、走、走"，又站起来走，满以为可以走一阵，谁知马上又停下来。天眼看着就晚了，很多人急得叫起来。肚子也叫起来了。但有什么办法呢？队伍越挤越密。

有的人估计非夜行军不可，这山路是不好走的，就盘算着找火把。山沟里有几户人家，有人就想买些篱笆的竹片来用，往常是这样做的。谁知政治部贴了条子，不准动用，因为这里是苗民或瑶民。打听到前面有竹林，有的单位就派了人去准备火把。

有人向居民问问前面的路程，才知道面前有一个高山，很陡，上山三十里，下山二十里，这里还是山脚下呢！

已经是满天星斗。这山中小道实在寸步难行，就点起火把来。从山脚往上眺望，只见火光形成许多"之"字，一直和天上的星光连接起来，好像我们前面的队伍已经登上天了。而往下看呢，火把的巨龙竟在你脚底下游动，真是陡啊！大家有点紧张起来，不时有人喊出：

"加油啊！"

"不要掉队啊！"

有的人向下面叫："我们上天了！"大家听了高声笑起来。忽然前面又停下来了，传下话来，说前面太陡了，马爬不上去。大家坐下来又等了个把钟头，前面传下命令来，就在这里宿营，明天拂晓上山。这二尺来宽的小道上怎么睡觉呢？一不小心，不就从这山脊跌到山下去了吗？没有办法，只好各人打开毯子裹在身上，顺着山坡躺下，或者背靠一棵树坐着，把眼闭起来，实际上身体很疲倦，也就很快睡着了。好在山上有的是干柴，大家就烧着大火，团团围着火堆，用鼾声互相呼应起来。有时候忽然醒了，发现自己"以天地为衾枕"，天上的小星星放着闪耀的微光，好像伸手可以摸到，而周围的群山好像围着我们的夜幕，矗立不动。往山上山下观看，有或大或小的许多火堆还燃烧着，有人在添柴拨火，四围在深沉的寂静中，不知不觉又睡着了。

黎明前，山下就有人挑饭上来。身上又凉又湿，急急忙忙吃了饭，就又往上爬。前面传下命令，今天无论如何要过到山那边去。走了不多远，果然遇到了一段陡岩，差不多垂直地突出面前，形成尺多宽的石梯。很多马匹汇集在岩下的两旁，让出路来给人通过。有几匹马昨夜从岩上跌了下去，断了腿。

大家很小心地爬过了这张石梯，上面的路不那么陡了，不久就到了一片平地，松了一口气，以为快到山顶了。谁知一个从山顶下来的瑶民告诉说："还远哩！还有一段二十多里的很陡的山。"

昨天没吃晚饭，早晨实际上也没吃多少，肚子时时大声诉苦，但大家还是鼓起勇气，健步上山。

到达山顶，已经是红日开始西斜，后面的部队还在望不到尽头的山腰迂回移动。远远听到机关枪声，大概在山脚下，我五军团还在那里"安营扎寨"，阻击追来的敌人。我们这个英勇无敌的军团，最善于打后卫战，遇到敌人逼得太近，它索性驻扎下来，狠狠地打击敌人，使敌人不敢再前进，只有后退。

部队逐渐过了山顶，医院的伤病员被搀扶着，也上来了，他们的担架跟在后边。医院的医生、护士和其他的工作人员，很多是女同志，他们或她们真是英勇顽强，沿途照顾着伤病员，精神抖擞地行进着。运输队也上来了。掩护部队缓缓地跟上来，随时准备回击可能追来的敌人。

从山顶四望，真是"一览众山小"，令人心胸开阔。伟大领袖毛主席的著名的《长征》诗，有"五岭逶迤腾细浪"的名句，在这里是最真实地显现在眼前。下山据说二十里，也很陡，但是大家乘胜直趋，走得很快。沿路林深竹密，几处清溪流水潺潺，迂回流去。有的单位就地停下来，组织战士们用脸盆、口杯等煮饭，大家就在溪边洗脸、漱口，准备饱餐一顿，恢复体力，再赶路，这时谈笑风生，有的人又唱起兴国山歌来。

跑下山来，后面部队进入宿营地，已是夕阳西下了。大家跨过了这座老山界，好像打了一个胜仗，疲劳也烟消云散了。这是我们长征初期通过的一个高山，但是比起以后的雪山那样的高峰来，就算不得什么了。这座高山可以说给了我们一次很好的演习。

我们从江西出发起，沿途经过了我国南方的无数高山峻岭，正如毛主席在《长征》一诗中高度概括的那样：

五岭逶迤腾细浪，
乌蒙磅礴走泥丸。

这些山岭的雄伟气势，毛主席当时有《十六字令三首》，描绘得十分生动：

其一

山，
快马加鞭未下鞍。
惊回首，
离天三尺三。

其二

山，
倒海翻江卷巨澜。
奔腾急，
万马战犹酣。

其三

山，
刺破青天锷未残。
天欲堕。
赖以拄其间。

第一首着重写出了山的高耸连天；第二首写千山万岭像江海中波涛澎湃，又像万马奔腾在战场上；第三首写出山的坚强无敌，立地顶天。这光辉的短诗外表好像是在写群山，实际也是在歌颂我们伟大的工农红军、中国革命的擎天柱石，歌颂工农红军实现的伟大业绩。

在越过老山界的前后，有十多天的时间，我们行进在广西境内。当时统治广西省的是桂系军阀李宗仁、白崇禧等，他们吹嘘自己是“乡村自治的模范”，事实证明，他们所谓的“模范”，就在于对人民，特别对少数民族的极端残酷的压迫与剥削。我们经过的地方，他们事先就逼迫当地群众把粮食烧了，甚至把房子也烧了。他们还派遣特务到处造谣，威胁群众逃避我们。有几次当我们宿营以后，特务放火烧房子，想把我们烧死在里面，并证实他们污蔑“共产党杀人放火”的谣言。这一带的房屋多是木板构成的，一经着火，立刻就火焰冲天，并蔓延到整个村镇。我们进到这一地区的时候，就已经警惕发生火灾，制定了一些具体的防火办法，如火把不准进屋子、组织消防队、准备好水桶、加强警戒、经常巡逻等等。但我们经过龙胜县龙平镇时，有一处忽然起火，一下子就火光冲天，全力救火，把火包围在尽可能小的范围内，截断它的去路，然而结果还是有一片不小的地方几乎变成了焦土，我们赔了群众几千块银元。那一夜，军委周恩来副主席经过一天的行军，又开了几小时的会，半夜刚回来休息，不久忽然有哨兵高喊“起火了！”同时噼噼啪啪的闹声响成一片。警卫员惊醒起来一看，周副主席睡的房子已经被火光包围，烟火往房内直喷。警卫员顺手提着一条军毯，冲进房内。周副主席正在向外摸。警卫员把军毯蒙在副主席头上，拉出门外来，才脱离了危险。

这火灾从何而来？为什么几处同时起火？几天都没有找到答案。有一次火势初升，就发现有人从火里跳出来，不像当地的老百姓，而是短装慓悍的、面容凶恶的汉子。我们抓了几个这样的坏人，经过查问，他们不得不承认是他们放的火。这些人原来是民团（地主武装）的团总挑选派遣，混进我们驻地来的，主要就是来放火。他们这样做有三个目的。第一，破坏红军与群众的关系；第二，制造所谓“共匪杀人放火”的“事实”；第三，扰乱红军部队不得休息，甚至烧死我们。他们的意图是十分恶毒的。我们捉到了这样的坏人，都是就地召开群众大会，大家来审问，最后让群众讨论该怎样处理，群众莫不气愤，这些地主走狗平时也一贯欺压老百姓，无恶不作，群众就一致通过把凶手枪毙了。

西入贵州

从突围开始，王明路线的领导人采取了逃跑的搬家式的行动方针，机关庞大，什么都带着，行动迟缓，使作战部队忙于掩护，不但不能主动地歼灭敌人，而总是被动作战，不得不付出很大的牺牲。当我军经过顽强战斗，渡过湘江，突破了敌人的第四道封锁线以后，我们的错误路线的领导人还是采用老方针，不想争取主动，特别在敌人发现了我们将要向红二、六军团活动地区前进的时候，还要冒险去钻进敌人企图围歼我们的圈套，还想同二、六军团会合以后，放下行李，然后才实行反攻。如果实行了这样的方针，必将使红军遭受更大的损失，使中国革命遭受更严重的挫折。

我们于十二月十一日西进到通道县城的时候，是一个紧要关头，错误路线的领导人还是机械地要向湖南西北部前进，企图同二、六军团汇合。幸亏毛主席要求召开军委扩大会议，来研究行动方针，在会议上多数同志赞成毛主席提出的西入贵州的新方针，扭转了形势，挽救了红军，开始争取到主动。在这以前，毛主席被剥夺了对红军的领导，没有了发言权，这次因为他提出了正确的方针，得到了多数同志，特别是下层的拥护，而错误路线的领导人，在严重挫折以后，已经不知所措，被迫改变了方针。

我们向西进入贵州省的行动，完全出于蒋介石匪帮的意外，把他的主力与湖南军阀的大部兵力，共约四十万人，抛在湖南西部地区，让他们在那里空等着中央红军去自投罗网。

我中央红军进入贵州，犹如猛虎冲进了猪群，打得那些贵州军阀的军队狼狈逃窜。贵州有三个军阀，头号是王家烈，其次为侯之担与犹国材[才]。他们是贵州人民的吸血鬼，把人民剥削得面黄肌瘦，衣不蔽体，被称为“干人儿”，人民自己也这样称呼自己。我们到处遇到人们向我们讨钱：“红军先生，给个钱儿，我是干人儿。”常常见到年轻的妇女，穿着破洞很多的短裤。这是国民党长期统治人民的“德政”的明显成绩。几天之内，我军就消灭了贵州军阀的防守部队和一些地主武装，于十二月十五日占领了黎平县城。城内外群众夹道欢迎，我们在震耳欲聋的爆竹声与锣鼓声中走进了城内。这一带苗族与侗族人民较多，他们长期受汉族地主官僚的压迫与剥削，特别对军阀统治有刻骨的仇恨。我们打垮了这些反动势力，使这些少数民族非常兴奋。我们在各族人民之间进行了宣传工作，深得人民的拥护。红军总政治部命令全军加强群众纪律，并号召每个指战员给苗、侗族人民一件礼物。把没收豪绅的粮食、衣服等分发给他们，缴获敌人的枪支子弹也送些给他们，帮助他们成立起武装自卫组织。

因为敌人的大部兵力没跟上来，情况稍缓和，我军在黎平一边休整，一边部署下一步的行动，中央在这里召开了政治局临时会议，肯定了毛主席指引的正确方针，决定继续向贵州北部前进。在十二月中下旬十多天内，我们占领了贵州东部的许多府城与县城，歼灭与驱散了贵州的各派反动军队，直抵贵州的第一大河，乌江的南岸。

（选自成仿吾著：《长征回忆录》，人民出版社 1977 年版）

长征途中掩护中央机关抢渡湘江

吴西[1]

在王明“左”倾错误的指挥下，我军苦战一年，未能打破敌第五次“围剿”。一九三四年十月十九日，中央军委下令突围。到十一月十三日，我军已连破敌三道封锁线。敌人利用现代化的交通工具，迅速调动部队，沿湘江天险又设置了第四道封锁线。十一月二十八日，我红三军团六师十六团接受了在灌阳县城东北阻击敌人，掩护“红星”纵队（中央机关）渡过湘江的任务。

一

夜色漆黑，阴雨连绵，冷湿的空气，使人喘气都觉得困难。山下的灌阳城，稀疏的灯光若明若暗。枪声紧一阵松一阵，隐隐约约地从远处传来。

这里北去八十多里就是湘江。我们接受了掩护“红星”纵队渡江的任务后，已经在此扼守了两天。桂军白崇禧部欲截断我大军的去路，在灌阳北面的新圩跟李天佑同志的五师接上火，也已经激战两天了。我们扼守的山头不高，远近都是丘陵，无险可凭。好在山林茂密，灌木丛生。富有山地作战经验的李寿轩团长，率领全团一到此地，观察过地形，就下令伐木，做木桩鹿砦，构筑工事。两天来，除去刚到的时候，为迷惑敌人，一营、二营曾出击佯攻灌阳城以外，全团上下都抢着借村里老百姓的柴刀、斧头、铁锹，砍木柴筑工事。大家埋头使劲干活，很少有人说话。

我和团党总支书记黄振堂同志在阵地上巡视，一边跟大家干活，

① 作者时任红三军团第六师敌工科长。

一边做思想动员工作，顺便看看有没有伤员病号。团、营、连的干部都在战士群里，党员们起着模范作用。

李团长迎面碰上我和老黄。他这个人本来话就少，这几天更少开口，他的眼神好像在问我们："部队情绪怎么样？"

"还好！"我也用眼神回答他。

老实讲，从六师成立后，十六团在第三、第四次反"围剿"中，部队的情绪一直都很高。苏区生活缺盐少粮，部队打仗东挡西杀，那么艰难的日子，部队的士气从没低落过。可是第五次反"围剿"以来，窝心透了！仗打了一年，这里硬拼，那里强顶，部队越打越少，包围圈越缩越小。西线广昌一战失利，我们六师的主力十七团几乎拼光了。这种打法，指战员们都很有意见。因为我们的部队从数量上说众寡悬殊，根本就不能同国民党军队硬拼。眼看着，好端端的一个根据地保不住了，红军要转移。可是部队的行动，哪里像个转移的样子！转移到哪里？不知道。只讲"先到湖南再说"。山炮、造币机器，辎重细软成堆成垛，连张纸片都不肯丢。牲口又少，一门炮得百十人轮流抬着。听说全军有几千副担子，光印刷机器就五六百担。浩浩荡荡，慢慢腾腾，四十里也是一天，三十里也是一天，有时候下雨，道路泥泞，一天只走二十多里路。敌人的飞机天天都在头上盘旋、轰炸，后面又有盯着屁股的追兵，搞得我们人困马乏。

从截获的情报看，蒋介石已看出了我们去湘西与二军团、六军团会师的意图了，他电令湘军和桂军沿湘江在零陵至兴安之间布置了封锁线，并且催促尾随我军的薛岳部队紧压上来，形成包围。这道封锁线远非前几道可比，敌人总兵力少说也有四十多万，又有湘江天险，阻住我们的去路。我军号称十万，其实只有八万多人。按中央军委的指示，红一军团做前卫，装备较好的五军团殿后，八、九军团为左右翼，我们三军团保卫"红星"纵队居中。"红星"的行动太迟缓，否则新圩方面不会打得这样苦。

二

山风打着唿哨，抖落了压在树叶上的雨水，摔在人脸上、身上，冰凉冰凉的。入冬多时的寒夜里，我们只穿着单衣，湿漉漉的身上和头上还冒着蒸气。虽然当时是换班做工事，可以轮流休息，但时刻准备敌人上来就打，大家也难以合眼。

决定由十六团在灌阳城北阻击掩护时，师政治部主任欧阳钦同志把我叫到他跟前，对我说："吴西同志，掩护'红星'渡江，至关重要，为加强领导，师党委决定派你带青年干事刘西元同志随十六团行动。"十六团在毛泽东同志领导指挥的兴国保卫战中立过战功，团里战士绝大部分是兴国县人。兴国是老苏区，那里出来的同志大都经过长期革命斗争的考验，政治觉悟很高。所以，十六团的政治思想工作比较好做。我和刘西元同志到十六团，就是协助团里领导做好政治工作的。几天来，我看到从团长、政委、党总支书记，到各连的干部，个个都身先士卒。党支部、党小组活跃地开展着工作。党员、团员都不怕苦、不怕累，斗志昂扬。

我的心里越来越踏实。这样好的干部，这样好的战士，加上在这丛林中精心构筑的工事，在指定时间内，挡住敌人，掩护"红星"过江是有把握的。

三

天渐渐亮了。一条由无数棵削尖的木桩交织成的鹿砦障碍工事筑成了，足有一里多路长。木桩的尖头被柴刀砍过的茬口白森森的，像一柄柄利剑指向山下。

李团长是个不爱表露感情的人。我们一路察看，他心里分明很高兴，却一句话也不讲。我感慨地说："两天两夜，真难为同志们了！"

李团长看看我，吁了一口气，说："铁疙瘩。他们都是铁疙瘩！

咱们没有飞机大炮，只好靠这些鹿砦、壕沟。在这个地方，它们可比飞机大炮还管用。这两天，我们吃了苦头，流了汗。可是为了保证‘红星’安全渡江，又减少战斗减员，少付出些血，我们也只好多流些汗了。你和余瑞祥政委向部队作动员的时候不是都讲啦。”是啊，我们的战士都是不怕死的，打起仗来都敢打敢拼，可是我们这次的任务比敢打敢拼还艰巨。我们在这里多顶一分钟，“红星”就多一分安全啊。

昨天的情报说桂军的两个师正向我们这里移动，离我们已经很近了。果然，天一过午，敌人一窝蜂地拥来了。他们是轻了装的，行动很利索，看样子是急着夺路去截湘江的。

我们埋伏在战壕里，衣服又是泥又是水，紧贴在身上，很难受。干了两天两夜的活，战士们却精神抖擞，没有疲乏的样子。敌人占领了山下的路口，却没有立刻来攻山。他们先派了一个侦察连，摸索着爬上来。爬到鹿砦前，就停下卧倒了。

阵地上静悄悄的，没有一点声响，只有树枝偶尔被山风摇动，树叶沙啦沙啦地，好像山坡上除了树，再没有别的了。

我是广西人，知道桂军打仗不是草包。这一带曾流传两句话：“滇军打仗像绵羊，桂军打仗像恶狼。”滇军毫无战斗力，每人身上有两支枪、一支步枪、一支烟枪。桂军训练比较有素，性格倔强，体格强壮，很能打仗。但是，桂系军队跟蒋介石矛盾重重。从李宗仁、白崇禧到下面的师、旅、团长，没有肯为蒋介石卖命的。红军声振四方，他们晓得红军厉害，虽有蒋介石电令，却自知以桂军（大约三万多人）堵截红军，势若以卵击石，搞不好会被红军消灭，即使不被消灭，也不免两败俱伤，蒋介石若以追击红军为名，驱兵进驻广西，广西就成为蒋介石的天下。所以尽管蒋介石可能给李、白某些许诺，李、白等人仍担心蒋会玩弄“明取西川、暗袭荆州”的伎俩。同时，他们也深怕红军在广西久驻，搞工农割据，建立苏维埃。总之，他们是怕失地盘，想保实力。

“桂军向来爱‘拣洋落’。”李团长观察着敌人的动静，接着又说，“不会轻易拼命。”

没过多久，敌人的侦察连退了下去，大队人马按兵不动。他们可能看出我们早有准备，一时间欲进不得，欲罢不舍。直到黄昏时分，他们也没有正式地发起过一次进攻，最后灰溜溜地掉转屁股“拉差”了。

四

敌人刚走，红八军团六十二团团长马良俊、政委王贵德率部赶到。他们是奉命接替我们的。交接完毕，李团长立刻下令收拢部队，向湘江方向迅速前进。

我们一路小跑地赶到石塘，天已全黑。李团长下令部队停下休息，吃干粮。这时，吃着干粮，团里几个领导加上我开了一个小会。由于“红星”纵队行动比较迟缓，一天多的路足足走了四天。湘军、桂军和背后薛岳的追兵，发疯似地拥上来，湘江两岸的阻击形势很吃紧，我们如不立刻挺进，很可能渡不过湘江，会被敌人消灭。可是部队已经精疲力尽，急需休息，哪怕是睡一小觉也好。反复分析过敌情后，大家意见逐渐一致：渡江则生，休息则无异于坐以待毙。因为我们还在敌人的包围圈里。

团政委老余说：“要告诉同志们，我们的生命不属于自己。革命的道路还长，革命需要我们活着。我们的生路只有一条——走，冲过江去！”

夜幕低垂，伸手不见五指；枪炮轰鸣，震撼着桂北大地。我们向湘江挺进。

“咬紧牙关，渡过湘江！”

“不顾一切，突破最后一道封锁线！”

政工干部活跃的行军的队伍里，全团的人互相搀扶着，互相鼓励着，艰难地但是坚决地向前挺进。有的小鬼实在太困了，让别人牵着手，一边走一边打瞌睡。我也感到很吃力，两条腿像不是自己的一样。可我是师里派到十六团来加强领导的，这个时候，我的表现对部队有影响。所以，我不仅要拼命向前走，还要尽量打起精神做宣传鼓动工作。走着走着，只听身旁的刘西元同志失声叫道："我掉到沟里了！"黑暗中，我摸索着紧抓他的胳膊，使尽全身的力气把他拉上来，也顾不上浑身泥呀水的，又继续赶路。

走啊，走啊，速度越来越慢，队伍越拉越长。不知走了多久，天色渐渐发亮了。突然，前面有人喊："湘江！"真的，一条宽宽的"亮带"横在我们面前了。

五

没有船，只能寻找涉渡点。没等后面的部队上来，侦察排就奉命下水探测水情，寻找涉渡点。其余的人都解绑腿，把它接在一起。

水很急，最深的地方齐胸，如果不拽紧绑腿，就有被冲走的危险。不知是看到胜利就在眼前了，还是天色渐白，人们心里忽然亮堂了，大家又来了劲。各营的指战员，组织得也比较严密。我们就这样一个挨一个，互相照应着，拉着绑腿涉过了湘江。

"终于过来啦！"战士们一个个面带喜色，像在根据地打了个大胜仗一样。真想唱啊，跳啊，欢庆一阵子。可是我们简直连挪一步的力量都没有了。我旁边有个小鬼，又眼睛亮闪闪地望着我，嘴吃力地咧了几下。他是想笑，却笑不出声来。由于形势紧急，同志们凭着革命到底的毅力，这几天硬挺过来了。涉过了湘江，这口气一松，就再也动不了。部队按指定地点疏散在松树林里，有的同志靠着树干就睡着了。

调整好部队，团里的干部正要休息，突然接到报告，红军总参谋长刘伯承同志就在离此不远的地方。李团长也顾不得休息了，立刻带我们去见刘伯承同志。

“啊，你们过来了！”刘伯承同志又惊又喜，“三军团部以为你们被敌人拦阻不能过江了。军委转来三军团的两份电报，正在查找你们的下落呢。部队伤亡怎么样？”

“报告首长”，李团长说，“我团无一伤亡。”

刘伯承同志握着李寿轩同志的手，十分欣慰。他简要地讲了整个战役的情况。李天佑同志的五师，三千多人的两个团，总共剩下不到一千人了。我们六师十八团还没消息，吉凶未卜，只我们十六团没受损失。

正讲着，敌人的飞机来了。他们没发现我们，在江两岸狂轰滥炸了一阵子就飞走了。

李团长把我们执行阻击任务的经过向刘伯承同志作了简要汇报，并遵照刘伯承同志的指示向三军团首长彭德怀、杨尚昆同志发报：

“十六团无一减员渡过湘江……”

（选自《革命回忆录》第13集，人民出版社1984年版）

阻击在湘江之滨

何诚[①]

一九三四年十一月底，我们三军团第五师在广西灌阳的新圩附近，阻击广西敌人，掩护中央纵队渡过湘江。

战斗已经进行一天了，我们的阵地，到处都被敌人打得稀巴烂。第一道工事，连影子也没有了；山上的松树也只剩下了枝干。谁也记不清已经打退了敌人多少次进攻，大家记得最清楚的是黄冕昌团长对我们的指示：我们背后就是湘江，我们这座小山，是全团的前哨阵地，我们要坚决守住它，保证中央纵队顺利渡过湘江。

第二天拂晓，更激烈的战斗又开始了。进攻我们的是装备精良、兵力十倍于我的白崇禧部队。虽然如此，但是敌人仍没有得到便宜，从拂晓到中午十二时，十多次进攻全被我们打垮了。

我们的伤亡也愈来愈多，第二道工事，又全被敌人的炮火摧垮了。为了保存有生力量，经上级批准，我们主动撤到山顶上最后一道工事里。

正在这时，黄团长冒着敌人的炮火，来到了我们的阵地。他和往常一样，穿着一身褪了色的军装，一双草鞋，腰上挎着个黄瓷缸。他那黝黑的脸上，显出了指挥员特有的那种既很劳累又不易被人察觉的神色。看见我，他第一句话就关切地问："同志们现在怎么样啦？情绪都好吗？"

"全连只剩下六十多人了，还有十多个彩号。但大家情绪还蛮高，都有决心守住阵地。……"我简单地向他报告。

黄团长扫视了整个阵地，略略考虑了一会，便直看着我，严肃地说，"现在离黄昏还有五个多钟头，后续部队能不能渡过江，就决定

① 作者时任红三军团第五师第十四团连指导员。

在你们能不能守住最后一道工事了！”

“我们一定坚决守住！”我响亮地回答。团长满意地微笑了一下，接着又具体指示了一些打法，便带着警卫员到前沿阵地看战士们去了。

我们刚按照团长的指示调整完部署，通信员提着一个米袋跑来，一见我就说：

“指导员同志，我捡到一袋炒米，你把它吃了吧！你已经两天没有吃饭啦。”

一提起两天没吃饭，倒真觉得肚子有点饿了。但想到同志们也两天没吃饭了，我便对通信员说：

“你把它送给团长和战士们吃吧，我不饿！”

通信员跑了一圈又提着米袋回来了，一见我就嘟哝着，诉苦似的说：“团长也不肯吃，他说他不饿，战士们还要坚持战斗，应该让战士们吃。我拗不过他，又把袋子提到班里去，可是推来推去，谁也不吃。”他把米袋往地上一放，“你处理吧，指导员，我没办法。”说完转身就走，我连忙叫住他，要他分一下，每人都要吃一口。看着通信员分炒米去了，我脑子里却浮起了团长的影子：他是广西人，贫农出身，打起仗来总是到最前面来指挥。对待部属和战士一向都是有说有笑的，非常亲切。但是，当他看到了你的错误，他立刻就会开门见山地、严肃地给你指出，并亲自帮助你改正。记得我当排长的时候，有次教战士动作不耐心，黄团长看见了，走过来说：“教战士不要急躁，要多做给他们看。”接着便马上要我示范。他一直看着我把战士们都教会了，又热情地拍着我的肩膀说：“小鬼，真行。”我们刚吃完炒米不久，一千多敌人又向我们逼近了。在团长的指挥下，连长亲自带领两个机枪班向敌人侧后迂回过去，我们一声不响地伏在工事里。敌人见我们一枪不放，便一个劲朝上爬。等他们爬到离我们只有二三十米时，我大喊一声，一排手榴弹便飞进敌群爆炸了。敌人一乱，我们所有轻、重火器一齐怒吼起来。顷刻间，敌人就像高山顶上的草堆遇到了大风暴，一个紧接一个滚下山去。就在这时，连长带领的两个机枪班已经迂回到敌人后面，他们的机枪像雨点一样朝着敌人扫射，敌人最后终于败退下去了。

敌人刚垮下去，团长从重机枪掩体走出来。我向他报告：出击的两个班只回来十二个同志。连长牺牲了。他沉默了一会，像是竭力在思索下一步必须做的事情。接着，他要我组织部队从敌人尸体上捡弹药，准备再战，自己又到最前面的工事看战士们去了。当他走到轻机枪阵地时，一颗子弹打在他的腿上。我们急忙给团长包扎好后，劝他回团部去，可是被他拒绝了。

“我们一定能完成任务。人在阵地在，请首长放心好了！”我看团长有点不放心，于是向他保证说。但团长说：

“不，我不要紧。我在这里便于指挥，也好和友邻部队联系，现在情况紧急得很，不要谈别的了，我们赶快来研究一下战斗部署吧！”团长不要我们再说下去。又领着我们研究下一步的打法。

根据团长的判断：敌人从正面是冲不上来的；左侧有友邻部队十五团的火力支援，要冲上来也很困难；唯有右侧因为一些自动火器都调到我们这儿来了，火力较弱，可能成为敌人攻击的重点。因此他吩咐我们把大部分轻重火器立刻调到右侧，左侧只留一个排长带两个班在那里守着。

果然不出团长所料，五时左右，两千多敌人像羊群似的从右侧冲过来了。但是当敌人刚翻过一个小山坡时，立刻遭到了我们密集火力的封锁，始终不能前进一步。敌人也非常狡猾，接着另一股敌人又从左侧上来了。这时，团长立即命令我带着部队向右侧敌人打了个反冲锋，又趁机抽出了部分火力去支援左侧。我们把右侧敌人稍稍压退后，因寡不敌众，只得退进工事坚守起来。坚守在左侧的战士们，由于及时地得到了团长从右侧调来的火力的掩护，在排长钟彬率领下，也向敌人发起了反击，敌人被打垮了。就在这时，忽然一个战士急急地跑来报告说：“团长牺牲了。”我一听愣住了，简直不相信这是真的，就立刻赶到团长身边。团长躺在血泊里，战士们围在他的身边，像要把他唤醒一样的呼叫着，可是他已经停止了呼吸，同志们都哭了，我也禁不住流出泪来。正在这时，敌人又冲上来了，我一面派几个战士把团长的遗体运走，一面带领大家向敌人发起了反击。战士们一句话也没有讲，端着刺刀冲进敌群就猛挑起来，不一会工夫，敌人又被打垮了。战士们刚要追下山去，营部发出了撤退的信号，它表明我们已经光荣地完成了阻击任务！我们强抑着心中的怒火，停止了追击，怀着对团长和战友们的悼念，怀着对敌人的无比仇恨，又走上了新的征途！

（选自《星火燎原》选编之三，战士出版社 1980 年版）

紧急渡湘江

李雪山[①]

已经是十月的天气了，中央红军远征到达湘南的湘江。野战军前部已过去，只有五军团还在离湘江百五十里的地方，掩护整个野战军渡江。这时桂系军阀已经追上来了。五军团每天打掩护，走夜路，急行军，受风寒，饿肚皮，加上天空敌机的轰炸，地上敌人四面八方的攻击、迂回包围，处境是非常艰苦的。但是最英勇最顽强的十三师，依然能抗战到底，使敌人无可奈何，掩护全军安全地渡江。

这样和敌人打了大半天，太阳西斜了。十三师才开始撤退，向着湘江前进。走了五六十里，已经是夜晚九点钟。才说要宿营做饭吃（一天都没有吃到饭），前面又传来："敌人积极向湘江我军渡口进攻！"这里十三师离湘江还有九十里。

为了争取渡江的胜利，虽然打了一天仗，已经走了五六十里路，没有吃到一顿饭，但最能忍受这样艰苦的阶级战士们，在一个动员之下，把自己的东西完全牺牲了，只背着枪械、子弹、炸弹，个个抱着"无论如何要过湘江的决心"。

天色苍茫，黑幕笼罩着大地，沿着高高低低的大路，十三师紧急向着湘江前进了。"不掉队！""不落伍！"一口气跑了九十余里，天还未亮，已经到达湘江江边。湘水悠悠地流着，秋风凉气袭人，但是阶级战士们，不管水凉流急，大家毫不犹豫，把鞋袜脱去扑通跳进水里。江水冰凉入骨还听得"哎呀来！……""嘻、嘻、嘻！"的战士们唱出的兴国山歌和欢笑声，他们心里说：争取渡江胜利了！

太阳东升了，映着湘江通红，隔江的敌人哪里能追得上呢？又走了二十多里，这里还没有吃到饭，北面的敌人（何键的）来得好

---

① 作者时任红五军团第十三师政治委员。

快，已经赶到我们的渡口来了。百战百胜的、钢铁的、无敌的五军团十三师，还是打起精神，忍饥挨饿地，一面抵抗，一面西进，这样又经过一天一夜的奋斗，终究使敌人掉了队，落在后面了。

（选自《中国工农红军第一方面军长征记》，人民出版社 1955 年版）

血染湘江

莫文骅[①]

风萧萧兮赣水寒。

一九三四年十月中旬，由于第五次反“围剿”战争的失利，中央红军和中共中央机关八万五千人，被迫离开中央苏区，实行战略大转移，踏上向西突围的征程。当时我们虽然意识到要突围，但并不知道这就是长征的开始。

十月十七日，我赶到古龙岗向红八军团政治部报到后，便跟随部队强行军。因时间紧迫，罗荣桓主任只好边行军，边向我介绍部队情况。

八军团是同年九月在兴国集贤圩由扩大来的新兵编成的。下辖二十一师、二十三师，共七千余人。军团长周昆，政委黄甦，参谋长唐浚。为加强领导，中央还派刘少奇同志担任军团党代表。该军团二十一师原配属江西军区，还打过几仗。而二十三师则全是新兵，尚未上过战场。周昆和黄甦两人原在一军团时分别为师长和师政委，罗荣桓同志原是红一军团的政治部主任。

行军步子在逐渐加快，当部队向西跨出苏区边界时，大家不断地回头，凝望着中央苏区的山山水水，不胜留恋！

十月二十二日，我们从赣州以南的王母渡、立濑圩之间渡过桃江，便进入了白区。这时，前面有敌人堵击或民团骚扰，后面又有追兵，两侧还有夹击之敌，加上空中敌机的轰炸扫射，行军更为艰难，几乎天天要打仗，得不到休整机会，遇到不少新的情况和问题。我们政治工作机关，不仅要做部队的思想政治工作，而且沿途还要向群众做宣传，工作繁忙，经常迟睡早起，很少休息。

---

① 作者时任红八军团政治部宣传部长。

本来，红军的团级以上干部都配备有牲口，而我的马在来古龙岗途中留给当地苏维埃政府了。到八军团后，看到部队刚刚组建，没有什么家当，要从别处抽出一匹马给我确不容易。因此，自己不便开口提出要坐骑。我天天跟着队伍徒步行军，翻山越岭，有时天下雨，道路泥泞，一不小心就滑步跌倒，弄得满身泥浆。开始，每天行军总是说翻过前面那座山就到，无论如何要坚持到目的地就好办了。谁知部队越走越远，越走越快。走了十几天，一边工作一边走，体力渐渐支持不住，脚开始肿了，只得拄根棍子，一瘸一拐地赶路。我想，过去多大的困难都克服了，现在，也要以坚强的革命毅力，战胜脚肿行军的困难。

又走了几天，队伍经过广东边境进入湖南。一天早上，部队正在集合，我刚来到集合地，就听见有人喊道："莫部长！"转头一看，原来是罗荣桓主任。我赶快跑过去，他高兴地对我说："党代表刘少奇同志送给你一匹马。"说着，他马上引我去见刘少奇同志。

见到刘少奇同志，我敬了一个军礼。他和蔼可亲地对我说："你不是没有马吗？你的脚肿了，工作又忙，前面的路还很长，你就把这匹老黄马牵去用吧！"

我听后十分感激地问："党代表，这匹马给了我，那你怎么办？"

他笑微微地答："昨晚，部队打土豪，搞来一匹大骡子，送给了我，我的行李多些，还有书籍，骡子力气大，我把它留下了，这匹黄马就多出来了。"他停了一下，又接着说，"这匹黄马是我从瑞金骑来的，马虽老一点，但还健壮，又老实，走路小心，记性好，还有不少优点呢！"

我哪能要党代表的马呢？便推让说："党代表，马还是你留下驮行李，或者换着骑吧，我另想办法解决。"

少奇同志马上认真地说："我不需要两匹马，现在，你的脚肿了，比我和其他同志更需要马，不要再推了！"

站在旁边的罗荣桓主任也插话说："快要出发了，党代表决定给你，你就要了吧，我帮你找了好几天，都找不到呢！”

在当时困难的情况下，少奇同志送给我这匹马，确是雪中送炭，这不仅是对干部无微不至的关怀，也是对我们工作的支持。我向少奇同志感谢了几句后，就告诉饲养员老张把黄马牵走。这匹黄马昂首摇尾，嘶鸣几声，好像是在向党代表告别。

我有了这匹马，如获至宝，爱护它，喜爱它。在频繁的行军战斗中，这匹马和我的生命是连在一起的。平时我尽量少骑它，宁可自己多走路，也不使它过于劳累。我每逢要骑它时，总要拍拍它的脖子，摸摸它的鬃毛；到了宿营地，也要对饲养员交代几句，慢慢遛它，好好喂它。有了它，我可以在队伍里跑前跑后，做宣传鼓动工作更方便了。

部队仍一个劲地向西。这支没有经过战火锻炼和严格训练的队伍，不仅战斗力较差，行军也缺乏经验。凡老部队旅次行军，约十公里一小休，二十公里一大休，快到宿营地时，再加一把劲。而我军团这些新兵，出发时一个劲地走，该休息时也不休息，最后没有劲了，累极了，一头躺倒在路旁便呼呼睡着了，怎么喊也喊不醒。这样，掉队或开小差的人也渐渐多起来。加上这些新兵家乡观念较重，他们出来参军，是为保卫土地革命的利益，而现在部队却远走他乡，不知部队要开到什么地方去，连我当宣传部长的也不知道，问政治部主任，他也不大清楚，这便缺乏政治动员力量和说服力。我们每天只能强调反对阶级敌人，宣传打倒国民党反动派，打倒土豪劣绅，当红军光荣，革命最后一定胜利，号召大家在共产党领导下，发扬吃苦耐劳精神，注意群众纪律，坚持斗争到底。至于战士的困难问题，尽力给予关心，有些可以解决的，设法帮助解决，有些不能解决的，就讲清道理，号召大家来忍受。

罗荣桓主任经常指示我们说：“做政治宣传工作，不能光靠讲大道理，更不能靠哄骗，而是要靠党支部的堡垒作用，靠党员、干部的模范带头作用，靠深入细致的思想工作，只要向战士们讲清革命道理，关心战士生活，爱护战士的身体，千方百计让大家吃好睡好，战士们是会跟党走的！”罗荣桓同志这种扎扎实实的工作作风，给我留下深刻的印象。

大约走了一个多月，至同年十一月下旬，红军经过艰苦转战，连续突破敌人三道封锁线，来到湘桂边境。敌人利用波涛滚滚的湘江，构筑了第四道封锁线，由粤军、湘军、桂军分别严密防堵和包围我军。这是敌人经过精心部署的最后一道封锁线。后面尾随红军追击的周浑元部追得很紧，右翼有何键部刘建绪率四个师与薛岳率一个纵队扼守全州；左翼有广西李宗仁、白崇禧的军阀部队从桂林开至兴安、灌阳以北一带，形成一个钳形攻势。蒋介石在湘江这道天然屏障面前，调集了近三十万大军，沿江一侧修筑了许多碉堡。他认为中央红军流徙千里，四面受制，“不难就擒”，手谕前线各部队“力求全歼，毋容匪寇再度生根”，红军处境十分险恶。

我军团从古龙岗突围开始，便在左翼跟随红三军团与在右翼的一军团、九军团担任掩护中央纵队和军委纵队行军的任务。

一天，敌机投掷炸弹之后，撒下了一些传单，传单上叫嚣：“共匪们，我们奉总司令的命令等你们好久了，请你们快来！来！来！来！来进我们安排好的天罗地网！”

我知道这又是一场恶战。

十一月二十八日，军委突然电令我红八军团从湖南道县附近插入广西灌阳县水车地区，与红三军团六师取得联系。由于周浑元部紧跟在后面追击，故绕道返转去，再从道县前进。情况十分紧急，部队已来不及动员，便出发了。连侦察员也没有派，只派一个尖兵排在前面边搜索边前进。我们日夜兼程走了两天两夜，没有吃，也没有休息。那时，追我红军主力之敌与我红八军团只隔十多公里，正同时平行前进。因我们有战斗任务必须迅速摆脱敌人，故不管三七二十一，冒着敌机的轰炸和地面敌人的袭击，拼命前进。

三十日午夜，我军团到达水车宿营，三军团六师已奉命赶往湘江，而与我军团不期而遇的是担负全军后卫的五军团第三十四师，于是，我军团无形之中也成为全军的后卫之一。对于我们这支新部队来说，是一副过分沉重的担子。

拂晓，银霜遍地，秋风萧瑟。我们迎着晨曦，尾随红九军团从左翼往湘江岸边前进。五军团三十四师留在水车掩护。

当我红八军团在奋力前进时，听到右翼剧烈的枪声，空中飞弹如雨，知道右翼的主力兵团正在突破敌人的封锁线。接着，从水车方向又传来了枪声，知道三十四师抗击追敌的掩护战斗也开始了。

我军团跟在红九军团后面旅次行军，相隔只有一个小时路程，起初听到前面有一些零碎枪声，不知究竟。罗荣桓主任对我说："你对广西情况较熟悉，到前面去了解情况。"我接受任务后，便骑着马随尖兵排走在前面。走着，走着，突然，只听"砰！啪！"几声枪声，继而"哒！哒！哒！"响成一片，步枪和机枪从前方百米山腰丛林中打来，在我后边的尖兵排梁排长负伤了。我的马鞍也中了一弹。我立即跳下马，协助指挥队伍就地散开，攻击前进。过一会，前卫团长很快赶了上来，侦察敌情，指挥部队占领阵地。这时我也搞清了情况。

原来，红九军团走过一个多钟头后，一支广西敌军从灌阳方向插过来，开始听到的零碎枪声，就是他们打九军团掉队的同志。

我们必须击退前面之敌，扫清障碍，才能继续前进，不然，后头的追敌，将三十四师压下来，我们就前后受敌了。于是，军团首长下令强攻。但敌人已先占领了主要阵地，其后援部队又纷纷赶到，人数有多少，不很清楚，看来，我们难于短时间内消灭敌人。那时，九军团已走远了，右翼枪声亦已稀疏，而且越打越远，估计冲破敌人的封锁线了吧，若我们不尽快扫清道路，其处境是很危险的。

下午三时，敌机飞来了，低飞离地面只有三百余米，俯冲时用机枪往下扫射。我军除战斗部队外，行李、伙食担子、马匹、担架等分散在山上，到处寻隐蔽的位置。敌机更逞威风，其机关枪不断往下扫射。

此时，后面三十四师的枪声大作，这是我们最后一次听到这个师的声音。

我军团且战且走，有时敌我几乎搅在一起，敌人的追兵曾离军团指挥机关几十米。罗荣桓主任常和机关人员一样，掏出手枪直接参加战斗。

暮色降临了。看情况，我军团已不能从正面通过，但如何追赶主力呢？从前方渐远的枪声和飞机在较远上空盘旋的情况判断，主力与我军团相隔已有好几十里，我们必须迅速从侧方去会合，不然，天黑了更难以行动。于是，军团决定把机关的行李、伙食担子、马匹等集中起来先出发，战斗部队与敌人对峙一阵后撤回，急忙沿着先出发的后勤部队方向前进。

在朦胧月色中，精疲力尽的战士们跌跌撞撞地走着，边走边打盹，肚子饿了，只能靠身上带的一点干粮充饥。远处不断传来枪声，部队不敢停下休息。战士们越走越心急，步伐却越走越慢。队伍越走越稀，掉队的越来越多。就是那些鼓动别人前进的宣传员，自己也走不动了。我随战斗部队徒步行军，也已经疲劳至极，两脚又开始肿起来。我只得拄着棍子，咬着牙赶路，再累也不敢停歇一步，生怕跟不上队伍，且一休息，就难再站起来。就在这样极度紧张、极度疲劳的情况下，我们走了五十多公里路。至拂晓时，来到一条马路边的平坝子，四面火光，好似有许多部队在宿营。我们分析，可能是先出发的后勤部队，但未见哨兵，又觉得奇怪。再走，听见一匹马在路旁向我嘶鸣了几声。我转眼一看，啊！原来是少奇同志送给我的那匹老黄马，正向我招呼呢！少奇同志曾说它记性好，看来确是不差。我高兴极了，赶忙走过去，又看见饲养员老张正在路旁睡觉，我立即叫他起来，询问有关情况：

“你们先出发的同志都在这里吗？”

“不，伙食担子休息一会又走了！”他睡眼惺忪地回答。

“你呢？”

“我在这里等你！还有军团首长的饲养员也一起在这里等你们！”

“附近有什么部队？为什么四周有这么多火光？”

“没有，都是掉队的！”

“喂过马吗？”

“已吃过草料，也饮过水了！”

“赶快走吧！”

我督促周围掉队的同志上路后，便立即骑上马往前奔去。停留在这里是很危险的，敌人会很快追来的。

老黄马很有精神，“嘚、嘚、嘚”地在大路上有节奏地走着。早已疲劳万分的我，坐在马上，摇摇晃晃，感到很舒适，边打盹边想，真要感谢少奇同志给我这匹马，如果没有它，我脚肿走不动，可能要掉队；如果不是饲养员老张忠诚待我，哪能把马放在路边等我；如果不是这样一匹记性好的马，又可能失之交臂，过而不知，那也就很可能脱离不了危险的处境！

大约又走了十多公里路，来到离湘江边二十公里的一个小镇，天已放亮了。狗吠鸡鸣，似催着熟睡的人们早起，可我们连续走了一百多公里路尚没有合过眼呢！

小镇的街道平直，也较干净，有些同志都想躺下睡一觉再走，但此镇不是久留之地。据了解，主力已渡过了湘江，我们必须迅速赶到凤凰嘴渡口渡河。

一出街口，在初升的微红的太阳映照下，看到马路旁边满地的书籍文件，一片狼藉，里面有《列宁主义概论》《马克思主义政治经济学》《土地问题》《中国革命基本问题》《步兵操典》，还有许多地图、书夹、外文书籍等。有的书原封未动，有的扯烂了，有的一页一页地散落满地，溅满了泥浆，这是红军的运输人员从瑞金艰难搬运来的图书馆的书籍，也是我们的思想武器及战斗中所必需的材料，现在不得不扔掉，烧了，真是可惜呀！我自己从中央苏区带来的两捆书籍、文件仍挂马背上，还是不舍得丢掉。

马路上行军，本来是好走的，但是，战士们太疲劳，太饥饿了，且走惯山路的人走平路反而吃力，觉得二十公里路太远了，膝盖疼痛难忍，每前进一步，都要使出全身的气力。有的战士走着走着，一头倒在路旁便呼呼睡着了，我们叫醒这一个，那一个又躺下了。各连队的政工人员，沿途利用可能利用的时间，向战士们进行宣传、解释、鼓动，说明我们的处境，抢渡湘江的重要性和我们担负的任务，指出我们仍处在敌人重围之中，必须尽快赶到渡河点，抢渡湘江，否则就会被敌人截断去路。据了解，原担任殿后的三十四师已另走别路，不在我们后面，殿后的便是我们八军团了。

我们忍着饥饿和疲劳，走到离凤凰嘴渡口约几公里的广西境内时，头上出现了敌机，沿着公路向我们队伍投弹、扫射。而公路两旁没有隐蔽地，也没有时间允许我们停下隐蔽，为了抢时间，我们只能冒着敌机的扫射和轰炸前进，再没有比在这种险境下行军更困难、更危险的了。大家都抱着最大牺牲的决心，生死存亡，全不顾及。沿途有不少同志牺牲在敌机的轰炸、扫射之下，敌机只能夺去我们一些人的生命，但并不能最后解决战斗。

在公路两旁附近，还有其他零星部队不断向凤凰嘴渡口急进，这表明渡江尚未完毕。担任掩护的我红八军团至此再不能前进了，遂急急忙忙地布置了警戒，准备迎击追来的敌人，以掩护尚未渡过江的部队。

布置好警戒后便安排煮饭吃。不知伙食担子到哪里去了，各单位只好派人煮。没有菜，没有盐，也没有碗，大家用帽子装来吃。

饭还没吃完，敌人就从旁边插过来了。我们把帽子里未吃完的饭包起来，立即拿起武器，登山抵抗。这时，前面的部队均已渡过湘江，我们的掩护任务已经完成，便边打边撤，向渡口前进。

十二月一日中午，我们军团终于赶到湘江边的凤凰嘴渡口。大家看到了波光粼粼的江水，心里稍松了口气，因我们到底抢在敌人的前头赶到湘江。

凤凰嘴渡口是湘江的上游，江面有百多米宽，江水不深，可冰冷砭骨。我们刚到江边渡口，后面传来追敌的枪声。敌机又在渡口上空轮番轰炸、扫射，江面激起了一股股水柱，渡口临时搭起的浮桥已被炸断。我们便立即冒着弹雨冲进江里，徒涉渡河。我和军团机关及二十三师部分同志走在前头，到了河心处，水淹没到腋下，大家举着枪和行李，奋力向对岸移动，个子矮小的仅在江面露出个头来，有的女同志趟[蹚]不过去，便抓住骡马的尾巴渡过去。在抢渡中，不少同志中弹倒在江里，被湍急的江水卷走……

刚到对岸边，敌机又俯冲过来，我们在沙滩的洼地卧倒，待敌机投弹、扫射过后，疾步冲进岸边的一片茂盛的树林里。我从中央苏区带来的书籍、文件，在这次渡江时全部丢失了。

江东岸的枪声越来越激烈，我们在树林里继续向前奔跑。此时，敌人已追到江边，我军团未过江的部队与敌人进行几次激烈拼杀，损失很大，建制也被打乱，大部同志过不了江。

入夜，我们在山凹树林处停下露营。看着周围的同志，许多熟悉的面孔不见了，我心里感到非常沉重，虽然疲惫不堪，但总是睡不着，眼前浮现着那些倒在江里，曾同甘共苦过的战友。

第二天早上整理队伍，我军团的二十一师几乎全部损失，二十三师也严重减员，全军团剩下不足两千人。整个红军部队在这次战役中伤亡也十分惨重，元气大伤，还有相当多的同志身体不支掉队了。三十四师为掩护我军渡湘江，而被敌截断，垮掉了。此时红军和中央机关人员已从八万多人锐减至三万多人。湘江战役是长征途中战斗最激烈、最残酷、损失最为惨重的一次战役。但是，我英勇的红军指战员，在敌我力量悬殊的情况下，以压倒一切敌人的英雄气概，浴血奋战，血染湘江，苦战一个星期，终于胜利渡过了湘江，突破了敌人的第四道封锁线。

我军渡过湘江之后，进入西延山区，前进在连绵起伏的崇山峻岭之中。真是往后看血迹斑斑，往前看是云山茫茫。

本来，红军总部拟在西延地区休整一两天，然后向湘西前进，与贺龙、萧克率领的红二、六军团会合，但敌人已于十二月二日、三日占领了界首、资源一线，全州的敌人也紧迫上来，将红军紧紧缠住，另外，蒋介石也急调湘军向新宁、城步、武冈一带转移，妄图配合桂军，前堵后追，于湘桂边境歼灭我军。在这种情势下，我军决定尽快脱离敌人，放弃从西延地域出湖南城步的打算，向西深入越城岭山区。

我军团开始于胡岭一带负责警戒全州的桂敌。十二月六日，奉命同红五军团向兴安县的越城岭山脉前进，担负扼守老山界各隘口的后卫任务。

老山界，是越城岭山脉的中段分支，耸立在湘江西岸，是湘、粤、桂边有名的五岭之一。其主峰猫儿山，海拔二千一百四十一米，是越城岭的最高峰，也是五岭的最高峰。上下有四十公里路，所谓路，也仅仅是直上直下的羊肠小径。远远望去，像一条细长的带子，挂在犬牙交错的悬崖峭壁之间。其地势险要，森林茂密，瀑布飞溅，浓雾弥漫，气候瞬息万变，人们视为畏途。我军团和五军团，作为全军的后卫，以要道隘口为屏障，居高临下，使敌人不敢轻进。

由于山高路陡，大军拥塞于途。当晚，主力未能通过，战士们只能就地露宿在山壁曲曲折折的小径上。至第二天下午，主力攀过老山界后，我军团和红五军团一边迟滞追来的桂军，破坏来路，一边开始翻越老山界。

这确是长征以来最难走的第一座高山。走至靠近主峰猫儿山时，山路更加险陡难爬。除了要通过由几根圆木架成的又滑又晃、使人头晕目眩的栈桥外，还有百步陡、雷公岩、三跳等十余处险地。所谓百步陡，又叫一百零八步，是在七十多度的陡壁上，凿下了一百零八级的石阶。我们上山时，后面的人的嘴巴可以碰到前面人的脚跟，下山时，后面的人的脚会踩着前面人的头顶，石阶的一边是数十丈的深渊，令人生畏。尤其是雷公岩，它以九十度的角度拔地而起，在直立的峭壁开凿出来的石阶很狭窄，一次只能爬上去一个人。所有的伤员来到此岩，都必须离开担架，由人搀扶着缓慢攀登上去。有的不能离开担架的伤员，只能留下来。在此岩下，摔死了不少骡马，没有摔死的马匹发出痛苦的嘶鸣。红军指战员以惊人的勇气和毅力，发扬互相关心、团结互助的精神，终于胜利越过这些险道。我们到岩顶四望，真有“一览众山小”之感。当地群众得知我们红军是从老山界过来时，无不感到惊讶。

我们翻过老山界后，即进入龙胜县境。其山势未见平缓，前面仍是一望无尽的群峰。这里是人烟稀少的苗族聚居区，人们都称它为大苗山。这些苗胞住在人迹罕至的山沟里，过着极端贫困的生活。由于民族隔阂和国民党反动派的造谣，许多苗胞听到红军到来时，都先逃到深山去了，这就给我们筹粮工作增加了困难。罗荣桓主任指示我们说：“这里是苗族聚居区，告诉大家千万要注意纪律，不要拿群众的东西。群众不了解红军，也听不懂我们的话，若他们看到我们就跑时，我们不要追，也不要喊，更不能开枪。我们要用自己的模范行为影响、宣传群众，有困难要咬紧牙关克服，两三天后通过这个地区就好了。”

根据罗荣桓主任的指示，我们政工人员大力开展宣传鼓动工作，教育部队严守群众纪律。有时搞不到粮食，大家饥肠辘辘，忍饿行军，情绪仍很高涨。

山路，依然是那样陡峭。那些背着笨重通信器材的无线电队和扛着大炮的炮兵们，个个大汗淋漓，不停地喘着粗气，吃力地往上爬。为了保证器材的安全，防止山路崎岖而摔坏，他们把器材捆在背上，抱在怀里，提出“人在器材在”“人在大炮在”的口号，有的肩膀磨破了，有的因饥饿、力竭而昏倒。他们个个是英雄好汉！

走出了大苗山区后，队伍陆续离开广西龙胜县境，向湖南边境的通道县前进。那里仍有不少桂林式的小山。沿途虽有敌机在上空侦察，但空中威胁已大为减轻，大家也懒得理睬它了。

十二月中旬，我军攻占了贵州省东部的黎平县。中央政治局在黎平召开了会议，讨论了红军的行动方向问题。部队利用此机会进行休整。这时，大家才能较放心地睡觉，这是从中央苏区出发以来最难得的休整。

“四川的太阳，云南的风，贵州下雨像过冬。”贵州山区雨多，气温低，寒气袭人。我从中央苏区带来的衣服，经过两个多月的行军作战已经磨得破破烂烂了，沿途又得不到补充，很多人都没有棉衣，现在天气冷了，大家不得不把带来的家当都穿在身上。

有民谚说：贵州“天无三日晴，地无三尺平，人无三分银”，情况确是如此。贵州到处种植鸦片，人们吸毒成瘾，变得痴呆，丧失劳动能力。他们住的是用泥土和茅草、木板条盖的房子，屋顶盖着稻草。男人只在下身系一条遮羞的布带，有些少女连这样的布带都没有，赤条条地在地里干活，当地农民几乎都是赤贫如洗。

在休整期间，我们从军团首长那里听到了黎平会议的主要精神，知道中央已决定放弃与二、六军团会合的计划，改向敌人力量较薄弱的川黔边界发展，拟在遵义一带建立革命根据地，这样，北可以与川陕根据地的红四方面军呼应，东可以与二、六军团配合，四面都有回旋余地。我们听后觉得眼前开阔了，对革命的前途充满胜利的信心，但那时，还不知道这是毛泽东同志的主张。

由于红八军团在湘江战役中严重减员，建制不全，丧失战斗力，故中革军委于十二月十八日在黎平命令撤销八军团建制，把现存的部队并入红五军团。刘少奇同志回中央，周昆、黄甦、罗荣桓同志另分配工作，我被调到总政治部待分配工作。

我觉得红八军团从成立到撤销，这里面反映了一个建军方针的问题。本来，在中央苏区扩大来的大量新兵，应该补充到主力兵团去，而“左”倾冒险主义领导者为了追求增加部队的番号，却另外成立那些没有骨干和基础的新部队，这样，主力部队得不到补充，越打越少，削弱了战斗力，而新成立的部队又因缺乏骨干力量，战斗力不强。这在建军方针上是一个深刻的教训。

黎平会议后，为贯彻中央新的行动方针，我军沿着黔境剑河、镇远、施秉、余庆和台拱、黄平、瓮安一带横扫过去，在薛岳、周浑元等部十多万大军追击下，于一九三五年一月初，胜利突破了乌江天险。接着，又攻占了贵州古城遵义。这可说是新年开门红！

（选自《莫文骅回忆录》，解放军出版社 1996 年版）

青山绵绵情意长

朱振中[①]

我有个习惯，总喜欢亲自缝洗红领章。每当我抚摸那红彤彤的领章时，心情总是久久不能平静，总要联想起那艰难征途中千千万万冲锋在前、血染国土的革命先烈，以及在死亡线上想方设法救护我的战友和亲人。随着年岁增大，思念先烈和战友、亲人的情感愈益强烈。其中，使我更加难以忘怀的是长征途中救护过我的亲人——铁匠粟传亮一家。

那是一九三四年十二月，中央红军长征途中发生的事。为突破国民党反动军队的第四道封锁线，十二月五日，红军在广西全州同敌军展开激战。当时，我在红一军团一师三团八连当班长。那天，红军面临数倍敌军的包围，但红军战士临危不惧，个个顽强冲杀。在一次冲杀中，敌军的子弹打穿了我的左脚踝，鲜血直流，使我失去平衡突然摔倒在地，当晚被转送到救护站后便昏迷过去。第二天清晨，我被枪声惊醒，才发现部队已经转移，我们一百多个重伤员被留下了。情况危急，我们不能等着当敌人的俘虏，只好各自分散行动。我拖着肿得发木的左脚，咬紧牙关，爬行在山路上，寻找部队。傍晚时，我爬到一座大青山脚下。这时左腿已经肿得老粗，再也爬不动了。正好碰到一个后卫部队的炊事员，他给我吃了点东西，又找了两个老百姓临时做了一副简易担架，请他们把我送到前面部队去。我一上担架就昏睡过去了。哪知这两个原来是歹徒，他俩把我抬到山腰后，趁夜晚无人，用草绳死死地勒住我的脖子。我惊醒过来，挣扎了一阵又昏迷过去了。他们以为我死了，把我身上的一点钱和背包抢劫一空，就跑掉了。大约半夜，寒风使我苏醒过来，这才发现，

① 作者时任红一军团第一师第三团第八连班长。

我是孤零零的一个人躺在崎岖的山路上。怎么办呢？能躺在这儿等死吗？不，决不能！革命战士绝不能向困难低头，只要还有一口气，我就要去赶部队。我忍着剧痛，拖着疲惫无力的身子，艰难地向山顶爬去。

十二月八日下午，经过两天多的搏斗，也不知摔了多少跤，流了多少血，总算翻过了大青山，爬到山脚的一座桥头边。我正想喘口气，忽然发现桥板上写有“建昌”二字。这是我们部队的代号，我高兴得忘记了脚伤，一下子站起来，想跑上桥去，可是伤脚支撑不住，使我又摔了一大跤。伤口的血水和着脓水往外冒，钻心的疼痛使我几乎昏过去，我强忍着剧痛爬到桥对面一棵树下，又一次昏迷过去了。不知过了多久，我迷迷糊糊地听到声声呼唤：“共产党伢仔”，“小把戏”……睁眼一望，只见一个两手黝黑、红黑脸膛上带有铁末灰、四十多岁的汉子，和善地蹲在我的身旁。他见我醒过来，连忙扶我坐起。我看出他是个铁匠，是个好人，急忙问他：“老乡，我们部队开到哪里去了？”这个汉子悄悄地说：“离开大青山，过老山界往贵州高头去哩，已经走了三天啦！”不会轻易掉泪的我，一听说部队已走远，顿时就像娃娃失去爹娘一样，禁不住失声痛哭起来。他坐在我的对面，用手抚摸着我血糊糊的伤脚，劝慰说：“哭个么，伤成这个样子走不得了！”又问，“你这个共产党伢仔多大？哪里人？在队伍里干么事？”面对这个心地善良的老乡，我感到有了希望，有了力量，便告诉他：“我十八岁，江西瑞金人，父母都去世了，家中没有人，在队伍里干个勤务兵。你是个打铁师傅吧？”他欣喜地拍着我的肩说：“小把戏，真聪明，被你猜准了。我听说你们红军是好人，专帮穷人打富豪。你把伤养好了再去找部队，要得不要得？”铁匠沉思了一会，怪心疼地对我说：“真作孽啊，你的腿那个样子不能远走啦，趁现在没人看见，跟我走吧。”我抬头眼看重重叠叠高入云霄的山峦，心想眼下拖着这么一条负伤化脓的腿，怎么也翻不过座座高山追上队伍了，倒不如跟着这个善心的铁匠走，等养好伤再去找部队。就这样，我同意了。

铁匠不容我说二话，弯腰把我背起，一口气走了两三里路，把我背到粟家园子（现名龙溪村）一个荒废的菜园的草堆下隐蔽起来。他抽出许多稻草为我打了一个铺，然后跑回家去拿来了一床棉被和一些吃食，嘱咐我先安心在这过一夜，等他回村看看风声再说。我感动得不知说什么才好，想到这是敌占区，不能拖累他，忙说："老乡，太谢谢你了！我在这里休息一夜，明天再摸进山找部队去。"铁匠连连摇头："你跟不上了，我会去找医师给你治脚伤的，等着吧！"

这天晚上，偏僻荒废的菜园忽然热闹起来，粟家园子的老乡不断地来看我。看来风声不很紧，铁匠没有对乡亲们保密。来的人中有的是看稀奇的，大部分人是想打听红军的情况和关心我的伤势。老人们叹息说："小把戏造孽，三爷吃斋哟。"我从群众口里得知，铁匠在家排行第三，在乡亲们中威望很高，粟家园子的人都称他为"三爷"。群众走后，为了防止意外，我换了个地方躺下。盖着厚厚的棉被，想着好心的铁匠，我深深感受到红军和人民的鱼水深情，几天的伤痛和疲劳好像跑掉了一大半。入睡不久，我忽然被一阵狗叫声惊醒，正在惊疑不定的时候，只见铁匠披着衣服走了过来："伢子，你一个怪孤单的，我来给你做伴，明天就接你到家去住。"我说："明天我还是进山找部队去。""这怎么要得，你们的部队早打到贵州高头去了，那儿离这里远得很哟，中间又没得人家，没得吃的，还有土匪，你又不能走路，爬到半路不饿死也会被土匪害死。你就安心在我这儿把伤养好，天一亮我就去请草药医师去。"说着，铁匠就在我的铺边坐下和我聊起天来。看起来，铁匠对红军的事情很感兴趣，我便利用这个机会向他作起宣传来了，给他讲了我的家乡瑞金是怎样打土豪分田地的，讲了我是怎样当红军的，讲了红军的好处。铁匠越听越爱听，连连称赞说："要得，要得，红军可好。红军在这里过了三天，不拉夫，不抓丁，不抢百姓东西，真是个好队伍，好队伍。红军不走，在这里打土豪，分财主的田有多好！"半夜的交谈使我和铁匠的心贴得更近了。

第二天午饭后，铁匠从十五六里外的山里请来了一位打猎的老人。老汉背着猎枪，后面跟着一条猎狗。一到草堆边，铁匠就说："伢子，这个医师要得的，他的药一敷上，没得出来的子子（子弹头）都能跑出来，很要得的。"猎人仔细地检查了我的伤口后，就从褡裢里掏出一把草药，放到嘴里嚼了一会，吐出来给我敷在伤口上，然后用一块干净布包扎好。猎人交代铁匠说："这副药是管消肿止疼的，两三个小时内开始见效就有用，不行的话，明天下午再给他换一种药。"铁匠连声答道："要得，要得。"说着掏出三块大洋交给了猎人，一边送他走，一边说着感谢的话，还说要请他再来看几次。铁匠刚转回来就问我："这药要得不要得？"我告诉他："这药要得，敷上后疼痛就轻多了。""吃斋呀！过两天再请他来。"铁匠为我治伤花了这么多钱，我十分过意不去，便说："不要再请了，不要再请了，我会好的，会好的。"

第二天晚上，铁匠带着一个近四十岁的女人来，向我介绍说："这是三娘。伢子，风声还不打紧，住到我家去吧。"边说边把被子卷起来给三娘抱着，他把我背上，一直背到家里。他们全家都在堂屋里迎着我。铁匠依次向我介绍："这是奶奶，这是家赞（大儿子），这是矮子（二儿子），这是老满（三儿子），这是妹子（女儿）。"并叫他的孩子叫我大哥，我也亲热地跟着叫"奶奶"，就像是回到了自己的家里一样。铁匠一家人待我都很好，特别是奶奶，对我尤其疼爱。她含着眼泪说："伢子造孽，要吃斋哟。"为了给我治好伤，她真是把心都掏出来了。她听说南瓜瓤子可以消肿止疼，就把家里的瓜瓤全部掏出来，亲自给我敷上，过一会瓜瓤发热了，又换新的；家里的瓜瓤用完了，就出去向别家讨。乡亲们知道后，有不少人主动送来。听说茶叶可以治伤，奶奶天天用浓茶水给我洗伤口，用嘴把茶叶嚼烂给我敷伤。三娘总是专门做些好吃的给我补养身体。在铁匠一家人的精心护理下，两个多月之后，我的伤慢慢地好了，不久，便丢掉了拐棍，慢慢锻炼走路。为了给铁匠家减轻负担，我尽量帮助他们干些力所能及的活。开始是放牛、砍柴，后来就下地干些农活或进山挖些蕨菜和其他野菜。可是铁匠一家人都很关心我，说什么也不让我干重活。有一次，我上山砍柴，试着挑一担回家。三娘知道以后，赶紧跑去接我说："你这个老表，怎么挑这么多，累坏了怎么要得？"此后，她再也不让我挑柴了。春天到了，广西的春天比较热，我还穿着过冬的衣服。奶奶对铁匠说："你不知道这伢子没得衣服穿呀？"铁匠马上说："晓得了，我打算把几支鸟枪卖了，给他做身衣服。"我说："你们家也很困难，不用做了，我把这身衣服改成单的就行了。"事后铁匠还是卖了鸟枪给我做了新衣服。春耕大忙时节，正是青黄不接的时候，铁匠家断了粮，只好向地主家借。但利息很高，春借一担秋还三箩（一箩五十斤）加二十斤。借来的粮食主要是给我和临时请的一个短工吃，铁匠一家人基本上吃野菜及蕨根做的粑粑。他们听说这些东西吃了容易引起伤口化脓，就一点也不让我吃。我实在没有办法，就故意少吃，每餐吃一碗饭就不添了。奶奶和三娘看出了我的心事，就把我的碗抢去再满满地添一碗，我还是不吃。三娘就说："伢子，我们家就是饿死，也不能把你饿坏了，不能让你这个红军小把戏再造孽啊！"听着这慈母般的话，我感动得热泪盈眶。

可是，随着时间的流逝和伤口的痊愈，我越来越想念部队了。我想赶紧去找部队，但又难于对铁匠启口。一天，我路过一个地主家，地主婆把我叫进去，花言巧语，要我给她当儿子，并答应把使唤丫头嫁给我，要我搬到她家去住，给她干活，被我严词拒绝。那天铁匠一回来，我就把这件事告诉了他。铁匠思索了一会，对我说："伢子你做得对。你出来是为了打土豪的，她家就是土豪，她是黄鼠狼给鸡拜年，没安好心。我早想过了，你不能在这久住下去。虽然上面暂时没有追究，但时间长了，他们这些财主也会害你的。我打听了好多人，都不知道你们部队的消息。我看，你是不是先回江西老家去？你要愿意，一到秋收我就送你走。”铁匠的话使我高兴得心都快跳出来了，原来铁匠和我想到一处去了。铁匠让我回江西，更使我的心里一亮：对，回江西找部队去。大部队到哪里去了，现在打听不到，江西苏区总还有红军的。那里人熟地熟，一定能找到。

秋收后的一天，我把五个失散在龙溪村的红军战士邀到一起商量找部队的事情，确定了回江西的行动计划。第二天，我把回江西的打算告诉了铁匠。他一口答应，只要求我等两天再动身，说要给我筹点路费。他的心思我很清楚，原来说秋后送我走，就是想卖点新谷，好给我一笔路费。我坚决不同意他这样做。

离别那天，铁匠一家准备了丰盛的酒菜给我送行。铁匠一筷接一筷地给我夹菜，奶奶、三娘的眼泪直往下滴，三个弟弟和妹子也哭了，都舍不得让我走。铁匠含着眼泪对我说：“伢子，一路上小心，到家后写个信来以免我们想念。胜利了，有机会来玩……”

我流着激动的泪花说：“奶奶、三爷、三娘，我永远忘不了你们……”

经过长途跋涉，我们终于回到了瑞金，以后又经过多番周折终于找到了在江西坚持斗争的红军游击队，回到了党的怀抱。我们部队在一九三八年初正式改编为新四军。从那以后，我随着部队南征北战，一直没有得到粟铁匠的消息，我心里经常想念他。

广西一解放，我就写信去寻找铁匠，终于联系上了。一九五六年，我请铁匠到了我家做客，彼此畅叙了解放前后的巨大变化和我们之间的鱼水深情。一九六二年，我特意去看望粟铁匠一家和龙溪村的父老兄弟姐妹，共叙这段同生死共患难的革命友谊。“文化大革命”期间，组织上审查我这段历史时，粟家园子的一个坏分子乘机造谣诬蔑，还　再逼迫铁匠写材料陷害我。在那是非颠倒的年月，粟铁匠不怕高压，不怕受折磨，顶住了各种压力，坚持正义，坚持讲真话，用事实驳斥了坏人制造的谎言。打倒“四人帮”后，组织上再次对我这段历史进行复查，实事求是地平了反，恢复了历史的本来面目。

（选自中共桂林地委《红军长征过广西》编写组编著:《红军长征过广西》，广西人民出版社 1986 年版）

长征路上（节录）

张宗逊[①]

一九三四年十月，红一方面军主力撤出中央根据地，我由红军大学调任中央纵队（即第二野战纵队，代号为红章纵队）参谋长。中央纵队司令员是李维汉（即罗迈，当时是中共中央组织部部长），政治委员邓发[②]（当时是中共中央保卫部部长）。军委纵队（即第一野战纵队，代号“红星”纵队）由叶剑英任司令员。中央纵队比军委纵队要庞杂得多，除包括党中央机关、中央国家机关以外，还有一个庞大的运输队，负责运输档案、图书和印刷厂的设备，印钞票的机器、材料、纸张以及各种设备等坛坛罐罐。中央纵队的战斗部队有张经武任师长的教导师和姚喆任团长的中央保卫团。

红军在十月十六日以后，先后离开瑞金以西的宽田、岭背等地，跨过于都河，向西南方向前进。行军时，红三军团在右翼，后面是红八军团；红一军团在左翼，后面有第九军团；就像抬轿子似的，在两翼掩护着中央纵队和军委纵队前进，最后面的是红五军团。

在王明路线的支配下，中央纵队完全是搬家逃跑的组织形式，根本没有做粉碎敌人“围剿”的准备。这样一个空前的大规模的行动，事先竟然不进行公开动员，使各级领导和群众思想上有所准备，而是采取严格保密的做法，只让下边做一些组织上和物质上的简单准备，到时候就下命令行动。

我到中央纵队担任参谋长一个多星期，队伍离开中央革命根据地两三天行程时，红三军团突破广东军阀陈济棠构筑的第一道封锁线，红四师师长洪超在信丰县白石圩附近被敌军流弹击中，不幸牺

① 作者时任红三军团第四师师长。

② 当时邓发任中央纵队副司令员、副政治委员，政治委员由李维汉兼任。

牲。中央军委命令我接任红四师师长。我在红军主力通过敌人设在仁化、汝城之间的第二道封锁线以前，赶到红四师工作。红四师政治委员是黄克诚，红四师下辖第十、第十一、第十二团。

在通过敌人第二道封锁线时，红四师担任红三军团的前卫，军团命令我们打掉前进路上一个寨子的敌人碉堡，开辟通道，以保障军团主力通过，军团炮兵连连长匡裕民带一门山炮前来配合。我第一次指挥炮兵作战，没有近距离用山炮平射打碉堡的经验，由于不是在水平线上射击，接连发射两发炮弹，都没有打中目标。我们没能按命令在拂晓前打开通路，彭德怀军团长着急了，他从后面赶上来，问了一下情况，他观察了一会，指示炮兵作了调整，只用一发炮弹就击中目标，打开了通路，后续部队顺利通过第二道封锁线。

十一月初，红军向敌人设在郴县、良田、宜章、乐昌之间的第三道封锁线前进。宜章县城是第三道封锁线的重要一环，红三军团以第六师附迫击炮两个连和一门山炮攻击宜章城。宜章守敌只有几百人的保安团和义勇队，看见红军来进攻，吓得紧闭城门。宜章城外有三百多名被强征来筑路的工人，他们热情地帮红军掘坑道，扎梯子，作攻城准备。城里敌人看见城外的情景，半夜就弃城逃跑。第二天，红六师在群众热烈欢迎下开进宜章城，红军就此通过敌人设在粤汉铁路沿线的第三道封锁线。

红军通过第三道封锁线以后，蒋介石大为震惊，亲自部署二十个师，要在湘江以西堵截消灭红军。湖南和广西军阀商定以全州为界，全州以北为湖南军阀防区，全州以南为广西军阀防区。由于“左”倾机会主义的错误领导，红军在接近第四道封锁线时行动迟缓，延误了四天时间，以致敌人重兵紧迫，造成非常严重的局面。

蒋介石在湘江东岸修筑了大量碉堡，他预期在湘江以东消灭红军，万一红军突过湘江以西，也不能让中央红军和四川红军或红

二、六军团会合。红军决定在全州和兴安之间渡过湘江，红一军团在右翼，红三军团在左翼苦战，冒着敌机轰炸和地面敌军的火力封锁，掩护全军脱离了险境。这次强渡湘江的战役，红八军团损失惨重，溃不成军，其他军团的损失也很大。强渡湘江时，红四师在界首渡过湘江，控制了界首渡河地段，以一天时间阻击广西敌军的进攻，掩护中央纵队通过。第二天，我率红四师两个团继续西进，红十团在湘江以西掩护军委纵队和红九军团、红五军团过江。红十团艰苦战斗了两天两夜，打退了敌人十多次冲锋，红十团团长沈述清在战斗中英勇牺牲，红四师参谋长杜宗美接任团长指挥战斗，不久也壮烈牺牲了。红十团胜利完成了掩护任务，付出了伤亡四百多人的代价。以后，掩护后续部队的任务交由红五师接替。

渡过湘江之后，红军由长征出发时的八万多人，减到三万多人，损失过半。这都是“左”倾领导者推行错误军事路线的结果。他们一路上不愿轻装，使部队在山路上艰难前进，行动缓慢。他们不会捕捉战机，硬往敌人部署的口袋里钻，主力军团只能掩护中央纵队和新军团，不能集中全力作战。湘江战役的惨重损失，引起广大指战员的不满和深思，特别是唤醒了高级干部的觉悟，也教训了“左”倾错误路线领导者。

红军渡过湘江以后，即进入越城岭，土名叫老山界的山区。这里山势连绵，林深叶茂，地形险峻，特别是东西向的大道较少，部队把大道让给中央纵队通过，部队多数走山地小道。红四师这时的任务仍然是掩护中央纵队行军，蒋介石的“追剿”部队被甩在后面很远，敌机有时侦察轰炸也起不了多大作用，讨厌的是广西的敌军和民团，他们经兴安和隆胜由南向北分成小股，不断地向红军侧击，增加了我军的一些困难。

红军继续前进，进入苗族同胞聚居的地区，这里的苗寨多是傍山构筑，用树皮作屋顶，竹子作架的木板房，由山脚一直连到山顶，山上风大又无水源，如果一着火就会把整个寨子烧光。红军进入苗族地区，各级领导就教育部队防火，制定了防火措施。

但是，广西军阀为了不让红军通过，在夜间派出特工人员，到红军宿营的苗族村寨放火烧房子，企图煽动群众反对红军。有的村寨因此被烧成一片焦土，红军给群众赔偿成千的银元。这种情况，在进入贵州境内才稍有好转。

十二月十一日，红军攻占通道县城。中央在通道举行了会议，由于蒋介石在新宁、武冈、城步、绥宁、靖县、会同、黔阳、芷江地域部署了十五个师兵力，黔军王家烈部进到锦屏、黎平地区堵截红军，湘桂军各一部继续尾追红军，企图围歼红军在北上湘西的路上。"左"倾领导者要北上湘西和红二、六军团会合，就势必进入蒋介石预设的口袋。在这生死存亡的紧急关头，毛泽东同志力主放弃和红二、六军团会合的计划，改向敌人力量薄弱的贵州前进。他的正确主张得到的党和红军大部分领导的赞同。

红军根据通道会议的决定，西进贵州。旧社会称贵州为"天无三日晴，地无三尺平，人无三分银"的穷困地区。红军以红一军团和红九军团为右翼，经新厂、溶洞进入贵州；红三军团为左翼经团头、播阳，向黎平前进。

黎平城四面环山，敌人在这里没有修什么工事，红三军团逼近黎平，守敌不战而逃，红三军团顺利进入黎平。这样红军把敌人重兵一下子甩在湘西，敌人调整部署需要时间，红军在征战了两个月之后，第一次获得喘息机会。

中共中央政治局在黎平城里召开会议。会议同意毛泽东同志提出继续向贵州西北进军的主张，准备在川黔边建立根据地。会议还决定对部队进行整编。决定把红八军团建制撤编，剩余部队分别编入红三军团和红五军团；把教导师补充到各军团；把中央纵队和军委纵队合编为军委纵队，新编的军委纵队以刘伯承为司令员，陈云为政治委员。另外，把庞大的挑夫队伍解散，凡能战斗的都调到战斗部队去，后方的迫击炮、炮弹和枪械也补充给作战部队。黎平会议后，红军即分两路向黔西北进军。

（选自《张宗逊回忆录》，解放军出版社 1990 年版）

湘江血战

耿飚[1]

中央军委把渡湘江地点选在界首和凤凰嘴之间。命令一军团从右翼，三军团从左翼，八、九军团等殿后，前后左右共同掩护中央纵队渡江。

我们一军团本来的部署是，由一师作左前锋，二师为右前锋，同时抢占界首（左翼）和全州（右翼）。但是，当我们从道县出发，经文市向湘江前进时，一师尚滞留在潇水西岸，与五军团一道对付周浑元的尾追部队。因此，一师的部队就只有二团随一军团本部前进，一团和三团，继续留下防守。

这样，一军团军团长林彪便临时调整部署，把本来由两个师完成的任务，全部交给了二师。林彪交代任务时说，兵贵神速，不能等，由你们四团先把左翼的界首阵地抢下来，然后再向右翼全州方向归还二师建制。他又与三军团军团长彭德怀同志重新协调了两个军团的行动。决定：我们团占领界首后，将阵地移交给三军团六师，而一军团一师在完成潇水阻击后，向全州归还一军团建制。

由于我团身兼一“左”一“右”的前卫任务，受领任务后，我们便提早出发，去抢界首。部队基本上是直线行进，径取界首，有大路就走大路，没有大路就走小路，连小路也找不到的时候，我们就爬山。当时敌人在沿线尚未布防，零星“民团”与我们构不成实质性战斗，因此，我们对部队的要求只有一个字：“快”。因为只有快，先敌到达并占领界首，才能造成以逸待劳的主动态势。

当我们马不停蹄来到界首东面的湘江边上，涉水过江，进入界首地区，奔上湘桂公路时，与敌人派出的尖兵仅有十里之隔。

---

① 作者时任红一军团第二师第四团团长。

大概敌人发现了我们这支突然“冒出来”的部队，远远地用号声与我们联络。我立即下令隐蔽。全团人员刷的一下就进入公路旁的丛林、路沟里，刚才那支“长龙”一下子就不见了。

我与杨成武、李英华伏在一丛茶籽树后面，正研究伏击方案。远远听到三军团六师[①]与我们联络的号声，显然他们在寻找我们的位置。我说：“且不用回答，等战斗一打响，他们就找到了。”因为我们如果回答他们，则会暴露目标。

从正面沿公路开来的是敌桂系夏威部。显然，他们从尖兵的报告和号声中，已经料到前面有了我军的部队。但是夏威是广西军阀主力，仗着武器精良，目中无人，只是摆开了一个战斗队形，仍然沿公路向界首运动，妄图一鼓作气，抢占界首。很快，其前卫团就进入我们的火力范围。

“打！”我下令。

敌人被突然的射击打乱了阵营，一部分兵力伏在死尸旁盲目还击，更多的是向后退却。敌人大队本来是以急行军开进的，被前卫的溃逃兵力一压，搞得一发不可收拾，公路及沿线的水田里，挤满了一团乱军。我便下令吹冲锋号，一是趁敌人立足未稳，打他个措手不及，二是告知三军团六师[②]，我们的位置在这里。

一个冲锋，敌军全线溃败，丢下几百具尸体四散逃逸。这场战斗我们仅有一个排长负了点轻伤。当战士们互相评比着战利品的时候，气氛十分轻松。团部的通信员们还专门把从敌人军官的提箱里缴获的几盒“白金龙”香烟交给我。由于连续行军作战，我一直只能抽点土烟过“瘾”，这下，算开了荤。

正当我们占领了界首后打扫战场、与六师[③]交接阵地的时候，陈光师长派的骑兵通信员飞马赶到了。他滚鞍下马，气喘吁吁地送来

---

① 应为红三军团第四师。

② 应为红三军团第四师。

③ 应为红三军团第四师。

一封十万火急的命令。

我们就站在公路上看命令，还没看到一半，杨成武同志就惊讶地说："问题严重了。"

命令说，五团占领全州的任务未能实现，该城已被湘敌刘建绪部抢走，我们一军团改在距全州十六公里的鲁板桥、脚山铺一线布防，扼住湘桂公路的咽喉，阻击全州之敌。命令是军团下达的，师长在命令上附了一句："星夜赶到。陈。十一月二十八日。"

我们连晚饭都来不及吃，顺湘江旁的公路向北奔跑。沿途，不断见到我军护卫部队正在占领各个要点。从界首到屏山渡的六十华里地段，已被我军控制。在这段距离上，甚至有几处浅水区，完全可以涉渡，如果中央纵队采用轻装行军，一天即可到达并比较平安地渡江。但是，这个时机被错过了。

这就使阻击部队不得不以血的代价，换取渡江的时间，从十一月二十七日起，左翼的三军团已经与桂军交火。白崇禧把他的部队共五个师先后开回灌阳、兴安、新圩一线，并叫喊要"把共军消灭于湘江之东"。在右翼，刘建绪的四个师已经进至全州，薛岳的四个师也调至黄沙河。在我们的背后，蒋介石嫡系周浑元部和李云杰部共六个师，则从红军背后拉网似地兜过来，造成了围追堵截的态势。

白崇禧得知红军无意入桂，只是要渡江西去，便于十一月二十一日将他的正规军重新调至广西境内，只留下一些民团。看样子，他只是想"保境"，对于红军入湘，则采取观望姿态。但红军入湘，对刘建绪不利，于是，该敌就以四个师的兵力，从全州倾巢而出，向我脚山铺阵地猛攻。

我们赶到觉山时，天刚蒙蒙亮。陈光师长正焦急地等待在公路上，远远地向我们挥手示意，不等我们到达面前，就跑步引导着，带我们进入公路两侧的阵地。我便命令三营向左，由李英华同志指挥；二营向右，由杨成武同志率领；一营跟我在一起，摆在公路转弯处迎面的山城上，布置成一个凹形的防御阵地。

战士们十分疲劳，有的刚做完工事，趴在掩体上就睡着了。我与杨成武、李英华同志吃了点炒米，便到阵地周围察看地形。

觉山是脚山铺附近一些小山的统称。这些小山包孤零零地互不相连，我们守的这个地方叫作“怀中抱子岭”，还有“美女梳头岭”“尖锋[峰]岭”“黄帝岭”“米花山”等。红五团在我们到达之前，已经在尖锋[峰]岭与敌人激战半天，将企图抢占脚山铺的敌人击退。

我们刚刚布置好阵地，敌人便开始攻击了。清脆的防空枪声打破了冬晨清冷的寂静。十多架敌机每三架一组，黑鸦鸦地低空向我军阵地飞来，穿梭似地发起扫射轰炸，重磅炸弹爆炸的气浪，震得我们耳鼓轰响，站都站不稳。翻卷的烟尘使人窒息，树木上弹痕累累，残枝断叶乱飞乱舞，树干被炸中后，立即纷纷扬扬落下一地劈柴。飞机倾泻完炸弹，对面山上敌人的大炮又开始轰击。一排一排的炮弹把觉山阵地又重新覆盖了一遍。炸断的树木枝叶一层层地落在我们的掩体上，把人都埋住了。

炮击一过，我们便从树枝堆里钻出来，修复工事，准备迎敌。

李英华同志爬过来，向我报告了一下伤亡情况。接着，杨成武同志带领二营跃入战位，并挨个嘱咐战士们：靠近了打。

敌人靠近了，黑鸦鸦的一大片，像蚂蚁搬家似的，向山坡上爬来，还砰砰叭叭地盲目射击着。他们看见我们没有反应，便以为全被飞机大炮打死了，督战指挥官先直起腰来，接着，士兵也停止了射击，肆无忌惮地向山上攀登。

敌人完全进入射程，我扣动扳机，撂倒一个敌兵，大喊一声：“打！”

各种武器吐出了愤怒的火舌，敌人丢下一大片死尸，滚下山去。稍作调整后，敌人补充了更大的兵力向山上冲锋。这样三个回合之后，我们乘胜发起反冲锋，把敌人赶得远远的，又从他们的死尸上拣回弹药。

刘建绪孤注一掷，重新组织空袭和炮击。恶毒的敌人使用了燃烧弹，凝固汽油溅得满山都是，被炸碎的树木燃烧起来，我们只能在火海里激战。到晚上，敌人尸体越积越多。又一次羊群式冲锋开始后，我估计敌人这一天的发作该差不多了，便下令把敌人放近，一阵手榴弹猛炸之后，左右两翼发起反冲击，把残敌彻底赶出我们的防区。

这次出击的效果很理想。敌人因天色已黑，无法重新组织进攻，就退守全州。出击部队从树丛里、水沟里，抓了不少俘虏。这都是进攻中溜出战线的敌人士兵，准备躲过战斗后，趁黑夜逃跑的。

在审问这些散兵游勇后，我们得出一个看法：敌人在我正面投入的兵力，不是原先通报的三个团，而是起码五个团，并且，俘虏供认，敌人的后续部队正沿湘桂公路源源开来，除刘建绪部外，薛岳部也进入可以向我发起攻击的地域。

我们把这一情况，立即向师部和军团作了紧急报告。

这夜，邻近几个山头不时爆发出枪声和爆炸声。我们知道，这是敌我的试探性接触。这些战斗很快就停止了。这说明双方形成对峙，预示着明天将有更大的战斗。半夜时分，我的疟疾又发作一次，一阵猛烈的高烧和寒战过后，双腿虚弱得一点力气也没有了，连蹲也不能蹲，只好坐在指挥所的地上。

师里连续发下好几个通报，告诉我们，当面之敌的确切兵力是九个团。而后来我们知道，那次我们阻击的实际上是整整十五个团。

天刚拂晓，敌人那边人喊马嘶，又开始了行动。我与杨成武同志对部队进行了再动员，准备迎击敌人的进攻。这时，红一师急行军赶来，在我们左侧进入阵地。看上去，部队十分疲劳，有些同志一站住就睡着了。军团长林彪和聂荣臻政委带着一部电台，指挥他们占领米花山、怀中抱子岭一线。他们的后卫还没完全进入阵地，敌人的炮击就开始了。

三十日的战斗，更是空前激烈。敌人新增加的山炮、飞机，对我军阵地的狂轰滥炸更加密集。原先修好的工事，被炸得支离破碎。我们团的基本指挥所已经找不到合适位置，只能根据炮弹或炸弹落下的声音，作跳跃式移动，从这个弹坑跳到那个弹坑。但是总的来说，地形对我们有利，只要敌人炮击一停，战士们便从灰土里、树枝里跳出来，向敌人猛烈射击。许多伤员就这样流尽了最后一滴血。

激战中，一营营长罗有保曾跳到我身边，大声地问道："还要顶多长时间？"

我正用一支步枪射击着，回答他："不知道，反正得顶住。"

他愣了一下，又回到了指挥位置上。后来他告诉我，他根本没听见我的话，因为耳朵被震聋了，但却明白：要顶住。

下午，左翼的米花山阵地上，枪声突然减弱下来，山头上出现一片黑鸦鸦的敌兵。一师的米花山阵地失守了。军团指挥所转移到我们的阵地右侧。敌人利用米花山做跳板，向美女梳头岭以东各山头发炮，并频频发起集团进攻。不久，一师主动向怀中抱子岭收拢，放弃了美女梳头岭，我们二师的阵地右翼，一下子成了火线。

敌人的后续部队源源开来，我们右翼五团阵地的几个小山头，相继停止了枪声——战士们全部阵亡。敌人集中了绝对优势的兵力，向我师的主阵地压过来。这时，守卫尖锋[峰]岭的五团，已经放弃了第一、第二道工事，退到山顶上最后一道工事里拼死阻击。敌人便调整了一下部署，重点攻击五团阵地尖锋[峰]岭。尖锋[峰]岭只有两个连队，由五团政委易荡平率领阻击。激战中，易荡平同志身负重伤，眼看敌人已扑上来，大叫抓活的，他便命令警卫员给自己补一枪，警卫员泪如泉涌，不忍下手。他夺过枪，实现了誓死不当俘虏的誓言。

尖锋[峰]岭失守，我们处于三面包围之中，敌人直接从我侧翼的公路上，以宽大正面展开突击。我团一营与敌人厮杀成一团，本来正在阵地中间的团指挥所，成了前沿，七八个敌兵利用一道土坎作掩体，直接窜到了指挥所前面，我组织团部人员猛甩手榴弹，打退一批又钻出一批。警卫员杨力一边用身体护住我，一边向敌人射击，连声叫我快走。我大喊一声："拿马刀来！"率领他们扑过去格斗。收拾完这股敌人（约一个排）后，我的全身完全染透血浆，血腥味使我不停地干呕。

就在一营阵地危急的时候，正在二营指挥战斗的杨成武同志见情况不妙，急率通信排从公路右侧向这边增援。当时敌我兵力相交，因此他陷入层层重围。一颗流弹击中他的右膝盖，血流如注。敌兵一见，立即从四处围过来，疯狂地喊"抓活的"。赶来救援的战士也负了伤，杨成武同志只好就地用短枪还击。

幸好，这时五团的部分人员已经撤退进了我们的战斗分界线里。五团五连指导员陈坊仁，一见杨成武负伤，他顾不得自己正在敌人火网下突围，便组织火力拼死封锁包围杨成武的敌人。我团二营副营长黄古文同志见状，也立即组织营救。他连续派出三名战士，都中弹倒下。最后，他愤怒得眼都红了，亲自滚进火网，向杨政委靠拢，把他营救到五连的同志身后。

救出杨成武同志后，刚才围上来的敌人一下子成了我们集中歼灭的目标。几挺机枪从两面一阵猛扫，肃清了这股敌人。

杨成武同志负伤后，我们团连副担架都没有，因为伤员太多。幸好团部书记匡汉谋在路上截住一副五团的担架，才把他从火线上撤下来。

当李英华同志向我报告杨成武同志负伤的消息时，我心急如焚，一方面是担心政委的伤势，一方面是为我团大战之中折将而忧虑。我们两人自从藤田改编，并肩指挥战斗以来，总是配合默契，得心应手，一次次的恶仗、险仗，都被我们闯了过来。现在正是决定红军命运的关头时候，我们前卫团却突然失去了政委，这对下一步战斗是多大的损失啊。但是，现在急也无用，得赶快把政委送到后方。于是，我把骡子和马夫以及衣服等都送给他去后方休养。

这时，陈光师长也冲到我们阵地上，指示我们且战且退，向黄帝岭收拢。师长说，退守是为了更好地拖住敌人，已经命令全师最后的预备队投入战斗。我问：中央纵队渡江现在怎么样了？他说，才渡了一半。

看来，这场血战还得继续下去。

我与李英华同志把部队分成三批，交替掩护着向后收拢。这时，全团伤亡三分之一，战斗力损耗很大，每坚持一分钟，都得付出血的代价。

军团指挥部也混在阵地之中了。因为前一分钟还是后方，过一会儿就成了前沿。林彪、聂荣臻、左权等指挥员，带着一部电台，干脆就把军委命令直接下达到靠他们近的团、营、连。他们守在译电员身边，往往我们一封来电还没全部翻译出来，他们就已经下达第二道命令了。这些电报无不冠以“十万火急”“万万火急”，无一不要求我们“全力阻击”“保证时间”。

在我们退守黄帝岭时，一师也只留有一个怀中抱子岭了。我们两师中间，完全被敌人隔断。敌人占领几个山头后，更加猖獗，以重赏组织了敢死队，与我们展开一场惊天动地的大拼杀。

实话说，当时的战斗情况，已经无法回忆出确切的层次。因为敌人太多，几乎是十倍二十倍于我。我们四团和五团退下来的部队以及六团上来的预备队，完全失去了建制。反正大家只有一个心思：见敌人就打！我们团指挥所已经没有具体位置了，跟在我身边的只有警卫员杨力、通信部主任潘峰两人。我们基本上是围着山头转，见几个战士或一挺机枪，便下令“往这边打！”“往右突！”战士们也仅仅从我背的一个图袋上，辨认出我是指挥员。大家都是衣服褴褛、蓬头垢面，眉毛头发都被烟熏火燎过，只有两个白眼球还算干净。

在半山腰的一堆乱石后，我们遇到一挺重机枪，副射手浑身是血，看样子伤得不轻，只能躺着辅助射击。正射手看到我们，边对敌开火边喊:“你们快一点,往东边去!”我一愣,往东边去干什么?他说是团长的命令,仔细一看,原来他是五团的,杀红眼了,连人都认不出来了。

我对他说,东边已经由我们团顶住了,你们就在这里坚持,我去叫援兵。他这才认出我来。我们走后不久,那地方落下一排炮弹,从此,我再也没见到这位好同志。

黄帝岭终于守住了。晚上,师部令我们突围。此时一师已经撤出,我们成了孤军。师长通知我们团殿后。等我们团最后撤出黄帝岭时,我留下的一个掩护排被打散了,几天后才陆续归队。

我们撤到珠兰铺、白沙一线,构成第二道阻击阵地。林彪与聂荣臻给军委发了一封电报,直接发给朱德同志。电报恳求“军委须将湘水以东各军,星夜兼程过河”。半夜,朱德同志下达紧急命令,要求我们“无论如何要将汽车路向西之前进诸道路,保持在我们手中”。凌晨三点,又以中央局、军委、总政的名义,给一、三军团下达了保证执行命令的指令:

一日战斗,关系我野战军全部。西进胜利,则可开辟今后的发展前途,迟则我野战军将被层层截断。我一、三军团首长及其政治部,应连夜派遣政工人员,分入到各连队去进行战斗鼓动。要动员全体指战员认识今日作战的意义。我们不为胜利者,即为战败者。胜负关系全局,人人要奋起作战的全部勇气,不顾一切牺牲,克服疲惫现象,以坚持的打击,执行进攻与消灭敌人的任务,保证军委一号一时半作战命令全部实现,打退敌人占领的地方,消灭敌人进攻部队,开辟西进的道路,保证我野战军全部突过封锁线,应是今日作战的基本口号。望高举着胜利的旗帜,向着火线上去。

这封电报措辞严厉又满怀着期望。从接到电报到清晨,所有一线部队都在按照要求准备战斗。

十二月一日早晨是个清冷的早晨，银霜遍地，寒风料峭。我的疟疾刚刚发作过去，正披着一床毯子在各连阵地上检查工事，敌人的进攻就开始了。先是敌机轰炸，继而集团进攻。开始，敌人猛攻一师三团阵地，没有得手；便转而攻一、二师结合部。这里是我们团与一师的边界，有一条弯曲的干涸河沟，不易展开火力，终于被敌人攻进四五里地。正当我与李英华参谋长在组织突击队，准备向入侵之敌反击时，军团保卫局长罗瑞卿同志到阵地上来了。

因为结合部被敌突破，我们赖以依托的白沙河防线就有随时被攻进的危险。为了贯彻凌晨三时中央局、军委、总政的电报指令，军团保卫局的红色政工人员，已经组成了“执行小组”，作临阵“督战”之用。当我看到罗瑞卿局长提着大张机头的驳壳枪，带领执行小组向我们走来时，心里不由一悸：糟！

那时“左”倾路线还占统治地位，谁在作战时弯一下腰也要被认为是“动摇”而受到审查，轻则撤职，重则杀头，这是照搬外国“经验”的恶果。在战场上，尤其是战斗失利的时候，保卫局长找上门来，大半是不妙的。

果然，罗瑞卿同志来到我面前，用驳壳枪点着我的脑袋，大声问：“西城，格老子怎么搞的？为什么丢了阵地？说！”

“西城”是四团代号。罗瑞卿同志当时腮部有一伤口，是第二次反“围剿”时在观音岩负的伤，由于愈合不好，加上他那严厉的神情，真有点“咬牙切齿”的样子。

我说：“你看嘛，全团伤亡过半，政委负伤，我这当团长的已经拼开了刺刀，敌人兵力处于绝对优势，一个团抵挡十多里的正面，结合部的失守，也是战士全部牺牲后才发生的。”

李英华同志赶紧报告：“我们正在组织突击队，一定要夺回来。”

罗瑞卿同志缓和下来，说：“四团不应该有这样的事嘛。”

他用了信任的语调，我们才松了一口气，立即组织突击队出击。罗瑞卿同志为了缓和刚才的紧张气氛，给我一支烟，并说：“指挥战斗不要披着毯子，像什么样子嘛。”

警卫员杨力与他是熟人，赶紧把他拉到一边，诚恳地说：“罗局长，您弄错了。我们团长正在打摆子，是我给他披上的。”

罗瑞卿同志这才真正后悔了。他与我温和地谈了一会，告诉我：“红星”纵队刚刚渡过一半，阻击部队务必顶到十二时以后，才能保证大部队完全渡过。

我直言不讳地说：“每分钟都得用血换啊。”

他长长地出一口气，自语了一句“格老子！打！”就匆匆走了。临走对杨力说：“过了江，到‘戴胡子’那里给你们团长要点药来。”

我团的突击队堵住了敌人冲进来的缺口之后，我们又组织了一个营的兵力，把突进来的那股敌人就地歼灭。战士们硬是靠拼刺刀将来势汹汹的大批敌人杀了回去。激战中，敌人飞机又到了上空，通信排要吹防空号，我说不管它，因为敌我正在拼刺刀，敌人扔炸弹，会把他们自己的人炸死。结果敌机仍然俯冲，但投下来的不是炸弹，而是些传单，上面写了些红军如不投降便要葬身湘江之类的鬼话。我们当然不会理睬它。

事后，我才知道罗瑞卿同志冒着火到我们阵地上来的原因。原来，那股冲进来的敌人，竟迂回到一军团指挥部来了，当时林彪、聂荣臻、左权等指挥员正在吃早饭，开始还以为是我们自己的部队，等辨认清楚时，已经火烧眉毛了。差点让他们连二师政治部同时抄了。

接近正午时分，中央纵队才渡过湘江。我们一直掩护他们过了桂黄公路，才与一师互相交替掩护，边打边撤，经庙山、梅子岭、大湾，向西突围。在湘江渡口大路上，到处是中央纵队丢弃的印刷机、炮架、兵工厂的机器零件、一摞一摞的纸张等，真是破坛烂罐。这是一次不堪回首的转移。

湘江血战，历时五天五夜，是离开中央根据地以来打得最激烈、损失也最大的一仗。经此一仗，红军由出发时的八万六千多人，锐减为不足四万人，有的部队被整团整营地打散，还有的未能过江。教条主义在军事指挥上的失败，促使红军指战员考虑党的领导权问题了。

（选自《耿飚回忆录》，解放军出版社 1991 年版）

我在红三军团长征过广西（节录）*

黄克诚①

长征开始时，主力红军的编队情况是，红一军团为一路，红三军团为一路，左右齐头并进。中央纵队在红三军团之后跟进。红五军团作为全军的后卫，走在最后。我们第四师作为红三军团的先头部队，走在最前面。张锡龙同志牺牲之后，由洪超同志任第四师师长，我仍任该师政治委员。洪超同志是湖北人，十几岁就参加红军，曾参加过南昌起义，是位身经百战的指挥员。一路上，第四师逢山开路，遇水架桥，为后续大部队开辟前进道路。我们离开于都后，先向南疾进，首先遇到的是粤军陈济棠部的阻击。我军在信丰一带将陈济棠所部击溃后，迅即占领了固陂，于10月22日突破了敌人设置的第一道封锁线。洪超师长不幸于此役牺牲，张宗逊同志继任第四师师长。

固陂战斗之后，红三军团西渡赣江，经南康、崇义，越过五岭山脉，进至湖南汝城，又与湘敌何键部队接上了火。我军经英勇冲杀，将敌人构筑的堡垒封锁线突开了一道缺口，于11月6日通过了敌人的第二道封锁线。部队继续西进，红三军团于11月11日在郴县、宜章间突破敌人的第三道封锁线后，又经郴县、桂阳、嘉禾、宁远、道县，过永安关，进至广西界首。一、三军团先头部队于11月27日突破敌人的第四道封锁线，控制了界首至觉山铺间的渡河点，为后续大部队顺利通过湘江创造了有利条件。我军一进入广西境内，湘、桂两省敌军分路向我猛扑过来，妄图夺回渡河点。桂系敌军集中兵力对我进行堵截，湘敌何键部队对我紧追不舍，我军处于

---

* 标题为编者所加。

① 作者时任红三军团第四师政治委员。

敌人前后夹击之下，战斗越加激烈、艰苦。红三军团全力对付桂敌。白崇禧的桂军战斗力相当强，红三军团主力首先在灌阳一线与桂敌激战，我军遭到很大伤亡，第五师参谋长胡震、第十四团团长黄冕昌相继牺牲。红一军团的部队原来防守在界首之湘江北岸，现在要转过头来对付湘敌，就把界首的防务移交给红三军团。当灌阳战斗打得正激烈之时，我奉命赶到界首红一军团司令部，接受红一军团的防务。林彪向我交待了任务和敌军的情况以后，我问林彪，我们是否仍照红一军团这样在湘江北岸布防？林彪说不行，要过江在南岸构筑防御阵地，阻止桂敌侧击，以掩护主力和中央直属纵队通过湘江。待张宗逊同志率第四师来到界首，我们就按照林彪的吩咐在湘江南岸靠近山麓布防，与桂系部队打了一场恶仗。这一仗一直打了两天两夜，异常激烈。第十团团长沈述清牺牲，师参谋长杜中美即前去接任该团团长，指挥战斗，不久，杜中美也牺牲。当我军主力和中央纵队于 12 月 1 日全部通过湘江之后，我就对张宗逊师长说："我们的阻击任务已经完成，应该指挥部队迅速撤退。"张宗逊同志因为还没有接到上级的撤退命令，就说不能撤。我说："现在不撤，拖延下去想撤也撤不走了，我们会被敌人全部吃掉的。"张宗逊同志执行上级命令十分坚决，但缺乏灵活性，执意要等待上级下达命令才肯撤。我看任务既已完成，情况又相当危险，若再迟疑，将招致全师覆灭。当时红军部队中，政治委员有最后的决定权，我对张宗逊同志说："你指挥部队迅速撤离，去追赶主力，一切由我负全部责任。"这样，张宗逊同志才勉强把部队撤走，使第四师得以保全。当时红五军团的第三十四师（其前身系在福建组建起来的红十二军），就在湖南境内被敌人截住而损失掉了。

界首一战，我军遭到重大伤亡。中央红军开始长征以来，沿途受到敌人的围追堵截，迭遭损失，其中通过广西境内时的损失为最大，伤亡不下两万人。而界首一战，则是在广西境内作战中损失最重大的一次。桂系白崇禧的部队不仅战斗力较强，而且战术灵活。

他们不是从正面，也不是从背后攻击我们，而是从侧面拦腰打。广西道路狭窄，山高，沟深，林密。桂敌利用其熟悉地形的优越条件，隐蔽地进入我军侧翼以后，突然发起攻击。而我军既不熟悉地形又缺乏群众基础，所以吃了大亏。

我军过了界首之后，进入山地行军，沿途仍不断遭到桂敌的截击。在两渡桥战斗中，由于我军抢先占据隘口，此次桂敌侧击未能得手。接着又在龙胜（今资源）县境之两河口，与桂敌激战两天。此役打得也相当艰苦。我们又受到不小的损失。当时我军守在山上，敌人从山脚下硬往上攻，遂成混战状态。我军一个排被敌人包围后，全部被缴械。我打了一辈子仗，这是唯一的一次亲眼看到我军一个整排集体被敌人缴械的场面。我军主力离开两河口之后，张宗逊师长仍然坚持固守在山头上，未接到上级命令之前，不许部队后撤。我再次强勉他指挥部队撤离险境，并让师政治部主任张爱萍同志带领一支部队先撤走，我们随后跟进。那时如若不走，后果也是不堪设想的。

两河口战斗之后，我军翻越了几座高山，摆脱了桂敌，进入苗族聚居地区。苗区居民的住房，是用木头搭起的小楼，四周用木柱支撑，底层是空的，上边住人。我们一来到这里，人疲马乏，感到非常疲劳。我爬上一座小木楼，倒头便睡。待到半夜，木楼突然火起。我被惊醒之后，已被大火包围。楼内浓烟呛人，什么也看不清。我费了好大力气才摸索着下了楼，但眼镜放在楼上的桌子上，被大火烧毁了。

我军在广西境内大约共走了十来天，绝大部分时间是在紧张的战斗中度过的。桂系部队的侧击战术，很令人恼火。我们不得不随时提防他们的侧击，以致在这十来天当中，很少睡眠。我有时抽空打个盹，就算是休息了，搞得神经非常紧张。直到离开广西，进入湖南、贵州境内，摆脱开桂敌的纠缠，才得以睡上个安稳觉。

我军离开广西后即进入湖南通道县境，继之进入贵州黎平。这时主力红军已折损过半。毛泽东同志力主放弃原定的与红二、红六军团会合的计划，改向敌人力量比较薄弱的贵州前进。毛泽东同志先同王稼祥同志交换意见，并提出需要认真考虑军事路线的是非问题，得到了王稼祥同志的赞同。接着，毛泽东同志又说服了张闻天等其他几位中央主要领导同志。这样，中央政治局于 1934 年 12 月 18 日在黎平召开会议，通过了《中央政治局关于在川黔边建立新根据地的决议》。会议认为，“过去在湘西创立新的苏维埃根据地的决定在目前已经是不可能的并且是不适宜的”，正式决定中央红军改向遵义为中心的川黔边地区挺进。黎平会议使中央红军避免了陷入绝境，并为后来的遵义会议奠定了基础。

（选自中共中央党史资料征集委员会编:《中共党史资料》第二十三辑，中共党史资料出版社 1987 年版）

血战湘江

张震[①]

一九三四年十月十七日，我们从于都河畔出发，通过浮桥，离开了战斗多年的革命根据地，踏上了漫漫的长征之路。苏区的父老兄弟姐妹含着眼泪，热情相送，嘱咐我们打了胜仗再回来。场面十分感人，至今历历在目。

中央红军采用大搬家的形式，征用大批挑夫，挑着沉重的担子，抬着笨重的机器，拉成长队，艰难地向湘南前进。广东军阀陈济棠按蒋介石的命令，以桃江为屏障，构筑了封锁线。红军利用陈蒋矛盾，同其谈判，说明红军只是借道去湘南，绝不进入广东，希望能够让路。陈济棠同意了，但当红军进入他的防区时，却遭到其手下部队的攻击，战斗很激烈。后来听说，是陈济棠没有来得及将让路之事通知前线部队。

我们十团同兄弟部队共同奋战，攻占了新田、古陂，西渡桃江，突破了敌军的第一道封锁线。接着，我四师以十一团为前卫，向白石圩前进。洪超师长带一个排越过我们，准备到十一团去，刚离开我团不久，就遭到溃散之敌的偷袭。我们听到枪声，急忙上去支援，但师长已经中弹牺牲了。大家怀着满腔悲愤，全歼了这股残敌。他牺牲后，四师师长由张宗逊接任。洪超同志是我们三军团最年轻的师长，牺牲时才二十五岁。我们一共见过三次面，他英勇果敢、待人和蔼，给我留下很深的印象。二十世纪六十年代，我曾给他的家人写信，说明其牺牲的经过，证明他的革命历史。

从我参加红军到长征开始，四年多时间里，我师的李实行、侯中英、张锡龙、洪超等四位师长壮烈牺牲，倒下去的红军战士更是成千

① 作者时任红三军团第四师第十团第三营营长。

上万。是无数先烈用鲜血和生命的代价，换来了中国革命的胜利。每念及此，心情就无法平静！一种责任感油然而生：我们一定要把先烈们开创的事业进行到底，实现他们的崇高理想。

突破敌军的第一道封锁线后，我因患疟疾，伤口又未痊愈，每天高烧，不能走路，一连坐了几天担架。伤口稍有好转，就下来步行，跟着部队通过了国民党军的第二道和第三道封锁线。

这时，蒋介石已判明红军突围的战略意图，便调集各路“追剿军”，共二十五个师近三十万人，前堵后追，并利用湘江作屏障，在江边修筑碉堡，构筑第四道封锁线，企图围歼红军于湘江以东、潇水以西地区。中央红军如能轻装快速前进，还有希望抢在敌军到达之前全部渡过湘江，不幸的是，红军仍带着沉重的“坛坛罐罐”，在崎岖的五岭山间小道上缓慢行进，有时一天只走二十多里。这就使敌主力薛岳、吴奇伟纵队赢得了追击的时间，而我们则错过了时机，进入数十万敌军预设的伏击圈。幸亏桂系军阀因怕我军逼近桂林或深入其腹地，使蒋介石有借口派兵进入广西，便下令将兴安、全州的堵截部队主力撤到龙虎关、恭城一线，加强桂林方面的防御。这样，敌在湘江的防线就露出了一段空隙，为我军所乘。

十一月二十五日，我师奉命向敌湘江防线界首段前进，抢占这一要点，十团是前卫团，三营是前卫营。这时，我又回收到三营任营长。二十七日我营到达湘江岸边，次日渡江进至界首，驱逐了反动民团，并掩护工兵于当日十六时架设了浮桥。沈述清团长渡江后，命令我将部队部署在光华铺一带，向兴安方向警戒，从南面坚决阻住敌人，保证后续部队安全渡江。

光华铺地势比较开阔，一面临江，在桂（林）全（州）公路旁边，距界首只有几里路，地理位置十分重要。因中央机关、军委纵队和兄弟部队都要从界首渡江，所以，我营必须不惜一切代价，坚决扼守光华铺阵地，否则后果不堪设想。我将七连部署在公路东侧的一座小山上；九连配置在公路西侧的小树林中，各配了两挺机枪，以封锁公路及其两侧；八连为预备队，准备随时增援；营部设在大路旁的一座破庙内。

二十九日深夜，我营当面发现密集的手电灯光，有部队沿湘江边运动。我即令加强前沿警戒，同时将情况报告了团长，沈团长认为，湘江边是一个空隙，遂令一营部队进至江边防御，果然，敌军利用我防御结合部正在逐步渗入，双方在夜晚黑暗中接火，展开混战，从俘虏口中查明，敌军是桂军第七军独立团和第十五军四十五师一部。我当即派八连出击，但敌人越来越多，双方激战后形成对峙。

一般来说，国民党杂牌军与蒋介石有矛盾，往往采取保存实力、保守地盘的做法。但这时的红军已处于败军之际，国民党桂系部队见我军行动迟缓，行军长达二百余里，再加上北边的“追剿军”先头部队已到达全州，并于二十九日向我坚守脚山铺的红一军团二师发起猛烈进攻，为在蒋介石面前表现出积极“剿共”的姿态，他们便由桂林迅速北上，配合中央军封闭湘江，企图围歼红军于湘江两岸。

三十日凌晨，国民党桂系第七、十五军各一部又向我光华铺阵地发起猛烈攻击。能否坚守住光华铺，关系着中央、中革军委和后续部队能否顺利地渡过湘江。在党中央和中央红军生死存亡的危急关头，我们自三十日凌晨到十二月一日，不惜一切代价，在光华铺与敌展开了殊死搏斗。团长沈述清率领一营在与敌反复争夺中，战死在湘江畔。上级决定由师参谋长杜宗美代理十团团长。他赶到指挥所不久，也在下午的一次阵前反冲击中饮弹牺牲。团政委杨勇闻讯便马上接替指挥。他打仗从来奋勇当先，几度危急之时，都是他带领全团坚决实施反击，守住了阵地。我营也打得非常艰苦，七连连长谢兴福在上午的战斗中负了伤，一直坚持战斗，中午又不幸身中数弹，英勇捐躯。全营指战员前仆后继，视死如归，因伤亡过大，一度被转为团的第二梯队，稍事休整后又投入战斗。由于敌我双方都没有工事作依托，在江边来回“拉锯”，反复拼杀。晚上，我五师部队赶到，但桂系的增援部队也陆续到达。面对优势的敌军，五师也打得非常英勇，付出了沉重代价。就这样，我们和兄弟部队一起，完成了掩护中央机关和军委纵队在界首渡江的任务。

湘江一战，我们团共伤亡四百多人，几乎接近全团人员的一半，两任团长牺牲在这里。他们中间，有我的老上级，有我的好战友，他们的热血染红了湘江，我深深为之痛惜，时常念及他们。1994 年 9 月，我到广西驻军检查工作时，专程赶赴光华铺，凭吊长眠于此的战友们。

整个湘江战役，中央红军苦战五昼夜，终于突破了敌军的第四道封锁线，但也付出了极其惨重的代价，部队已由江西出发时的八万六千余人，锐减到三万余人，这是“左”倾冒险主义者实行逃跑主义造成的严重恶果！

红军渡过湘江后，蒋介石又急忙调整部署，命令桂军尾追、黔军西堵，“追剿军”主力赶往湘西南，企图围歼红军于北进湘西途中。这时，红军奉命正向越城岭（即老山界）前进，目标仍是到湘西去同红二、六军团会合，继续往敌军布置好的口袋里钻。越城岭是一座海拔二千多米的高山，山势陡峭，道路崎岖，行走艰难，在通过险峻的雷公岩时，部队摔死了不少骡马，夜晚只得就地在山壁弯曲的小径上休息。

翻过越城岭，我们进入广西龙胜县境。这里居住着苗、瑶、侗等少数民族。他们的房子都是竹木做的，屋顶盖着树皮，一家挨一家，一旦失火，很难扑灭。当时敌人造谣，说“共产党杀人放火、共产共妻”。老百姓不知真相，都逃到山里去了。桂军挑选熟悉地形、民情的老兵，以班排为单位，与当地民团结合在一起，潜伏在山上，侧击我行军队伍。当我们追上山时，他们很快就跑了；我们一下山，他们又跟着回来，继续向我射击。我们只好边打边走，前进速度缓慢。

为了粉碎敌人的谣言，我们在少数民族地区行军，还特别注意群众纪律。用了群众的粮、菜，都留下银元，写好纸条，说我们是工农红军，路过此地，用了你的粮、菜，现付给你银元，因主人不在家，无法协商，实在对不起。无论我们在村子里宿营，还是早晨离开时，都将老乡家打扫得干干净净。有几次，部队刚离村，房子就着了火，马上返回扑救，但已来不及，真是怪事。后来，我们派出潜伏哨，捉住了几个正在放火的便衣特务，经过公开审判，揭露其罪恶阴谋，使群众明白放火的原来是国民党的特务，嫁祸红军，破坏红军同群众的关系。当地群众知道了真相，便纷纷到山里叫回亲友，有的还要求参加红军。

在广西境内走了十多天，直到进入湘西南的通道县境后，才摆脱了桂军的纠缠。十二月上旬，三军团奉命缩编，我又回到十团司令部任侦察参谋。没多久，红军突然改道，向黔北方向前进。后来才知道，当时敌“追剿军”主力已在我军的前方构筑工事，张网以待。但博古、李德仍坚持原来同红二、六军团会合的计划，是毛主席力主放弃这一会使红军陷入绝境的方案。中央政治局在黎平召开会议，否定了博古、李德的错误主张，肯定了毛主席的正确意见。

（选自《张震回忆录》，解放军出版社 2003 年版）

红三十四师浴血奋战湘江之侧（节录）

韩伟[①]

一九三三年九月至一九三四年十月的中央苏区第五次反“围剿”作战失败后，王明“左”倾教条主义者畏敌如虎，在仓促率领红军实行战略转移中，消极避战，一味奔逃。结果，在突破敌人第四道封锁线的湘江战役时，险遭覆灭，八万六千余人锐减为三万多人。担任全军殿后的我红三十四师浴血奋战，出色地完成了掩护党中央、中革军委和主力部队抢渡湘江的任务。终因敌众我寡，孤军作战，弹尽粮绝，全师大部壮烈牺牲。这次历史性的惩罚，是“左”倾错误造成的严重恶果。

我所在的红三十四师，是在毛泽东、朱德等同志的领导和关怀下，由闽西人民子弟兵组建和改编的第三个红三十四师。它正式成立于一九三三年春。当时，由福建军区司令员周子昆兼任师长，福建军区政治委员谭震林兼任师政治委员，袁良惠任师参谋长，朱良才任政治部主任。师辖三个团：第一〇〇团，由原独立第八师师长韩伟改任团长，原独立第七师政治委员范世英改任团政治委员；第一〇一团，由原独立第七师师长陈树湘改任团长；第一〇二团，吕官印任团长。

一九三四年夏，红七军团改编为北上抗日先遣队离开江西后，中革军委又将红三十四师转归以董振堂任军团长、李卓然任政治委员的红五军团建制。同时，对师、团干部进行了调整：由第一〇一团团长陈树湘升任师长，程翠林仍为政治委员，王光道接任参谋长，张凯接任政治部主任；韩伟仍任第一〇〇团团长，张力雄接任政治委员（不久由侯中辉继任）；杨××接任第一〇一团团长，该团在梅口

① 作者时任红五军团第三十四师第一〇〇团团长。

作战中未打好，杨被撤职，由严凤才代理团长，我团原政治委员范世英调该团任政治委员；第一〇二团，原团长吕官印牺牲，由梅林接任团长，张力雄仍任政治委员。全师的营、连干部，除少数是原红四军调来的骨干和红军学校毕业分配来之外，大多数均系福建籍。每个团约一千六七百人。

由于王明“左”倾教条主义者博古、李德（军事顾问）等人排挤毛泽东对红军的正确领导，完全否定毛泽东提出的符合中国革命战争规律的一系列军事原则，开始时推行军事冒险主义的“进攻路线”碰壁，“御敌于国门之外”不成，继而又实行军事保守主义的消极防御，“处处设防，节节抵御”，“分兵把口，两个拳头打人”，致使红军屡战屡败。这个时候，“左”倾教条主义者完全被敌人的气势汹汹所吓倒，由军事保守主义转变为逃跑主义，仓促决定放弃中央苏区，并于十月中旬率领党中央、军委直属队和红一、红三、红五、红八、红九军团，共八万六千余人，实行战略转移——长征。

我们红三十四师是十月中旬从江西兴国出发的。“红星纵队”（即当时党中央和军委直属队的代号）和兄弟部队先走，我师跟在后面。

开始长征的半个多月，敌情不很严重，前进比较顺利，每天行程五六十里。我们部队还分别在小岔、新城等地各休息了一天。十月下旬，从于都西南的王母渡、新田之间，突破了国民党军的第一道封锁线，全部渡过了信丰河（桃江）。这个时候，蒋介石对中央红军西进的企图尚未判明，处在举棋不定之中。为了对付红军的行动，他还在一面令其嫡系“中央军”加紧“围剿”中央苏区的步伐，一面令陈济棠、何键两部火速出兵，在汝城、仁化、乐昌、宜章等地组织两道防线，阻止我军西进。陈济棠则怕中央红军进入广东，对蒋阳奉阴违，将所部主力撤至大庾、南雄、新田、安远等地防守；何键部则正在分散继续“清剿”我湘赣、湘鄂赣苏区，其中湘中、湘南仅留有一个多师的兵力防守，势孤力单。这时，如果博古、李德等人采纳毛泽东的正确意见，指挥中央红军乘隙挺进湘中，调动敌人，仍可改变敌我态势，使红军转危为安。但是，他们没有胆略举行战略反攻，只知道消极避战，一味奔逃，使红军又一次失去了变被动为主动的良机。

当中央红军突破敌人第二道封锁线后，蒋介石如梦初醒，恍然大悟。在判明了我军西进的企图后，立即任命湖南军阀何键为“追剿军”总司令，指挥西路军和薛岳、周浑元两部共十六个师专事“追剿”；令广东军阀陈济棠部以主力部队进至粤、湘、桂三省边界进行截击；令广西军阀白崇禧部以五个师控制灌阳、兴安、全州至黄沙河一线，扼要堵截。很明显，蒋介石的目的，是要围歼中央红军于湘江以东地区。何键按照蒋介石的旨意，将“追剿军”分为五路：第一路由刘建绪任司令，率领四个师由湘赣边向全州以北之黄沙河地域集结，筑碉堵截；第二路由薛岳任司令，率领四个师又一个支队由茶陵、衡阳进至零陵地区集结；第三路由周浑元任司令，率领四个师由资兴、郴县向道县方向追击；第四路由李云杰任司令，率领两个师同第三路配合，由桂阳向宁远方向追击；第五路由李韫珩任司令，率领一个师协同陈济棠、白崇禧两部，由郴县、桂阳向江化方向追击。

此时，追击堵截我军的兵力虽达二十五个师，共三十万余人。但其内部派性矛盾很大，指挥不统一，协同作战有困难。多疑狡诈的白崇禧，既怕红军攻取桂林，捣其老巢，又惧蒋介石嫡系进入广西，将其吞并，遂令所部主力退守龙虎关和恭城，不主动进攻我军。唯有受宠若惊、欲抢“头功”的何键行动积极，但其部尚未进至指定地区。而位于我军右侧和后面的“中央军”薛岳、周浑元两部，在我红五军团的节节阻击下，行动迟缓。这样，在宜章至湘江的广大无堡垒地区，敌人守备兵力虚弱，便于我军机动作战。我军如能抓住当时各路敌军正在调动，“追剿”敌军薛岳、周浑元两部尚未靠拢之机，打几个胜仗，歼敌一路或一部，战局必然出现有利于我而不利于敌的变化。但是，“左”倾教条主义者一味避战，一心只想夺路西逃，使我军再次失去了在湘南歼灭敌人的战机，继续处于十分被动的地位。

自离开中央苏区以来，我红五军团一直是担任全军的后卫。部队进入广东、湖南境地后，情况就更加紧张了。“追剿”之敌“中央军”周浑元、薛岳两部紧紧地咬住我们的屁股。因此，我们常常是吃不上饭，睡不成觉，夜间行军，白天打仗。每天夜里走走停停，有时走十几里路，可是天一亮，吃饱睡足了的敌人顺着大路又撵了上来。于是，我们左边打，右边也打，被动得很。记得大约是十一月十八或十九日，粤敌一个独立师和李韫珩五路军一部，跟着我们屁股追了上来。情况很严重。

为了阻击该敌，掩护主力红军继续西进，董振堂军团长、李卓然政治委员和刘伯承参谋长，亲自指挥我红三十四师和红十七、红十八师，在渡头、土地圩地域，激战两天两夜。这一仗打得相当漂亮，不仅阻止了敌人的进攻，而且予其以大量杀伤，沉重地打击了追敌的气焰。在我红五军团与尾追之敌顽强作战的时候，红一军团、红三军团等部乘隙夺占了道县、江华两县城。接着，我军胜利地渡过了潇水。这一胜利，指战员很兴奋，把连续一个多月来行军作战的疲劳忘得一干二净。

十一月二十六日，我们团进至道县以南葫芦岩。部队刚接替红四师在该地域拒阻追敌之任务，突然师部来了通知，要我和政委侯中辉立即去军团受领任务。军团部住在湘桂交界的蒋家岭。我俩一路小跑，还没到蒋家岭，只见刘伯承参谋长和董振堂军团长大步迎了上来。不一会，陈树湘师长和程翠林政委也赶来了。这是军团首长单独召见我们布置任务。董军团长首先说：现在，蒋介石调集的四十万“追剿军”向我步步紧逼，情况日趋严重。朱总司令命令全军组成四个纵队，迅速从兴安、全州之间抢渡湘江，前出到湘桂边境的西延山区。他还传达了中革军委的具体部署。

接着，刘参谋长介绍了具体敌情：何键第一路军已由东安进至全州、咸水一线，第二路军一部进至零陵、黄沙河一线，第三路军尾我直追，第四、第五路军向东安集结。他指出，敌人的企图是：前堵后追，南北夹击，围歼我军于湘江之侧。讲到这里，刘参谋长拿出一份军委电报向我们宣布红三十四师目前任务是：坚决阻止尾追之敌，掩护红八军团通过苏江、泡江，尔后为全军后卫；万一被敌截断，就返回湘南发展游击战争；但尽可能赶上主力。读毕，他以极其坚定的语调说："朱总司令、周总政委要我告诉你们：军委相信红三十四师能够完成这一伟大而艰巨的任务。"最后，刘参谋长语重心长地告诫我们："在重兵压境的情况下，把军团的殿后任务交给你们师，这个担子很重啊！你们既要完成军委赋予的任务，又要有万一被截断后孤军作战的准备。"

"请军团首长转告朱总司令、周总政委，我们坚决完成军委交给的任务，为全军团争光！"师长、政委、老侯和我，几乎是不约而同地宣誓。

告别刘参谋长、董军团长的时候，两位首长紧紧地拉着我们的手，依依不舍，一一叮咛：你们师团干部要组织好，指挥好，带领全师部队英勇作战，全军团期待着你们完成任务后迅速过江。那种师长爱、阶级情，不仅当时催人泪下，而且至今记忆犹新。

回来的路上，陈师长边走边说：根据上级指示和我师情况，我考虑：由老韩率本团先行，急进灌阳方向，接替红六师在枫树脚地域阻止桂敌北进之任务；我带师部和一〇一团居中，程政委带一〇二团跟进，在掩护红八军团通过泡江、苏江后，迅速西进，在文市、水车一线占领有利地形，阻击追敌周浑元等部，保证主力部队渡江。如果没意见，就分头行动。战争年代，领导同志讲话，都是开门见山，简明扼要，没有那么多套话、虚话，即使需要开会，时间很短就痛痛快快地把问题解决了。

任务明确后，我和侯政委商定：我率领一营在前，他指挥二、三营和团直跟进，立即出发。部队虽连日行军作战，极度疲劳，但指战员情绪高昂，互相帮助，几十里急行军，很少有掉队的。当我带领一营进至猫儿源地域时，桂敌三个师大部已先我通过枫树脚地区，切断了我之通路，其先头部队继续向板桥铺、新圩西进。

原来，在我团向灌阳急进的头天下午，中央红军先头部队红二、红四师各一部，已顺利抢先通过了湘江，并控制了界首至脚山铺间的渡河点。由于全军前后相距一百五六十里，山区道路狭窄，辎重过多，八万余人马在山中羊肠小道通行，拥挤不堪，常常是一夜只能翻一个山坳，一天只能走二三十里路，非常疲劳。加之，红八军团一度走错了方向，大部队又要等他们。这样，本来一天一夜急行军即可赶到湘江的路程，却走了三四天。而敌人呢，走的是大道，有的乘坐汽车，从四面八方逼近湘江，形势越来越严重。

十一月二十八日，敌“追剿军”第一路向我先头部队红二师之脚山铺地区发动进攻。桂敌主力则沿板桥铺、新圩向前推进。同时，敌人还出动大批飞机，滥施轰炸，封锁湘江。三十日，装备精良五倍于我之敌军向我发动全面进攻，战斗异常激烈。全州和兴安之敌沿公路对进，企图夺回渡河点，截断红军前进道路；敌第二路军进至黄沙河地区策应；敌第三路军由道县进占文市，突击我红三十四师；桂敌则向我左翼实施猛烈突击；敌第四、第五路军正向文市前进，情况万分危急。

在敌人四面包围的严重情况下，红军指战员不顾一切牺牲，浴血奋战，顽强地顶住了优势敌人的进攻。在我红三十四师阻击阵地上，战斗空前剧烈。追击我们的敌人是蒋介石的嫡系周浑元指挥的第三路军四个师。该敌已是我们的老“对头”了，曾在第三、第四次反“围剿”作战中，吃过我们的苦头。现在，他自恃兵力雄厚，美式装备，来势汹汹，妄图“报复”，反革命气焰嚣张至极。该敌在大炮、飞机的配合下，轮番向我进攻，好像用大量的炮弹就可以一下子吃掉我们。我全师广大指战员依靠大无畏的英雄气概和顽强的革命精神，杀伤了大量的敌人，打退了敌人一次又一次的进攻。

傍晚，受到重创的敌人经过调整部署后，向我发动了更疯狂的进攻。守卫在前沿阵地的我团一、二营部队，提出了“誓与阵地共存亡，坚决打退敌人进攻，保证主力部队抢渡湘江”的响亮口号，与敌人进行了殊死搏斗。有位福建籍的连长，身负重伤，肠子被打断了，仍然继续指挥战斗。阵地上空铁火横飞，前沿工事被打得稀巴烂，山上的松树烧得只剩下枝杆。战士们吃不上饭，喝不上水，伤亡越来越大，但同志们一不怕苦，二不怕死，顽强地战斗着。与此同时，在第一〇一、第一〇二团阵地上，也是烟尘滚滚，杀声震天，他们都打得很英勇，许多同志重伤不叫喊，轻伤不下火线，顶住了数倍于我的疯狂的敌人。在激烈的血战中，全师广大指战员前仆后继，付出了重大的代价，师政治委员程翠林和大批干部、战士献出了宝贵的生命。他们的英雄业绩永垂青史。由于我师全体指战员苦战血战，迟滞了周浑元部的进攻时间。掩护中央、军委和主力部队于十二月一日晨渡过了湘江。

然而，不幸的是，乘车而至的敌湘军和桂军切断了我之去路，炸毁了渡江的浮桥，红三十四师及红六师一个团被隔在湘江之东，并处在湘军、桂军、中央军三路敌人的四面包围之中。部队走投无路，被迫东返，在龙塘、新圩又与敌进行激战，再次遭到伤亡，最后退入雾源山区。敌人围歼我党中央、军委和主力红军于湘江之侧的企图未实现后，恼羞成怒，反扑过来，叫嚣杀我片甲不留。

在形势万分紧迫的情况下，陈师长召集师、团干部紧急会议，作出两个决议：第一，从敌人薄弱部位突围出去，到湘南打游击；第二，万一突围不成，誓为苏维埃新中国流尽最后一滴血。

正在我红三十四师准备突围的时候，桂敌一个团的兵力向我发动了试探性的进攻。我全体指战员以压倒一切敌人的英雄气概，集中兵力顽强地反击。敌人被打得蒙头转向，又摸不清我们底细，急忙收兵回营。这次胜利，鼓舞了同志们的信心。但我毕竟是孤军作战，四面受敌，又处在桂系李宗仁、白崇禧统治区，兵力、粮食、弹药都得不到补充，既无兄弟部队配合，人民群众又无法前来支援。于是，我向师长提出：“不能坐以待毙，应立即突围。”大家都赞同这个意见。陈师长当即决定：由我指挥本团余部掩护，他和参谋长率领师直和一〇一、一〇二团共三百多人突围，重返井冈山。

当天深夜，突围开始了。由于部队在山区拖来拖去，三四天没有吃一顿热饭，肚子饿，身上冷，腿上像灌上了铅，尤其是伤病员行走更艰难。但是，为了生存，为了不当俘虏，指战员忘记了极度的疲劳、饥饿和病痛，大家互相关心，互相照顾，特别感到，多一个人，就多一份力量。当我们刚刚通过敌人据点猫儿源，正准备向长塘坪前进时，被敌人的警戒部队发现了。在这千钧一发之际，我向陈师长表达了本团三十多人的共同决心：“我们掩护，你们赶快走。”

扑上来的敌人，终于被我们打垮了。然而，我团又受到了新的伤亡，还剩下十来个人，并且又和师的余部失散了。为了保存革命种子，我宣布：立即分散潜入群众之中，而后设法找党组织。后来得知，红三十四师余部在湖南江永县牯子江遭敌袭击，陈树湘师长身负重伤，由战士们用担架抬着，继续指挥战斗，不幸在道县落入敌手。敌保安司令何汉听说抓到一个红军师长，高兴得发了狂，命令他的爪牙抬着陈师长去向主子“邀功领赏”。陈师长乘敌不备，用手从腹部伤口处绞断了肠子，壮烈牺牲，时年二十九岁，实现了他“为苏维埃新中国流尽最后一滴血”的誓言。敌人残忍地割下了陈树湘师长的头，送回他的原籍长沙，悬挂在小吴门的城墙上。其余一千多人，也终因敌人重围，弹尽粮绝，最后大部光荣献身。

湘江战役失败后，为了得到资助去找党、找主力部队，我历尽艰险和辛酸，回到原籍武汉。谁知刚出狼窝，又入虎口。由于原在安源煤矿一起搞罢工斗争的叛徒张联华出卖，我被国民党当局逮捕，关进了汉口陆军监狱，判了十年有期徒刑。“西安事变”后，根据党的统一战线政策，经敬爱的周恩来副主席出面交涉，我这个“政治犯”被释放了。从此，我又获得了新生，回到了党的怀抱，跟着党中央、毛主席踏上了新的革命征途。

（选自中共广西区委党史办公室编:《广西党史研究通讯》1986年第7期）

险渡湘江

黄良成[①]

当红军继续把矛头指向湘桂边境，西进的意图已经暴露无遗时，蒋介石才如大梦初醒，忙由长沙、衡阳、桂林急调三十万兵马，从四面八方尾追堵截我们，还利用湘江的天然屏障，在全州、兴安之间，构成新的封锁线，企图堵截红军西进，再一次梦想把中央红军消灭在湘江以东。

当时我军处境十分困难。前有滔滔江水和重兵堵拦，后有追兵蜂拥而来，上有飞机轰炸扫射，下有土豪“铲共团”拦路干扰。这是离开根据地以后，中央红军面临的危急关头。可是王明“左”倾路线的领导者，只是被动招架，硬打硬拼，只顾突围，命令红军“必须突破敌人的堵截，必须粉碎敌人的最后一道封锁线，必须抢渡湘江、潇水”。真是任务艰巨，刻不容缓呀。

一军团和教导师在前面边打边走，冲出一条路来。中央直属机关紧跟其后，奔向湘江。为了保护中央机关安全过江，八、九军团在两翼掩护，三、五军团与尾追之敌周浑元、吴奇伟、白崇禧、何键等部于灌阳文市一带，展开了激烈的阻击战，特别是三军团第五师在灌阳的新圩阻击战中，与数倍于我的广西反动军激战三天三夜。这是离开江西革命根据地以后，打的第一场硬仗，而又是在敌众我寡，没有工事，没有后方和群众支援的情况下，不得不打的被动仗。虽然给了敌人以巨大的杀伤，但是我五师亦伤亡惨重。一直坚持到完成了掩护任务，才撤出战斗，奔赴湘江。

我们八军团为了保护中央左翼的安全，已由永明进入广西灌阳以北，以钳制广西军阀。由于整个战斗部署改变，又折回道州向西

---

① 作者时任红八军团无线电队报务员。

追赶。

八军团曾一度和主力部队脱离，造成腹背受敌的局面。为了赶上主力部队，我们忍受连夜行军的疲劳和饥饿，不顾敌机轰炸，边打边走，日夜兼程向西挺进，造成部队大量减员。经过五天五夜的急行军，终于在文市附近赶上主力部队，和五军团三十四师会师于水车村。

这是经三十四师电台陈燕队长亲自转来中央军委“万万火急”电令：“火速前进，不惜代价，必争在二十四个小时内通过湘江，否则就有被敌截断的危险。”

情况万分危急。我三、五军团正向湘江跑步前进，九军团在我们前面，只有五军团的三十四师留在水车村，掩护全军过江。我们在水车村只停留了四个小时，便于早晨四点出发了。水车村距湘江渡口约二百四十余里，要在二十四小时内赶到，平均每小时要走上十里路，这在当时部队已经十分疲劳的情况下，该是多么艰难啊！

为了鼓舞士气，政治部的干事们、宣传员们，站在部队通过的路口和田埂上，放开嗓门，进行鼓动喊话：

“同志们，我们经过几天来的艰苦行军、作战，已经赶上了主力，但是敌情仍然十分严重。敌人动员了八十万军队，想阻止我们前进，想要在这里消灭我们。我们现在的任务很艰巨，必须坚决地突破敌人最后一道封锁线，在明天这个时候渡过江去。不然，我们就有和主力部队脱离，被敌人截断的危险。同志们，加油呀！再辛苦一天，过江就是我们的胜利，胜利就在前面！”

经过五六天的日夜急行军，战士们都没有很好地休息了，吃饭也是边走边吃，有的同志走着走着就睡着了，但听了“再辛苦一天，过江就是胜利”的鼓动喊话以后，大家又抖起精神，气喘吁吁地跑步前进。

走出二十多里，东方刚露出晨曦，雾气还没有散尽，天空便传来了隆隆的马达声，敌机又“上班”来了。司号员照例吹起“嘀嘀嘀、嗒嗒嗒”的隐蔽号声。

“他妈的，来得真早啊！”我们狠狠地骂着。两架敌机出现在一千多米的高空，从我们头顶上掠过。我们估计敌机看不清目标，部队没有停止前进。

敌机转了一圈，又飞了回来。我们只好离开大道隐蔽。敌机像瞎子一样，什么也没有看见，又飞过去了。可是过了十几分钟又飞回来，部队又得散开隐蔽。就这样，前进，隐蔽，再前进，再隐蔽，一直到上午 11 点多钟，才走了四十多里路。

袁邦光①同志利用短短的防空时间，在道旁的沟里，把党、团支部书记和各排排长召集在一起，研究如何保证完成今天艰巨的行军任务，决定由我们报务员跟随保护收发报机，帮助运输员不要掉队，并由党支部书记赵玉魁带领四名同志，组成收容队，负责帮助走不动掉队了的同志。袁政委还把他的马也交给赵玉魁同志，以便收容病号，保证过江不丢人，胜利完成渡江任务。

太阳挂在头顶，大约是十二点钟，两架牛一样笨拙的敌机又出现在天空，它的螺旋桨转动得越来越慢，只见它从高空中俯冲下来，发出一阵怪叫，一股巨风将道旁一排排梧桐树刮得直摇摆，哗哗作响。接着，便是几声巨雷般的轰鸣，烟尘滚滚，弹片横飞，敌人对我们开始了野蛮的轰炸。就在这短短的几分钟内，敌人又犯下了滔天罪行，欠下了一笔新的血债：我们的二十几个同志牺牲了，还有很多同志负了伤。我们含着眼泪，掩埋好同伴们的尸体，摘下军帽，默默地向烈士们致哀。同志们擦干眼泪，心头燃烧着愤怒的火焰，搀扶着伤员又继续前进了。但是敌机不放过我们，在部队前进的路上来回地袭击扰乱。

走了一会儿，从水车村方向，由远而近传来了激烈的枪声、炮声。

后面的三十四师和尾追的敌人发生了战斗。为了使三十四师减

---

① 袁邦光，即袁光，红八军团无线电队政治委员。下同。

轻掩护我们的负担，让他们尽快转移，我们必须加速前进。于是，司令部发出跑步前进的命令。我紧跟着挑收发报机的运输员吴宣荣，他累了，我换他，我累了，他换我，也不管头上敌机扫射轰炸，我们抱着只要有一口气，就要冲过江去的决心，在敌机轰炸扫射的弹雨中跑步前进。

敌机尽管杀伤了我们一些同志，但是阻挡不了我们前进的步伐。一天过去了，我们虽然才走上一百多里路，同志们又累又饿，可是精神抖擞，斗志仍然十分旺盛。

微红色的太阳渐渐掉下山去，暮色苍茫。敌机只好回巢去了。我们在一个村庄里，和九军团的后卫部队碰上了头，在村头略事休息，整理一下草鞋，连饭都顾不得吃，系紧裤腰带，又继续前进了。

出村不远，在前头长满小松林的山岗上，突然发出“啪啪啪、嗒嗒嗒”的枪声，子弹从头顶上嗖嗖地飞过，路边石头被打得火星四溅。司令部的通讯排长和译电员小刘都负了伤。突然遭到敌人的袭击，司令部直属机关的非战斗人员不免有点紧张起来。真叫人奇怪，九军团刚刚过去，哪来的敌人占领了山头，拦住我们的去路呢？为了弄清情况，我们隐蔽在路旁作好战斗准备。稻田里的青蛙声消失了，人们的脸上浮现着愤怒、紧张的情绪，在焦急地等待着指挥员的命令。

由于突然与敌遭遇，战斗部队赶不上来，情况紧急，军团参谋长当机立断亲自率领所有持枪人员和有名的“攻如猛虎，守如泰山”的军团侦察连一起向山头冲去。作战科长也提枪带领通讯排、政治部的警卫排和我们电台的监护排沿着小路插到山后，把敌人包围起来。过了十来分钟，山岗上杀声四起，轻机枪、步枪、盒子枪和手榴弹爆炸声响成一片。侦察连的战士都是久经战斗锻炼的老战士，一听说打仗，个个眼睛里都冒着怒火，浑身有用不完的力气，他们手提快慢机，挥舞马刀猛冲上去，把敌人杀得鬼哭狼嚎。敌人原来以为我们是一些掉队落伍的人，没料到遇到的是一支攻无不克的红军主力。他们招架不住便向山后逃去。这时，作战科长带领的三个排正好截住了他们的退路。我们上下夹攻，敌人被打得落花流水，打死了不少，没死的也都吓得魂不附体，扔下武器跪在地上，高举双手，大喊饶命。

在这场战斗中，我们电台监护排也打得很漂亮，没有一个伤亡，却捉到了十二个俘虏，缴获八支枪。七班长魏井田手里提着一串刚从俘虏身上解下的子弹袋，押了一个背着没有枪栓的枪的俘虏走了过来，很风趣地说：

“这小子，看来是个老兵油子，他看事情不妙，跑不掉了，离我老远就举起双手，大叫饶命啊，饶命啊，他还真有当俘虏的经验，哈哈哈……”我紧忙接上去问老魏：“你打死几个？”

“谁知道，天黑蒙蒙的也看不清楚。”

“你消耗了多少子弹？”

“没有赔本就是了，你看……”他抖了抖手里从俘虏身上解下来的子弹袋，骄傲地说：

“子弹没少一粒，倒多出来了，我是不打赔本仗的。”

一场遭遇战胜利结束了。我们部队牺牲了三个同志。缴获了敌人七十多支枪，捉到五十多个俘虏。从俘虏的口供中得知他们是全州县的“铲共团”，是从县里赶来拦阻和捕捉红军掉队人员的，但是他们万万没有想到自己落得这样一个悲惨的下场。

我们押着俘虏路过山头，在朦胧的夜色中，看见敌人的尸体横一个、竖一个地躺在那里。我用手电筒一照，看见一个肥头大耳、穿着马裤的家伙，大头朝下躺在路旁，脑浆流了满地。据说，这就是平日在老百姓面前称王称霸、为非作歹的全州县“铲共团”团长，战斗刚一打响，就被我们英勇的侦察连战士送到阎王殿去了。

我们已经整整一天没有吃饭了。可是，当司令部又传出“跑步前进，不要掉队”的口头命令以后，我们咽了口唾沫，咬紧牙，人不歇腿、马不停蹄地向湘江奔驰。

在困难面前，党和毛主席培养教育出来的红军战士，始终充满愉快乐观和坚忍不拔的革命精神。通讯员李吉祥小鬼开玩笑地说：

“都说人是铁，饭是钢，一顿不吃软当当。我们几天没有好好吃顿饭，可是越走越来劲，都快成神了。我看现在要是休息一会儿，弄点饭吃，再走起路来就会像长了翅膀一样，一眨眼就能飞过湘江去。”他又像是自问自答地说：“因为我们是特殊材料制成的！”

“说我们是特殊材料制成的，这不假，但总还有点普通材料呀！谁人不都是妈妈养的，肚子贴了脊梁背，不吃饭哪能行？”通讯员赖清枝俏皮地说。

“情绪可以鼓舞，精神可以振作。可是肚子没有东西装进去可鼓不起来呀。要是现在能吃顿饱饭，劲头可就更足了。”运输员老温接着说。

“你不会往里装吗？米袋子是做什么的？！”一个战士气冲冲地反驳了一句。

“米袋子”，这一声却提醒了人们。一个个吱嘎吱嘎地开始嚼吃着大米，顺手从水田里舀碗清水，将半碎不碎的生米送进肚子里。吃呀，嚼呀，牙根发酸了，两颊发痛了，可是肚子却填不饱。真是杯水车薪，无济于事。

我正在考虑如何鼓舞同志们的情绪，忽然有人拍了我肩头一下，原来是袁邦光政委。他满头大汗，上气不接下气地从后面跑上来，问我：“同志们的情绪怎么样？”我说：“情绪还不错，就是饿得厉害，想弄点饭吃。”这时，袁政委大声地说：“同志们，现在我们不能休息，饿了，先吃点米袋里的米，无论如何不要掉队，有困难，要坚持一下，赶过江去再休息。”

经政委这样一说，大家又鼓足劲头继续前进。

黑夜静悄悄的，只有唧唧的虫鸣声和红军战士的沙沙脚步声。这天晚上乌云密布，伸手不见五指，道路高低难辨。我们每人手里都有一根棍杖，深一脚，浅一脚，跌跌撞撞地往前走。近视眼挺厉害的老朱没有眼镜，两次跌到沟里，弄得满身是泥水，像个泥人一样。大家还开他的玩笑："怎么，想找宿营地啦。"他却不在意地只顾向前进。

尽管夜行军有许多不便，但它是唯一属于红军的时间。夜幕掩蔽了红军的行动，遮挡了敌机的猖狂。然而天不随人意，对红军来说，黑夜又是那样的短暂。看，东方透出了曙光，渐渐露出鱼肚白。

到了天大亮时分，一些年岁较大、体力不支的同志，和肩负重担的运输员、炊事员掉队了。跟上来的同志也都疲惫不堪，个个眼睛通红，好像害了严重的沙眼似的；脚底像是扎了钉子，歪歪斜斜地站立不稳。有的脚底打起水疱，忍着锥心的剧痛，一瘸一瘸地走着；有的实在支持不住了，干脆倒卧在路旁，在那里打起隆隆的鼾声。也有似睡非睡紧闭两眼，两只脚不协调地机械地移动着，因而好多人都摔了跤。一个炊事员却很特别，他扛着大锅铲停立在道路中间，站在那里睡着了。我踉踉跄跄地走着，边走边睡，啪的一声，我的前额正好碰在炊事员扛的锅铲尖上，即刻起了个球大的肿包，我痛得都流出泪来，但也有个好处，这下子，睡意全消了。

"哎，你怎么不走啊？！睡觉不会到一旁去吗，真糟糕！"我摸着头，埋怨那位炊事员。

"啊，你没看见我站在这里？我后面没长眼，你前头的眼睛顶啥用的，没看见吗？"炊事员同志这一问也确实有理。我心想，是呀，怎么能责怪他呢，我只好说："好吧，咱们都别睡了，快走吧，赶路要紧。"于是，我们俩谁也不怪谁，提起精神又一同前进了。

军委限我们渡江的时间已经过去，但是距离湘江渡口还有六十里路。这在平常说来并不算远，按正常行军速度，红军抬起"飞毛腿"，只要三四个小时就可以跑到。可是现在，比走六百里路还要难啊！尽管阳光耀眼，但是大家的眼帘还是不由自主地垂下来。实在熬不住了，我从挎包里拿出来几个辣椒，用双手搓搓，再用手去擦眼睛，心想这下就不会再瞌睡了吧。可是事与愿违，不但不管用，还刺激得双眼花花往外流泪。后来知道别人也有用这个办法的，还起了个名堂，叫“辣椒洗脸”。这时每个战士都已饿得肚皮前后贴在一起，胃口发痛，脚上像绑着铅块，特别沉重，真是精疲力竭了。即使这样，大家还是坚持着走，随着每一步的走动，同志们的耳鼓里只有一个字在回响，那就是走，走，走！

只有红军，只有共产党和毛主席教育出来的无产阶级革命战士，才能这样无比坚强，用最大的毅力，去克服数不尽的困难，争取胜利。

下午两点多钟，我们和司令部的一些同志终于到达麻子渡。望见那悠悠东流的湘江，我们禁不住欢呼起来：我们胜利了，共产党万岁！红军万岁！

江面只有一百多米宽，水深及腰，流速比较快，但还能够涉水过江。

大部分同志都从后面陆续赶来了。为了整顿队伍，恢复战斗力，必须稍事休息一下，等待后到的同志喘口气一起过江。指挥员发出通知：“快做饭吃，随时准备过江。”于是，茶缸、脸盆，一切可以用来做炊具的东西，统统拿了出来，烧水煮饭。一时间篝火四起，炊烟缭绕。

敌机从早到晚，像只魔鬼似的跟随着我们。渡口上空，马达声震耳欲聋。敌机是那样地欺侮我们没有高射防空武器，时而低空盘旋，贴着头飞驰而过，时而又由高而低俯冲下来，疯狂地向江心轰炸扫射，江中不断溅起水柱浪花，企图封锁着江面，不让红军过江。但是狡猾怕死的敌机也担心步枪把它打下来，又飞向高空。这时，飞机屁股后面突然“雪片”飞扬，渐渐飘落下来。同志们把敌人的传单拾来不屑一看，都做手纸或引火纸用了。

下午三点左右，同志们正在做饭烧水，还有一些同志躺在树荫下熟睡的时候，突然，在离渡口只有二三里地的后面山头我警戒部队的阵地上，响起了“啪啪啪、嗒嗒嗒”的枪声。

“所有的战斗人员集合，占领右侧山头，掩护警戒部队后撤，非战斗人员马上过江。”指挥员大声地命令着。广西军阀李宗仁的部队由全州插了过来，切断了三十四师和我们的联系，追赶到了江边。在对岸不远的地方，掩护我们的九军团也与湖南军阀何键的截击部队发生了战斗。枪声一再催促我们必须迅速过江。但是，敌机仍在渡口上空盘旋，不断地扫射轰炸，阻止红军渡江。

我和侦察参谋萧俊英等十几个同志，不约而同地卷起了裤腿，跳下江去，走到江心，水没过腰部，寒冷刺骨，浑身不由得哆嗦起来。江水浸透棉衣，身子格外沉重，加上急流冲击，简直难以举步。千军万马正与急流搏斗之际，可恶的敌机呼啸着又俯冲下来，连投三弹，轰！轰！轰！水柱冲天而起，弹片四处飞溅。在我下游附近的几个同志应声倒下，一时间江水被烈士的鲜血染红了。牺牲的、负伤的同志来不及抢救，都被江水冲走了，我们万分悲痛和这些战友永别了！我在心里默念着：

前面的同志倒下去了，
后面的同志跟了上来。
为了开辟胜利的道路，
英雄冲向胜利的彼岸。

为牺牲的同志们报仇，我们的机枪、步枪甚至盒子枪，都朝着敌机狠狠地打了一阵。

敌机仍然在狂轰滥炸。

我和萧俊英同志、供给部科员赖庆生同志、军团首长的马夫老秦等四个人，冲过湘江以后，冲出了敌机轰炸扫射的目标范围，便坐在石阶上脱下被江水浸透的棉衣，互相帮助拧水，然后披在肩上，向着前面稀稀落落的队伍追去。

由于敌机轰炸越来越频繁，追来的敌人又占领了临江的山头，炮火开始向渡口轰击，密集的弹雨像暴雨一样洒落在河岸上。司令部机关和部队无法继续抢渡，只好沿江而上，另外开辟渡口，顺利地渡过了湘江。

敌人利用湘江之险，以三十万人构成的所谓天罗地网的第四道封锁线，终于被英勇顽强的红军冲破了。蒋介石企图消灭红军于湘江的美梦又破灭了。蒋介石及其帝国主义主子们的碉堡政策、封锁计划，跟随滔滔的湘江付之东流矣！

（选自《忆长征》，辽宁人民出版社 1979 年版）

抢渡湘江

康克清[①]

一九三四年十月中旬，天气晴朗，秋高气爽。但我总觉得空落落的，好像悬浮在空中。

处理完杨世坤的事，三天后我们在于都县境内追上了大队。

这是一次大规模的行军，人数之多，前所未见，为防敌人空袭，行军全在傍晚和夜间。那天到达于都河边，天已经黑了。于都河离于都城外不远，接近中央苏区西南部边界，是多路突围大军必经之道。沿河用木船搭起几座浮桥，被两岸无数的灯、火把照得通明。浮桥上每只船的两头都悬挂着一盏马灯，远远看去，倒映在闪光的河水里，像是一座闪光的金桥。

每座桥都有几路红军队伍拥来，在这里形成一个喇叭口。每个队伍来到桥边都要停下，按照过桥指挥部的命令过河。浮桥两头的河堤上，给红军送行的老表乡亲人山人海。有的想看上自家亲人一眼，有的表示慰劳，送茶水，送鸡蛋，送花生、瓜子，还有自家做的粗点心。

浮桥指挥部的人认出我们是军委第一野战纵队的，立即命令正在过桥的红军停下，让我们先过。这时，老表乡亲们拥了上来。他们动作迅速，等发现兜里塞过了东西，赶紧掏出来，却再也找不到塞东西的人了。一批人退下，一批人拥上来，许多人大声叫着说：

“红军同志，狠狠打白狗子，替我们报仇！”

有的深情地叮咛：

“红军同志哥，多多保重，早日打胜仗回来啊！”

有的战士边走边回答：

---

① 作者时任中国工农红军总司令部政治指导员。

“放心吧！老表乡亲，我们一定会消灭白狗子，胜利回来的。”

过于都河的那晚，我一辈子都忘不了，当时心里充满了留恋和不安。

连续不断地行军，道路弯弯曲曲，左转右拐，像穿梭阵一样，不知道部队要到哪里去。有一点是清楚的，我们一直朝着太阳和月亮落下的地方前进，那就是说，我们在向西走。不断听到炮声和机枪声。前面传来的是红军先头部队在突破敌人的封锁线，后面是红军殿后部队在同追击的敌人战斗。我们前面、后面和左右两边都有红军部队掩护，我们在红军为我们开辟的不断向西移动的甬道中行进。庞大的队伍，前不见头，后不见尾，浩浩荡荡。

很快就发现了问题。行军速度越来越慢，一天走不了二三十里就要停下来休息。四周的枪炮声告诉我们，行军速度越慢，可能遭到的危险就越大。有一次我们同后勤运输队走到一块，发现他们竟然带了那么多的笨重东西，除了作战需要的军械军需外，还有许多印刷机、缝纫机、车床，各种医疗器械……

我们野战纵队一万多人，光挑担就有一千多副。还有那些卸不开的笨重家伙，需要两个人、四个人，甚至八个人抬。几百斤的重担压得他们气喘吁吁，一个个汗流浃背，走不远就要停步换肩，前面一停，后面就要停下一大串。前面的换过肩起身走了，后面的半天还动不了窝。看着这些真叫人心焦。

过了敌人的第三道封锁线，部队走得更慢了。这时得到消息，最前面的红军已经突破敌人的第四道封锁线，并在湘江西岸控制了六十多里长的渡江地段，急等中央、军委野战纵队赶到那里渡江，这是一个十分有利而又急迫的时机。因为在十一月中旬，蒋介石已察觉红军大规模突围，调动大批军队追击和堵截红军。但是中央、军委野战纵队离湘江前线还有整整一百六十里。一个多月长途行军跋涉，部队走得十分疲劳，那些笨重的运输队拼命赶路，也要四天。几十万敌军正在疯狂地朝湘江渡口扑来。人人心急如焚，而首脑机关只能蹒跚而行。湘江两岸炮声连天，持续了好几个昼夜。

到了十一月二十九日夜里，军委野战纵队好不容易来到湘江边上，已是两岸红军同敌人血战的第三天。为了迅速过江，一部分人员和物资乘船，其余人马在查明的地段涉水。红军拦击着两岸逼近来的敌人，我们就在那剩下的不多的通道中渡过了湘江——敌人的第四道封锁线。四周枪炮声不绝，曳光弹不时照亮江水。因为是在夜间，敌人未能发觉。但是在我们身后还有一大串拖拖拽拽的笨重运输队，真不知他们该怎么办？

后来听说，运输队在两军厮杀中，许多人被冲散了，许多东西被丢掉了，器材、衣物、图书、资料……到处可见，“标”出了一条红军行军的路线。有些笨重的东西费尽九牛二虎之力，虽然抬到了湘江边上，但却无法过江。在战况紧急时，有的丢弃在岸边，有的沉没到湘江的波涛中。

到了十二月一日上午，中央、军委的野战纵队在极其艰难的情况下，渡过了湘江。但是担任掩护的红军有好几个师、团被敌军包围在湘江南岸，全部壮烈牺牲。刚由新兵组建起来的第八军团，也不复存在了。过了江的红军，也在惨烈的拼杀中遭到重大伤亡。从苏区出发时，红军八万六千多人，经过这场恶战，只剩下了三万多人。

渡过湘江，进入老山界，地图上叫越城岭。这里崇山峻岭，森林茂密。敌军被甩在后面，敌机难以侦察，可以稍事休息。一个多月的紧张奔波，总算可以喘口气了。

红军的严重失利，使大家认识到“左”倾领导者一意孤行造成的损失，到处议论纷纷。他们这时不得不同意朱老总提出的“丢掉坛坛罐罐”。朱老总召集各部队领导干部，作了轻装行军的动员和布置。我们司令部迅速行动，我清出一大包东西，有蚊帐、鸭绒被和非急需的衣物，叫潘开文拿去送给当地老乡。他说：

“这些都是有用的东西，你和老总都有牲口，又不是带不了，眼看天冷了，我看还是留下来带着，免得到时没处找。”

他是一片好心，我说：

“老总讲的是轻装，只带最急需的东西，我必须执行，你不去，我自己去。”说着，就抱起东西往外走，潘开文飞快地抢了过去。

“那还是我去吧！”他一面走，一面嘀咕：“都送走，等天一冷，准得后悔！”经过这次轻装，我们行军轻快多了。

这里是苗族和瑶族的聚居区，他们大部分都能听懂汉话，不少人还能讲几句。他们对红军热情友好，收到送给他们的东西，又不要钱，都高兴万分，把家里最好吃的东西纷纷拿出来招待我们。

老山界全是羊肠小道，一会向左，一会向右，一会上坡，一会下坡。左转右转，有时走着走着，又像走回去了。山路崎岖难行，有些地方山虽不高，却十分陡峭，爬上去很吃力，往下走更加困难。夜里行军，上半夜有火把照明还好些；下半夜火把点完了，摸黑行军，谁也不敢快走。阴天夜间，伸手不见五指，行军尤其困难。走走停停，停停走走，有时一夜只能走十几里。遇到狂风暴雨，走在陡峭的山路上十分危险，有人就是这样掉下了深谷。有一处地方叫“雷公岩”，是在悬崖上开凿出几乎垂直的石级道路，只有一尺多宽，要十分小心才能爬过去；担架到了这里，只能由躺在担架上的人自己挣扎着爬过去；骡马走过，更要格外留神，前有人拉，后有人推。就是这样，仍有几匹牲口掉下深渊，有的把人也带了下去。爬过“雷公岩”，大家都说：“真像过了一道鬼门关！”

我们在龙胜县龙平镇宿营时，半夜里突然起火，我被惊醒后，急忙披衣跑出，只见红军总政委周恩来的房子被大火包围，几个人正在泼水救火。周恩来的警卫员范金标顶着一床泼上水的军毯冲进大火，看见正在寻找出路的周恩来，立即把军毯蒙在他头上，拉着他从火海里冲了出来。取下军毯，大家看见他安然无恙，这才放了心。

天亮以前，把火扑灭了，周恩来的两个公文箱总算抢了出来，其余的东西全被烧光，那家老乡的房子也被烧去一半。为照顾群众的困难，司令部赔偿房东二百块银元。

下午，接到总卫生部的消息，他们住在广南寨，村子里几处房屋同时起火，总卫生部长贺诚命令警卫连包围村子进行搜查。在村民帮助下，抓住七个穿红军衣服的广西人。经过审问，都是广西地方军阀派来的特务。每人每天赏银二元，冒充红军放火抢劫，挑拨当地人民反对红军。龙平镇上也是他们放的火。

老总立即向红军发出命令，要求提高警惕，严防敌特放火。后来又抓到几个放火犯，召开群众公审大会，就地把他们处决了。

过了老山界，经常下雨，有时大雨倾盆，有时细雨濛濛。好在都有斗笠和挡雨的油布，阴雨天可以放心地在白天行军，只是山路泥泞难走。新打的草鞋，走不了两天就坏了。许多人索性打赤脚。一路上经常有人摔跤。

每次行军总有人掉队。为做这些人的工作，每天走完一半路程后，我就留在最后，收容掉队的人。帮他们背枪，背背包。起先，他们不肯让我背，但经不住长途行军的劳累，当我再一次从他们一瘸一拐咬牙走路的身上拿下枪和背包时，已无人再同我争了。我的身体壮实，从小受过磨炼，这样做也不觉困难。同志们看着我这个女同志还能吃苦耐劳，都受到鼓舞，打起了精神。

出了老山界，来到湖南境内，不久走到通道县的一个村子里。这里正好在湖南、广西和贵州三省交界的地方。早晨，公鸡啼叫，三个省的人都能听到。中革军委在这里临时开会，研究下一步红军行动的计划。这是个十分重要的会议。在群众的强烈呼声、老总和周恩来的推动下，会议破例请毛泽东参加。他在会上分析形势作出判断，提出改变红军原定北上湘西北同二、六军司令部会师的打算，避开敌人给红军设下的口袋阵，向西进入敌人兵力薄弱的贵州，争取红军有个喘息和整顿的时机，而后再定行止。他的意见得到与会同志一致赞成，博古和李德也没有反对。从此，红军危急的处境有了转机。这次会议，为以后的遵义会议打下了第一块基石。这一情况，我是后来得知的。

因为红军人员大大减少，部队开始合并。到了贵州省黎平县，把中央军委机关的第一、第二野战纵队合并成一个“军委纵队”。后来在行军中，我为收容掉队的人，常常遇到随中央机关行动的一些领导同志。

遇到比较多的是毛泽东。有一次，他笑着对我说：“现在无官一身轻，好不自在哟！”

他的话使我感到别有一种滋味。心中想着：

“只要有毛泽东，我们总会有希望的。”

他的头发很长，留着大背头，人显得清瘦，穿的是战士服装，只在早晚天冷时，才穿上军大衣。他的马总是由马夫牵着，远远地跟在后面。很少见他骑马，更没见他睡过担架，总是同几个战士有说有笑地一块步行。他看见我，有时就问：

“这两天部队的情绪怎样？指导员同志能谈点情况吗？”

他最关心战士的思想情绪、体力状况，干部们有什么想法和议论。我就尽我所知，一五一十地告诉他。他十分认真，不时地提问题，问个究竟。我常常答不上来，他就帮我打圆场说：

“哦，哦！这不怪你，只怪我想要知道的太多啦！你看，要是方便，下回等你知道了，再告诉我吧！”

接着，他又有说有笑地谈起古今来。我们进入贵州省，他讲了许多有关贵州省的掌故，“天无三日晴，地无三里平，人无三分银”啦，“黔驴技穷”啦，“夜郎自大”啦……他说夜郎是古代的一个小国，国王不知天下之大，竟然问汉朝派去的使臣：“汉朝大，还是夜郎大？”说完，他用手指着西北对我说：“那个夜郎国就在贵州省的西部，离这里不远了。”我很喜欢同他走在一起，在他的说笑当中，我增长了不少知识。

每天总能听到隆隆的炮声，那是红军在同敌人战斗。有一天近处传来枪炮声，我催他骑马快走。

“怕什么？这是小股敌军骚扰，不会那么快追上来。指导员同志，我知道，你要赶快去照看队伍。我这里，你放心，决不会有问题。”

他胸有成竹，语气肯定，使周围的人也增添了信心。我不放心，叫几个警卫员陪着他，自己到后面去了解情况，果然是小股窜扰的敌人，已经被后卫的红军部队赶走了。

宿营的时候，毛泽东总是找当地的祠堂住，他有两只盛书和文件的铁皮箱，一个挑夫挑着，总跟他紧随不离。没有桌子，把两只箱子摞起来，就成了他的“临时办公桌”。

他同张闻天、王稼祥常常结伴，三个人行军、宿营都常在一起。王稼祥在五次反“围剿”中，敌机轰炸时负伤，一直未好，至今还躺在担架上。不知何时起，大家把他们三人称作“中央队”。一提“中央队”，都知道指的是他们三人。

张闻天和邓小平、李富春也常走在一起。邓小平这时是党中央的秘书长，也是红军总政治部的秘书长兼《红星报》主编。有一次，我见他们同博古走在一起。听人说，博古在渡湘江后，曾举起手枪要自杀，被人拦住了。他现在同过去已有很大的不同，失去了那种专横的神气。

路上比较热闹的是同女同志们走到一起。蔡畅、刘英、李伯钊……总是说说笑笑，她们说，这样可以减轻行军中的疲劳。

（选自《康克清回忆录》，解放军出版社 1993 年版）

向西突围、挺进贵州

陈漫远[①]

一九三四年十月，中央革命根据地第五次反“围剿”斗争失败之后，中央红军被迫仓促离开中央根据地，从江西的瑞金、于都和福建的长汀等地，分五路出发。中央直属机关和分队编为两个纵队，党中央与临时中央政府（全称是中华苏维埃共和国临时中央政府）为第一纵队[②]，中央军委与总司令部为第二纵队，一、八军团在左，三、九军团在右，五军团在后担任掩护，开始向西突围。当时，由于王明等人实行战略退却中的逃跑主义，事先密而不宣，对这样重大的战略行动，没有必要的动员和准备，干部、战士都不知道部队要向哪里去。在转移中大家像搬家似的，带着坛坛罐罐大批辎重，走走停停，疲劳不堪。敌人则在江西、湖南、广东、广西等地设置了一道又一道严密的封锁线，堵截红军前进，还派遣国民党中央军和湖南、广东、广西的军阀部队层层尾追。红军走到哪里，国民党军队围堵到哪里，幸赖红军英勇顽强，一次又一次地突破敌人的封锁线：十月二十日在江西安远、信丰间突破了敌人的第一道封锁线；十一月二日在湖南的桂东、汝城间突破了敌人的第二道封锁线；十一月十五日[③]在湖南的郴县、宜章间突破了敌人的第三道封锁线，到达湘江东岸。此时，蒋介石害怕我中央红军和在湘西地区活动的红二、红六军团（红二方面军前身）会合，乃集结了四十万兵力，利用湘江天然障碍，筑成了第四道封锁线，企图在湘江东岸即湘江与潇水之间消灭红军。在此情况下，红军本应避敌锋芒，绕道选择有利时机，但执

① 作者时任中央教导师政治部主任。

② 党中央与临时中央政府为第二纵队；中央军委与总司令部为第一纵队。

③ 应为11月12日。

行王明错误的领导者只顾夺路突围，命令部队强攻硬打，一军团前冲，三、八、九军团在两侧打甬道式的掩护战，拼命地顶住敌人，掩护中央纵队通过，五军团作后卫，边打边走。红军在广西全县之南、湘江东岸，英勇顽强地同敌人浴血奋战七昼夜，渡过了湘江，于十一月二十九日[①]突破了敌人第四道封锁线，但付出了惨重的代价，各军团都大量减员。八军团的三十四师由于担负掩护任务没有能过江。被敌人重重包围，奋战了几天，终于大部壮烈牺牲。担任后卫的五军团，损失更为严重。此时的中央红军总数由原来出发时的八万多人，减员至三万多了。这一血的代价，使广大红军干部、战士越来越认清了王明错误的严重危害。在危急关头，毛泽东同志提出了进军贵州，尽快摆脱敌人的建议。听从这一建议，部队从湖南的通道县城出发，取道广西苗、瑶族散居的深山老林。尽管这里山高林密，沟深坡陡，有的地方几乎成垂直上下，没有什么道路可走，红军以顽强的毅力，一边爬一边找路，终于胜利地翻过高山密林，进入贵州境内。十二月中旬，攻克贵州的黎平，部队得到了休整的机会。中央政治局在这里开会，进一步肯定了毛泽东同志向贵州进军的决策，议定下一步进军遵义，创建川黔边革命根据地。同时，部队进行了整编：第五、八军团合编为第五军团，第九军团缩编为三个团，中央两个纵队合为一个纵队，下辖三个梯队，各部队后勤机构也相应缩减，充实到战斗部队，还精简所带物资，以提高部队的战斗力和机动灵活性。整编之后，部队精干了，后勤也轻便了，遂向遵义前进。

一九三五年元旦，到达天险乌江的南岸。红军第一军团的第二师担任先头部队，于二日、三日连续组织了两次强渡，均未成功，第三次组织了强大火力，掩护我十七名指战员，加上先期偷渡过江的五名同志突然开火，强渡成功，夺下乌江渡口，后续部队乘势渡江，

---

① 应为12月初。

打败了贵州军阀王家烈的三个团，冲破了敌军吹嘘的设防“重叠坚固，可保无虞”的乌江防线，并乘胜直捣遵义城下，六日，胜利地占领了贵州的第二大城市遵义，同时攻占桐梓县城。

红军由于执行了入贵作战、避实就虚的正确方针，进展一直很顺利，部队情绪也逐渐高涨起来。

（选自陈漫远主编：《从南昌起义到渡江战役》，广西人民出版社1985年版）

十年百战亲历记（节录）

萧锋[1]

当我们突破了敌人的三道封锁线，向西挺进时，敌人已看出我军要沿六军团西征的道路，准备去湘西与红二、六军团会师的意图。因此，蒋介石把他的嫡系薛岳、吴奇伟的五个师，集结于零陵、安东一带，周浑元纵队的四个师和湖南、广东军阀的部队，像拉大网一样，从红军的后面和两侧压缩过来，企图将我军压至湘江东岸，“聚而歼之”。

我团进了道州，还来不及休整，第二天早上，敌人就从北面向我发起进攻。与敌鏖战一整天，当敌人主力渡过潇水河后，我们连夜迅速向湘西前进，把敌人甩到了后面。

在行军路上，担架队战士梅若坚问我：“总支书，这里是什么地方？二、六军团在哪里？走到哪是个头？”说实在话，我当时也不知道哪是个头，只好回答说：“我们这两条腿是属于革命的，上级让往哪走，我们就往哪用劲啊！”一天时间，我们赶了九十多里，进入了广西省北面的全州地区。

当我团进到全州城外的黄土井一带时，接到了军团和师部的命令：要与全州之敌决战，占领全州，消灭堵追之敌，争取主动，掩护野战主力西渡湘江。

在军团首长指挥下，我红一、二师分两路向全州进攻。当我是一师进到全州西南的茶园头，二师进到全州正西面的康家、鲁塘一带时，发现数万敌人正从全州出动，向我进攻。我军立即撤回到脚山铺阻击敌人。

脚山铺，是一个只有二十多户人家的小村庄，北距全州县城十六公里，全州到兴安的公路，在村边通过，公路两侧，夹峙着两列两公里

---

① 作者时任红一军团第一师第三团党总支部书记。

多长的山岭。我一师守公路以西地段，二师守公路以东地段。

十一月三十日早上，敌人以三个师的兵力，向我发动全面进攻，第一次冲锋，敌人很快被我军打垮了。敌人稍加整顿，又发起第二次冲锋。后来随着冲锋次数的增加，敌人投入的兵力也越来越多。敌人在飞机的助威下，攻击愈来愈猛。阵地上硝烟弥漫，弹坑累累。我军则利用有利地形，沉着阻击。双方激战到下午，敌人凭借优势兵力和猛烈的炮火，突破了我米花山防线。我师将士跳出工事，与敌拼刺刀。因寡不敌众，被迫撤出了米花山。入夜之后，敌人利用夜幕作掩护，向我一师防守的阵地迂回进攻。为避免被敌包围，我一师往西南方向撤退到水头、夏壁田一带。

敌人占领了米花山后，从三面向我二师阵地发起攻击。我二师在黄帝岭上，与敌展开了一场惊天动地的拼杀战。我军气壮山河，刺刀拼弯了，就用枪托砸，枪砸坏了，就用石头打。在我英勇的红军战士面前，敌人胆战心惊地败退了。入夜后，我二师也主动往南撤退到珠兰铺、白沙河一线，继续阻击敌人。

十二月一日早晨，狂妄之敌又向南进犯。我军隐蔽在松林内，待敌来到跟前，突然猛扑过去，敌人被这突如其来的攻击打得晕头转向，狼狈向后逃窜。不久，三个师的敌人在五六架飞机掩护下，全面向我一、二师阵地推进：在十几里宽的战场上，炮声隆隆，杀声震天。这时，周副主席和朱总司令电令我红三团限十二月一日十二时前，保证不让敌渡过白沙河，保证中央和野战军主力通过湘江，利用白沙河，在双旱田到洛口间组织防卫，保证不让敌人突破白沙河南岸。我全团指战员，一齐行动，连夜动员群众构筑工事，准备在白沙河、麻子山以南坚决阻止敌人前进。

但是，这里是敌人的重要通道。敌人集中力量，向我团阵地猛攻，想从这里打开突破口。我团指战员英勇顽强，用刺刀见红的精神，连续打退了敌人的五六次冲锋。为争取主动，趁敌败退之际，在黄永胜团长、林龙发政委的带领下，全团指战员立即向老萧家、彭家山高地一带敌人发起反击，打垮了敌人一个师，俘敌八百多人，并将防守阵地向前推进了八里多地。

趁敌人尚未组织新的进攻，我和黄永胜赶快回原师指挥所在地，青山田西北，帽子岭二五〇高地，准备向师首长汇报情况。不料刚一进小村子，就碰上了敌人。他们大叫大喊“捉活的，捉活的！”一边从四周围拢过来。我们六个同志边打边跑，一口气跑到了茶园一带。这时，已是午后，狡猾的敌人见从正面无法向我进攻，就转向我团与二师结合部进攻，迂回到我团的背后，然后从三个方面夹击我团，我团陷入了重围。在此情况下我们立即收拢部队，一齐向吴奇伟纵队冲杀过去。其时，我团三营已猛力向西杀出重围，与一、二团会合。我团剩下两个营，在敌人的重重包围中，我们用刺刀对刺刀，与敌白刃格斗了两个多小时，杀伤数百敌人，才突出第一道包围圈。我们转移不到半里地，敌人又从四面八方围拢上来，两个敌人一齐向我刺来，被我来个防左刺“杀！”一声吼，一个家伙应声倒地；我又一个防右刺，撂倒了另一个敌人。敌我双方正在混战之中，只听见林政委在高喊：“同志们，跟我冲啊！”我们一齐向西杀了出去，没走多远，敌人又围上来。我同胡崔华同志一起，边冲边与敌人拼刺刀。刺刀弯了，拾起一支枪，又继续与敌人搏斗。这时四个匪军见我穿一件瘦小的呢子衣，以为我是个大官，便一齐向我围了过来，想捉个当官的去领赏。我前后两下，连着刺倒了两个敌人。剩下两个家伙，见势不妙，就往后跑，我追上去，用枪托打倒一个，另一个企图反扑，我躲到一棵松树后，敌人杀来一刀，扑了空，我眼疾手快，向他刺下一刀，结束了他的生命。我们正在与敌人酣战，又听到林政委高喊：“同志们，枪声就是命令，冲出去，向师部靠拢！”杀红了眼的战士们，像狮群怒吼一样，一齐高喊：为革命，杀呀！我军以凌厉不可阻挡之势，向敌群冲出去，怕死的敌军急忙闪开。忽然有个瘦猴样的敌人向我扑来，一枪刺在一棵小树上。当敌人刚要拔刀，我冲上去给他一刀，送他见了阎王。我部在小松林里与敌人穿梭刺杀，刺死刺伤了八百多敌人，自己伤亡也很大。我们边战边往西冲，好不容易才走出几里地。这时，西山的敌人又像潮水般涌了上来。我们与敌又展开了殊死的搏斗。我接连刺倒几个敌人，自己差一点也被敌人刺了。生死的斗争一直坚持到午后二时，在红二团的援助下，我们才冲出了敌人的十二道重围。

当我们疾奔十多里，撤到了咸水北面一带时，两个营一千多人的队伍这时只剩下六百多人。同志们浑身上下，血迹斑斑；身上的衣服都变成了布条，有的鞋子也跑掉了。来到了卫北山红二团的阵地后，一见到师部的聂鹤亭参谋长，我便问："中央直属纵队现在到了哪里？"聂参谋长说："党中央和朱、毛、周、博、张、李等中央纵队估计已过界首向西山前进了，三团的同志们！你们已经完成了党交给的任务。中央机关和一军团大部分，都转移到了青石咀以西的山沟。"听到这一消息，我们才松了一口气。指战员们高兴地唱起歌来："十一月里来进湖南，宜章道州是第一站，冲破四道封锁线，吓得陈、何狗心胆寒。"

正当我一军团与敌血战时，在界首和湘江以东一带八军团、五军团和中央军委直属队，也同敌人展开了一场拼死的决战。我军付出了惨重的代价。经过几天的恶战，我军虽然胜利渡过了湘江，突破了敌人的第四道封锁线，粉碎了蒋介石企图在湘江东岸歼灭我军的阴谋，但是八万多人的红军队伍，渡江后只剩下不足四万人。这是我军历次战斗中从来没有过的事情，这是"左"倾机会主义错误给红军造成的严重恶果。

（选自萧锋著：《十年百战亲历记》，福建人民出版社 1983 年版）

红军长征初期的教导师（节录）

孙毅①

教导师经过四个晚上的夜行军，进入敌军控制的赣县、信丰、安远边界，这里即是敌人设置的第一道封锁线。

部队在信丰休息时，政委何长工由粤赣军区赶来教导师上任。

在行军途中，我负责观察部队行进秩序，检查各团掉队人员。到宿营地后，我还必须要办三件事：一是派人侦察地形，寻找向导；二是绘制行军路线图，发出当日“口令”；三是写出宿营报告，派专人送达上级司令部。

然而一路上，对我来说困难最大的是二排长他们十几个人抬的那个机器部件。有时遇一个大坡，几个小时都上不去，弄得战士们疲惫不堪。在通过大瘦山时，第一团团长文年生亲临现场指挥。因为大雨过后，道路泥泞，坡陡无法通过，一直等到第二天天亮才继续攀登。二排长他们用绳子拴在机器部件上，前拉后推，用了一个多小时，才闯过几十米高的峭壁。

在前方的一个路口，我等候掉队的文团长和二排长。二排长小声对我说：“抬着这么多笨重的机器干什么，将来仗打赢了，占了大城市，还缺这修枪炮的机器吗？那些印票子的石印机其实就是好多块大石头……”

我说：“你不要说啦，这些我都知道，可是这是上级给的任务呀！”

随后二排长站在山岗上稍一定神，突然冒出来一句：“这些笨玩艺，扔掉算啦！”

沉重的负担，直接影响着教导师的行军速度，当然也关系到中

① 作者时任中央教导师参谋长。

央红军纵队西进的战略部署。

一天晚上宿营后，教导师的几位主要领导——张师长、何政委、我和李主任在一起研讨近期行军小结，我把二排长的反映一一转述，并提出自己的看法。

经过讨论，大家统一了认识。何长工政委说：“由孙毅起草电文，向军委总部发电报，说明抬运机器掉队的人跟上了主力，并请求上级批准，今后再遇危险道路时，把十来个人抬的机器部件，炸毁后丢进山涧里，以保证部队人员免遭伤亡。”

电报发出后，第二天接到军委总部复电“同意教导师的建议”。

教导师进入广东乌径后，接到刘总长布置的战斗任务，接替红一军团向南雄、水口方面担负的警戒任务。要求在该阵地坚守一天一夜，不准敌人前进一步，以保证中央纵队安全通过第二道封锁线。

师长、政委和我亲临第一团，和团长文年生共同研定作战方案。文团长于下午 4 时，几次带领部队向尾追之敌反冲锋。黄昏时分，一团战士和敌人在前沿阵地白刃格斗，有力地阻止了敌人的进攻，守住了阵地，受到刘总长的表彰。

接着浩浩荡荡的教导师，进入湘粤交界处的九峰山。战士们手拉手，互相搀扶着往陡坡上攀登。抬着大机器的战士，半天才向上爬几百米。

面临严峻的形势，为了尽量减少非战斗减员，师长、政委找我紧急商量，决定把两人和十几个人抬着的机器全部处理掉，扔到大山沟里。

此决定传达后，战士们拍手叫好。当即打开用草包、草绳、麻袋包裹的那些无法砸碎的修枪炮的机器、印票子的石印机、大型车床……顺山势往下推，滚动的机器部件隆隆作响。

上百个大件处理后，1000 多战士从沉重的“压力”下解脱出来了。但剩余的 400 多担装有各种物资的箱子，仍由教导师战士挑着前进。

11月初，教导师通过敌军沿粤汉铁路线所设置的第三道封锁线。经湖南的宜章，跨越香花岭，继续向西挺进。根据军委朱德主席的紧急命令，教导师全速前进，于12月1日渡过敌军设在湘江的第四道封锁线，经广西北部资源县，向湘黔边界的通道县方向进发。

途中，部队要越过2000米高的老山界，这里山高路险，行走困难。不少人在老山界上走着走着就走不动了，身子一歪，倒下去就断绝声息。

两个月的行军和战斗，部队减员严重，有的连队失去了战斗力。当翻过老山界之后，教导师6000人只剩下一半。

关键时刻，中央政治局于12月18日在贵州东部边城召开了黎平会议。会议肯定了毛泽东提议放弃北进同红二、红六军团汇合，改向敌人力量薄弱的贵州进军的主张；决定刘伯承重回军委总部，担任总参谋长；撤销红八军团、教导师、保卫团的建制，原中央纵队的一、二纵队合编为1个纵队；教导师所剩3000人，编入一军团、三军团各一半，战士所挑的400多担“坛坛罐罐”，全部破坏，丢弃在偏僻大山沟和河流里，不致落入敌人之手。

（选自中共中央党史资料征集委员会编:《中共党史资料》第五十九辑，中共党史出版社1996年版）

血染潇湘（节录）

张平凯[①]

敌妄图消灭我军于潇水东岸的计划彻底失败。我军浩浩荡荡渡过了潇水，集结在道县至永明西郊一线。

我军西进，敌极为惊恐。同时也暴露了红军行动目标。

蒋介石调动四十万部队，分五路向我“围剿”，并于三百里的湘江沿线布防。

第一路何键部刘建绪率四个师与第二路薛岳率一个纵队扼守全县。同时，急调广西李宗仁、白崇禧部队集中在兴安、灌阳以北，对我形成了钳形阵势。

第三路总指挥周浑元率一个纵队兼程从道县方向奔来，尾追红军。

第四路总指挥李云杰和第五路总指挥李韫珩率部分人马从嘉禾、临武、蓝山向宁远、江华、永明尾追。

敌人来势凶猛，大有吞掉红军之势。我军冒着风雨，在弯曲狭窄的山路上前进，拥挤不堪，行走不便。“左”倾冒险主义的领导者，把红军的转移当作一种搬家式的行动，而不把转移的战略方针放在争取必要和有利的时机歼灭敌人的原则上。因此，部队的机关十分庞大，军委纵队达一万多人，每个军团都成立了后勤部。这些机关，人员众多，机构臃肿，多的达一千多副担子，携带大批辎重，有的甚至把十几个人才能抬得动的笨重的印刷机器，连野战医院的X光机和中央出版《战报》用的纸张，都统统搬走。敌人前堵后追，我军行动极为不便，走走停停。再加多日来行军作战的疲劳，致使有些人在向湘江前进中，推一推，动一动，甚至睡觉行军，不少战士掉队或

① 作者时任中央军委红军干部团政治教员。

病倒，造成严重减员。另外，在连续作战中，损伤也大，以至处于危险境地，就这样，我一、三军团在正面，红八、九军团在两侧，红五军团为后卫，艰难地掩护着中央纵队前进。

红一军团第一师在道县阻击敌人周浑元部，激战三天三夜后，于二十八日星夜出发，以一天半时间，赶到全县附近脚山铺一带，同二师一起，抗击敌军刘建绪所辖四个师和薛岳五个师。敌人在七八架飞机的配合下向我正面猛扑。我红军战士打退了敌人的多次冲锋，阻敌于下田坡附近。敌见正面攻击不上来，便利用茂密的树林作掩护，转向我侧翼和后方。我军一、二两团只能轮番掩护，且战且退。最后，利用徭[鹞]子江隘口才堵住了敌人，保障了中央纵队的右翼安全。

彭军团长指挥五师十四、十五两个团，保卫中央纵队的左翼，于灌阳的新圩附近同敌夏威部两个师血战。敌先用排炮向我军阵地猛轰，接着步兵轮番猛攻，并以小部队迂回袭击。战斗激烈地进行了三天三夜，情况一天比一天严重，形势一天比一天险恶。这时的彭军团长和指战员们，多么希望中央纵队早一点过江，以减少指战员的伤亡啊！在中央纵队没有渡过湘江之前，就是战到最后一个人，也要堵住敌人。我勇敢顽强的红军战士，与数倍于己之敌浴血苦战，终于完成了堵击任务。两个团的指战员大部壮烈牺牲！

在后卫担任掩护任务的红五军团三十四师，完成任务后正要过江，却被敌人重重包围，一直打到弹尽粮绝，只突出二百来人，其余全部壮烈牺牲！师长陈树湘负了重伤，英勇殉难。而突围出来的二百来人，在道县、宁远、江华、蓝山之间，经十来天与敌苦战，也大都壮烈牺牲。至此，我三十四师全师覆没！

陈树湘同志是我的老战友。一九三三年夏天，我在闽西二十六师的时候，他任师长，我任政委。他给我留下了极为深刻的印象。他好学上进，作战勇敢，指挥有方，是一位从不畏惧困难、富有朝气的青年将领。他和他的部下，用鲜血铺开了长征的道路。人民和他的战友永远怀念他！

彭军团长率三军团在一军团配合下，占领了湘江上游的几个渡口，控制了阵地。发动沿江一带渔民和我工兵快速作业，很短的时间就准备好了木排、竹筏，架设了简便浮桥，为中央纵队过江创造了条件。

十一月二十九日，我军从几个渡口渡江。有的坐着木排、竹筏过渡。有许多战士手拉着手涉水抢渡，大拽小，高领矮，强扶弱，青搀老，表现了红军战士团结友爱的革命精神。

我军以血的代价渡过了湘江。八万人折损过半。

（选自张平凯:《忆彭大将军》，辽宁人民出版社 1984 年版）

回忆红十六团过湘江

黄振堂[①]

一九三四年十一月，中央红军经过艰苦战斗，突破了敌人三道封锁线以后，就向着湘江方向前进，拟过湘江北上，同红二、六军团会合，坚持川黔湘鄂根据地。蒋介石急调三四十万大军，对我前堵后追，妄图利用湘江天险，消灭我军于湘江东侧。由于王明“左”倾路线在军事行动中的逃跑主义错误，我军八万多人马及大量辎重，拥挤在粤桂湘边境山中的羊肠小道上，行动极为被动缓慢，而敌人走的是大路，行动快速，我军摆脱不了追敌。因此，我军在过湘江之前，面临着十分危急的形势。能不能突破敌湘江防线，保证我中央纵队和全部红军胜利过江，则是一个生死攸关的严重考验。

我红三军团第六师部队，经过几天急行军，进到湘桂边境的新圩，接替了第五师的防务。换防后，军团带着四师、五师向湘江前进。原来五师走在六师的前头三十多里地，他们在新圩已同广西敌军打了三天三夜，损失很大。六师接防后，师部交给我十六团的任务是阻击由灌阳方向来的敌广西部队两个师，坚守五天五夜，以掩护中央红军全部渡过湘江。灌阳到湘江之间，有一座高山，上山下山各有六七里路，山上是原始森林，有一条小路从水车通到灌阳，我军在山的东面，敌人在山的西面。我十六团的任务就是死守这座山，从侧翼掩护大部队过江。十六团派出一、二营，通过山上的小路，占领了这座山。我们在山上一连三天三夜不停地砍树堵塞这种小路，一棵树压一棵树，堆得很多，从山脚到山顶，都挖了工事。部队三天三夜没有睡觉，又累又饿，衣服被汗水湿透了，只是一个劲拼命做工事，因为不靠工事就没有别的办法。十六团团部驻在山下水

① 作者时任红三军团第六师第十六团政治处主任兼党总支书记。

车，三营驻在团部附近。当时我们以一个团对付敌人两个师，情况是十分紧张的。第二天，敌人就开始从灌阳向湘江运动了。我们用望远镜看到敌人几个师的部队，密密麻麻地从山下绕过山向湘江方向运动。我们分析敌人可能有两个意图，一是截断湘江，利用湘江天险阻我去路；二是这座山往西北走出二十多里就断了，敌人可能要迂回我们。这两个意图对我们都不利。怎么办呢？只有把工事做好，做得坚固一些。我们在山上坚守了三天三夜，到第四天下午两点钟左右，五军团赶到了，接替了我们的任务。我们下山后走了四十多里地，到了一个镇子，叫文市，已是下午八点多钟了。部队停下来休息做晚饭吃。这时，我们看到五军团的三十四师正向着敌人方向前进。我们在文市看到到处都是中央纵队丢下的东西，文件、书籍等等。我们在这里碰到了八军团。八军团政治部主任是罗荣桓同志，他叫我团去人报告情况。当时团长、政委都很忙、疲劳，就叫我去汇报。我到了八军团政治部，向罗主任汇报了敌军情况和当地地形。罗主任还问我团怎么样，我说我团担负掩护任务，我们正在休息做饭吃，在路上睡觉，吃完了饭就走。

我团到了文市，部队因三天三夜连续做工事未曾睡觉，显得十分疲劳。这时，是在这里睡一宿呢，还是吃了饭就继续前进呢？是照顾部队疲劳呢，还是照顾部队生存？当时团里领导意见不完全一致，有的主张睡一宿再走，有的主张和三十四师一道走，有的主张不能走三十四师那条路。经过讨论，决定吃完饭就照原来的方向走，不和三十四师一道走。我们就向连里干部动员，要求部队今天一定要抢过湘江，过了湘江就是胜利，要咬紧牙关，拼命赶路，碰到敌人就打。我们吃完饭就走了，从文市到湘江七八十里路，中间没有休息过。冒着小雨行军，到湘江边时太阳已出来了。当时浮桥已被炸了，我们沿着上游走了一段，有个水坝，就从水坝趟[蹚]着水手拉着手过了湘江。过了江两三里地就是公路，这一带松树很多。部队疲劳得要死，利用做早饭时间休息了一下，路边一坐就睡着了。那里有我们老大哥一军团的部队在那里打仗，打得很激烈。我们胜利地突破了敌人第四道封锁线（湘江），在长征路上继续前进。

十六团之所以保存下来，一是因为我们上了山，山上地形好，工事坚固；二是五军团三十四师钻到敌人里面去了，顶住了敌人，减轻了我们的压力，不然我们恐怕文市也到不了，更过不了湘江。再一个原因是那天晚上没有在文市睡觉，部队不怕疲劳，连续急行军，如果犹豫不决，在文市睡上一宿，就完蛋了，因为敌人两个师对付我们一个团。再一个原因是团里领导干部比较强，军事指挥上比较成熟，当时团长是李寿轩，政委是余瑞祥，都是湖南人。团里党支部、党小组活动都比较经常，干部对部队很关心，战士也关心部队，整个部队上下一条心，战斗作风好，敢打敢拼。十六团经过广昌会战，担负保卫西线任务就受到锻炼。在兴国保卫战时也打得很好。十六团经常单独活动，培养了独立行动的能力。特别是当时的政治工作很有力量，一边行动一边开会作动员。政治动员话不多，简单有力，如提出“过了湘江就是胜利”这样的口号，就有力地鼓舞了部队的信心和决心，对完成突破湘江防线起了很大的动员作用。因此，十六团在湘江战斗中胜利完成掩护大部队过江的任务。

（选自中共灌阳县委党史办公室编：《红军在灌阳》，广西人民出版社 1994 年版）

长征中走在最后头的一个师

周碧泉[①]

英勇善战、无敌不破的五军团十三师，它在长征开始就担任了军委所给它从来不会有想像到的、艰苦困难的掩护任务。不怕任何困难的十三师，它接受了掩护野战军安全前进的后卫掩护任务。它沉着应战，接二连三的用顽强作战的精神，对那多我十倍的周浑元、吴奇伟两个纵队一共九个师，再加上湘、桂各省军阀的全部堵截部队，在行进道路的战场上，节节抗战与回击，给了敌人重大伤亡和损失。

一、紧张战斗的环境中一天一夜渡过湘江

在还离湘江一百多里路的文市，那一天上午就和尾追的敌人——桂系军阀进行猛烈战斗，同时和赶到的周、吴纵队及七架飞机作战。十三师为了完成掩护主力渡过湘江的任务，就在三面包围的环境中，与陆空炮配合作战的敌人战斗一天，使敌人整天无法前进半步。到了太阳快落山的下午时，才开始从不必要再继续战斗的战场上，挨次撤退下来。

正因为这一战斗是突然的遭遇战，是以前进的行军队形首先与截击敌人作战的，以致全师的给养在后面被切断。因此先从战场上撤退下来的红色英雄，打了一整天吃不到饭。在一个有效的政治鼓动下面，不怕饥饿与困难的十三师，以一夜急行跑了一百里路，安全地渡过了湘江，使得尾追的敌人三天三夜都赶不上来。

---

① 作者时任红五军团第十三师政治部主任。

二、一天两夜爬过了老山界

刚刚与很难渡过的湘江告别，又碰到一个恶劣的环境，就是过老山界。因为桂系军阀由南向北追击，情况万分紧张，沿途房屋和粮食全被敌探烧光，使后头的十三师在一天两夜完全断了粮食，但十三师就在紧张与饥饿的一天两夜中爬过了老山界，战胜了天然的困难。

三、辛辛苦苦过苗山

如果没有起家过苗山的人，他总不会晓得苗山的苦。刚刚脱离了广西与湘南的紧急环境，又进到了我们不会估计到要走的苗山。

几天几夜的行军，沿途找不到一个老百姓，如果你想买点东西，那真是有钱无市。辛辛苦苦地跑了几天几夜，只是一些密林腐草与怪石。

因为苗人的思想简单，害怕汉人，特别是在国民党军阀的残杀和压迫之下，怕军队的心理更加厉害，因此军队一到，苗人总是跑得精光。前面部队把粮食什么都吃光了。在这样的环境中，也就使善于行军作战的红军，不得不放下枪弹，在宿营地用门板、手掌、被毯和砖头来磨出红军需要吃的米，不然就要叫你饿肚子。在这样的情形下面，每一个人都要兼职去做伙夫的艰苦工作。所以每一个走在最后头的十三师军人都尝过了苗山的苦味。

（选自李海文主编:《中国工农红军长征亲历记》，四川人民出版社 2005 年版）

附录一

国民党方面资料*

* 附录一这一部分内容，主要摘编自国民党统治时期出版的书刊和报纸，对我使用污蔑、攻击之词，在战斗上又往往夸大其战果，请读者阅读时注意。

军事报告和记述

第七军追剿肖克共匪经过(节录)*

黄宾一

(一)肖匪西窜之起因

共匪朱德、毛泽东等，初以千余之众，盘踞赣南，造成赤区，杀人放火，残酷绝伦！当局以为小丑跳梁，无足为患而轻忽之。匪乃利用时机逐渐蔓延，流氓地痞蠢然相从，一、二年间徒党竟达数万，陷地四十余县，中央始调集大军从事征剿。前后四次，连丧师旅，徒增匪党之实力。故匪徒常称某军、某师为"输送队"。

匪既丧心病狂，不惜出卖祖国，听命苏俄，决以江西为根据，而赤化长江流域腹部。于是赣南、赣东、赣西社会经济为之摧毁无余，人民为之屠杀过半，罪恶弥天，真相毕露！中央军事当局鉴于以往之无功，遂亦改变对策，筑路建碉，步步为营，节节进取，并严密经

---

* 第七军是桂系的主力之一。该军下辖两个师，计七个团(包括一个独立团)，12335人。我红六军团西征过广西时，桂系主要以第七军在桂东北一带防堵我军，后又派该军入黔追击我军。红一方面军长征过广西时，该军和第十五军(桂系另一主力)同时参加了对我军的"追剿"。

第七军司令部曾编辑、出版有《七军年刊》。1935年5月出版的《七军年刊》第3期，主要刊载该军及所属各师、团1934年一年的工作概述。我们将其中5篇选编入本书，但只节录其有关军事作战的部分，其余从略。

本篇原件标题为《本军追剿肖克共匪经过》，为醒目起见，我们将"本军"改为"第七军"，以下4篇均按此例。

济封锁，断绝匪之一切接触，自此匪区日蹙，势难苟延。同时，第三国际感于日本帝国主义之已攫取我东北四省，随时有侵夺外蒙，进攻苏联之可能，亦急欲囊括我西北之新、甘、川、康等地以资抵抗，而为二次世界大战乘机灭亡我国之准备，于是暗令朱、毛倾巢西窜，打通所谓“国际路线”，朱、毛乃以“突破封锁线，另造新赤区”为口号，先遣历年横行湘、鄂、赣边之肖克一股，试行突窜，为其前卫，此本年七月间事也。

（二）肖匪入湘与本军堵剿

肖克为共匪之伪第六军团总指挥，所辖十七、十八两师，自兼伪十七师师长，龙云为伪十八师师长，号称万人，枪约五千枝。八月十三日，窜至湘边汝城，各方告警，本军奉命北上堵剿，湘省亦同时出兵南下。十七日，匪达桂阳，我第四十四师师长王赞斌来电报告：“该匪越沙田、汝城向宜、郴西窜，十九日攻陷新田，湘南各县长多弃城逃匿。”我集团军高级司令部以匪行迅速，而我军远驻柳、邕一带，抽调需时，乃径行电令十九师师长周祖晃，派五十六团熊文杰营先由桂林乘车赶赴黄沙河，再步行星夜驰赴永州固守；一面令周师长率秦霖、张光玮两团，驰赴全州、黄沙河一带扼守；复令驻雒容之苏祖馨团驰赴平乐防守富川、龙虎关之线。其时，匪欲乘湘、桂两省调兵不及，直趋祁阳、永州间渡过湘江，即由新田分三路进发，一路取道百家坪，一路取道阳明山，一路取道罗山，势殊汹汹。幸我熊营已先到永州，布防扼守。廿三日，匪抵永州之产子坪，距城六十里。当晚，湘军段旅之范营亦驰到永协防。匪侦知永州有备，乃出楚江圩，旋以对岸有保安团扼守，即折回阳明、新田一带。当匪犯永之始，我集团军高级司令部，即改调周师苏团赴兴安策应，令廖军长前赴桂林指挥，并派廿四师师长覃连芳率汪玉珊团及独立团谢[蒋]鼎新两部，分驻平乐、荔浦，防匪由龙虎关、富川之线窜入，所有桂境与粤、湘接壤之地尽派民团防守，概归廖军长指挥调遣。先是，匪到新田时，决定西窜之计划，探悉如下：

（1）由永州北之蔡家店渡过湘江。

（2）如蔡家店不能渡过，即以全力攻陷永州，渡河向宝庆西窜。

（3）如右两项均不能实行，即攻道州入灌阳向洪江西窜。

匪折回新田后，复集会讨论，各匪首对第三项预定计划多不赞同，恐入桂不能通过，反蒙绝大之损失；但与会之桂籍匪首，以为我军主力远在邕、柳，抽调不易，仍极力主张实行第三项计划，遂尔表决。

（三）蒋家岭、文市之役

匪在新田密议之方案，既为我军所探悉，八月廿七日，廖军长即抽周师三团控置［制］湘边永明、江华、道州之线，并集结民团于文市，以资策应。复飞调七十二团团长程树芬率全团由柳赴桂林镇慑，覃师长亦奉令由平乐赴兴安指挥。廿八日，肖匪自新田、嘉禾间出动后，廿九日拟取道州，适我周师五十六团已先赶到布防，匪不得逞。卅日又企图窜扰江华，而江华又为我周师五十七团扼守，匪遂由江华、道县间之新车渡过潇水。九月一日，拟经达村寿福圩、瑶山出全州，但我周师五五团之二、三两营已到达寿福圩布防，留第一营防守蒋家岭。匪以寿福圩不能过，遂于二日经深田、高明桥、三口铺攻蒋家岭，激战数小时，迭次猛冲，均被我击退，匪死伤甚众。旋我周师长亲率五五团之两营及五六团尾追前来，该匪恐受夹击，即窜沙田出清水关到文市。三日正午，周师长率苏、秦两团跟踪追至文市时，匪之大部已在对岸占领阵地，并有一小部在我岸警戒。周师长即令苏团攻击前进，占领我岸，以一部沿河防守，以大部强迫渡河。同时令秦团由上游渡黑河，向匪猛攻，激战约半日，始将该匪全部击溃，星夜奔逃，经石塘圩、麻子渡、凤凰咀［嘴］向咸水西窜，当以天届昏黑，未及衔尾急追。计是役毙匪数百，夺获枪支甚多，伪五十团团长刘式楷及政治部主任皆阵亡，伪四十九团团长受重伤。

（四）鲁塘之役

肖匪在文市被我击溃后，当向石塘、咸水溃窜。同时，我军七十团由平乐乘车至界首布防，侦知肖匪已渡咸水，停止于兴安[全州]属之鲁塘圩一带，我七十团乃回唐家市对鲁塘警戒，以防匪窜兴安。迨探悉匪徒虽众，但子弹缺乏，七日晨，该团遂由小径抄出鲁塘，与匪激战。匪冀图保存实力，遂向西延逃窜，我军乘胜追击，先后毙匪百余名，俘获甚多。伪五十一团团长张鸿基，亦于是役被我军击毙。

（五）我军分兵追剿

匪自鲁塘溃败后，当向全县之西延溃窜，我军以肖匪入境，尚未全部扑灭，将士无不愤激，愿往追击，誓除此獠！廖军长遂于桂林再订追击堵剿计划，分配兵力，亲率周师及七十团、特务营各部，急向西延衔尾追击。并令覃师长率七十二团、七十一团之一营、独立团之二营，由桂林折出龙胜堵剿。又令郭参谋长凤岗，由柳率兵一部驰赴三江县堵截。部署既毕，覃师长先由兴安折向龙胜前进，廖军长则于八日寅刻由桂林驰赴咸水，是日下午十时，复由咸水步至洛江，是晚到达护卫岭宿营。时匪距军部行营约二日之程，周师已取道全县以达车田，距匪约一日之程。肖匪自经文市、鲁塘各役后，深畏我军之战斗力，不敢窜经龙胜，乃由西延出湖南之城步、绥宁、通道。九日，廖军长到达石溪口。十日，经车田赶赴七子田督师追击。十一日追至湘边之蓬洞。当日行经湘、桂交界之高山，于山上发现共匪冷嘲我军之文字于木板上："此是湘、桂交界之处，不劳桂军远送。"我军将士睹此，更加痛恨！廖军长以匪去较远，因即变更追击计划，当夜电令覃师由龙胜之平邓，向湘属之通道推进截击。一面通知湘军在通道、靖县等处，迎头截堵。廖军长则亲率周师及七十团衔尾追剿，以收腹背夹击之效。同时奉令："所有湘、桂二省剿匪部队，概归廖军长指挥调遣。"廖军长即以湘军成铁侠旅在通道方面，拨归覃师长指挥调遣；已则兼率湘军十九师李觉部由靖县方面向黔方截击。肖匪自经城步、绥宁陷通道后，即继续西窜，湘军何平旅尾追失利，损兵一营以上，我覃师长即由通城率部追剿，将匪击溃，继续尾追。……

（九）石阡会议

廖军长为除恶务尽，拟将肖、贺两匪根本歼灭，在石阡专候王主席会商具体计划，至廿三日[①]，王主席始到。遂与李师长赴其二十五军行营密议，当经公推廖军长指挥桂、湘、黔、川各军，期于廿日内肃清肖、贺。该第二步进剿计划既经拟定待发间，不料当晚廖军长忽奉总、副司令电令，以江西朱、毛大股倾巢西窜，饬率所部星夜驰回湘、桂边境截堵，我军遂于二十四日由石阡还师。廿五日，抵镇远，稍事整理，廿七日继续起行。功亏一篑，殊堪痛惜！至追剿及善后事宜，则由黔军负责办理。……

（十一）沿途见闻[②]

……

乙、共匪之士卒：匪卒多属年幼无知，以其思想简单，易于驯服，故匪卒中十分之九为十七岁左右之男丁。其有壮年之匪徒，多系当年李明瑞之部众。……

戊、匪之便衣队：匪之窜扰，必遣便衣队先行，其作用甚大。一则暗佩短枪，侦察情况；二则因匪到民众逃避一空，不惟给养困难，抑且无人响[向]导，故便衣队先到，必将各道路把守，断绝交通，捕捉壮年男女，勒令充当响[向]导。

已、共匪之夜行军：匪昼伏夜动，其作用有二：一为避免追击，不

---

① 即1934年11月23日。

② 本小节原文共有十小点，我们只节录其中一部分，并有删略。后文遇此种情形时，不再一一注明。

易被发现。二为避免飞机侦察、轰炸，故夜行成为习惯。……

辛、共匪之躲避飞机方法：匪初抵湘时，广西当局即派飞机侦察匪情，并派轰炸机投弹助战，故匪屡被轰炸，损失颇重。嗣〔后〕肖克令所部各制伪装帽一顶，此帽系以草织成环形，插叶于上，用以覆头，使飞机于空中难于辫[辨]识。

壬、共匪之命令：肖克虽充伪军团总指挥，一切行止仍听命于伪政委。伪政委之命令极严，犯者处以极刑。即伪政委措施不当，或调查军情不确，亦受上级之严重惩处。

癸、共匪之起居动作：匪之起居动作，主要目的在求迅速。西窜时，规定尤严。凡起床、着衣、食饭、整理行装、大小解动作，统限廿分钟内办理完竣，不得迟误。

（原载国民革命军第四集团军第七军司令部编印：《七军年刊》第三期，中华民国二十三年三月出版，第93—100页）

第七军追剿朱、毛共匪经过

李祖垣

（一）共匪倾巢西窜及本军班师

共匪盘据[踞]江西，前后七年，残民以逞，赤焰滔天。国军几次进剿，都未克奏肤功。乃自前年五次围剿，一面实行碉堡政策，一面又加以严密的经济封锁，共匪处此四面楚歌之中，无所施其伎俩，遂有溃围西窜之计划，以期打通国际路线，仰求苏俄直接接济。故于去秋八月间，首派伪第六军团肖克一股，突围西窜，以作开路先锋，因被我军蹑踪追剿，由湘而黔，沿途遭遇大小几十余战，率将该匪主力歼灭于黔之乌江南岸。正拟乘此良机，将盘据[踞]黔东多年未决之贺龙一股聚而歼之，而赣匪朱、毛十余万众，于此时亦开始突围倾巢西犯。时我军进抵贵州石阡，因吾省北陲适当冲要，为固边计，故不得已，星夜班师，未能以竟全功，深为遗憾。始于十一月十日全部回抵桂林，时匪众已由赣边窜至湖南宜章、良田之线，声势浩大，湖南各属为之震动。

（二）本集团军防堵部署

自肖匪突围西窜后，我省军事当局，根据各方情报，即已判断系赣匪整个溃围之先声，故于沿湘、桂边境朝东、龙虎、雷口、永安、清水各要隘，征调民团二万余人，积极赶筑工事，以资防守。迨本军到达桂林，即奉命令要旨如下："西窜之匪，本月七日，到达宜章、良田之线，大部在汝城、城口之西，似有继向我省移动模样，南路粤军跟踪尾追，以一部转移于小北江；西路军一部在遂川、桂东、汝城之线，蹑匪追击，其一部开赴资、郴、桂阳，一部在衡、永沿湘水布防；北路军薛、周两部真日可到莲花，向永州前进。本集团军以阻止匪军西窜之目的，于湘、桂边境之连山地带，自梓岭起经罗岭界、龙虎、永安、清水、黄沙河既设工事之线布防，以主力集结于桂林，相机截剿。右[左]翼军（十五军大部、桂林区民团五个联队及七军之独立团、七一团）以一部布防于雷口、永安、高平[木]、清水四关，主力集结于文市、兴安附近；右翼军（第四十五师及平乐区特后队三个联队）以主力在龙虎关占领阵地；右侧支队（平乐区干训队及特后队三个联队）置于富、贺、钟以掩护我军右侧背，并堵击向该方面窜扰之匪军；预备队（第七军缺七一、独立两团）集结于桂林附近待命"。奉令后，即令独立团克日开赴兴安，七一团仍驻咸水，归夏军长指挥。

（三）我军出发前线并在龙虎关附近防御部署

十一月十八日在桂林军次复奉命令要旨如下："共匪继续西窜，先头进至土桥坪、嘉禾石凉亭之线，五部向桂阳前进。第七军（欠七一团独立团）配属炮兵一营，于明日进至观音阁待命"。我军奉令后即于二十日出发，沿途地形险要，道路泞滑，廿二日始到栗木、观音阁一带，军长率少数员兵，赶至龙虎关侦察阵地。廿三日奉到总部命令大旨如下："匪一部于廿一日进据道州寿佛圩，大部尚在蓝桥、四眼桥间，湘军四师及薛部四师集结永州、黄沙河、东安一带；周浑元部四师及湘军王、李两师，分向桂阳、宁远、蓝山地区追击中。第七军改为右翼军布防于卑鸡坳、龙虎关、白沙界之线，构筑防御阵地，即进入防守；左翼军任务如前，但以四十五师进驻朝东、桂岭一带布防"。我军奉令后即令十九师师长周祖晃为第一线防御司令，指挥该师（欠五五团）平〔乐〕区特后队第三第五两联队为第一线守备队，即日进入阵地，同时派兵一部进出于永、朝警戒。第二十四师位置于秧家待命。军部及直属部队五五团位置于栗木。连日军长率各师、团、营长以及参谋、副官等侦察阵地，逾山越岭，备极辛劳。其时朔风凛冽，砭人肌骨，而壕内各官兵，均能坚忍耐寒，恪守职务。二十五日军部及直属部队移驻狮子桥，盖以此地适于指挥故也。

（四）龙虎关战斗经过

共匪连日向我卑鸡坳、朝东等处猛力进攻，互有伤亡，均被我军沉着应战，匪不得逞，支［又］向永明、道州逃窜。我军以一部蹑追，旋将永明、江华之匪驱逐而占领之。斯时，匪约三千攻难走伙，亦被我独立团杨营击退，匪转向永安关逐猛力突击。该地系我四十四师及民团联队防守，因民团初经训练，战斗力较弱，加以众寡悬殊，援兵未至，遂退守东山瑶区，及苏江、泡江之线，匪遂侵入兴、全、灌境。幸我左翼军及右翼军覃师在兴安属之文市[1]南方苏江、新圩、伏［光］华铺之线，协同一致，向匪猛攻，节节截击，及将匪伪第三、第五、第八军团击溃，兴、全、灌各属转危为安，不致地方重罹惨祸，此不幸中之大幸。匪主力纷向［经］咸水、油榨〔坪〕、梅溪口，向湖南城步、绥宁逃窜。旋以城步、梅溪口有中央军及湘军数万人堵塞，复折向龙胜、三江边境分窜。幸我军团防堵严密，追剿迅速，故匪仓惶奔走，不敢久所逗留。

（五）追击部署

十一月二十九日奉命令要旨："左翼军改为第一追击纵队，进至全、灌［兴］马路后，依新军队区分协同各友军向梅［石］溪口、车田方面，跟踪追剿；右翼军改为第二追击纵队，由义宁、龙胜、古宜方面，沿桂、黔边境追击，协同友军期歼该匪于湘、桂边境；柳州区及警卫团，概归第二纵队司令指挥"。我军奉令后，即于廿九日集中栗木，所有龙虎关一带阵地，由黄联队长瑞华指挥所部及第五联队接防。十一月［十二月］三日十九师抵义宁，军部在桂林侯廿四师跟进，亦于四日开抵义宁。五日，十九师到官衙，军部抵宛田，廿四师到义宁。六日，十九师进龙胜。此为本军追击部署概略。

（六）十九师马蹄街之战斗经过

本军既先后达到义宁、龙胜，据报，匪有一部经由白面到河口架桥，似有渡马蹄街模样，十九师即派五十六团到马罗、泗水之线向河口警戒；余在龙胜宿营。翌日晨派五十五团协同五十六团向寨纳塘攻击前进，与匪伪第三军团遭遇，匪向我军猛攻数次，卒被我军击溃，我军蹑匪尾追。是役毙匪团一长一员，并在其身上检出该军团第四师之命令一件，系令该师继续西窜，开辟道路，向龙胜大道前进。九日，派覃师长率七十一、七十二两团，进据飘［瓢］里，向广

---

① 文市，系灌阳县辖，不属兴安。

南、石村相机截剿。令七十团进至寨纳塘，策应周师。并令周师长率所部将江底方面之匪解决后，继向马蹄街、芙蓉猛追，追至马蹄街北端之杉木坳，匪据险顽抗，与我军激战四小时，斩获甚众。匪分两路逃窜：其一向芙蓉、长安营，其一向平头寨、广南、平邓逃窜。总计寨纳、河口、马蹄诸役，共毙匪官、兵六、七百人，俘虏千余人，缴获枪支六百余支，自动步枪十一支，我军阵亡连附一员，士兵二十余名，负伤士兵约一百名。

（七）二十四〔师〕石村、独境、包田之战斗经过

据飞机报告，匪之一部已抵长安营，其主力由马蹄向广南、平邓逃溃。我十五军大部本日可抵江底，王师可到公平圩，并奉命令：我军第二追击纵队，应即移转于古宜以北地区堵剿，当即令十九师七十团转由龙胜在廿四师后跟进。十日，军部直属各部队及七十团开抵思陇宿营。廿四师本晨进至石村，与匪伪三军团相遇，覃师长即令七十二团攻击，该团约战卅分钟，即将河口占领，毙匪数百，俘获数十，匪不支，大部向包田溃窜。并有匪众约五千人冲至独境，亦经七十团七十一团次第击破，并继续搜剿前进。夜，据报匪之主力，均在麻隆塘、双江口一带集结，其警戒部队约七百人，占领长安堡附近，向我射击。覃师长即令前卫攻击前进，匪大都被我缴械（约三百余）。时以天色已晚，路途莫辩，而附近居民，逃避一空，各处情况未明，未便穷追，即在长安堡一带宿营。是役生擒千二百余人，夺步枪四百二十余支，重机关枪四挺，我军伤亡仅十余人。

（八）驱逐共匪出境继续向黔追剿

十日奉副总司令白电令，大旨如下：“已派第一追击纵队黄师长镇国率兵两团向平邓追剿，余部集结马蹄街河口待命，王师到龙胜后归第二纵队司令廖军长指挥”。又据尹指挥官电称，“本日四时率警卫团到达林溪待命。并据探报：本日长安堡到匪约万余人”。

十一日，命王赞斌师，以一团进至瓢里策应，廿四师仍跟踪追剿。十二日，军部及十九师抵林溪，即令警卫团及民团一联队进至横岭截剿。匪因迭被痛击，遂不敢再近桂边而折入湘境。十三日，匪之主力已过通道．其左侧卫经双江口、牙屯堡继续西窜。当令十九师全部，经古宜、福禄、梅寨、丙妹，向榕江前进，与黔军联络防堵；并令警卫团开赴梅寨，与周师联络；二十四师全部追到黔境牙屯堡而止，沿途斩获不少，惜未获其重要份子耳。

（九）结语

自赣匪窜入桂境，与我军先后战于苏江、新圩、石塘圩、麻子渡、伏[光]华铺、寨纳河口、马蹄、石村、长安堡、梨子坳等处，除十五军及民团毙匪俘获不计外，统计本军毙匪官兵不下三千人，俘匪约千伍百，获枪约二千枝，其他辎重无算。而我忠勇奋斗之官兵，伤亡亦达百五十余员名。匪因我军追剿迅奋，布防严整，故日夜奔驰，迄未少息，所谓骛弓之鸟，望月而飞，实有此种情景。共匪既被驱出桂境，本军因黔省军民一致函请出师赴黔，协同清剿；本省当局鉴于黔、桂境相接，俨如唇齿之相依，即令本军不分畛域，为黔民解除痛苦，乃于十二月杪令十九师先向都匀推进，军部与二十四师及独立团，由古宜向榕江前进。于一月上旬，本军先后到达都匀防堵，共匪因黔南有备，即向黔北远窜，由镇远、余庆窜过乌江北岸，遂陷桐、遵、湄、绥各县。适中央军各部亦由湖南追剿入黔，由镇远西入贵阳。本军形格势禁，即奉令停止于都匀。现本军驻扎于此，军民相安，地方甚为安谧，并志之。

（独立团归十五军指挥，故该团剿匪经过此篇从略）。

（原载国民革命军第四集团军第七军司令部编印：《七军年刊》第三期，中华民国二十三年三月出版，第 102—106 页）

第七军军部一年来工作概述（节录）

兹将本部过去一年之工作分述于后：

一、参谋处

本处过去一年工作分作战、教育、公务人员训练、防空演习及人事等五项，分述于下：

1. 作战

本年八月间，赣匪肖克领匪万余，枪五千余，沿汝城西窜，湘边告急，请以两师兵力集中湘、粤、桂边区，协同将匪聚歼，以杜流窜。同时，平、桂、柳三区民团，均奉令归我军长指挥调遣。

当时，为迅速集中起见，汽车运兵，络绎于途。以十九师入湘，秦团至零陵，张团至江华，苏团至道县，分境布防。独立团推进至恭、富之线。廿四师进至灵、兴之间。军长移节桂林。总部调十五军史蔚馥、肖兆鹏两团驻柳策应。湘军章亮基师亦进至全县协防。

湘水左岸，曾经我军团节节扼守，因徒涉场太多，随处可以偷渡，民团尚乏作战经验，匪得乘隙进犯清水关，被我十九师于蒋家岭、文市两处将匪击溃。而文市一役，飞机翔空，施以轰炸，歼伪团长一，匪一千七百余，积尸断流，灌水为赤，江、道瓦全，未遭蹂躏。在本军恤邻，固应尔尔，民众箪食壶浆以迎，当之似无愧也。

匪众化整为零，分道窜扰，由新圩、石塘圩、麻子渡、界首经露塘，被我廿四师汪团截击，毙匪二百余，俘获称是。

匪数被创，益觉停止不利，极豕突狼奔之能事，由西延、华石隘、蓬洞向湘边通道县直窜入黔，军长督师衔尾追击。

肖匪率残匪约六百余，既与贺匪合，不使入川，尚无燎原之势，爰于石阡召集会议，定第二步计划，拔茅连茹，扑灭此獠，解民族亡种之痛，纾中央西顾之忧。正从事间，乃赣匪倾巢西窜之谍报传来，本军亦复奉檄班师回桂应付。于肖、贺则违除恶务尽之心，于任务则有九仞为山之感。分途凯旋，一由镇远、黎平、三江、义宁至桂林集中；一由黔、桂公路车运至柳州待命。

赣、闽共匪，被中央及粤、桂军实行封锁政策以还，物质[资]缺乏，丁壮散亡，给养、补充两陷绝境，不得不放弃数年经营之匪窟，领十余万众沿粤赣、湘边西窜。其企图不外以蜀中天险，而政治棼如乱丝，民众容易煽惑，能入川与徐向前合，势亦庞大，沟通青海，接近苏俄，赤化川、黔之数省。此次桂北一带地区，首当其冲。为滞匪程固吾圉计，秉承最高军事当局整个策略，分饬边县赶筑碉堡，各自为守，于边陲并断绝交通，以杜匪谍，更蒐集粮秣，或深秘藏贮，或设法烧毁，实行坚壁清野之法，务使匪无所掠，俾易聚而歼旃。

本军依新区分为右翼军，并指挥调遣平、柳两区特联队，在恭城龙虎关附近，一面构筑工事，一面扼险布防，固我腹地。乃该匪不堪友军之压迫，向我桂北直窜，蚁缘旧迹，马能识途，肖克为朱、毛之先驱，朱、毛为肖克之后盾矣。

我独立团及七一团暂隶左翼军，防守咸水及全县城，协合友军，迭于新圩、下陂田、白鹭亭、石塘圩、凤凰咀[嘴]、麻子渡、咸水、板桥铺、护卫岭各役，与匪接触，均获胜利。

本军区分为第一追剿纵队[①]独立团、七一团均归还建制，跟踪追击。由桂林经义宁、龙胜于马蹄河口、长安堡各役，被我周、秦[覃]两师追击，与战颇烈。综合以上各役，暨联合友军，计斩首共匪约五千，俘获约七千余，缴获步枪万余，轻、重机枪百余挺，辎重□□。我方伤亡二千余，匪方损失当在二万以上。

在周师追击前进中，乃黔、桂毗连之梅砦，发现土匪，军长为巩

---

① 据《共匪西窜记》第195—196页所载《四集团军白副总司令崇禧致广州冬电》，第七军实为第二追击队，故此处之“第一追剿纵队”应是“第二追剿纵队”之误。

固后方、绥靖闾阎计，令柳区肖副指挥道龙率同本军特务营第二连前往剿办，藐尔小丑，何堪一击，直狮子搏兔耳。计擒、毙首要廿余，余自新，获枪十余支，旬日即告肃清。

二、副官处

本处承军长之命令，对外负责办理交际、交通、查缉等事项，对内负责办理卫生、庶务、修葺诸事项，繁冗庞杂，整理非易，向系采取分工合作办法，设总务、交际、庶务三科，每科以干练之副官一员负其全责，另以副官或司书等协助之。一年来之工作，深荷上级之训导，本处同人之努力，尚无陨越，堪以自庆。古人有云："前事不忘，后事之师。"兹将各科工作经过分别记载于后。……

2. 交际科

本科一年来之工作，皆依照规定及承军长之命令而办理，计重要工作，不外接洽外界、招待来宾、勷办办宴会、设置议场、领发交通器材、管理车辆、负责运输、参加外界会计，及关于战时大行李之编制，暨临时一切派遣各事项。兹谨择较重要者，列举于后：

当本年九月上旬，共匪肖克由湘窜桂，本军远驻柳州，一时抽调不及，奉命用汽车运兵，以资堵剿。本处官佐在桂林奉军长命令，征集各地汽车运兵赴前方堵剿共匪，遂于桂林征集平乐、八步、贺县、荔浦、柳州、南宁、贵县及桂林等处公车、商车，计达百辆，于九月三日，将在平乐、荔浦之七十团运赴兴安、咸水堵截共匪，再由荔浦运独立团官兵赴桂林以资镇慑。其他如二十四师部由桂林赴兴安，特务营由灵川至咸水，七十二团由永福到桂林，转赴兴安等地，均由本处派车运送。计此次用车运兵，日夜不息，由九月三日起，至九月八日止，各汽车司机目不交睫；桂林车站站长及其职员，暨本处官佐，均备极劳瘁。至商车方面，尤为可嘉。因当时汽车往来，仅给伙食及电油暨修理等费，无暇清算车费，而各商车均以顾全桂林为重，不计较于车费之领发。此固本处官佐之督促，尤得桂林车站陆站长劝导之力，此本处同人所深感谢者，特记之以志不忘。

3. 庶务科

本科工作，亦经上级长官明白规定，如本部官、兵、伕薪饷之领发，给养及清洁之管理，公物之采办，及保管人员增减之登记，囚粮之领发，此皆本科常年之任务。于过去一年来，无日不忙于工作。兹述其崖略于后：

本部于去年九月八日，由桂林出剿肖匪，经湘入黔，沿途所经，皆崇山峻岭，人烟稀少，因而粮食无多，给养困难。当九月十一日到达七子田之夕，该地渺无人烟，粮食无从购买，无米为炊，困难万状。本处官佐奉军长之命，每日饬派官佐二员，每晨先部队而行，遇有居民时，即行购办军食，并任设营事宜，由是而后，本处官佐即任军粮之采办。但本军系随共匪所经之途径而尾追，所到之处，民众因避共匪，以致十室九空，况所过皆荒村野岭，粮食之供给更属短绌。又因共匪先我军而行，将沿途所有米粮劫食净尽，我军随后而至，自无物以充饥。处种种情形之下，我军经数千里之追剿，其困难可想而知。幸赖木处同人之努力，日出搜买粮食，甚至购置民间之谷而自磨舂，可谓艰辛之至。时或购买不获者，我军将士惟有忍饥追剿而已。此本科于追剿肖匪时担任采买粮食之大概情形也。

（原载国民革命军第四集团军第七军司令部编印：《七军年刊》第三期，中华民国二十三年三月出版，第165—179页）

第七军十九师五十五团一年来工作概述（节录）*

本团过去工作最重要为剿共工作，兹将其经过纪略于下：

共匪肖克及朱、毛全部，为中央军数次围剿压迫，遂于八月间，先后西窜。本军以消灭该匪之目的，亦先后追截。本团于八月二十日奉令由柳出发，协同各友军将肖匪主力消灭后，十月二十四日奉令由黔之石阡县属大地方班师回省。十一月八日到达桂林。十九日又奉令由桂林出发，截剿朱、毛。十二月二十一日进抵榕江县，协同本师各团布置防御、构筑工事，其一切经过情形分纪如下：

甲、消灭肖匪之役

一、行军状况：自八月二十日由柳出发以至十一月八日班师抵桂，历时凡七十一日。此七十一日中，要以行军占大部份，而行军状况则因道路之难易、天候之变迁、行军之途程暨官兵之健康与否而略有差异。计初自柳出发以至桂林，又由桂林以至道县之寿佛圩，其间虽有险峻不易运动之道路，但大部份则尚属平坦。故天气虽稍酷热，除少数体弱之士兵不能随队外，其因临时发病而落伍者尚属鲜有。自蒋家岭蹑匪追击以至湖南之靖县，其间道路多属险峻，行李、人马概难运动，益以逐日之行程俱属增大，天候又颇酷热，越岭拔[跋]山，终日不停，故因病落伍之士兵，日渐发现。而乘马、驮马亦尽伤蹄，不堪乘用。自靖县经广平而入黔境以后，所经概系山路，天气骤凉，雨水又多，士兵军毯及棉背心犹未运到，夜间感受寒气，日间又受雨淋，是以逐日行军因中途发疟而沿途落伍者日渐增多。自将肖匪主力消灭，在施秉及镇远之路濑，先后运到棉背心及军毯

* 该团在湘、桂边境湖南道县之蒋家岭和广西灌阳之文市参加了防堵我红六军团的战斗，后又尾追我军入黔。红一方面军过广西时，该团曾在龙胜县属之马堤河口截击我左翼部队。

以后，士兵疾病日渐减少，班师回防亦绝少沿途落伍矣。综计此次行军，不论为旅次、为战备、为急行、为强行，除临时发病以致落伍者外，其无疾病之官、兵，均能随队行进，即炊具、行李亦能随队运动，盖各官、兵之行军力业已增进不少矣。

二、宿营状况：每日宿营，如房屋足敷分配，为保持士兵健康起见，多系舍营。如因战斗或因敌情顾虑，或因房屋过少，则全团露营。计此次追剿肖匪，因上述关系而露营者凡九次。如九月三日在文市，五日在咸水之鹧鸪桥，十日在横路底，十四日在木路口，二十三日在小江，二十六日在孟有，十月八日在大地方，九日在大地山山比，十一日在李家园，均系全团露营。此外，各营因房屋不敷分配而半露营者更不知若干次。惟当宿营之时，不论为舍营、为露营或半露营，无不令饬各营指派官、兵就近征发禾草，以资垫睡而免受寒。但自入黔以后，因气候不良，温度较低，在士兵军毯犹未运到以前，每晚宿营虽有禾草，亦仍不能安眠，如无禾草则缩瑟之状，难以言喻，此入黔以来，士兵所以多发疾病也。至每日到达目的地，若负有警戒任务，则先派出警戒部队妥为布置，然后进入宿营地，并指示警急集合场，并团及各营之直接警戒，以备集合而免疏虑焉。

三、战斗经过：

本团此次入湘、黔追剿肖匪，与匪接触凡共六次。计：一、杨家桥之役；二、蒋家岭之役；三、文市之役；四、洗羊溪之役；五、大箐之役；六、地山岜之役。除杨家桥、洗羊溪、地山岜等役系属小部份追击及搜索战斗略不记述外，余如蒋家岭、文市、大箐等役，其战斗之经过分纪如左：

A、蒋家岭之役　附要图于后

一、敌情：肖匪十七、十八全师于九月一日午后，乘夜由达村向杨家桥、高明桥窜进。九月二日午前六时三十分窜达蒋家岭，即向西山头突进，企图击破我扼守蒋家岭之第一营，以图西窜。

二、我及友军之部署：一、我五七团驻江华附近，五六团驻道县城，师部及本团二、三营驻寿佛圩。九月二日午前一时，我五十六团亦由道县进抵寿佛圩策应。二、我第一营驻蒋家岭向道县及小坪方向警戒。三、蒋家岭西山头及炮台山有兴安后备队二中队扼守。四、我第一营第一连为右第一线连，沿竹仙庙迤西一带占领阵地；第三连为左第一线连，沿蒋家岭、竹仙庙之线占领阵地；第二连为预备队，位置于蒋家岭东端圩头。

三、战斗经过：是日上午六时三十分，敌以一团之兵力突进西山头，后备队不支，退炮台山及其右翼一带山地，此时，乃以第二连之一排援之。敌不能突我右翼，于是全部向我左翼移动。斯时一、二连已与敌接触苦战。上午十一时，敌以五二团之一部包围我左翼，即命二连之二排应之。不支，复调炮台山之轻机关枪一班、步兵半班增援，乃将敌击退。下午二时，敌复以重兵包围我左翼，此时已无预备队使用，不得已抽第三连之两排反包围敌右翼击退之，扼守小松山。敌无包围可能，乃向沙田方向窜退。午后三时三十分，本团回援到达，我五六团及湘军亦陆续继到。是役毙匪百余名，我军亦伤亡官、兵一十五员名，其战斗经过如后图。

B、文市之役　附要图于后

一、敌情：肖匪全部于九月三日由沙田退据文市，企图西窜。

二、我及友军之部署：九月三日午前六时，我师以五六团为先头，向文市追进至永安关附近，改以本团为先头。我以第一营为前卫，第三营为本队，第二营为左侧卫向文市前进。午后二时三十分到达文市五里亭附近，以第一营为右翼第一线营，第二营为左翼第一线营，第三营为预备队，向文市攻击前进。

三、战斗经过：团展开完毕后，左、右第一线营即同时展开：右第一线营以第一、二连为第一线，第一连在右，第三连为预备队；左第一线营以第五、六连为第一线。第六连在左，第七连为预备队，向文市攻击前进。敌被我猛行攻击，溃乱不支，纷纷退集河西，将浮桥焚毁，阻我前进，并以五十三团凭河抗战，掩护退却。午后四时，我第一线营已进入文市东街，并据文市河东岸，将固守河西之敌猛烈攻击，敌顽强抵抗，激战甚烈。我以步兵炮轰击，轻机枪扫射，敌伤亡甚重，及以一部约百余人向我左翼徒涉渡河，希图扰乱我左侧后，即着第七连派兵一排附轻机枪一挺，增加第六连之左翼高地，将该敌击退。午后六时，敌势不支，纷向石塘圩方向溃窜。是役伤毙匪兵约二百余，我军亦略有伤亡，其攻击部署如后图。

四、给养状况：

剿肖匪给养概况如下：

1. 关于在县、市之给养：县、市给养比较容易，如靖州、镇远、天柱、锦屏均有县府机关负责筹办，或由各部直接向商人购买。

2. 在村落之给养：村落给养比较困难，如羊肠、大地方、谷地、平子寨等地，闻共匪来，无知乡民有逃避他方者，间有村、甲长亦不在家者，处此情形，如有村、甲长则觅村、甲长，否则，觅请耆老询问谷米多寡，请其集合一处，由团部派员会同父老监视公卖。如当地谷米不敷，则派特务长会同村老带路赴他村采办。如十分困难时，则请舍主代办，因各舍主筹办少数米粮凑办较易而有责任心也。

3. 在困难时之给养：即跟踪追击共匪时，匪军所过，十室九空，且民众逃避殆尽，虽有不逃者，问其有无米粮则概答曰无，尚有民众问吾等索饭食者，因共匪来，避难山洞数日未得食故。如车田、黄龙、横路底、蓬洞等地，本团竟有一日仅得稀粥一餐者。再与共匪接触时亦困难异常，如孟有、地山岜、李家园等地，住户稀少，居民无多，或可买得少数包粟、番薯外，实不买得米粮，在万无办法时，令各部买谷自行舂磨，并食携带之粮秣。

六、民众感情：

二、其次就要谈到村、乡僻壤大多数的劳苦群众，这辈子除去终日胼手胝足、深耕浅种、日出而作、日入而息的时间外，真是不知有汉无论魏、晋，如同方外遗民一样，谈不到现在国家是怎样，民族是怎样，社会的机构、组织生活等又是怎样。平时，既然没有受过相当的教育法律、政治的常识和自卫能力，一旦地方不靖，盗匪扰乱光临到来，那[都]是逃避去了。若果是稍为狡黠一点的，不是借着这个机会去干那法外的行动，就是受匪的利用而为虎作伥、无恶不作的勾当了。譬如这次本军追剿肖匪到过不少的乡村，虽然官兵互相约束自爱，随时抚辑流离、保护安居，很客气地劝勉告诫，但是，这种民众能够了解认识本军是为民众福利而来，而得到成功的收获固属很多，而曾经受匪的洗礼、麻醉过的民众，或许仍有若干的对于军队加以□视和伤害。

乙、截剿朱、毛之役

一、行军状况：自十一月十九日出发于桂林，而熊村，而栗木，复由栗木而桂林，再由桂林而义宁、龙胜，而至于贵州榕江，需[历]时二十日，计程亦千余里。以道路言，桂省境内因乡路四通，尚无梗塞之虞，步兵运动既便，炮兵亦易追随。入黔以后，道路概属崎岖，桥梁复无修整，徒涉尚难，跋涉驮载，自不待言。惟本团士兵行军颇有历练，故沿途落伍终归罕有，行军军纪亦尚严整，洵此次行军之幸也。

二、宿营状况：此次出发之宿营，以舍营为什九，惟入黔以后，因道路之崎岖，村庄之稀少，故露宿者有之，村落露营亦有之，但除作战之外，尚无撤[彻]夜焉。……又为兵力之集结起见，无论何种宿营，部队均须近接。故有时虽茅舍数椽，亦作全团住宿；虽斗室之内，亦有人马以同居，拥挤在所不顾。此乃出发以来之宿营概况也。

三、战斗经过：此次截剿朱、毛，计在河口与敌接触一次。兹将其战斗经过详述于后：

D[1]、龙胜河口之役　附要图于后

十二月八日，我团宿营于寨纳。九日拂晓即向河口之敌攻击前进。以第一营为前卫，沿河右岸经八滩向河口严密搜索；以第二营为右侧卫，由沂潭经王坪、三门会合于河口。是日上午九时行抵八滩附近，尖兵即与敌警戒部队接触，经前兵驱逐后，前卫仍继续搜索前进。及抵河口南端时，即发现数百之敌在河口小河两岸占领阵地。此时，我前卫即行展开，并向占领阵地之敌攻击前进，以使我本队进出容易。至上午十时，我前卫即将河口之敌击溃，并将其后继部队遮断，不能通过河口浮桥，敌之主力即纷向鸟仔坳、马蹄方向退却。我前卫除向败退之敌尾击外，并派一连向东河口之残敌及后继部队截击。此时并令担任右侧卫之第二营迅由三门向河口前进，以夹击东河口之敌，务使完全消灭。及敌主力退至鸟仔坳时，又令一部占领阵地，以谋掩护其主力安然退出马蹄，故我复令第三营步兵一连、机关枪一连为右第一线，展开于河口西北端高地，与左第一线（第一营）确取连[联]络，以协同左第一线营夺取鸟仔坳，并对马蹄方向监视，以使尔后作战容易。其余第三营（缺两连）及步兵炮连，为预备队，位置于河口南端凹地。攻击约三十分后，即将鸟仔坳占领。此时，我第二营亦到达河口，在东河口之敌亦经完全解决。及第一线营占领鸟仔坳后，即奉令停止追击，即在原地警戒。查是役俘虏之敌人官、兵，不下三百余人，伤亡亦约数十，缴获枪枝亦将二百左右，其余弹药无数。我受伤士兵仅有二名，亦云幸矣。

（原载国民革命军第四集团军第七军司令部编印：《七军年刊》第三期，中华民国二十三年三月出版，第191—206页）

① 原件如此。据上文所叙与红六军团之三次战斗依次排列为A、B、C，疑为作者将此次战斗与其一起排列，故为“D”。

第七军二十四师一年来工作概述（节录）*

一、参谋处

2. 剿匪

（A）剿肖匪时期

年来盘踞赣东，实行恐怖政策，以图祸国殃民之共匪朱、毛，因不堪国军之压迫，势穷力蹙，乃令其党羽肖克先率匪众万余突围西窜。其番号为第六军团，辖十七、十八两师，另一随营军官学校。每师步兵三团、每团三营或四营不等，每营四连，每连官、兵、伕约百余名，步枪六、七十枝。各师、团、连之中，均设有政委及宣传队。每团尚有便衣队四、五十人，化装为农、工、商、僧侣、乞丐等，暗藏兵器，专刺探军情，或奇袭扰乱，为其职责。第六军团长为肖克，十七师师长由肖自兼，所属为四九、五十、五一三团，团长为徐志英、刘式楷、张鸿基。十八师师长系龙云，所属五二、五三、五四三团，团长为王植三、李天锡、徐启开等。八月下旬，接友军情报，该匪沿粤、湘边境有进犯桂北模样，本师奉令截击。于八月二十七日，派七十团团长汪玉珊率部先赴平乐待命，继派七十二团团长程树芬率部赴桂林待命，师长轻装减从，只带参谋、副官及经理、卫生人员数员，于九月二日，乘车赴平乐指挥。既抵平乐，七十团已奉军长电令推进至同安圩。此时接获各方情报，该匪已通过蒋家岭向兴安方向进犯，即令七十团于三日用强行军速度，克日取捷径迳开阳朔，并征集汽车多辆集中阳朔，将该团星夜运至桂垣。次（四）日，即继续运

---

* 该师下辖第七十、七十一、七十二三个团。红六军团西征过广西时，该师所属第七十团于全州之鲁塘袭击我军。红一方面军长征过广西时，该师第七十一、七十二团于龙胜之河口、庖田一带截击过我军左翼部队。其详情参见各团工作概况。

至兴安之界首市布防。师长亦于四日午抵兴安。接获各方集探报，得知肖匪全部约万人，于本（四）午已渡咸水河，停止于兴安属之鲁塘圩一带。时匪之兵力多我数倍，为防止该匪向兴安逃窜计，遂令七十团开回唐家市，对鲁塘方向严密警戒。六日，派员率手枪兵八名，乘汽车沿马路向界首、咸水方向严密搜索，知无匪踪，令七十团于七日拂晓，由左翼小路向鲁塘出击，激战一小时，匪不支，纷向西延溃窜。是役，毙匪百余名，颇有俘获。伪五十及五一团团长刘式楷、张鸿基，亦于是役击毙[1]。八日，我十九师已集中于咸水一带。同日奉军长电令，军长自率十九师及七十团经洛江向西延追击前进；师长即日赶回桂垣，率七十二团及七十一团第一营、独立团，经义宁向龙胜平邓方向截击。十三日抵平邓，据探报肖匪已通过湘属城步县丹口之线，有经中团向通道县逃窜模样。师以截击之目的，于十四日取捷径推进至湘属绥宁之下乡圩，得知该匪今午已通过下乡附近，向青芜州、瓜坪逃窜。师于十五日向该匪跟踪追击，既抵瓜坪，与匪之掩护队接触，约一小时，将瓜坪占领。匪向通道四乡所入黔属之平查所、鳌鱼市、南嘉堡渡剑河向大、小广溃窜，师长并指挥湘军成铁侠旅继续跟踪追击。沿途山路崎岖，居民十室九空，行进、给养均感困难。二十三日，追抵大、小广。该匪已窜至八卦河，因被我十九师截断去路，廿四日拂晓，仍向大、小广回窜，经我师迎头痛击，毙匪团长赵雄一员，营长周其昌、王静二员，十八师政委一员，匪死伤逾千。肖克率其残部越山北窜，我师经施洞口，平寨、施秉向余庆穷追。十一月九日，抵余庆之马胡苑。而该匪已窜至甘溪，其企图系欲流窜过石阡之线，而入川南一带，与贺匪联成一气。不期窜至甘溪，被我十九师及七十团截击，死伤无算，伪十八师长龙云负伤失踪（后被黔民团搜山擒获，已解贵阳惩办）。肖匪率其残部约五六百人，昼伏夜行，向思南、印江逸去。时值江西朱、毛共匪倾巢

① 五十团团长刘式楷同志是在文市牺牲的。

西犯．遂于十月廿七日，奉命班师回桂，以固省垣。

（B）剿朱、毛时期

我师于十一月十二日旋抵桂林。休息约一星期，略事整顿补充。当时，共匪朱、毛，已逼近龙虎、永安关之线，我师于二十日奉命开赴龙虎关附近之秧家圩待命。十一月廿七日，奉命开赴灌阳为左翼军之总预备队，位置于马渡桥。此时，共匪大部已过蒋家岭，其先头至麻子渡、界首一带。我第一纵队（王赞斌师）于卅日由正面向新圩之匪攻击，匪溃败，死伤数百，新圩遂为我军所占领。我师于是日推进至新圩之立安村，以七十二团第一营向通文市大道之平田村搜索，遇共匪掩护部队约一团，双方激战半小时，将匪冲为两段，匪一部向麻子渡溃窜，一部仍向文市大道回窜。十二月一日，麻子渡之匪被我左翼军迎腰猛攻，死伤颇众，星夜经洛江、西延、龙胜以北地区，向湘、黔边境逃窜。十二月二日，我师奉命经义宁、龙胜截击，于十一日抵石村，知共匪左侧卫（彭德怀部）尚在河口、独境、包田一带，即令七十二团向河口攻击，战约卅分钟，双方略有死伤。因已黄昏，乃在原地警戒彻夜。十二日，以七十一团向河口、包田攻击前进，以七十团向独境攻击前进，皆占领之。共匪一部向平邓，一部向地林、宝俊、长安堡溃窜，是役俘获甚多。十三日向宝俊追击。十四日追抵长安堡，将匪之掩护部队（约四百余人）包围缴械。十五日，复派七十一团第一营向通平邓大道之梨子坳搜索，遇散匪四百余，被该营击溃，缴械二百余，俘匪五百余名，均解送后方安置。彭匪率其残部向黔之黎平县逃窜。因奉命回古宜集中待命，遂中止追击。

二、副官处

（二）剿共时期

去年七月，共匪肖克率匪万余企图窜黔，道经本省兴、全各县，本师奉令追剿，历时二月有余。所经桂、湘、黔毗连边境，该地均属瑶山，对于伕运、军糈及交通等，均感困难，常于数十里或百里外，筹积粮秣，追送前方。幸本处同人不避艰险，极力设法，始告无缺。迨入黔后，地方民众因懼共匪劫杀，逃避一空，所有粮食复为共匪劫掠、焚烧尽净，行军尤感困难，同人此际惟有益加奋勉，得不偾事，深觉欣幸。当本师奉命出发时，尚属初秋，天气甚热，全师官兵俱系轻装就道。秋后追剿至黔，气候渐寒，需用毡服甚急，本处留守后方人员，乃将大宗毡服解运、追送、限期到达，未尝迟误。九月，歼灭肖匪主力于黔之大广，所有伤病员兵，及俘获各项，为数甚众，解缴运送尤感困难。盖黔境山路崎岖，民伕缺乏故也。惟处内职员俱能黾勉从公，尚不至贻误戎机。十一月初，班师抵桂林，补充整理，为时未久，而盘据［踞］江西老巢之共匪首领朱、毛等，复率匪众十余万倾巢而出，本师奉命开赴前方堵截，每战均有俘获。此际本处对于办理负伤员兵及所有俘获各项之解缴转运，概（暨）筹积粮秣、补充弹药等事宜尤为纷繁。迨朱、毛匪众被我击溃，逃窜入黔后，师次三江县整理待命。在此期间，即督率兵、伕协助地方完成该县公共体育场、构筑县防御工事。嗣复奉令追剿入黔，暂住都匀待命，除整理补充伕役外，暇即协助地方办理公益事项。此本处剿共期间工作之大概情形也。

三、经理处

本处在剿共期间，最感困难之处，为动员我军实之补充不易，其主要原因约有三点：一、为共匪之行踪飘忽；二、为交通之不便；三、为长伕之缺乏。

本师武器弹药，及各项附属用具，自上年换发以来，现均一色新式步枪，机件精良，射击准确；至轻重机枪及各附属用具，亦配备完全。本处今年以来，对于上项武器弹药，仍派专员负责管理，领发数目详为登记，并遵照保管方法，时加考查，如有损坏缺乏，即饬送所修理，或呈请补充。至此次剿办共匪，消耗弹药尤为严密审核，方行呈请注销，以杜流弊，而重军实。所获枪枝，悉数解缴。至剿匪消耗子弹及夺获枪枝，尚未据各团详报，数目暂付阙如。

本军各部士兵被服，均按期向军部转请总部发给。查本军夏季军服、帽、绊等项，上年所领，已满期限，均从新换发。雨帽一项，因已发钢盔，遵令转给区团应用。至军毡、棉衣，尚在保管期间，均未请领。

四、军医院

九月间，本军奉命追剿肖匪，由桂经湘，尾追入黔，历时月余，始将匪军主力击散。旋奉命班师回桂，截击朱、毛、彭各匪于兴安、灌阳、全州之间，复堵截于龙胜、古宜一带，转战数月，计先后诸战役共负伤官、兵五十八员名，其中伤亡官、兵十四员名。所有负伤员、兵，均由本院收容，派员运送后方疗养。但本军由柳出发时，天气仍酷热，行军甚苦。追入黔后，秋风渐起，而士兵均属轻装，加以黔省山高雾重，霁光鲜见，地方郁湿，瘴疠盛行，故士兵之患病者日见增加，尤以麻拉利亚最多，而赤痢及胃肠病、感冒等次之。行军以来，沿途均由本院派员收容，各部落伍病兵，计共达六百七十四人，乃集中于镇远从事治疗。及本军临时医院到达镇远，即将未愈者转送收容，惟此行于健康上已蒙重大损失，在卫生上当有以注意于将来也。

（原载国民革命军第四集团军第七军司令部编印:《七军年刊》第三期，中华民国二十三年三月出版，第219—230页）

桂系空军参加桂北两次剿共记（节录）*

邓堤

A、追剿萧克

民国廿三（一九三四）年秋，盘踞江西数年之共匪，经国军五次围剿，其势益蹙，于八月间突围西窜，欲圆其打破国际路线之迷梦。先命萧克匪部约万余人，由赣经湘而来。本军闻讯，即派周师长祖晃、陈指挥官恩元率部前往堵截，空军亦同时奉命参战。八月二十三日，由飞机第一队队长宁明阶，率分队长郑梓湘、邓沃权、飞行员甄道成等，分驾三机出发桂林，归总部行营直接指挥。是时，匪已进至湘南道州一带，每日均派机前往侦察。惟以距离尚远，活动时间常感不足，遂于数日后移驻全州，不时出发湘南轰炸，予共匪以迎头痛击。九月初，共匪入我省边境，在文市、石塘圩之线，与我周师及民团激战两日。九月三日，前方告急，留柳机队复奉命全队出动助战，驻全数机亦于先日返抵桂林。次日，匪军乘机以主力冲至界首，以我援军快到，是夜，复向西延方面逃窜。我空军是时极为活动，在路江圩一带曾给匪以重大打击。我军复乘胜追击，匪军虽得进入西延，万余人已死伤过半矣。九月五日，残匪已完全入于越城岭山脉之间，峰高峡多，山道纵横，此时不徒我军追击困难，即我空军欲达成侦察任务，亦大感不易，故虽数机出动，亦无所获。六日晨，据派往侦察匪踪之一机回报，谓在西延附近山腰中，发现匪约千

---

* 桂系的空军基地设在柳州。共有战用机十余架。该处还设有航空学校一所，专司空军的训练工作。我红六军团和红一方面军经过广西时，桂系空军先后参加了作战。标题中的“桂系”二字为编者所加。

人，有向湘、黔边境逃窜模样。当即派出窝拔地（Wapifi）机三架，前往轰炸。敌闻我机声已预为疏开，并藉伪装以图欺骗，但因彼等人数众多，一时仍逃不脱我机鹰眼，三机即予以连续轰炸。我机明知山壁峭立之处，投弹差之毫厘，即失之甚远，收效必微，但为彼等数年来之杀人放火事实所激怒，亦决然放弹威胁之。

九月七日，匪大部已过西延。是日派出侦察之机，均携有炸弹数枚，准备发现匪踪即予轰炸。盖山岭之间，如非大部队，发现极难，且匪易于掩蔽，出没无常，更因昨日匪部被炸，今后必不肯密集行动，予我以瞥见之机会，故欲再次获得轰炸之大目标，自有不可能。回报引机袭击，亦不容许，不得不采取此种手段。更因上述峭壁之处，投弹意在威胁不易生效之理由，亦以单机独断行动为有利也。飞行员沈瀛、韦淳杰①，是日奉命驾亚扶路六三七（AVRO637）机一架，出发西延、车田一带，亦为遂[进]行是项任务者。该机逾时不归。旋据他机回报，谓该机不知何故，已坠于西延之西约二十华里之石溪村，驾驶人员不知下落云云。当即另派一机前往视察，是时机已被焚，余烟犹袅袅未散，但仍未能辩悉驾驶人员之生死。该处系共匪退窜要道，残余匪众尚络绎于途，又适处于山峡之间，未便低飞明视，故未得结果而回。次日，匪全部已过西延，沿车田有向湘、黔溃散之势，我军已追至西延。惟沈、韦二同志之生命消息，仍无下落。于是，一般同志纷纷对二君生命作安全与否之推测。有谓为二君奋勇杀敌，愤[奋]不顾身，飞得太低飞机不能抽起而致坠地者；有谓因低空飞行，驾驶员为敌击中而迫降者。如不幸事实如前者所推测，飞机损坏必剧，搭乘人员即不跌死，亦必身负重伤，不能

---

① 沈瀛，原籍浙江绍兴人，1912 年 3 月生于桂林。在广东航空学校第六期飞行班肄业后，回广西服务于航空处飞机第一队。韦淳杰，原籍广西永淳县人，1911 年 12 月生，在广东航空学校第六期乙班学习航空。两年后，毕业回广西航空学校，任少尉飞行员。1934 年 9 月 7 日，沈、韦二人同驾一机于资源县大埠头下石溪村轰炸扫射我红六军团，为我军击穿飞机，被迫降落，为我军击毙。见《广西航空学校校刊》，1937 年 6 月出版，第 109—110 页。

逃脱匪徒之杀害。如如后者所言，后座搭乘之人，或尚有逃脱可能之一线希望。当时推想虽如此，仍望二人有均得生还之消息。但一般人心理，总觉凶多吉少，对沈、韦两同志悲悼之余，于共匪之行为益加切齿，恨不得即飞前方为二君复仇。

九日晨，派一飞机往失事地点与友军作陆、空通讯，欲探悉沈、韦下落。据地下摆出惊人噩耗，二君果为国捐躯，先我等而牺牲矣！匪军继续向黔边进发，我军跟踪追击，匪毫无抵抗能力，入山愈深，飞机侦察愈益不易，但仍不时飞往视察，藉振友军士气。嗣后数日，湘之城步、通道间，亦常有我机踪迹，且带回有价值之情报不少。惟因越城岭山脉山峰多在三千尺以上，天气稍微不佳，行动即受限制，且有时完全不能活动。九月中旬，共匪残部已完全逃入黔境，超出我空军活动半径范围之外，机队即奉命停止出动。

是役因我军及民团奋勇，匪军奔溃甚速，旬日之间，即通过我空军活动范围之外，且此期间中，匪众昼伏夜出，我空军甚少大现威力之机会。奉命停止出动之下，空中将士均觉惋惜不置！

B、堵截朱、毛

共匪萧克西窜，被我军追剿，纷向湘、黔边境溃散，复受我军与湘、黔军之包围，将其主力消火后，江西共匪朱、毛，全部号称十万，于同年十月间又复倾巢突出重围，经赣西入湘南，企图沿萧匪之旧路，越黔入川。我军闻讯，为保障本省建设，为消弭共祸，即积极准备堵截。十一月初，匪军尚远在湘境，飞机第一队即奉命出发。由队长宁明阶率领飞机十架，二日飞抵桂林，仍归行营指挥。旬日间与陆军方面商决较前次更为详密之联络协定，并作充分之练习及地形之熟认。此外，诸凡器材之整备、机场之布置、工作之筹划，无不尽其周密。且大帮匪股之来，正为我空军第一次所不能餍望之大示威力的绝好机会。此种关[观]念之存在，足使工作兴趣与效率增强，敌对之精神因而旺盛。虽匪号称十万，十倍于前而有余，而我同志御敌之精神，则百倍有之。复值我第一期同学学业告成，入队工作，增此一批生力军，更足坚我阵容，必胜之念诚无时或息也。

十一月中旬，共匪入湘境，愈逼愈近，情势日见紧张。我军亦忙于备战，飞机不时被派往湘、桂边境视察，惟匪部之主力仍在我机航线半径之外。我驻防边境如龙虎关、桂岭等处之部队，见我飞机来，都能辨认，于队号之标示，敏捷而迅速，并时与我侦察机通讯联络，其确实程度，较前迟疑错乱之景象，有极大之进步。此皆由于前次之经验，及有相当熟练而得来。时间仅差两月，前后若此不同，我等深觉满意。

十一月下旬，共匪分两路侵入桂境，以伪第一、第九军团约二万余众，袭击我富、贺境及龙虎关之线，其余匪之第三、五、七各军团，则由蒋家岭、文市之线而来，其势汹汹。幸赖我军将士用命，兵力虽仅十五团，除留守后方外，加入堵截阵线者，不过十团左右，及民团十余联队之助战，各线均能予共匪以极大打击，其以少胜多，以一当百之精神，益增我空军同志以协战之兴奋。二十五日，第七军在龙虎关予来袭之匪以迎头痛击之役，我空军曾奋勇参战，轰击匪军之增援部队，以促其前方败溃。同时，侵入永安关、文市之匪，被我四十四师之堵剿，溃败于石塘圩、古岭头及新圩等处，我乘其收容不遑之际，实施酷烈之黎明轰炸，耗弹尽百，匪徒伤亡甚众。廿九日晨，我侦察机在界首发现浮桥数处，此桥均似昨夜始完全者，其南岸道旁，有数十散匪正欲渡河，见我机飞来，即藉伪装帽隐蔽，我等自高下瞩，几不能识辨，降低一视，乃赫然敌人在也，即以机关枪扫射。匪知被我识破，四散奔迸，恐慌万状。我机知尚有大帮共匪渡河未成，乃飞回报告、复命轰炸机数架，前往破坏浮桥，以断匪之逃路。各机于数分钟内，投弹多命中，悉予炸毁无遗。是夜，共匪复搜集船只，乘夜恢复，偷渡者数万人。次晨，我机见之，予以再度轰炸，其将渡、未渡之匪众，奔驰道途，欲强渡已不可及，反给我机以攻击目标，纷向田间逃跑，其能涉渡者甚少。是日午后三时，复奉行营命令，谓有匪六团今晚夜宿石塘圩，着即派机轰炸。当即由宁队长亲自率领飞机九架出发，黄昏时候到达该处，出敌意料实施猛烈之袭击，匪军四散逃命，其紊乱情况如鸟惊巢，如蜂被扰，其加于敌人损失之大，更不可胜言，实为我空军空前所未有、富有历史价值之第一次伟大攻击威力之表现也。后据匪过地区视察人员之谈话，谓此次轰击，有一最痛快之事值得报告者，即有共匪数十人立于一米粉摊前争食，以奔窜尽日之故，力竭肚饥，机来亦不顾，一弹正中其中，数十人死于一窟。仅此一事，当时匪军遭受之创伤，全般概可想见。是次之轰击，同志无不快意，几忘夜之将临，致在归途中日已西沉，抵桂林时，万家灯火矣。幸我空军同志技术优良，机场虽无夜间灯光设备，仍能于一、二火把照耀之下，安全着陆。

十二月一日，共匪虽大部已过界首，仍尚有不少匪众络绎于麻子渡与界首途中。我军由后追击，匪军败状极为狼狈，我机复从低空以机枪扫射，益使其慌乱。以此，匪死于枪弹下者有之，不堪急走跌倒尘埃者有之，其完全不能动弹坐而待毙者更属不少。我军见有机协战，攻击精神异常充溢，使匪徒其得涉渡者不过数十人而已。是次，陆、空一致行动，曾收获协战之最大效果，夺获枪械无数，匪徒除死、散外，俘虏以千计。此种良好印象，将永远镌于吾人脑中，使吾人对未来陆、空协战之成功，作更大之期望。

共匪经我军数度之猛烈攻击，损失极大，纷向龙胜、西延、车田崇山中逃窜。我空军因地形、天候之限制，活动已不若前，惟仍不时派机侦察，监视匪之去路。廖军长复率部跟踪追击，使匪部溃散于湘、黔边境。是役，朱、毛虽号称十余万，仅赖少数军队与民团堵截及我空军之参战，使匪抱头鼠窜，不敢回顾，造成我军“七千俘虏”之光荣历史。此种战胜之事实，促使中外人士对我陆、空军及民团之奋斗精神，得更进一步之认识。

以上所述，萧克、朱、毛先后西窜，我军两次堵剿，均能获得异常胜利，我省所用以应付之兵力，不过军队十五团、民团十五个联队，及飞机一队而已。两次兵力始终相同，而朱、毛号称十万，敌人愈多，而我所收获战胜之效果且益大，此种伟大之功绩，固由于指挥统帅之卓越，军队、民团之用命，而我空军所附与战胜之因素，实亦不可忽略。

（原载《广西航空学校校刊》，1937 年 6 月出版，第 123—125 页）

龙胜县廿四[三]年剿共纪略（节录）*

（1947 年 7 月）

彭怀谦

廿四[三]年冬，共匪朱、毛，率其部众倾巢西窜。吾邑系其西窜要区。上宪为牵制其行进起见，特调国民革命军第七军二十四师五七团营长黄人超氏回县任民团副司令。该员于是年十一月廿四日到职。时情势已趋严重，该员即一面整编团队，划县属为东、北两个防线区；一面星夜加强防御工事。以镇南、江底、泗水、芙蓉、马堤为东地区防线，归黄副司令指挥；石孟、宝地、广南、平等、蒙江为北地区防线，归宝地乡鲍兼大队长钧指挥；其中，西区各乡民团为预备队，归姚督练指挥。布署方竣、□□□□□□二日，朱，毛果率其众由资源侵入江底。该匪原定行进计划，由江底经泗水达县城，沿桑江而入黔。我民团司令口闻警后，即令江底民团防守银矿隘、芙蓉、□□□□□□，□□□□侧背；令镇南民团李中队长芳率领警团由龙脊绕出才害界，佯攻其侧面；黄副司令亲率泗水民团及特一大队，凭江底之岩门之天险，正面死守，血战五日夜，弹尽援绝，遂退泗水

* 本文所记述的是龙胜县民团配合桂军对我红一方面军作战的情况。节录自《龙胜民国三十六年县志概略》（手稿本）。作者彭怀谦，系国民党龙胜县政府政工室主任。标题中“龙胜县”三字，系编者添加的。

待援，复支持一昼夜，而第七军由桂赶到，始完成迟滞匪军行进任务。即与我七军反攻，匪不支，折回马堤，经布陇（弄）、中洞入我北区防线。是时，我第七军以一部尾追，以主力移北地区侧击，我鲍大队长即指挥北五乡民团与七军配合完成其追战计划，在北地区经十天之营战，始将整个匪众而驱出县境矣。是役，我东、北两地区，计夺匪枪约四百余支，阵亡石大队长安玉、唐中队长冈林，团兵亦伤亡数十，而匪军伤亡则多我数倍。平等之龙坪三村、广南之广南寨五村之民房，约千余户，被焚无存，损失最惨，为吾邑被匪灾之一最大劫也。

卅六年[①]七月

〔原载《龙胜民国三十六年县志概略》（手稿本）下册，第 1 页〕

剿匪纪实（节录）*

薛岳

湘省追剿

一、综合匪情

共匪于二十三年十月十四日，由兴国、马鞍口、长江一带分股

① 即公元 1947 年。

* 薛岳所部八个师又一个支队是蒋介石的嫡系部队。红一方面军突破敌人封锁线进行长征后，蒋介石于 1934 年 11 月 12 日将薛部划归何键“追剿军”总部指挥，薛任第二路“追剿军”司令官。我军突破第四道封锁线，渡过湘江后（1934 年 12 月 2 日），改任“追剿军”第二兵团总指挥。该部参与了对长征红军的追击。《剿匪纪实》记述了薛岳所部“追剿”长征红军的军事活动情况。本文系节录该书中有关红军长征在广西期间部分。

西窜。十月下旬，先后到崇义、大庾地区，遭我粤军张师一度之兜剿，损失甚巨。十一月上旬，溃窜汝城、城口地区，复被我第六十三师之截击，乃分股突围：伪第一、第三军团，由大来圩附近，经五里墩，向宜章逃窜；伪第五、第八、第九军团，由城口向乐昌逃窜。十一月中旬，主力经蓝山窜道县，一部经虎口渡窜宁远。十一月下旬，一部窜抵文[永]明、排[桃]川、龙虎关之线，牵制桂军廖磊部于该方面。主力伪第一、第三、第八、第九各军团，窜文村。狡匪之一部，佯犯全州，以炫惑湘军，其主力乃获偷渡湘水之险。自是，经西延、通道、锦屏、黎平、剑河一带，迨十二月底，窜抵镇远、施秉、黄平间地区，企图暂踞黔中，以资喘息。

二、剿匪概况

甲、封锁线之形成

湘省碉堡，原有纵线三道：第一道，由萍乡经莲花、桂东至汝城；第二道，由衡阳经耒阳、柳[郴]州、宜章为连[联]络线；第三道，由衡阳至永州，横线一道：由莲花亘[至]茶陵、安仁至耒阳。

乙、友军方面

1. 第一路追剿司令刘建绪，指挥第十六师、第六十二师、第六十三师、第十九师之一部，及补充四个团，保安团三个团等部，集结主力于黄沙河附近，与桂军连[联]络，堵剿西窜之匪，并沿湘江碉堡线下至衡阳之东阳渡止，严密布防。

2. 第三路追剿司令周浑元，指挥第五师、第十三师、第九十六师、第九十九师各部，由遂川、大汾，尾匪穷追。于二十三年十一月二十三日全部到达道县，旋向文村急进。迄匪偷渡湘水后，乃归本路指挥。

3. 第四路追剿司令李云杰，指挥第二十三师、第十五师两部，与第三路连[联]络，由嘉禾向宁远及其以南地区，蹑匪尾追。

4. 第五路追剿司令李韫珩指挥所部，与第四路连[联]络，由临武、蓝山、江华、永明，蹑匪尾追。

5. 广西当局以第十五军布防兴安、灌阳方面，第七军布防龙虎关方面。迨匪偷渡湘水后，其一部向黔、桂边区转进截剿。

丙、本路军方面

1. 本路军战斗序列之沿革

a. 由赣南追达衡阳前之战斗序列（二十三年十一月十九日以前）：仍隶属于北路剿匪军。所辖部队及其指挥系统如左表：

北路剿匪军第六路军指挥系统表

<table>
<tr><td rowspan="10">总 指 挥　薛岳
副总指挥　吴奇伟</td><td rowspan="5">第七纵队
指挥官
吴奇伟</td><td>第五十九师师长</td></tr>
<tr><td>第九十师师长</td></tr>
<tr><td>第九十二师师长</td></tr>
<tr><td>第九十三师师长</td></tr>
<tr><td>第一支队指挥官</td></tr>
<tr><td rowspan="4">第八纵队
指挥官
周浑元</td><td>第五十九师师长</td></tr>
<tr><td>第五十九师师长</td></tr>
<tr><td>第五十九师师长</td></tr>
<tr><td>第五十九师师长</td></tr>
<tr><td>税警团迫击炮营营长
周雁宾</td><td></td></tr>
</table>

b. 由衡阳追达东安以前之战斗序列（二十三年十一月十九日至十二月二日前）：本路军到达衡阳后，奉令改隶追剿军何总司令指挥，余改任剿匪第二路追剿司令。吴纵队仍归余直辖，周纵队则改为剿匪第三路，以周浑元为第三路追剿司令。

c. 由东安追达贵阳时之战斗序列（廿三年十二月二日至廿四年二月）：本路军到达东安后，即奉令改为追剿军第二兵团，余任总指挥。原第七纵队改为第二兵团第二路，以吴奇伟为司令官。原剿匪第三路军改为第二兵团第三路，以周浑元为司令官。各路所辖部队，除第二路之惠支队于十二月十三日，奉命调回武汉待命外，均与前表相同。

2. 本路军作战任务与方针

本路军以歼灭朱、毛股匪之目的，速向永州附近急进，截击西窜之匪，尔后视战况之推移，企图歼匪于湘、黔、桂之边区，决于廿三年十月卅一日开始前进。

3. 本路军追剿经过

子、由古龙冈经莲花、衡阳到达永州之段：

本路军于廿三年十月卅一日，由江西古龙冈，开始转进（附表一），十一月三日到达凤凰圩、高塘圩一带，利用公路之交通，积极补充。十一月八日，即向莲花县推进（附表二）。十一月十一日，经过洋溪时，据报伪独立第十九师、独立第一、第二、第三团各股匪，人枪约千余，自九日起，分股进犯钱山及江口附近之碉线等语，洋溪民众千余人，鹄立道旁，请愿派兵清剿，本路军为应民众之请，及保持后方交通线起见，是晚，即改在洋溪宿营。十二日派韩（第五九）、欧（第九十）两师长各率兵两团，绕道进剿，狡匪闻风远飏，各该部当日归还行军序列，到达江口宿营。十三日，奉委座文酉行战电令节开："派何键为追剿军总司令，所有北路入湘第六路军及周浑元所部，统归其指挥，追剿西窜之匪，歼灭于湘漓水以东地区"等因，十八日主力到达衡阳，十九日休息一天，适奉何总司令效午电，节开："（一）匪之伪第一、第三、第五、第八等军团之主力，经我军在良田、宜章附近击破后，继续西窜，其先头计已到达宁远、蓝山之线。（二）我桂军以夏威军之主力，在桂林至黄沙河间沿漓水布防，并集结廖磊军于桂林、龙虎关一带。（三）第二路军限廿四日以前到达永州附近，集结完毕，相机截匪窜扰。"当令各部兼程急进，旋经茶陵、祁阳于廿三日到达永州城（推进计划详附表三、四）。

丑、永州至东安、黄沙河之段：

十一月廿五日，奉令派第九十二师，于廿六日，以一部由永州经石期站，开驻渌埠头，其主力经永铺、六里桥，到达东安城警备待命。廿六日又奉令开："据报土匪万余，有日到达王母渡，似为匪之右侧卫；伪第三军团、伪中央机关、伪第九军团、伪第一军团，居中推进。推测任右侧卫者，为伪第五军团；任后卫者为伪第八军团。着薛司令指挥所部，推进永州至黄沙河之线，集结主力于东安附近，策应第一路"等因，本路军基于上项之命令要旨，策定各部之行动如下：（一）第九十师于廿七日经石期站，限廿八日到达东安，第五十九师于廿七日，经蔡家埠、井头圩，限廿八日到达东安，警备待命。（二）第九十三师以一团守备永州城，主力于廿七日经蔡家埠、井头圩，限廿八日到达渌埠，向火烧桥、东湘桥各方面布置警戒。（三）第九十二师，限于廿八日进抵黄沙河，到达后，即向文村、清水关、东湘桥各方向警戒。（四）本部及第四军部，限廿八日到达东安城。十一月廿八日，各部队遵限到达指定地点。并据第九十二师梁师长，未刻电话，报称："本（廿八）日巳刻，匪万余，已由全县南渡河，其先头到达沙子包附近，与我章、陶两师对战中。我第十六师，第六十二师，均集结全州。桂军现在灌阳。"等语；十一月三十日，酉刻，接第廿八军参谋长电话："西窜之匪，本（三十）日申刻左右已全部通过全州、兴安间地区，我军已占领五里排附近地区，桂军主力已到石塘圩，我周纵队亦到文市"等语，本部乃以梁师一部，担任太平铺、黄沙河沿河防务，以主力迅速转移于新宁、城步堵剿。

寅、由东安、黄沙河线，转向新宁，经武冈、洪江、芷江，复向黔东镇远推进之段：十二月一日，予各部之命令要旨如下：本路军奉命自本（十二）月二日起，向新宁、城步、转进兜剿，如附表实施（附表五）。是日，奉令开："匪全部通过兴安西窜，势必仍循肖匪故道，窜扰靖、通，或窜城步、武冈，请督部迅速移于城步堵剿，并周浑元部，到达文村后，即经全州向新宁转进，归兄指挥"等因。

当将剿匪意见，电呈核示，其要旨如下：全州、兴安间之匪，依恢先（刘建绪）兄所得情报，已于三十日午到达咸水、西延间，则匪于目前，或已到达城步，复分经绥宁，及通道、会同各地，会犯黔阳，洪江一带地区，暂行喘息，再作他图。预计本路军到达新宁时，匪则远窜绥宁，与匪适成梯次队形。如本路军到达新宁后，即取捷径经武冈直趋洪江，则可望先期到达，破坏其企图，使匪失其凭藉，可徐图之等语，旋奉复示照办。十二月四日，本路军主力到新宁城，当即策定新宁至武冈间之推进计划（附表六）命令实施，并电示周浑元，指示跟进路线，限文日到东安，微日到大小坳、李子山、沙井一带，鱼日到新宁城跟进，以资连[联]络，十二月六日，本路军主力，已集结武冈，当日下达训令要旨如下：

（一）据报伪第一、第三、第五、第八、第九军团残部，现正向绥宁、通道以西地区逃窜中，我刘指挥官，现率部向城步、绥宁追击中，我周纵队，六日可到东安、大庙口一带，我李韫衍、李云杰两部，正由[向]东安、武冈推进中。

（二）本路军以兜剿残匪之目的，自明（七）日起，向洪江进出，其日程依附表之策定实施（附表七）。十二月十日，于龙船塘，致周指挥官灰酉电，告知企图，及指定该部，自真日起循光远寺、禹沙、洞口、青草湾、龙船塘、沙坪，向洪江推进。十二月十二日，本路军主力到达洪江市，策定部署如下：吴纵队（欠梁、唐两师）十三日经禹新店、高竹溪各地，进至黔阳城警戒整备待命。梁师本（十二）日集结大湾塘附近，唐师集结带子带附近整备。周纵队、惠支队，继续向洪江推进。

十二月十三日，奉委座支午京机电令节开："惠支队调武汉待命"等因，十四日策定向芷江、黔阳间推进，兵团之部署如下：

（1）第七纵队（欠梁师、唐师），明（十五）日，进至芷江城及其附近地区。

（2）第九十二师、第九十三师、受唐师长之区处，明（十五）日，向乾溪坪，十六日向芷江城推进，到达后，即归还第七纵队建制。

（3）第八纵队（欠肖师、万师）明（十五）日到达洪江后，应于十七日派出第九十九师向黔阳城推进。第五师、第九十六师，俟在洞口补充服装完毕后，即向洪江推进。

（4）本部十六日进抵黔阳城。

十二月二十一日，鉴于当前之情况，即下达向镇远、三穗进展之训令，其要旨如下：

1. 匪之大部，于本月十六日，窜集南堡、剑河一带地区，窜抵瓦寨、榕江，似有西窜黔中模样。

2. 本路军以追剿西窜之匪之目的，决自本月廿二日起，向镇远、三穗、清溪一带地区进出。其进展日程，应依附表之策定（附表八）切实施行。

3. 余在黔阳城，行进时在本部。

（原载薛岳著：《剿匪纪实》“湘省追剿”部分，第3—28页）

追剿总部呈南昌行营工作报告*

（1934年12月5日）

自赣匪突围，经湘、粤边区西窜，我军鉴于该匪伎俩惯于两省、两军接〔合〕处乘隙窜逃，又以湘南地区辽阔，交通阻滞，不便拒堵，第一、二两线既被冲破，惟赖第三线之设防，以堵匪之继续西窜，而收聚歼之效。本此目的，除以一部份尾追，一部任侧击，迟滞其行动，并扼守衡、祁、零陵[零、黄]之线，防其北窜外，判断匪所必经

---

* 本件还另见于《共匪西窜记》第178—179页，惟标题为《追剿军何键总司令报告与集团军变更防线经过》，且只录至“而匪之先头已于宥、感等日……连续窜渡漓水。”

之要道，调集重兵于黄沙河附近一带地区。其时桂军与我协定，亦以主力布置于桂、兴、全、黄之线。我军则利用湘、漓两水之险，及已设之碉堡线，彼此衔接，扼要堵截。以此布置，并遵奉委座迭次方略，满拟可将该匪消灭于湘、漓水以东。惟该匪狡甚，自在潇水以东，经我节节击溃后，一部窜龙虎关，窥富、贺、以牵制桂军；一部由道县王母桥及西头、东山瑶等处佯攻我黄沙河一带；主力则由蒋家岭出“四关”，循肖匪所经故道，其先头漾午已达文市。桂军养日以匪窜贺、富，将其兴、全间主力南移恭城，所遗防务，电请我军填接。其时，我军担任零、黄江防线者为章亮基师及李觉之补充四团；陈光中师由桂东开拔，方抵东安；陶广师自汝城堵剿后，有日方达黄沙河；薛岳所部，敬日方集中零陵，而远道长征，疲惫已极（原眉批：何芸樵善体人意，每对薛部总谓其远道长征，疲劳过甚。）。当令其迅接零、黄江防，抽出章、李所部并陶、陈各师，由刘司令建绪亲率，星夜南移，于感夜赶到全州。而匪之先头已于宥感等日，在兴安北之界首架设浮桥，连〔续〕窜渡漓水。我刘司令建绪急率所部由全州南进向咸水、界首。自感晚起，经俭、艳、卅等日，在寨圩、觉山、路板铺、沙子包、珠兰铺、自沙铺、五里排、麻子渡一带，连日激战。毙匪约六、七千，俘匪二千余，夺获步枪三千三、四百枝，机枪、迫炮三、四十门。我方伤亡逾千。残匪向西延溃窜。我十三师（万耀煌）收复道县后，继续向匪西追。艳日经永安关前进，在杨家湾、高明桥、永安关等处，节节击溃匪之后卫，卅申占领文市。计沿途俘、毙匪各数百，获枪八十余枝。我方亦伤亡士兵二十余名。

（原载胡羽高：《共匪西窜记》，第 203—204 页）

军事电文

桂军电文

四集团军总部行营电

（1934 年 11 月 20 日）[①]

十一月十八日，有匪先头一股，进犯我龙虎关，被我四十四师王赞斌部迎头痛击，几次猛扑，均未得逞。直至十九晚，匪以伤亡过重，遂退回江华、永明，徘徊该处，或取道宁远、道县两处折向桂北。

（原载胡羽高:《共匪西窜记》，第 172 页）

四集团军总部行营通讯

（1934 年 11 月 22 日）

我十五军夏威之韦云淞师，养日在富川边境之白芒营附近与匪万余接触，激战一日，匪部卒因战斗力弱而被我击溃，嗣后纷纷向界牌方面逃窜。系伪一、九两军团之部队，为数近万，为其主力之左侧

① 此一电文，在《共匪西窜记》中，是列于 1934 年 11 月 18 日内的。编者根据电文内容改定为 1934 年 11 月 20 日。

卫。现主力仍向道州前进。

（原载胡羽高:《共匪西窜记》，第 173 页）

桂军白副总司令崇禧漾亥电

（1934 年 11 月 23 日 21—23 时）

据夏军长威报告：白茫营之匪被我军击溃，向界牌逃窜。据俘匪供称，系伪一、九两军团，人约万余，为匪之左侧卫。

又电，匪以前进部队化装乡民，挑担、买物等，在先头行走。其散在各处之乞丐、算命之男女，多系匪探。

（原载胡羽高:《共匪西窜记》，第 160 页）

四集团军总部行营电

（1934 年 11 月 27 日）

西窜共匪，分两路犯桂北，其左侧卫前日在龙虎关与我军激战。道县之匪已绕出东山瑶袭击永安关。

富川电告，当面之匪，自退入江华后，即在江华城南附近占领阵地，似有停留防御之势。至〔于〕龙虎关前方——桃川附近之匪部，则仍与我军对峙中。

（原载胡羽高:《共匪西窜记》，第 177 页）

四集团军白副总司令崇禧电

（1934 年 11 月 27 日）

（一）在江华南方据工事顽抗之匪，昨日拂晓被我韦师驱逐，毙匪数百，残匪向永明西北溃窜。

（二）在桃川与我军相持之匪，已于昨日被击破。该匪亦向永明西北溃窜。

（三）昨由三峰山向镰刀湾进攻之匪，两次向我扑攻，均被击溃，仍向永明西北溃窜。

（四）飞机报告，滞永明西北之匪，为数逾万。现约友军向该方面围剿中。

（五）在苏江、新圩北方顽抗之匪，查系伪三军团全部。

（原载胡羽高:《共匪西窜记》，第 177—178 页）

桂军夏军长威电

（1934 年 11 月 27 日）

“四关”方面，自我王师攻守文市南苏江、新圩之线后，有匪部数千乃乘间入文市架桥，企图偷渡。嗣被我军侧击，即将桥梁撤去。

（原载胡羽高:《共匪西窜记》，第 178 页）

桂林民团区指挥陈恩元电

（1934年11月27日）

道县已于昨日经周纵队浑元部克复。周纵队长昨已入驻通[道]县城。至道州方面，又有友军摆出对空符号，部队甚多，约有四师之人数。

（原载胡羽高：《共匪西窜记》，第178页）

桂省空军飞机侦察报告

（1934年11月27日）

昨日午后三时，上江圩见有新掘土地工事及草堆等。当即对之掷炸弹，有数处草堆起火，一时草堆附近均有匪奔跑，四出逃窜。复投弹十余枚，均见爆发，伤亡当在百人以上。

（原载胡羽高：《共匪西窜记》，第178页）

四集团军白副总司令崇禧通告邻省俭电

（1934年11月28日）

昆明龙主席志舟兄、重庆刘总司令甫登兄、贵阳王主席绍武兄并转犹总指挥用侬兄勋鉴：

（一）共匪主力沿五岭北麓向湘、黔边区西窜，敝省首当其冲。

（二）自养、敬匪部一、九军团攻富、越[贺]边，又攻龙虎关。同时，匪军攻我永安、清水、高明[木]、雷口四关。敝军仍务[1]集中全部兵力，转移龙虎，居中策应，渐将匪击溃。后饬第七军一部肃清龙虎关残匪，以主力于感晚转移兴、灌以北之苏江、新圩、石塘、界首之线，展开与湘军南北夹击。

（三）感巳，我七军已由新圩向文市进攻。俭午，我兴安黄师协同民团，在湘江沿岸之威[咸]水、伏[光]华铺、深布坪之线截击，俭巳与匪先头接触。我友军果能迅速向南进攻及猛烈追剿，当能在兴、全间湘水以东地区将敌主力歼灭也。谨电奉闻。弟白崇禧叩俭酉平行印。

（原载胡羽高：《共匪西窜记》，第 180 页）

四集团军总部行营通讯

（1934 年 11 月 28 日）

西窜共匪，现已沿湘、桂边境向北窜走，富、贺边境，干戈已告平静，抚河交通亦已恢复。惟聚道县之匪，则已窜入永安关，其先头部队已到达文市、苏江、新圩之线，并有便衣队出没于界首。在文市、新圩、苏江之匪，已被我军侦悉其为伪三军团全部，自二十八日晨以来，战斗甚烈，其为伪三军团长彭德怀亲自指挥。我第七军军长廖磊率部由李家枧、石塘向匪包围，黄镇国师亦由伏[光]华铺夹击匪始溃向麻子渡窜去。我军午刻占领新圩。此役毙匪千余，俘匪五百。

（原载胡羽高：《共匪西窜记》，第 180 页）

---

① 原件如此。

桂军白副总司令崇禧解放抚河交通

（1934 年 11 月 28 日）

此次共匪全力西窜，沿五岭以北，取道湘、桂边境。连日在富、贺边境及龙虎关附近与我军及民团激战。昨、今两日，逐日将其击溃，斩获甚多。目下匪之主力已由湘、桂全州方面北窜逃[①]，刻正协同友军追剿夹击。务期一鼓荡平。所有前令抚河断绝交通，电到，一律开放。

（原载胡羽高：《共匪西窜记》，第 180—181 页）

四集团军白副总司令崇禧致何、黄两部长卅酉电

（1934 年 11 月 30 日 17—19 时）

（限一小时至）南京何部长、黄部长钧鉴：

广州张参谋长任民、王主任逊志：

（一）据十五军军长夏威报告，本晨以第七军覃师由新圩方面向石塘截击。该师进抵古岭头附近，与彭匪后方部队约三师多兵接战，双方突击极其猛烈，匪以多数机关枪集中射击，掩护匪军，冲锋数次。至上[下]午一时左右，我以飞机六架连续轰炸，毙匪遍地，擒斩赤匪二千余，缴获步枪千余支，始挫其锋。覃师死伤官兵百余员名（俟调查姓名列下）。为此次与匪作战之最惨烈者。又文市西方大莲塘、鲁枧一带之匪，薄暮依然顽抗，尚无动摇情形，料匪主力尚未通过湘水以西。

（二）兴安方面：黄师昨日被匪压迫，固守伏[光]华铺阵地。当

---

① 原文如此。

面之匪，迫近阵前三、四米远，现仍对峙。我方兵力单薄，阵地太宽，无力将其击破。据侦探报告，当面之匪，为数约有万余。同时，全州马路朱兰铺、五里牌地方，亦有匪二千，向全州方向构筑工事。

（三）我第七军军长廖磊率十九师周祖晃向兴安方面增援，预料今晚可到兴安东方之李家枧附近地方。已今［令］明晨向界首之沙子包方面截击矣。白崇禧叩卅酉平行印。

（原载胡羽高：《共匪西窜记》，第183—184页）

四集团军总部行营连日通报

（1934年11月30日）

军息一：

我第十五军夏威率部于三十日上午九时，协同飞机第一队（桂）作战，向钟家镇一带之匪攻击。该匪不下万余，顽强抵抗，战斗极为猛烈。相峙三小时以上，我军全线冲锋，上空飞机不断轰炸，及机关枪猛烈扫射，毙匪甚众，匪阵线昭［即］动摇，纷纷向石塘圩方向溃退。同时古岭头之匪，经莫团猛力冲锋，始于黄昏时占领古岭头。匪从右翼绕出新圩，被我谢、程两团将其包围痛击，毙匪二百余，俘匪四百余。

军息二：

西窜共匪全部由界首通过，向西延方向窜走。文市、石塘已无匪迹。我第十五军在界首与匪部第三军团作战甚烈。此股担任匪之后卫，激战数小时，此役毙匪两千余，湘水几为之红，俘匪二千余，获械两千余，残部向西延方向窜走。我白副总司令连日在灌阳文市一带督剿。为彻底肃清残匪计，已由灌阳进驻兴安督剿，以竟全功。

军息三：

界首伏[光]华铺之匪，昨亦与我军作战。匪由深布坪方面向伏[光]华铺包围，经黄师及民团痛击，自午至晚，仍在相持中。复据飞机侦察回报，由麻子渡窜界首之匪，均头缠白布，满插树枝，见我飞机，即伏地不动，经投弹轰炸毙匪甚多。昨在界首所架设之浮桥，已被我飞机炸毁。

军息四：

在苏江、新圩与我抗战之匪，前日被痛歼后，乃纷纷向西北窜走。我军欲彻底将匪肃清计，特电约湘省友军南来，前后向匪夹击。兹据飞机第一队报告，追剿第一路刘司令建绪所部，十一月三十日晨，由全州出发，正午其先头部队已到达花红铺附近。第三路司令周浑元所部，三十日上午十一时，其先头部队亦已抵文市。现匪已陷重围，不难肃清也。

（原载胡羽高：《共匪西窜记》，第 184—185 页）

四集团军白副总司令崇禧披沥剿匪情形东戌电

（1934 年 12 月 1 日 19—21 时）

（特急）

南昌委员长蒋、南宁总司令李、广州陈总司令、衡州何总司令：

某密。顷奉委座俭亥电，拜诵再三，惭悚交集。赤匪盘踞赣、闽，于兹七载，东、南、西、北四路围剿兵力达百余万，此次任匪从容脱围，已为惋惜。迨其进入湖南，盘踞宜章，我追剿各军坐令优游，停止达十余日不加痛击，尤引为失策。及匪沿五岭山脉西窜而来，广西首当其冲。其向桂岭东南之富、贺，抑向东北之兴、全，无从判定。（原眉批：小诸葛也不能判定吗？）职军原遵委座电令，将兵力集中兴、全。后以共匪分扰富、贺、龙虎关之警报纷至沓来，复奉委座电令，谓追剿各军偏在西北，须防共匪避实就虚南扰富、贺西窜，更难剿办等因，职以湘、桂边境线长七百里，我军兵力总数不过十七团军，处处布防，处处薄弱。故只得以军一部，协同民〔团〕防堵，而以主力集中于龙虎、恭城一带，冀以机动作战捕捉匪之主力而击破之。（原眉批：口气好大。）又虑匪众我寡，顾此失彼，叠[迭]经电请进入全州附近之友军推进兴、全。并经与湘军协定，共匪主力侵入兴、全时之夹击方案。白匪以伪一、九两军团，由江华、永明方面分扰富、贺边境及龙虎关，与我防军接触后，当[尝]指挥进击。经两日激战，将其击溃。并判明匪之主力窜入"四关"，即以十五军全部及第七军主力，星夜兼程转移兴、灌北方之线截击。该匪[部]感日以来，在文市方面、苏江、新圩之线，与匪第三、五、八军团主力决战四日，未结战局。其经过情形曾经陆续电呈在案。委座电责各节，读之不胜惶恐骇异。无论职军在历史立场上，已与共匪誓不并存。而纵横湘、赣边境数年之肖匪主力，目前为我七军追至黔东，将其击溃。即此次共匪入桂以来，所经五日苦战，又何尝非职军之独力担负，不畏螳背[臂]当车之识[讥]，更无敌众我寡之惧？至于全、咸之线，因守兵单薄，被匪众击破，则诚有之。谓无守兵，则殊非事实。以我国军百余万众，尚被匪突破重围，一渡赣江，再渡未河，三渡潇水，如职军寡少之兵力，何能阻匪不渡湘江？况现届冬季，湘江上游处处可以徒涉乎！职军之历史士气、职历来作战指挥，向抱宁为强敌粉碎之志，决无畏敌苟存之心。尤其对于共匪向来深恶痛绝。淞、沪清党，频年剿共，事实俱在，可以复按。夙隶委座帡幪，谅邀洞鉴。共匪虽多，欲求安全通过桂境而不遭我军痛击者，无此理也。道程虽远，飞机不难侦察。周司令浑元所部，宥日进入道县，本日已入桂境，通过匪我决战之场，亦可令其实他[地]调查。竟究[究竟]何军与匪决战？战斗经过几日？共匪死伤几何？又何军瞻望不前、何军迟迟不进？便明真象矣。至示以遵照芸先[兄]计划，速为亡羊补牢各节，当遵令执行。惟目前问题，似不全在计划，而在实际认真攻剿。尤忌每日捷报浮文，自欺欺人，失信邻国，贻笑共匪。至若凭一纸捷电即为功罪论断，则自赣、闽剿共以来，至共匪侵入桂北止，统计各军捷报所报，斩获匪众与枪械之数，早已超过共匪十有几倍，何至此次与本军激战，尚不下五、六万乎！至于此后追剿，仍当决尽全力，与匪周旋，功罪毁誉，不暇顾及也。白崇禧叩东戍[戌]平行印。

（原载胡羽高：《共匪西窜记》，第 190—191 页）

桂军白副总司令崇禧再致何、黄两部长东电

（1934 年 12 月 1 日）

（一）今日晨，我第七军军长廖磊率领所部十九师周祖晃，进出兴安东方之李家枧附近，后即展开，向石塘方面攻击。同时在伏[光]华铺之黄镇国，亦以主力进攻麻子渡。我十五军韦云淞、王赞斌两师及第七军覃连芳，亦由三家村、大岭头之线与之连[联]系，陆续攻击。飞机队亦全力加入。战斗激烈。日至正午，我十九师迫近石塘。午后一时左右，敌阵线被我突破，始纷纷溃退。除石塘以西之匪向界首、咸水方向逃窜，第十五军跟踪追击外，石塘以东之匪约数千，四面溃散于全州以南地区。我七军目下尚在战场分路扫荡。

（二）本日敌我死伤甚多，容查明再报。当我军进击时，有中央飞机六架参加轰炸。周司令浑元所部先头，下午三时亦已进至文市附近，经与我军联络矣。

（原载胡羽高：《共匪西窜记》，第 192 页）

桂白致湘何辨难冬未电

（1934 年 12 月 2 日 13—15 时）

何总司令芸樵兄、刘司令恢先兄：

俭、艳两日各电均获悉。

此次共匪全力西窜，敝省首当其冲，兵单力薄，兼顾未能。当我富、贺、龙虎关吃紧，诚恐共匪绕南西窜，如入无人之境，则敝省负责更大，故将主力转移。曾经迭电呈明委座及我兄，请派大兵向兴、全截击。因敝省除维持后方外，只有兵力十四团。既已转移，兴、全只黄镇国师及民团防守，实嫌力弱。故与恢先兄协定：匪如入兴、全，贵军南向，敝军北向，共同夹击。谅已转达我兄。比及匪军攻入“四关”，我主力向灌北侧击。又经飞机催促贵军南上协击。闻恢先、云波两兄，确实决心。但迭据飞机报告，集中在全城附近之寨圩、飞鸾桥之贵军，俭、艳、全［卅］等日，犹未见南上，坐令匪军安全渡河。迟至冬日，始向白沙铺。贵军个性，想兄等素知，弟本不愿说，然观委座转来我兄及恢兄电，一则曰全、咸无守兵，再则曰闭城不出，未免违反事实。兴、全之线，备兵薄弱，弟并不敢讳。只因十余团之兵力分配不敷，故请集中全城二十团之贵军迅速南上，贵军任务在追剿，不在防守也。至兴安黄师逮敌众压迫，退守伏［光］华铺、深布坪之线，距兴安城约三十余里，昨晚尚与敌激战，俘虏已解桂林。迟至本日午刻，尚在界首附近攻敌，亦有事实证明。“闭城不出”，不知从何得来也。兄如不信，请派机来察，或询问友军，当知弟言不谬，谨电陈明，尚乞鉴谅。弟今午已回桂林，并闻。弟白崇禧叩冬未。

（原载胡羽高:《共匪西窜记》，第 196—197 页）

四集团军白副总司令崇禧致广州冬电*

（1934 年 12 月 2 日 19—21 时）

（一）石塘圩、麻子渡、伏［光］华铺各地之匪，自经我军昨日下午四时将其击溃后，〔我〕即全线开始进击。今晨以来，陆续扫荡战场，〔我军〕进占咸水西方路［鲁］塘、罗［洛］江之线，残匪分向通梅溪口各道路逃窜。禧于本日下午三时转来兴安，处理以后追剿部署。

（二）此次与我军战斗之匪，确系伪一、三、五军团主力，数逾二万。其余之匪，于艳日起陆续由［向］咸水通梅溪口道及车田、龙胜、三江道方向逃窜。

综合情报判断：该匪残余不过五六万人。现我军以第〔十〕五军为第一追击队，第七军为第二追击队，协同友军，尾匪穷追。经我军击毙之匪，在兴安一带将近万数。我军伤亡官兵百数十员名。俘匪二千余名。投诚者有原属李明瑞部之桂籍五百余名。缴械二千五百余枝。再者，俘匪除桂籍者，拟留桂或他处置外，其余二千余名，各省皆有，但以江西、湖南为多，但［并］有各级官长在内，应否解送中央，抑交芸樵兄处置，听候电示。崇禧冬戌行。

（原载胡羽高：《共匪西窜记》，第 195—196 页）

＊据电文内容看，此电应系白崇禧向李宗仁会报战况及请示如何处置俘虏等问题。

四集团军李总司令宗仁通告全国江电

（1934年12月3日）

共匪盛［盘］踞赣、闽，荼毒七载。自五次围剿以来，节节败溃，仍企图西窜另造赤区。乃令伪军长肖克率匪万余，作西窜之前锋，侦察途径，取道湘、黔边境。本军经派廖军长磊率领七军，协同湘、黔友军追剿，沿桂、湘、黔边境山地，深入黔东北地，转战月余。幸将匪主力消灭，剩余匪众不过千人，枪械仅存数百枝。方冀一鼓荡平，以绝后患，适遇赣匪主力又复倾巢西窜。桂省毗连湘、粤方面，五岭绵亘七百余里，防线太宽，军力单薄。除遵委座电令，一面集中十五军全部于全、桂方面，协同民团从事布防外，并调第七军兼程，回桂参加堵截。功亏一篑，遗恨实深！第七军十一月十六日回抵桂林。适共匪主力已进至湘兰［南］宁远、蓝山之线，复奉委座电令，以追剿各军偏在西北布防，共匪避实就虚，南绕富、贺西窜，更难剿办等因，同时兵力不足，若处处布防，必处处薄弱。遂一面分兵协同民团守备湘、桂江沿岸边境之区，建设堡垒，同时集中两军主力，布置于龙虎关、恭城一带地区，相机策应富、贺及兴、全方面，命令机动作战，捕捉匪之主力，一举将其击溃。乃匪自抵宁远后，以伪一、九两军团由江华、永明方面分扰富、贺边境及龙虎关，虽经我军数日力战，将其击溃，而其主力亦于斯时经道县突破我灌阳北方之“四关”，经全州之南方文市西窜。除仍以一部继续扫荡江华、永明方面之匪外，即将十五军全部及第七军一部迅速转调于兴安、灌阳以北苏江、新圩、咸水、界首之线，向匪侧面攻击，同时与进入全州附近之湘军协同双方夹攻。冀图〔藉〕全州以西之山地阻塞之利，于全州南方地区将匪歼灭。二十七日以来，我两军主力在文市南方与伪三、五军团全部及伪八军团之一部接战。彭匪德怀亲身督战，甚为激烈。以新圩一地，彼此肉搏数次，得而复失者再，双方死伤过半。

而兴、全方面，沿湘水西岸布防，长逾二百里，我军仅一师协同民团堵截。二十七日以来，当面之匪愈战愈多。二十七日晚，被匪四次突破，目下在兴安北方之伏[光]华铺、深布坪之线与匪对峙。现我第七军主力，已于二十九日加入文市南面战线。今日拂晓，由文市西方之大岭头、勃塘圩方面攻敌阵线，拦腰截击，斩获赤匪二千余，获枪一千二百余枝，彭匪仅以身免。〔现〕向界首方面追击中。刻据连[联]络飞机报告，全州附近之湘军，今晨已开始向南运动，计程本日下午可达咸水、界首之线迎头堵截。料今、明两日，可望将匪之主力击溃也。谨电略陈。李宗仁卯江印。

（原载胡羽高:《共匪西窜记》，第 199—200 页）

四集团军总部行营通报

（1934 年 12 月 6 日）

军息：

据夏军长威报告：由华江向司门前前进之匪约三千，时在黄腊王隘。迭经我黄师痛击，俘匪二百余人，缴获枪、炮二百余枝。该股现向老江口、沐水、莲[蓬]洞方面逃窜。

又据飞机报告：千家寺一带民房，已为共匪纵火烧毁。

军息：

（一）夏军长鱼酉电称：“五日在兴属千家寺与我抗战之匪，查系伪五军团董振堂部，为匪左侧卫。第三师董匪与伪政委朱瑞，昨夜八时正在千家寺晚餐，适我军梁团冲进，匪等即落荒而逃，当夜我军占领千家寺，俘匪甚多。据匪供称，自在新圩、石塘圩击溃后，伪三、五两军团已溃不成军，匪见我放枪即逃。每连战斗兵仅二十余名，子弹非常缺乏。现董率残部向北窜走。我军现正在分途追剿中。”

（二）韦师长鱼酉电称："前在灌北被我击溃之匪一部，逃入灌属大源、宝髻〔山〕、马头岭一带瑶山地区。经职同民团进剿，俘匪五百余，获枪支、马匹、电话、无线电等甚多。残匪尚有千余人窜至猫儿园[源]，现正包围中。"

（三）查西窜之匪，现尚在兴安、龙胜境内青靛底、千家寺之线以西，千家寺、中洞之线以北，芙蓉河之线以东等地区。山高路窄。依地形判断，此匪现存不过四万人。自在灌北迭被我军痛击惨败狼狈逃窜后，已成惊弓之鸟，闻枪即逃，甚至我军一排俘匪获械恒以百计，匪之战斗力，实已全失。现我军除以一师协同民团，负责肃清各处残留散匪外，并以夏、廖两军分途连[联]络各友军堵剿。

军息：

前在新圩、石塘圩一带被我十五军击散之共匪伪师长陈树香[湘]一股，约一千五百。查有俄人四名在内，无线电一部，马匹甚多。嗣散扰〔桐〕木江、宝髻山、马头山附近瑶山地区。现我军韦、王两师各派兵一营，连[联]合民团特后队，概归陈指挥官思[恩]元指挥，由麻子渡、富罗、灌阳分三路兜剿。兹据陈指挥官报告，沿途缴散匪枪约四百余枝，俘匪二百余人，毙匪甚多。日内可将全数解决。

（原载胡羽高：《共匪西窜记》，第206—207页）

四集团军行营通报

（1934年12月7日）

军息：

（一）向西延窜走之匪，昨晨与我周师秦团在河口地方（龙胜东方）激战。结果，毙匪官、兵八十名，俘匪三十一人，夺获自动步枪五十余枝，轻机关枪三挺。我军连附殉难，并伤士兵四名。我军正在联络各军，继续大举围剿。至塘洞、王隘一带之匪，为数二万余，自前日（七号）被我十五军痛击后，现分三路逃窜：一路由车田过洪江；一路由塘洞过白竹包向中洞；一路由文家洞经李家水过江底。查塘洞向中洞逃窜之匪，不下万人，伪政治部主任王稼祥在内，想朱、毛亦在此路同行。因我军追剿甚急，昼夜不敢停留，疲劳殊甚。现我十五军正跟追中，想彻底肃清不难。

（二）窜扰灌北贺江源线之匪，昨有百五十人，枪百枝，驳壳六枝，轻机关枪一挺，向我军投诚，现已由肖团处置。复据土人报称，在灌新圩附近有残匪百余人，枪数十枝，机关枪一挺，亦被我民团围困。双方死伤数十人。昨已被缴械。

（三）前由桐木江窜至猫儿圈[源]之匪，系伪三十四师陈树香。经我民团联队与凌团在该处围剿，先后击毙与俘获不下千余，获匪枪二百余枝，马数匹。并取获匪所埋藏枪六百余枝，及电话机与无线电多件。陈匪及俄人四人，现率残匪五、六百人，向"四关"逃窜。我军仍在追剿中。

（原载胡羽高:《共匪西窜记》，第 207—208 页）

桂军夏军长威自中洞阳电

（1934 年 12 月 7 日）

今晨率镇师兴团罗营，于九时行抵砚田，与粟团相遇。据粟团面称：职昨（六日）日率二、三两营于午后八时，行抵砚田前，与匪之后卫一团，及与匪由塔边撤退之前哨百余人相遇，激战数小时，并无损伤，均被击溃。前面之匪，向中洞退却；后面之匪，绕向塘背砚田右侧二里退窜。俘匪百余名，获枪数十枝。"等语，职查属实，即着梁团向两渡桥追击，粟团殿后。行甫二里，在坚石屋与匪三、四百人相遇，战未半小时，即被击退。匪沿途节节抵抗，掘断道路，极形顽强。加之沿山谷河边一条小路前进，两旁护蔽，故进展颇难。午后三时，梁团前卫又与匪千余人相遇于中洞前数里之三家洞，战斗殊烈。嗣着镇国率粟团加入追剿，匪大部始退，小部仍与我军抵抗。惟时已晚，乃着在原地警戒。综合各方报告，中洞向塘洞逃窜之匪，连行三昼夜，不下四万人，伪政治部主任王稼祥在内。推定王为伪总部人员，想朱、毛避实就虚，谅亦在此路。其退却之方向：一部向塘洞；一部向越岭经矮岭河口向龙胜。职部史团计程今日晚抵塘洞。前方隔绝颇难联络，拟请钧座明（八日）晨用飞机送信，告知职方情况。倘两渡桥有匪大部，务着坚守塘洞与谢团联络。至谢团已否由导江往千家寺北进，除电话转，并派兵送命令到导江等侯[候]外，究竟情形如何，亦拟请副座用飞机查明，送信联络，并令谢团杨营向塘洞与史团靠拢。职拟明日留一小部守中洞向龙胜营警戒，大部尾匪后，向塘洞前进，再定进止。至窜往龙胜之匪，职力难兼顾，拟请钧座派队尾追。谨电呈复，不胜急切待命之至。夏威呈阳酉于中洞。

（原载胡羽高：《共匪西窜记》，第 208 页）

四集团军行营通报

（1934 年 12 月 8 日）

军息：

夏威军长感电：（一）粟团庚日搜剿两渡桥附近山洞，俘匪五十余名。（二）史团黄营鱼日午搜剿千家寺附近山洞，俘匪三百余名，获枪八十一枝。颜营阳日在油榨坪与伪五军团十三师千五百人决战，俘匪官兵七百余名，缴枪一百九十八枝。同日午后，该团长率黄营到老山界与匪遭遇激战，俘匪百十余名，缴枪二十八枝。该团八日拂晓，占领塘洞。匪大部由江底马堤街窜走，一部由车田经三百湾溃入龙胜。

（原载胡羽高:《共匪西窜记》，第 209 页）

桂军周师长祖晃齐电

（1934 年 12 月 8 日）

顷据职师秦团长霖由寨纳塘电话:“（一）职团今日（八日）在马罗[洛]与匪接触。经职率队猛攻，即溃退。午后五时，追击至寨纳塘北端高地，停止攻击。一面搜索残匪，一面侦察匪情。（二）此役系与匪军第三军团第四师接触，计毙匪团长一名、士兵百余名。获自动步枪一枝，驳壳一枝，步枪二十九枝。俘匪二十余名。（三）在毙匪团长身上，搜出命令一件。系伪三军团第四师师长张宗逊、政委黄克诚五日由大溶江[①]所发。其要旨为‘本师以继续西进，开辟道路之目的，于今（五）日向通道、龙胜大道之江底、河口，相机宿营。’等语。（四）职在阵地高地观察，溃匪在杉木坳构筑阵地，向我营警戒。河口似有匪千余。（五）此役，职阵亡连副一员，士兵二十余名。”等语，职今夜令苏团、秦团在寨纳塘、沂潭之线占领阵地，向匪警戒。张团在马罗[洛]待命。拟明（九）日拂晓即向河口、马蹄街之匪攻击前进。谨电察核。祖晃齐参印。

（原载胡羽高:《共匪西窜记》，第 209—210 页）

---

① 红军并未到达兴安县大溶江，此处疑有误。

桂军白副总司令崇禧致何佳辰电

（1934 年 12 月 9 日 7—9 时）

何总司令芸樵兄：

微辰电敬悉。某密。此次共匪倾巢西窜，湘、桂两省，首当其冲。贵、我两军，负责堵剿。过去因情报难明，判断不易，未能将顽匪歼灭，彼此俱抱遗恨。但贵、我两方面，士兵均能奋勇杀贼，沿途截击，使该匪已受空前莫大之打击，日来捷报，已作事实上之证明。以前种种，吾辈置之一笑可也。前因长江、大河一带盛传敝军同意纵匪，甚至有联共之谣．而中央要人及沪、宁友朋，亦纷纷来函指摘，此事有人固意中伤，弟当时耸听之下，非常愤恨，遂有东戌密电之申辩，此中苦衷，惟兄必能谅我。弟对友军作战，只有隐恶扬善，从来[未]向外道及友军只字短处。此后，贵、我两军一切事项，拟请先行会商，不必事先单独向外发电，以期一致。现匪部主力，在龙胜东北越城岭之金坑一带，我廖、夏两军已于本日拂晓分途向龙胜东北之江底附近攻击前进。飞机亦亓往助战。俟得战报后，再行奉闻。弟白崇禧叩佳辰行印。

（原载胡羽高：《共匪西窜记》，第 210—211 页）

桂军白副总司令崇禧佳电

（1934 年 12 月 9 日）

敝军夏军已将兴安属王隘、中洞等处之匪击破，向两渡桥追剿。廖军已将龙胜河口、马蹄街之匪击破，向湘边追击。前后俘匪在兴安一属已过三千，其余各处尚未详计。俘匪衣帽，均有红边，系为匪之基本部队。特以奉闻。

（原载胡羽高:《共匪西窜记》,第 211 页）

桂军白副总司令崇禧青午电

（1934 年 12 月 9 日 11—13 时）

（一）[1] 本日正午，燕（廖磊号燕侬）由龙胜来电称："今晨，覃师向河口前进，将匪击破。匪伤亡数百，俘匪三百余人，获枪甚多。现匪先头已窜至广南、长安堡一带。"等语。

（二）据庚亥灌阳秦[韦]师长电话称："伪师长陈树香、伪团长张静及俄人，率残部约五、六百人，鱼晚由苏江窜向道州方面。本日俘虏五百余名。民团缴获重机关枪四挺，轻机关枪及自动步枪各一挺，步枪七十余枝。南联队获轻、重机枪各一挺，步枪百余枝。李联队获重机枪一枝[挺]，步枪百余枝。"等语。崇禧青午行参印。

（原载胡羽高:《共匪西窜记》,第 211 页）

桂军周师长祖晃佳戌电

（1934 年 12 月 9 日 19—21 时）

今晨，职令覃团由寨纳塘攻击当面之匪，向马蹄街前进。职与苏、张两团由寨纳塘沿龙胜河左、右两岸前进，猛攻河口之匪，匪系第三军团第五师。击溃后，俘匪二百余名，枪百余枝。据俘匪供，属

① 原件误将（一）置于"燕（廖磊号、燕侬）由龙胜来电称"之后，因（二）系灌阳来电，并非龙胜来电。故予纠正。

于第三军团第五、六两师。并说：伪军总部及其主力均经河口，后有第九军团，饬由两起前进；匪军西窜的目的地系贵州等语。职即令苏团在河口占领阵地，向江底方面严警戒。职于午后二时率张团由河口侧击马蹄街附近高地之匪，约有四千名。匪逐次构筑阵地顽抗，经张、秦两团猛攻，匪势不支，节节溃窜。现匪大部由马蹄街西北方面溃窜，小部向芙蓉方面溃窜。职于午后五时三十分，饬苏、覃两团于今后①各派一部在三百湾及马蹄街附近高地向匪警戒。其大部集于马蹄街。职阅沿途有“红星”、“苏江”、“汀州”等路标，并询问河口、马蹄街两处土民，均云匪在该处通过三日夜，数约五、六万人。故确知该匪主力由江口经河口溃逃无疑。综合情况判断，该匪有经广南、平邓[等]、长安营等处溃窜之模样。职师各团稍有伤亡。谨电察核。祖晃叩佳戌参印。

（原载胡羽高：《共匪西窜记》，第211—212页）

四集团军行营通报

（1934年12月10日）

军息：

顷据义宁、龙胜蒸日电话：“（一）今晨，周师秦团向河口匪军攻击。击毙匪官兵四、五十名，俘匪十一名。夺获步枪四、五十枝，轻机关枪一挺。现我军部队在寨纳塘前方与匪对峙中。（二）〔匪〕现麇集江底至河口一带，拟于明日拂晓，向河口、江底之匪攻击。以周师为第一线。覃师为预备队，位置于龙胜附近。拟将该匪击破后，以覃师向瓢里进出古宜堵剿。（三）为防匪退江底，请转知夏军向江

① “今后”，疑有误。

底前进。”等语，仰即率部进出江底夹击，为要。

（原载胡羽高：《共匪西窜记》，第 213 页）

四集团军行营通报

（1934 年 12 月 10 日）

军息：

残匪现分两股逃窜：大股窜至通道临口、下乡一带，一股由广平、长安营、双江口窜抵牙屯堡。已出桂境。

另一股由车田窜过蓬洞，经城步以南丁坪、红沙洲，复经长安营、江口，会合大股西窜。

（原载胡羽高：《共匪西窜记》，第 222 页）

四集团军行营通讯

（1934 年 12 月 11 日）

军息：

据廖军长来电：覃师今日到石村向河口进攻，昨已截匪为两段，尚在相持中。昨日下午七时，有匪千余由独境反攻，被我颜团击溃，俘匪十余名，夺获枪数枝。据俘匪供称，为伪三军团，已过一师，尚有五团在后。

又据三江探报：平邓［等］、广南之匪，昨日午前五时，向下江方面逃窜。下江之匪，昨日上午三时，向通道、绥宁间逃窜，上午十时已走完。平邓［等］、广南已无匪踪。

又，窜下乡、长安营之匪，其先头部队文晨已出临口。独境之匪已被我覃师击破，现向地林、宝俊方向溃窜。

（原载胡羽高:《共匪西窜记》，第 213 页）

粤、桂两集团军陈济棠、李宗仁、白崇禧请缨追剿朱、毛真电

（1934 年 12 月 11 日）

南京中央党部、五中全会、广州西南执行部、西南政务会、国民政府林主席、行政院长汪、军委会蒋委员长钧鉴：

共匪朱、毛，正突围西窜，号称十万，气焰紧[嚣]张。天诱其衷[衰]，是我军最好歼灭之机会。途次信丰、安息、铅厂、城口、仁化、延寿、九峰、良田、临武、下灌、四眼桥、道县、洗砚圩、桃川、"四关"、文市、新圩、苏江、界首、莱圩、珠兰铺、宝洛冈、石塘等处，经我湘、粤、桂各军节节兜剿，计已歼灭过半。计凭隅匪众约五万人，转向湘、黔边境，所过之地，焚毁掳掠，庐舍为墟，非各路大军继续追剿，不能根本肃清。若任其转黔入川，会同肖、贺、徐匪，则共祸之烈不堪设想。盖川、黔两省，卵谷[壳]四[西]南，山深林密，形势险峻，远非赣、闽无险可恃之比。若不趁其喘息惶恐未定，加以猛力攻剿，则匪众一经休养整顿，组织训练，北进，足以赤化西北，打通国际路线；南向，足以扰乱黔、桂，影响闽、粤，破坏东亚和平，危害友邦安宁，而党国民族之危亡更将无从挽救。济棠、宗仁、崇禧等，迭承各方同志奖勉有加，亦应当仁不让，继续努力。窃以为共匪不除，国难未已，一切救国计划，皆属空谈。粤、桂两省军旅，素以爱国为职志，拟即抽调劲旅，先组编追剿部队，由宗仁统率，会同各路友军继续穷追，以竟全功。如蒙采纳，即请颁布明令，用专责成。

并请蒋委员长随时指示机宜，俾便遵循。除另派专员面陈一切机密外，谨此电闻。陈济棠、李宗仁、白崇禧叩真印。

（原载胡羽高：《共匪西窜记》，第 225 页）

李宗仁致白崇禧电（摘录）*

（1934 年 12 月 12 日）

黔局关系重大，决乘追共机会，与粤联军入黔，已与伯南联电五中全会请缨。

（原载程思远著：《政坛回忆》，广西人民出版社 1983 年版，第 74 页）

四集团军行营通报

（1934 年 12 月 12 日）

军息：

甲、据廖军长磊文电称：

（一）龙胜属河口（石村东北方）之匪，前日被我覃师截为两段，斩获甚多。当晚七时已窜过独境之匪千余人，复回至石村反攻，被

---

* 这是李宗仁从广州发给白崇禧的一份密电。电文反映了桂系和粤系联合向蒋介石请缨入黔"追剿"我军的真意。程思远先生在记述此事时说：红军"已由广西进入贵州，李宗仁与陈济棠接触频繁，打算由两广编组联军，乘红军西进之机，抢先进入贵阳，以固西陲。"但被蒋介石识破两广意图，命令薛岳部抢先逃入贵阳，使两广无可奈何。本电文标题系编者所加。

我颜团击溃。

（二）据俘匪供称：当面之匪，系伪三军团彭德怀所部。其先头之一部已过河口，余五团尚未通过，故由独境来援。

（三）据报，昨晨，长安营之匪，转向通道、绥宁之下乡窜去。广南之匪向地林窜去。残匪主力，似在长安营、平邓[等]、下乡、木路口之间。经石村、广南之匪乃其左侧〔卫〕，已经我军迭次击溃，已溃不成军。

乙、据夏军长威文电称：（一）黄师九日上午五时，在江底与匪接触，颇有斩获。匪向老鸦头、黄祥逃窜。十日向河口（龙胜东北约二十余里）转进，与匪遭遇激战。俘匪三百余，获枪二百余枝，轻机关枪五挺。我军亦略〔有〕伤亡。闻土人云，此路系伪五[三]军团五师及九军团。现已入湘境。

（二）据俘匪少年团供称：朱、毛亲率一、三两军团，经两渡桥向龙胜前进。五、八、九各军团已溃散。匪军战斗员及枪枝，现存不过万余。匪军师以上，有无线电技师，均为俄人。前在界首附近，曾被我军飞机炸毁两架。

（三）据拉去逃回之土人称，匪确〔有〕由通道入黔之企图。

（原载胡羽高：《共匪西窜记》，第213—214页）

四集团军白副总司令崇禧元戌电

（1934年12月13日19—21时）

奉委座电令，敝部以一部迅由长安、古宜绕至榕江，协助黔军堵剿等因，遵将本军部署变更如下：

第一追击队集结于龙胜附近，肃清残匪。

第二追击队廖磊之覃师，由湘属长安堡向牙屯堡转进，蹑匪追剿；周师由古宜经下江向榕江进出，协助黔军防堵。

（原载胡羽高:《共匪西窜记》，第 246 页）

白崇禧呈李宗仁请示处置俘匪电

（1934 年 12 月 13 日 19—21 时）

广州总司令李钧鉴：

某密。共匪自窜入桂境以来，迭次大战之结果，被我军俘获共匪伪官兵七千以上。本拟解交芸樵处置，但由陆运道远且长，沿途逃散必多。禧意拟将该俘匪由桂林雇民船送梧，再易轮船运粤，经粤汉铁路至韶关，请中央派员接收处置，或押解入赣，使其各自为农。如何？聆覆。职崇禧叩元戌。

（原载胡羽高:《共匪西窜记》，第 217 页）

李总司令宗仁致陈总司令济棠电

（1934 年 12 月 18 日）

广州抄送陈总司令勋鉴：

顷据白副总司令筱电称："得何总司令芸樵电，遵蒋委员长电，接收俘匪解赣。现定于号日由兴、全、灌分批起解至黄沙河交湘军接收，约两星期可竣事，解粤拟作罢论。崇禧筱行副印"等语，特电察照。弟李宗仁叩巧。

（原载胡羽高:《共匪西窜记》，第 217 页）

广西黄主席旭初通电向桂军祝捷

（1934 年 12 月 26 日）

（衔略）

赣中共匪，号称十万，突围西窜，各处震动。我以少数兵团，旬余之间，迭次破敌，与匪以向所未有之重创，残余匪众，狼狈远遁，全省不失一城，免受赣、闽惨祸，此皆我总副司令指挥若定，部署周详，军团官兵，忠勇奋发，同心协力之所赐。旭初谨代表全省一千三百万同胞，向我将士团兵敬致极深之感谢。并派民政厅长雷殷，携款赴桂犒劳，赈恤抚慰被灾民众。其各县受灾区域，已通令遏免本年度粮赋，即由雷厅长督县施放急赈。我省此次作战之经验，确知军民合作，收效至宏。年来民团训练之功，于斯悉著。除另电饬县布告大众，盖［益］加奋勉努力前进外，耑电布臆，顺贺新禧。黄旭初叩宥。

（原载胡羽高:《共匪西窜记》，第 215 页）

蒋介石及南昌行营电文

南昌行营鱼亥行战一电令

（1934 年 11 月 6 日 21—23 时）

（甲）综合本日情报，西窜匪部，先头约千余，已返［过］汝城，约八十里，继续向宜章方面逃窜。以一部在汝城城口与我军对战，掩护其侧翼，其主力向汝、仁间西窜。

判断该匪必沿五岭山脉，循肖匪故道，经兴、全间〔西〕窜。且其行动必速，不致北犯。即有亦不过以一部掩护其侧翼。

（乙）我军为欲歼灭该匪于湘、漓两水以东地区计，各方部队均须迅速出郴、永以南，宜、道以北，分别堵剿与追击。

（丙）薛路虞日由吉安出发，已令兼程经茶赴永。周纵队本日已过左安，已令兼程直趋郴州方面迎击与截击。并电约伯南伪部[①]速出宜章以北夹击，及崇、庚[庾]以南部队追击。

（丁）为恐薛、周追赶不及，即希芸樵兄尽先抽出湘中部队分别迅速进出郴、永以南堵截，且设法迟滞其行动。倘顾虑万一该匪北犯，薛路到湘后，亦可就近堵剿。

（戊）桂军除巩固湘、漓两水及龙虎关一带碉线外，希德邻、健生两兄以有力部队迅出道县以北，与永州部队协同堵剿。此方极关重要，乃匪必经之路，务须严密防堵。

（已）各纵横线碉堡，依以前及最近经验，在多不在大，重密不重坚，每县最多两个为宜。

以上各项，须将办理情形电复。

（原载胡羽高:《共匪西窜记》，第 123 页）

南昌行营齐戌行战一电

（1934 年 11 月 8 日 19—21 时）

兹改定西、北两路任务、境界及指挥系统：

一、西路总部移驻衡阳（原驻江西萍乡），注重追剿。

二、北路总部移驻吉安（原驻抚州），注重清剿。

三、西路、两[北]路改以湘、赣省界为限。但现在鄂、赣境内之

① 原件如此。“伪部”，应有误。

西路军第三纵队及所属各部，仍蹄[归]西路军指挥，其区域仍旧。

四、西路军第一、第二两纵队之部队，其存在赣境者，如第十八、第五十、第七十七各师，均归北路军指挥。

以上四项，希遵照办并饬所属遵照。但在未交防前，仍应照旧负责。

（原载胡羽高:《共匪西窜记》，第125页）

国民政府军事委员会委员长南昌行营文酉电

（1934年11月12日17—19时）

命令：

派何键为追剿军总司令。所有北路入湘第六路总指挥薛岳部及周浑元部，统归指挥。并率在湘各部队及团队，追剿西窜股匪，务希杀[歼]灭该匪于湘水以东地区。除任状、关防另发外，特电遵照办理具报。

（原载胡羽高:《共匪西窜记》，第126—127页）

南昌行营筱戌电

（1934年11月17日19—21时）

查赣匪倾巢西窜，我大军正分头追堵，期于湘水以东地区将匪扑灭。惟虑该匪一部或其残部万一漏网，突窜湘、漓水以西，不能预为歼灭之计，兹特拟定湘水以西地区剿匪计划大纲。

（一）方针。

防西窜之匪一部或其残部，如窜过湘、漓水以西，应以不使该匪能长驱入黔，会合川匪，及蔓延湘西与贺、肖合股之目的，围剿该匪于黎平、锦屏、黔阳以东，黔阳、武冈、宝庆以南，永州、桂林以西，龙胜、洪州以北地区以消灭之。

（二）纲领。

（1）应于匪未窜渡湘、漓水以前，于永、宝、武、野、锦、黎、洪、胜、桂线上赶筑工事，先择定重要城镇，构成据点，然后逐渐加强增密。

（2）于上述地区内，预为坚壁清野之准备，使匪窜过湘江时，进无所掠。

（3）先于上述地区内，严密组织民众，布成侦探网。并由湘、黔、桂军于上述工事线上，分布民众团队扼守，并扼要控置[制]有力部队，预为区划守备地点。

（4）一旦匪者窜过湘、漓水以西，各军即迅就预定之地域，相机堵剿。

（5）原任追剿之部队，即穷匪所至，追截抄袭，与各守备部队联合兜剿。

（三）指导要领。

（甲）湘军（北路军派出之追击队附之）

（1）以黄沙河以北，沿湘江经永州至宝庆，沿资江上游经武冈至黔阳，沿清江河至瓮洞为其守备区域。

（2）应先完善冷水滩、郦家坪、宝庆、塘渡口、桃花坪、黄桥铺、武冈、峡口（高沙西北三十里）、安江、黔阳各处据点工事。

（3）匪如窜过湘、漓水以后，应防其回窜及北窜，并追击之。

（乙）黔军

（1）以瓮洞沿清江河上游至黎平，经中潮至洪州为其守备区。

（2）应先完成瓮洞、远口、锦屏、黎平、中潮、洪州各据点工事。

（3）应于锦屏、黎平两地控置[制]有力部队，俟匪西窜时，相机堵击，阻其入境。

（丙）桂军

（1）沿黄沙河、漓水上游至桂林，经义宁、龙胜、古宜至洪州（不含））为其守备区域。

（2）除巩固湘、漓水上游原防外，须先完善义宁、龙胜、古宜各据点工事。

（3）匪如窜过湘、漓水以西，除防其回窜外，应协〔同〕黔军拒止其入黔，并截击之。

以上各项，希分别查照办理具报。中正筱戌行战一印。

（原载胡羽高：《共匪西窜记》，第150—152页）

南昌行营养酉电

（1934年11月22日17—19时）

此次朱、毛被我压迫，离开赣南老巢，窜扰粤、桂、湘边境，如任其窜过湘西，将贻国家之大患。各部队如能协力堵剿，亦为歼灭赤匪之良好时机。兹求各部队共同注意之要项如下：

（一）匪之惯伎，向利用边区防务之弱点以图窜逃。此次无论追、堵部队，应不分畛域，合力同心，务期扑灭而后已。

（二）凡任堵剿之部队，务须切实严密防堵，力求迟滞时间，以便追击队之夹击。其授有城池及指定封锁工事之军政官吏，尤应固守待援，不得擅离职务，否则以军法治罪。凡经指定工事封锁地带及重要城镇，宜预置烽火。如遇股匪急攻，或在附近接触时，即举烽火告警。

（三）任追剿之部队，宜与匪保持接近。以特授追剿部队应匪之主力而击破之，以免失去好机，以可行截击[①]，其半渡时期，尤不可轻

① “以特授……以可行截击”，原件如此。

易放过。

（四）空军除陆续尽力侦察、轰炸外，应多置通讯筒，随时将匪情通告军队，以取连［联］络。对于匪之主力接战，及追击队进攻险隘时，尤须尽力协同作战。

上四项，希即通饬所属遵照。

（原载胡羽高:《共匪西窜记》，第161页）

蒋委员长允许桂军南移〔恭〕城养酉电

（1934年11月22日17—19时）

衡州何总司令：

据德邻（李宗仁号）号电，以"据迭报，匪主力由临武分经嘉禾、蓝山西窜，龙虎关、富川、贺县同时吃紧。仁部原在龙虎关以北防堵，故拟即将仁部主力移赴恭城附近，策应富、贺、兴、灌。但兴安、灌阳以北，仅能留一部，诚恐力量单薄，拨［拟］请转饬何总司令所部向江华、贺县推进，以期周密。"等情，除电复外，希即查照办理具复。中正养酉行战一印。

（原载胡羽高:《共匪西窜记》，第161页）

蒋委员长南昌行营俭亥电

（1934年11月28日21—23时）

据恢先（刘建绪号）感戌［戌］参机电，匪先头已于宥、感两日在勾牌山及山头与上米头一带渡河。迭电固守河流，阻匪窜渡，何以全州沿〔河〕至咸水之线并无守兵，任匪从容渡河？殊为失策！窜渡以后，又不闻我追剿各队有何处置，仍谓集结部队，待机截剿。匪已渡河，尚不当机立断，痛予夹击，不知所待何机？可为浩叹！为今之计，惟有一面对渡河之匪速照恢先、健生所商夹击办法，痛予歼除；一面仍击匪半渡，务使后续股匪不得渡河。并照芸樵（何键号）预定之计画，速以大军压迫。匪不可测，以迟滞匪之行动，使我追军得以追击及兜剿。总之窜匪一部漏网，已为失策，亡军[羊]补牢，仍期各军之努力，歼灭主力于漓[湘]水以东，“四关”以西地区也。前颁湘水以西地区剿匪计划，已有一部之匪西窜，并望即按计划次第实行，勿任长驱西〔向〕或北窜为要。中正俭亥行战一印。

（原载胡羽高:《共匪西窜记》，第 181 页）

蒋委员长虞酉京参电

（1934 年 12 月 7 日 17　19 时）

邕宁李总司令：

冬午、戌电均悉。贵部与匪主力激战五日，俘获五千以上，具见官兵奋勇，深堪嘉慰。所拟追剿部署亦甚要善。希与友军切取联络，努力穷追。所稃匪众，可就近送交芸樵处置。除电知芸樵外，特复。中正虞酉参京印。

（原载胡羽高:《共匪西窜记》，第 207 页）

蒋委员长文戌电令

（1934年12月12日19—21时）

查赣匪西窜，前已拟定湘、桂、黔各军会剿计划大纲，业经十一月筱戌[戌]行战一电知在案。兹为严防赣匪入黔，重申前令起见，各军守备区域，按照筱电规定地点，迅速完成碉堡，严守之。

（1）黔军除巩固原防外，于玉屏、锦屏、黎平、永从、洪江线工[上]，赶筑坚固工事。先择重要城镇构筑碉堡，以匪防[防匪]之突窜。

（2）桂军除巩固原防外，须以一部迅由长安、古宜进至榕江，协助黔军堵剿。

（3）湘军除巩固原防外，以追剿部队之一部，追至铜仁，巩〔固〕黔军左侧之防线。

（4）各军对于各该区兵力之部署及工事之程度，并犹总指挥所部现抵何处，迅速详细电复。除分电外，希分别查照办理具报。中正文戌[戌]参京印。

（原载胡羽高:《共匪西窜记》，第226页）

何键及追剿军总部电文

追剿军总司令何键颁第一次追剿计划及命令

（1934年11月13日）

追剿军总司令部追剿计划书（民国二十三年十一月十三日，于长沙总司令部）

第一、十一月十二〔日〕晚之状：

（一）匪窜简况（已如上述，兹从略）①。

（二）广西方面：配置于湘、桂边之兵力，自咸水经黄沙河至永定［安］关一带，□有民团千余人，其正式军队已开始向全县、灌阳、兴安间地区集中。

广东方面：于砰石至九峰之线，约有兵力五团。

（三）本追剿军所属各兵团如左②：

（1）薛总指挥岳所部（五个师为基干），昨晚，先头已抵江西之安福县。本（十三）日继续西进。

（2）周指挥官浑元所部（四个师为基干），昨日，先头抵桂东县。本日可抵资兴。

（3）原西路军各军团之行动于左：

第十六师及补充总队（大部已在大江口）及湖南保安三个团（附机枪十二个连），守备东安至衡阳县间，沿湘水左岸地区，其主力配置于东安、零陵间。

第十五师在郴县之南，万会桥附近，与匪激战中。

---

① 原件如此。由于《共匪西窜记》中，在此电文前，作者胡羽高已将11月12日我军情况作了叙述，故于此处以括弧注明而从略。

② 由于原件为右起直行排版，故对其以下者称为“左”。以下均同。

第六十二师昨日在文明司北方勾刀坳附近，击破伪八军团第二十一、二十二两师之匪，跟踪追击至文明司，昨晚在该地撤[彻]夜。其余由赣西西进各兵团，计二十三师本日先头可到达郴县北方之高亭司。

第五十三师本日先头可到达资兴。

第六十三师本日可到达秀[桂]阳。

以上除薛岳所部，及守备湘水沿岸之各部队外，其余各兵团，预期可于十四、十五两日陆续到达桂阳、郴县之线。

第二、追剿方针。

本追剿军以彻底消灭窜匪之目的，决取捷径集中主力于黄沙河（桂属全县东北边境）、零陵、东安县间地区，期与桂、粤两军协力包围，于湘水、漓水以东地区而聚歼之。为不使匪有机洗[①]逃窜之余裕，别以一部于桂阳、嘉禾、蓝山各县之线，尽力截堵，以迟滞其行动。

第三、指导要领。

（1）匪如在江华、道县之线稍事徘徊，我军可由宁远县之平田、道县之上埠港向南截击。

（2）匪之主力，若经寿佛圩、新桥、黄沙河向西窜时，预期可于黄沙河附近与匪遭遇，即以主力迫匪激战。

（3）匪之主力若进出永安关、龙虎关，向全县、兴安、灵川之线西窜时，以主力包围匪之左侧，可与桂军协力歼灭之。

但若匪之行动迅速，机先窜过漓水，未能实施右述之围剿时，拟以主力转移于新宁方面，觅匪侧击。为此，先派一部在该方面预行构筑工事碉堡，迟延匪之北窜，使我主力有移转之余裕。

第四、兵团部署。

第一期　应机处置。

（1）第十九师师长李觉，率补充四团及沿江保定三团，附机枪

---

① 原件如此。“洗”，疑为“先”之误。

二十连，固守黄沙河、零陵、祁阳至衡阳之线，颁置主力于零陵。

（2）第十六师即日由祁阳经零陵向黄沙河前进，限十六日以前在黄沙河附近集结完毕，与桂军联络，布置防务。

（3）第十五师着击破当前之匪，收复宜章，蹑匪尾追。

（4）第六十二师即日由文明司，经郴县、桂阳、新田、零陵向黄沙河前进，限二十日以前全部到达。

（5）第六十三师即日由茶陵经耒阳、常零［宁］至东安集结待命，并迅速构筑大庙口至渌渡头之碉堡封锁线。

（6）第二十七军即日由郴州经桂阳向嘉禾、蓝山觅匪截击，阻其西窜。

（7）第十六军继续由大汾、资兴、新田向黄沙河附近前进，限于二十一日以前到达，集结完毕。但应视状况或由资兴经郴县西南方面尾追，与二十七军协力夹击。

以上各部在本追剿军军队区分未颁布以前，暂归原西路军第一纵队刘司令建绪指挥。

（8）原第八路周指挥官浑元部，继续经由资兴、郴县、桂阳、宁远向道县前进，觅匪截击。

（9）原第六路薛总指挥岳部，着取捷径兼程西进，限于二十四日以前，在零陵集结完毕。

（10）总司令率司令部于明日移驻衡阳。

第二期　追剿实况。

依第一期部署，我第二十七军若在嘉禾、蓝山之线，与匪之主力惹起战斗，则拟如左部署，实施追剿。

（甲）军队区分。

第一路追剿军司令官刘建绪，率十六、六二、六三各师及十九师之五五旅、补充一团至四团、保安第九、第二十一、第二十二等团。

第二路追剿军司令官薛岳，率五六、九十、九二、九三各师及惠支队。

第三路追剿军司令官周浑元，率五、十三、九一、九九各师。

第四路追剿军司令官李云杰，率二七军、十五师。

第五路追剿军司令官李韫珩，率十六军、空军第二队、战用机五架。

（乙）各兵团之任务。

一、着第一路集结主力于黄沙河附近，与桂军连[联]系堵剿西窜之匪。并沿湘江碉堡线下至衡州之东阳渡止，严密布防。

二、着第二路于本月二十四日以前，在零陵附近集结完毕，与第一、三两路连[联]系，堵击北窜，并截击西窜之匪。

三、着第三路仍继续向道县前进。限于本月二十一日以前，全部到达道县。尔后，与第一、二两路，及桂军连[联]络，截击窜匪。

四、着第四路与第三路连[联]络，经由嘉禾向宁远以南地区蹑匪尾追。

五、着第五路与第四路及粤军连[联]络，经由临武、蓝山、江华、永明，蹑匪尾追，并与粤军、桂军适取连[联]络。

六、航空第二队，应乎情况，逐日实施侦炸，并担任各路军间之连[联]络，更须随时准备一机听候派遣。

七、总司令驻衡州。

第三期　各兵团到达第二期目的地以后之指导，另以计划书定之。

第五、交通补给运输。

除长、郴及长、洪汽车路，可利用少数汽车，及湘江水道交通外，一律使用挑夫运输。关于补给、运输诸事宜，统由各兵团自行办理。

第六、通讯。

除无线电以外，利用即设之电报机及各县长途电话。

第七、卫生。

除各兵团所有之卫生机关外，于零陵开设一兵站医院；于衡州及彬州各开设野战医院之半部，收疗病伤。

计划书完。

（原载胡羽高:《共匪西窜记》,第130—134页）

追剿军何总司令键元亥电令

（1934年11月13日21—23时）

命令：

综合各方情报，匪由城口、仁化、九峰以一部窜良田附近，其主力在宜章以南地区，沿五岭山脉向西急窜中。本军以歼灭该匪于湘、漓水以东地区之目的，决定部署如左：

章亮基师，铣日集中黄沙河以西，限铣日到达。

李觉师率团队及机枪各连（二十连）固守衡、祁、零、黄之线，主力控制于零陵附近。

陈光中师驻东安待命，并构筑渌埠头、大庙口碉线。

陶广师经新田取捷径向黄沙河以北集中，限铣日以前到达。

王东原师由良田跟匪追剿。

李云杰军，经新田捷径向黄沙河以西地区集中，限马日以前到达。

以上各师，均归第一纵队刘司令建绪指挥。

周指挥官浑元，由郴县、嘉禾、桂阳、宁远、道县之线，向南觅匪侧击。

薛总指挥岳，率部取捷径兼程西进，限敬日以前到达零陵附近。

各部队到达指定位置后，应迅速电告。

本总司令，准明日（十四）赴衡督剿。

（原载胡羽高:《共匪西窜记》,第134页）

何总司令键就职通电*

（1934年11月14日11—13时）

南京　中央党部、国民政府主席林、行政院长汪、立法院长孙、司法院长居、监察院长于、考试院长戴、军事委员会委员长蒋、军政部长何钧鉴：

各院、部、会长、龙岩蒋总司令、广州陈总司令、吉安顾总司令、武昌张副司令、汉口何主任、南宁李总司令、桂林白副总司令、成都刘总司令、沙市徐总司令、抚州陈总司令、各总司令、总指挥、军、师长、各绥靖主任、各督办、各省政府主席、各特别市长、各省、市党部、各机关、各报馆公鉴：

奉委员长蒋文酉行战一电开："兹派何键为追剿〔军〕总司令，（原文见前）"等因奉此，遵于十一月寒日，在衡阳军次敬谨就职。窃自共匪盘踞赣南，经我委座亲临督剿，分路并进，已届最后成功之期。不谓迩来该匪自知在赣无可幸存，弃巢南窜，折而西窜。键负西路重责，节经秉承行营策言，率所部严密剿击。兹奉新命，誓当益矢有我无匪之决心，穷匪所至，不歼不止。所冀我长官袍泽，宏赐指教，我全国民众，多予协助。尤冀我友军严阵堵截，俾收夹击之效，而完一篑之功。谨布忱悃，诸维鉴察。

---

* 何键接蒋介石发出的"南昌行营文酉行战一"电令后，即行走马上任，并于1934年11月14日在衡阳宣布就职。随即分电蒋介石、国民党中央各领导机关和邻省军政头目及其所属各部。胡羽高将何键所发各电收录于《共匪西窜记》中，并加按语："本日，蒋委员长以追剿共匪之责界之何氏，在军事上为一大转变。当时之元首为谁、五院长为谁、各方统兵大员又为谁、驻于何地、追剿军各部现到达何处、何键剿匪之决心如何？将来年湮代运，必然有人要发生疑问。今人观今事，颇不足奇，而将来则有重要研讨之价值。故编者（按：胡羽高自称）不惜辞资，爰录前各电俾读者一目了然。"我们认为其用意可取，所以，也把本电文及何键"呈蒋委员长寒电""致所属将领电"一并编入。

赣、粤、闽、湘、鄂剿匪军追剿总司令

何键 叩寒午衡印

（原载胡羽高：《共匪西窜记》，第143—144页）

何总司令键呈蒋委员长寒电

（1934年11月14日）

南昌委员长蒋钧鉴：

案奉钧座文酉行战一电开："兹派何键为追剿〔军〕总司令，所有北路入湘第六路总指挥薛岳所部及周浑元部，统归指挥，并率在湘各部队及团队，追剿西窜股匪。除任状、关防另发外，仰[特]电遵照办理"等因，奉此，遵于寒日在衡阳军次敬谨就职。誓本剿匪之素志，谨率所部，竭其棉[绵]薄，尽歼丑类，以报党国。谨电呈闻，伏维垂察，职何键叩寒印。

（原载胡羽高：《共匪西窜记》，第143页）

何总司令键致所属将领电

（1934年11月14日）

衡州刘司令恢先兄、萍乡刘司令邦锐兄、大冶陈司令武鸣兄、南昌转薛总指挥伯陵兄、柳[郴]州周指挥官乾初兄、资兴李军长抱冰兄、桂阳李军长俊三兄、并转各师、旅、团长：
长沙何总指挥（何自兼第四路）、李代保安司令并转各区司令、各保安团长：

奉委员长文酉行战一电开："兹派何键为追剿〔军〕总司令，（原文见前)”等因，遵于十一月寒日在衡州军次敬谨就职。当此匪势穷蹙图窜之时，正我军人效命努力之会，键谬膺重寄，誓矢有我无匪之决心，穷匪所至，不歼不止，愿诸袍泽，共鉴此言。

（原载胡羽高:《共匪西窜记》，第 144 页）

追剿军何总司令键寒申电

（1934 年 11 月 14 日 15—17 时）

命令：

一、据报，匪一部现在文明司与我陶师激战，其主力似在宜章一带徘徊。

二、着周纵队指挥官率部由柳〔郴〕向匪进剿。

三、着李军长云杰率二十三师，星夜由桂阳向嘉禾、蓝山沿钟水之线相机堵截。〔并〕仍按情况、时机，遵照元亥电令，向黄沙[河]以南地区集中。

（原载胡羽高:《共匪西窜记》，第 145 页）

何总司令键致刘大使文岛删电

（1934 年 11 月 15 日）

长沙刘大使[1]：

---

① 刘文岛，当时为国民党政府驻意大利大使。受命后尚未出国，蒋介石派他到湖南监督何键，胡羽高在《共匪西窜记》绪言中说：中央“派大使刘文岛莅湘监视，以虑其他。”何键此电向其转述桂系态度。

大旆计已吉返长沙。顷接健生复此间兵力部署一电，略谓“尊电计画，积极行动，令人气为之壮。即望早日以重兵集中黄沙河附近，与敝部切取连[联]络，协力堵剿，不难于湘水上游将匪歼灭。”等语，恢先明日乘飞机赴桂林与之切商，定可达到歼匪计划。特以告慰。何键删电。

（原载胡羽高:《共匪西窜记》，第 146 页）

何总司令致白副总司令电

（1934 年 11 月 15 日）

健生吾兄勋鉴：

奉寒电，知予此间部署情形均已洞悉。国军剿匪多年，成绩视此一幕[举]。吾兄智珠在握，幸详示恢先，俾收聚歼之效，为完一篑之功。盼甚，感甚！敬颂捷喜！弟何键叩删。

（原载胡羽高:《共匪西窜记》，第 147—148 页）

追剿军总部铣亥电

（1934 年 11 月 16 日 21—23 时）

命令：

（一）匪先头已窜牛头粪、两路口、清和圩、华塘铺之线，主力在宜章、赤石中间地区，似仍企图继续西窜。

（二）本追剿军为与粤、桂确取连[联]系，使尔后会战容易歼灭该匪起见，决逐次截击，不使失机，随在予以打击，特着[作]更定部署如下：

(1) 着李军长云杰仍遵前令，率二十三师配置于蓝山、嘉禾、桂阳之线，截击西窜之匪，并指挥王东原〔师〕在郴州以南及蓝、嘉、桂地区协同追剿。

(2) 着周指挥官浑元，克日率部经桂阳向道县前进，限皓日前到达，截击由嘉禾以南地区西窜之匪。

(3) 着李军长韫珩率部，克日进驻郴、桂之线，确实与李军长云杰所部连[联]系，相机剿堵匪回窜或北窜。

(4) 薛总指挥所部，与陶、陈、章各师及李觉所部，均仍遵元亥电令办理。

（原载胡羽高:《共匪西窜记》，第 147 页）

追剿军何总司令键效午衡电

（1934 年 11 月 19 日 11—13 时）

命令：

(一) 匪之伪一、三、五、八、九等五军团西窜，其先头计已到达宁远、蓝山之线。但据粤军通报，伪八、九两军之各一部，铣日在塘村附近被我军击破，沿临武以南地区西窜。

我桂军以夏〔威〕部三师之主力，于桂林至黄沙河，沿漓水布防，并集结廖〔磊〕军于桂林附近。

我粤军配置于砰石、九峰间，有四个师。

(二) 本追剿军以彻底消灭窜匪之目的，决分五路追剿，期与粤、桂两军协力将匪包围于湘、漓两水以东地区而聚歼之。

(三) 军队区分及兵团之任务如左：

(1) 第一路追剿司令刘建绪，指挥第十六、第六十二、第六十三各师，第十九师之一部，及补充四团、保安团等部。着集结主力于黄沙河附近，与桂军联系堵剿西窜之匪，并沿湘江碉堡线下，至衡阳东阳渡止，严密布防。

（2）第二路追剿司令薛岳，指挥第五九、第九十、第九二、第九三各师，及惠支队等部。限于敬日以前，在零陵附近集结完毕，与一、三两路联系，堵匪北窜，并截击西窜之匪。

（3）第三路追剿司令周浑元，指挥第五、第十三、第九六、第九九各师。着遵铣亥电令，速向道县追击前进。限养日全部到达道县，尔后与第一、二两路及桂军联络。切击窜匪。

（4）第四路追剿司令李云杰，指挥第二〔十〕三、第十五各师。着与第三路联络，经嘉禾向宁远及其以南地区，蹑匪尾追。

（5）第五路追剿司令李韫珩，指挥所部，与第四路及粤军联络，经临武、蓝山、江华、永明，蹑匪尾追，并与桂军适取连[联]络。

（四）本总司令仍驻衡阳。

上四项，仰即遵照实施为要。

（原载胡羽高：《共匪西窜记》，第155—156页）

何总司令键呈蒋委员长皓午衡电

（1934年11月19日11—13时）

南昌委员长蒋：

匪自万会桥、良田、两路口被我击溃后，急速西窜。我李云杰师遭遇于嘉禾东北约三十里之地区，虽经激战击退，获枪二百余枝，而匪大部似有急趋江、道之样。我薛、周两部及李韫珩部，虽均以强行军之速度推进，但预计到达目的地，或将较匪相距二日或三日之行程。因此，前拟歼匪于兴、全电[间]以东地区之计划，能否不失时机完全达到，殊有殷虑必要。万一有窜脱之股，则尔后兵力转移，更感困难，围歼机会，愈不如前。为防百密一疏起见，惟有及时以相当兵力，位置文[于]城步、新宁之线，乃可收补牢之效。过此以后，将徒有长追而无夹击矣！职之朱、岳两师，现在赣西，虽自有清剿任务，所幸防区内当[尚]无股匪，派兵接替，较为易筹。如蒙由[电]令刘司令膺古率该两师兼程西进，径趋城、新，尚可不失时效，严阵堵截。管见所及，不避哓渎。是否有当？敬候详察，迅电祗遵。

（原载胡羽高:《共匪西窜记》，第 156 页）

追剿军何总司令键养申电

（1934 年 11 月 22 日 15—17 时）

（甲）据李云杰马午电:“（一）[①] 我六九旅号午将洪观圩、土桥圩北高山之伪三军团四、五两师击溃后，占领土桥圩、洪观圩间之四眼桥，向洪桥圩追击，于马午占领洪桥圩，匪仍在抵抗。伪三军团第六师及伪一军团，旋相继加入作战，战斗甚烈。窜永乐圩之匪，已被我六七旅击溃，向盘石圩、落山庙等处窜走。俘获之匪，伪一、三、五军团均有。”

（乙）据周指挥官浑元养未电:“宁远转来电话，我肖师现在正与大股匪在宁远城南之万石山、薛家桥、天堂圩、两河口一带激战，请即派机飞炸。”等语，已饬航空第二队火速派机前往侦炸。

（原载胡羽高:《共匪西窜记》，第 160—161 页）

---

① 电文只有（一），当为原编者所节录。

追剿军何总司令键漾申电令

（1934 年 11 月 23 日 15—17 时）

命令：

（一）据报，匪大部尚在宁远、道县间与我三、四路军对抗中，一部已窜入富川。又据李师长觉电话，匪一、九两军团在龙虎关与桂军激战。又，桂军主力已移向恭城方向。

判断：匪以一部佯攻龙虎关等处，吸引桂军主力南移，其大部必循肖克故道向西急窜。

（二）我军应不失时机，尾匪追击。并应增强湘水上游防线，衔接桂军，防匪逸窜。

（三）着三、四两路联合，迅速击破当前之匪，尾匪追剿。

（四）着第二路克日集结东安附近，与第一路联合协剿，并酌派一部开赴城步，沿唐家园、白毛坪、下平水、桥头寨、桃林、丹口、长安营之线，赶筑工事，扼要构筑据点，以资堵击。

（五）着第 路沿湘水上游延伸至全州之线，与桂军切取联络，堵匪西窜。

（六）第五路经临武、蓝山，应尾匪追剿，随三、四路之进展，联系策应，与粤、桂军切取联络。为要。

上六项，仰即遵照。

（原载胡羽高：《共匪西窜记》，第 164 页）

追剿军总部梗戌电

（1934年11月23日19—21时）

（一）据王东原师马、养、漾三电称：“职本部于养酉进抵神下（下灌、落山庙间）宿营。据沿途土民称，前日，股匪约三、四千，经神下西窜。职部即跟进，于漾抵冬村、胡家（下灌东北十余里），遇匪伪五军团全部，刻正激战中。据俘匪供为伪五军团，后有伪一军团掩护。”又据称：“伪三军团全部，被我二十三师击破，养日向道县方面窜走，后与周纵队接触。判断匪之主力尚在下灌、水打铺、柑子园、四眼桥一带。”

（二）据李云杰养酉电称：“洪观圩、楠木圩之匪，闻朱德在阵前指挥抗战，故战斗激烈。经我痛击后，匪经落山庙向下灌方面窜去。蓝山之匪，亦向下灌、落山庙窜退。”

（三）据飞机报告，匪主力似仍在下灌、百茶圩、洪洞、水打铺一带西窜中。宁远城西南各村落大半为匪盘踞。我周纵队司令[①]向匪攻击中。

（原载胡羽高：《共匪西窜记》，第162页）

何总司令键呈蒋委员长漾戌电

（1934年11月23日19—21时）

南京、南昌、委员长蒋：

养酉、祃未行战一电奉悉。窃自顽匪负隅，连年征战，仰赖威福，行将捣巢扫穴，讵料信丰漏窜，既失歼灭良机；逮攻汝城未逞，

① “司令”原文如此。

又南绕而出宜章。斯时，南北两路未及蹑追。而职军复以清剿任务分兵四驻，调集不易，致使该匪一再西窜，殊深遗憾。查匪枪尚在四、五万以上，迭奉钧令，务歼匪于湘、漓水以东地区，职于元日拚[拼]命追剿，寒日进驻衡阳，本最大之决心，将所部区为五路，分任追堵，并请粤、桂两军协剿。又经派刘建绪赴全县与白商妥，联防堵击，即经呈报在案。刻奉养酉电，已准桂军主力移赴恭城附近，所有灌阳、兴安以北地区防务，责令职路军南移担任，闻命悚惧。缘职路军兵力，除已令周、李、李三路跟匪进剿，尚在宁、道间与匪主力对战外，薛路正向零陵集结，尚未完毕。刘路原以主力布置零陵以南，黄沙河之线，刻又令其伸延至全县与桂军衔接，实属再无余力继续南移，增任二、三百里之正面防务。且两周以来，迭请将刘司令膺古所部朱、岳两师西调，顷奉祃未电，仍未邀准。刻下新宁、城步、绥宁及其以北等县，无兵控置[制]。若灌、兴、全间，又准桂军移调，则不免门户洞开，任匪长扬而去。加之肖、贺两匪，现复乘机窜犹桑永，逼近辰、沅，湘西全部，阸[阢]隉不定。似此情势迫切，忽予变更计划，兵力、时机两不许可。合围之局既撤，追匪之师徒劳。职受钧座付托之重，虽明知粉身粹[碎]骨，难免一篑功亏，亦惟有勉策驽骀，不稍回顾，继续追剿。用敢历陈利害，幸乞钧座睿察详筹，指示机宜，俾资尽力，无任惶悚待命之至。何键漾戌衡参印。

（原载胡羽高：《共匪西窜记》，第162—163页）

追剿军总部敬电

（1934年11月24日）

据王东原师电称："昨日俘匪数百，讯据供称，与我对战之匪，确系伪五、八军团全部及伪一军团之一部，其另一部及伪三、九军团全部，经宁远西窜”等语。

又据飞机本日报告，匪大部已过道县之西。江、道间祥霖铺、大盘铺附近，匪一部络绎不绝。

（原载胡羽高：《共匪西窜记》，第 165 页）

追剿军何总司令键有戌电

（1934 年 11 月 25 日 19—21 时）

命令：

一、据报，窜匪万余本日到王母渡，似为敌之右侧卫。讯俘匪称，系伪三军团、伪中央机关、伪九军团、伪一军团之行李。序列推测：任右侧卫者为伪五军团；任左侧卫者为伪八军团。

二、着第一路追剿司令刘建绪指挥所部，担任黄沙河（不含）至全州之线，置重点于全县东北地区，与桂军及第二路部队夹击。

三、着第二路追剿司令薛岳指挥所部，担任零陵至黄沙河（含）之线，集结主力于东安附近，并策应第一路。

四、第一、第二两路，均限明日开始行动。第一路所遗零陵至黄沙河之线防务，俟第二路接替完毕，逐渐移防。

上四项。

（原载胡羽高：《共匪西窜记》，第 167—168 页）

追剿总部有亥衡电

（1934年11月25日21—23时）

综合本日情报：

一、匪大部马日在道县附近。养日窜道县西之书山。漾日约三、四百窜至蒋家岭止，其主力四、五万，仍在道县、寿佛圩之线。有日一股约万余蜜道县北口王母桥附近，其便衣队及先遣队仍在永安关、文市附近。漾日扰龙虎关附近之匪约万余，敬日仍折回永明之北省江圩附近。匪后队万余人，仍在宁远西南之把截大界一带，与我三、四两路节节抗战中。

二、第一路刘司令建绪，率何平〔师〕敬晨移驻庙头。陈光中师移驻黄沙河。陶广师有日到黄沙河附近。李党师率成铁侠敬未抵渌埠头。章亮基师敬日集中沙子街附近，扼要堵截。

三、第二路司令薛岳所部四师，已完全到达零陵附近。其惠支队已过茶陵高陇。

四、第三路周司令浑元所部，漾午均抵宁远，继续尾匪追剿。敬晨击破扼守梧溪洞隘道之匪，追至把截，匪复凭河顽抗。是役，被我军击毙及飞机炸毙无算。我方亦有伤亡。

五、第四路军王东原师，敬日击破下灌西大界股匪共获枪俘匪不少。追至早禾洞，遇匪千余，又将其击破，稍有斩获。匪向道县方向溃走，该师蹑匪跟追，敬晚抵水打铺，续向四眼桥追剿。李云杰亦正尾匪追剿。

六、第五路司令李温珩李清巘旅，漾晚到达临武。本部及周启铎旅抵牛头粪，已联络粤军由蓝山方面急进。粤军独立第三师，梗午已抵蓝山。其一、二两师，正急进追击。

七、汝城胡指挥凤璋，俘匪一千四百余，缴械甚多。崇义扬眉寺枪匪二百余，亦被我军团围剿。

八、宜章黑杀党匪首杨结宜、肖搢生，率朱、毛交留枪四、五百枝，盘踞桥市一带。经团队搜剿，先后毙匪三十余名，获枪三十余枝，炸弹三十八枝[枚]。已饬段司令负责清剿。

九、空军第二队，本日在上江桥、永明附近一带，发现匪部，用机枪扫射，毙匪甚多。

上九项，仰即知照。

（原载胡羽高:《共匪西窜记》，第 166—167 页）

追剿军何总司令键令各路司令宥巳衡厅电

（1934 年 11 月 26 日 9—11 时）

此次匪众号称十万，但多稚弱，且有妇孺。自离老巢，志在远窜，前后受敌，虚怯已甚。初与我南路军战，一、九两伪军团几于消灭半数。继经我陶、王、李、周各部节节痛击，每以我一团当彼数师，以我一旅或一师当彼二、三军团，无役不有斩获。其沿途溃散之数，据汝、宜、郴、宁各一县县长报告，俘匪已达三、四千之多，足见匪众在巢顽强，出巢脆弱，其数虽多，其心已散。加以彼之行进路线，无一出我预计，张罗以待，定可尽歼。甚望我各司令淬厉[砺]士气，四面合围，最后成功，视此一击。擒渠获械，赏给从优。误时失机，军法具在。其各转饬凛知毋忽。总司令何宥巳衡厅印。

（原载胡羽高:《共匪西窜记》，第 174 页）

何总司令键致粤陈总司令济棠宥电

（1934年11月26日）

广州陈总司令伯南兄：

张代表其雄号返湘，顷来衡州，出示大函，并转述盛意，敬悉。现匪部已抵文市，而全、兴间之桂军，于昨呈奉委座准其东移，而令敝部南延接防。当匪已逼近，忽予变更计划，洞开门户。敝部纵有飞技，亦已无及，国事不可为，付之一叹！弟何键叩宥。

（原载胡羽高：《共匪西窜记》，第174页）

追剿军总部宥戌衡电

（1934年11月26日19—21时）

一、匪主力已于昨、今两日，由四关① 窜文市及黄沙河东南之西头。

二、我第一路主力已集结于黄沙河附近，正向全州急进。

三、第二路梁华盛宥日向绿埠头推进。

四、第三路各师有晨由柑子园一带蹑匪尾追，沿途毙匪甚多，获枪七支，已抵道县东南，隔河对峙。现正征集材料，施行强渡中。

五、第四路王东原汪旅有未占领四眼桥。残匪二万余，分向九井渡、福禄岩、界牌退窜。其后枪匪二千余，被张旅长痛击，获械甚多。

---

① 据《共匪西窜记》内提到的“四关”，多是指湘、桂边境灌阳、道县交界之清水、永安、雷口、高木四个关隘。红一方面军长征入桂时，只通过了永安、雷口两个关隘。说由“四关”入桂，是不确切的。

六、第五路李韫珩师，本日经下灌、水打铺向江华急进。

七、临武境内落伍散匪，马日经我团队紧跟进剿，先后截获匪枪三十余，俘匪三十余名，毙匪亦众。

八、贺、肖匪部，马晚向沅陵进犯至王村附近。近[敬]日折回陷大庸。

九、空军因天雨未出动。

上九项。

（原载胡羽高:《共匪西窜记》, 第 174—175 页）

追剿军总部感电

（1934 年 11 月 27 日）

一、窜入桂境“四关”及文村之匪约二万人。现正调团围击中。

二、匪众万余，有日在桃川附近与第七军作战，毙匪甚众。

三、万师敬日由宁远跟匪追击，〔匪〕扼水抗拒。万师有晚由下游白马渡强渡，并猛击十余次，匪始开道县城向西退去。宥日下午三时，万师全部入道县城。

（原载胡羽高:《共匪西窜记》, 第 176 页）

追剿军总部感巳电

（1934 年 11 月 27 日 9—11 时）

匪循肖克故道西窜，企图甚明。彭匪德怀部到达文市，有晚在江西渡架设浮桥，令晨续向古岭头、鲁口、两会坊移动。其右侧卫经桥庄村、黄腊洞，宥日已到西头附近。左侧卫在永明附近地区构筑工事。与我三、四两路保持接触之匪，尽[仅]少数后卫。我桂军第十五军全部，感午可在灌属新圩，全属石塘圩、咸水以南之线展开完毕。我第一路陶、章、陈各师，感日推进全州。第二路向东安、黄沙河推进。第五路仍遵前令，迅经零陵、东安西进。着周司令浑元、李司令云杰速督所部觅匪猛攻。以收包围之效为要。

（原载胡羽高:《共匪西窜记》，第 177 页）

追剿军何总司令键呈蒋委长感午衡电

（1934 年 11 月 27 日 11—13 时）

南昌、南京委员长蒋：

有戌行战一电奉悉。此次匪众数在十万以上，故我一旅或一师动辄与匪二、三万接触。谓非匪之主力，则其数实众。谓系匪之主力，则他处或又发现大股。不综合各方面之情况，颇难为确实之判断。日来迭接桂、我各军情报，匪之主力似在桂属文市及湘属寿佛圩以西地带，其先头已进至桂属石头[塘]圩、蒋家岭匪，左翼正在龙虎关、桃川地区与桂军持战中；右翼进至黄沙河东南之西头之线。我王、李师及周路于宥午后，完全收复道县，仍跟匪追击中。我刘、薛两路延伸至全县，感可完毕。由全至咸水，当与[属]全民团指挥陈恩元部署。由咸水至灌阳，归桂军部署。职受钧座重寄，谨当严督各部，奋勇夹击，期收聚歼之效。

（原载胡羽高:《共匪西窜记》，第 176 页）

追剿军总部感亥电

（1934 年 11 月 27 日 21—23 时）

有晨，有匪便衣队约二千人到石塘圩，大部仍在文市、蒋家岭间。又有匪约万余，由文市向灌阳窜走。我第一路刘建绪本日移驻全州，布置警戒。我第二路现正向黄沙河、东安推进。

（原载胡羽高:《共匪西窜记》，第 177 页）

追剿军何总司令键继俭电

（1934 年 11 月 28 日）

（一）匪大部仍在“四关”至文村，湘、漓水以东一带地区。其一部于宥、感两日经全属勾牌、山头、上米头一带渡河，向〔沙〕子包、寨圩等处分窜。俭晚，平乐电话不通。

（二）我第一路章亮基师，俭未到全州西之路板铺、沙子包、高车一带，与匪一部激战至酉刻，将其击溃。刻我陶师及章师大部，正集结于花红铺、路板铺、渡头、飞鸾桥、赛圩一带。陈光中师仍扼黄、全间。

据零陵转薛司令岳电话，该线正与匪击[激]战，韩师亦已增加。（原眉批：实际并无其事。）

（原载胡羽高:《共匪西窜记》，第 180 页）

追剿军总部艳衡电

（1934年11月29日）

（一）匪大部仍在“四关”正[至]文村，湘、漓水以东一带地区。其一部感日经全属勾牌山及山头、上米头一带渡河，向沙子包、赛圩等处分窜。

（二）章亮基师俭未在全县之路板铺、沙子包、高车一带与匪一股激战。至酉，将匪击溃，毙匪数百。

（三）李云杰、王东原两师已过沱水，尾匪追击。

（四）空军第二队，俭午在文市附近炸毙匪兵甚多。同日，第三队在文市东之东流发现匪约千余，亦炸〔毙〕匪不少。

（原载胡羽高:《共匪西窜记》，第181页）

何总司令键致刘大使文岛卅酉电

（1934年11月30日17—19时）

某密。〔(一)〕匪于宥日起，在距兴安县城东北五里许之界首[①]架设浮桥，随到随渡。我刘建绪部遵令赶至全县，除将佯攻黄、全之匪击溃外，仍派兵向全州以南地区搜剿。侦知全、兴碉堡线无一守兵，兴安有桂军一团，闭城固守，遂于寨圩、珠塘[兰]铺之线，即与匪接触，既已追达咸水铺附近，正在激战。我薛路在东安，已令向新窜[宁]、城步转移堵击。周浑元、李云杰两路，本日可追抵桂属之文村。李抱冰路正由宁远向新宁推进。倘事先能荷委座准调相当兵力于宝、武、新、城之间，尚有歼匪希望，今则恐只有长追而无夹击矣！

① 界首距兴安县城实际有20公里。

（二）贺、肖两匪，巧陷大庸、常、桃、慈、石等县，告急之电雪片飞来。因迭电请求委座增调部队，迄未奉准，遂致无可置答。顷始奉令准郭汝栋师西调，但远在修水。而罗启疆旅，亦在途中。弟负党国重寄，坐视地方被陷而莫之救，固属有责，独不解中枢对剿匪大计何以忽尔淡视若此？

（三）此次西窜之匪，被我于汝、宜、柳[郴]、嘉、蓝、宁各地迭次痛击，先后缴械二、三千，击毙不计，俘获四、五千，溃数近万。匪过各县仍在继续搜剿中。

上三项，知注敬闻。

（原载胡羽高：《共匪西窜记》，第 182—183 页）

追剿军总部卅电

（1934 年 11 月 30 日）

（一）全州至兴安间，路距一百七十里。我军到达全州后，始侦知全、兴间无一守兵，桂军仅一团在兴安，闭城固守。

（二）刘司令建绪所部，俭日在兴、全间珠塘[兰]铺击溃匪一部，斩获颇多。二十九日，在路板铺与大股匪遭遇，激战竟日，斩获尤多。刻已进达咸水附近，将企图西窜之匪截击，正激战中。

（三）我周司令浑元、李司令云杰部，追击匪后，遂已[1]达永安关。

（原载胡羽高：《共匪西窜记》，第 183 页）

---

① “遂已”原文如此。

追剿军何总司令键卅戌衡电

（1934年11月30日19—21时）

接寒［零］陵特［转］全州电话：

（1）匪一股已由麻子渡、界首等处渡过漓水[①]。文市、界首间，当有匪大部跟窜。

（2）刘司令建绪统率章亮基师，本日午前，在觉山附近（全州西北五里牌附近）与伪三军团激战竟日。毙匪数千获步枪三千余枝，迫炮、机枪四十余挺。我方伤亡官兵三百余员名。我李师〔长〕觉率补充各团，今夜蹑匪穷追，向咸水进击。并令陈光中师于明晨赶赴城步培剿。李觉师刘代旅长建文已派兵扼守新宁及梅溪口、界牌等处。又匪一部约两千，由大肚岭、白沙窜犯全城，现与我陶广师激战中。第二路薛司令岳所部，除令以一部扼守黄、全间防线外，以主力向新宁、城步堵剿。第三路司令周浑元所部，本晚已追抵文市附近。沿途节节击溃匪之后卫，毙匪颇多，俘匪数千，获枪十枝。第四路李、王两师，已协同第三路尾匪追进。第五路李司令韫珩，艳日由宁远向零陵急进。空军，本日在麻子渡、马鞍山、莲花圩及文市、石塘圩、大岭背各发现匪数千。当〔即〕投弹并机枪扫射，毙匪甚众。山头附近，架设游动浮桥四座，及全县南循藕塘附近浮桥五座，均已火毁。

（原载胡羽高：《共匪西窜记》，第183页）

① 兴安经界首直到全州这一段，实际是湘江。此处，何键故意说成是红军渡过“漓水”，如胡羽高在按语中所指出的：湘军一定要说红军偷渡漓水，桂军则说红军渡过湘江。湘、桂双方为推卸责任，为互相指责。有关此一问题的湘军电文，均是以漓水代湘江。

追剿军何总司令键东申衡参机电令

（1934 年 12 月 1 日 15—17 时）

兹为便利指挥起见，更定军队区分如次：

剿匪军追剿总司令，直辖追剿军第一、第二兵团，预备兵团及湖南保安部所属团队。

追剿军第一兵团总指挥刘建绪，辖第一、第四、第五各路，并直辖李觉师（缺邓、陶两旅）并补充各团。

第一路司令陶广，辖十六、六十三两师（缺李旅）[①]。

第四路司令李云杰，辖二十三、十五各师。

第五路司令李韫珩，辖五十三、五十七各师。

追剿军第二兵团总指挥薛岳、副总指挥吴奇伟，辖第二、第三两路。第二路司令吴奇伟，辖五十九、九十、九十二、九十三各师及惠支队。第三路司令周浑元，辖十三、九十六、九十九各师[②]。

预备兵团总指挥刘膺古，辖二十六、新三十四、独三十四旅各部。

除呈报备案外，仰即遵照，并转饬所属一体遵照。总司令何键东申衡总部机印。

（原载胡羽高:《共匪西窜记》，第 189 页）

---

① 此处漏写六十二师。李旅即第一百八十五旅，旅长李国钧，属六十二师。十六师、六十三师均没有姓李的旅长。参见《共匪西窜记》，第 187—188 页。

② 漏写第五师。

追剿总部东酉电

（1934年12月1日17—19时）

命令：

（一）匪主力已被我军击溃，残部经界首向西延急窜。

（二）我军以继续截剿之目的迅速向新宁、城步、绥宁、靖县方向转移。

（三）着刘总指挥建绪指挥所部，除以一路之一部（李、章所部）跟匪追剿外，其第一路主力，即由现地经新宁、城步第二封锁线节节截击。第四路着以王东原师先出洪江，李云杰继后，暂位置于海[梅]溪口、长铺子附近第三封锁线。第五路着位置于武冈花园、瓦屋塘第四封锁线。

（四）着薛总指挥岳率所部由现地向武冈前进。

（五）本部仍在衡阳，随后驻邵阳。总司令何键东酉衡参机印。

（原载胡羽高：《共匪西窜记》，第190页）

追剿总部东亥衡参电

（1934年12月1日21—23时）

（一）匪大部昨被我刘司令（建绪）部击溃后，匪经咸水向西延逃窜。咸水以东，石塘圩、麻子渡间，有枪匪一部。

（二）据第一路刘司令建绪由全州转来电话：李觉率补充各团及章亮基师大部，向咸水方面之匪攻剿。在珠兰铺、白沙铺遇匪一部，协同空军轰炸，毙匪甚多。当尾追至咸水、麻子渡间，复遇匪增援部队。经我包围痛剿，毙匪千余，获步枪三百余枝，及机枪、迫炮、自动步枪等。俘匪二千余，押解全县拍照。又，匪一部约五、六团，在麻子渡、石塘圩间，已被我章亮基师及补充总队各一部与桂军围困。我陈光中师开新宁，明午可到。陶广师本日出发，取捷径向西延前进。第三路万耀煌师，艳日经永安关前进，在杨湾、高明桥、永安关等处，节节击溃股匪千余，沿途俘、毙数百，获枪八十枝。卅申，占领文市。现已过石头岭、莲花塘西进中。空军，本日在兴隆村见匪五、六百正在徒涉，炸毙殆尽。咸水、麻子渡等处，各发现匪二三千，亦炸毙甚众。

（原载胡羽高:《共匪西窜记》，第 190 页）

追剿军总部冬戌电

（1934 年 12 月 2 日 19—21 时）

（一）匪大部迭经我军痛击，现窜西延以南一带深山中。先头本日窜抵油榨坪附近。一部仍在石塘圩、界首。

（二）第一路刘司令建绪率补充三、四、五各团于今晨出发，向新宁前进。李觉率补充一、二团及章师及杜旅、陈师、陈旅由白沙尾匪追剿。刘代旅长建文率所部，本日开赴梅溪口、界牌一带堵截。陶广已将大肚岭、白沙之匪击溃，斩获甚众。东抵寨圩。本日向梅溪口、西延、车田地区分途堵剿。章亮基师主力取捷径直趋西岩附近堵剿。第三路周司令浑元所部，本日已过麻子渡，经咸水尾匪猛追中。空军，本日在梅子岭、大湾、鹧鸪桥、张家湾、西延等处见匪，炸毙不少。

（原载胡羽高:《共匪西窜记》，第 195 页）

追剿军何总司令键致川黔、两省冬电

（1934年12月2日）

（急）

重庆刘总司令甫澄兄、贵阳王总指挥绍武兄：

赤匪伪一、三、五、八、九各军团，人号称十万，枪半数，自经我节节痛击，已消灭三分之一。原拟此次协同桂军尽歼于漓水以东，因咸水、兴安一带无兵堵击，致使残部漏脱，仍取肖克旧径，向西急窜。现我正一面移转兵力于武、新、城、绥之线，一面尾匪跟追。如绍武兄能集结兵力扼要堵截，可收夹击聚歼之效。甫澄兄如能以相当兵力协助绍武兄堵剿，则歼灭更易。盖该匪自离巢后，首尾受敌，兵无斗志。所惜在我军方面，屡失良机，遂致功亏一篑也。如何布置，唯二兄亟起图之。盼复。弟何键叩冬亥印。

（原载胡羽高：《共匪西窜记》，第197页）

追剿军何总司令键江平[午]电

（1934年12月3日11—13时）

命令：

（一）匪残部由咸水、西延、车田、蓬洞循肖匪故道向西急窜，其一部似分向龙胜窜走。

（二）本军以继续追剿并节节截击、彻底歼灭该匪于湘、黔边境之目的，决定如左之部署：

（1）着第一兵团刘总指挥建绪即以一部尾匪追剿，主力经新宁、城步间觅匪节节予以截击。

（2）着第二兵团薛总指挥岳，先以大部由武冈经长铺子、竹江舟速开会同，并与洪江王东原师联络，截击西窜之匪，并堵匪北窜。以一部策应第一兵团，逐次推进，扼要堵剿。

上二项，仰即遵照。总司令何键江午衡参机印。

（原载胡羽高：《共匪西窜记》，第199页）

何总司令键答复桂白道歉微辰电

（1934年12月5日7—9时）

桂林白副总司令键生兄：

冬未电敬悉。敝处呈委座电，均系根据前方将领情报。即偶有失实，亦犹艳、州［卅］等日，我军已与大股匪共在全州西南之勾牌山、朱兰铺、觉山南段及严家、白沙铺、余家之线连日激战，占领各地，更分向大埠头及咸水、界首堵截追剿，而贵处飞机因只见留在寨圩等地之少数防堵部队，尚称艳、全［卅］等日，未见敝军南下，同一误会。西谚谓“事实胜于雄辩”，乞勿介意。此次敝军初于汝、桂一带堵剿，及匪绕入宜章，乃将汝、桂部队及入县[①]之李部、赣南之薛部，急调至零、黄、全间堵剿，强行千余里，至感日方到达全州，而匪已先于宥日在界首、咸水架桥渡河。敝军名为追剿，实则兼追与堵二种任务。承兄迭电嘱我向南延伸，亦以时间、兵力而［两］不许可之故，致留此一线之隙未能弥缝，竞［竟］使残匪窜脱。揆诸天职与素志，只有自恨力薄，决无诿过于人之理。所惜者，匪以狡计先使贵军主力偏其贺、富，及至展开于兴、灌以北地区时，我军原部署于黄、全间之部队已追匪先进，以前后之相左，致夹击

①“入县”，原件如此。

而未能。情报之难得实在，判断之不易正确，其亦有同感乎？谨电致歉，诸希谅誊［察］。尔后如何灵通情报，协力以赴事机，并乞筹示。弟何键叩微辰印。

（原载胡羽高:《共匪西窜记》，第 201 页）

追剿军何总司令键通告全国微未电

（1934 年 12 月 5 日 13—15 时）

（衔略）

敝部奉〔令〕追匪［剿］西窜股匪，未能达到歼匪于漓水以东地区之任务，实深惭悚。谨将经过口陈，查照。

当该匪初由赣南突围，我李觉部尚远在黔东北追剿肖匪。该股匪绕陷宜章，我陶广师仍在汝城文明司与其一部激战，我陈光中师仍在桂东防堵北窜，我薛岳、周浑元、李云杰、李韫珩各部，次第由赣西升拔入湘。仅王东原、章亮基两师，一位置于郴州；一位置于衡、祁江防线。湘南地区辽阔，匪众亦号称十万，以我两师兵力，兼顾追与堵二者，诚不自量。惟奉委座新命，义无反顾。元日奉电，寒日抵衡。一面以王师收复宜章，尾匪追剿；一面调周、李、李各部，取道嘉、蓝，向南侧击；一面调薛、李、陶、陈、章各部，于自衡州至黄沙河之线布防。当集结主力于东安、零陵二点，除〔王〕章两师外，皆属昼夜兼程，强行千里，本在匪后而先匪到达。尤以薛、周两部，久战道远，劳苦更甚。（原按：何呈蒋电中，有“每连可用之兵仅三、四十名，其余皆病且惫”）所丰［幸］各部将士，莫不忠勇奋发，予匪重创。陶师汝城、东岗岭、勾力坳各役，毙匪近千；文明司之役，毙匪六、七百，获枪百三十余枝。王师良田、万会桥之役，毙匪数百，获枪百数十枝；樟树桥之役，获枪百余枝；梅田保和圩之役，俘匪百余，获枪百五十余枝；下灌之役，毙匪千余。李云杰师仙人桥、冷水铺、土桥圩、洪观圩、永乐圩，下灌各役，共计伤亡匪官兵二千余，获枪五百余枝。周浑元部宁远附近之役，斩匪数百；文市之役，毙匪数百，获枪八十余枝。匪经过之各县团防义勇队所俘获散匪、散枪，已据电报解部者，如汝城、宜章、郴县等，多则千余，少则数百；而空军之轰炸不计焉。

该股匪将抵桂边，一部窜龙虎关、富、贺，经桂军痛击，一部由道县北窜王母桥、西头、东山瑶等处，企图牵制我零陵兵力，而其主力则由蒋家岭出"四关"，步肖匪故辙。其先头漾午达文市，幸彼因顾虑桂军堵截，未敢急进。不然，我薛部敬日方达零陵，我陶广师有日方达黄沙河，大可乘我兵力未集，强渡而西也。梗日奉委座养酉电，准桂军将兴、全、灌之主力南移恭城，敝部向南伸延。弟虽以时间、兵力难以办到，但事机迫切，故立令刘司令建绪率章、李、陶、陈各师赶赴全州，于感晚到达。不意匪于宥、感等日，已在兴安界首架设浮桥，窜过漓水。我刘司令建绪急率所部向咸水、界首猛力堵剿。自感晚经俭、艳等日在寨圩、路板铺、沙子包、珠兰铺、五里牌、觉山一带，连日激战。匪死伤约六千余，俘匪二千余，夺获步枪三千余枝，机枪、迫炮三、四十门。我军伤亡逾千。残匪乘夜向西延溃窜。此半月来追剿经过之大概情形也。

弟力薄任重，一篑功亏。虽总计各役，匪部实力确已消灭三分之一，而残匪西窜，乃劳勤念。惶愧未余，惟有再督各部，遵照委座指示方略，为第二步之围剿。所有尔后进剿情形，当随时奉达。何键徽［微］未衡参印。

（原载胡羽高：《共匪西窜记》，第 202—203 页）

何总司令键致桂林刘为竟微酉电

（1634 年 12 月 5 日 17—19 时）

某电，敬悉。桂军勇敢善战，素所钦佩。此次未能尽歼股匪于漓水以东，原因甚多。第[弟]负责追剿重任，自责未遑，决无诿过于人之理。昨奉健兄东戌、冬未各电，似于此间情报稍有误会，除以微辰电敬致歉意外，尚盼吾兄从中解释。承示湘、桂两年[军]，应本己往追剿肖匪提携并进之精神，忍辱负重，力图事实之补救各节，爱护周至，感篆五中。敬当转饬所部，奉为准绳，协力以赴。悍匪当前，国难未已，健兄善筹在抱[握]，尚乞时请勿吝赐教，为祷！弟何键叩微酉印。

（原载胡羽高:《共匪西窜记》，第 204 页）

追剿军总部微亥电

（1934 年 12 月 5 日 21—23 时）

匪大部由西延西南之广唐、雷霹州，越猫儿土冈岭，向龙胜西窜，其先头已窜抵两渡桥附近，其一部分向城步窜走。空军本日在土冈岭、两渡桥炸匪甚多。

（原载胡羽高:《共匪西窜记》，第 201 页）

追剿军何总司令键庚午电令

（1934 年 12 月 8 日 11—13 时）

命令：

（一）窜匪自经我在咸水附近击溃后，狼狈不堪，窜匿兴安、龙胜以北山地，昼伏夜动，闻枪即逃，似有沿湘、桂边境西窜贵州企图。

我桂军刻正以夏军由西延继续追剿，以廖军经龙胜、古宜进出通道，与我连[联]络围剿中。

（二）我军遵奉委座筱戌[戍]电令，应以不使匪漏窜入黔，会合川匪，或蔓延湘西与贺、肖合股之目的，将其围剿于湘、黔、桂边境而聚歼之。

（三）第一兵团应以一部位置于城步附近，堵剿北窜残匪。以主力集结于绥宁附近，向南觅匪截击。并督修所在地区内之碉堡线。

（四）第二兵团着经由洪江迅速出会同、靖县、向通道方向觅匪截击。并督修所经地区内之碉堡线。

（五）金屋塘、瓦屋塘、寨牙、通道之线，为第一、第二两兵团作战地境。线[统]属第一兵团。

（六）本部准真日移驻邵阳。

上六项，仰即遵照。

（原载胡羽高：《共匪西窜记》，第 210 页）

追剿军总部庚戌衡电

（1934 年 12 月 8 日 19—21 时）

（一）匪大部仍在前门司[司门前]、龙胜以北一带深山中。其一部枪约数千，已窜抵城步以南之丁坪、红沙洲一带。

（二）成铁铗部，本日到道县，协同桂军兜剿东山瑶残匪。

（三）本总部真（十二月十一日）移驻邵阳。

（原载胡羽高:《共匪西窜记》，第210页）

追剿军总部佳亥衡电

（1934年12月9日21—23时）

（一）匪主力尚在龙胜东北越城岭金坑一带。一部窜城步以南之红沙洲，向长安营方向西窜。

（二）湘、桂交境东山瑶附近，遗留残匪千余，向“四关”方向回窜。桂军已派队追剿。我军又派成铁铗部由道县方面截击，不难肃清。

（原载胡羽高:《共匪西窜记》，第212页）

追剿军总部真亥电

（1934年12月11日21—23时）

综合真、灰两日情报：

（一）匪主力由龙胜以北纷向广南、平邓方面西窜。其一部在蓬洞被我刘代旅长所部痛击，向长安营、岩寨、老寨溃窜。匪先头分两路，真窜抵菁芜洲、牙屯堡。

（二）前由“四关”潜窜之匪（即陈树香），经我成铁铗及蒋声、唐伯寅两保安团，在永明属八卦原、八诵岭痛击，俘获甚多。残匪分两股窜散，正搜剿中。

（原载胡羽高:《共匪西窜记》，第224页）

追剿军总部元戌电

（1934年12月13日19—21时）

接白副总司令侵戍[戌]电：覃师文可抵长安营。周师文可抵林溪。夏军所部先头，文可抵石村。

又，黔军周芳仁旅已到黎平。杜肇华族[旅]已抵三穗。李成章旅已抵施秉。

（原载胡羽高:《共匪西窜记》，第230页）

追剿军何总司令键元亥邵参机电令

（1934年12月13日21—23时）

命令：

（一）主匪自经我军节节击溃后，其残部似仍沿肖匪故道，向黎平、绵[锦]屏方面继续西窜。

（二）我军以遵奉委座筱戌、文戌电令，会合友军，将残匪围剿于湘、黔，桂边境而聚歼之目的，规定部署如下：

（1）第一兵团应即以一部收复通道，主力推进于会同、靖县、绥宁之线，构筑工事，肃清残匪。

（2）第二兵团迅以一部进驻铜仁，巩固黔军左侧方防线，主力推进于晃县、玉屏、天柱等处，构筑工事，堵匪北窜。

上二项。总司令何键元亥邵参机印。

（原载胡羽高:《共匪西窜记》，第 230 页）

追剿总部寒邵电

（1934 年 12 月 14 日）

本日情报

（一）匪以万余，元日窜集通道以西之四乡所，藕塘，新厂一带。

（二）我第一兵团刘总指挥即日赴靖县督剿。陈光中师已将岩门铺、倒水界之匪击破，向通道追击，其一部分向四乡所追剿。陶广师已将菁芜州、章〔亮〕基师已将临口、下乡之匪击溃。各师均有斩获，详情续告。刘代旅长建文部，在岩寨、长安营等处亦毙匪甚多，俘匪营长以下百余名。现已令陶、陈、章各师，本日分向新厂方面觅匪攻剿，王东原师及何平开赴靖县策应。

（三）第二兵团薛总指挥，令吴司令奇伟率欧、韩两师，元日进驻黔阳待命，其余暂驻洪江附近。周浑元所部删日可抵洪江。

空军本日在〔长〕安营。炸匪甚多。

（原载胡羽高:《共匪西窜记》，第 231 页）

追剿军总部删、铣两电

（1934 年 12 月 15 日、16 日）

（一）窜通道之匪，经我第一兵团痛剿，分经新厂、马路口窜入黔境，一部抵老锦屏，一部窜剑河。

（二）第一兵团刘总指挥率王东原师删午抵靖县，当以王师赶筑靖县、会同间碉堡。何平赶筑绥、靖间碉堡。五三、三二两师向绥宁急进。章、陈、陶三师，元日在岩门铺、倒水界、临口、下乡、菁芜洲各役，共毙匪数百，俘匪百余，获枪二百余枝，于未刻收复通道县城，匪大部向新厂溃窜。当令陈光中师尾匪追剿，陶、章两师，由牙屯堡、双江口向湘、黔边境追击。删日陈师追抵新厂附近，与匪激战，章师赶到新厂及溶洞、深度之线。

（三）我第二兵团薛总指挥率惠支队进驻黔阳。吴司令所部转芷江、玉屏，并派一部至铜仁。周司令所部巧日可抵托口、江西街之线，并派一部进驻天柱。

（原载胡羽高:《共匪西窜记》，第 232 页）

何总司令键致驻京张仲约铣戌电

（1934 年 12 月 16 日 19—21 时）

剿共为键应尽天职，俟委座新部署决定，当竭力歼灭此匪，以报知遇。近日前方战事屡获胜利。陈、陶、章三师，将岩门铺、倒水界、菁芜洲、临口、下乡之匪击溃后，寒未收复通道县城，毙匪共千余，获枪四百余枝，俘匪营长以下四百余名。匪先头窜抵黔属老锦屏、剑河一带，我正跟踪追击中。李代司令命成铁铗部及保安各团，在道、临、蓝、嘉各处清剿，亦极顺利。文日复在道属之早禾田、龙香村击溃伪三十四师残部，斩获甚多，并擒斩伪师长陈树香一名。

（原载胡羽高:《共匪西窜记》，第 232 页）

湘军电文

湘军联络员王启华由桂林养电

（1934年11月22日）

龙虎关以西之桂岭，养已发现匪踪。白副总司令养午出发黎[恭]城督剿。桂七军号辰全〔部〕出发。廖军长现抵灌阳附近，周师（祖晃）驻黄牛市，覃师（连芳）驻灌阳边之铁坑。

（原载胡羽高：《共匪西窜记》，第160页）

湘军章师长亮基漾午电

（1934年11月23日11—13时）

转全州陈指挥（恩元）电话：综合探报，匪约十万，枪约五、六万。服装与我军同。匪兵左臂及枪上缠红布，其便衣队有三角红色为标识。皓申，匪约一万，由岭江渡河，连夜窜永明西南迴岗铺。漾晨，一部已与桂军〔于〕龙虎关激战中。白总指挥谓“主力似到此方，请转电周纵队迅向南压迫，以便桂军在恭城方面全力对匪作战。”等语。

（原载胡羽高：《共匪西窜记》，第164页）

追剿军刘司令建绪感戌电

（1934 年 11 月 27 日 19—21 时）

据报，全州以上无兵守河。匪两万余人感晨窜抵文市，其先头便衣匪约二、三千，已于宥、感等日，在双寅铺、江村、山头之线，分渡漓水。

桂军主力在灌阳新圩，一小部在兴安北之伏[光]华铺、唐家园[司]一带。全城仅驻军二营。

本部感申进驻全州，即派精干部队星夜分途围歼渡河之匪。并集结章、陶各师，联络桂军夹击。

（原载胡羽高:《共匪西窜记》，第 177 页）

湘军李代司令觉艳午电

（1934 年 11 月 29 日 11—13 时）

（一）奉军长刘命令节开:"（1）据报，西窜之匪约五、六万。其先头万余，已由麻子渡、屏山等处渡过漓水，出没于路板铺、珠塘[兰]铺、沙子包、界首一带。（二）[（2）][①] 着章师成、何两部及陈旅（欠谢团）归李司令觉指挥，沿兴、全大道觅匪攻剿，仍以一部固守赛圩据点，相机出击"等因。

（2）[（二）][②] 除令章师派一部固守赛圩外，觉先率各部于本午由飞鸾桥、路板铺、珠兰铺、沙子包、界首搜索前进，觅匪攻剿。据章

---

① 据本电令之文意看，注 1 之"（二）"应属刘建绪（军长）命令之（2）；而注 2 之"2"实为李觉电文的第二个问题。故此，分别纠正如文。

② 据本电令之文意看，注 1 之"（二）"应属刘建绪（军长）命令之（2）；而注 2 之"2"实为李觉电文的第二个问题。故此，分别纠正如文。

师报告："职遵率部于本部出发到花红铺附近。据先头何旅长友松报告：'匪一部已在路板铺及汽车道南侧白茄屋附近高山占领阵地'等语，当时，向该匪猛攻，激战半日，将匪击溃。追至马静山、带子街及汽车道北侧独立石山一带，时已黄昏。"已令在该线彻夜警戒，拟明日续剿。

（原载胡羽高：《共匪西窜记》，第182页）

湘军刘司令建绪艳亥参电

（1934年11月29日21—23时）

（一）桂方空军艳未报告，匪大股在永安关、文市之间，发现五、六千人。另一股已渡文市河西进。由永安关至高明[木]，亦发现匪约二千人。

（二）据李代司令觉艳酉电，全州西北珠兰铺、余家及反勾牌北岸等处，有匪约五、六千，阻我出进。我章师艳拂晓沿河及兴全公路南进，沿途节节击溃小股匪队。颇有斩获。现在沙子包及反勾牌北祠[侧]与匪相持中。

又据报，匪之一股，枪约二、三千，已绕窜邓家桥，企图袭我右侧。又一股枪约二千，窜至全州南端大肚岭、白沙，图扰全城①。正令各部于三十日分途攻剿。

（原载胡羽高：《共匪西窜记》，第128页）

① 全城，即全州县城。

湘军刘司令建绪冬辰电

（1934年12月2日7—9时）

据李代司令觉东戍[戌]电称：卅夜在珠兰铺附近与我对战之匪，大部受创击溃。东卯，以伪九军团之一部及伪一军团之一部，人枪近万，在严家、白沙铺、余家之线占领阵地，顽强抵抗。经督饬各部奋勇攻击，官兵前仆后继，战况极为猛烈。我在飞机、大炮掩护下，至申刻攻陷匪阵。匪军大部向西延方向溃窜，一部被我军截断，正围剿中。现我军正占领陈村、咸水之线。是役伤毙匪众千余人，我部官、兵伤亡三百余员名。章师夺获轻、重机枪十余挺，获步枪八百余枝。

（原载胡羽高：《共匪西窜记》，第195页）

湘军刘总指挥建绪歌戌电

（1934年12月5日19—21时）

（一）李代司令觉江午电，在咸水晤桂十五军蓝参谋长云：桂军拟于支日分两路追击残匪：夏军长出西延跟进；廖军长出古宜沿湘、黔边境截剿。

（二）陶师长广江戌电，江晨，有伪一军〔团〕残匪约两团，占领西延锦亘山地[1]。经王旅及戴团猛烈击溃，毙匪五百余，获枪百余支。匪向梅溪口分窜。是晚，追抵天门岩洞宿营。据报：支日，伪一军团残部窜抵车田，有向绥宁、通道西逃之势。又，伪三、五、八、九军团未经大埠头，似向龙胜方向溃走。

---

① 原文如此。但据了解西延（今资源县境）无“锦亘”之地名。

（三）晏区司令国涛歌西转城步谭团长电话：伪一军团残部过车田后，有便衣匪数百，刻转下白洞。

（原载胡羽高：《共匪西窜记》，第 201—202 页）

新宁县长李记犹阳电

（1934 年 12 月 7 日）

据报，赤匪分两部逃窜：一由溶［榕］江、华江，一由上五里牌、龙塘，似沿城步边境西窜。所以大埠头、梅溪口一带，已无匪踪。

（原载胡羽高：《共匪西窜记》，第 221 页）

湘军十九师黄参谋长素符真酉电

（1934 年 12 月 11 日 17—29 时）

伪三十四师陈树香匪部，流窜全、灌间，业经桂军派队痛剿，并转饬成主任率部及唐、蒋两团协剿。顷接陈指挥恩元灰电称："匪业经我军击溃，计俘匪千余，夺获步枪近千，轻机二十余。其残匪六、七百，庚日向永明属之空谷洞窜走。"又据成主任佳电称："追剿此匪，已全部溃散，毙匪甚众。蒋团伤周连长一员，唐团伤毛连长一员。"

（原载胡羽高：《共匪西窜记》，第 224—225 页）

粤军电文

粤军独立第三师李副师长江敬电

（1934 年 11 月 24 日）

本师号午克复临武，续向蓝山推进。养日抵田心铺，饭后，星夜续进。梗晨克复蓝山县，匪溃退下灌，被李云杰、王东原部截击，复狼狈向□县西窜。现本师集蓝〔山〕候命，王师向竹管寺、百胜营追击前进。

（原载胡羽高:《共匪西窜记》，第 162 页）

黔军电文

黔军军部通电

（1934 年 11 月 30 日）

赣匪倾巢西窜，西南各省同感危急。烈[①]除积极部署，派队防剿，并决于日内亲赴施秉策应，各方严为堵剿外，曾于上月（十月）感日（二十九）电令犹总指挥国材出兵三团，驰赴黎、永，共同堵截。并经指定取道由关岭、镇宁、广顺、定番、都匀、八寨、三合等县前往。最近，又发该部无线电机一架、棉军服四千套，并通令经各县地〔方〕，准备粮秣，准许该部所携滇币在东南各县一律通行各在案。

---

① “烈”，王家烈之自称。

现关[闻]匪部已达桂境，该部尚未开拔。除迭电严为催促赶速成行外，特闻。

（原载胡羽高:《共匪西窜记》，第 220 页）

报告和演说

桂军白副总司令崇禧在桂林扩大纪念周报告（节录）*

（1934 年 12 月 2 日）

各位注意：

在共匪犯兴、全时，本市民众，大家都没有惊慌，做应做的事。我们有组织、有武力，匪来则打，哪里用得着慌？从前我对桂林民众，没有什么好的批评。现在桂林的民众，是已一洗从前怯懦畏缩的心理。此种心理建设，实在是难得的成绩。此次剿共经过，对于我省民众，实有充分表现了我们的努力成绩。我们应该扩大认识，复兴民族，自救救国。此次我军在新圩与朱、毛共匪之主力决战，知道共匪并不可怕，我们认识共匪无战斗力。共匪在江西盘踞许久，是因为他们的匪区有组织。但是，他们离了赤区，就是没有组织了。组织民众是重要的。广西民众是有组织的。我们以少数民团军队，竟能屡战屡胜，就是我们组织的力量。此次剿共胜利，我们就认识组织民众、训练民众的效果。大家一致努力，大家能镇定，众志成城，何坚不摧？广西大多数民众是如此。但也有少〔数〕例外。我查得此次有好几个地方公务员，寇未至而先逃，实在是不成事体。我已拍电省政府、高等法院查办。尤其有好几个县长，先将家眷搬走，真是岂有此理！此外，如昭平县长□肇曦，筑碉堡工事不力，贻误要公，现在已将他撤差。阳朔县长张岳霖，做事既敏捷独到，尤能与

---

* 原件是节录件。

民众合作，是值得表扬的。至于此次作战，好的地方，已如上述，但缺点也有些。在平乐地方，枪毙了一个团丁和一个班长，就是因为他们临阵脱逃。此外。在兴安还捕到二十几个。也未战先逃，我已准备严办，最低限度，叫他们尝尝铁窗风味。此外，桂林民兵做工事，间有懈怠的，而且有偷跑回去的。都是不好的现象，不过，这是少数。

其次，我说到征兵。桂林区有三十万人，只预征一百五十人。年龄是二十至二十五岁。先由各人志愿决定，不敷或超过定额时，用抽签法补足。征役期两年后退伍。南宁区应征竟有多出几百人的现象。我省寓兵于团，现在才实行。征兵，是中央早有规定公布的，山东、云南已先我省办理。而且征兵制是适合世界潮流的，世界各强国，都行征兵制。国家不实行征兵制。国家多微弱衰亡。我国历史上，三代寓兵于农。降至汉、唐，都施行征兵制。宋、明行募兵制，国势寖衰。宋亡于元，明亡于清，都是国弱招外侮的结果。所以，我希望各位努力劝导民众踊跃应征。在这里，我还应当洗除一种“好铁不打钉，好男不当兵”的心理。我们要说，好男才能当兵，而坏男根本不要他当兵。

（原载胡羽高:《共匪西窜记》，第 197—198 页）

李总司令宗仁在政委会报告

（1934 年 12 月 10 日）

兹向各位作个简单报告。

（一）自得到在赣共匪有倾巢西窜讯，本集团军于九月下旬即决定者剿方案，筑碉堡三线：

（1）自黄沙河迄桂林之边界线。

（2）自黄沙河、文市迄富、贺重要市镇之线。

（3）沿湘江西岸线。

另外，于附近湘、黔各地要点，筑设重层之碉堡林。

其次，抽调第十五军全部于全州、灌阳、恭城之线，限十月下旬完全到达（其时，第七军正在黔东追剿肖匪）。

（二）迨十一月初，共匪窜过汝城、仁化之线，本集团军部署：以第十五军全部附民团五联队，任堵剿黄沙河亘［至］龙虎关、罗岭界之线；以第七军控置［制］桂林策应。迪［迨］第七军十一月八、九等日，陆续由黔返抵桂林，而〔共〕匪主力，一由城口窜九峰、宜章、临武、蓝山；一由延寿、文明司、良田、嘉禾。我南路军截击于九峰、坪石，西路军截击于良田，中央军周纵队十七日经资兴到达郴州，或［我］湘军刘建绪部亦在永州、黄沙河之线布防。是时，何总司令部署：以三师压迫匪于嘉禾、宁远以南地区，而主力控置［制］于永州、黄沙河，以遮匪向西北窜走之路。迨十月十九日，匪全部麇集蓝山附近，有大部向连、阳方面南移，判断匪主力窜富川、龙虎关。乃以一部追出“四关”。二十日，据蒋指挥官（如荃）及各方报告，自蓝山南窜之匪，约二万余，向江华、永明有进袭我富、贺、恭城之势，其先头已到大麻一营，向大桥前进之势。于是，我第四集团军决心以一团在灌阳策应“四关”，以陈指挥官（恩元）率一团附民团两联队固守全州为犄角，另以一团位置咸水、兴安之线，监视湘水西岸。以第十五军主力及第七军覃师转移富、贺，所遗龙虎关一带防务，则交第七军局师。当时以情势急迫，一面呈蒋氏，一面请湘友军南移。盖何总司令铣亥衡参电已令周纵队经桂阳限皓日到达道县。如此，则永、全[①]、全州一带已巩固，且可屏障“四关”。旋奉蒋养酉行战一电，亦以注重富、贺为扼要。复电陈总司令所部向西，何总司令所部向南移动，则是宁远、永州、全州、灌阳、恭城、富、贺、连、阳，形成有

① 原文如此。

连[联]系之包围线，不难将匪歼灭。

（三）二十一日，道县竟以失守闻，犹谓李云杰、周浑元两部转瞬即可收复。同时，江华以南大路铺、白芒营，发现匪众数千。嗣后，龙虎关小战时发，适天雨旬日，空军无法活动，匪之主力方面仍不清楚。迨二十三日，扰我富、贺之匪复被我击溃后，一部退据江华城，大部向界牌、井塘窜去。二十四日，匪众二万余分犯“四关”。守兵一再堵剿，因众寡悬殊，卒以不守。越日，文市告陷。匪之主力至此方得明了。然亡羊补牢，尚未为晚，我军即以富、贺之十五军黄师移转兴安，王、韦两师转移灌北，七军覃师继续跟进。同时，电约湘友军南向夹击。二十七日夕，我十五军主力展开苏江、新圩之线。二十六日午，湘友军章、李、陈三师先达全州。二十八日，我十五军开始攻击，战颇顺利，俘获有加。后匪绕袭杨柳村，致新圩复入匪手，我王师莫团损失颇重。越日，覃师增援反攻，夺回新圩。我守伏[光]华铺、凉亭、兴安一带之黄师，以兵力单薄，被共匪压迫，仅能固守阵地极力抗战。三十日，我七军及第十五军并空军会攻石塘，血战两昼夜，毙匪无算，俘虏三千八百余名，获枪数千枝。匪向西延、梅溪口溃窜，一部出车田窜龙胜。因友军行军迟缓，不能将共匪合围于湘水以南地区而歼之，殊为可惜。现经令第十五军向梅溪口进剿，第七军向龙胜追剿。同时，令柳江区尹指挥官（承纲）率警卫团趋古宜，协同严密布防。闻湘军经觉山出梅溪口，薛纵队亦抵城步、新宁截击。似此合围之势已成，该共匪亦不难歼灭。追剿数日，本军迭有捷报，已登报端，恕不赘。（李词毕）。

（原载胡羽高:《共匪西窜记》，第 222—223 页）

何总司令报告土匪得渡河西窜的原因与挽救的方法

（1934 年 12 月 1 日）[①]

衡阳快讯：南昌行营剿匪宣传队于十二月一日抵衡阳，决定即日出发前方宣传。何总司令特召集报告前方情形及此次土匪一部分得以渡河的原因与今后挽救的方法。兹将何氏训话原辞纪志如此。

各位：

剿匪这件事是关系国家存亡的一件大事。委员长曾耗费许多时间，调动许多军队运用许多精力，才把土匪的老巢捣破，土匪才在江西站不住脚，才倾巢西窜。这样费尽许多心力才使土匪不得不离巢流窜。假如还不能在流窜的时候，把他根本消灭，任他逃脱了，达到他逃到四川重建匪巢的目的，那末他到四川以后，就可以渐次赤匪化甘肃、新疆与苏俄联络，打通所谓国际路线，我们国家就危险万分，以前为剿匪所牺牲的就白白牺牲了。所以说这次剿匪是关系国家存亡的事。不过从另方面看，这次剿匪，又是一个好机会。因为土匪从江西到四川去要经过很长的道路，很久的时间。这些经过的道路和时间，都是我们消灭土匪的好机会。只要我们能抓住些机会，那土匪是可以被我们消灭的。现在，土匪到了漓水以西地一带。本来，委员长的命令，是叫我们在湘水、漓水以东地区把土匪消灭的。不过，我是十三日才奉到总绾追剿军事的命令，十四日匆忙来衡州就职。那时土匪已到了宜章、临武，所以时间异常紧促的。然要消灭土匪，那时还是可以勉强办到。因为有周纵队及王东原师尾匪追击，同时又有李云杰、李抱冰的军队在宁远、蓝山一带截击，薛

① 何键此一报告的时间，我们是根据以下两点确定为 1934 年 12 月 1 日的：

A. 本件“衡阳快讯”段中，被何键召集报告的宣传队是在 12 月 1 日抵衡，而又决定即日出发去前方。故此，报告的时间不会延迟至 12 月 2 日以后，也不会提前于 11 月 30 日以前。

B. 此报告另见载于《共匪西窜记》该书将此报告列于 1934 年 12 月 1 日之内。

指挥、刘司令又在零陵、东安、黄沙河之线配备重兵，准备迎击。同时刘司令更亲到全州与白总指挥崇禧商定妥贴，由我们担任防守黄沙河西南地区，桅[扼]湘、漓水而守。前有重兵堵住，后有重兵追剿，旁有重兵截击，自然可以把土匪消灭。不过，最近的情况又稍微变了一点。这就是因为土匪很狡猾，他看到我们湘、漓沿岸屯有重兵，不能飞渡，乃派匪之游击队向富川，并以一万余人佯向龙虎关前进，很象欲窥恭城、平乐模样。桂军见土匪进犯恭城、平乐，乃急放弃全州、兴安、灌阳“四关”防务，将主力尽移恭城、平乐之线。〔匪见〕调虎离山之计已售，因而急窜渡河，致我在湘、漓二水歼尽土匪之计划不能实现。当我们得桂军向后方移动的消息，就想法子去救济，我叫刘司令星夜向全州推进。廿八日晚间，我们已有一师兵力到达全州，当晚就在距全州卅里河西地方发现匪踪。当初还以为是少数，等到第二天打听以[一]下，才晓得土匪大部已过河了。土匪所以过得这样快，是因为没有丝毫抵抗。在兴安过的时候，兴安城里只有一团人闭城而守，所以，土匪很快就过了。昨天，我们章师打得很好，打了一个很大的胜仗。今天，李师又赶上猛攻。现在还在激战中。现在说要在湘、漓二水以东，把土匪全部消灭已是不可能了，消灭一大部是可能的。以后呢？我们还是要想方法去挽救。现在我一面叫刘司令督部截击，使土匪窜散，同时消灭他一部份；一面叫薛总指挥向新宁、城步、武岗[冈]一带急进，会合我十九师先已在当地布防的军队堵截，不过要觉得困难一点。因为那些地方行军极为不便，尤其梅溪口、西延一带难走。要是我们在土匪的前面还好些。要是在土匪后面追来，那就更困难了。以后湘西地方，极关重要。因为以前没有好多预备，人民一定很恐慌，有各位到那边去工作，那人心一定可以安定些。

不过有一件事，要请各位留心，就是土匪在湘南经过的时候，南昌行营有命令来，要湘南各地实行坚壁清野。就是在土匪未来的时候，将粮食集中或埋藏；土匪将来的时候，随时要报告消息，并将其用具就是锅、缸、罐、碓等件，要埋藏；埋藏不及，便要破坏；土匪既来，便要全体迁避等等方法。我当时就严令湘南各县党政机关务要雷厉风行去办。因为一办得好，土匪便不打也可消灭。但是结果呢？几乎一点都没有办好。这是湖南政治党务，虽然说是上了轨道，究竟还是不免太虚浮的原因。而且最大原因，还是从前忽略了民众的组织，保甲没办好，自治也没办好，致民众仍不免一般[盘]散沙。在一般[盘]散沙民众面前，自然也表现不出什么政治和党务的力量了。因此之故，所以坚壁清野，成了纸上具文，土匪便没有受到什么影响了。而且不独土匪得以饱掠而去，不成困难，反而使我们追剿的军队感受极大困难。因为地方经过土匪一度劫掠以后，倒是成了清野的现象，使我追军感觉物质接济的艰难。所以坚壁清野这件事异常重要。其次报告消息，关系也很紧要。此次广西不明匪之真情，就是因为消息不正确的原因。各位要晓得一个正确的情报，在军事上有时胜过几师的兵力。消息要如何正确呢？就是要各位老百姓把亲眼看到的情况，用很迅速的方式随时报告我们才正确的。现在因民众没有组织，所以也得不到他们的报告。我们向各县政府要消息，他们便只把些耳朵听来的谣风来报告。我们派侦探，便又常常因时间稽误，错过好多的机会。所以报告消息，关系剿匪致[至]为重大。各位到湘西去工作，在武、宝、新宁一带，就要请各位做这两件事：第一、就是要督促各地党政机关和全体民众雷厉风行要做到坚壁清野，使土匪处处感着困难。第二、就是要立侦探网，务要做到在土匪未来、将来以前，随时给我们报告消息，既来、既去之后，随时给我们报告情况，使我们军队处处得着便利，这样才能把匪消灭。

其次，打破民众畏匪心理，也很重要。现在一般人民，畏匪心理，还是很深。如这次贺匪还没有到辰州、桃源、常德，有一点家私的人，就跑光了，这种无端纷扰，是使我们军事上很吃亏的，所以也这里报告一下，请各位注意。

总之，剿匪是关系到国家存亡的事。土匪不剿灭，不独湖南、四川要受害，就是全中国都危险的。我历来就抱定有我无匪的主张。他虽然向四川跑，我可不能不管，这回委员长叫我来追剿残匪，这是无论到什么程度都不顾的。土匪逃到什么地方，我一定追到什么地方去打他。土匪一天不消灭，我无论如何一天不停手。不过从前剿匪是只有军事，党未帮忙，政治也来帮忙，甚至反而帮了倒忙。所以有许多群众为匪利用，以致剿匪大业，迄未完成。其实，这不是军事剿不了的问题。要是政治党务稍有办法，我相信虽不能把土匪在湘境全部消灭，至少可以消灭一大部。目前湖南党政，虽然略有头绪，究仍不免虚浮，希望各位到乡村着实推动一下。因为我们都是奉了委员长的命令替国家做事，本用不着客气，但我很感谢各位。因为各位此次来到湖南工作，一定很辛苦的。尤其城步、绥宁一带，地瘠民贫，连饭都不容易找到吃。但是，我相信各位能发挥大无畏的精神，克服一切困难的。我今天只大概报告一下，辛苦了各位，这次时间太匆促来不及慰劳，候我们凯旋到长沙时，再来和各位一同祝捷。

〔原载《大公报》（长沙版）1934年12月6—7日〕

何主席十二月十日在扩大纪念周中报告

（1934年12月10日）

今天纪念周，适逢湖南备[各]界人民因五中全会本日开幕，又以赤匪盘踞江西多年的伪都，已经国军捣破，殷匪离巢逃窜，歼灭可期，将联合举行庆祝一大会的一天。关于五中全会开幕，今后全国党政军各项方略，得党国领袖精诚团结，商讨进行，一定有新的进展，暂不多说。特乘这个机会，将最近追剿窜匪与湘西最近匪况作一个简单的报告。

（一）追剿窜匪经过。我军追剿窜匪情况，各报登载甚详。所以对于已往无重大关系的事，概不赘述。仅就其中值得大家注意的事项，提出来说一说。这次赣匪倾巢西窜，在中央与蒋委员长均已下了最大决心，要乘此时机，将其消灭。本人奉令追剿，亦是要完成最后剿匪的使命，务必将其歼灭而后已。同时在时机上与地势上，均有歼匪的可能。而现在结果竟未能依照计划，将其全部消灭。虽于时机迫促，兵力未集上有很大的关系。然准备未周，不无遗憾。所以本人今天在此庆祝剿匪胜利大会中，深致惭悚。当股匪初由赣南突围时，我西路军多远在赣西、黔北一带剿匪。湖南方面，仅有王东原、章亮基两师，一位置于郴县，一位置于衡、祁江防线。直至匪陷宜章之后，本人始奉到追剿新命。是时，我陶广师仍在汝城、文明司与匪之一部激战，我陈光中师仍在桂东防堵残匪北窜，我薛岳、周浑元、李云杰、李韫珩各部，方次第由赣开拔到湘，疲劳已极，时机又甚迫促。迨周、李各部到达于郴县附近时，匪已窜过宜章。我李云杰、李韫珩等乃由捷径抄往蓝山、嘉禾之前，准备迎头截击。因时间稍有差池，匪已窜走在前。故在宁远一带，仅截得匪之尾部，予以重创。是役只消灭匪之一部。

查匪部实力号称一、三、五、八、九等军团，人数虽无精确统计，大概约有十万左右。由粤边入湘境时，沿途损失约万余人；由湘窜入桂境时，又损失数万。如陶（广）于汝城东冈岭、勾刀坳、文明司等役，王（东原）师于良田、万会桥、樟树桥、梅田、堡和圩、下灌各役，李（云杰）师于仙人桥、冷水铺、土桥圩、洪观圩、永业圩、下灌各役，周（浑元）师于宁远附近各役，击毙匪之官兵，缴获枪枝多则一、二千，少亦数百或数十。其他如汝城、宜章、郴县、蓝山、嘉禾、临武各县陆续报解俘虏，多者一、二千人，少亦数十百人不等，均有确数可查。股匪窜入桂境之后，因见漓水一带屯有重兵，无法窜过，乃以一部分约万余人，向龙虎关、灌阳以南溃窜，广西方面兵力不多，防区过广，事实上未能处处布防。同时我追剿的部队，又系远道蹑踪追击，不能兼固［顾］前面的堵截，因此匪之大部，遂因桂境前面无堵的原因，乘虚渡河。如是在漓水以东地区，歼匪的计划，未能完成，仅在全、兴之间消灭匪之一部。最近在广西境内每二、三百或数百十枪之散匪，被各地军团缴械俘获者甚多。其在东山瑶与零、道间之一股约千余人，并有俄国人四名在内，昨接广西方面电，业已将其击破、又窜入道县边境，现正围剿中。股匪大都是上月廿六、七日乘虚窜渡。我刘总指挥（建绪）所部系廿七日赶到全州，立即猛追，计廿九日、卅日与本月一、二日作战极烈。匪部死伤六千余人，俘获极众。总计匪部目下所存者，至多不过五、六万人了。并据俘虏供称，匪之无力作战，系因多属新兵。因匪在江西出窜之先强迫征兵五万人，结果仅征得三、四万人。现在无论老兵新兵多已拖得疲癃残疾，而且脚多走肿，故人数虽多，并无作战力量。乃竟未能依照计划乘此聚歼，真是多么一件抱惭的事。本人接得匪已窜渡消息时，乃迅速的令刘（建绪）部，急转新宁、城步，薛（岳）部急转武岗［冈］一带堵截，另以陶（广）部向西延、梅溪、城步尾追，再作第二次围剿。同时广西方面亦派有两师兵力向龙胜追剿。现在匪因桂、湘边区目下四处均有军队包围堵截，不易窜脱，乃由平日人迹罕到之瑶山内绕窜。所以在前二、三天，我方飞机侦察匪踪不着，就是匪部隐在瑶山内绕窜的原［缘］故。昨接广西白总指挥电告，现匪已由瑶山窜至龙胜以北，绥宁、通道以南的地方。又今早据报匪已窜抵绥（宁）、通（道）边境。我军目下已拼命的赶到匪的前面堵剿。我军原负追剿之责，今同时又要兼堵截之任，辗转奔驰，不无疲劳。必须前面有军堵截，以迟匪的行踪。则我追剿的部队，才易达到歼匪的任务。

尤其是在瑶山内去追剿，我军粮食上更感困难。因为我们军队人数太多，瑶山内粮食甚少。这次匪窜瑶山，因粮食不足，宰食耕牛万余头。我们如在匪后尾追，则粮食已被匪吃完，我们就有缺粮的恐慌。这次匪之西窜，最初本欲直趋捷径，入黔窜川，计可省却两个月以上之路程。因为我军处处堵截，故一再绕窜。如匪初窜入湘南之汝城，原欲取道资、祁、常、耒西窜，乃进犯汝城时，因我军堵剿得力，故未得逞，乃转窜宜章。迨抵宜章之后，欲向郴县、永州一带窜走，又因我有重兵防堵，乃转绕龙虎关、灌阳“四关”一带西窜。最近本欲由西延梅溪口、城步一带窜走，因我军已很迅速的调集武岗[冈]、城步一带堵截，故又绕瑶山而窜。因此一再转折，沿途散失尤多。值此剿匪工作益趋紧张之时，本人认为目下有最宜注意的数事如下：一、川、黔军队最应严行堵截。这一点尤其是贵州的军队。望其极端注意。如能迎头严堵，则匪部即陷入包围夹击之中，必能乘此将其歼灭。二、湘西各县应厉行坚壁清野办法。这次湘南各县对于此事惜未作到。否则不待军队的追击，匪已饿死。并且事实上不仅全未作到，而我在匪后追剿的国军，反因匪所经过的地方，将粮食吃尽、而发生缺粮的困难。现在匪已窜到湘边绥、通一带，所有绥、通、靖、会各县民众，应赶快起来厉行坚壁清野的办法，则已成残喘之匪部，一定因无饭吃，更难窜走，则我军即可很容易的完成歼匪的使命。三、湘南各县应肃清残匪。这次赣匪西窜，沿途经过之汝城、宜章、郴县、临武、蓝山、嘉禾、道县、宁远一带，走失的散匪枪，为数不少。如不设法肃清，则将来遗害无穷。现已派李代司令，督同军团，限期肃清。甚望湘南各县地方的长官与民众。要一致协助军团，厉行清乡，决不可因股匪已过身，而稍存忽视。否则散匪散枪埋伏在各地方潜滋暗长，蔓延堪虞。江西的匪祸，即由此而慢慢的养成。大家对此要加以深切的注意。

（二）湘西最近匪况。最近在湘西窜扰之贺匪（龙），约有枪二、三千支。肖匪（克）约有枪千余支。两匪合计约有枪四千余支。前次本人在衡州接得电报，谓匪进陷永顺，到达沅陵附近，常、桃为之震动云云。当时本人除电请徐总指挥（源泉）派军进驻津、澧堵剿之外，并电告常德的刘司令运乾，谓已调刘司令膺古率部驰赴常德进剿。乃刘司令膺古的部队尚未开动，而先声所播，匪即不敢进犯沅陵，而转窜大庸。最近据报匪又于七号由大庸进犯沅陵，经陈渠珍部迎头痛剿，击毙甚众，现向长安山以北溃窜，正在尾追中。查贺、肖两匪，实力不大，完全是一种乘虚进扰，藉以接应匪股西窜。在贺、肖两匪前次进犯沅陵时，本人因赴湘西，部队尚未能开动。而湘西原有兵力单薄，故深为顾虑。现在蒋委员长已令调郭汝栋军与罗启疆旅前往剿击。罗旅已抵常城，郭部亦马上可以到达。兵力已厚，形势为之转变，不似从前之空虚，湘西地方现已得到相当的保障。贺、肖两匪决不能再行蔓延为害，希望湘西各县人士，要处以镇静，勿得自相惊忧，致妨害剿匪的进展。

今天因还有南昌行营特派来湘视察新运的徐干事庆誉讲演，故不再多述。

〔原载《大公报》(长沙版)1934年12月11—13日〕

部队序列

第四集团军总司令部所属军团番号及官长姓名*

总司令部

官阶及职务	姓名	籍贯
总司令	李宗仁	桂林
副总司令	白崇禧	桂林
总参谋长	叶　琪	容县
参谋长	张任民	柳州

第七军

上将	军长		廖磊	陆川
中将	副军长		梁朝玑	北流
少将	代参谋长		陆荫楫	贵州盘县
特务营	少校	营	吴绍礼	陆川
	上尉	营附	马嘶	北流
工兵营	上尉	代营长	许国	容县

* 本件资料由下列三个材料中摘录汇集而成：
1. 总司令部及空军、民团：摘自《共匪西窜记》第 175—176 页。
2. 第七军部分：摘自《七军年刊》第三期附录。
3. 第十五军部分：摘自国民革命军第四集团军第十五军司令部编：《十五军年刊》，1933 年 8 月出版。

独立团	上校	团长	谢鼎新	苍梧
	中校	团附	梁美南	广东罗定
	少校	团附	区海文	广东罗定
	少校	团附	李沛清	苍梧
十九师司令部	中将	师长	周祖晃	桂林
	少将	副师长	苏祖馨	容县
	上校	参谋长	郑器光	福建闽侯
五十五团	上校	团长	黎式谷	武宣
	中校	团附	曾乐斌	雒容
	少校	团附	梁筱村	桂林
五十六团	上校	团长	秦霖	桂林
	中校	团附	沈治	桂林
	少校	团附	刘荣	湖南宝庆
五十七团	上校	团长	张光玮	永福
	中校	团附	王雨村	河北高阳
	少校	团附	黄建猷	永福
廿四师司令部	中将	师长	覃连芳	柳州
	少将	副师长	颜仁毅	衡阳
	上校	参谋长	廖庆祥	桂林
七十团	少将	兼团长	颜仁毅	
	中校	团附	龚伯谦	湖南湘乡
	少校	团附	冯键	龙州
七十一团	上校	代团长	魏镇	湖南
	中校	团附	狄兆鳌	江苏
	少校	团附	冯捷先	靖西
七丨二团	少将	团长	程树芬	湖北
	少校	团附	韦祖贤	柳州

第十五军

兼军长　　　白崇禧
副军长　　　夏　威
参谋长　　　蓝腾蛟（原为汪玉珊）
四十三师　　师长　　黄镇国
　　参谋长　陈大敦
　一二七团　团长　　唐　纪
　一二八团　团长　　苏新民
　一二九团　团长　　梁　津
四十四师　　师长　　王赞斌
　　副师长　周　元
　　参谋长　史蔚馥
　一三〇团　团长　　莫德宏
　一三一团　兼团长　周　元
　一三二团　团长　　龙振翼
四十五师　　师长　　韦云淞
　　副师长　陈济桓
　　参谋长　肖兆鹏
　一三三团　兼团长　陈济桓
　一三四团　团长　　凌压西
　一三五团　团长　　覃　兴
驻龙州对汛督办　　　李品仙
兼桂省空军司令　　　林伟成
桂林区民团指挥官　　陈恩元
平乐区民团指挥官　　蒋如荃
梧州区民团指挥官　　石化龙
南宁区民团指挥官　　梁　灏

柳州区民团指挥官　　尹承纲

编组后之桂军团系统图*

第四集团军总司令部

总司令	李宗仁
副总司令	白崇禧
第一追击队指挥官	夏　威
第四十三师师长	黄镇国
第四十四师师长	王赞斌
第二追击队指挥官	廖　磊
第十九师师长	周祖晃
第二十四师师长	覃连芳
第四十五师师长	韦云淞
空军司令	林伟成

桂林区民团指挥官　　陈恩元——率两联队驻防全州。

平乐区民团指挥官　　蒋如茎——调民团八千集中富、贺。

梧州区民团指挥官　　石化龙——集结民团五千人于苍梧。

柳州区民团指挥官　　尹承纲——集结民团五千人于长安。

南宁区民团指挥官　　梁灏——集中民团一万人为总预备队。

（原载胡羽高:《共匪西窜记》,第 196 页）

---

* 桂军此一编组后的军团系统图,是在红一方面军长征突破敌湘江封锁线以后,桂军为追击我军而进行调整,组编的部队序列。

原件为图表式。编者录入时改为排列法。

桂系第七军和第十五军官佐及士兵人数统计表*

部　别	官佐人数	士兵人数	合计数
第七军合计	849	11486	12335
独立团	125	1603	1728
特务营	24	424	448
工兵营	19	321	340
第十九师　小计	344	4528	4872
十九师司令部	48	63	111
第五十五团	97	1455	1552
第五十六团	98	1419	1517
第五十七团	101	1591	1692
第二十四师　小计	337	4610	4947
二十四师司令部	51	86	137
第七十团	95	1535	1630
第七十一团	95	1478	1573
第七十二团	96	1511	1607
第十五军　合计	1282	15760	17042
第十五军司令部	52	84	136
特务营	30	419	449
工兵营	28	459	487

* 本表数字分别摘自《七军年刊》第三期附录和《十五军年刊》第 23—24 页（1933 年 8 月出版）。标题为编者所加。

续表

部　别	官佐人数	士兵人数	合计数
第四十三师　小计	357	4623	4980
第四十三师司令部	65	250	315
第一二七团	95	1277	1372
第一二八团	102	1389	1491
第一二九团	95	1707	1802
第四十四师　小计	454	6048	6502
第四十四师司令部	101	818	919
第一三〇团	129	1821	1950
第一三一团	121	1855	1976
第一三二团	103	1554	1657
第四十五师　小计	361	4127	4488
第四十五师司令部	60	230	290
第一三三团	110	1376	1486
第一三四团	97	1151	1248
第一三五团	94	1370	1464

何键追剿总部所辖军团系统*

（1934年11月13日—11月30日）

追剿总部总司令　何　键

第一路追剿军司令官　刘建绪

辖：第十六师师长　章亮基

第六十二师师长　陶　广

第六十三师师长　陈光中

第十九师师长　李　觉

第五十五旅

补充总队第一、二、三、四团

保安第九、二十一、二十二团

第二路追剿军司令官　薛　岳

第五十九师师长　韩汉英

第九十师师长　欧　震

第九十二师师长　梁华盛

第九十三师师长　唐云山

第一支队指挥官　惠　济

第三路追剿军司令官　周浑元

第五师师长　谢溥福

第十三师师长　万耀煌

第九十六师师长　肖致本

第九十九师师长　郭思演

---

*本件由下列资料综合整理而成：

1. 薛岳：《剿匪纪实》所载“北路剿匪军六路军事指挥系统表”及有关记述；
2. 胡羽高：《共匪西窜记》第133页载“追剿军总司令何键颁第一次追剿计划书及命令”；
3. 胡羽高：《共匪西窜记》第155页载“追剿军何总司令键效午衡电”。

第四路追剿军司令官　　　李云杰

第二十三师师长　　李云杰

第十五师师长　　　王东原

第五路追剿军司令官　　　李韫珩

第十六军兼五三师师长　　李　珩[①]

空军第二队（战用机五架）

追剿军总司令部编组后番号及其部队长官姓名系统图(摘录)*

（1934 年 12 月 1 日起）

剿匪军追剿总司令部总司令　　何　键

第一兵团总指挥　　刘建绪

第一路司令　　陶　广

第十六师师长　　章亮基

第四十六旅长　　何友松

第四十七旅长　　杜道周

第四十八旅长　　徐旨乾

第六二师师长　　陶　广

第一八四旅长　　钟光仁

第一八五旅长　　李国钧

第六十六旅长　　王育瑛

第六三师师长　　陈光中

第六十七旅长　　王德彰

---

① 似为“李韫珩”之脱漏所致。

* 这是湘江战役后，何键将其所属部队重新编组的序列图。原件为图表式，编者录入时改为排列法。

第六十九旅长	赵梦炎
第四路司令	李云杰
第二三师师长	李云杰
第六十七旅长	李　蕃
第六十九旅长	李紫卿
第十五师师长	王东原
第四十三旅长	陈孔达
第四十四旅长	张壳中
第四十五旅长	汪之斌
第五路司令	李韫珩
第一六军兼五三师师长	李　珩[①]
第一五七旅长	周启铎
第一五九旅长	奉献清
第二兵团总指挥	薛　岳
副总指挥	吴奇伟
第二路司令	吴奇伟
第五十九师师长	韩汉英
第九十一师[②]师长	欧　震
第九十二师师长	梁华盛
第九十三师师长	唐云山
第一支队指挥官	惠　济
第四旅旅长	郑国洞
第七十五旅长	张耀明
第三路司令	周浑元
第五师师长	谢溥福

① 此处之“李珩”，疑为“李韫珩”。

② 薛岳《剿匪纪实》中“北路剿匪军六路军事指挥系统表”所列，欧震为第九十师师长，属第七纵队指挥官吴奇伟所辖。

第十三师师长	雷[万]耀煌[1]
第三十七旅长	潘祖信
第三十八旅长	夏　鼎
第九十六师师长	肖致本
第九十〔九〕师[2]师长	郭思演
第二九五旅长	温　良
第二九七旅长	莫与硕
代湖南全省保〔安〕司令	李　觉
第十九师师长	李　觉
第五十五旅长	欧　珩
第五十七旅长	陶　柳
第六十三师之第一八八旅长	陈子贤
第四路总指挥部补充总队正主任	何　平

副主任　戚铁铗[成铁侠][3]

下辖五个团

保安司令所属各区队：

第一区司令	岁树中	
副司令	杨道南	下辖五个团
第二区司令	刘运乾	
副司令	曹明阵	下辖五个团
第四区司令	杨石松	
副司令	谢　龙	下辖三个团
第五区司令	欧　珩	
副司令	欧阳冠	

① 原件有误，应是“万耀煌”。

② 据薛岳《剿匪纪实》所载，郭思演为第九十九师师长。

③ 根据《共匪西窜记》其他地方记述，“戚铁铗”，多处写成“成铁侠”“成铁铗”“成主任”等，编者认为应是“成铁侠”之误。

副司令　　王炽昌　　下辖七个团
第六区司令　　晏国涛
副司令　　谭有晋　　下辖四个团
独立第三十二旅旅长　　胡　逵
新编三十四师师长兼第三区司令　陈渠珍
第一旅长　　李可达
第二旅长　　顾家齐
第三旅长　　周燮卿
第四十三军长　　郭汝栋
第二十六师师长　　郭汝栋
第七八旅长　　王镇东
第七六旅长　　朱义堂
独立第三十四旅长　罗启疆

（原载胡羽高:《共匪西窜记》,第 186—188 页）

粤海、陆、空军总司令陈济棠所辖各军图(摘录)*

赣、粤、闽、湘、鄂剿匪军南路军总司令、国民革命军第一集团军
总司令　　陈济棠
空军司令　黄光锐
第一队长　谭　寿
轰炸队长　谢　莽

---

* 粤军，除海、空与总部直属各部外，其余部从编为三个军，计九个师三十六个团（包括每师加设一个教导团在内）。
粤军实际参与湘江战役的部队为四个师，均驻于湘、粤、桂边境之线。其中，第六师曾进占临武，教导师（独立第三师）曾进占蓝山。
此部队系统图，《共匪西窜记》是采取图表式的。编者录入时，改为排列法。

驱逐队长　丁纪徐

侦察队长　马庭槐

舰队司令　张之英

副司令　　李庆元

肇和舰

执信舰

仲凯舰

海虎舰

平南舰

福游舰

平西舰

总部直属各部

独立第一师师长　黄任寰

第一旅长　陈伯钧

第二旅长　严应鱼

教导师师长　缪培南

宪兵司令　林时清

警卫旅长　陈汉光

独立旅长　陈　章

第一军军长　余汉谋

副军长　李振球

第一师师长　莫希德

副师长　彭霖生

第二师师长　叶　肇

副师长　黄植楠

第三师师长　邓龙光

副师长　李崇纲

第二军军长　陈济棠

副军长	张　达
第四师师长	巫剑虹
副师长	孔可权
第五师师长	李振良
副师长	骆秀礼
第六师师长	李汉魂
副师长	李　江
第三军军长	李扬敬
副军长	黄延桢
第七师师长	黄延桢
副师长	谭朗星
第八师师长	黄质文
副师长	叶寿晓
第九师师长	张瑞贵
副师长	张镜澄

（原载胡羽高:《共匪西窜记》,第 106 页）

国民党第二十五军（黔军）建制*

王兼军长家烈直属各部

第一师师长兼湘黔边区剿匪司令　何知重

第二师师长　柏辉章

副师长　张　銮

飞机队长　周一平

第一旅长　杜肇华

第二旅长　李成章

第三旅长　犹禹九

第四旅旅长　周芳仁

第五旅旅长　蒋德铭

第六旅旅长　杨昭焯

第二独立旅旅长　樊其书

第三独立旅旅长　曹永兴

一团　江荣华

二团　戴玉堂

三团　周相魁

四团　蒋德铭

五团　李维亚

六团　刘鹤鸣

七团　毕　骏

---

* 黔军名义上为一个军，其实分为各自独立的四个系统：有属于军长王家烈者，有属于副军长侯之担者，有属于总指挥犹国才者，有属于第三路司令蒋丕绪者（即蒋在珍所部）。各部大都以团为单位，直隶各方，虽有师、旅番号，实际并不归建制。有事时，即时指派某某团归某师、某旅指挥。

湘江战役开始以后，蒋介石虽迭电王家烈，令其将黔军部置于黔东南一线，但迟至1934年12月中旬，在黔东南布舫的仅有第一师直属的两个营和第四旅的两个团而已。

八团　　　万式炯
九团　　　罗习斌
十团　　　宋绍奎
十一团　　钟立纲
十二团　　吴光全
十三团　　袁锦文
十四团　　杜肇华
十五团　　金祖典
十六团　　曹永兴
十七团　　黄健侯
十八团　　宋华轩
特一团　　张立功
特二团　　龙质彬
炮兵团　　李念荪
特科主任　陈永思
军官大队　彭维周

清江河保安大队长	五道炽
独山南段保商大队长	莫凤楼
锦、柱、剑、台民团区指挥	龙德高
都、独、荔、平民团区指挥	何干群
榕、下、黎、永民团区指挥	何　韬
湘黔边区第三路清乡司令	罗秉坤

侯副军长之担直属各部

教导师师长　　侯之担
第一旅旅长　侯汉祐
第一团　　侯汉祐
第二团　　侯之玺
第二旅旅长　易少全

第三团　　刘汉昌

第四团　　易少全

第三旅旅长　林秀生

第五团　　欧阳文

第六团　　周仁溥

犹总指挥国材直属各部

第一师师长　　　吴剑平

副师长　魏金荣

第一旅旅长　罗小朋

一团　　　周文彬

二团　　　魏锡麟

三团　　　罗小朋

第二旅旅长　吴剑平

四团　　　常和笙

五团　　　宋颖贞

六团　　　李少模

蒋指挥在珍直属各部

第一旅旅长　傅衡申

一团　　　袁炳麟

二团　　　彭镇汉

第二旅旅长　李昌荣

三团　　　刘荫培

四团　　黄福安

（原载《贵州社会科学》编辑部、贵州省博物馆编:《红军长征在贵州史料选辑》,1983年版,第724—726页）

广西省各县民团后备队人数、武器、弹药情况统计表*

县别	队数	人数	枪支	子弹	刀矛	其他
灵川	36	3754	387		200	缺子弹数
义宁	32	2893	101	1636	80	
永淳	4	349	285	20	54	
钟山	36	3041	2931	6684		缺刀矛数
天保	16	1347	143	1788	313	
西隆	12	1085	178	491	190	
荔浦	14	1145	920	16557		缺刀矛数
三江	4	376	365			缺子弹、刀矛数
灌阳	52	4091	304	107	341	
象县	4	336	135	849	189	
河池	4	376	49		306	缺子弹数
罗城	4	399	71	1230		缺刀矛数
武宣	8	776	633	3834	141	
柳城	4	4660	164			缺子弹、刀矛数
奉议	16	1595	64	227	3	
来宾	4	286	34	240	232	
阳朔	28	2585	999	21611	1428	
西林	8	752	28	420	490	
恭城	48	4512	1560	2672	877	
兴业	4	376	201	2069		缺刀矛数

* 本表系根据《民国二十二年度广西各县概况》所载资料汇编而成。

续表 1

县别	队数	人数	枪支	子弹	刀矛	其他
北流	4	376	524	2300	126	
玉林	8	752	736	18960		缺刀矛数
宜山	4	373	3		286	缺子弹数
怀集	8	760	401	6756		缺刀矛数
横县	4	491	475			缺子弹、刀矛数
武鸣	4	421	298	4261	188	
容县	12	1051	1338	20404	1688	
宾阳	4	326	243	2352	140	
靖西	28	2721	181		1714	缺子弹数
贺县	64	4489	2896	20955	557	
都安	4	408	88	1181	141	
陆川	6	550	324	4295	215	
柳州	4	412	164			缺子弹、刀矛数
融县	4	386	186	923		缺刀矛数
兴安	36	3386	287	2008	680	
上林	4	430	29		316	缺子弹数
恩隆	8	752	87		621	缺子弹数
岑溪	8	752	659	13957		缺刀矛数
昭平	16	1474				武器、弹药数俱缺
平乐	44	3526				武器、弹药数俱缺
蒙山	12	983	928	22918		缺刀矛数
隆山	4	388	102	534	288	
迁江	4	376	203	848	157	

续表 2

县别	队数	人数	枪支	子弹	刀矛	其他
隆安	4	404	35	855	369	
富川	56	4648	1301	1742	214	
东兰	20	1326	307	122	196	
思恩	4	363	122		867	缺子弹数
恩阳	8	744	239	519	167	
南丹	4	377	214	1180	143	
龙胜	34	3137	153	1754		缺刀矛数
镇边	4	401	18	963	1136	
忻城	4	312	29	3400	222	
上思	4	375	301	3770	38	
果德	4	430	58	664	372	
思乐	8	807	135	1350	652	
百色	12	928	110			缺子弹、刀矛数
向都	8	752				武器、弹药数俱缺
百寿	8	746	90	1048	648	
信都	13	771	612	15712	497	
雷平	8	774				武器、弹药数俱缺
扶南	4	372	302	4337	59	
天河	4	216	64		154	缺子弹数
修仁	8	716	713	3200	193	
龙州	12	1161	159	1826		缺刀矛数
凤山	11	745	125	70	115	
镇结	4	394	52	898	322	

续表 3

县别	队数	人数	枪支	子弹	刀矛	其他
那马	4	428	167	2538	255	
龙茗	8	747	125	656	604	
永福	8	758	95		262	缺子弹数
榴江	4	376	173	2609	190	
崇善	8	697	236	4971	467	
思林	12	1117	190	3891	369	
万承	4	402	27	192	292	
宜北	4	358	372	546	411	
雒容	4	375	135	2240	153	
上金	8	691	118	731		缺刀矛数
同正	4	342	277	2948	40	
绥渌	4	411	282	1577	113	
中渡	4	263	146	1656	161	
养利	4	344	88	725	256	
宁明	8	736	117	1358		缺刀矛数
凭祥	8	671	149	490	524	
左县	4	371	47	480	237	
明江	4	374	7	115	262	
桂平	16	1350				武器、弹药数俱缺
邑宁	8	822	558	4964	160	
贵县	8	752	436		310	缺子弹数
全县	72	7096	1666	1752	4554	
苍梧	16	1119	669		768	缺子弹数

续表4

县别	队数	人数	枪支	子弹	刀矛	其他
藤县	16	1470	967	12423		缺刀矛数
平南	8	743	616	10151	9	
博白	16	1470	1044	11418	268	
凌云	20	1773	347	1043	230	
桂林	60	5490	506	2532	2462	

〔原载(国民党)广西省民政厅编印:《民国二十二年度广西各县概况》第1—6册,1934年10月版〕

书刊、报纸评论和报导

胡羽高在《共匪西窜记》中的评论和按语选综合论述（八篇）*

△共匪西窜，为中华有史以来未见如此破天荒之流寇。即民国南北战争，亦无如此绵延不断万里之穷兵。盖共匪有主义、有背景、有组织，用欺骗之手段以愚丑类，尽极拖[施]之能事以应国军，故其不易根本消灭者，以此。

（原载胡羽高:《共匪西窜记》，第 10 页）

△溯自朱、毛盘踞闽、赣，时逾七载。倾全国之师，经五次围剿，虽云犁庭扫穴，未曾斩帅歼渠，反使元恶大憝，率领余孽，不出期年毒痡十省（自民国二十三年十一日十五起，至二十四年十月十五日止，朱、毛大股窜扰江西、广东、湖南、广西、贵州、云南、四川、西康、甘肃、陕西共计十个省区）。中间，虽国民政府最高级之军事领袖，董督元戎，各省尽其所有之军团协力兜剿，竟未能将此流寇铲除，赤氛□灭，而国家元气因此倍伤，被祸区域更加扩大。瞻念前途，危机四伏，奈何吾国处境进退维艰，外侮日深，内忧未已，黄灾弥漫，国事蜩虫吾，将何所恃以作对外之长城（长城今在他人之手

* 胡羽高站在反动的立场上，于《共匪西窜记》一书中，对中国共产党和中国工农红军，进行了大量恶毒的污蔑和攻击；同时他也对国民党蒋介石的独裁、专制、排除异己和军事指挥的无能等方面，进行了大量的揭发和辛辣的讽刺。

矣）。对内之砥柱？兴言及此，不能不令人抱杞人之忧矣。

兹就剿匪而论，恒见国军剿匪标语云，共匪残暴甚于洪水猛兽，吾窃分别言之。当共匪盘踞赣、闽之际，不啻猛虎负隅，允宜施以围剿之法，层层封锁。洎自溃围而后，有如洪水泛滥，自应改用追堵之方，节节排泄。在军事当局亦曾洞鉴及此，画策及此，运用及此。所谓匪已到总崩溃时期，正是予国军以剿灭之机会，殊按之事实，乃大谬不然。当局因顾虑环境之计过周，派遣追堵之兵特寡，计画始终不一，任务随地改移，致使将士徘徊，时机错过，匪得从容逸去，此不能不认为剿匪失策之大，不可掩饰者也。

朱、毛既经离巢穴也，狼奔豕突，瞬息千里。所经赣南、粤北、湘南、桂北、湘西、黔东、黔北、川南、滇东，各省偏僻地区，皆受到威胁与惩创。其所以不急渡横、绥二江，回头趸窜，匪已窥破国军无能为者。匪且知渡过老鸦滩之后，还须再渡金沙江，辗转之间，皆成背水，因此乃再扰川南，三扰黔北。此时如中央不含有其他政治作用，决心剿匪，严令国、川、滇、黔、湘、桂各军分头并进，协力围剿，大可以收事半功倍之效。何致再纵其窜贵州之西南隅、云南之东北鄙，越金沙，超大渡，一窥贵筑，再犯昆明，三觊康定，四迫成都耶？虽然，临近会垣各役，匪皆受创，均未得逞。但以攻守形势论，匪已居喧宾夺主之地位矣。

（原载胡羽高:《共匪西窜记》，第 11—12 页）

△本上论列，则此番共匪西窜，诚属国际间军事上极严重之问题矣。然奉命尾匪穷追者，只有原任第六路总指挥、继改为追剿军第二兵团总指挥、后调为第二路军前敌总指挥、记名贵州绥靖主任薛岳，及所部之吴奇伟、周浑元两纵队，最后增加李韫珩之一师而已。计薛氏所部不满十师，由赣入康驰驱万里，备历艰苦，不可谓其用力不勤。顾其追剿所收效果，不过以五十步效百步，是亦走耳。

若论沿途中央军与各省追剿之兵力，则中央驻于闽、赣绥靖之大军，当初奉命限于抚剿巢穴，收复匪区数县而止（其兵力见后闽赣绥靖表），粤军则协剿至湖南临武、蓝山而止（粤军李汉魂师、华肇师一部由副师长李江率领入湘，详后），湘军则兜剿至广西全州、兴安而止（追剿军第一兵团总指挥刘建绪率陶广、李觉、章亮基、陈光中等师入桂），桂军则防剿至贵州都匀、麻江而止（第四集团军第七军廖磊率覃连芳、周祖晃两师入黔至都、麻），湘军因受肖、贺一股牵制，仍赓续围剿至贵州剑河、镇远、江口、石阡各县，其后陈光中师推进至仁怀而止（刘建绪由远口至镇远、铜仁，王东原至石阡，陈光中至江口，李云杰至镇远、贵阳，李韫珩至松桃，后随薛岳至川，但云杰、韫珩两部，虽系湘人，而直属于第一兵团，归中央军系统，而不属于湘军，合并志之），黔军则邀剿至赤水右岸而止（黔军属王家烈，自克复遵、桐后，王派犹国材[才]、何知重、魏金荣、李成章尾追至川边）；川军则截剿至横江下游而止（刘湘所属之川军南岸总指挥潘文华，指挥陈万仞、郭勋等师，潘佐、穆肃中等旅截于横江），此朱、毛西窜追剿时之大略也。及其由迤东（即滇东方）再度回窜时，川军则追至乌江北岸（郭勋祺师及潘佐等旅），黔军则追至盘江东岸（犹国材[才]及何知重各师之一部），滇军虽入黔迎击，回滇追剿，亦仅追至金沙江南岸（滇军纵队司令孙渡率安、龚、刘三旅兵力）。然而，各省防军何不一鼓作气，乘胜蹑追，扫灭尽净，大都中道而止者，岂真所谓穷寇莫追耶？盖别有其微机作用在也。当共匪深入湘南之后，南昌行营除派薛岳、周浑元两部尾随之外，并不简派精锐师旅绕出匪之先头或侧翼分途截堵，竟令数十师庞大兵力摆在闽、赣剩匪残区中而美其名曰绥靖。直不啻以贲育之勇不用之捕狼，而使之捉鼠也。溃烂死肌，固当疗刮，而美好白肉，务使生疔，是何用意？况以全国安危一肩寄重之躬，自宜权衡轻重，和盘统筹，当此缓急分明之秋，不应存敌系、我系之见。乃当局者，固意急其所缓，缓其所急，似此经国良谟，实属令人莫解！其后，中央以追剿军总戎名义，畀之湖南省主席兼赣、粤、闽、湘、鄂剿匪军西路军总司令何键，并派大使刘文岛莅湘监视以虑其他。何受命之初，立颁堵剿计划。翌日即驰赴衡阳督师追剿。查原属西路军之第三纵队陈继承全部及第二纵队刘膺古之一部，皆奉行营电令留赣绥靖，而易以新调派北路军之薛、周两部受何指挥。总其实力，视原辖西路军为削弱。因此之故，湘、桂当局亟谋联系，协定防守计画。何派刘建绪赴全州与白崇禧会商，议定聚歼朱、毛于湘、漓间之方案后，双方分头部署。全、灌之役，果予匪以重创。中央大军在此时如肯努力，匪患决不至如此蔓延。何键正移驻邵阳间，不图肖、贺一股窜犯桃源、常德。何为湘省主席，责兼守土，自难专事追剿，舍已[己]芸人，置肖、贺股匪于不顾之理。因此统筹兼顾，防肖、贺之东奔，虑朱、毛之西窜，而所部兵力仅有此数，竭湘军本身力量，不免因之分途使用矣（李觉兼湖南全省保安司令奉令由全州趋益阳城，陶广、章亮基由通道出沅陵）。在西南方面之实力派，如陈济棠、李宗仁、白崇禧三总司令，鉴于匪势披猖，虽流窜入黔将来影响所及，粤、桂仍蒙不利，乃联名请缨组军追剿。中枢不特不假以事权且复迭电阻遏，深恐最后一篑之功，有被他人攫去者。始而，南昌行营复请中央发表云南省主席兼军长龙云为剿匪军第二路军总司令，并令薛、周、王家烈一部改隶指挥，既而改任何键为剿匪军第一路军总司令，已而又令甘肃省主席朱绍良为剿匪军第三路军总司令。其时，四川之刘湘早经任为四川全省剿匪总司令。以故，湘、粤、桂三省派出援黔之部队，先后奉令撤回。至于原有川、滇、黔三省之省防军，忍苦耐劳，素称能战，并且地形熟悉，方言沟通，攻守同盟，最适应用，中枢大可藉此生力军用收腹背夹击之效。但据黔、蜀各报载，蒋委员长令川、滇、黔三省军队，非有命令不得擅自进退。三军奉命唯遵，各自把守阵门，袖手旁观，口称待命而已。外人不察，讽刺我中央军追而不剿，各省军剿而不追，顾其中关键岂局外人所得知耶。

（原载胡羽高:《共匪西窜记》，第 12—14 页）

△吾尝闻兵家之忌，约有数端：孤军深入，一也；就地因粮，二也；横江困战，三也；以寡御众，四也；以劳抗逸，五也；昼伏夜动，六也。犯此六忌，全军覆没十居八、九。今朱、毛竟率领孤军，挺[铤]而走险，与民争食，就地因粮，且历渡贡水、章水、耒水、潇水、湘水、大溶江、通道河、清江河、乌江河、赤水河、永宁河、北盘江、黄泥河、普渡河、金沙江、大渡河大小盒川及黄河等天然险阻，日避飞机轰炸，夤夜兼程，以数万筋疲力惫之饥军，对抗十省士饱马腾之劲敌，千回百折，居然达到其所预定之计画，岂共匪之战略战术有以异于国军耶？抑或恃其愍不畏死之心理，足以慑服我畏首畏尾之国军耶？……今以重兵追堵朱、毛，竟令其追奔甘省之秦，逐北陕省之陇，将兵将将，令出唯行，何古今人之不相及也，若是？

（原载胡羽高：《共匪西窜记》，第15页）

△论者又谓中国在廿三、四年间之局面，中央与西南形成对立。王宠惠奔走宁、粤，胡汉民尚未出洋，在统一形式上，不免稍生枝节。故剿匪军事之步骤，各自防范，以备不虞。又有从另一方面观察者谓，中央与西南，佥视消灭此匪易如脱兔，满拟垂手可得。所以，双方在有形、无形之间大事争逐，欲收此最后一篑之功，而博天下荣誉。故中央对两粤请缨留中不发；追剿使命，数度更张；川、滇各军，严加限制，似将留以有待也。无如承命始终追剿者，未能成其志，竟其功，为可痛恨耳。

余曰：否，不然。中枢视匪为无足轻重，且秉国钧者过信其部属欺蒙之文电，以为此饥疲不堪一击之败寇，有如探囊取物，易如反掌，故贸然飞筑。不料共匪探得筑垣虚实，风雨骤至，前锋已到黄泥哨，设非滇军孙渡行军敏速，几乎空城为匪所乘。在蒋委员长自以救民心切，不惜以全国安危所系之身，作此孤注之试，吾窃为之不取也。凡居高临下者，不宜与部将、偏裨、疆吏争尺寸之功，视天下以不广。最善之策，莫若以追剿朱、毛之责付托之于西南陈、李，而以抗日国防为已[己]任。果如此分工合作，自然上下一心，军民莫不欢忭。且西南对中央并立之局势，亦无形中解除。责任既经划开，精神自趋一致。较甚于一派一系，喊口号、贴标语，歌功颂德，刊字于山者（宜昌对岸高山上，刊有拥蒋数大字），高出万万也。中央当局不注重实际而好尚形式，所以养成交相作伪、上下相蒙的一惯作风，不足深怪也。

（原载胡羽高:《共匪西窜记》，第15—16页）

△再溯朱、毛未离赣以前，以肖克为前导，入川之后，以徐向前为侧援。肖克遭惨败于湘、桂、黔三省联军（追剿肖克，湘主席何键派全省保安司令李觉率领胡达、成铁铗等部。四集团军总司令李宗仁派第七军廖磊率周祖晃、覃连芳两师跟踪入黔。贵州省主席王家烈亲率柏辉章、李成章、王天锡、杜肇华、杨昭卓等师、旅三部）。徐匪则逞威于邓、田、刘六路防地（四川口号，向有邓、田、刘之称，盖指邓锡侯、田颂尧、刘文辉三人。今借用俗话成语，而刘字则指刘湘与刘邦俊二人所部。又所谓六路者，四川剿匪军共分六路：邓一路，田二路，李家钰三路，杨森四路，唐式遵五路，刘邦俊六路，均称总指挥）。自苍溪一失，徐匪则突破嘉陵（田颂尧因此被议，改由孙震副军长代）。土门不守，徐匪则进犯理、茂（邓锡候部守乾溪、土门、江油一带。陶副师长宗伯放弃土门，徐匪向前窜入茂县、理番，邓记过）。川军剿匪不力，固应科罪。而行营纵匪远窜，未闻弹劾。殊可怪矣。

（原载胡羽高:《共匪西窜记》，第16页）

△溯自共匪盘踞赣、闽，为时七载，成立政府，建置伪都，举凡中枢之设施，省、县之组织，殆无一不与南京政府等。视其党、政、军、民严密连[联]系之处，尤有过之。查瑞金伪都，当闽、赣之交，中隔

大岭，北自仙霞，南达武平，一岭绵亘，长逾千里，大关小隘，处处可通，（按：谈恺虔台绩志序云：瑞金东通长汀，有古城一隘；西通宁都，有平地一隘；南通长汀、武平，有桃杨、新径二隘；北通石城，有公鹅洞一隘），吴头楚尾，备极验要。故朱、毛据之，发号司令，俨然以胜国开府自居，外托苏联之暗援，内藉莠民之扰害，裹胁愈众，流毒愈宽。近十年来，几于[乎]无省不受赤氛之波及，内忧之急，莫甚于此。故我国民政府衮衮诸公，在洛阳开国难会议时所决择之方策，首先标示“攘外必先安内，抗日必先剿匪”，职是故耳。自蒋委员长重柄枢密，再握兵符，对外则力事隐忍，对内则以剿匪自任。于是倾全国之兵，散天下之财，竭全民之力，驻节南昌，督师围剿，名震寰宇，气吞八荒，古往今来，无与伦比。及其下令围攻，由一至五，同时以公路、碉堡以及党务、政治、军事、经济种种连环封锁，相辅相行，满拟肃清妖孽，大告武成。讵竟劳师糜饷，耗费无功，坐令朱、毛伺隙窜去。而首都无耻之徒，反开大会庆祝丰功，实开中外未有之奇，而贻国家以无穷之患。似此未竟全功转邀懋赏，纪纲不立，国何以存？窥彼用心，盖知匪将夺围出窜，若无法以善其后，故乃先机而作，飞赴咸阳，欲使天下后世之人为之曲谅曰：某氏剿匪硕画，九仞告成，惜其王事靡盐，不遑宁处，幕僚不力，致未能收最后一篑之功耳。不知作伪心劳，而四万万五千万人之耳目，岂一手所能尽遮耶！即如粤、桂、黔、滇、西康各省，久无匪患，民庆高枕无忧，今使共匪蔓延，谁尸其咎？夫纵匪以殃民者，终亦不能自外生存而图侥幸也。当共匪正在溃围之际，某游览周陵，意态潇洒，必自私庆其计之得也，藉匪作依，吞噬异类。不料三秋未历，而华清池畔，祸起萧墙，赤匪余殃，及身尝试。传曰：“若不戢，将自焚，纵虎还山，自殆伊戚。”此之谓也。按明嘉靖间，张琏称乱，闽、广口巢附之。诏会师廿万，分为七哨，大剿张琏（两广兵驻潮州，福建兵驻漳州，江西兵驻建昌，赣兵驻汀州，监察御史段顾言驻节赣城，纪验功级）。督抚陆稳总江、浙劲兵六万，属俞大猷将之。琏出攻漳州，各师乘虚捣其巢。琏成擒，而余贼抚剿悉平。某氏督剿朱、毛，朱、毛犯水口，正与张琏如出一辙。乃某氏者既不能如明臣陆稳犁庭扫穴之图，又不能如清臣王懿德请派劲旅堵太平军回窜瑞金、石城之计（见曾国藩派军分道入闽奏稿），稍读诗书者，固早愧汗无地矣，何致任使鹰犬到处歌功颂德哉！编者为保存千秋之正气计，不敢作丧心病狂世阿之言，虽斧钺加于前，鼎镬置于之后，秉笔直书，无所忌惮。知我、罪我，其在斯乎。

（原载胡羽高:《共匪西窜记》，第 79—80 页）

△主匪窜出，已及匝月，而中枢大军居然将匪巢四县先后完全克复，使零星游匪夺命而逃，不可谓力不努而勤不宣矣。第就军事言之，似乎不免有行动迟滞、固意徘徊者，其故安在？闻军事当局中人言，原因五点，言简意赅，录之如左：

第一、全国军事负统一指挥之蒋委员长有事朔方。

第二、南路军骤然自行缩短闽西防匪阵线。

第三、东路军奉令限十一月以前肃清闽省残噩。

第四、北路军注意防匪北窜。

第五、中央与西南合作问题尚在商洽中。

本来，国家贵乎统一，军权理应集中，如不相见以诚，统制卒归无效。职权过于独揽，临事□□□□。盖中国广土众民，因果繁复经权运用，时地兼筹。设若操之过急，极其弊也失之于偏；如果纵之过宽，□其弊也失之于玩，皆失平衡治国之道。蒋委员长鉴于德、意突兴，采用独裁专制，于是有蓝衣社之组织（见湖南霹雳报）。故军权专断，庶政独裁，而其所属幕僚复以“拥护唯一领袖蒋委员长”之标语以相阿好。极其弊也，在互相诿卸，矢集一人。事成，则震主功高；事偾，则无人负咎。此番共匪突围西窜湘、粤，正好斩帅擒渠，犁庭扫穴，此天假良机，一时千载。乃因蒋委员长有事幽燕，而东、北两路军便觉群龙无首，呆若木鸡，坐待匪去，瞻望咨嗟，此可见军权过集而无伸缩性之弊，一也。东路军蒋鼎文奉南昌行营九月二日命令，限十一月以前肃清闽省残匪。在东路军方面，自然振振有词划地为囿，实行命令，落得“各人打扫门前雪，休管他人瓦上霜。”此东路军不能挥军西响，失机动之弊，二也。南粤王陈济棠见赤匪猖狂，狼奔豕突，一犯南雄之青峰，再犯仁化之长江，三犯乐昌之茶料，犹如水银泻地，无孔不入。因此，不能不将驻闽之部队移转东江，缩小边防，藩篱自固。视左、视右，疑惧滋多；应匪、应军，双方顾虑。以故南路军不能以全力尾匪追剿之弊，三也。北路军在蒋委员长肘腋之下，所谓向阳花木，近水楼台，兵足械精，弹充粮裕，上有飞机、炸弹，下有大炮、坦车，前线所需，后车早备。况北路军前敌总指挥陈诚、总司令顾祝同、行营参谋长熊式辉，此三人者，蒋委员长视为心腹，寄以股肱，委以阃寄，假以事权，既邀转达之知，应献擒渠之策。方蒋委员长检验身体于北平协和医院时，正陈诚克复宁都。举国之人，拭目相观，以为北路一军素有凭藉，趁此声威大震，一鼓成擒，功收末篑，易如反掌，赣南之役，可不让萧启江专美于清。不图行营计不出此，所颁战略，不施追击，而尚长围。盖亦惑于匪共青龙、黄龙，北上抗日之虚伪宣传者也。殊共匪一面散布流言，一面佯为北窜，因此弄得行营举棋不定，既派周浑元、李云杰集中隧[遂]、大，又派薛岳、吴其伟趋衡、零。此项紧急措施，除严防北窜之外，并无急取直追之谋。然而，匪不北窜，则将听其西窜、南窜耶？此令人大惑不解者也。再就行营招抚之标语视之，是无异表示以国军送他们出境，并指示他们一条西窜路线，叫他们到贵州、四川去。据此看来，则南昌行营参谋长之计画，偏于北防，而北路军之不肯轻以力量向南伸压者，此其为弊，四也。上述四端，皆为弊之显著者，在军事上为有形之关键。然而，不及某军事家所谈第五项协作问题之为严重。该项问题，原因复杂，极其底蕴，罄竹难书，摘叙过程，可得而述。

溯自民国二十一年一月一日，中央宣告“统一政府”在南京成立以后，其时西南组织部处（即前西南委员会及西南执行部），东北失地四省（辽宁、黑龙江、吉林、热河），此外，尚有各伪政府遍地林立（奉天有日本造成之满洲伪国政府，江西有共产党组成之苏维埃政府，福建陈铭枢等组有人民政府，冀东有殷汝耕之防共政府，新疆有苏联支持之南疆政府，蒙古有各王公自组之自治政府，西藏有达赖政府），而南京政府均视以上各伪组织如同泡影昙花，不足为异。并且以为东北失地辜小，而以西南部会事大，津津焉皇皇焉。今日不说精诚团结共赴国难，明天便道和平协作已有转机，大惊小怪，视为整个国中之唯一问题。自从二十二年起，中央特派张溥泉、黄陆一、朱星樵诸人到香港与胡汉民商谈和平，二十三年又派王亮畴、孙哲生两人到港再度商谈和平，分明宁、粤一家两方同志均在青天白日旗帜之下，同拜总理遗像，同奉三民主义，同唱国民党歌，对于抗日剿共，敌忾同仇，不过主张稍有缓、急、偏、正之不同耳。仁者见乎仁，智者见乎知[智]、仁、智之情，动、静之理，自然有别。而双方视为如临大敌，乃一再提出和平协作口号，其意若曰：宁、粤合作，才可望达到和平；达到和平，才可谋双方之协作；双方协作，才说得上共赴国难。吾窃怪宁、粤原属一家，虽曰易爨，出入尚共门庭。兄弟既未阋墙，外侮当然共御。彼此未曾敌对，何商洽的和平？此真天下本无事，庸人自扰之。使敌人、土匪从旁讥笑，又使国际间之政治家，观察中国局势，不知道中国国民党自己演些什么把戏？虽然中央政府、西南部、会既经形成对立，为私人意见之争乎？为国是大计之左乎？如为国是，则无有过于抗日、剿匪者。就为着抗日不表同情乎？为着剿共不表同意乎？对抗日，则西南抱急进主义，甚于中央。对剿匪，则西南亦部、会抱追剿策略，甚于中央。究其瘂[症]结所在，只有中央当局者知之，西南部、会中人知之，局外人焉得而知之。不过，编者留意时局之演变，虽不明白中央个中之妙计，但西南发表意见，形之笔墨，披露于报端。在朱、毛股匪将出巢之一月前，向中央提出齐、有两电。由此一面，可以推知彼一面之真象所在。

（原载胡羽高：《共匪西窜记》，第108—110页）

关于蒋介石的军事指挥（七篇）

△……至朱、毛西窜企图大明之后，南昌行营派遣薛岳率领周、吴两部，万里相随，自始自［至］终，防匪北窜，无异戴着面具大打加官，不动声色穿场而过。……

（原载胡羽高：《共匪西窜记》，第80页）

△按薛岳铣、巧等电，云奉委座咨电，长汀之匪有突围西窜企图。巧电，系十月十八日发。然则薛岳奉到蒋咨电当系九月二十日之电。所以，编者判断明知匪将突围西窜，先机而作，飞往西安，以掩饰其无法根绝赤匪之过。日月之蚀，欲盖弥彰。查赣县据章、贡两水之总汇，为用兵者所必争。朱、毛主匪窜渡贡水以后，章、贡两水断其北，大庾一岭阻其南，天造地设，有自然封锁之利。某固知兵者，况事前已洞悉匪之企图，何以不早抽调劲旅，置之赣县之北，相机压迫，并令东、西、南三路大军同时挺进，分道合围，收此犁庭扫穴、斩帅歼渠之功，殊反有暇优游秦、燕，坐失此天假良机？夫所谓经国远谋者，实非书生之见所能推测高深也。

（原载胡羽高：《共匪西窜记》，第84页）

△……夫某氏治军，尝亦以曾氏[①]遗规为法度者，如举曾、胡[②]治兵语录昭示部下，即其一也。今国家对于某氏阃寄之专，实非管年曾氏所能望其项背。共匪出窜，既与太平军如出一辙，“前事不忘，后事之师，”某氏所取法子曾氏者，果何在耶？况值此风云紧急

---

① 曾氏，指曾国藩。

② 胡，指胡林翼。

之秋，正是肃清残匪之候，某氏漫游幽、燕，北赴甘、凉，坐视赤匪猖狂，忍令地方糜滥[烂]。南昌行营虽抽派薛、周两部，然不用之于机动，而用之于截防。何键部署截防，又责其有失机动，此何意也？况薛岳一军与匪平行，预示长途驰驱并驾。湖南原设有航空处，中央收归统一。今日主匪出窜，对何键要求飞机，复靳而不与。行兵之道，宜若此乎？当局之用心，路人见之矣。

（原载胡羽高:《共匪西窜记》，第 89—90 页）

△按：朱、毛大股共匪，自赣西窜，届满一月有余，南昌行营于今开始颁示此项剿匪计划大纲[①]，口口声声离不掉“北窜”两字。此计划指示对于回窜（即东窜）、北窜及西窜均标明要领，独于南窜，则半字不提，此处不能不使桂军生疑。况以北路入湘大军，有八师之众，不标定名义，不指示工作而以之附入湘军旗帜荫蔽之下，专事防匪北窜，所谓开诚两字，似有难言。况肖克突窜在前，朱、毛续窜在后，赤色大道，人所共知。中央果具剿匪之决心，最好于湘、黔、桂三省边防先行设伏，多派重兵，围攻夹击，勿令逸去，不必再分各省兵力，先作不着边际之防御，乃属正办。无如南昌行营计划，画了一圈之外，又画一圈。追剿成为理想，截堵等诸空谈。尔虚[虞]我诈，互不开诚。后之读者，请于此等处着眼。

（原载胡羽高:《共匪西窜记》，第 152 页）

△按：编者述到昨（十一月廿二日）、今（十一月廿三日）两日情报，令人生出若干感想：

---

① 指《南昌行营筱戌电》，1934 年 11 月 17 日颁布的“湘水以西地区剿匪计划大纲”，见《共匪西窜记》，第 151—152 页。

中央军在蒋委员长卵翼之下，（江西）剿匪，上有飞机，下有山炮，前凭碉堡，后据公路，左有友军，右有援队，可以安心乐意的稳扎稳打。不料到了湖南，就感觉到失所雏依，种种不便。仰观天文，上无飞鸟，俯察地理，下无元龟（汽车形状），碉堡则断续不含，友军则各自为战，山高水险，不栗自寒。到了十一月二十二日这一天，实在不幸得很，中央军居然在宁远碰见了匪。该师马上拍电请派飞机轰炸掩护。不错，中央飞机应该用来保护中央部队的。即如十月三十日行营卅亥电，空军暂驻吉安，归周纵队指挥，尔后相机推进，就是一个例证。那么，休存着请派飞机的奢望，只好硬着头皮，抵矢[死]拼命。如不相信，请看十月二十九日南昌行营复何键的艳亥电："飞机俟匪窜方向明了后，再行派往。"以一个西路军总司令尚不及北路军一个指挥官，轻重倒置，编者虽系局外人，仔细思之，不免令人徒增感喟。

按是日何键电令[1]判断，匪必循肖克故道西窜，料敌如神，无如行营既不允许刘膺古归还建制，移堵湘西，而又允许桂军主力南移恭城，洞开门户，湘军不敷辗转，坐令朱、毛逸去。在行营原欲利用共匪南侵，殊知共匪别有企图，不能如行营之遐想。而白崇禧、陈恩元等反迭电请中央向南压迫，以便激战。其如薛岳部慢慢集中，周浑元迟迟其行，李韫珩老不与匪见面何！在此追剿一役，不克奏厥睿功者，非计划不周，实将不用命，而行营固意掣肘也。

（原载胡羽高：《共匪西窜记》，第164—165页）

△按：湘南剿匪军事，至此告一段落，……兹有数事应请阅者注意（一）薛岳一军，恕未与匪谋面。（二）周纵队全军，仅获步枪七枝，犹幸万耀煌师攻克道县（万师有此战绩，后来晋升二十五军

---

① 指《追剿军何总司令键漾申电令》（1934年11月23日），见《共匪西窜记》，第164页。

军长)。(三)粤军漾日已进克蓝山,李韫珩军尚在临武,诚然听不着枪声。而惠支队远在茶陵,更看不见匪影了。(四)蒋委员长直属部下,今天一电报捷,明天一电请迟滞匪之行动,照上述的大概情形看来,纵令朱、毛全股停止不动,恐怕更没有人敢去拔他的毛了。

(原载胡羽高:《共匪西窜记》,第 170 页)

△按:桂北秦[越]城岭以西一带,高山峻岭,鸟道丛巉,行军不易。已见于何键对行营宣传人员之讲词[①],及见于本书第二编胡旅长达追剿肖克的口述,今证之夏军长威的报告[②],可以想见其交通之不便,粮食之极度缺乏。朱、毛今以大股入窜期间,正无异鼠钻牛角,愈入愈狭。大军尾匪追窜[剿],自属困难。难道中央的飞机,也怕山高路小吗?自共匪窜过湘水之后,就不闻听中央飞机的声音。若谓由衡阳起飞距离过远,不便往还,而邵阳飞机场,不惜劳民伤财昼夜赶筑,何以舍而不用?据夏威的报告,匪由中洞向唐洞逃窜,速[连]行三昼夜,不下四万人。……土匪如蚁进行,正好予以猛烈轰炸。……殊邵阳机场筑成之后,未闻一用,而绐其民曰:“此为国防而设”。但蒋委员长训示国人曰:“抗日必先剿匪”,又在北平曰:“有人在共匪未肃清以前,而高谈与日作战者,皆为国家叛徒。”(见二十五年[③]十二月十六日湖南《大公报》特载北平路透社电)按,当日冯玉祥在张家口说,枪口不对内,主张先抗日。而蒋氏的话,系针对冯氏而发。就另一方面说,中央曾宣示“攘外必先安内,抗日必先剿匪”,则是剿匪在当日重于抗日,比之国防尤为重要。当其时,抗日既谈不到,对剿匪又不利用,试问积极赶筑机场何为?然则共匪一日不

① 指《何总司令键在衡州军次向行营剿匪宣传队演说》(1934 年 12 月 1 日),见《共匪西窜记》,第 192—194 页。

② 指《桂军夏军长威自中洞阳电》(1934 年 12 月 7 日),见《共匪西窜记》,第 208 页。

③ 公元 1936 年。

扑灭，则宝庆机场一日不能用。以有用之民田，有用之民力，化为无为之虚鄙，灭匪何日？抗日何年？乌乎国策！

（原载胡羽高:《共匪西窜记》，第208—209页）

关于蒋介石阴谋利用红军长征排除异己（三篇）

△按：总前所述公私文电，赤匪所有主匪、从匪、残匪、土匪、散匪、游匪，统括起来不过如是而已。国军剿匪之兵力，超过匪军十数倍，造成肉的一座长城将匪包围，结果坐待逸去，殊为可惜！且令人最诧异者，朱、毛主匪出窜半月之后，南昌行营始颁部署，一则曰防匪北窜，再则曰防匪北窜，仿佛匪不北窜，即与行营无涉者然。且行营卅亥电令粤军努力堵剿，迟滞匪之行动。查十月十九日匪渡贡水，二十七日匪渡章水，连日与匪作殊死战者，粤军李、张等师耳。假天然之形势，加人力之奋矢，未尝不是滞匪之行动，何以不闻南昌行营电令东、北驻军分头攻剿，而必预划广泛范围之战区，大肆张皇，是胡为者。况经数载之经营，始将匪共围困于一点，不急于此图之，纵之以去，安见其湘、桂两江之域，优于章、贡两水之地耶？胡汉民氏责蒋挟匪以自重，信有可征。

（原载胡羽高:《共匪西窜记》，第93—94页）

△胡羽高对南昌行营所发的"堵剿赤匪西窜标语"所作的眉批：

三、跟赤匪到四川、贵州去是死路，投诚国军才是生路。眉批：要□指他们的路线，一说到四川。

八、匪军中的北方弟兄们，受了赤匪的欺骗，受尽了千辛万苦，现在还要跟着朱、毛到四川去送死吗？眉批：再说到四川。

十、匪军弟兄们，到四川去，千山万水，不饿死，也要病死。眉批：三说到四川。

十一、有三十万大军、几百架飞机，在湖南等着你们，你们跑得脱吗？眉批：何键要求一架都不得。

十五、各方的剿匪军象铁桶一样，他们全围拢来，你们决不能跑出去，想活命的，赶快投诚。眉批：铁桶一样，不如说是纸糊一般。

三十、四川的赤匪，已被国军打得七零八落，你们再去干什么？眉批：结果还是说到四川，深恐怕是不去四川。

（原载胡羽高：《共匪西窜记》，第 94—96 页）

△按：共匪深入湘南，行营令西路军侧重追剿，即为右令[①]之伏线。十一月十二日蒋委员长回到南昌，立刻下令任命湖南省主席何键为追剿总司令，其内情复杂，并不单纯。姑举数端如次；

第一、共匪既经离巢西窜，蒋委员长不自来湘督剿，自然少不了一位统兵大员肩此重任。而湖南主席何键，原兼西路军总司令，正中其选。以人、以时、以地，最为适当。

第二、据西南报纸宣传，不谓蒋氏养匪自重，即谓挟兵威胁西南。因何键介于两大之间，向持联络西南，拥护中央为帜志。故数年来，中央与西南不骤然发生破裂者，此中斡旋，煞费辛苦。故蒋任何以追剿使命，俾粤、桂当局免生疑虑，此亦蒋氏之知人善任也。

第三、中央的用意，湘何既与西南接近，今日匪窜湘南，粤、桂两省军事当局必肯出兵援救，中央可以节省兵力，以安反侧。因过去闽省曾有人民政府之发生，故也。

以上是从好的方面着想。

---

① 指《国民政府军事委员长南昌行营文酉电》（1934 年 11 月 12 日），见《共匪西窜记》，第 126—127 页。

第四、中央军事当局素来疑忌湘何与粤陈、桂李、白向通声气，今恐打成一片，将来更难制服，不如趁此下手。所以，先遣北路薛岳一军，表面是来湘协助，其实暗中监视、察看湘、桂、粤的真实行动。故薛路与匪作平行线的行径，不折一兵，不耗一弹，保全实力，以持时机。

第五、当时，多数人假设事实推论，佥谓此番窜匪，如果能将粤、桂两军之任何一军击败或消灭，此时，中央必遣东、北各路大军不分星夜尾匪继进，收一箭双雕之妙算。是耶？非耶？

（原载胡羽高:《共匪西窜记》，第 127 页）

国民党中央及湘、桂、粤、黔各地方军阀之间的矛盾（十三篇）

△按：中央军事当局，对于西南不能忘怀者，最耽[担]心广西白崇禧一人耳。刘文岛大使来湘之使命，初则疑湘省不尽力剿匪，继则虑桂李、白不合作剿匪。今见何键如此积极部署，全省军民一体动员，第一点疑团早已冰释。今白崇禧答复何电[①]极为恳切，何立刻转知刘文岛，使其怀疑之第二点亦告瓦解。但看何键计划书中有云："匪若行动甚速，机先窜过漓水"[②]，而白崇禧复则报之以"协力堵剿，不难于湘水上游将匪歼灭"[③]。湘、漓两字，针锋相针。殊后来因湘水、漓水之争辩，发生不少纠纷。

（原载胡羽高:《共匪西窜记》，第 146 页）

---

① 详见《何总司令键致刘大使文岛删电》（1934 年 11 月 15 日）所转引白崇禧复何键电文内容，《共匪西窜记》第 146 页。

② 见《追剿军总司令部追剿计划书》（1934 年 11 月 13 日），《共匪西窜记》，第 131 页。

③ 见《何总司令键致刘大使文岛删电》（1934 年 11 月 15 日），《共匪西窜记》，第 146 页。

△按：……南昌行营见匪窜抵桂边，如意算盘可以这么打，乃突然下令，其第二项[①]如此严厉，则其用意可知，而李、白的是妙人，见匪来势甚猛，有隙即乘。与其与匪对等相消，不如抽其精锐主力，防护桂省文化中心之桂林，以及锡矿最丰之富、贺。乃于号日，先电请示蒋委员长，转移兵力于恭城，已得蒋氏养酉电之允许。请阅者注意，经此而后，发生若大波折。行营与桂军发生笔战；湘军与桂军几乎误会。

（原载胡羽高:《共匪西窜记》，第 161 页）

△夫广西东北部，位居五岭（越城岭在兴安县北，都庞岭在灌阳县北，萌渚岭富川县边，至骑田岭、大庾岭则在湘、赣、边境）之末脉，控制三湘（古有三湘、七泽之称）之上游，东依龙虎“四关”之雄，北□［据］湘、漓两水之险，入则扼百粤咽喉，出则抚五溪项背。秦、汉以还，即为南北通衢，楚、越门户。尉屠睢与译吁宋互杀，伏尸流血至数十万众，遂开桂北战事之端。其后，潘美之入南汉，先取桂州；杨璩之定广湖，首戡全、永，此往事之可追也。唐有黄巢之乱，清有红羊之劫，皆假道桂北，势□燎原，此前车之可鉴也。朱、毛未溃围之前，肖克先探此道，赤色路线早已洞开，此羊牢之可补也。赤匪西窜之企图大明，捕捉兵力之调度易备。东隅虽失，桑榆可收，使鼠窜之角愈深，而钳制之力益厚，此一篑之可收也。不图以剿匪自命之南昌行营当局计不出此，既允许堵者撤其藩篱，又不予追者增其军旅。窥行营之用心，宁可使朱、毛得隙逸去，以待后图，不愿给湘、桂即时连横，免生他故。似此顾虑失当，处置乘方［乖张］者，国事何堪问耶！不然者，观南昌行营俭亥电，无非寓挑拨离间之谋，而白崇禧之东戌电，则实足表现其反唇相讥之意。乌乎！养痈遗患，

① 指《南昌行营养酉电》（1934 年 11 月 22 日）第二项。该项规定：堵部队务须切实严密防堵，守护城池及指定封锁工事之军政官吏应固守待援，不得擅离职守，否则军法治罪等等，见《共匪西窜记》，第 161 页。

自贻伊戚，作伪心劳，可哀也矣。

（原载胡羽高:《共匪西窜记》，第 172 页）

△按：上编本月[1]十四日，中央飞机报告，共匪先头已窜伏道县两侧森林。二十一日，匪陷道县县城。……先是朱、毛甫抵嘉、临之时，湘军刘建绪奉令由衡州赴全州，桂军白崇禧亦自桂林来全，面商堵剿朱、毛方案。大致决定：朱、毛如循肖克故道时，追剿军与四集团军可以利用湘、漓流域之天险，拦阻匪之窜路。在此线上，双方配备相当兵力同时猛力夹击，务使窜匪前无去路，后有追兵。桂军则担任兴、全、灌至黄沙河之线；湘军则担任衡、零、东至黄沙河之线。协商既定，分头部署。当时广西方面，派追剿肖克入黔之第七军，先头甫开返桂林，征鞍未卸，又奉令开赴兴、全布防。所以，十八日朱、毛探险队遂在黄沙河遭受打击，共匪由此知道全、黄有备，无路可追［进］；衡、零之间，密如罗网，更不容易突破。于是，朱、毛袭用明修栈道、暗渡陈仓之老法门。伪一、九军团猛扑富、贺之白芒营，大有进犯恭城而袭桂林、梧州之模样，使桂军不得不抽调驻守兴安、全县的主力，转移去防守恭城、灌阳一线。果不出何键所料，匪使侧卫吸引桂军南移，其大股则循肖克故道向西急窜。而白崇禧也早预料及此，深恐桂军转移，匪徒乘机潜入“四关”。但因其防线有七百里之长，所部兵力只有十四团之量，明知朱、毛系声东击西，觅隙逃窜，为着顾虑本省自身之利害计，权其轻重，宁肯放弃全、兴，不能不屏障梧、桂，俾免精华城镇陷于危殆。当兵力转移之初，白氏心灵手敏，先电行营请示，得到复电许可，而后再电湘军延伸接防。又电陈恩元电话通知章亮基，转请何键饬令周浑元部迅速向南压迫，以便夹击。按上编日记计算，周浑元二十三日才抵宁远，二十六日才克

① 本月，指 11 月。

道县；湘军之章亮基师二十四日集中沙子街；陈光中师开抵黄沙河；薛岳所部才集结零陵，自然是决河救口，缓不济急。因为追剿军延伸不及，衔接不上，生出空隙，湘、桂两军原来拟定之封锁计划成为废纸，因此防线中变，双方几乎发生多大误会。假如责备桂军不应撤防，则桂军曾经请示批准；若责湘军何不填接，则湘省后备无兵。所当怪者，南昌行营既不准许朱耀煌、岳森两师增防，自不应限制薛岳一路迟到。倘薛部能提前二、三日赶到零陵，抑或周浑元部能早二、三日克复道县，则原订计划仍可补救。盖薛路到达永州，则湘军可延伸入桂；周部速克道县，则桂军可堵灌阳。果如此，则湘、漓两水之防线可续，龙虎、“四关”之夹击，可以成擒矣。编者在宝庆曾询之何氏，何曰：“当接白、陈两氏电催填接压迫之际，薛岳先头部队已到衡、祁一带。经面促薛马上派队接守零、黄，以便湘军伸入兴、全接替。讵薛以远道驰来，辛劳特甚，请俟敬日全部集中零陵后再行派遣等语相对。余以客军无可如何耳”。古语云：“兵贵神速”，当此千钧一发之时，稍纵即逝。如桂七军追剿肖匪，亦往返数千里，征鞍未卸，又口着鞭，何以不闻“辛劳特甚”？此所谓天生骄子，行动自与凡夫不同。“等待全部集结而后派遣”，孙吴兵法，中外军书，闻所未闻也。坐使朱、毛乘隙窜去，岂谓人谋之不臧哉！

（原载胡羽高：《共匪西窜记》，第173—174页）

△按：当日共匪窜入桂北之时，两广军队向有连锁关系，究竟此时之陈济棠对于援桂用兵之方略如何？阅者必注意到此问题，故编者附其梗概如次：

第一集团军总司令陈济棠，迭接桂方李、白两总司令之电，知桂北情势严重，且桃川、白芒营等处，接近粤北之连、阳、星子，恐匪乘机窜扰，于是电令驻防粤北江部队推进，新调第五师李振良全部开回广州西上。计粤军分为三路援桂：

一路由独立第三师副师长李江率所部陈伯英、吴启宇、何麟瑞、罗策群、陈骥等团，由蓝山、江华续向锦冈，开往恭城。

一路由梁公福、陈亨垣、李绍嘉及独立第二旅一营，从连、阳沿桂岭、大宁开进桂边。又令驻韶关之何联芳、梁荣球两团，接防小北江。

一路由李振良师长率该师全部，由广三铁路转西江，搭轮开入桂省，相机增援。

粤军尚未达到目的地以前，桂军已将朱、毛股匪驱逐出境。白崇禧生性倔强，计画防匪，毫不示弱。如迭电追剿总部，一再请中央部队，迅速向南压迫，以便使全力对匪作战，语气何等轩昂！倘当时中央部队果肯向南压迫，迅速追入“四关”，则前有桂军，左有粤军，右有湘军，后面追击的中央军，四面合抄，朱、毛虽生双翼，也难飞渡湘、漓。在朱、毛陷于触藩之势，进退维谷，而追军迟迟不进，堵军不迅接防，弃地之利，失天之时，卒归罪于人事之不肯尽耳。据道路传说，桂[据]匪供称，匪军过桂北时，喊出打死湘、桂军，拖死广东军，吓死中央军的口号，虽然不值一笑，但其如此宣传，盖有分寸矣。

（原载胡羽高:《共匪西窜记》，第179页）

△按：当时有人批评谓：蒋委员长俭亥电申斥，非常洽[恰]当，完全表现其责人者周而重，自责者轻且廉。譬如行营派出追剿之薛、周丽路，裹足不前、迟疑不进者，并无片言责备。何键忍无可忍，乃有误时失机，军律具在之宥日电令。查行营俭亥电，据恢先所报，无兵守河，以责桂白，在表面上，词严义正，而其作用则在刺探刘、白全州协订之内容如何，使湘、桂两军自生破绽，互相猜疑，欲破其连横之约，编者深讳其言。

（原载胡羽高:《共匪西窜记》，第181页）

△前述南昌行营俭亥电，虽寓有挑拨作用，然于此役，不可谓非有刺激之功。何则？倘使湘、桂两军不经此番严谴，或不致如此拼命、露脸，还不是袖手壁上，听匪扬长而去罢了。因此一激，所谓遣将不如激将，双方不能不自努力。且各有其苦衷，无可陈诉。何氏不得已而告之手刘文岛，白崇禧不得已而遍之于滇、川、黔当局及何、黄两部长也。

细绎湘、桂两军文电，皆指匪偷渡咸水者，为匪之便衣先头小股。按何键卅戌电谓：空军本日报告，麻子渡、马鞍山、莲花塘及文市、石塘圩、大岭背，各发现股匪数千，刘建绪部截伪三军团之机炮甚多。与白崇禧卅酉电谓：本晨，覃师由新圩、石塘、古岭头，与彭匪约三师之匪激战，匪集中机枪射击。又大莲塘、鲁枧之匪，薄暮顽抗未动，与伏[光]华铺相持逾万之匪等语，两相印证，则是匪之主力尚未逃出该两军之防剿圈。桂军以廖磊、夏威两军及民团，湘军以陶广、李觉、章亮基等师及补充总队之力量，与朱、毛、彭等匪作两昼夜之殊死战，可知其为主力战也不虚也。不过双方文电有些推御[卸]责任的意思。如湘军电报，一定说是匪偷渡漓水；而桂军电报，则一定说是匪窜渡湘水。其意仿佛匪窜漓水，则责任在桂军；匪窜湘水，则责任在湘军者然。又湘军则谓兴、全线无兵守河，桂军则谓友军不速向南填接，都是推卸责任的语气。总之，无论匪窜渡湘水也可，窜渡漓水也可，好在双方原电具在，其间指出匪窜各地名，可以复按，似此无谓争辩，不足计较。所最堪注意者，不在匪窜与不窜，乃在军打与不打为重要耳。果能与匪命相拼，纵不能拒其不窜渡，而人亦能原其迹而谅其心，总算是尽了人事，虽不能将匪扑灭，只好听之于天，委之于数罢了。最可耻之事，莫过于趋趄不前，连电报捷，上蒙长官，下骗民众，此类事件，大有人在。编者存心忠厚，不肯揭破，姑为隐之，以全体面。……

（原载胡羽高：《共匪西窜记》，第 185—186 页）

△按：因为刘建绪之感戌电，而后引起蒋委员长之俭亥电；因为蒋委员长之俭亥电，而后引起白崇禧之东戌电。拿这几通电报连在一起来看，实在颇感兴趣，似乎上下左右互相在推卸责任，闹成剿匪中一段笑话。平心论之，大家都有不是处，但其个中症结，前文已约略言之。在初，南昌行营怀疑湘何，恐怕他与西南密有勾结，乃靳不予兵。洎自匪已深入湘南，始抽派北路军之薛、周两路来湘助剿。倘湘省果能把匪消灭，也可以探天之功而为己力；万一不能，亦可以藉邻国为壑，驱匪出境，便算了事。所以，薛、周两路迟迟其行者，其中必另授锦囊也。当时，刘建绪不敢直陈薛岳裹足不前，而又不能不向中央有所表示，于是，以兴、全之线无兵守河上闻。不料南昌行营遂藉此以为口实，即凭此根据以责难桂军。殊不知白崇禧生性强硬，岂肯甘心无兵守河之责，用是不能有东戌电滔滔之辩，反唇相讥，凡剿匪者，皆不能逃。电中讽刺谓进入全州附近友军推进者，指刘建绪也；谓何军瞻望不前者，指周浑元也；谓何军迟迟不进者，指薛岳也。至谓抱宁为强敌粉碎之志，决无畏敌苟存之心，正面固自表其决心，反面则刺怯懦者，比比然矣。当局读之，不识能愈头风否？

（原载胡羽高：《共匪西窜记》，第 191—192 页）

△按：桂军撤退兴、全主力转移于恭、灌县之原因，据白崇禧冬未电，赤裸裸的和盘托出。他自认“兵力单薄，兼顾未能，当我富、贺、龙虎关吃紧，诚恐共匪绕南西窜，如入无人之境，则蔽省负责更大，故将主力转移”等语，本来白崇禧亦深知共匪目的在西窜，但恐其乘虚绕南而出，则桂省精华地带，如桂林、平乐、梧州、柳州等区必受蹂躏，以故宁放弃兴、全而固守恭、灌。但白尤疑虑，中央待其与共匪决战对等相消之际，薛、周两路必乘机大举南攻，一箭双雕，可收渔利。以故宁可使匪有隙窜去，不可作无谓之牺牲。白、何互辩，各有隐衷，而

又不能表露，只好湘、桂打一阵笔墨官司，敷衍了事。

（原载胡羽高：《共匪西窜记》，第 197 页）

△据前考断，则朱、毛匪窜渡湘水，究竟此役谁负其责，孰尸其咎？有人说，桂军疏于防守，则在桂军。或曰，桂军奉令移转，当然不负疏防之责。又有人说，湘军不速填接，则在湘军。或曰，湘军奉命追剿，又焉能负堵击之咎？其人曰："如此说来，则湘、桂两军皆不认咎。然则共匪渡河之责，咎将谁归？"或曰："大有其人，南昌行营负统筹之责者是也。"举其理由，约有数端：一不应限制薛路迟到零陵，专意防匪北窜。二不应靳予朱、岳两部不准西开。三不应即时撤销南路军名义，使与剿匪不生关系。四不应集大军于残区。行营全盘统筹，算无遗策。在匪未脱窜以前，先颁方略；断定匪或股窜，而又固意放出此空隙使之逸窜，其责其咎，不归行营参谋长而归之谁？编者深讳其言。

（原载胡羽高：《共匪西窜记》，第 205—206 页）

△按：中央大军既不用之于追剿、截剿，而留赣、闽清剿，其实是用来防范西南。今西南既请出兵①，正好使之前往，以省南顾之忧。况薛、周两路专事防匪北窜，湘省军团要分力量来堵剿贺、肖，陈、李、白等洽［恰］于此时请缨追剿，中央果具剿匪诚意，应即颁布明令，爰整师旅，以遏朱、毛，勿任流窜川、黔，为害滋甚，方足以践抗日必先剿匪之宣言。殊电达中央，留中不报，揽权误国，此为厉阶。

（原载胡羽高：《共匪西窜记》，第 225 页）

△按：第四编末，曾经纪述中央对于抗日，禁止言论，对于剿匪，不许出兵，就是指着陈、李、白请缨之电而言。中央衮衮诸公，天天

---

① 指《粤、桂两集团军陈济棠、李宗仁、白崇禧请缨追剿朱、毛真电》（1934 年 12 月 11 日），见《共匪西窜记》第 225 页。

高唱精诚团结，共赴国难，则今日之剿共，也可算是国难问题之一。陈、李、白既请命于中央，西南政委会又叫他们向中央军事当局商承一致[①]，这何尝不是西南对于精诚团结、共赴国难之表示吗？而中央一般坐洋楼、乘汽车、吃大菜，席丰履厚的先生们，今天开会救国，明天开会赴难，对于这剿匪重大计划噤若寒蝉，连屁都不敢放一个，难道这般大人、先生们，只会做上海协定、塘诂[沽]协定，订来、订去，将中华民国地皮订到丧失无遗，那才算是精诚团结、共赴国难吗？中枢不放心两粤，屯驻大军于赣、闽以为防范，两粤自动出击，正好利用机会，调虎离山，釜底抽薪，莫妙于此。而中枢又计不出此，捏住怕死，放了怕飞。数年来对于匪共，自己不能剿，又不敢剿，又不肯让人剿，又怕人剿，国事如此，宁不痛心？

（原载胡羽高：《共匪西窜记》，第 226—227 页）

△按：编者曾于第二编末，附记犹国材[才]对王家烈要求各项之陷电，并叙述王主席家烈四面受敌之环境。看他指定犹部东开路线，就可以证明他防范犹国材[才]的意思，恐怕犹部假到贵阳于他不利。所以，指定犹部经广顺、绕定番出都匀、下三合而赴黎平。闻其中系听信刘民杰的主张。刘宿意离间王、犹，故有此着。犹亦因王对于自己尚有怀疑，把一切补给欲得到手，率性按兵不动。本来衡情夺理，不能怪王不虑犹，亦不能怪犹不疑王。盖王家烈对于毛光翔，表演马武逼宫之后，夺得省主席地位，又恐犹乘虚而入如法炮制，以夫子之道转进夫子，因此，不能不支犹远走。而犹原来是周西成之第三师师长，地位稍次于王，原来有逼走彭汉章，占领贵阳的首功。自王、犹失和后，犹亦扩充其兵力为六个团，驻扎盘江八属。今王令他先开三团东下，其余仍驻西路，似此两地暌违，千里悬绝，教犹如何放心？此

① 指《西南政委会助勉陈、李、白文电》（1934 年 12 月 12 日），见《共匪西窜记》，第 226 页。

犹之所以疑王也。然王、犹之所以疑忌日深者，却被中央神机妙用，有以成之。盖中央对于西南，貌合神离之局势，必欲得夜郎精兵始可以制南越，故不惜利用王以倒毛，再欲利用犹以倒王也，使之鹬蚌相争，到必要时，则坐收道（渔）利。……犹国材[才]三团兵力迟迟不前，在黎、永、锦、柱所恃为孤注一掷之军队，仅有湘黔边区剿匪司令何知重直属之两营，与黔第七旅周芳仁所部一团耳。杯水车薪，安能济事？

（原载胡羽高:《共匪西窜记》，第 220—221 页）

红一方面军长征时期（二篇）*

△……此次共匪西窜，李、白老早知道赣匪确切不移的阴谋，必放弃老巢，死命挣扎，向西流窜，达到川、黔。而其先锋肖克，开辟途径，曾经桂北作为导线，则此番朱、毛出窜，当取此道无疑。桂北防务之重要，自不待言。故李、白一面飞调入黔追剿肖克之廖磊军兼程返桂；李总司令宗仁由邕宁驰赴桂林，召开防剿军事会议，凡团长以上将领均参加出席商讨截堵窜匪计画。决定集中兵力于富川、茶[恭]城、龙虎关、灌阳、文市、全州、黄沙河一带。又于富、贺、龙虎关迄全州、黄沙河沿线赶筑工事碉堡。即令由黔开回之第七军军长廖磊，会同第十五军军长夏威，分守全州、灌阳、龙虎关一带，严密布防。富川方面，调原驻粤北连阳之第四十四师王赞斌部防堵。钟山、贺县一带，则令第四十三师黄镇国师与王赞斌师连[联]系防培。又调原驻龙州之韦云淞师全部开赴恭城，所有左、右两江防务，交由李品仙督办负责捍卫。正式陆军部署已定，并加派桂林区

* 《共匪西窜记》中关于“追剿”红一方面军的军事部署，已大量见于所录国民党军各日电文，这里仅选录不属电文部分。

民团指挥官陈恩元率部防守全州。又令平乐区民团指挥官蒋如荃檄调民团八千，注视富川、贺县。又令梧州区民团指挥官石化龙集中民团五千于苍梧、昭平。李宗仁部署已定，即返邕宁坐镇，留副总司令白崇禧驻桂林指挥。白崇禧即成立四总行营，在前方督剿。

（原载胡羽高:《共匪西窜记》，第159—160页）

△在第六编末，白崇禧报告十一月廿五日匪入桂境，至十二月十二日匪完全出境，匪共窜经桂北，只有十九天[①]。在此两旬之间，何总司令键早已判断该匪必循肖匪故道转入湘、黔，在衡州军次先令第一兵团，位置一部于城步，主力集结于绥宁，另以一部尾追；第二兵团由武冈、长铺子出洪江、会同、靖县、通道觅匪攻剿。并着备兵团督修所在地区之碉堡。兹将湘西上游四道碉线，分述如次：

追剿军依照南昌行营十一月十七日筱戌电，匪窜过湘、漓〔水〕以西之围剿计画大纲，建筑湘西防御碉线四道，用防朱、毛西窜，以及北窜。

第一碉堡线：

自新宁县城，经崑山、七星桥、窑上、豆子坪、寨安背上南庸、唐家园、五里渡、城步县城、江州、丹口、石壁、临口、菁芜、通道县、岩门铺、伏屯、靖县、飞中[山]、太平界、龙孔坳、广平、瀼口、安顺溪、东城场、牛埠、托口、牛角界至芷江。

第二碉堡线：

自新宁县江口桥、飞仙桥、马头桥、龙潭桥、石狮子、迪贤水、李家渡、黄皮坳、浆水坪、横江子、五里湾、铜鼓岭、城步县城、江渡、科头塘、四头、梅口、柳塘、江口塘、岩脚田、枫木坪、寨坡、十四铺、绥宁城、文昌阁、黄土桥、天堂界、乐安铺、烟墩界、杨柳塘、牙磨、

① 指《桂军白副总司令崇禧在荔浦欢迎会报告剿匪经过》内所述，见《共匪西窜记》，第214页。

墙界、靖县、飞山、太平界、烟墩界、龙孔坳、广平、瀼口、安顺溪、东场、牛埠、托口、牛角界至芷江。

第三碉堡线：

自新宁县江口桥、飞仙桥、龙潭、石门司、半山，江口、石山背、石崖市、山口、高坪、茶溪、梅口、柳塘、长铺子、余家滩、竹舟江、河口、麻塘、长寨溪、若水、洪江至黔阳。

第四碉堡线：

自新宁经安心观、武冈、田心铺、花园、瓦屋塘、金瓦塘、雪烽界、西坡、袁马、洪江至黔阳。

以上四线，修筑完成者，计绥宁内砖碉十一座，土碉八十四座；黔阳县境内砖碉七座；靖县境内砖碉六座；城步境内九座；会同县境内九十四座，共计碉堡二百十一座。

此湘省预先防堵之设备。至〔于〕朱、毛已经离桂境而窜入湘西，究竟广西与贵州两省作何部署，似不能不予以叙述。

广西方面：

广西自将朱、毛驱逐出境以后，仍不放松，恐其回窜。第四集团军总司令部行营，将第十五军夏威编为第一追击队，率领黄镇国、王赞斌两师，由西延尾匪追剿；以第七军廖磊编为第二追击队，率领周祖晃、覃连芳两师，经龙胜、古宜抄击匪之侧面，亦防护其柳江上游，仍向湘、黔边境推进。

贵州方面：

贵州省主席兼二十五军军长王家烈，把肖匪驱逐出川边，本人回到贵阳，喘息未定，而朱、毛已窜到湘西，其所属之部队均集于松桃、铜仁、石阡一带清剿残匪，一时抽调不来，乃令犹国材[才]出兵三团，指定开驻黎平、永从，以防窜匪。

（原载胡羽高：《共匪西窜记》，第 218—220 页）

广西省政府政训处消息（节录）*

——关于派宣传队分赴桂林、平乐两处各地宣传剿共意义、防共办法，及成立兴、全、灌三县联区保安委员会之消息

（1934年11月）

（一）

本处[①]为使沿湘〔边〕各县民众彻底明了我省此次出兵剿共之意义及一切防共方法，特于十月卅一日派出宣传队两队，携带宣传品多种，分头出发桂林、平乐两处各地宣传。第一队往桂林，第二队赴平乐。第一队由李科长文钊率领，队员有李漫涛、裴代智、李嘉谋、曾纪纬、陈远谋。第二队由林科长中奇率领，队员有刘延年、潘新潮、庞辉辉、张寿朋、吴松。

（二）

赣中共匪倾巢西窜，湘南、桂北为其必经之道路。桂北兴、全、灌三县瑶民甚多，且知识低落，当局恐其为共匪所利用，为防患于未然计，故特于兴安李家湾组织三县联区保安委员会，专从事于瑶民宣化工作。本处以其工作甚属重要，于本月派出曾德崇、梁铁石、普剑魔三同志驰赴该委员会协助指导云。

（原载《创进月刊》1934年第6、7期）

* 原件标题“处闻”，编者理解是指国民党广西省政府政训处活动的消息。原无副标题，这是编者按文内所述而添加的。

① 本处，即是国民党广西省政府政训处之自称。

蒋委员长严电各路军堵击赣匪，倘逾越某部防线，惟该长官是问

（1934 年 11 月 12 日）

南昌电：赣匪倾巢西窜，企图踞川、康以建立中国苏维埃政府，并打通国际路线，事实已甚明显。蒋委员长以赤匪此举，剿匪国军若不力加堵击，使其企图不获实现，不独有碍剿匪之声誉，兼且关系国家民族存亡。昨特电令各路军总司令、总指挥、各军长、师长对于西窜赤匪，务必死力堵击，倘有越过某部防线，即为[惟]该部长官是问，云云。

〔《大公报》（长沙版）1934 年 11 月 12 日〕

何总司令就任追剿军总司令职

（1934 年 11 月 15 日）

何总司令以赣匪绕道粤边，窜入湘南，现向宜（章）、临（武）逃窜，我追击堵剿各部已布置完毕；北路军与粤、桂友军，均已到达预定地区；同时奉蒋委员长任命为追剿总司令，亟应进驻衡州，组成追剿总司令部，指挥在湘各部，联络粤、桂友军围歼该匪，以除党国隐患，何总司令特于昨十四号上午八时二十分钟，由公馆乘汽车径使[驶]衡州。陪往者有刘大使文岛、李师长觉。奉调随行职员，有总部参谋长郭持平、办公厅主任凌璋、参谋处长郑兆熙、党政处长何浩若、副官长熊士鼎、办公厅秘书王政诗、王景羲、参谋处科长彭奇峰、梁祇六，及经、交、医、械、副、法、党政各处科长各数员。由东站共乘汽车十六辆，先后随行赴衡。届时在公馆欢送者，有张、余两厅长、易秘书长、吴主任（家騄）及总部各处长等。闻当日正午即达衡

城，刘司令建绪等在站欢迎极盛。何氏于启节之顷，令派总部副参谋长吴家碌为长沙后方留守主任，代行西、四两总部后方一切事宜。省府主席仍推曹委员典球代行。一面谕令保安司令部会同省会警备司令部负责办理关于省会治安一切事宜。如有造谣、摇动人心者，准以军法严办，以安后方云。

又衡州电话云：何总司令定于本日十五号上午十时，就任追剿总司令新职。已奉蒋委员长电令，派刘大使文岛届时代表监誓，以便指挥各部迅歼窜匪。想届时必有一番盛况云。（国）

〔《大公报》（长沙版）1934 年 11 月 15 日〕

李、白在桂布防堵共（节录）

（1934 年 11 月 16 日）

赣匪突围西窜，图由粤、桂入湘走川、粤、湘、桂、黔边陲，迭有战事发生。幸朱、毛共匪，年来迭遭重创，主力瓦解，且远离巢穴，匪心涣散，故旬来窜匪，迭受一、四两集团军迎头痛击。四集团军驻粤办事处主任王逊志氏，昨日奉召回桂，前（十四）日谒见李（宗仁）、白（崇禧）两总副司令完俊[竣]返抵粤垣。记者昨（十五）日晤王氏于白云楼办事处，据谈：一、共匪突围倾巢西窜，李、白两总副司令，以桂省全州、龙虎关为共匪入川孔道，已于昨日出巡桂省东、西[北]，从事布防，截断共匪后路。李总司令因剿匪军事紧张，及越南总督行将莅桂，暂止来粤。二、肖克部匪已肃清，但因朱、毛突围西窜，李、白两总、副司令特急调覃连芳、周祖晃、黄镇国等师，分防桂省东、西一带，捍卫富、贺、龙虎关、灌阳等地治安，堵截西窜共匪。

（香港《循环日报》1934 年 11 月 16 日）

总政训处宣传队到全州

（1934 年 11 月 16 日）

第四集团军总司令部政训处第一宣传队长李文钊，奉令到桂林区属各县宣传防剿共匪，于三号召集各界代表讨论进行办法外，并印有“告本省同胞”传单，张贴各种标语，以广宣传。是日，派出队员裴代智、李嘉谋、陈远谋三人，先赴全州宣传，其余四人，则于五号方去。“告本省同胞”传单中首述江西残余共匪，因在江西必消灭，故欲西窜四川，但现在湘[湖]南、贵州、广东、广西有二十余万军队，将匪围剿，共匪乃自行送死。次述共匪快将崩溃消灭，但匪能造谣，并手段毒辣，为保存本省数年来建设计，不能容共匪侵犯。又次述本省现集中军队、民团极多，区区崩溃共匪，不难防堵截剿以消灭之，只要大众民众一致起来负责。若大家逃走，则共匪必来掳掠奸淫。最后希望民众注意三事：（一）莫听信谣言，致中共匪诡计。（二）赶筑碉堡炮楼，并命扼守，勿使共匪侵入，并将谷米食物保存于内，使共匪无处觅食。（三）与军队、民团切实合作，互相联络帮助，一有紧急情况，即速报告附近军队与民团。

（香港《循环日报》1934 年 11 月 16 日）

赤匪残部向湘桂边境逃窜（节录）

（1934 年 11 月 17 日）

广州十四日电，连山探报，彭匪率万余侵小北江，图犯桂边钟山、富川、灌阳，以牵制桂军截击。并护前队由湘西窜黔川。顷

（宗仁）电陈（济棠），彭匪侵小北江图犯桂边，令 × 师迎击外，派 ××× 师入 ×××× 堵截。湘何键派张沛乾乘机抵粤谒陈，商西、南路军堵匪机宜。

广州十四日电，总部息。蒋委员长电陈济棠、李宗仁、白崇禧，东、南、西、北路军合围堵剿，指定阵线，毋使匪漏网入川。

〔《大公报》（长沙版）1934 年 11 月 17 日〕

何键呈报追剿计划蒋电复嘉纳

（1934 年 11 月 19 日）

中央社衡州十七日电：何键拟定追剿计划，电呈蒋委员长请示机宜。蒋委员长复电嘉纳。

（江西《民国日报》1934 年 11 月 19 日）

李、白十七日抵桂，策画剿匪军事

（1934 年 11 月 20 日）

中央社香港十九日电：梧息：李宗仁、白崇禧十七日抵桂林，策画剿匪军事。

（江西《民国日报》1934 年 11 月 20 日）

四集团军派大兵堵截赤匪入桂

（1934 年 11 月 20 日）

据四集团军消息，白副总司令自出发桂林座镇后，其所部之廖磊、夏威两军，周祖晃、王（黄）振国、覃连芳、王赞斌等师，现在全州、灌阳、兴安、永兴、龙虎关、黄沙河，沿桂北、桂〔东〕一带堵匪西窜之路。现连日调动应付匪情，极为忙急云。

（香港《循环日报》1934 年 11 月 20 日）

第七军部人员到桂林

（1934 年 11 月 20 日）

梧州十一月十六号通讯　第七军奉命由黔凯旋回桂，加入东北各县防堵共匪由赣西窜，现在军部人员经于五号回到桂林，入驻旧桂山中学校址，日内即可开始办公。又该军部因部队开拔，须用长伕多名，……月饷十五元，连日已有人前往应募。

（香港《循环日报》1934 年 11 月 20 日）

桂省军事部署情形

（1934 年 11 月 23 日）

广州专讯：匪谋窜桂逃黔，遂将临武自动放弃……故粤军实则止于临武，未有再进。而共匪之主力已移至江华、永明一带，前头部队，已抵桂境，灌阳已呈紧张之状。桂军主力集中桂林、灵川一带，加紧建筑防御工事，防培共匪。匪之图桂，仍照以前肖克窜黔旧道，桂军早已探悉共匪犯桂之计，遂早有准备，布置军事，故此次共匪若从桂北窜黔，非有重大之牺牲难以通过。军、匪二次战争，将必在于桂北。昨（二十二）日，据第四集团军消息，桂省防共军事，早有相当之准备，桂林一带，均满布军队，势力甚为充足。我军人数约有三万之外，均是主力战争之部队，地方治安可由民团维持，第四集团军可以全力剿共，无后顾之忧也。桂省空军全部集中柳州，连日飞往湘、粤边境侦察匪踪。据空军报告，共匪确已西移，大部已抵江华、永明一带，亦已发现小数共匪。桂空军已配装重量炸弹，准备轰炸共匪。第四集团军总部，昨已饬令桂北民众全体武装剿共，如共匪窜入桂境，则迎头痛击。副司令白崇禧自接到共匪犯桂以后，即已由邕前往柳州桂林一带，检阅陆空军。白氏坐镇桂林，督师剿匪。又据总部讯，南路军总司令陈济棠，因以共匪窜集湘南，现已西移窜桂，目的取道贵州而入川，倘共匪果获过桂逃川，其祸将无底止，遂于日昨特电中央，请速派部队压迫南下，乘势歼灭共匪于湘南，使不至逃桂窜黔，养成其祸也。

（香港《循环日报》1934 年 11 月 23 日）

粤桂湘三省最近军事部署

（1934 年 11 月 23 日）

粤、桂、湘三省大军，合围西窜赣匪军事，异常积极。兹据军讯，粤军教导师缪培南，独立第三师李汉魂两部，已完全进抵临武，李汉魂氏亦亲在临武策划。该两师现且节节向蓝〔山〕县挺进，而第二师长叶肇率所部三团，会合独二旅陈章部，自收复宜章后，仍继续前进。桂军之王赞斌、覃连芳两师亦经入驻永明、道州、星（江）华一带。全州方面，则有覃连芳师一部留守，刻已将共匪三面包围。第四集团军总、副司令李宗仁、白崇禧，以残压迫近桂北，企图取道入川，亟应严密布防，杜绝窜匪入川之路，乃饬属由全州至桂林一带，计二百里之遥，于每十里，体察地形，赶筑坚固碉楼若干座，及其他防御工事。白氏亦于前日偕第七军长廖磊，抵达桂林就近指挥一切。现驻桂林之部队，计有黄镇国师及民团二万余人。黄师亦将开全州增防，借厚桂边剿匪力量。白副总司令于必要时，亦赴全州督师。至于赣南方面，现仍有残匪活跃。查本月十九日，有雩都之残余约有数千人，第二批之伪一、三、五、七[①]、八、九等军团，自入湘南各地后，被国军派队数路堵截追击，不敢恋战，遂狼狈沿粤、桂、湘边境窜往嘉禾、新田、宁远、江华、永明各地，向永州、全州西窜共匪，是时逃窜虽属迅速，惟各处道路崎岖沿途跋涉，现仍未超过零陵、全州境界。

共匪主力自逃窜湘南后，……分两路经嘉禾、新田、宁远、江华、永明、道县向全州、永州方向退窜，其原定以三分之二匪军犯祁阳、零陵直趋宝庆。入川计划，略有变更，故不敢向该处西窜，乃改向湘省之西南桂边，继续进窜，企图通过全州，沿桂黔入川。同时，又因沿途道路崎岖，行旅惟艰，共匪辎重极多，所有笨重用品，及老弱病兵，一律沿途遣散。

（香港《循环日报》1934年11月23日）

① 此处有误，实际并无第七军团参与长征。

桂北防务吃紧（摘录）

（1934 年 11 月 24 日）

广州专讯　四集团军副总司令白崇禧，以共匪行将窜抵边区，桂北防务吃紧，昨并檄令全州、兴安等处边区乡人，每甲派出一人，赶行出发边区，建筑防御工事。其在边区各属乡民，每五家给发枪枝一杆，子弹五十发，联防保护，俾资捍御，而厚地方武力。

（香港《循环日报》1934 年 11 月 24 日）

桂北必有空前恶战（节录）

（1934 年 11 月 24 日）

广州专讯　共匪向西移动，窜扰桂北，欲沿肖匪窜黔之道西窜，连日桂边形势紧张。第四集团以重兵屯驻桂林一带，令桂北民众全体武装，严堵共匪。昨午，此间军事当局，已接前方军报，共匪前锋确已入桂境，主力则仍集中永明一带，南路军昨已电中央军追击。查此次赣匪西移，窜扰湘南，南路军曾电南昌行营报告，并请增调大军南下压迫。

查李师于今（昨日）可抵英德，桂北部队现有五师之众，人数约三万。惟共匪此次拼命西窜，倘实力稍薄，势难歼灭共匪，将来桂北必有空前恶战。灌阳一带确已发现共匪，已与当地民团发生战事，请南路军刻即入湘追击共匪等语。如中央军果自永州入桂截击共匪，粤军向西压迫，桂军则在警戒桂北，共匪势难渡此关头，必将从此消灭。至查共匪肖克自窜黔入川后，因悉朱德、彭德怀等匪已窜桂北。肖匪复自川派一小部窜黔扰乱黔、桂边境，欲以牵制桂军之截击共匪。南路军总司令陈济棠昨接第二纵队指挥官李扬敬电报，谓据探报，会昌瑞金等处尚有之截击共匪南路残匪由叶剑英指挥，欲扰我第二纵〔队〕防线。我第七、八两师及独立师等均已严密警戒防堵，如共匪来犯当迎头痛击等语。查共匪复扰粤边，此其西窜之策略。因以西窜湘南共匪，正急窜于桂北，且受湘、粤、桂三省部队包围痛剿，共匪遂即扰我第二纵队防线，以作牵制粤军之援湘也。昨已接到中央军电报，薛岳已率部抵达永州，准备入桂会剿共匪，现我独三师已向江华、永明追击，蓝山、临武已无匪踪。

（香港《循环日报》1934 年 11 月 24 日）

宁、道间战事极烈

（1934 年 11 月 26 日）

我西、北各路军，现追匪到达宁远、道县间，战斗甚烈，毙匪甚众。兹录前方捷电如下：

电一、衡州总部敬（二十四）日来电云：（一）宁远东南地区洪观圩、楠木桥之匪，查系朱（德）、彭（德怀）在阵前指挥，抗战激烈，经李云杰部痛击，向落山庙逃窜。永乐圩之匪大部已被击溃，一部仍抗战中。（二）王东原师，已追匪至东村胡家，遇伪五军团全部，当令张旅（谷中）出击，自巳至午，连夺数山。匪愈战愈众，伪一军团来援，与我陈旅沿下灌至宁远大道左侧高地，双方冲击，战事异常猛烈。后匪陆续增至万余，几经肉搏，我官兵沉着应战，迭以机枪、手榴弹痛击，现尚相持于两百米之间。左翼之匪被我张旅长督部猛力冲溃，退至距下灌里许之宝塔山东北端，复停止反攻，即就现地对峙彻夜。计本日毙匪千余，获枪数百。我方亦伤亡连长罗简等百余员名，等语。

电二、衡州总部敬（二十四）亥电云：情报。（一）王东原师敬（二十四）日拂晓，向下灌攻击，晨刻攻占下灌。当派汪旅长（之斌）跟追，追抵大界要险，由辰至午。均在激烈对战中。（二）王师（东原）昨俘匪千余，据供与该师对战之匪系五、八两军团全部及第一军团之一部，受创甚巨，现向道县西窜中云。（国）

〔《大公报》（长沙版）1934年11月26日〕

桂北剿匪之军事详情（节录）

（1934年11月28日）

广州专讯　桂林来电云：急（衔略）。（一）共匪约万余人，敬（二十四日）晚窜永明，本晨由桃川继续向龙虎关前进，现正在龙虎关前方，与我第七军激战中。（二）窜扰富、贺之伪第一军团及九军团之一部，被我军击溃后，向江华方面退却，现正在追击中。（三）本日拂晓，有大股匪军，由东瑶山向永安关、文市方面袭击，我王赞斌师，协同民团截击，自晨至酉激战极烈，现正调大军堵截。四集团军总司令桂林行营参谋处卯有亥。

桂林来电（一）据廖军长宥（二十六）专电称，本晨匪从江华大股增援，向我阵地冲锋十余次，均经击退，现仍在龙虎关前方，与我相持中。（二）据灌阳转来王师长赞斌电报，有（二十五）晨共匪数千由东山瑶绕出关背，复袭四关，同时正向蒋家岭，亥猛烈向我攻击。职部因兵力单薄，受敌包围，苦战四小时，始得突围而出，刻正退守文市南方苏江、新圩之线，听候增援反攻。目下匪正纷纷进入文市，为数不下万余等语，现经飞饬夏军兼程前进迎击。第四集团军总司令桂林行营参谋处宥戌。

广州专讯……本处今（二十七）日得接南宁总部来电，略云，韦云淞师，于本月养（二十二）日将西窜共匪为一、九两军团击溃，旋匪又窜扰恭城、灌阳、全州、龙虎关、永安关、清水关等处，子本月梗（廿三）、迥（廿四）、有（廿五）等日，均被我王、周、覃、黄师痛击，受创甚深，现桂北防务极为巩固。韦云淞师驻富川、恭城、灌阳、全州、兴安等处，由王赞斌、黄振国、周祖晃、覃连芳等师，分别择险布防。白副总司令业于本月二十五日由桂林率总部行营，出发平乐，就近督师。李总司令则以剿匪军事，布置异常周密，且白副总司令亲自出发督师。前方军事策划有人，为此，亦于日昨离桂林返抵南宁坐镇云。

又函云：……共匪自由湘南向湘西窜川后，原拟沿大路通过零陵，经宝庆而窜，嗣因剿匪军事当局，早已洞悉其奸，乃预派薛岳、周浑元等十余师，在祁阳、永州、全州之间，布置堵截，异常严密，匪军则由宁远、道州两路出动进犯，但未能越过雷池一步，且多遭损失。同时西路追击部队之李云杰等五、六师大兵，又由新田、嘉禾压迫，而南路军亦向永明、江华、源源衔尾追剿，共匪遂陷于四面包围中，但恐粮食不支，发生内变，乃又变更计划，决绕道桂省灌阳，经全州、桂林间窜过，折入湘西、黔东入川。其一、九两伪军团业经分三路犯广西龙虎关、清水关、永安关，正与桂省部队发生剧烈接触。龙虎关方面，匪军虽来势凶悍，而守军之王赞斌等，亦奋勇抗拒，故现尚未入境，仍在激战中。永安关闻有一部分匪军侵入文市、石塘各地，但全州兵力雄厚，桂林方面，亦派兵夹击，谅难得手。

（香港《循环日报》1934年11月28日）

匪主力仍集道县境，前部已入桂境之文村一带

（1934 年 11 月 28 日）

赣匪大部，现正由宁、道、永明之间，向桂边急窜。我军追及痛剿，毙匪甚众。爰录前方电讯如次：

电一、衡州总部有（廿五）申来电云：情报（一）本午空军二队，飞往道县、江华、永明一带侦察，在江华之上江、高桥附近村落（按高桥铺属江华，上江圩属永明。相去数十里。）发现匪部，当〔即〕投弹轰炸，均命中，并用机枪扫射，匪多死伤。（二）匪主力四、五万在道县寿佛寺（在道县西北）之线。一部万余人，在道县北王母桥附近，绕窜龙虎关（桂境灌阳[恭城]属）附近之匪约万余人，向永明北之上江圩附近行进。（三）匪后队万余连日在宁远西南之把戏、大界一带，与我三（周浑元部）、四（李云杰部）路军节节抗战，毙匪不少，匪逃散亦众，获枪千余云云。

电二、总部同日来电云：情报：（一）宁远之匪，于漾（廿三）日击溃，在该县天堂圩（在县西二十余里）与周浑元、李云杰、王东原等部激战。我军陆、空轰击，毙匪二、三千，获枪千余支。我军亦伤亡颇多。（二）敬（二十四）晨周浑元部向道县大道攻击，匪利用梧溪洞（在宁远道县界潇水之东岸）五、六里长之隘道，节节抗战。肖师（致平）由右迂回袭击其后，匪始不支，向把戏河（潇水西有把戏铺）以西溃退，沿河西岸顽抗。我军大部追及，因水深天晚隔河对峙。是役陆、空军毙匪甚众，我军亦略有伤亡。（三）汝城陈县长敬（二十四）午电称，该县团队，近又俘匪一千四百余名，缴枪甚多。（四）宜章何县长有（廿五）电称，俘匪千余，获枪三千余支正讯办中。（五）本日空军二、三两队分往宁远及文市、龙虎关一带侦察。据报宁远溃窜之匪，正向四眼桥窜走。一部在后掩护，投弹多枚均命中云云。（国、君）

〔《大公报》（长沙版）1934 年 11 月 28 日〕

赤匪分途向桂境溃窜（节录）

（1934 年 11 月 29 日）

我第三路周浑元部、第四路李云杰部，在宁（远）、道（县）之间下灌、水打铺、四眼桥一带，痛剿匪之后队，毙匪甚众，现跟踪追剿，于二十六日进驻道县。匪全窜道县河西岸，先头似到桂境全县、文村一带，正在我湘、桂部队堵截中。录电讯如下：

电一、衡州总部感（廿七）日来电云：（一）窜入桂境四关（即永安关）[（雷口关、永安关、高木关、清水关）] 及文村（属全县[属灌阳县]）之匪约二万人，现正调军围击中。（二）匪众万余，有（二十五）晚在桃川附近，与第七军（即桂军）激战，死伤颇众，现仍相持。（三）我万师（周浑元部）敬（廿四）由宁远跟匪追击，匪扼水抗拒。万师宥（廿六）晚由下游白马渡强渡，并猛击十余次，匪始纷向道西窜走。宥（廿六）下午三时，万师全入道城。

电二、衡州总部宥（二十六）日来电云：王东原部有（二十五）未攻占四眼桥。伪五、八军团及第一军团之一部，计二万余，分向九井渡、福绿[禄] 岩、界排窜走。其后卫枪匪，被汪旅（之斌）追击，激战于四眼桥东北高地，斩获甚多，正猛追中。

〔《大公报》（长沙版）1934 年 11 月 29 日〕

四集团军桂林行营电告二十七日剿匪战情（节录）

（1934 年 11 月 29 日）

广州专讯　粤省于廿八日接到桂林廿七日来电云：急。（一）据富川蒋指挥官报告，昨晚袭我朝东圩、麦岭圩两处之匪，约共有三千左右，今晨经调兵增援，上午九时，将其击退，匪向江华方面逃窜，我军正在追击中。（二）据第七军廖军长报告。龙虎关当面之匪，与我十九师对战甚激。我军数次冲锋，匪均死力抵抗，傍晚我二十四师由右包围，匪始后退，现仍据守永明，准备明晨继续攻击。又本日下午一时，灌阳东南湘、桂边之三峰山，突来共匪人数未详，经我防军击退后，下午四时，匪众增加，仍向我军反攻，目下尚在对战中。（三）据夏军长转王师长赞斌报告：本日上午十时，匪约七千左右，由文市方面南进攻我新圩阵地，职部王团固守阵地抗战，目下仍在对战中。（四）我十五军主力今晚可抵灌阳，经令明晨向苏江、新圩之线展开，攻击文市方面之匪。特闻。第四集团军总司令桂林行营参谋处沁（廿七）亥印。

广州特约快讯　兹据军事确息，现窜抵宁远、江华、道县、永明之赤匪，近被湘粤军及中央军分途衔尾追击，于二十五日下灌之役，赤匪被王东原、薛岳等部围剿，激战数天，匪党死亡枕藉，损失尤大，其残部已向道县、永明窜逃，欲冲破桂军全、永、兴、龙虎关一带防线。现与桂军发生激战中。闻桃川、富川，于二十七日有被匪攻陷之讯。现王赞斌、韦云淞、黄镇国、周祖晃、覃连芳等各师连日经与窜抵桃川、古城、四关、文市、苏江一带之匪混战，胜负未分。第四集团军副总司令白崇禧在平乐指挥军事，并集结大兵于全州、龙虎关，以堵截赤匪由桂窜入黔、川之道。现赤匪出其死力，突破桂军防线，其能否逃入黔、川，容查探其行踪再志。又粤军独立第三师李汉魂以桂北军事日形紧张，李氏特率本师吴以起团及教导师全部开赴连县，以防赤匪由桂边冲出小北江云。

广州专讯　共匪窜扰湘南，于晨州之役被湘军击溃后，计不得逞。即折转而南趋，而由宜章退出。贺县与粤边湘邻，省政府昨已接到连县、广宁两县县长来电，报告边区防务近况。据闻贺县边匪，业已退窜。惟匪军流窜无常，倘贺县失陷，连下信都，则梧州亦危急，其影响于桂、粤两省边防关系重大。四集团军总司令李宗仁，昨特电粤，请由小北江派兵开赴堵截，并请派兵驻防西江、广宁、四会等县，庶护边区治安。四集团军驻粤办事处主任张任民，特于昨二十八晨赴总部谒晤总司令陈济棠，商洽粤、桂联剿匪共军务。据军讯，总部现拟将开赴湘南之教导师罗策群、陈骥两团，开赴小北江，会同李绍嘉、梁公福、陈亨垣等团，协同防驻，以厚拱卫实力。

又查梧州方面，于廿三晚已暗施戒严，驻梧十五军部为策划万全起见，特将贺江及抚河两处封锁，所有船支[只]，不准进出。其在抚河方面，则由下游沿昭平以迄梧州等处船支[只]，准可通过，唯检查极为缜密，其由昭平沿平乐以迄桂林河道，则船支[只]一律不准出口。各属开赴抚河船支[只]，亦不许驶进。

又闻共匪此次之扰攘桂北，其趋势决欲一逞，并以借此扰攘，庶以掩护匪军主力之通过湘、桂边区，以防粤、湘、桂三省大军之追剿，而便遂其沿黔窜湘之伎俩云。

广州专讯　西窜赣匪，图犯桂北，与桂军发生激战，各情迭志前报。兹据军息。窜匪现向恭城扑攻，势极猛烈。南路军总司令陈济棠以恭城接近粤之小北江，窜匪不堪桂军压迫，势将回窜，为防范未然计，经檄调进驻江华之第二师叶肇部绕道回驻连、阳边境，联络桂军，相机向窜匪侧击。西路军总司令何键增兵协剿，以利戎机，特增调四师部队，向湘西之道县、永明急进，刻已进道县附近，与匪发生接触。记者昨并晤第四集团军驻粤办事处主任王逊志，关于桂北剿匪军情，向其叩询一切。据云，窜匪现被粤、桂、湘三省大军围剿于永明，连日均向我军猛攻，企图突围，进犯桂北之恭城、龙虎关、全州各地，假道入川，惟均为我军击溃，计不得逞。现第七军长廖磊、第十五军长夏威，已出发全州、恭城前线督师，李总司令并由南宁增调战机十余架飞赴前方，协助陆军作战，毙匪甚多。桂北防务，异常巩固，赣匪西窜之图将成画饼云。

广州专讯共匪伪一、三、五、七[八]、九军团，自赣西窜湘南，嗣以图粤不逞，后窜湘西，惟如窜湘西，必须横渡桂北之黄沙河，始获通过。惟桂军早悉共匪之西窜策略，将必猛攻龙虎关及黄沙河等处，故以重兵屯驻黄沙河，及以四十四师王赞斌部集中龙虎关，以备迎头痛击，共匪果依原定计划推进。匪获永州，即派大部向桂之黄沙河猛攻，复派一部份之残匪猛攻龙虎关，连日双方发生剧战。共匪屡欲渡河，均被击退，匪死伤奇重，卒未获冲过。匪复犯龙虎关，欲以牵制桂林军事。桂军王师及民团，均集中于龙虎关附近，严阵以待，共匪屡攻受挫。

（香港《循环日报》1934 年 11 月 29 日）

白崇禧赴平乐督战（节录）

（1934 年 11 月 30 日）

中央社广州二十九日航讯：四集团军参谋长张任民语记者，大队匪现抵湘、桂边境，图越黔边窜川，湘、桂大军正分途截击。桂北、湘西[南]连日发生激战，白崇禧赴平乐督战。

又讯：白崇禧自平乐电粤称，伪一、九军团二十三、四日扰我富川、贺县边境，被我十五军夏部击溃，斩获甚多。二十五日龙虎关方面匪与我七军激战。彭、林匪主力复攻我永安关、清水关，与我王赞斌、黄镇国师接触，各线激战中。

（江西《民国日报》1934 年 11 月 30 日）

共匪分两路扰桂

（1934 年 11 月 30 日）

（广州专讯） 共匪此次之扰桂，其主要目的，系由富川南趋，向八步压迫信都，图窥梧州。而另一方面，则由全州、兴安而迫桂林，藉以相互牵制桂省军事。当局为保护梧州安存〔全〕起见，业已集中兵力于信都，严密堵截。而苍梧之十六属之博白、陆川、玉林、北流、兴业、容县、岑溪、藤县、平南、信都、贺县、昭平、象县、武宣、怀集等民团，一律全体出动。统计此项民团，共约有二万人。委蒋如荃为总指挥，分在樟木、马江一带旆防，势力雄厚，故匪军虽有五、六万人，谅亦计难得逞。又查民团之后备队尚未出动者，仍有万余众。倘遇必要时，则此项民团后备队，亦须檄调出动，俾以拱卫梧州。至全州、兴安西趋之共匪，总部昨接到桂省军电，谓已开抵西延、龙胜间，拟向桂林、义宁方面进犯，现由覃连芳、黄镇国两师，开往桂林驻防，昨并增调谢鼎新一团，开赴义宁屯驻。该路剿匪军事，刻尚在激战中。至全县、西延、龙胜、兴安等各属民团约万余人，现亦集中桂林，并一部开赴三江，准备向匪进击。此项民团，以梁翰嵩为指挥。现总部以桂边剿匪军务紧张，昨已将开赴蓝山之独三师及教导师部队，开移返粤，转赴小北江、连阳驻防，并调一部开驻四会、广宁一带。现下梧州方面，人心颇为戒惧云。

（香港《循环日报》1934 年 11 月 30 日）

赣匪循肖匪故道偷渡湘江

（1934 年 12 月 1 日）

赣匪企图渡河由文市向西延逃窜，已志本报。兹昨前方来电云。

电一、衡州总部艳（廿九）日来电云：（一）匪万余，感（廿七）、俭在全州以西偷渡，我章师（亮基）在路板铺遭遇，激战半日，已击溃。斩获甚多。（二）文市匪二万余，俭（廿八）夜循肖匪故道漏窜，我刘司令（建绪）所部，艳（廿九）辰由寨圩名[向]，咸水进剿，刻在激战中。（三）周浑元部在寿佛圩，将匪后卫击溃。匪向蒋家岭窜走云云。

电二、全州来艳（二十九）电云：匪先头万余，在麻子渡、屏山铺一带，企图渡过湘水，并出没于路板铺、珠塘铺、沙子包、界首。在全州、兴安间我章师先头何旅（友松），已在路板铺及汽车道南侧白茄屋占领阵地，向该匪猛攻，激战半日，将匪击溃，毙匪甚多，追至马静山、带子街及汽车道北侧，将匪截断包围痛剿云。（国）

〔《大公报》（长沙版）1934年12月1日〕

桂军克复文市及新圩（节录）

（1934年12月1日）

广州专讯

记者昨（卅）晤四集团〔军〕驻粤办事处主任王逊志，叩以桂北军情。王云：报载桂省贺县、八步、龙虎关、平乐等处失陷，实属讹传。共匪仍游离于湘、桂边，白副总司令昨廿九日由平乐赴龙虎关督师，是日有电致南京何（应钦）、黄绍竑两部长，张任民参谋长及兄弟（王氏自称）等，详述与匪作情[战]近情。言时，出电示记者。原电云，急。南京何部长、黄部长广州任并转逊。×密，（一）我十五军王师，本（二十九）日午后一时夺回新圩，当面之匪，确系伪第三军团主力，几经肉搏，被我死伤甚多。右翼苏江韦师方面之匪，兵力不下万余。昨晚由永明方面北窜之匪，本午亦由永安关方面增援，双方战斗甚力。我师俘匪六百余名，毙匪甚多，缴获步枪八百余支，轻、重机关枪二十余挺。该师死伤官兵二百余名，韦师死伤亦达百余员名。本夜以第七军覃师及王师一部绕出石塘，准备明拂晓拦腰一击。并经派飞机往道县与周司令联络，请其迅速协剿。兴安方面，黄镇国师守湘江西岸及界首，部队因湘水干涸，处处可以徒涉，俭（廿八）日下午被匪四面包围压迫，昨（廿八）晚退守伏［光］华铺东西之线，今（廿九）晨以来，当面之匪众愈增，战况无甚进展，据该师派出之侦探报告，俭（廿八）夜通过界首兴、全马路之匪，通宵未断，皆向梅溪口方面逃窜云。预料匪军今（廿九）夜必继续通过马路西窜。（二）我军此刻除十五军全部及第七军覃师于感（廿七）日起，已陆续展开攻击外，其余在龙虎关方面。第七军之周师，亦于今（廿九）晨由廖磊军长率领，兼程转移兴、灌方面参加作战，并请全州方面友军（料即薛岳部）迅速南下夹击，及派队至城步、梅溪口方面堵截。知注：谨闻。白崇禧艳（廿九）平行印。又桂林行营来电。急。上海、天津、广州、汉口、香港各报馆：（一）湘军主力目下集结于全州飞鸾桥及黄沙河一带。（二）江华之匪，被我军驱逐后，我凌压西团，本午进驻县城。永明城内，有匪数百人，其西北地区三峰山刘家庄、刘家岗一带，尚有万人。（三）我十五军主力，刻正由灌阳北方苏江、新圩之线，向文市方面之匪出击。我黄师右翼，深有［布］坪、麻子渡南方方面，本日午前九时，与匪之先头部队接触，刻正在激战中。第四集团军总司令部桂林行营参谋处俭亥印。

（香港《循环日报》1934年12月1日）

李宗仁电粤请助军实（节录）

（1934年12月1日）

广州专讯

第四集团军总司令李宗仁，除电粤增兵驻防连阳以资协助外，并为厚增剿匪军实起见，昨特致电总司令陈济棠，请饬石井兵工厂，代为鼓铸步枪子弹若干万发。并请先行借拨机关枪弹、迫击炮弹、步枪及子弹若干，即行输运来桂，以资接济。张任民于昨晨赴总部接商一切，陈总司令接电后，即于昨卅日晨，饬由军械处先行拨发各项械弹一批，共计二千余箱，即日派舰运送赴桂以应剿匪军需，并经转饬石井兵工厂赶紧代行鼓铸，以便陆续运发接济。

（香港《循环日报》1934 年 12 月 1 日）

刘建绪部大破赤匪于全州、兴安间

（1934 年 12 月 2 日）

赣匪由全县[灌阳]属之文市，向兴安[全州]属之西延逃窜，我军在全、兴汽车大道截获其大部，包围痛剿，曾志本报。兹续将前方捷讯探志如下：

电一、衡州总部三十日来电云：顷接全州本日戌刻电话，三十日我刘建绪部王（东原）、陶（广）、李（觉）、章（亮基）、陈（光中）各师，全部与匪一、三、五军团，在党山、朱兰铺、白沙铺一带，自辰苦战至酉，将茬全线击溃。匪伤亡近万，我军伤亡亦众。共缴匪枪六千余支，机枪迫炮四十余挺，为剿匪以来未有之大捷，残匪一部向西延方面窜走，现正尾追中云云。

电二、衡州总部艳（廿九）日来电云：（一）匪大部仍在四关至文村、湘、漓水以东一带，其一部感（廿七）日经全〔县〕属勾牌山，及山头上，未头一带渡河，向沙子包、寨坪等处分窜。（二）章师（亮基）俭（廿八）未在全县以西之路板铺、沙子包、高车一带与匪部激战至酉，将匪击溃，毙匪三百余。（三）李（云杰）、王（东原）两师，已过沱水尾匪追剿。该路自筱（十七）起追匪激战七次，先后俘毙匪二千余。（四）空军第二队俭（二十八）午在文市附近，炸毙匪兵

甚多。同时第三队在文市东之东流，发现匪约千余，亦炸毙匪部数百云。（国）

〔《大公报》(长沙版)1934年12月2日〕

白崇禧由平乐返桂林谒李宗仁

（1934年12月2日）

中央社长沙一日电　何键通电，遵令已于上月三十日取消西路总司令名义。

中央社香港三十日电：白崇禧二十九日由平乐返桂林，谒李宗仁商剿匪军事，日内仍赴前方督师，李宗仁亦拟出发龙虎关视察。

中央社香港三十日电　白崇禧二十九日晚电粤告捷，谓二十九日午永安关之役，壬、苏两师协歼残匪，毙匪甚多，俘六百余，缴获步枪八百余支，轻、重机关枪二十余挺。覃师绕出石塘转趋道县，与周浑元部联络堵剿。

（江西《民国日报》1934年12月2日）

粤派两师援桂

（1934年12月2日）

昨据北江军讯　一集团军陈总司令据报，以桂省兵力不足，特派教导师、第五师两部入桂协剿，查教导师系由连山七拱经桂岭大宁入贺县之东。昨三十日已抵大宁（离贺县城百里），计程一日晚可抵贺县城。第五师二十九日在连江口集合后。昨卅日即抵银盏坳站，由银清公路赴清远转广宁入怀集，与教导师会于贺县、怀集交界之大宁圩，以培截共匪南侵梧州云。

（香港《循环日报》1934 年 12 月 2 日）

全、兴间无一守兵，湘军追匪入桂境（节录）

（1934 年 12 月 3 日）

刘建绪部在全（州）、兴（安）间之觉山、珠兰铺、白沙铺一带，截获伪一、三、五军团，奋力痛剿，匪部伤亡近万，我各部获枪六千余支，曾志昨报。兹悉被我军乘胜追剿，又击溃匪一部，联络桂军包围匪之一部，斩获甚多。现正截断全、兴大道，堵匪西窜。一面尾追道、永间之匪军入桂，以期包围聚歼。录前方电讯如次：

电一、衡州总部卅电云：（一）全州至兴安间，路距百七十里。我军到达全州后，始侦知全、兴间无一守兵，桂军仅兵一团，在兴安闭城固守。（二）刘司令建绪所部，俭（二十八）日在全、兴间珠塘铺击溃匪之一部，斩获甚多。艳（二十九）日在路板铺与大股匪军遭遇，激战竟日，斩获尤多。刻已达咸水附近（在兴安县东北三十四里），将企图西窜之匪横截，正激战中。（三）我周司令浑元、李司令云杰部，追击匪后队，已达永安关、文市之线（均桂边）。

电二、衡州总部三十电云：（一）空军本日在麻子渡、南石渡、马鞍山、连塘，及文市至石塘圩、大岭背各发现匪数千，当投弹，并开机枪扫射，毙匪甚多。（二）匪在山头附近架游动浮桥四座，及全县南循藕塘附近浮桥五座，均经空军投弹炸毁，毙匪多名。（三）周（浑元）、李（云杰）两军追匪抵文市，俘、毙匪后卫千人。湘南已无股匪云云。

电三、衡州总部东（一日）电云：（一）我刘建绪部李觉，率章（亮基）师及补充各团（成铁侠、何平两部）本日追抵咸水、麻子渡，与匪激战，毙匪二千余，获枪千余支。（二）麻子渡与石塘圩之间，有匪四、五千，我军与桂军正在围剿中。（三）空军将向西延逃窜之匪，投弹炸毙无算。（四）周浑元、李云杰两部，蹑匪追剿，已过连塘，俘匪获枪近千云云。

电四、全州刘司令建绪东（一日）电云：（一）白副总司令电话云，我夏军长（威）所部已将新圩当面匪击溃，刻追抵古头岭［古岭头］附近，与我麻子渡章、李各师，将石塘圩、界首匪军六、七团包围缴械中。（二）匪一股由麻子渡界首等处，渡过漓水，向西北窜逃。文市、界首间尚有匪大部企图跟窜，正在我军截剿中。（三）全州南大肚岭、白沙之匪一部，本日经我陶师钟旅击溃，颇多斩获云云。（国）

〔《大公报》（长沙版）1934 年 12 月 3 日〕

协助桂省剿匪部队向西挺进

（1934 年 12 月 3 日）

广州专讯　赣匪窜扰桂北，四集团军派兵堵截，发生激战，各情迭志昨报。兹据军息，桂省军事当局，以窜匪拼命扑攻，桂北驻军，因战线延长，曾电粤请增兵协助，以利戎机。第一集团军总司令陈济棠据电后，当经分饬第一师李振球，第二师叶肇，独三师李汉魂，教导师缪培南等部，赶开桂边协剿。查各师奉令，业已动员。教导师缪培南，第一师李振球两部，分向开建、怀集挺进。独三师李汉魂部驻江华附近，相机出击。第二师叶肇部，则由连阳边境，向星子前进。去［上］月卅日，已全部进抵星子，刻仍在迈进中。该师第五团长陈树英，昨一日有电返省报告，略谓我师奉令推进星子，陷（卅）日抵达等语。并查第一纵队指挥官余汉谋，以赣匪业已窜离赣境，赣南剿匪军事告一段落，为此，特于昨日由韶赴庾，筹备成立第六区绥靖署事宜。

余氏预定在庾就任新职后，即由[回]驻韶关，主持剿匪军事云。

（香港《循环日报》1934年12月3日）

周浑元部占领文市

（1934年12月4日）

我刘建绪部，在全、兴间剿匪大捷，已志连日本报。现匪部经咸水向西延逃窜。兹将昨日所得前方电讯志后：（一）刘司令建绪东（一日）由全州电云：李觉师率补充各团，及章（亮基）师大部，将咸水方面之匪击溃，追至麻子渡，遇匪增援部队，经我包围痛剿，毙匪甚众，俘匪三千余，押解全县拍照。（二）空军二、三两队本日在全、兴间兴隆村，见匪五、六百，正在徒涉，炸毙殆尽。同日在咸水、麻子渡间炸毙数百。（三）周浑元部万耀煌师，艳（二十九）经永安关前进，在杨家湾、高明桥等处，节节击溃股匪千余，毙匪各数百，获枪百余支。二十日占领文市，现已过石头岭、莲花塘西进追剿中。（四）匪大部昨经我刘司令部击溃后，经咸水向西延逃窜。咸水以东石塘圩，尚有枪匪一部，正在追剿中云。（国）

〔《大公报》(长沙版)1934年12月4日〕

刘、李各部即向西延方面追剿

（1934年12月5日）

赣匪窜到全（州）、兴（安）间之路板铺、觉山、麻子渡、咸水、石塘圩一带，被我刘建绪部连日痛剿，伤、毙匪兵近万，夺枪六千余支，俘匪三千余名，均志本报。兹悉全、兴间残匪，经李（觉）、章（亮基）各部，分途搜剿。同时我追剿部队李云杰、王东原各部亦到达全县，与李、章等师会〔合〕，已将全、兴间大溶［榕］江以东之股匪完全肃清，即日向西延方面逃匪追剿，务期消灭云云。（国）

〔《大公报》（长沙版）1934年12月5日〕

追剿军分途堵剿西窜赤匪

（1934年12月6日）

衡阳特约通讯　赣匪复过湘江，循肖克旧路窜往西延，闻现尚徘徊于湘、桂交界之五排、车田、小水江、油榨坪等处，其地苗瑶所居，甚为瘠苦，野无所掠，更形困难。西延之北出梅溪口，即为新宁。稍西即为城步，再西即为绥宁。肖克由西延转窜城步南境，西入绥宁，赣匪必将踵循此路，如无军队堵截，或竟□入梅溪口以扰新宁。何总司令已预计及此，已令各路分任堵截追剿之责。大约第一、第二、第四各路担任堵截。第一路司令刘建绪率补充三、四、五各团，已于二日向新宁前进。刘建文旅则开赴梅溪口。陈光中师更先发二日可到城步。第二路司令吴奇伟所部，由东安向武岗［冈］方面推进。第四路李云杰、王东原各部则过水车岭，取捷径直向绥宁。第五路李韫珩司令于东日开赴零陵，亦当沿湘边前进。赤匪后部犹在全州、兴安间之石塘圩、界首一带。第三路周浑元司令所部东日过麻子渡经咸水追击。李师长觉率补充一、二两团及章师杜团、王师陈旅由白沙追击。陶广师自寨圩向西延、车田一带追击。章亮基师趋西岩防堵击。闻追匪［剿］总司令部即将移驻宝庆，指挥追剿云。

（大中社通讯）赣匪到全、兴间，被我刘司令建绪督饬李（觉）、章（亮基）等师，成铁侠等补充团，伤毙匪兵一万以上。余匪逃窜西延一带深山中，非湘、桂两省合剿，不克奏一鼓聚歼之功。何总司令因桂军白副总司令崇禧，现在兴安、龙虎关一带，距全甚近，特派李师长觉为代表，约地与白副总司令会晤，商决围歼窜匪周密计划，勿使漏网遗患云。（国）

〔《大公报》(长沙版)1934 年 12 月 6 日〕

桂北军事已趋和缓(摘录)

（1934 年 12 月 6 日）

广州专讯　桂省军事消息，现窜抵桂北滋扰之赤匪，迭被桂军十五军长夏威及第七军长廖磊等各师痛击。该匪惨败于文市、苏江、新圩各役，遭重大之损失后，现贺县，富川、桃川、龙虎关、永安关四关各处地区，均无匪踪，业已次第肃清。现桂军白副总司令，已饬令十五军长夏威、第七军长廖磊，分途追剿，正与抵达全州之湘军刘建绪、陈继承、陈光中及中央军薛岳率领之四师部队等大兵，约十万余人，现分路准备向匪衔尾追剿。现桂北军事，已由紧张而转趋缓和云。

（香港《循环日报》1934 年 12 月 6 日）

赣匪向城步龙胜大山中分窜

（1934 年 12 月 7 日）

赣匪在全、兴间被我军击溃后，现已窜入湘、桂边境深山中。我湘、桂各军，正在分途堵截中。昨衡州总部来微（五日）戌电云。（衔略）。（一）残匪为本路军击溃后，似已向龙胜、城步方面大山中分窜，情形极为狼狈。（二）第一兵团刘总指挥建绪率补充三、四、五各团，支往新宁附近，向武岗[冈]前进中。陶师向梅溪口方面追剿，沿途斩获极多。（三）永明、汝城等县团队，连日搜剿散匪，各获枪数十支，毙匪数百。（四）据虏匪军官供称，匪此次经过湘境实力损失极重，匪部伤亡确在二万以上。对湘军之穷追猛进，各县团队之稳扎稳打，极具畏心。匪中有"四川虽好，湖南难闯"之谣。（五）空军未发现大股匪，但沿途炸毙小股匪甚多，并散发传单数万。等语云云。

又全县四日来电云：（一）万师长耀煌进抵全县，准微（五日）绕出新宁方面，向西追进，截剿逃匪，务期消灭。（二）桂军夏（威）部，已与我军联络，向匪追剿，沿途缴获散枪甚多云。

又讯：赣匪窜到桂境，今后围剿进行，湘、桂两军，实有密切合作必要。何总司令，特派参议王启华君赴桂林，常驻接洽。关于剿匪军事联络事宜，以昭周密云。（试国）

〔《大公报》（长沙版）1934年12月7日〕

何追剿总司令定明日移驻宝庆

（1934年12月7日）

赣匪西窜，经我第一、第二兵团，协同友军沿途截击，损失甚巨，现仍向城步一带西窜。何追剿总司令侦知其诡谋，已派队在新宁、城步、武冈、绥宁一带，预为布防，拟予迎头痛击。兹据交通界消息，何氏为便于指挥追剿起见，订于明日移节宝庆。其前站人员早已出

发。高速度电机，亦业由衡迁宝云云。（命）

〔《大公报》（长沙版）1934年12月7日〕

国军各部向匪取大包围势

（1934年12月7日）

中央社长沙六日电　何键派李觉，与白崇禧会商，围歼西窜共匪周密计划。匪大部已由西延北窜大埠头，一部向龙胜方面分窜。我刘建绪部三日抵新宁，章亮基向西岩［延］市前进，陶广在大帽山附近击溃匪五、六百，俘匪获枪备数十。李觉部，与桂军夏、廖各部向桂、黔边堵截。薛岳部由洪机［江］向武冈急进，周浑元部已抵全州，向新宁挺进，王东原经全县、新宁、武冈向洪江前进，李云杰部集中长铺子、梅口待命，李韫珩部抵藏期，匪在各部包围中，决难漏网。陈渠珍电，总部破匪于四口河，湘、鄂、川军夹击贺匪，慈、桃方面已无匪踪，省府决定限期肃清郴、宜两县散匪，划□宜为特区，以欧冠为主任。

第十三师长万耀煌电省称，本师于艳日由道县向永安关追击，先头七十五团在杨家桥后遇匪约千人，踞守桥头及两翼高地，以轻机枪向我扫射，经我前卫奋勇猛扑，匪势不支，始向高明桥方面撤退。旋在高明桥以西一带高地顽抗，激战一小时，匪未得逞。经令七七团渡河向匪侧背威胁，该团进至高明桥河西南高地时，即与由永明向蒋家岭西窜之伪八军团一部遭遇，经该团截击毙匪百余人，该匪即向山中溃窜，同时我七五团当面之匪，亦纷向蒋家岭溃窜，今晨继续追击，匪复以蒋家岭、永安关各要隘之匪凭借工事，节节围［图］抗，均被我先头三十八旅，遂［迭］次击破，乘势于午后四时许将广西灌阳文市等处之残匪肃清。我三十八旅刻已渡河跟匪尾追中，现正架设浮桥，即继续猛进。自艳日起，沿途计毙匪数百，获枪八十余枝，我亦阵故兵士二十余名云。

（江西《民国日报》1934 年 12 月 7 日）

刘建绪昨率部进抵武冈

（1934 年 12 月 8 日）

衡州总部虞（七日）来电云，衔略。（一）残匪由西延西南越苗儿山、土岗岭，向龙胜西窜，先头窜两渡桥（在龙胜东北）附近，一部向城步方面窜走，我军正分途追剿，匪沿途损失甚重。（二）刘总指挥建绪已抵武冈，指挥所部猛攻桂边残匪。我某师已抵城步。某师亦抵新宁，截击西窜之匪。陶师尾追残匪，连日均获胜利。（三）连日前方俘虏数达三千人以上。我军因迭获胜利，士气极为振奋。（四）肖、贺率匪大部向永顺回窜。惟大庸一带，尚有残匪。我军已进驻溪口，即向残匪总攻。（五）我空军在土岗岭、两渡桥等处投弹数十枚，毙匪极多，并继续散发劝降传单数万分。（试）

〔《大公报》（长沙版）1934 年 12 月 8 日〕

桂省特派陈指挥恩元会剿边匪

（1934 年 12 月 9 日）

赣匪大部西窜，所有匪经过之全（州）、兴（安）、灌（阳）等县，散匪多有，且邻湘边。为联络会剿，以期肃清起见，特派民团指挥陈恩元，督部会合湘军，不分畛域，搜剿散匪散枪，电请湘南军团随时

予以协助便利云。（国）

〔《大公报》(长沙版)1934 年 12 月 9 日〕

追剿军总司令部拟日内由衡阳移宝庆

（1934 年 12 月 9 日）

赣匪现沿桂北西窜，我追剿军已移转阵线，向新宁、城步、绥宁方面堵剿。总司令部为便利指挥计，拟日内由衡移宝，规划一切。何总司令，以省方军政要务，诸待处理，特抽暇于昨（八日）回省一行。闻总部职务，派郭参谋长持平代行。昨尚在衡州，拟稍缓一、二日，俟宝庆总部布置就绪，即由郭参谋长率开宝庆云。

〔《大公报》(长沙版)1934 年 12 月 9 日〕

追剿军在东山瑶搜获枪匪一股

（1934 年 12 月 11 日）

我刘建绪部曾在全、兴大道、麻子渡、咸水一带，截断匪后卫队，戟[斩]获甚众，曾志本报。兹昨永州来电报称，有枪匪一股，因被我军横断，首尾不能相顾，乃窜匿道（县）、零（陵）、全（县）交界之东山瑶内，现经我军搜获，缴枪数百。内有赤俄四名，匪妇女队百余。恐有匪首混迹，现正清查中云。（国）

〔《大公报》(长沙版)1934 年 12 月 11 日〕

武冈大军云集

（1934年12月11日）

武冈专讯　西窜赣匪已抵城步县境，前线向绥宁窜逃。刘司令建绪支日抵县，微辰向城步方面前进，指挥堵剿事宜。蒋总指挥鱼晨率第六路军全部抵县，驻扎本城内外。县党政机关组协剿会。县党部并印发告全县民众书多份，借以唤起民众，协助清剿。本县防务，经各军事当局妥为布置，颇称巩固。闻匪之大部，沿湘、桂边境深山西窜，现已窜至龙胜以北与湘属绥宁、通道之极南，企图借崇山峻岭之掩蔽，以入黔境。

〔《大公报》（长沙版）1934年12月11日〕

桂军廖磊部出龙胜截击

（1934年12月12日）

赣窜匪三、五、八、九团，由西延西窜，经龙胜桂边瑶山，窜到绥宁、通道一带。匪一军团，则沿桂、湘边境西北窜，现经城步以南到城、绥之间，我桂、湘军正会同进剿。分录前方电讯如次：

电一、衡州蒸（十日）电云：（一）匪主力尚在龙胜东北越城岭、金坑一带。一部由城步以南之红沙州，向长安营方面西窜。东山瑶附近遗留残匪千余，向四关方面回窜，我军正分别堵追，不难歼灭。（二）空军本日在城步西南横水寨以西大山，发现二、三千人，当即投弹，毙匪甚多。

电二、靖县来电云：匪先头一部，由桂边龙胜，蒸（十日）窜通道东南之牙屯堡，及绥（宁）、通（道）间之青芜州一带。其在城步共匪，企向长安营西窜，我军正集中堵剿云云。

电三、兴安白副总司令崇禧佳（九日）电云：敝部夏军（威）已将兴安属王[黄]隘、中洞等处之匪击破，向××追剿。廖军（磊）已将龙胜河口、马蹄街之匪击破，向×××追击。前后俘匪，在兴安一处已过三千，其余各处尚未详计。俘虏衣帽均有红边，系为匪之基本部队云云。

〔《大公报》(长沙版)1934年12月12日〕

四集团军桂林行营电报剿匪军情

（1934年12月13日）

广州专讯桂林来电，急。（衔略）。（甲）顷接廖司令磊灰电如下：（一）龙胜属河口、石村东北方之匪，本灰日被我覃师截为两段，斩获甚多。晚七时已窜过独境之匪千余人，复回至石村反攻，被我颜师击溃。（二）据俘匪供称，当面之匪，系伪三军团彭德怀所部，其先头之一师已通过河口，余五团尚未通过，故由独境来援。（三）据报今晨长安堡之匪，转向通道、绥宁之下乡窜去。广南之匪，向西林逃窜。残匪主力，似在长安营、平等、下乡、木路口之间。经石村、广南之匪，乃其左侧卫，经我迭次截击，已溃不成军。（乙）接夏司令威蒸酉、戌两电如下：（一）黄师佳六日时，在江序与匪接触，颇有斩获，匪向老鸦头、黄祥逃窜。蒸日向河口、龙胜东北约二十余里转进，与匪遭遇激战，俘匪三百余，获枪二百余支，轻机枪六挺，我军亦略有伤亡。据土人云，此路匪系伪五（三）军团五师及九军团，已入湘境。（二）据俘匪少年团供称，朱、毛亲率一、三两军团，经两渡桥，向龙胜前进；五、八、九各军团，已溃散。匪军战斗品及枪支，现存不过万余。匪军师以上有无线电技师九人，无线电台已在界首被我飞机炸毁两架。（三）据被匪拉去逃回之土人报称，匪确〔有〕由通道窜黔之企图各等语。第四集团军总司令桂林行营参谋处真戌部。

（香港《循环日报》1934 年 12 月 13 日）

新宁县长电告赣匪西窜情况（摘录）

（1934 年 12 月 13 日）

新宁县长李纪犹昨有佳（九日）〔电云〕，顷据探报，微（五日）午在距大埠渡五里之大冲，遇徒手赤匪六名。据该匪供称，赤匪共有枪三万余支，人数百〔万〕之〔多〕，机关枪、迫击炮均有。此次经过湘桂，损失在三分之一以上。三日由油榨坪出发，分两路逃窜：一由五牌[排]、车团向城步；一由华江、溶[榕]江、东江、川江，经柴兴[喜]界向龙胜逃窜。匪中子弹极少，生活太苦。

〔《大公报》（长沙版）1934 年 12 月 13 日〕

李宗仁派员来湘联络捌匪

（1934 年 12 月 14 日）

第四集团军总司令李宗仁氏，近因该军夏（威）、廖（磊）各部，均出发桂北剿匪，在□与湘军中有协同动作为要。为便联络通讯起见，特派张君义纯为代表，于昨来湘，担任常驻总部联络任务，昨并晋谒何总司令面呈种种云。（国）

〔《大公报》（长沙版）1934 年 12 月 14 日〕

梁团千家寺突入匪大营

（1934 年 12 月 15 日）

广州十二日电白自桂林行营电陈、李：（一）匪入桂后，其主力三、五、八军团，在灌北经我军击溃，现由西延、车团往龙塘边之越城岭西窜。（二）我夏军六、七、八、九等日在兴安北千家寺、江底跟追，俘千余。廖军八日、九日在龙塘北堵截，俘六百余。总计先后俘匪六千以上。（三）朱、毛在千家寺被我梁津团突入大营，各匪首落荒而走。是役获军实甚多。（四）据俘匪供：窜黔匪约四万余，拟入贵州。请电何敬公及黔当局早为之计。

探报：伪中央率搏□师随匪至城步，湘军在绥宁堵击，转窜西延，大队匪进黔东。湘、桂军进黎平，会同黔军堵剿。

〔《大公报》（长沙版）1934 年 12 月 15 日〕

桂林行营电告窜匪在桂损失情况

（1934 年 12 月 15 日）

桂林来电急。（衔略）。此次西窜之匪，号称十万，但综合接战以来情报，实数不过五万人。自经本军在富、贺、灌、全、兴、龙迭予痛击，先后毙匪经掩埋者约三千余人，俘虏达六千，获枪四千余支。此外逃散落伍之匪，及遗落民间枪支，为数仍不少。计算匪在桂境损失兵力，当在万余。残匪现分两路逃窜，大股窜至通道、下乡一带，一部由广南、长安堡、双江口窜牙屯堡，已出桂境，我军仍跟踪追剿。

（香港《循环日报》1934 年 12 月 15 日）

赣匪分两路溃窜黔境（节录）

（1934年12月16日）

昨邵阳有元（十三日）、寒（十四日）两电到省云：（一）匪大部由桂龙胜、古宜窜入黔境永从。一部窜通道北之新厂、马路口，图入黔锦屏。（二）我刘总指挥（建绪）部陈师，已追到通道北倒水界，将匪右卫部队击破，毙匪甚众。残匪向黔边急窜。我某某等师，向黔边急进追剿。（三）某某等师，已将蓬洞（属城步）至长安堡（属绥宁）迄青芜州（通道绥宁之间）沿途股匪肃清，斩获颇多，现向通道追剿中。（四）黔军何总指挥（知重）已抵马场坪，现指挥×××旅向黎平一带堵剿中云。

洪江特讯保安四区司令部，昨接武岗[冈]电话，北路军总指挥兼第五军军长薛（岳）、副总指挥兼第四军军长吴（奇伟）率大军已抵武岗[冈]，昨（七日）由武岗[冈]出发，灰（十）日准到达洪江。

〔《大公报》（长沙版）1934年12月16日〕

伪师长陈树香之生前与死后

（1934年12月18日）

（邵阳特约通讯） 昨，保安二十二团团长唐季侯来电称：

（衔略）钧鉴：据职团何营长报告称："伪师长陈树香，长沙人，原名树春，住小吴门外瓦屋街陈宅。现年二十九。母在，妻名陈江英，年三十，无子女。行伍出身，原由独立第七师叛入匪军，本年始充师长。此次自赣省兴国出发。全师步枪四千余支，轻、重机枪四十余挺。该师担任后卫掩护部队。前在桂境因掩护渡河，被国军截断去路，故尔回窜。现在所率百[一]〇一团，仅剩机关枪五挺，自动步枪三支。昨在八都被击溃后，只剩重机枪一挺，自动步枪三支”。

又据该营长报称，“职于本日午前六时，由四眼桥率队解送伪师长陈树香及各俘虏人员、枪枝、马匹回县，因该伪师长负伤甚重，无药医治，于上午八时许行抵石马乡竟尔毙命。当有该师修械员及通讯员兵在场亲见。兹议将死尸一具及各俘获员兵三人，连同步枪四支，解呈钧部核验处理”各等语。据此当经提讯各俘虏及据供称，本日被擒毙命之陈树香，确系伪三十四师师长等语，右项议呈云。

〔《大公报》（长沙版）1934年12月18日〕

中央复电赞同粤、桂军入黔追剿赣匪

（1934年12月22日）

广州十九日电政会息：陈、李召湘代表张沛乾、黔代表张蕴良、川代表蔡子静等会议追剿残匪。代表报告残匪已过黔东，将合肖匪于川边，亟须合力追截。旋讨论粤、桂合编追剿部队越湘入黔追剿，对行军路线、沿途运输、军需给养等，均有确定。电蒋委员长及湘、黔当局审察。又讯：陈、李、白请缨追剿，中央电复赞同。粤、桂拟派二十团入黔追剿，由李统率，白任指挥。白定本周内来粤与陈、李商定追剿残匪办法，即编军出发。

〔《大公报》（长沙版）1934年12月22日〕

蒋委员长电复陈、李、白嘉许粤、桂军入黔剿匪

（1934年12月29日）

广州二十六日电蒋委员长电陈济棠、李宗仁、白崇禧。略谓兄等拟请中央予以名义，组追击共匪部队，至为嘉许。

〔《大公报》（长沙版）1934年12月29日〕

一集团军往黔剿共匪之行程

（1935年1月17日）

番号：第二军之四、五、六师。

行军顺序：第五师——第六师——第四师——军部。

路线：经濛江（圩名，在藤县上）遵[登]陆，由宜山（庆远）入黔。

时间：民国廿四年一月十一日从省（广东）开拔。

沿线具体地名：濛江——太平——象山——荔浦——雒容——柳州——宜山——河池——南丹——六寨。

（香港《循环日报》1935年1月17日）

其他

《共匪西窜记》中关于追截红一方面军大事记①

（1934 年 11 月 6 日—12 月 14 日）

一九三四年十一月六日

共匪在三江口会议，限三日攻陷汝城。卒不逞，窜去。

南昌行营颁堵剿电令。蒋委员长由大同抵归绥。

十一月七日

共匪先头至里田。伪三军团犯城口。

西路军何键遵行营电令，新颁部署。

十一月八日

共匪主力麇集于寿延，与粤军抗战。

南昌行营划定西、北两路军区，以省为界。蒋委员长飞太原。

① 此《大事记》之编成，详见“《共匪西窜记》中关于堵截红六军团大事记”题注。本件标题为编者所加。

十一月十日

共匪大股，分犯文明司、万会桥，湘军王东原师击溃之。

十一月十一日

共匪陷宜章县城。

蒋委员长南飞，转轮赴浔。

十一月十二日

共匪徘徊郴、宜道上。粤军击匪于延寿圩。

蒋委员长抵南昌。电令何键为追剿军总司令。

十一月十三日

伪中央机关麇集白石渡、平和。湘军陶广师击匪侧卫于百丈岭，连长唐萼阵亡。粤军李汉魂等师击匪后卫于延寿圩。匪分三路急窜宜章、临武。

追剿军总司令何键颁第一次追剿计划书及命令。

十一月十四日

共匪先头窜伏道县森林中。

湘军王东原师收复宜章县城。

何键拜追剿军总司令新命。

十一月十五日

共匪大股窜至牛头粪，先头一股窜至桂省[阳]清和圩[①]。

刘文岛回京复命，白崇禧电赞何策。

十一月十六日

共匪大股窜嘉禾，一股陷临武县城。

湘军王东原师收复宜章城。

刘司令建绪自衡州飞桂林，与白副总司令崇禧面商堵剿协定。

十一月十七日

共匪大股窜临武及牛头粪、鹧鸪坪。

湘军李云杰部战匪于嘉禾、蓝山间之冷水铺、中和圩、仙人桥、坦平圩等地。

蒋委员长颁示剿匪计划大纲。

十一月十八日

共匪陷蓝山县城。匪大股窜至楚江圩。其先头窥伺龙虎关，桂军王赞斌击溃之。

薛岳本部到衡阳。

中央饬筑公路与飞机场，何主席键为民请命。

---

① 清和圩，应是湖南省桂阳县所属。

十一月十九日

共匪主力踞蓝山、宁远间。

何总司令键分军五路堵剿。电请以刘膺古率朱、岳两师，位于城步防御，不允。

李军长云杰部战于竹郎圩，溃之。

南昌行营集全力以绥靖闽、赣残匪。

十一月二十日

伪三军团四、五两师，窜洪观圩、土桥圩。伪五军团窜经神下。

中央军李云杰占领四眼桥。

粤军李副师长江，克复临武城。

蒋委员长由南昌飞返南京。

十一月二十一日

共匪陷道县城。

伪三军团第六师及伪一军团窜洪观圩，李云杰部抗被[①]击溃。匪经永乐圩向落山庙窜去。

十一月二十二日

伪一、九两军团窥向广西贺县之白芒营。桂军夏威部击溃之。游击小匪刺探黄沙河附近，亦被廖军击退。

桂军白副总司令崇禧由桂林赴恭城督剿。

中央军周浑元部之萧治平师，在万石山、薛家桥、天堂圩一带与

① “抗被”，原件如此。

匪接触。

十一月二十三日

共匪主力窜至下灌、洪洞、水打铺一带。

中央军万耀煌师在道县与匪接触。

粤军独立第三师克复蓝山县城。

湘军王东原师在冬村、胡家与伪五军团激战。

何键向委员长请示机宜。

十一月二十四日

伪五军团及伪一军团在下灌与湘军王东原师抗战。

匪主力由道县寿佛圩之线西窜。伪三、九军团经宁远属西窜。

十一月二十五日

共匪仍踞道县城。一股窜至王母桥。便衣匪及先遣队仍在永安关、文市附近。

十一月二十六日

伪中央机关与其主力军，由永安、龙虎、雷口、清水四关窜入桂北[①]。其先头在双寅铺、江材山头之线，分途偷渡。

中央军周浑元部万师长耀煌攻克道县城。

追剿军何总司令键严令各军，淬励士气。并电粤陈。

---

① 红一方面军长征过广西时，系从湘、桂边的永安关和雷口关两关入桂，并未经由清水和龙虎两关进桂北。

十一月二十七日

伪三军团与桂军在苏江、新圩一带激战。前股仍在双寅铺、山头等处续渡，后卫在文市、蒋家岭间。

湘军延伸至全州。

桂军守咸、灌。

十一月二十八日

共匪续渡湘水之源。

桂军击溃窜文市、石塘、苏江、新圩之匪。

湘军击溃窜珠兰铺、沙子包之匪。

白副总司令崇禧解放抚河交通。

南昌行营严斥桂军放弃职责。

十一月二十九日

匪军续由麻子渡、界首渡河。

湘军刘建绪督率章、李等部击匪于路板铺。桂军王赞斌协桂民团击匪于深布坪。

中央空军轰炸文市之匪甚伙。桂省空军炸毁匪架界首之浮桥。

十一月三十日

共匪中央机关窜集西延大山中。

桂军覃连芳师击溃伪三军团于钟家村、古岭头，毙匪二千余，俘匪甚多。

湘军陶广、章亮基、李觉各部，击伪一、三、九军团于觉山、珠兰铺、白沙铺，苦战竟日，斩获甚多。

十二月一日

伪中央机关窜入西延。匪后卫仍在麻子渡、界首与桂军相持。

湘军追抵咸水，折回湘西防堵。

追剿军何总司令键更订所部为第一、第二、后备三兵团。

桂军白副总司令崇禧披沥剿匪经过。

十二月二日

共匪主力分窜车田、龙胜。

以桂军尾匪追剿，湘军转进西延。

四集团军总部更定所部为第一、第二两追击队。

白崇禧电何、刘辩论是非。

十二月三日

共匪大股急窜龙胜。其后卫仍据西延山地。

湘军追击于梅溪口。

桂军截击于勃塘圩。

四集团军李总司令宗仁通电全国报告匪情。

十二月四日

伪三、五、八、九军团经广唐、雷霹州越猫儿土冈西窜。

十二月五日

共匪一股扰千家寺、黄隘、司门前、大溶[榕]江等处，均被桂军击溃之。

追剿军何总司令键电复桂白并告全国。

十二月六日

朱、毛窜过两渡桥以西地区。匪遣游击窜城步之蓬洞，湘军刘建文旅击溃之。

桂军击溃王隘、千家寺之匪。

广西民团追剿陈树香一股，回窜湘南。

十二月七日

朱、毛分三股西窜：一股经车田过洪江；一股由唐洞过白竹包向中洞；一股由文家洞经李家水过江底。

桂军追击之，大捷。

蒋委员长自南京电桂嘉奖，并处置俘匪。

十二月八日

共匪窜犯湘边红沙洲。一股向长安营、江口司、潘家寨、杨溪、石家寨、岩寨、老寨等处西窜。

桂军占领唐洞，匪窜马蹄街。

湘军补充总队成主任铁铗出道县，协桂军围剿东山瑶之陈树香。

十二月九日

共匪一股窜长安营。

桂七军破龙胜马蹄街之匪。

白副总司令崇禧电复何总司令键释疑。

十二月十日

共匪窜入湘西。一股陷通道县城。其后卫尚在桂北龙胜属之河口、江底与桂军相持中。

十二月十一日

朱、毛主匪窜菁芜州、牙屯堡。后卫由独境反攻，被桂军覃师击溃之。回窜湘南之陈树香股，被湘军团队消灭之。

十二月十二日

共匪窜入湘、黔边境，桂省已无匪踪。

蒋委员长电令湘、桂、黔军认真堵剿。

西南政委会电勖陈、李、白。

十二月十三日

朱、毛主匪续犯黔疆。

湘军击匪于岩门铺，陶师击匪于芜菁洲，章师击匪于临口、下乡，均溃之。

十二月十四日

朱、毛经新厂、马路口西窜黔东。

湘军收复通道县城。

（原载胡羽高:《共匪西窜记》，第 122—237 页）

近代中国国内外大事记（节录）[1]

（1934年11月13日—12月31日）

李振华

一九三四年十一月

十三日　蒋委员长任何键为追剿总司令，追剿西窜共匪。

十四日　何键在衡州就任追剿总司令职。

十七日　七十九师收复雩都。

李宗仁、白崇禧偕抵桂林，策划剿匪军事。

廿三日　东路军入会昌城，残匪西南窜。湘、粤边匪窜江华、永明间。

廿四日　李宗仁留邕主持剿匪军事。

廿五日　匪先遣队窜抵灌阳、全县突围不逞，退去。

廿九日　刘建绪进驻全州督剿。

十二月

九日　湘、桂军会堵击残匪。

十一日　湘南股匪肃清，宣布解除戒严。

十四日　共匪由通道、靖县入黔省锦屏。

十五日　湘军收复通道城。匪向黔边窜入锦屏。

十九日　何键赴宝庆，督部进剿残匪。

---

① 本件节录自台湾出版的《近代中国史料丛刊》（续编）。作者李振华，不详。

三十一日　朱、毛匪向余庆、石阡北窜，强渡乌江。

〔选自沈云龙主编:《近代中国史料丛刊》(续编)第六十七辑，台湾文海出版社有限公司印行，1979年8月版，第5691—5706页〕

国民党将领回忆

堵截红军　防蒋入桂

李宗仁[①]

民国二十三年冬季[②]，中共号称十万红军，忽自江西突围西窜，并自湖南经茶陵、桂东等处，直迫桂北的恭城、灌阳、全州三个县边境。中央当局拟借刀杀人，故任由共军进入广西，并未跟踪追击，一面反捏造电讯，诬蔑我们私通共军，居心险恶，令人发指。

民国二十二、二十三年间，江西剿共战事正炽烈之时，我们也派一师军队假道广东入赣助剿。不久，江西共军在中央第五次“围剿”之下，有突围他窜模样，我军乃撤返广西，增加省防。

共军此次西窜是由于中央第五次“围剿”战略的成功。这一战略原是采取德籍顾问的建议，一面用碉堡政策，一面建筑公路，稳扎稳打，步步为营，封锁共军，并断绝其食盐的供给，使其坐困。就战略的原则来说，中央应自四方筑碉，重重围困，庶几使共军逃窜无路，整个就地消灭。如不得已要网开一面，也应将缺口开向闽、粤两省，把共军驱至沿海一带，加以消灭。如民国十六年贺、叶南窜，终于在潮、汕一带为李济深、黄绍竑所击败，便是一绝好的例证。但此次中央的战略部署却将缺口开向西南，压迫共军西窜。

共军入湘之后，按当时情势，中央军本可利用粤汉铁路和湘江，

① 作者当时系国民党第四集团军总司令。

② 民国二十三年即公元 1934 年，以下不另注。

水陆两路南下，截击共军，使其首尾不能相顾。而蒋先生却屯兵湘北，任共军西行，然后中央军缓缓南下，迫使共军入桂。同时，中央宣传机构在海内外大事宣传，捏造截获我们予共军电报，说广西李、白勾结共党，期待我和共军互斗两败俱伤之后，中央军可有借口入占广西，居心极为阴险。民国二十三年九十月间，共军先遣部队万余人在萧克率领之下，窜至湘、桂边境，全军十余万人随后跟进，有入桂模样。为应付这一紧急局面，第四集团军总司令部乃下令地方政府，将桂东北各县坚壁清野，以防共军入侵。同时将本省常备军14个团悉数调往湘、桂边境，由白崇禧指挥，堵截共军入境，全省民团也奉令动员，以为增援的准备。不久，共我两军遂在湘、桂北边境的全州、灌阳、资源等处发生接触。共军来势极猛，所幸该地山岭重叠，地形险要，易守难攻。我军以寡敌众，共军无法逞其志。经旬余的战斗，共军攻势已有再衰三竭之势，我军乃全面出击，共军狼狈溃窜，伏尸遍野，死伤万余人，被俘七千余人，造成抗战前剿共战役中罕有的大捷。

当共我两军正打得血肉模糊之时，中央追兵却在湘中一带作壁上观。京沪一带CC系的报纸，更鼓其如簧之舌，极尽颠倒黑白之能事，说共军已和我军妥协合作云云。因此，在共军被我击溃之后，我即发一急电给上海市长吴铁城。略谓，此次共军西窜，我军加以堵截，在湘、桂边境发生激战，共军为我击伤击毙的几万余人，生俘七千人。俘虏之中，湘、粤籍的约三千余人，已就地设法遣送还乡。其余四千余人，都是共军在苏、浙、皖、赣一带，裹胁来的，就地遣散不易，弟拟租用专轮，将该批俘虏，分批运往上海，敬烦吾兄就便遣散回籍，庶使被胁良民返乡务农，并慰其父母妻子喁喁之望，实为德便云云。

吴铁城得电后，立即回电说，请将俘虏就地遣散，千万不必运来上海云云。在我和吴市长数度电报往返后，全国非CC系的报纸俱有报导。因而CC系报纸造谣中伤的阴谋，适自暴其丑，从此不敢再度造谣了。这也是剿共战役中一段有趣的小插曲。

共军既不能得志于广西，乃西窜入黔。我得报后即分电中央和贵州省主席王家烈，建议将湘、黔边境道路彻底破坏，凭险防堵。因湘、黔边境多羊肠小道，一经破坏，共军即运动困难。中央军和我军再从后夹击，则湘黔边区便为远东共党的坟场了。孰知中央置若罔闻，其原因固然是中央别有企图，同时也可能是中央军实在不经打，与其见屈于共军，倒不如保存实力，慢慢跟进，以占领共军离去后的地盘。

民国二十三年底，共军入黔，贵阳吃紧。为免贵阳沦陷，我遂派廖磊率我军精锐的第七军，星夜赴援。共军乃舍贵阳，北窜遵义。嗣后不久，蒋先生即偕顾祝同飞贵阳视察。事毕，蒋先生即原机返京，贵州省主席王家烈亲赴机场送行。当飞机正发动时，蒋先生忽命王主席上机，告诉他说："你随我到南京去！"王家烈闻言大惊，连忙道，我还有事务待亲自处理，且随身也无行李。蒋说，你可招呼随从人员回去收拾，交随行飞机带京。王氏无奈，只得到机舱口吩咐善后事宜，随蒋先生往南京。不久，中央便发表吴忠信为贵州省主席。所以共军西窜，未替蒋先生打下广西，却打下了一个贵州。

（选自《李宗仁回忆录》，广西人民出版社 1980 年版。标题为编者加）

“不拦头，不斩腰，只击尾”的“送客”方针

刘斐[①]

一九三四年九月间我由日本陆军大学毕业回国，旅居上海。我因出国已久（一九二七年春出国），对国内情形诸多隔阂，本想在五方杂处的上海住些时日，以便了解各方面的情况，由于中央红军以迅雷不及掩耳之势，突然放弃江西根据地向湘南进军，蒋介石一再电桂系李宗仁、白崇禧竭力防堵，李、白为此寝食不安，他们于调兵遣将作堵击准备之余，电我急赴广西。

当我到达南宁时，大约是十月底或十一月初。白崇禧见到我时非常高兴，他说：“你来得正好，现在广西处在共军泰山压顶的形势之下，老蒋再三来电，要广西和湖南竭力堵截，务须把共军彻底歼灭于湖南、桂北地区，免遗后患。广西兵力单薄，形势险恶，任务非常艰巨，你是陆军大学毕业的，要来显两手才行呀！我明天到桂北前线去，请你同我一道去看看。”我连行装都来不及换，还穿着西装，也没有甚么名义就同他一路出发了。沿途从白崇禧口中所了解的当时情况，大致如下：

白崇禧说，他在八、九月（一九三四年）间，见萧克部红军由湘南经桂北、湘西入黔时，就判断江西红军会转移根据地；他认为蒋介石的碉堡政策，对于没有攻坚武器的红军来说，确是一个致命的打击。他说，已预感到共军将来全部西移，届时广西就会受不了。所以当蒋介石在八、九月间要广西阻击萧克所部红军时，白就借口广西兵力单薄，要求把原先调往江西南部协助“围剿”红军的王赞斌师调回广西。白很得意地讲述他自己如何偷偷地到江西安远去的情形，说他当面批示王赞斌秘密集中全师，一俟接防部队（余汉谋部）

① 作者当时系国民党第四集团军总部高参。

到达，立即交防就走，毫不迟延。白对这件事越说越有劲地道：“这着棋算走对了，不那么样做的话，第四十四师（即王赞斌师）就回不来了。现在他们已由粤北、湖南地区安然回到兴（安）、全（州）、灌（阳）地区，有一个团留在龙虎关设防。就广西说来，只这个师有同共产党军队作战的经验，已要他们在兴安至黄沙河之线沿湘江赶筑碉堡线。湘桂、黔桂边境各县县长，已一律改用军官担任，以便指挥民团协同作战，并协助地方修筑碉堡。”

我记得有一次和白崇禧考虑堵击方案时，白说：“你看，我们广西一共只有十八个团兵力，廖磊带两个师（第十九师、第二十四师）追萧克部入黔，现要他们火速回桂林附近集中待命。第十五军（由夏威代领，名义上白是军长）除第四十四师已到兴、全、灌地区外，其余第四十三、四十五两个师，已由柳州及其以西地区向恭城、富川、贺县一带集中。现在共军号称十万，虽说是被老蒋打败了，但……”

我看他停了许久，就接口说：“牛虽瘠而卧于豚上，对广西说来是会被它压垮的，何况老蒋的部队又跟在后面。”

白说：“是呀！老蒋对广西是不怀好意的，你看我们这个仗怎么打好呢？”

我说：“这确是一个难题，输不得，赢也赢不得。”

白说：“是呀，我们十八个团，若打输了，共军进广西，老蒋说，‘我来替你剿’，广西就是老蒋的了。”

我说：“即使打赢了，共军覆灭，广西也已疲惫不堪，蒋介石说，我来替你善后，叫黄季宽（绍竑）回广西，把你们调到中央挂个空名义吃饭，你们就只好卷铺盖走路。”

说来说去，我们首先确定了对红军作战的主要着眼点，或者说总方针就是“送客”。在形式上作出堵击模样，实际上是保全桂军实力，既要阻止红军深入广西腹地，又要避免蒋介石的中央军乘机跟踪入境的双重危险。在具体做法上应开放一条让红军西进的道路

（判断红军当时是企图转移到川滇黔山地，重建根据地），不拦头，不斩腰，只击尾，专从红军后卫部队做文章，以“送客”早走，并敷衍蒋介石。至于究竟如何做法，仍须到实地考虑地形状况再定。

我和白由南宁坐汽车出发，沿途除指示部队向战地附近集中外，很少停留，到桂林亦只略微部署城防，随即赴龙虎关侦察地形，这里是五岭山脉都庞岭的南部，再往南便是萌渚岭。从龙虎关往北循都庞岭主脉绵亘经永安关、清水关，至黄沙河以北的湘江地障，隔江与越城岭相对。这些都是湘桂边境线所在，没有一处不是崇山峻岭，峰峦重叠；北面的永安、清水两关较易通过，龙虎关仅有隘路一条，有“一夫当关，万夫莫敌”之势。

原来第四十四师已留一个团在龙虎关，我们到时，那位团长（名字记不清了）来报告他们筑碉守备情形和当地交通特点，并报告了北面永安关、清水关的概略情况。

我们到龙虎关东口的高地上，展望了关外的形势后，我向白崇禧建议：“在这样的地形，有一个坚强的团守住龙虎关是够了的，这里是我们关门拒客的唯一要点，也是我们对北、东、南三面作战的枢轴；我们必须固守，将主力总预备队控置[制]在这里，使共军只能从永安关以北的地区往西走。但也可以设想：共军号称十万，在老蒋从东北面乘胜猛追的压迫下，如果我们在龙虎关一堵，后面追兵又急，则有被迫向南进入我富川、贺县（八步）一带，甚至西渡抚河（桂林至梧州这条河），乘虚进入广西腹地的可能。因此必须以桂东各县民团预先固守抚河沿线大小渡口，阻敌渡河西移，主力以龙虎关为轴由抚河东岸向南侧击，压迫共军于桂东粤北而歼灭之。总而言之，就是主力部队控置[制]在龙虎关附近的恭城地区，机动策应三方面的作战，以有限的兵力，达到确保共军不致进入广西腹地的目的。”这就是当时作战指导的腹案。

白崇禧听我说完后就说：“很对，很对！文章就这样做罢！且先把计划定下来。”

于是我根据以上的作战构想，拟定了桂军在桂北地区阻击红军的机动攻势防御计划（详后）。白崇禧看到我所选定的防御阵地线和军队部署时说：“战术这东西，确实要很好地学习，我们就这么点兵力（十八个步兵团），对这么大的地区和这样多的敌人，我想来想去不知应怎样使用才适合，照你这个计划，确实能适应各种不同的情况，真是好极了。”于是他就照计划命令各有关部队和民团各就指定的位置，立即开始构筑工事，从事战斗准备。

我们在龙虎关附近的恭城定了计划，下达了必要的作战命令后，即取道桂林转赴全州，准备和湖南方面派来的刘建绪会商湘桂联防问题。白崇禧说：“见到刘恢先（建绪）时，千万不能把我们这一套完全告诉他。只说我们根据共军西行企图和中央军衔尾追击的情况，我们准备固守龙虎关，并在灌阳、兴安间占领侧面阵地，相机向北出击，希望湘军由北向南攻击，共同配合中央军的追击，务求在全州、兴安间的湘江东岸地区，包围共军而歼灭之就够了。”

白的意思是，怕刘建绪知道我们“送客”的企图，会向蒋介石告密讨好。至于湖南方面同样会保存实力，不真正作战，我们也都是心照不宣的。

我们在途中顺便观察了灵川至兴安沿途的地形，在灵川至兴安之间有几处隘路适宜于持久防御，即指示防守部队构筑预备工事，巩固兴安方面守势作战地区的阵地纵深，以便持久抵抗，阻止红军南下桂林。

我们到全州后，和刘建绪见面，商量了一天。由白崇禧说明了广西方面遵照中央意旨，准备在兴、全、灌的湘江东岸地区，由南向北配合中央军之追击协同歼灭敌人的计划要旨，希望湖南方面由正面合围。刘建绪也报告了他所率领的兵力（具体情形已记不起了）和同意由湘南方面配合桂军南北两方夹击的计划，并交换了有关具体协调的通讯联络事项等，即各自返回防地指挥。

刘建绪走后，白崇禧还检查了全州设防情形、民团使用概况；召集有关人员指示应利用全州坚固的城垣，针对红军没有时间攻坚和不敢恋战等有利条件，务须固守全州县城；并指示实行坚壁清野，避免损失，随时搜集和报告红军行动的情况等，然后仍经桂林回恭城指挥所。

从以上情形，也可说明当时蒋介石和地方势力之间，尽管在对待红军问题上有一致的利害关系，但在蒋介石利用追击红军来对地方势力进行兼并时，又和地方势力有尖锐的矛盾。

我们从全州来到恭城指挥所以后，即着手指导作战计划的实施。根据当时的情况判断和已经下达的作战计划（概要）如下：

情况判断

（1）共军似有突破湘桂边境的永安关及其以北之线，进入兴安、全州间地区，再经桂北、湘西入黔、滇、川山地，重建根据地的企图。

（2）但共军在向永安关以北隘路进入时，如受强大的中央追击军的压迫，不能从容从隘路退向桂北时，亦有被迫改从龙虎关附近突破，深入广西腹地的可能。

（3）在我利用龙虎关有利地形，以主力进行坚强阻击，使其感到腹背受敌时，亦有被迫南下，向富川、钟山、贺县，西渡抚河，乘虚进入广西腹地的可能。

作战计划要点

甲、方针

我军以机动决战防御制敌之目的，于灌阳、兴安之线向北占领侧面阵地，主力总预备队控置[制]于恭城附近，巩固龙虎关方面作战枢轴地区的防守，并相机由灌阳方面转移攻势，与北面湘省友军协力，务求于桂北的湘江以东地区，南北夹击而歼灭之。

乙、兵力部署和作战指导要领

（1）以步兵十个团于灌阳至兴安之线占领阵地。重点保持于灌阳方面计步兵六个团，为攻势防御地区，以廖磊为地区司令官。当敌由桂北西进时，待其主力通过全州之线时，即对其后尾部队转移攻势，以促其早离桂境（这是没有告诉刘建绪的），并收一定战果。

左翼兴安方面为守势防御区，以步兵四个团占领阵地，以夏威为地区司令官，利用纵深阵地拒止敌人南下，以保攻势地区作战之进展，并掩护桂林之安全。

（2）以步兵一个加强团，固守右侧后战略枢轴之龙虎关，形成守势钩形，如敌被迫不能从永安关以北西进，而以主力攻击龙虎关时，应全力固守，并在主力预备队支援下确保现阵地以待主力决战方面之成功。

如敌主力在中央追击军压力下，被迫南下富川、钟山、贺县时，应固守现阵地，掩护主力预备队左背之安全。

（3）以步兵七个团为主力总预备队，位置于恭城附近，为主力决战兵团，适时支援攻势防御区转移攻势；或支援龙虎关守备（加强）团之战斗；特别在敌向富川、贺县、八步抚河东岸地区南下时，应以全力南下攻敌侧背，压迫其向粤北地区与粤军协力歼灭之。

（4）抚河防守部队，调集所有桂东各县民团担任之，每一主要渡口至少有民团一个团的兵力（相当正规军一营的战斗力），沿河固守。在统一指挥下，将所有民船集中控置[制]于抚河西岸。在敌向抚河东岸南下或向抚河攻击时，应固守沿河之线，以配合和支援主力总预备队南下侧击之成功。

作战经过情形

当广西部队部署妥当后，中央红军已如潮水一般汹涌而来，大约于十一月二十二日、二十三日，已到达湖南的道县，搜索部队很快就到了广西边境。除龙虎关附近凭借工事固守外，其他如永安关、清水关等地的警戒部队，即相机撤退。

红军并没有进攻龙虎关，主力迅速由永安关、清水关一带进入广西境内，仍沿九月间萧克率部走过的老路，经文市、石塘圩，于麻子渡亘全州间各渡口渡过湘江，分途由西延、龙胜方面入湖南境的城步、通道地区，再转贵州境内。

红军通过广西北部时，在进路的两侧以坚强的掩护部队形成一条走廊。迄红军主力通过石塘圩时，国民党军周浑元部也到了广西边境。这时据推算大约是十一月二十七日、二十八日左右，白认为红军已没有进攻广西腹地的企图，为免周浑元部深入，就命令原在灌阳附近的部队转移攻势（恭城附近的总预备队亦向前推进），向中央红军新圩附近之掩护阵地攻击。战斗相当激烈，桂军担任攻击的是第四十四师和第二十四师，经过约两天一夜的战斗，南面红军掩护部队即向石塘圩附近撤退，旋即渡湘江西去。桂军第四十四师及第二十四师向石塘圩、文市追击。第四十四师到达石塘圩后继续向麻子渡、界首方向尾追红军；第二十四师由文市西侧向北追击，当到达文市西侧时，即与尾随红军追击而来的周浑元部先头营遭遇，为拒蒋介石中央军于广西境外，桂系军队即向中央军开火，经一小时战斗后，桂军先头团将周部先头营缴械，然后诈说是误会，经解释后将人枪退还了事。

这时证实红军已全部西去，先头已到湖南城步附近。广西方面希望中央军“毋劳入境”，蒋介石也感到“投鼠忌器”，周浑元部乃由文市经全州黄沙河入湖南境；原来由湘南拟出桂北之黄沙河向全州前进的薛岳部，得到消息后，也折回湖南东安，不便再向广西前进。李、白对蒋介石一箭双雕的顾虑，到这时才缓了一口气。

王赞斌的第四十四师向西尾追红军到湘江东岸的界首时，红军后卫已远离接触，白即令第四十四师折回兴安休整，并令在兴安附近担任固守任务的第四十三师续行追击红军。据闻一度在马堤街附近与红军后卫激战一夜，曾报有所俘获。还记得张淦（当时任营长）

在全州以西之某地，曾糊糊涂涂钻到红军主力所在的位置去了。在一个村落中被红军围攻了一夜，因红军目的在急于西行，并不恋战，张营才幸免被歼灭。

桂军第二十四师对周浑元部解释误会后，仍向西经界首、龙胜，向湖南境追击，同时归还第七军建制，由军长廖磊率第二十四师及第十九师远追入黔，经榕江、黎平至独山、都匀一带，目的仍在远拒红军，免他再由黔南、桂北进入广西境内。后因红军老在贵州、四川边境绕圈子，白崇禧于11月底，又把在兴安附近休整的第四十四师调到桂北的三江县，并以其他部队增强黔桂边境防务，以防红军回师入桂，并防蒋介石的部队乘机南侵，直到中央红军离黔入滇后，形势才缓和下来。

中央红军长征过广西，为时约两星期左右。除在灌阳的新圩和马堤街附近有较大战斗外，其余多系地方团队小部队的行动。

白崇禧为了抵赖蒋介石责备广西堵击不力起见，大肆夸张战斗激烈程度，并谎报俘虏红军战士七千余人，阵亡数以万计，还拍了一部电影从事扩大宣传，吹嘘广西部队的战斗力，用以压低中央军的威风。目的无非是为了恐吓蒋介石不要轻易向广西进攻而已。

（选自全国政协文史资料研究委员会编:《围追堵截红军长征亲历记》上册，中国文史出版社1990年版）

蒋介石追堵长征红军的部署及其失败（节录）

晏道刚[①]

一九三三年（在蒋军第四次进犯中央苏区后期）何应钦任我为

① 作者当时系蒋介石侍从室主任。

"南昌行营"第一厅副厅长，处理作战业务。不久，蒋介石亲到南昌改组"行营"，我仍为第一厅副厅长主管作战业务。一九三四年三月，蒋创设"侍从室"以统率其随行人员，调我为侍从室主任。在举世闻名的中央红军二万五千里长征的胜利进军中，我随蒋往返于重庆、贵阳、昆明、成都、西安等地策划追堵。追红军胜利达陕北后，我又担任"西北剿总"参谋长，作蒋介石的帮凶，干了许多大大危害人民的事情，因此对蒋介石追堵红军的阴谋内幕大体有所了解。今响应周恩来主席的号召，把蒋介石在这一时期凶残恶毒的罪行，就我所能回忆到的如实揭露出来。但已年近八旬，事隔三十年，错漏在所难免，请有关方面加以补正。

粤湘桂边区封锁、追堵红军的部署和战役，自始至终都是蒋介石亲自在南昌指挥的。名义上何键是"追剿"总司令，薛岳是前敌总指挥，事实上在派系林立下的国民党政权，牵涉到三四个省、上十个军（粤军两个军、湘军三个军、桂军两个军、薛岳所率嫡系三个军）三四十万兵力的规模，即令蒋介石亲自出马也是不可能指挥的，因此始终是以南昌行营这套机构在那里敷衍行事。

桂北堵截红军记

张文鸿[①]

一九三四年八月间，红军萧克部约万余人通过广西北部境内西进后，李宗仁、白崇禧判断红军主力将要全部西进，深怕派出江西南部参加围攻红军的桂系部队四十四师的四个团（一三〇团莫德宏、一三一团王振朝、一三二团粟廷勋以及四十五师派归四十四师指挥的一三四团凌压西）被红军主力吃掉，白崇禧遂于八月下旬，秘密潜

---

① 作者当时系桂军第四十四师参谋处长。

赴江西安远四十四师师部向王赞斌面授机宜。白叫王立即准备将该师各团集结于安远县城及其附近，等候粤军前来接防后，迅速率领所部兼程开回桂北兴安、全县、灌阳一带，参加广西各军对红军主力通过桂境的堵截。

约于九月初间，粤军余汉谋部派陈章独立旅前来安远接防（后闻红军西进经过安远时，陈章旅曾被击溃，损失甚重），四十四师即由安远撤回，于中秋节后两三天分别到达广东英德集中休息两天。这时李宗仁曾由广州专程前来英德，对四十四师全体官兵训话慰劳。随后，四十四师经由湖南开回桂北。一三二团到兴安，一三一团到全县，一三〇团到灌阳，一三四团到龙虎关。各部到达指定地点后，就地休息整理和补充。

这年十月间，闻红军主力已经开始行动，由江西南部西进，其前锋已进达湘境南部。此时桂军第七军尚远在贵州南部，正兼程赶回桂北途中，十五军四十三师和四十五师亦由柳州、南宁、龙州等地陆续向桂北、富川、恭城等地集中。

四十四师在兴安、全县、灌阳等地休息数日后，即奉命侦察湘江上游由兴安至黄沙河湘江西岸沿岸的碉堡线。凡是可以徒涉的地方，都应建筑大碉堡，水深处虽不能徒涉，亦应设置中、小型碉堡；并指定我率领必要人员沿河实地勘察，绘图上报。经过四天的实地选定，沿线总共拟设置大、中、小型碉堡约二百余处。后闻如拟批准，饬令由兴安、全县两县县政府负责赶紧构筑。但其构筑情形如何和派什么部队担任据守，因为四十四师于十一月中旬奉调前往石塘圩附近布防，我就无从得知了。四十四师驻在龙虎关的一三四团，亦令其就地构筑工事，一俟四十五师派队接防后，移驻灌阳附近。

十一月上旬，白崇禧和刘斐曾到全县视察，当面批示四十四师驻全县城的一三一团团长王振朝担任守备全县县城及其附近高地，防止红军进占，并立即拟定防守计划，着手构筑坚固工事。但到了十一月中旬，该团又奉命归还四十四师建制开至石塘圩布防，遗下全县城防，改由民团部队负责。

十五军四十三师和四十五师各部，约于十一月初先后到达恭城、富川和贺县等地集中。四十五师派一三三团至龙虎关接防，加紧构筑工事，担任堵截任务。一三四团交防后到灌阳附近为四十四师预备队。当时十五军各师集中富川、贺县、恭城等县后，其部署情形如何不详。到了十一月中旬，第七军十九师和二十四师已经赶到桂林附近。二十四师派归十五军指挥，即奉命与四十四师共同部署于石塘圩南北附近地区占领阵地，准备堵截红军。

大约十一月下旬，红军主力部队已到达道县附近，前锋迫近桂境。同时获悉蒋介石的跟追部队周浑元、薛岳等部，在红军后面跟踪而来；又传闻蒋介石有利用红军与桂军作战的时候乘机袭取广西的企图。李宗仁、白崇禧看到这种严重的形势，既要抵御红军入境，又要防备蒋军的入侵，势必两面作战，颇为恐慌。因此李、白决定放弃堵截红军的计划，将原来已经部署于石塘圩南北地区的阵地变更，饬令四十四师和二十四师由石塘圩附近地区撤至灌阳、新圩附近东西地区之线（地名已忘），占领侧面阵地，监视红军行动，对红军只采取截击其后卫部队和相机追击，对蒋军的入侵则采取抗击。此时十五军四十三师的一部则控置[制]于兴安及大溶江附近地区，掩护桂林方面的安全，并归第七军军长廖磊指挥（廖率十九师在桂林附近）。

约于十一月底，红军主力部队开始进入桂境，沿永安关、文市、石塘圩、麻子渡，渡过湘江后分两路西进。红军一部在文市、石塘圩南北两侧高地占领阵地，担任侧卫和后卫。红军主力通过石塘圩后，四十四师和二十四师奉命向石塘圩和文市方面进攻。石塘圩和文市的北侧方面则由地方团队担任对沿途西进的红军进行袭扰，配合四十四师和二十四师的进攻（占领阵地线和进攻路线及到达线的地名皆已忘记）。

十一月底某日拂晓，四十四师进攻部队在杨柳井附近高地与红军侧卫部队发生接触，战斗约一个上午，几次进攻均无进展。直至中午，红军的侧卫和后卫部队开始逐次向石塘圩后撤。四十四师和二十四师部队到达石塘圩和文市西南侧各高地时已近黄昏，红军后卫部队已远离石塘圩向西急进。两师各部奉命就地宿营。翌日，四十四师继续向麻子渡、界首方向追击，二十四师亦继续向文市西侧前进。二十四师进抵文市西侧附近时，其先头部队七十团与蒋军周浑元的先头部队发生遭遇。周部先头部队约一个营，战斗不到一小时，即被七十团包围缴械。据被缴械的官兵说，误认桂军为红军，所以放下武器。于是我方随即将缴获的人枪全部退还。其后二十四师又继续经石塘圩、麻子渡向西追击。当四十四师部队追至界首时，红军已远离桂军西进，四十四师即奉命到达兴安及其附近停止休息。尔后跟追任务则由控置［制］在兴安及大溶江的四十三师和二十四师担任。二十四师部队继续经界首向西经龙胜前进，并归还第七军建制，由廖磊率领第七军全军远送红军深入贵州境内。这支队伍后又由贵州榕江、黎平西移驻于独山、都匀各地，防止蒋军向桂省入侵（第七军的行动、所经地点和日期不详）。

四十四师在兴安休息时，一三四团则留置于灌阳归还四十五师建制。到了十二月底，四十四师又奉命由兴安经龙胜瓢里，向古宜、三江前进，就驻在各该地，担任防止红军由贵州回击，实则系防蒋军入侵。直至一九三五年三月前后，才奉命移驻怀远、德胜等地整理训练。此时广西境内形势已见和缓，十五军四十五师和四十三师分别调驻桂林、柳州一带整理训练。

这次红军主力通过桂北，为时不过一旬，经过战斗，即胜利地西去了。桂军曾派空军参加战斗、侦察和轰炸，被红军击落飞机一架，机毁人亡。

当时桂军团以上各部主管人员姓名如下：

第四集团军总司令李宗仁、副总司令白崇禧，总参谋长叶琪。

第七军军长廖磊、副军长梁朝玑。第十九师师长周祖晃、副师长苏祖馨，五十五团团长苏祖馨兼、五十六团团长秦霖、五十七团团长张光玮；第二十四师师长覃连芳，七十团团长颜仁毅、七十一团团长魏镇、七十二团团长程树芬。

第十五军军长白崇禧兼（夏威代理），副军长夏威。第四十三师师长黄镇国、副师长贺维珍，一二七团团长苏新民、一二八团团长冯黄、一二九团团长贺维珍兼；第四十四师师长王赞斌、副师长周元，一三〇团团长莫德宏、一三一团团长王振朝、一三二团团长粟廷勋；第四十五师师长韦云淞、副师长陈济桓，一三三团团长萧兆鹏、一三四团团长凌压西、一三五团团长韦布。

第四集团军总司令警卫团团长黎式谷（归第七军指挥）。

一九六三年四月

（选自全国政协文史委员会编:《文史资料选辑》第六十二辑，
中国文史出版社 1979 年版）

红军长征过广西

黄启汉

开始于一九三四年十月的名闻世界的红军二万五千里长征，当时所到之处，曾使国民党中央和地方的军阀，震惊失措。

大约是十二月的光景，红军经过广西。事前蒋介石有电报给李宗仁、白崇禧，要广西无论如何一定要和湖南的何键以及南京派来追击的周浑元、薛岳等部，合力夹击红军。蒋介石答应如果取得胜利，蒋委派李宗仁、白崇禧分别为黔桂绥靖正副主任；同时答应立即拨给开拔费一百万元，所用弹药，实报实销。李宗仁为了这件事情，从广州赶回来和白崇禧商量。他们连续召开了好几次军事会议，参加这些会议的有第七军长廖磊、第十五军副军长夏威、四集团军总参谋长叶琪、高级参谋刘斐、广西省政府主席黄旭初和各区民团指挥官。会议上白崇禧认为当前的局势是严重的。第一，红军的企图未明。第二，红军的后面，有庞大的蒋介石部队，跟踪而来。广西既要防共，又要防蒋。因此他提出要做全省动员的准备。他还认为这时候和广西（军阀集团）利害相同的是湖南的何键，应该加强和他联络。后来李、白派张义纯（安徽人，和白崇禧是保定军官学校同学，当过广西民团干部学校教育长，第十五军副军长，抗战时期当过二十一集团军副总司令，安徽代主席）为代表，去同何键商量，并打听他的动向。

李宗仁、白崇禧一方面打电报给蒋介石表示广西完全有决心和有力量在境内外堵击红军，意思是希望蒋军不要进广西境内。另一方面要廖磊率七军主力驰往桂北布防，并要夏威把十五军集中于柳州待命。当时白崇禧对红军的动向，判断有三种可能：（一）是深入广西腹地；（二）是直驱贵州并在那里建立根据地；（三）是攻四川，占领这个“天府之国”。这三种可能性，以第三个可能性最大，第二个可能性次之，第一个可能性最小。首先，因为四川内部四分五裂，又远离国民党中央的控制，是共产党立脚最好的地方；其次，贵州是山区，便于游击，也很符合红军的理想。白崇禧自以为广西民团组织严密，红军不致在此久留。

白崇禧于十二月上旬带着高级参谋刘斐到桂北全县去视察前线，并在那里接见了何键的一个军长刘建绪（又是和蒋直接有关系的）。自从南宁动身的前一天，还出席了广西省政府举行的扩大纪念周，公开报告他要到全州去，并说明他对红军动向的三种判断。当时曾有些人背后私议，说：“白副老总是个军事家，为什么把‘敌情判断’在公开场合宣扬呢？”有人就说：“你只知其一，不知其二，白副老总的话，是要讲给蒋光头听的。”白对廖磊，很明确地交代，必须在湘桂边境，沿线建筑防御工事，对红军只宜“追击”，不宜“堵击”，对蒋军就必须堵击。据说白见到刘建绪的时候，也曾把他对红军的判断，告诉刘建绪，并诡称准备对红军迎头痛击。事实上，连在前线的第七军军长廖磊，始终得不到红军主力何时经过何地的确切情报，常常发现所得情报落后于红军主力实际行踪约三天之久。廖磊跟踪尾追，捉住了几百个跟红军长征掉队的老幼农民，李宗仁、白崇禧就叫他们宣传机构——总政训处大事宣传，说什么获得“七千俘虏”，比“中央五次‘围剿’以来任何一次战功大得多”。白崇禧还叫他们总政训处长潘宜之，赶快拍制一部电影。当然少不了向蒋介石“报功报喜”。潘宜之问白崇禧如果蒋介石要我们把“七千俘虏”解到南京去怎么办？白说：“那有什么困难呢，就告诉他全部遣回原籍了。”

廖磊曾率领周祖晃一个师追过贵州边境，由于蒋介石派有他的嫡系部队和湖南何键的部队逼近广西边界，有九个师之多，所以白崇禧迅速叫廖班师回桂，守住家门。那时候蒋介石一心一意要消灭红军，为了避免和广西冲突，曾电李、白，同意除非万不得已，不许“中央军”进入广西境。湘军两师，一度进到桂境黄沙河附近，很快就撤退回去了。“中央军”周浑元部有两连人因越桂境被桂军全部缴械，蒋也不敢做声。后来蒋介石要他的嫡系部队从湘西追至贵州，对于以前答应给李宗仁、白崇禧为黔桂绥靖主任一事，不再提起，李、白明知蒋无诚意，也不再问。但从此湘桂边境紧张形势逐渐缓和，李、白两人，也就松了一口气了。

后来红军既不在贵州停下来，也不在四川留步，而是继续北上，经过草原和天险腊子口，出甘南到陕北，建立起革命的圣地，这是完全出乎李宗仁、白崇禧和一切反动派的意料之外的。

红军长征经过广西，使当时的桂系军阀集团，受到了一场很大的“虚惊”。同时，红军长征的结果，在广西留下了抗日、民主、进步的种子；又加深了国民党蒋介石集团和桂系军阀集团的矛盾。因为当红军在江西和蒋介石集团进行反“围剿”的斗争的时候，桂系集团有如“坐山观虎斗”，并赢得了时间，作内部的整顿。红军在江西，客观上成了蒋介石集团和两广军阀集团的缓冲。白崇禧说过：“老蒋一天‘剿共’未了，就一天不来搞我们。”现在红军北上了，蒋桂之间的这个“缓冲区”没有了，两兵相接，矛盾就尖锐起来。使桂系集团更伤脑筋的是自从蒋嫡系军进入贵州以后，他们强使贵州鸦片烟帮从湘西到赣、浙，减少了经过广西出香港的数量，以致广西的军费大受影响。例如一九三四年度广西军费支出一千三百五十八万元，鸦片烟税的收入就有一千三百七十五万元。到一九三五年度军费支出一千九百二十一万元，鸦片烟税收只有一千零九十三万元。一九三六年度更减至四百八十五万元，这给桂系集团带来很大的打击。所以对他们来说，还是红军多在江西几年好。但是历史并不听由他们摆布，伟大的红军胜利地完成了二万五千里的长征，从此并引导中国革命，从一个胜利走上更大的胜利。

（选自《广西文史资料选辑》第二辑，1962 年版）

阻击红军北上亲历记

黄炳钿①

一九三四年秋间，第四集团军总司令李宗仁、副总司令白崇禧，探悉萧克将军率领红军万人，从江西出发，经湘、粤边区前进，已经到达湖南的道县，接近广西。李、白深恐红军进入广西境内，遂急电驻柳州第七军军长廖磊派兵驰赴桂东防守。灌阳边界，由十九师

① 作者当时系桂军第二十四师第七十团团副。

师长周祖晃派出一部向道县警戒。唯富川及贺县一带空虚，遂加派第二十四师七十团团长汪玉珊团附黄炳钿率所部由柳州出发，经荔浦、平乐，向富川前进。当七十团到达钟山县时，知道萧克将军所部红军已由道县进入蒋家岭，把十九师五十五团吕汉一营击溃，进入灌阳县的文市，经石塘、界首向唐家市前进。廖以全州震动，兴安危急。遂檄调七十团由钟山星夜兼程驰赴阳朔，由阳朔乘汽车输送兴安。部队日行一百六十里，马不停蹄，兵弃装具，日以继夜地行动，一到阳朔随即上车，飞奔兴安。

七十团先到兴安，只有一营，立即赶到唐家市附近警戒。后到者不按次序，也陆续开赴唐家市布防。当全部到唐家市时，红军全部已通过界首，向资源前进。七十团于次日也向资源前进，在鲁塘地方与红军的后卫部队接触，激战数小时后，红军二百余人撤至鲁塘通资源的要隘阻击。七十团以数倍之众，几次进攻，均无法通过要隘。到了黄昏，十九师五十六团陈与参营长率领该营到达鲁塘，同在该处彻夜警戒。第三日，红军已向桂、黔边区前进。七十团跟后追击，到资源附近的隘路口，我方飞机三架，盘旋上空，企图轰炸红军，但飞行人员技术低劣，认识不清，发生误会，所投炸弹，多落在七十团行军路上，妨碍行进，反使七十团迟滞不前。及到达隘路口山谷中的梯田地带，发现我方飞机一架，倒栽地上，被红军焚毁，只剩飞机铁质残骸，飞行员残尸二具，身体弯曲，手脚支离破碎，狼藉遍地。红军一部由梅溪口经湘境进入黔边，向黎平、锦屏、镇远方面前进。我七十团暂归十九师师长周祖晃指挥，沿红军长征路线，随后跟进。及到达湘、桂交界处的梅溪口要隘，在隘口旁边插有一块木牌，红军大书“有劳远送”的标语。红军行动迅速，声东击西，令人莫测。此时七十团与红军相距超过一日行程，真是欢送，不是追击。过了梅溪口进入城步、通道，旋经黎平、锦屏、天柱、三穗而到镇远，沿途没有与红军接触。第七军军长廖磊率二十四师和独立团也到镇远。适湘军师长李觉部队，亦同时到达镇远集中。这时红军仍在施秉和余庆地区。廖磊遂亲率七十团及七十一团，向余庆前进；二十四师师长覃连芳率七十二团、独立团，及五十七团陈与参营，先行出发，向施秉搜索前进，在广大与红军遭遇。覃连芳所部正在红军左侧占领阵地，截击红军进路，廖磊在行军途中。遥闻左侧方面的枪声，如系我军部队与红军接触，廖即亲率两团兵力，依枪声方向急进支援，未几即与覃连芳所部相会，据覃连芳说："我师与红军遭遇，截断红军去路，激战甚烈，红军不支，向我左侧小路退去，当命五十七团陈与参营长率领所部赶速占领左侧的高地，拦截红军。但陈营长怕死，不敢前进，以致红军得以从容退去。"廖磊是一个好大喜功的人，就率两团由小路向红军追击。可是山高路隘，林密草茂，行动十分迟滞。红军又在沿途设置地雷和集束手榴弹，非经搜索拔去，就不能前进。加以红军行动神速，顷刻间就转移别处，我军无从追击，结果无影无踪。在送行途中，曾捡获红军传单一纸，大意谓日前在某处与湘军师长李觉部激战，打了一个大胜仗，歼灭湘军一营，缴获步枪四百支，重机关枪数挺，俘获营长一人，及全营官兵四百余人云云。廖磊所部到了大地方之后，四面派人侦察。次日向石阡方面前进，以七十一团团长张光玮率所部为前卫，我代领该团（团长汪玉珊因病滞留黎平）随军长廖磊之后为本队。行抵甘溪圩附近的狭长道路，七十一团与红军遭遇，迎头阻击，争夺该处制高点，展开激战。七十团跑步向前加入战斗，以第三营由右翼高地包抄，协助七十一团的正面攻击，争夺甘溪圩背后高地，短兵相接，激战甚烈。我乘红军与七十一团第三营交锋，而红军火力未及控制前面的中距离时，即率第一营和第二营，连续冲锋，把红军部队分为两段，首尾不能联络，及致红军遭受损失。可是红军避实击虚，乘夜绕道向我军留守处的大地方袭击，把军校毕业学生百余人击溃，并击毙学生多名。廖磊复率七十团、七十一团企图拦截。次晨分途搜索前进，适大雾迷漫，咫尺不能辨人，闻在山岗上遥闻隔岗人声嘈杂，认为系红军部队接近，七十团即与十九师五十六团发生冲突，对击约两小时之久，足见指挥失宜，联络不善。最可笑的，廖还在大地方布防，择要构筑防御工事，生怕红军奇袭。过了几日，才知道红军已向石阡前进。廖磊企图再行追击红军，又率七十和七十一两团向石阡追去。当出发时，七十团第二营营长李瑞金，曾对我说：“昨晚奉军长面谕，甘溪圩俘获‘共匪’，内有二十余人，非常调皮，是属正货，应解至山僻地方，以脱逃为名，一律枪杀，你知道否？”我答：“未奉军长命令，不敢负此责任，且敌我相斗，规定不得残杀俘虏，你奉军长命令，你自己负责吧。”后来行了十余里，即与贵州省主席王家烈相会，廖磊就把缴获红军的步枪及俘获红军数十名，交王家烈处理。我军到了石阡之后，红军已进入黔川边界，在石阡住了两天，即拔队转回镇远。

第七军全部集中镇远之后，闻说红军全部由江西倾巢出发，取道湘粤边区西进。第七军在镇远休息一天，处理伤兵后运，同时覃连芳派黄炳钿到第七军临时医院，颁发犒赏二十四师伤兵费五百元，准备回桂。镇远城市，商场较为热闹，特别是贵州地方，遍种罂粟，鸦片烟土公开摆卖，没有限制贩运。第七军的官兵看到市面摆卖的烟土，认为是千载难逢的发财机会，于是把公款、私款都掏出来当做本钱，连行军零用的小钱也拿出来争购鸦片烟土（每两大洋二角）。官佐利用衣箱及弹药箱，士兵则利用杂囊袋及水壶，满载而归。十九师先行出发，到了三穗宿营，一夜之间，把该处鸦片烟土抢购一空。二十四师到三穗的时候，市面已无存货。于是派兵沿途搜查前进，所经城市，都争先恐后地抢购烟土。计经天柱、锦屏、黎平，进入广西的古宜、龙胜回到桂林。七十团团长汪玉珊，贪生怕死，装病避战，经被撤职，以颜仁毅接充团长，在桂林交代。当时桂林的烟贩、烟鬼，神通广大，勾通第七军的官兵，三五成群，在大街小巷，进行交易，每两一元三角，公开贩卖。桂林禁烟督察局局长覃采如对于这笔私烟，也想从中染指，曾与乃弟覃连芳商量要缉私勒税。可是覃连芳却用恐吓的口吻对乃兄说：“你要命还是要钱？士兵千辛万苦、打生打死，搏命带回的东西，你如果要缉私，士兵会拿手榴弹来对付你，你千万不要乱动，出了问题我不负责的。我们过了几日就要出发，士兵们贩卖私烟，最多不过几天就可搞清楚，你可装聋作哑，不闻不问好了。”

一九三四年冬间，毛主席和朱总司令，率领红军大队由江西出发，经湘粤边区，在进入广西的灌阳时，蒋介石派遣周浑元指挥中央军及湘军十余万，已到零陵、东安，逼近广西边界。李宗仁、白崇禧，既畏红军勇敢善战，又怕蒋介石中央军藉追击红军为名，乘机侵占广西。遂调第七军及第十五军，先集中桂林、平乐，进入恭城、兴安一带地方，避开正面战斗，只占领侧面阵地，拒止红军进入桂林。第二十四师由桂林出发，开到灌阳，列为总预备队，归第十五军军长夏威指挥。行抵灌阳属永安关附近，第二十四师七十团曾与中央军发生误会，激战一小时始行停火。此时我七十团才知道红军大队前锋已进入黔境。现十五军在全州石塘圩与红军后卫部队接触发生激战。据说俘虏红军的落伍病兵数百人，竟谬称七千俘虏。俟红军完全进入贵州之后，二十四师经兴安向龙胜前进，在龙胜瓢里北端的青龙界，曾与红军的左侧卫部队接触，但不敢从正面拦截红军，只在隔岗放了迫击炮十余发，便收队到古宜休息。迨红军深入贵州境内，第七军军长廖磊亲率十九师及二十四师，始向贵州的从江、下江、榕江，经三都、丹寨到都匀停止。这条路线不是红军长征的道路，没有与红军接触。不久，由薛岳指挥的中央军进入贵阳。而红军经镇远、湄潭，亦已到达遵义，薛岳指挥的中央军复折回开阳，经贵定进军。廖磊深恐薛岳所部南下，借追击红军的机会，乘势侵入广西。当即把二十四师和十九师移至都匀的西北端，在文德一带地区布防，构筑防御工事，名为“防共”，实则“防薛”。后来红军经贵定及麻江之间，通过都贵公路，经惠水而至安顺。廖磊仍恐红军向桂北进发，复把二十四师由都匀调到独山，再沿平塘、平丹、通州而到罗甸，转移到广西的乐业、天峨布防。后闻红军由安顺入川，二十四师奉调回桂、黔边界的六寨、麻尾驻防；十九师驻防独山，一直驻了数月之久，直到一九三五年夏间，第七军全部始由贵州调回柳州。此时正值罂粟收割完毕，麻尾圩场，每逢圩日，男男女女，把新鲜的鸦片烟土，运到圩上，公开摆卖，每两二角。所有投机烟商，云集圩内大肆抢购。第二十四师官兵，这次又遇到发财机会，四处找寻旧木板，制成弹药箱，大装烟土，伪装成弹药，运回广西。官兵所带的水壶、饭盒，也满载烟膏而归，沿途经过禁烟局卡，明知官兵携带大量烟土，却不敢在老虎头上捉虱，自找苦吃。从这些事例中又可看到桂军的腐化和骄横。

（选自《广西文史资料选辑》第二辑，1962 年版）

阻截中央红军长征过黔的回忆（节录）

王家烈[①]

一、阻截前的形势和布置

红军长征过贵州时，我任国民党第二十五军军长兼贵州省主席。关于堵截红六军团萧克部队在贵州的作战，时间是一九三四年八月到十月。本文叙述堵截中央红军长征通过贵州的经过，时间是一九三四年十月到一九三五年四月。

先是一九三四年九月间，我协同湘、桂军李觉、廖磊两部，对红军第六军团作战，曾率军部指挥所人员由贵阳出发，经平越（现名福泉）到思南。是年十月，红军贺、萧部队离开贵州，向四川西

① 作者当时系黔军第二十五军军长兼贵州省主席。

（阳）、秀（山）、黔（江）、彭（水）进出。我正在布署进攻时，于思南途中接蒋介石由牯岭来电，大意说，红军主力已离开瑞金西进，其先头已到大庾县属于都附近，有沿萧克部队的路线进入贵州模样，命我率领部队择要堵截。我接电后，即由思南转回贵阳，着手考虑全盘计划。

当时贵州内部，因争权夺利，混战了两年才告结束。名义上我是军长兼省主席，实际上犹国才割据盘江八属，侯之担割据赤水、仁怀、习水、绥阳等县，蒋在珍割据正安沿河各县。他们对我口头上表示拥护听命，实际上我并不能直接调动他们的部队。我能直接调遣作战的只有何知重、柏辉章两个师所辖李成章、犹禹九、杜肇华、周芳仁、杨昭棠五个旅，共十五个团。听说红军有四五万之众，我觉得自己力量单薄，无法对付，遂与两广取得联系。联系结果，广西李宗仁、白崇禧答应派第七军军长廖磊率覃连芳、周祖晃两师开到贵州都匀、榕江策应；广东陈济棠答应派其第二军（军长张达）推进到广西浔州（桂平），必要时进到柳州策应。他们说，若再远离其各自的省境，他们自己后防就感空虚，办不到了。

在思南接蒋介石的上述电报后，我想红军主力到贵州来了，要占据我的地盘，我想阻挡是办不到的。蒋介石对我不怀好意，我早已明白。自我主黔以来，尽管犹国才、蒋在珍同我为难，蒋介石并不调他们二人离开贵州。我为了保持地位，乃将贵州土产鸦片烟运出，通过两广换回武器补充实力。因此曾经同陈济棠、李宗仁订立三省互助联盟，暗中反蒋。后来，这个密约被陈济棠的部下余汉谋盗出，向蒋告密，从此蒋视我为眼中钉。他早就想攫取贵州，以便控制西南各省。这次，他的“中央军”乘尾追红军的机会，要进贵州来了，我又不可能拒绝，思前想后，心绪异常烦乱。在当时形势下，我决定执行蒋介石的命令，一面尽力给红军以打击，使其早日离开黔境；一面相机同两广联系，保存实力，以图生存。

我的初步计划是：将乌江以北的防务交与侯之担负责，乌江以南的防备由我和犹国才负责。我本人担任贵州东南路的指挥作战，以便到不得已时，向广西靠拢。

（选自全国政协文史资料委员会编：《文史资料选辑》第六十二辑，中国文史出版社 1979 年版）

白崇禧部队堵截红军经过

蓝香山[①]

一九三三年粤桂军陈济棠、李宗仁、白崇禧以消极反蒋、积极割据的姿态，参与蒋介石对中央革命根据地第五次“围剿”，粤军第一、二、三军和桂军第四十四师王赞斌部由陈济棠南路军总司令指挥，在江西南部赣州、信丰、安远、寻乌至福建武平、上杭一线，派少数部队进攻根据地，主要阻击红军向南发展，达到敷衍蒋介石、保全实力的目的。

一九三四年十月，中央红军从雩都、信丰一带突围，冲破蒋介石所谓强固封锁线，沿大庾岭、骑田岭、湘粤边界向西转进。当时蒋介石命湘军在衡（阳）保（庆）之线布防，桂军在桂北兴（安）全（州）灌（阳）地区布防，进行堵截。红军的行动使白崇禧大受震撼，急命驻梧州第十五军军部移驻桂林，命第四十四师王赞斌部由三南兼程回桂，归还第十五军建制，驻百色，第十五军第四十三师黄镇国部向兴安，驻龙州；第四十五师韦云淞部向灌阳集中；命第七军廖磊之第十九师周祖晃部，第二十四师覃连芳部向平乐、恭城集中；命第十五军参谋长蓝香山、桂林区民团指挥官陈恩元自都庞岭北麓由四关（清水关、永安关、中关、北关，每关间相距仅二公里），经黄牛

① 作者当时系国民党桂系军第十五军参谋长。

岭脚下沿黄沙河设置前进阵地，并沿湘桂边区瑶山至沙子圩（黄沙河、全州之间）构筑主阵地；命第十五军军长夏威，沿兴安北咸水、石塘圩、新圩至文市构筑预备阵地，并命陈恩元编组民团一个团，以秦开明为团长，守全州。堵截任务以第十五军为主，第七军担任策应。

当时红军武装部队有八万人，桂军有五个师及新编民团武装，不过三万人，众寡悬殊，不能不使白崇禧忧虑。当时白崇禧判断红军的进军路线：一由湖南江华入龙虎关，通过广西腹地柳州向贵州西进；由湖南蓝山经道县入四关，由桂北西进。如果红军入龙虎关，白崇禧一怕红军入桂动摇割据老巢，唯一希望红军一兵一卒不入桂境，沿湘桂边境从黄沙河出湖南通道至贵州。二怕尾追红军的蒋介石部队乘机入桂。白崇禧和刘斐到兴安第十五军对夏威和我说："谁给红军送个信，说我们让一条路任其通过。"虽是试探性的笑谈，倒是他的真心话。

白崇禧和刘斐商定的作战方针：如红军入四关而进，则尽全力拦阻红军，不让向桂林方面进展；如红军入龙虎关，则尽全力攻击，阻止红军向腹地进展。刘斐在第十五军军部酒后很高兴地说："四关是头部，龙虎关是尾部，我们将主力集结灌阳、恭城地区，击首则尾应，击尾则首应，较为稳妥。"

红军将到骑田岭地区，白崇禧率刘斐等由南宁进驻桂林，第十五军军部进驻兴安，第七军军部进驻恭城，首先以道县的蒋家岭、全州的黄沙河为前进阵地。从四关沿灌水至全州为主阵地，加紧构筑碉堡工事。红军将到嘉禾、蓝山时，白崇禧认为红军不会沿黄沙河西进，势必通过桂北，按原定防线设防，兵力不足，遂改咸水、石塘圩、新圩、文市、四关为主阵地。同时令兴（安）、全（州）、灌（阳）各县民团全部动员，约十五万人参加构筑碉堡，并令各县筹集构筑碉堡的砖瓦木料，星夜运到防地。碉堡均系圆形，墙厚约五十公分，可抵抗枪弹，多数是两层射击设备，少数为低堡，每一碉堡由民团一班守备，各碉堡间相距三百米至五百米，互相侧防，在十一月上旬全线碉堡基本构筑完毕。红军入四关时，碉堡的守兵都弃而逃跑，一个多月劳民伤财建起的碉堡，成了废物。

白崇禧为防红军入龙虎关，命第十五军军部派灌阳民团从龙虎关至四关间，沿都庞岭脚下的所有村庄，遍插不同番号的旗帜，虚张声势，让红军知道这方面有重兵扼守，不进龙虎关。同时率刘斐和廖磊进驻恭城，第十五军军部即进驻灌阳，第十五军所属三个师在灌阳南北地区集结；第七军紧靠龙虎关集结。

十一月下旬初，红军到达道县，停留四五日未西进，白崇禧极为忧虑，深恐红军入龙虎关，于是由恭城发来译电给夏威："着将四关工事星夜挖去，让红军通过。"我们当即照令执行。红军由十一月二十三日夜入清水关，首尾衔接向西挺进。红军为避蒋介石侦察，白昼休息，夜间行军，我们计算红军须经过五夜才能通过完毕。由于时间急促，白崇禧不能亲自召集师长以上干部会议，责成第十五军军长夏威在灌阳召集师长黄镇国、王赞斌、韦云淞开会，由我拟定堵截方案两个，第一方案：于红军通过第四日夜，由新圩至石塘圩间将第十五军三个师全部展开，截击红军后尾。理由：（一）由于红军每日行军一个多月很疲劳，其目的在于西进，可乘其危，占领了掩护阵地，攻击红军后卫；（二）桂军在红军进路的侧面新圩、石塘圩之间展开，红军地处平坦，桂军居高临下，红军前有漓水、后有灌水，处于不利地位；（三）湘军第十九师李觉部和第六十三师陈光中部已推进到全州，居红军右侧背，桂军居红军左侧背，中央军薛岳所率领的追击纵队紧跟红军后尾，红军受夹击如入口袋中，形势不利。第二方案：于红军通过第五日夜，在新圩展开一个师，截击红军最后一小部。师长王赞斌赞成第一方案，韦云淞主张第二方案，黄镇国未发言，夏威采用第一方案，于是用电话向白崇禧请示，廖磊先接电话反对第一方案，他说："正面过大，须使用全部兵力，如果红军反攻，桂军要作出很大牺牲，若蒋介石继红军后图广西，我将束手自缚。

应保存实力，不可存奢望。”白崇禧接着说：“在新圩用一个师打红军后尾就得。”二十七日晚，第四十四师师长王赞斌以莫德宏团在新圩展开，与红军侧面掩护部队接触，由于桂军在隘路中不能向两翼展开，只能用步枪、机枪火力与红军对峙。白崇禧频频用电话询问情况，我说：“红军有戒备，我军不能出隘路，正在激战中。”白说：“不要猛进，等待红军过去。”二十八日拂晓，红军全部过完，其掩护部队也全部撤走。当日第十五军向兴安前进，第七军第二十四师覃连芳部已进到新圩以北地区，却遇到中央军，覃部误认为红军，立即展开一个营将其先头部队一连缴械，我和夏威在其附近瞭望，知是误会，才吹联络号停战，随即将所缴枪械发还。万耀煌不但不抗议，反亲到桂林向白崇禧道歉。当夜，第十五军军部驻兴安，白崇禧恐中央军另有企图，派我到咸水与湘军师长李觉会晤，询问中央军动静。李觉说：“薛岳部队已沿黄沙河向湖南靖县前进。”我向白报告，白看到中央军没有进入广西，如释重负。

二十八日深夜，夏威在兴安接白崇禧自桂林来电话：“接何应钦电，蒋介石指责我们将共军放走了，第十五军应派一个师西追，务期有战果。”二十九日，夏威和我率领第四十三师黄镇国部梁津、史蔚馥、苏新民三个团，每团以每一个营为纵队，共分九个纵队，向西追击。正午，史蔚馥团颜僧武纵队在山地收容红军病员伤兵掉队的六百余名，近黄昏各纵队又收容伤病掉队红军共五百余名，共计千余名。白崇禧接夏威报告非常欢喜。营长颜僧武从此为白崇禧宠爱，不久升为团长，抗日战争时升至旅长。当日深夜，第十五军紧追红军主力进路，由农民做向导，打着火把，翻越兴安、龙胜交界的大山，向龙胜追击前进。这些地区是瑶人居住，他们说：“红军纪律严明，秋毫无犯，不进民房，不拉夫，吃了人民粮食给现洋……”我们在山谷中看到红军前进的联络方法，系用白粉笔以代字将部队的番号、进路、目标，写在壁立路旁的山石上，一路连续不断。沿途用白粉笔写大标语“勿劳远送”。第十五军抵龙胜时，红军已全部出桂境，桂军就停止追击。

我们在龙胜停留一星期奉令复员，仍回驻桂林，所属各师开回左右江地区驻扎。白崇禧和参谋长叶琪在桂林大摆筵宴唱戏三日，慰劳堵截将领，并将收容在兴安的红军的事拍摄成电影，自吹俘虏七千，向蒋介石夸耀胜利。

（选自全国政协文史资料研究委员会编：《围追堵截红军长征亲历记》上册，中国文史出版社 1990 年版）

刘斐献策　机动阻击

梁津[1]

桂系阻击红军的目的，首在巩固其所割据的地盘，惟恐红军一旦入境，动摇它的统治，故最初的计划是分兵固守湘桂边沿，不让红军入境。后因刘斐献策，乃撤退灌阳、道县间的守兵以专加强龙虎关的防御，让红军由灌阳入境而中途截击。

一九三四年十月，李宗仁、白崇禧闻红军由赣南突围西进之讯后，即令第十五军参谋长蓝香山同桂林区民团指挥官陈恩元视察兴、全、灌各县，凡属交通要隘地区，即插签标志之，以示建筑碉堡的地点。并命各区乡村长征调民工，运砖瓦、石灰和各项材料，兴筑碉堡，以备团队阻击红军之用，一切费用皆责诸人民负担，政府不给分文。各农村所存的粮食，亦强迫农民预先搬到山岩或偏僻隐蔽处收藏起来，使红军入境时不易觅食，做到坚壁清野，并企图乘红军的困乏而加以袭击。

当红军通过桂境之前，我奉命率部（时我充第四十三师第

① 作者当时系国民党第四集团军第十五军第四十三师第一二九团团长。

一二九团上校团长）到湘桂境上灌阳、道县交界处文市，见各区乡村长催征徭役，运粮秣和材料，忙碌至彻夜不能休息。

一九三四年初冬，当我在湘桂境上灌阳、道县交界处的雷口、永平、清水、永安等四个关口构筑防御工事时，第四集团军总部经电我“要与阵地同存亡”。桂省主席黄旭初亦电我“勿使红军越雷池半步”。故我那时决心死守阵地。除土工外，还运取残砖，累积顽石，构筑掩体四十余个。主阵地前的副防御物鹿砦，采伐山上的木柴构之不足，曾纵士兵滥伐农民所种的油茶树数百株以补充之。工事构筑既竟，乃仅开一缺口，方便自己部队的交通联络。至于民众的来往，则只许进来，不准出去，以封锁消息。离主阵地面前约八百米处有独立的小石山一峰，半山上有一洞穴，我派出轻重机关枪数挺占领之，并构筑掩体，转向主阵地作射击设备。悬想红军如来攻击我主阵地时，则此机关枪群从背后出其不意，可以袭击来攻者之背，而予以重大的损害。

既而风闻蒋介石以数十万大军从江西方面紧压红军之后，湘南也驻有重兵阻遏红军的北上。务逼红军进入广西，使其与桂系部队作战而相互抵消，中央军乃乘其惫而闯进广西。如此则对红军形成前后被夹击的态势，而达到扑灭的目的，又可乘桂系力竭之际，而将它消灭，铲除其割据独立的局面，是一举而两得，坐收渔人之利。

时刘斐（湘籍醴陵人，一九二一年春到广西进讲武堂，后在白崇禧连部充司务长，白在桂得势后，送他到日本留学）适由日本陆军大学毕业归来，充李、白总部高参。他衡量当时的形势，乃对李、白献策说：“广西正规部队仅有十六个团，而沿湘桂边境处处布防，则兵力分散而力量单薄。闻红军近十万众，倘集中兵力，攻击任何一点，皆有被其突破之可能，而最可担心者，是龙虎关方面。红军如由该方突进，则可经平乐、荔浦直捣柳州腹心之地，则大势去而难挽回矣。为今之计，只有撤退灌阳、道县间的守兵，让红军由该处入境，而转移兵力加强龙虎关的防御。主力则控制富有弹性地区的平乐和阳朔之间。盖主力在此地区，既可作龙虎关的后盾，又可以捍卫柳州腹心之地，复可以北向应援桂林之急，进出皆甚便利。俟红军由灌阳入境后，用少数的部队，中途设伏截击。如此则实力不损，而有余力可以对付中央军的闯入了。如此部署则兵力虽寡，自可应付裕如，不虞顾此失彼之患了。”（刘斐此项献策是我于一九三五年春在南宁军校高级班做旁听学员时，他讲授战术引作战例的自述。）李、白采纳其策，遂由第四十三、第四十五等师各团中，抽出一营的兵力，混编于民团每联队之内，而另定某师某团的番号，与少数的正规部队联合以截击红军。盖如此编配，在内则可以加强民团的战斗力，对外则可以虚张声势。

截击结果，据说共俘红军落伍的战士病号及挑夫六千余人（我团收容得的一千三百余人在内），派员送回赣南原籍（霍冠南当时即系护送员之一）。时我团（第一二九团）第一营梁达升部被抽调出去混编于高山（高仰如，广西宁明人，抗日时充旅长，沪郊之战，因部队溃散，被廖磊枪毙）所率领的民团联队内，另路作战，我不知其情况。我仅率第二营韦健生部及第三营黄玉超部（两人在抗日时期皆升团长，已阵亡）参加截击过境的红军。

一九三四年冬一个阴雨天，将近黄昏时，我第一二九团正在灌阳、道县交界处的阵地上，第四十三师师长黄镇国忽自文市来电话，命我放弃阵地，向南面一百二十里的黄牛镇撤退，执行刘斐的计划。因我当时不知其情，抗不奉命。他闻我不肯撤退，乃在电话中用慨叹的口气对我说：“难道我的话你还信不过吗？”我回答他道：“数日前总部电命我与阵地同存亡，省主席亦电我勿使红军越雷池半步，因何师长忽命我撤退呢？”他说：“计划变更了。”我说：“那么师长须有书面命令与我，使我有所凭据，我才撤退，否则绝不敢从命。”他说：“好吧，我派人送去。”晚上七时，师部的命令文件到达，我才开始向黄牛镇撤退，翌日到达。闻当夜红军即用其正面的纵队迅速通过四关。我到达黄牛镇后，休息一日，忽又奉命转回原路追击红军。但一去一回之间，已费时四五天，红军行军迅速敏捷，已不见踪影了，只得由文市出界首，沿途跟踪追击。

次日上午八时许，追击将近王家隘，遇第十五军军长夏威于途中。他命令我说:“王家隘有配备重机枪四挺之红军六百余人据守，昨日第一三二团粟廷勋部及第一二七团之颜僧武营追至即向之攻击，现仍在激战中。据探报，离该地约十八里之千家寺，约有五千余之红军在休整，据守王家隘之部，似属其后卫。你团即从小路绕过瑶山之西面，迂回进攻千家寺，现有瑶人一名在此做向导，即时出发为要。”我即命第二营长韦健生派兵一连作前卫，随向导之瑶人前进，所经之地，险阻陡峻，简直无路可循，只盲目地随向导前进。至凹陷狭隘之谷地，则令前卫连占领制高点，向四周警戒作掩护，再另派出一连作前卫，依次搜索前进，俟部队安全通过后，原来之前卫连，即改作后卫。如此更翻轮流搜索前进，约走五十里之遥，始到达能嘹[瞭]望千家寺的山谷阵地，其时已黄昏矣。用望远镜窥视，则田野间枪架成行，整齐地排列着，附近炊烟四起，红军战士有围坐而休息者，有行动往来者，似将用晚膳的时候了。我乃命迫击炮连长赖其铨，安置迫击炮一门于山谷隙地中（其地仅容一炮作开始攻击时发射信号弹之用）。而命令第二营营长韦健生率其所部两连，潜行于山麓下之溪涧中，隐蔽地向千家寺前进，其余两连，除留一连作预备队外，其他一连则配合机关枪连扼守通香岗之山腰鞍部。因闻离千家寺十五里的香岗尚有数千红军部队，时我团第三营黄玉超部，因道路险阻，尚未到达。但可能乘未暮之前，以少数兵力进行袭击扰乱，因已近黄昏，对方不能探知我兵力多少。迨韦健生率其所部两连进至离千家寺约八百米之涧中时（该涧即横对千家寺可以构成火线），我乃令发号炮，开始攻击。休息中的红军部队骤闻枪炮声，即迅速地跑到枪架，拆取枪械，分头占领阵地作掩护抵抗，大队则集合向北撤退。转瞬之间，见火把万炬，绵延数里之长，沿山中隘路，徐徐前去。韦健生所率的两连，始敢进入千家寺村内，得红军遗留下来未及牵走的骡马五匹；锅中之饭已熟，也未及进食。

进攻千家寺的韦健生两连，当构成火线时，因溪边之堤过高，且有生篱阻碍，又已黄昏，故射击未有效。千家寺四周，未见有死伤痕迹。

第三日续行追击前进，无所遇。惟就宿营地后，忽接我团第三营营长黄玉超来电话报告称：据瑶人密告，某处岩洞中躲藏有溃散的红军三十余人，请示如何处理，我团于昨日不战而诱致红军落伍战士千余，此区区三十余人，亦当可用软语劝之来归。乃饬他率兵两连至该处岩洞附近停止，而派员至洞口用好言劝之出来，不须动武。黄玉超乃派姓吴的连副率士兵数名至洞口劝他们出来，岂知红军的指导员竟发令开枪射击，当场将连副吴某击毙，并伤士兵三名。黄玉超乃挥兵围攻之，此三十余名红军战士，至弹尽始降。事后我因连副吴某之劝降被击毙命，而将红军的指导员枪杀抵偿。

第四日，我部追击至大风坳的峡口时，忽见山下平地，散开一列的士兵，持枪向我前进之路作战斗准备的姿态，但服装颜色与我团相同，我心内怀疑，为何转向后方作如此戒备呢？乃命部队暂行停止，而派出传达一名，前去问明原因。始知昨日下午第一三二团粟廷勋部追击至此地时，遭到红军伏击，损失颇大，除官兵有相当的伤亡外，其团的卫生药品及金柜尽行丢掉。红军阻击得手后，即行撤退，而粟团的警戒兵，迄今未敢撤收。我明了情况后，即率部前进。至山下由一独立房屋面前经过，见第十五军军长夏威正向粟廷勋大加申斥。夏乃命我团作前卫，继续前进。我乃与第三营营长黄玉超先行，适一转弯向沿山麓一小溪岸边行进时，忽闻机关枪声，我急向右边山脚一巨石后面躲藏，回头看到黄玉超的棉大衣已被击穿数洞，其背后号目所携的号筒，也被射穿，但幸未伤亡一人。我即命特务排徒涉过小溪的对岸，往山下的竹林搜索前进，则红军后卫的重机枪两挺已撤走。再前进数里，抵一村，见路边搭有棚厂一座，并贴有标语多张，当是红军战士所搭作临时开会之用，并见有穿普通服装病卧道旁的十余人，问之则皆紧闭其目与口不作声。我心乃大生疑窦，回想粟廷勋团之遭到袭击而受损失，岂不是因此类人物装病重不能言，使人不介意，待探知我的部队情况后，乃乘机溜去，以状告红军，来进行袭击吗？我因疑而生惧畏之心，为防患未然计，乃决心命士兵枪杀之。

既而再前进数里，据当地人来报告，红军部队约二千余人，正在前面某村进食。时我团第三营因在隘路中单行行进，而溪边小径，又已被红军战士挖断多处，以迟滞追击部队的前来，故行进阻滞，尚未到达。我只得派特务排排长伍绍宣率少数兵前往探视，忽闻前面高地两丘之间，重机关枪射击声，知系红军后卫的掩护阵地。我乃命我团机关枪连向右侧高地占领阵地，向之射击，以掩护我团第三营之攻击前进。既而见前面高地背后大部队的红军成行军纵队，循山上道路攀登瑶山，向北而去。其后卫的掩护阵地，选择甚佳，逐次层层抵抗，不易接近。及我团两营全部到达时，红军部队已从容北撤，进入黔境。次日我团即奉命转调回桂林。

（选自全国政协文史资料研究委员会编:《围追堵截红军长征亲历记》上册，中国文史出版社 1990 年版）

千家寺阻击战

颜僧武[①]

一九三四年冬，红军从江西湘南经过桂北，桂系为了维持其在广西割据的地盘，阻止红军进入广西，调集了全部的正规部队和桂北地区的民团阻击红军。我当时在桂系部队第四十三师第一二七团

① 作者当时系第四集团军第十五军第四十三师第一二七团第一营营长。

第一营充任营长，参加这次作战。对于桂系部队这次在桂北阻击红军的整个作战部署和经过，因我当时在部队的地位低微，知道不多，而且因为这次作战不是集中全力在正面阻挡红军，在一地与红军决战，而是在红军通过桂北的时候，从侧面和后面分路攻击和追击，并且多是在高山密林的地区作战，分散使用兵力，因此即使同属一个师甚至同属一个团亦无从知道全部情况，其他各部的作战情况更难知道。因此，我这篇资料是很不够全面的。

当红军突破赣南封锁线到达湘南的时候，桂系即调集了仅有的全部力量五个师的正规军队，并配合桂北地区的民团，共约四万人，沿着湘桂边界布防，这条防线东起富川，经恭城、灌阳、全州等县，西至龙胜，正规部队的主力置于恭城的龙虎关和灌阳、全州之间。

第四十三师最初开到灌阳县，沿湘桂边界布防，并构筑工事，当时该师所属的三个团番号和团长姓名分别是：第一二七团史蔚馥，第一二八团漆道徵，第一二九团梁津。我是第一二七团第一营的营长。此外，第二营的营长是黄廷材，第三营的营长是杨露。我这一营到灌阳后，派在清水关一带构筑工事，在当地斩伐了大量的树木构筑防御工事的掩蔽部和障碍物。大约有一个星期的时间，第四十三师即全部撤到恭城县属的黄牛镇，住两三天，又从小路越过山区撤到兴安县城附近，派我这一营到距离兴安县城约三十里的唐家司担任警戒。当时红军的大部队已经进入灌阳和全州，源源通过兴安县城以北不远的地区，向西进发；此时已经听到前方不断有枪声，但不知道是何部队与红军接触。

我在唐家司附近的一天下午，接到团长史蔚馥由兴安县城打来的电话，派我这一营即时出发，向灌阳县属的文市进行威力搜索，侦查红军的情况，并说是总指挥部指派的，而且要我拿回几个红军战士，以了解红军的情况。我这一营连夜出发，到距离文市约二十里的山地，天还没有亮，远远看到文市和附近的乡村都有不少火光，红军部队还没有离开文市。我即派兵一连向文市搜索前进，到达文市时，已经天亮，红军部队已经离开文市，只拿到因病落伍走在后面的红军徒手战士三名。我以任务已经达到，即开回唐家司附近，并将拿到的红军战士送往兴安县城第一二七团团部转第四十三师师部，送桂林交白崇禧的前敌总指挥部。

第四十三师于次日向兴安县城西北的千家寺出发，走在先头的是第一二七团第二营，到千家寺附近与红军接触。千家寺一带都是山林浓密、极易荫蔽的地区，我到达千家寺附近时，已是下午三四点钟，除听到前面一些断续的枪声外，没有见到红军的踪影，此时红军已经逐步向西撤走，仅有少数部队在后掩护。因为已将日暮，我这一营即在千家寺附近的山上占领阵地警戒，不再前进。此时的天气已是秋凉，部队都在山上和树下过夜，没有房屋住宿。次早第四十三师师部和第一二七团团部都到达千家寺附近，我在地图上研究了地形，向团长史蔚馥说，红军所走的都是崇山峻岭、森林浓密的地区，道路崎岖险要，红军少数部队扼守，我军就很难通过，在这种地形追击，只有送行，没有什么作用。我并在地图上指出一条从千家寺迂回到山口的道路，请史蔚馥向师长黄镇国报告，派我这一营迂回到山口地方截击红军。师长黄镇国同意我的意见，当即派我这一营出发。

从千家寺到山口，大约半天路程。到山口时，红军正从山口经过，我即指挥部队至距离山口约二百米的山上占领阵地，用火力封锁山口，把红军部队截为两段。因为从山口再进便是一条狭长的隘路，两旁都是不能通行的高山密林，我封锁的正是隘路的进口处，使走在前面的红军不能顾及后面，走在后面的红军不能继续前进。因我当时所带的部队仅有三个连（有一连留在桂林看守仓库），人枪仅二百多。为了提防受到红军的前后夹击和包围，不敢在山口的正面占领阵地，只在山口附近占领侧面阵地，用火力封锁山口，使红军不能通过。当时我既不知道走在后面的红军还有多少，红军也不知道我的部队有多少，因彼此都在荫蔽的高山密林中。经过约一个小时的互相射击，红军不能通过山口，我的副营长魏自修即走到前头，叫喊红军缴械，走在先头的一些红军战士，看到不能通过山口，回答愿意缴械，魏自修即走到红军部队的面前，我并派兵通知魏自修，叫缴械的红军士兵下山时在半山放下武器，然后到山下的田里集合。陆续缴械集合的约五百人，收缴步枪三百多支，还有许多步枪弹和手榴弹，同时并收缴红布白字的红军第十三师的旗帜一面。据魏自修说，他到红军队伍，曾遇到携带驳壳手枪的红军战士十多名，当叫这些战士缴枪时，即有好像是红军干部的人员回答说，俟见了你们的长官再缴。魏自修因没武装士兵跟随，不敢强迫缴枪，但后来不再看到这些携带手枪的红军战士，可能避匿山林里或另由其他道路追上红军主力部队。据被缴械的红军士兵说，被缴械的是属于董振堂的部队。随后我即派部队一排集合被缴械的红军士兵连同收缴的武器送往第一二七团团部。但为提防途中发生意外，将所有收缴的步枪机柄和手榴弹全部留下，由部队带走。

我在山口派部队将被缴械的红军士兵和武器向后送往第一二七团团部后，即复率部队沿红军去路追击前进。行到距离山口约七八里叫老山界的地方，又与红军接触。老山界是横亘去路的一排高山，上山的道路很陡，而且仅有一条道路上山，此外均不能通行，比山口还险要得多。红军在山上扼守，我的部队不易接近，无法攻上，只能利用荫蔽的森林和石山与红军对峙，互相射击。当天下午第一二七团团长史蔚馥率领两营部队也到达老山界，但因老山界的地形限制，不能使用较多的部队向守着老山界山上的红军进攻，后到的两营部队没有参加战斗。到了差不多日落的时候，扼守老山界的红军部队向唐岗方面撤退，我的部队因不再听到红军的枪声，才发觉红军已经撤退，随即登上老山界，当夜在过老山界后的山脚露天宿营，次早向唐岗追击，到达唐岗时，红军早已离开唐岗。

从山口到老山界的战斗中我曾亲眼看到在战场上被击毙的红军战士的三具尸体。这次虽然没有经过激烈的战斗，但双方相互射击约有三四个钟头，被打死的红军战士确有多少，因在山林浓密的地区作战，没有时间去调查。就我这一营部队说没有伤亡。离开唐岗后的红军，经过大埠头和龙胜县境，进入湖南贵州交界的山区。第一二七团由唐岗沿着红军经过的道路到达龙胜县城，沿途没有与红军接触过。在由唐岗到龙胜的途中，我曾看到不少因病落伍的红军战士，有时是十个八个在一起，有时是三五成群，有的病卧路旁，情形很苦，此时经过的部队不再去过问，我在那时看到亦是无动于衷。我到龙胜县城以后，还曾派出一个连的部队向湖南的城步方面警戒。红军离开广西地界进入湘黔交界地区后，桂系在桂北阻击红军的战事结束。

桂系部队这次在桂北阻击长征红军，曾在红军经过的道路拾到不少红军遗弃的政治军事书籍，过几个月后桂系总部得知，为了提防部队官兵受共产党的影响，下令一律收缴。我当时得到红军遗弃的书籍好几十册，也都上缴，只有《侦探须知》一书，我认为写得很好，曾向桂系总部提议，稍加删改一些有关红军的词句后，印发部队作教材使用。

（选自全国政协文史资料研究委员会编:《围追堵截红军长征亲历记》上册，中国文史出版社 1990 年版）

炮制影片《七千俘虏》的前后经过

李文钊[①]

《七千俘虏》是新桂系伪造历史来欺骗人民的一部反共宣传片。这部影片抹杀事实，颠倒黑白，诬蔑红军，夸耀和宣扬新桂系的政治

① 作者当时系第四集团军总政训处中校宣传科长。

和军事的虚伪胜利，是极其恶劣反动的。我参加了这部片子由规划到拍摄的一大段工作。今天我回忆当日的行径，感到万分羞愧、痛恨和追悔。

一、《七千俘虏》之谜

要知道影片《七千俘虏》的伪造性，先须得弄清“七千俘虏”究竟从何而来？

说来不免话长。

一九三三年李济深在福建组织人民政府抗日、反蒋。中共、十九路军、粤军陈济棠、桂军李、白以及其他方面都派有代表举行会议，决定十九路军由浙江直捣南京，粤军随十九路军前进；红军由南昌、九江东进；湘军由武汉进军；桂军随湘军北上；饷、械由陈济棠全权代表陈维周答应由粤方负担接济。不料事机不密，会议的第二天，蒋介石就收到了特务的报告，马上去电陈济棠，叫他不要“附逆”，否则以百架飞机轰炸广州，海、陆大军同时并进。陈济棠果然就一下子被吓倒了，不敢妄动。陈维周回来与他争吵一阵也无法挽回。同时中共中央在第三次“左”倾机会主义控制下，红军也未能很好地配合福建事变，共同对付蒋介石。因此，蒋介石能调动大军东下，迅速地解决了十九路军，摧毁福建的抵抗。这样福建人民政府仅仅昙花一现便垮台了。蒋介石乘胜回兵江西，加强了第五次“围剿”的攻势。那些曾经联合反蒋的湘、粤、桂军队都掉转头来，作为将[蒋]介石的马前卒，参加了对红军三、四道防线的重重包围。红军在这种情况下才于一九三四年十月开始举世闻名的二万五千里长征，向湘桂黔边西进。

消息传到广西，新桂系头目们大为惊慌。他们一方面害怕红军进入广西，会加深中共对广大人民的影响，激发工人农民的阶级觉悟，从而在政治上动摇他们的统治；另一方面又害怕红军进入广西后，蒋介石的军队追踪压境，军事上他们不能抗拒。李、白急得无法，才派飞机去香港将李济深接到梧州，向他乞灵，希望通过他的关系，与红军成立谅解，叫红军不必进入广西。

当时李济深劝说李宗仁、白崇禧他们不要向陈济棠看齐，陈济棠陈兵大庾岭，不让红军入粤是错误的，广西应避免与红军冲突，让红军到左、右江休整。但李、白均不表示同意。李济深又说：红军中不少两广子弟兵（他指的是朱德、彭德怀、叶挺、贺龙的部队都是从他的第四军带过去的），他在福建向英国订购了五万支步枪，现在打算从广州湾起运后交给红军补充装备。白崇禧听到这些新武器便眼热了，掉转话头说：任公这批武器不如就交给广西部队，由广西部队调换出同样数量的武器交给红军补充，剩余的就交给广西办民团；至于红军休整还是在湘桂黔边境龙胜、三江的山区，最好不要深入广西内地。李济深也只好照这样向中共作疏通。

武器的调换不知道以后怎样执行，但所谓“七千俘虏”就是红军经过短期调整编余的老弱伤病人员，交由广西负责遣送回籍的。遣送编余红军回籍的事也经过李济深的从中斡旋。因此“七千俘虏”是红军编余的人员而非俘虏，这是为了挑选精干，利于转移前进，利于打击敌人才进行整编的。编余的都是不适宜于远征作战的人员，中共虽在艰苦作战的环境下，仍为这些人员的安全作妥善的安排和打算。把资遣回原籍的人员作为战场的“俘虏”，这是广西的伪造，也是对红军的诬蔑。哪来这么多俘虏？

二、红军过桂与新桂系的反共布置

虽然红军接纳了李济深的种种斡旋，不打算进入广西久驻，但是新桂系方面毕竟是心虚胆寒的，所以他们对中共总有点放心不下。因此，他们采取了两面手法：一方面通过李济深与红军取得默契；另一方面却大张旗鼓深沟高垒，仓促布防，准备阻击，去向蒋介石讨好报账，并表示广西有足够的力量堵击，叫蒋军不必进入广西。

为着应付红军过境的巨大威力，新桂系的第四集团军总部成立了前敌指挥部。白崇禧亲任前敌总指挥，从南宁率领一批指挥部的人员进驻桂林，先头部队是新桂系的嫡系精锐第七军，由军长廖磊率领开赴灌阳、全县布防；第二线是陈恩元所辖的民团驻守兴安。廖以两师兵力疾趋新圩，与红军展开争夺战，虽不得逞，但他们想配合蒋介石军，阻止红军渡过湘江的企图由此可见。

在指挥部设到桂林之前，第四集团军总政训处还派遣我率领处员李漫涛、裴代智和电影队周游、肖照等十余人组成宣传队到前线作防共宣传。宣传队的人员也是胆小心悸的，他们被红军的声威和北上抗日的正义行动震慑着，意识到在全国要求抗日救亡的高潮下，任何反动宣传是没有人听、也没有人信的。宣传队到了全州，对民团作了一次欺骗讲话，叫他们不要害怕红军，把带去的宣传画、传单、标语张贴一通，并派裴代智一人去灌阳散发宣传品（因他是当地人，熟悉些），便不敢再深入前线活动了。尤其是县政府工作人员的忙乱失措和市面人心的扰攘慌张，更使宣传队失掉了信心，不到几天便把队部一咕噜撤回桂林（驻扎在八柱厅），宣传就告结束。

宣传队的电影人员是电影队的摄影和放映人员，临时调配来的。四集团军总政训处设有一个电影队，虽属宣传科指导，但它是个独立工作单位，不时甚至不必经过政训处而直接跟随李、白听用。白崇禧率领前敌指挥部队人员到桂时，就有电影队人员随行。他的一切反共活动，对士卒讲话，对群众动员都摄入了电影镜头。这就是影片《七千俘虏》的一部分素材。

三、伪善的宣慰工作

一九三四年十一月，红军第一方面军大部分已浩浩荡荡地通过广西，在边境休整编余的几千伤病弱小人员交给桂军从桂林抚河经广东北境遣回江西。桂军在兴安收容了这批编余红军。由于红军大军已离开了广西边境，并没有顺道进据广西的意图，李宗仁、白崇禧算是可以放心安枕了。但是也由于红军离桂远去，新桂系头目们便一反过去的提心吊胆，不守信义把收容到的红军几千编余人员夸大为“七千俘虏”，作狂妄的宣传。四集团军总政训处和副官处并分别向这些“俘虏”作伪善的宣传和慰问。政训处处长潘宜之是个最顽固最反动的反共宣传家，平日挂着“反蒋”的招牌，好像他才是惟一“反蒋”专家似的。实际并不是这回事，他的主要矛头是反共，并不是“反蒋”。他对共产党的恶毒诬篾[蔑]是完全和蒋介石一样，无所不用其极。这次他率领一批政工人员来到兴安，在县中操场集中这批“俘虏”作了挑拨离间和欺骗的宣传，叫别人莫再受共产党的骗，从此回家安居乐业，做个良民。同时他叫随去的我等人分组进行慰问和讲话。随去的电影队人员，把他们这些活动都摄入了镜头，这便是影片《七千俘虏》的第二部分素材。

四、制片动机和影片命名

上述两部分片子，在南宁作为时事宣传片放映后，新桂系首脑们颇为高兴，认为可以增加他们的政治活动资本，他们从此更可以讪笑蒋介石的“剿共”无能。蒋介石三番五次的“围剿”都是损兵折将，而他们一出马就取得了“辉煌”的成果，“俘虏”了七千人，这是多么值得炫耀的事。尤其是白崇禧在大小集会上的报告讲演和公开对人们的谈话，都厚颜无耻地说：“蒋介石怕共产党，广西却不怕。”《七千俘虏》之谜，不少人是摸不到底细的。不少人给白崇禧之流的骗术唬倒了，以为广西真有办法，白崇禧确有他的一套。就是新桂系中的工作干部除极少参预机密的高级人物外，也同样摸不清这一套骗术。

我当时也没摸清楚。我是一九四六年在重庆参加三民主义同志联合会的活动后，在李济深先生处偶然谈到桂系李、白对时局的态度问题，方才听到李先生很不满地把这一问题拆穿的（我同任潮是几十年的老同事了，我从一九二三—一九二六年任中国国民党梧州特别市党部组织部长并梧州民国日报社社长时便与他在一道，那时他任西江善后督办兼梧州特别市党部常委，由于谭平山的介绍，我们是建立了一定关系的）。

上任不久的四集团军总政训处处长潘宜之知道李、白的心理，想在这一问题上露他一手来作为登台的建树，建议把原有的反共时事宣传片联[连]缀成一整部故事片，把广西如何“俘虏”红军七千，如何“优待”他们和如何安排遣送他们还乡，用故事连在一起，来增强吸引力和宣传力。影片命名就叫《七千俘虏》。因为从这片名一看就可以显示广西“剿共”的“辉煌战果”，与南京的“剿共”对比，蒋介石就不免相形见绌。潘的这一套建议，正中李、白的下怀，满口答允由潘去搞。

这样，便开始了摄制影片《七千俘虏》的准备工作。

五、剧本的编写及其内容

潘宜之既然想在影片《七千俘虏》上卖点气力，但是怎样拍成一部故事片呢？首先必须要有个剧本，编写电影剧本，不仅政训处没有这类人才，就连潘本人也是个外行。然而总不能没有个类似脚本的东西来做摄制的依据，于是，他找我商谈，要我负责编写。

当时我已调任总政训处的秘书，不再是宣传科长了。虽然官阶也同是个中校，和科长一样，但在编制上全处只一个秘书，设在各科之上，俨然类似处的办公室主任，行使着批阅各科文稿的职权。但我升秘书的同时却调来了个谢苍生任副处长，他和我与前处长王公度都是莫斯科孙文大学（即莫斯科中山大学）同学。他与新桂系没有什么渊源，只凭与王公度的密切关系便后来居我之上。他一手紧握处全权，亲自处理文稿，让秘书无事可做。他本来是王公度叫来对付潘宜之的，作用在于王离处后暗中仍能控制，叫潘无能为力，同时附带对我这一不肯就范也难于驾驭的碍手碍脚的人物也给予一定的打击和防范。因此，谢之来任副处长，我是很不高兴的。潘看出了这一点，和我商谈时表示了不平，说王公度对不起老同学（指王与在我广西法专和莫斯科孙文大学两度同学），向我拉了一把。我当时虽然没有什么政治觉悟，但对革命必然胜利、反革命必然失败的趋势不是完全无知的，因此最初内心总不免起伏着矛盾，对这反动的写作任务不愿也不敢承当起来，担心着将来难于见人。于是往科里推，说是宣传科的事。潘却心眼很灵，说这是超科界的任务，科里没人能胜任，李老总属意你来写。这使我有点飘飘然了。我想潘这个人政治上虽然比王公度更恶劣，但他却比王通达人情些。一个顶头上司同你蘑菇起来总有些难于推却，但写还是不写在我当时认识的水平和所处的地位说，是为革命留个地步还是进一步反革命的问题。照理，莫说为革命利益就为个人长远打算也不应进一步帮凶的，然而我当时脆弱的意志和苟安的心理使我作了相反的抉择。个人目前的利害关系毕竟支配着我的行动，终于吞吞吐吐地对潘回答："写电影剧本，我也没能耐，只能写类似说明书的本事而已。"便半推半就地接受了《七千俘虏》影片剧本的写作。

剧本完稿后我亲自拿去向李宗仁讨好，得到他几句赞扬后我还对同僚们自鸣得意，表示自己究竟与那些只知升官发财的饭桶不同。影片拍完后放映出来我看到没设有编剧者的名字，初时还感到这样也好，没有落自己名字，将来也少担待些，但一忽儿个人眼前名利思想马上浮泛起来，觉得这明明是自己编写的，为什么不可以和其他影片一样把编剧的名字映出，让大家知道呢？

剧本的内容是借一对青年男女同学的恋爱故事来作线索，男的响应了广西政府的号召，应征从军，参加了阻击红军之役，胜利归来，完成了美满姻缘，过着幸福的生活。在男主角的口述和回忆中把桂系如何“俘获”红军，如何“优待俘虏”，和如何“遣俘”还家，一一连贯表现出来。影片于1935年夏秋间拍摄完成，为新桂系夸耀战果起了一定的欺骗宣传作用。

（一九六三年八月）

（选自广西政协文史和学习委员会编：《新桂系纪实》续编，广西人民出版社2005年版）

关于拍摄《七千俘虏》电影的情况

周游[①]

红军开始长征，先是派萧克在一九三四年农历七月经过广西而去贵州。到了农历九月，共产党中央及主力部队，再由湖南边界进入广西，经过灌阳、恭城、全州、兴安、资源、龙胜、三江等县的边界而进入贵州。整个时间约十天左右，就顺利完成了这一通过，双方并无战斗。

桂系的最高指挥官白崇禧亲自在桂林指挥。他命令廖磊所率的第七军紧跟着红军之后，彼此相距四十华里，一路相送，一直把红军送入贵州省。

当时我是广西桂系“中国国民革命军第四集团军总司令部政治训练处宣传科少校处员”。处长是潘宜之，科长是李文钊。我们率领一个电影队到兴安，队长是黄学礼。那时红军已经过了兴安、华

① 作者当时系国民党第四集团军总司令部政治训练处宣传科少校处员。

江，越过老山界，进入资源的浔源乡，向龙胜、三江去了。

在兴安县城外收容了由各处送来的一些跟随红军长征的掉了队的男女老幼，其中还有背孩子的妇女。总共约有一百二三十人。这些人，都由电影队作为红军俘虏摄了影，上了镜头。

另外，华江千家寺烧了十多间房子，这是桂系尾随红军部队的第七军因不慎失火烧的，我带着电影队长黄学礼去把残余的烟火及颓垣壁瓦等尽量上了镜头。后来这些都做了制作《七千俘虏》电影的镜头材料。随后，李文钊就率领电影队回南宁拍摄《七千俘虏》电影纪录片。所有俘虏、战利品等镜头，都是由民团扮演的，全是假的。时至今日，除我之外，现在在南宁的，还有当时电影队员蒙惠坤（现在南宁冶矿厂）、李露莎、雷卡零、方衣零等可以证明。

（选自全国政协文史委员会编:《围追堵截红军长征亲历记》上册，中国文史出版社1990年版）

李、白、黄召开南宁桃源路会议内幕

周邦

1934年，红军突围北上时，蒋介石以中央名义向各省发出命令，要他们调动兵力，在红军前进路上阻拦或侧面夹击，或跟踪尾追，务期将红军消灭。

斯时，李、白在奉到蒋的命令之后，即由白崇禧在南宁桃源路公馆召开了一个绝密的军事会议（是时李宗仁在广州，由白崇禧全权主持），出席的除白崇禧本人外，有第四集团军总参谋长叶琪、第七军军长廖磊、龙州对汛督办李品仙、广西省主席黄旭初、民政厅长雷殷、第十五军副军长夏威、参谋处长张壮生、政训处长王公度、列席记录的总部机要秘书莫违义、省府机要秘书赵征麟等人。

会议内容主要为商议决定如何对付共产党的军队过境的问题。白崇禧的主要顾虑为共军入境时蒋介石的军队必然尾追，必然跟踪入境，这样一来，共军岂不变成了蒋介石的先锋队了吗？剿共岂不是变成了自剿了吗？蒋介石老奸巨猾，专会以权术及诡计挖别人的墙脚。蒋要吞并广西，此次他必然要抓住这个机会来搞垮广西的。王公度、叶琪等人亦认为，不要和共军正面打硬仗，共军决不会以广西为根据地，因为共产党已经发布了北上抗日宣言，其目的地必然在西北。如果把军队集结在兴安、全州、灌阳、恭城一带，严阵以待，使共军不入桂北重镇桂林，只布防而不出击，只要共军不入境，中央军亦不会入境。而共军决不会攻坚，因为攻坚要付出较大的代价，桂北集结了重兵，则共军只能从边界过境。中央军亦无理由入广西境，对共军的零星部队亦可相机出击，兴、全、灌一带由周祖晃、陈恩元所部之第十九师布防，桂林由韦云淞防守，恭城由钟祖培布防。总的局面由白崇禧亲自坐镇桂林指挥。整个军事部署完全采取按兵不动的观望状态，以保全广西的实力。

这个意见虽然是王公度和叶琪提出，但得到白崇禧的赞同。黄旭初与其他各与会高级将领也同意了。会中决定由参谋处（张壮生）拟定具体计划送总司令（白崇禧代理）批准实行。当时李、白、黄最担心的就是蒋介石中央借剿共为名，进兵广西，一则剿共，二则解除李、白的武装，进驻广西，另派他的嫡系人物来取代李、白、黄执掌桂省军政大权。

果然，红军没有进占广西，蒋介石的中央军亦没有理由向广西进军。李、白保存实力和保持割据局面的愿望达到了。这个桃源路会议其他人员仅有白最亲信之机要秘书和黄的机要秘书，并列席记录，由此可见其秘密之一斑。以上是赵征麟（列席记录人员之一）

亲口对我说的。1961年我曾就此事询问莫违义，也得到了证实。

（一九六三年五月）

（选自广西区政协文史和学习委员会编：《新桂系纪实》续编，广西人民出版社2005年版）

从追堵红军长征经湘、桂、黔边境看蒋、桂矛盾

杨吉煊[①]

我与白崇禧的关系

一九三〇年我在中央军事政治学校第一分校（南宁军校）第五期步科机关枪队肄业，第四集团军副总司令白崇禧兼任校长。在肄业期间，我的学习成绩比较优良而且好爱活动，因此，该校交通队的政治指导员宋厚礽时常与我接近。当时王公度（第四集团军总政训处主任兼军校政训处主任）在军校秘密组织一个"革命青年读书会"，由宋厚礽介绍我参加了这个组织，经过填表、宣誓、刺血、签字等手续，就算是这个组织的一个成员了，这个组织是以拥护李（宗仁）、白（崇禧）两领袖、建设广西、复兴中国为总纲。当然这个组织是得到李、白的同意，也许还是他们授意王公度而组织的。白崇禧兼任军校第五期的校长，是有他的抱负和野心的，特别是招收川、黔、滇、湘一部青年入校肄业。为了要巩固他们在广西的政治地位，首先就要确实掌握军权。他把第五期的学员生（即是他的学生）将

① 作者当时系国民党第四集团军总部参谋。

来派到部队去，担任中下级干部，造成清一色的白派，这样甚至李宗仁对他也无可奈何。这个读书会的组织，就是吸收一些积极分子作核心。当然参加了读书会的人，白崇禧一定掌握有名单。同时由宋厚礽等发起，组织一个《长城周刊》，利用《广西日报》副刊栏发表。我也参加写文章，不外为什么“三自三寓”政策而歌功颂德。白崇禧当然看了我们写的这些文章，对我已有了一定的印象。

一九三三年春，武鸣军事教导大队成立两个机关枪中队，需要干部，大队长程树芬少将（湖北人，保定军校毕业）到南宁，请求白崇禧在军校机关枪队选派四个学员到该大队工作。得到白的同意，遂选出杨吉煊（即我，贵州人）、段英、王湘（云南人）、何奇琰（桂林人）四名，提前出校，免考准予毕业。白崇禧特别召见我们四人，殊多勉励，并每人发给二十元的制装费。当时白对我似乎特别关怀，甚至问到我家庭情况。我们称他为校长，他感到非常高兴。我们到武鸣任职后，四人合照相片寄到南宁送给白。这样他对我们的印象更好了。不久，白到武鸣对军事教导大队全体员兵训话，指定我任记录，他的讲题：“怎样做个良好的干部”，内容分三部分，即带兵、教兵、用兵等。训完话后，白对我说：“你把这讲话稿整理好，寄到南宁给我看。”不久这篇训话稿在《广西日报》第一版发表了。同时程树芬对我更另眼相看，便送我一支派克钢笔。到教导大队仅四个月，我们四人都很努力工作，就都晋升中尉。一九三三年十二月，该期学兵毕业，武鸣军事教导大队停办，改办龙州军事教导大队，我调升宾阳军官大队任上尉中队长，不久调第四集团军总部任参谋，从此在白崇禧身边工作。

蒋、桂之间的矛盾

蒋、桂之间的矛盾由来已久，早在北伐期间，一九二七年秋，蒋介石第一次下野，就是受了新桂系的挟持，从此蒋、桂之间就产生了矛盾。接着南京国民政府明令讨伐唐生智，对武汉用兵，组织西征军，以李宗仁为西征军总指挥。西征军很快占领了武汉，唐生智下野，新桂系的军事实力更加壮大，并收编了唐部李品仙、叶琪等军，李宗仁晋升第四集团军总司令，并兼武汉政治分会的主席，掌握了军政大权。

一九二八年春，蒋介石复职到武汉视察。李宗仁表面是热情接待，并举行阅兵仪式，但在欢迎宴会上，第七军军长夏威、第十八军军长陶钧避不出席，故意给蒋介石难看。接着继续北伐，由白崇禧指挥李品仙（第八军）、廖磊（第三十六军）等北上，取得了北伐的全部胜利。白崇禧雄踞平、津，李宗仁坐镇武汉，黄绍竑统治广西，这是新桂系的黄金时代。加以李济深（新桂系的恩人，又是广西苍梧人）坐镇广州，因此更使蒋介石如坐针毡，朝夕不安。蒋、桂之间的关系更进一步恶化了。一九二九年春，蒋介石遂明令讨伐新桂系，并亲自指挥大军进攻武汉，同时早派俞作柏潜到武汉，活动第七军师长李明瑞、杨腾辉两部阵前倒戈，蒋介石不费吹灰之力就占领武汉，使新桂系在湖北的势力全部瓦解。接着蒋介石派俞作柏为广西省主席，李明瑞为广西编遣主任，李、杨率部回桂。不久俞、李又通电反蒋，蒋介石遂免去俞、李职务（俞、李又为其旧部所反对，俞被迫出走越南，李明瑞则到左右江，后来任红七、红八军总指挥），任吕焕炎为广西省主席。这时流亡在境外的李宗仁、白崇禧、黄绍竑先后潜回广西，因得旧部拥护，又恢复了对广西的统治。

一九二九年秋，张发奎在湖北宜昌反蒋，新桂系又与张发奎联合反蒋。一九三〇年夏，冯玉祥、阎锡山联合倒蒋，桂、张积极响应，出兵湖南，蒋介石调十九路军在衡阳将桂、张联军击败；蒋还调云南的滇军久困南宁，派粤军进占贵县、宾阳，湘军迫近桂北，黔军一部开到黔桂边境摇旗呐喊，广西处于四面楚歌，处境极危。后来，桂、张联军将滇军驱逐出境，粤军也退出广西，广西才转危为安。因此新桂系对蒋介石恨之入骨誓有不共戴天之仇。但从一九三〇年到一九三四年，由于蒋介石集中全力对付江西的红军，因此使新桂系暂稍得喘息，所以，白崇禧说，老蒋剿共，我们与蒋就有一个缓冲地带。直到红军长征经湘、桂、黔边境时，蒋桂矛盾更加表现得明朗化了。

红六军团长征经湘、桂、黔边境

一九三四年，我在第四集团军总司令部任参谋，负责情报业务。李宗仁长驻广州，广西军政大计，由白崇禧全权负责。大概于是年八月下旬，蒋介石有电报给李宗仁、白崇禧，大意是：据报红军约万人向赣南移动，先头部队已到湘境之桂东附近地区，其企图不明，似有继续西进之模样。请贵部派出得力部队部署于湘、桂边境，严密布防，配合友军堵截，一举将该敌围歼于湘南地区，则功在党国；并盼与芸樵（何键）兄共商围剿计划，随时将情况电报等语。白崇禧接到蒋介石的电报后，即召集省主席黄旭初、第十五军军长夏威和总部各高级幕僚开会商讨。事后据参谋长黎行恕、军务处长陆西川（是我贵州同乡）透露说，副总座（白崇禧）对此问题看得不怎么严重，认为万把红军不足为患，但也不能不防，惟恐这部分红军被中央军压迫而窜入广西，蒋介石藉追击为名派中央军进入桂境，那就麻烦了，所以不得不派部队前往湘、桂边境布防。只要红军不进入广西，则万事大吉。当时白崇禧判断这部分红军的企图：①到湘西与红二军团贺龙部汇合，在湘、鄂、川、黔边区扩展游击根据地；②到黔东建立新游击地区，与贺龙部形成犄[掎]角之势；③进入桂东北建立游击根据地。这三种判断，第一种可能性最大，第二种可能性次之，第三种可能性最小。于是白就决定派廖磊的第七军开赴桂北布防，同时电复蒋介石遵命办理。当然新桂系也是反共的，但防蒋是他们的首要任务，时刻提心吊胆怕蒋介石吃掉他们。

九月下旬，白召廖磊到南宁面授机宜，廖磊素来是个好大喜功的人，白将各方的情况分析以后，严肃地告诫廖磊，这次派七军到桂北布防，只要红军不侵入广西，就算是廖完成了任务，对红军不能堵截，只能侧击尾追；我们现在只有十八个团的兵力，蒋介石指挥百万之众，在江西四次围剿，都是以损兵折将失败而告终，我们应该自己量力，保存实力这是首要，无论红军，还是友军要侵入广西，我们则不惜一切坚决予以阻击。第七军开赴桂北后，其布防东起龙虎关亘灌阳至文市之线择要防守，并派小部队占领清水关、永安关、雷公关等要点。

九月中旬萧克将军所率领的红军已迫近道州，第十九师第五十五团配备吕汉一个营于清水关，稍与红军接触，就向后撤退，在文市附近第十九师的小部队也与红军有小接触，红军主力经文市、石塘在界首与咸水之间的凤凰嘴、麻子渡徒涉渡过湘江。湘江西岸配备陈与参一个营和少数民团，陈见红军徒涉过河，他便也向后逃走了。所以红军安全渡过了湘江西岸，向资源方向继续西进。白崇禧电报蒋介石说，防线过长，兵力单薄，致使敌乘机突过湘江，并命令第七军廖磊率部跟踪追击，期在湘、黔边境配合友军将该敌歼灭。但蒋介石心中有数，也没有电复。这已是九月下旬的时间。这次白崇禧派第七军对红军跟踪追击，与其说是追击，毋宁说是送行，他对蒋介石是讲诓话，他的意图不是想歼灭红军，事实上也不可能。实际上他是为了王家烈的关系。因为粤、桂、黔三省早已签订军事协议，如蒋介石对其中任何一省用兵，都要互相援助，结成了反蒋集团。这个协定早为蒋介石侦悉，所以蒋对王家烈早已不满。同时，白也知道王家烈的第二十五军战斗力不强，是对付不了这部红军的，如红军占据黔东，蒋介石必然要派中央军入黔，这对王家烈来说很不利；而白派第七军跟红军后进入贵州，是支援王家烈，只要把红军逐出黔境，就达到了白崇禧的愿望。

红军渡过湘江后，经资源过龙胜入湖南通道到贵州黎平，继续经锦屏而到石阡一带。第七军跟着红军行军路线，与红军后卫部队保持一日以上行程的距离亦到达镇远、石阡一带，与红军仅有几次小接触。王家烈也派他的前敌总指挥王天锡（北伐时被蒋介石枪毙的第十军军长王天培的胞弟）率二十五军一部也到达石阡附近，湖南何键部的李觉师也到达镇远，王家烈亲到石阡与廖磊、李觉等共商对工军的作战计划。就在这个时间前后，红六军团与贺龙将军的红二军在印江会师后，即向湘西和川东之酉阳、龙潭方向退去了。红军即退出黔境，已达到了白崇禧的愿望。同时桂北的防务兵力单薄，白遂令廖磊率部回桂，集中桂林待命。这次萧克将军的红六军团经过湘、桂边境时，第七军派吕汉一个营部署于清水关、陈与参一个营布防于湘江西岸，他们一与红军接触即向后撤，事后有人说陈与参等怕死，实际情况并不是这样。后来陈与参（贵州荔波人，我的同乡）和我谈到这次红军过境时说，都是秉承副总座（白崇禧）的指示，对红军不堵截，保存实力，所以他这个营在湘江西岸见红军徒涉渡江，他就下令撤退了。

红军主力经湘、桂、黔边境

一九三四年十月下旬，蒋介石由庐山致电李宗仁、白崇禧，大意说：江西红军主力由瑞金等西移，似有沿萧克红军路线进入贵州之模样，希贵部竭尽全力，部署于龙虎关、灌阳、全州之线，配合各友军，一举将该敌歼灭于湘江东岸地区，所需饷弹由中央发给，并盼与芸樵兄共商围剿计划，取胜时将情况电报；随后蒋介石派飞机送来一百万元的开拔费。白崇禧接蒋介石电报后，非常震惊，认为局势非常严重，即召集黄旭初、李品仙（总参谋长）、夏威、黎行恕（参谋处长）及总部各处长、高参刘维章（刘斐）等，举行紧急会议。白崇禧将蒋介石来电情况说明以后，与会者讨论认为，局势确实严重，决定除电复蒋介石遵命办理外，还电请李宗仁速返桂主持大计，实行全省动员，编组民团协助军队防守等各项重要措施。一连几天他们都是开会，并召在桂林的廖磊及各区民团指挥官到南宁开会，李宗仁也由广州回到南宁了。经李、白等多次商讨后，决定将第七、第十五两军及独立团近二十个团的兵力，全部开赴桂北布防。这时参谋处的工作特别紧张，不断下达各种命令，各方情报也不断飞来。尚记得刘建绪（四路军前敌总指挥驻衡阳）也有情报来，大意说红军先头部队已进入湘境之桂东附近，到处搜索粮食，似有继续西进之模样。局势越来越紧张，同时得知蒋介石派薛岳、周浑元两纵队已入湘，加以何键所指挥的近十个师的兵力，大军云集，一场大血战即将开始。情况紧急，遂决定由李宗仁坐镇南宁调度一切，白崇禧到桂林成立指挥所，指挥前线部队作战。

十一月十二日（或十三日），白率领参谋处长黎行恕等幕僚人员由南宁出发，到桂林成立指挥所。十五日，黎行恕来电，说白要参谋杨吉煊（即我）、军校队长石系累即日赴桂林指挥所工作。在赴桂林途中，我问石为什么白把我们两人调到桂林？石说，他是湖南人，对湖南的情况比较熟悉；而我是白的学生，白对我当然相信，我们到桂林，可能有些工作要我们干，因为白是相信我们的。次日上午到达桂林后，我们就到指挥所报到，石在作战组工作，我到情报组工作。这时桂林形势很紧张，由县府征派民工，到处构筑防御工事碉堡，但社会秩序还好，人心还是很安定。

这时白崇禧同刘斐高参到全州视察，待由白崇禧回到桂林，一天晚饭后，参谋处长黎行恕对我说副总座（指白）今晚开会，叫你去记录。约晚七时，黎带我到白的办公室，见有廖磊、夏威等十多人（都是总部的处长或高参）。接着又进来两三个高级军官。白的办公室挂有桂北湘南五万分之一的军用地图，用红蓝箭头标明敌我的位置，他们正在研究地图。会议开始，白说："今天乘廖、夏两军长到桂林，约各位来谈谈。现红军主力快要到来，有很多问题我们要详细研究，现在再谈谈红军的企图是什么。我们只有正确地判明了他们的企图，我们的行动才有根据。"于是围绕着这个问题，大家作了发言。总而论之，大家判断红军的企图是：①沿着萧克红军所走的路线进入贵州北入四川，渡过长江，以这个“天府之国”作根据地，并可与川西北红军（红第四方面军）联系，退守自如，掌握主动，比在江西的条件要优越多矣；②进入贵州与红二、六军团会师，占领湘、鄂、川、黔边区，这都是崇山峻岭地带，有利于游击；③进入桂东北，占领桂东北各县，向广东罗定方向发展，建立游击根据地。以上三种判断，认为第一种可能性最大，第二种可能性次之，第三种可能性最小。接着谈到红军的兵力，还不知红军的部队番号，只是略为估计十余万人。白崇禧说：“这次红军倾巢而出，向西突围，其锋锐不可当，谁要堵截他们，必然要与你拼命。蒋介石对红军四次大围剿，每次出动数十万大军，都以损兵折将失败而告终，我们和老蒋的力量相比，那是相差得太远了。现我们最多不过二十个团的兵力，要拿去与红军硬拼，那无异于以卵击石，自讨苦吃。所以我们必须采取灵活的战略和战术，才不至于吃亏。蒋早已把我们看成眼中钉、肉中刺，非把我们吃掉不可。所以我们这次对付红军过境，只要红军不侵入广西，我们不要堵截，只能采取侧击和尾追；但假使红军特别是中央军，要侵入我们广西，那就要坚决阻击，不惜付出任何代价。”

与会者一致表示同意白的意见，最后谈到编组民团，征集全省大汽车准备必要时运送军队；也谈到兵站、野战医院等问题，经过三个多小时，会议才结束。兵力部署，第一线的兵力共七个团，加上民团二三千人共同防守。友军的总兵力最少有二十个师，兵力总数约十余万人，而且尚有后属部队。双方对比，国民党的兵力占绝对的优势。但由于红军高级指挥官能高瞻远瞩，灵活运用战略战术，加以红军作战英勇，突破了蒋介石的几道封锁线，长驱直入，薛岳等中央军只保持与红军侧敌行军，仅与红军侧卫后卫部队发生小的战斗。

十二月中旬，红军先头部队迫近道县，分几路西进，主力已到达全州附近。这时薛岳、周浑元等部已进入黄沙河，与红军主力遭遇，激战于全州西北三四十华里地区（地名已忘），蒋介石并派数十架飞机协同作战。

蒋介石期望一举将红军歼灭于湘江东岸，不然把红军压迫南下侵入广西，这样桂军必然要堵截，中央军可把兵力向西延伸，加强湘江西岸的防守，第七军对红军当然是抵挡不住。假使红军侵入广西，这就正合蒋介石的理想了，中央军就可以名正言顺地藉追击为名，大军开赴广西，而一箭双雕。这样对红军既然不利，新桂系也会被蒋介石牵起鼻子走了。当时红军的主力予蒋军以有力的打击，血战三四日，双方都付出很大的伤亡。这也是红军从江西开始长征以来与国民党军队最激烈而伤亡惨重的一次大战。但红军的意图不是决战。而是予敌一次严重的打击，已达目的，不再恋战，即抛掉敌人，向南稍行。当时全州附近的湘水深不能徒涉，红军就在咸水、界首之间几处渡河点徒涉抢过湘江。另一部红军由龙虎关附近进入灌阳附近，与新桂系的部队在文市、石塘一带仅有小接触。这是红军一部后卫部队掩护主力渡过湘江已完成任务，遂经文市、石塘路线在咸水、界首之间涉过湘江。红军渡过湘江后，白崇禧就命令第七军转移到龙胜附近，对红军严密监视，怕红军折向广西，同时令第十五军驻防桂北。

某一天白崇禧找我谈话，他说："红军继续西进，看来是要入黔，第七军移到龙胜，廖燕农（廖磊）打来的电话有时听不清楚，你就带一部电话总机和一个单机，带一班通讯员到义宁（五通）成立一个联络站，第七军和桂林的电话通过你们总机，那就会听得清楚了；假使我与廖燕农讲话听不清楚你就接听，我会告诉他（廖磊）；但你听电话时要作记录，你要带龙胜附近的军用地图，对于地名你要查对地图有否写错，并打电话向我报告。"谈完话后即叫我出发。当天中午我率领一班通信兵和所需要的通信器材，由桂林出发，黄昏时到达义宁，即命通信班长把总机架好，接长途电线，即刻叫通了第七军和桂林指挥所的总机，我就打电话报告白崇禧，他告诉我不要走远，随时要找我。接着他就与廖磊通话了。我也拿着耳机听。廖先将第七军的部队位置报告后，说红军尚有相当的部队正通过龙头界，日夜西行，夜间到处发现火把，人喊马嘶，我军前哨与红军仅隔一个山岗，有时放点冷枪。白说无防用迫击炮放他几炮，威胁他们赶快走。以后他们时常通话，我同样接听，有时他们听不清时便由我来转达。我在义宁停了七天，红军已向贵州黎平方向去了，第七军也走远了，我们才回返桂林。这已是十二月下旬了。红军到达黎平后，第七军奉白的命令，以侧敌行军态势进入黔境，经从江、榕江，以第二十四师经三都、丹寨进驻都匀，第十九师到独山。第七军进入黔南后，白崇禧即率指挥所人员移驻柳州，这时已是一九三五年一月上旬，至闻红军已强渡乌江，占领遵义，白崇禧才率指挥所的人员回到南宁。

我的贵阳之行

一九三五年一月中旬，白崇禧找我谈话，我即到他的办公室，白这次对我特别客气，叫我坐下，又叫他的随从副官倒茶，他说："红军已到黔北，具体情况不明，中央军已进入贵州，有多少兵力我们也不清楚。王绍武（王家烈，贵州省主席兼第二十五军军长）的部队在什么地方，我们也得不到一点情报。廖燕农也很少来电，即使有电来，他们对贵阳及黔北的情况也不了解。王哲渔（文熙，是第四集团军中将参军兼新桂系驻黔办事处主任）也没有电来，因我们在贵阳没有无线电台，这也怪不得他。现在决定派你率一个无线电站到贵阳去协助王哲渔工作，因为他年岁比较大了，对繁忙的工作应付不了。你到贵阳后要注意几个问题，如红军什么时候到什么地方？是否与友军发生战斗？随时要取得这些情报，同时把中央军部队番号、装备、驻地等查明。再对王家烈的第二十五军的情况也作了解，如部队现驻何处？是否参加对红军作战？最好能与该军的一些高级将领取得联系，相机对他们说这次老蒋藉追击红军为名，派中央大军进入贵州，乘此机会占领贵州地盘，把王家烈和第二十五军吃掉，这是很可能的。但只要第二十五军能集结于黔东或黔西一带，与我们在黔南的第七军取得联络，那老蒋对王家烈就不敢开刀，这个工作是很重要的。但对这个问题在进行工作的时候，要特别慎重，总之都是要相机而行。这些任务你清楚没有？”我答：“清楚了。”最后他说：“你多年不回家了，趁这个机会回去看看老人也是很好的，我已叫经理给你二百元钱零花，你去领取，赶快出发。”我说：“感谢校长（我不称副总座而称校长）关怀，这次我到贵阳去，一定努力工作，不负校长的期望。”

次日我率无线电站（站长黄钧培）的工作人员及一个译电员共十余人，乘一辆大汽车由南宁出发，当晚到宜山，次日到独山，这是我的故乡，与多年不见的亲人见面非常高兴，我遂决定在独山休息一天。当晚第十九师第五十六团中校营长王有清（湖南人）到我家看我，他与我是南宁军校同期同队的同学，我问：“你怎么知道我来？”他说：“你们不是在车站登记了吗？”我告诉他要在独山休息一天，他说明早来约我去看他们团长秦霖。我们次日早上到团部见到秦霖和政工室主任林中奇，他们对贵阳方面情况也不了解（王有清、秦霖在抗战时阵亡于上海）。次日继续北上，第二十四师驻防都匀，车到马场坪，有中央军布防，警戒非常森严，见是由南向北的汽车他们特别注意，很远就用手旗要我们停车。我前往交涉，给通行证件他们看，他们还是不放行，把通行证拿去，大概是请示他们的上级，过半个多小时才放行。这说明中央军对新桂系还是相当戒备，到贵阳附近的图云关也是同样盘查。车到贵阳后，开到广西省政府贵阳办事处（主任黄桂丹，广西岑溪人），王哲渔已在此等候，早已准备好无线电站的驻地，我与译电员驻第四集团军驻黔办事处。贵阳府后街四十三号是王哲渔的公馆（王哲渔，广西上林古蓬人，早年在黔军任过混成团长，解职后投靠新桂系）。当晚我与王作彻夜谈，我将白崇禧的意图略告诉他，他立即就拟电稿，将他所知的情况向白报告。

白即知道我已经到了贵阳，这是一九三五年一月下旬的事。贵阳当时人心惶惶，风声鹤唳；到处构筑工事，军队调动频繁，进入贵州的中央军究竟有多少一时无从调查，只知道有薛岳、周浑元两纵队和吴奇伟一个军，约十个师兵力以上。其驻地从马场坪起，贵定、龙里、开阳、息烽及贵阳附近都有中央军布防，王家烈的第二十五军在黔西一带。一月上旬红军强渡乌江，击溃王家烈部的侯之担师，占领遵义，在遵义停十余日已到赤水地区。我探悉得这些情况，电报白崇禧，并分报廖磊。

不久白来电要我到遵义去看看情况，这已是二月中旬了。我带勤务兵一名，因无马匹只好雇一乘滑竿，当天下午到息烽，满街都是军人，查明是甘丽初的第九十三师，我到他的师部联系，由他们师参谋长接见。我说明来意，并出示证明。他见我是白崇禧派来的联络参谋，似乎有些警惕。我问红军现到什么地方？他说现在到赤水附近，被刘湘的部队阻击，但详情不明。问到友军情况，他说听闻遵义附近有第二十五军一部，其他也不清楚。看来都是对我虚与委蛇，我就辞出。次日继续北上，修文附近有第九十九师部队布防，我也到师部联络。他们也是对我采取应付敷衍的办法。我又继续前行，快到乌江时，见路旁粥厂睡着一个病兵，穿着灰棉衣，已没有符号，我问他是什么部队的，他始终不出声，但他的口袋装着有炒熟的玉米，我认为是落伍的红军，但也无法证实。适附近一个乡长也到此，我告诉他把这个病兵抬回乡公所医治，说不久政府会派人来收容。他表示同意。于是前行不远通过乌江便桥，沿途都没有见到老百姓，只有三三两两的散兵，到达遵义也是同样。在遵义还看见红军用石灰写了不少标语，如“打倒国民党反动派！”“打倒蒋介石！”“红军是人民的子弟兵，红军纪律严明”等等。战时的遵义，呈现一片荒凉的景象。

当时我问一个士兵这是什么部队的，他说是第二十五军某师的；

我问师部驻在何处，他手指方向告诉了我。我到师部时由一个参谋接见，我说明来意，并出示证件后，参谋长即出来接待，略谈片刻就开晚饭了，师长犹禹九（实际是旅长）出来对我也表示欢迎，交谈后他知我也是贵州人，亦更加亲切。他说，老乡吃了饭再详谈，今天路上辛苦了，来，这是家乡的茅台酒，多饮几杯，当时我感到他们对我如此诚挚，比我在第九十三、第九十九师受到的冷遇实有天渊之别。饭后我们到犹禹九寝室，他们都是吹大烟的，参谋长打烟，犹一面吹烟，一面和我扯淡。接着又来一位团长，他们问到广西和白崇禧等情况，很钦佩白，并知道白的花名叫小诸葛；同时也问到第七军的情况。我一一作答，但谈了两个多小时，还没有谈到我所需要谈的正题，我见他们对我很诚挚，就开门见山地对他们说："我从南宁出发前，白副总司令（崇禧）对我说，根据他个人的看法，蒋介石这次藉追击红军为名，派中央大军入黔，是要乘机占领贵州地盘，把王家烈和第二十五军吃掉，因黔、桂是毗邻，且素来友好合作，唇亡齿寒，所以我们对这问题很关注。"

他们听我说完这些话后，感到很惊讶，犹禹九说："这很可能，蒋介石对我们这些杂牌部队是很看不起的，排除异己是他一贯的作风。"那位团长很激动地说："妈的，皮王豺狗（王家烈的花名）没有一点用，现被蒋介石牵着鼻子走，看来不久他要完蛋了。"参谋长问："白对这个问题还有些什么意见？"我说："白认为，只要第二十五军能集中在黔东或黔西，与我们在黔南的第七军取得联络，那蒋介石对王家烈决不敢动手。蒋对红军已力所不及，还有什么力量来对付我们呢？"犹禹九说："迟了迟了，现第二十五军已为蒋介石直接指挥，兵力分散，王绍武已掌握不住了。"他们遂感到前途悲观，抱着听天由命的思想。我知道犹部只有两个团的兵力，不可能单独行动，所以对此问题就不再谈了。同时从他们口中得知红军在赤水地区受到川军堵击，迟滞不前；也知道遵义与娄山关一带有第二十五军两个师布防，乌江北岸无中央军，谈话到次日凌晨一时才休息。

我回到寝室后，即将我到遵义所知道的情况拟好电稿（我带有密码），次日便将我给王哲渔的电报交请他们电台帮发。犹的参谋长说可以，我就将我们贵阳台的呼号、波长告诉他们，我即回返贵阳。这时蒋介石已到贵阳坐镇指挥，形势非常紧张，各城门的戒备特别森严，凡入城的人要经严格盘问检查后才准通行。我到办事处后略将到遵义所知的情况向王哲渔汇报，遂即拟好电报向白崇禧、廖磊报告，至当晚才接到犹禹九电台代我在遵义所发的那份电报。

红军四渡赤水河挥戈东指

红军进抵川黔边境地区后，原计划拟由泸州、宜宾之间渡过长江，与川西北的红军四方面军会师，但蒋介石已派重兵把守长江北岸，遂决定改变战略挥戈东进，抛开刘湘川军，四渡赤水河，再袭遵义，但必须通过娄山关。娄山关在遵义北约六十公里时，是由黔入川一个重要关口，关的形势极为险要，周围诸峰耸入云霄、峭壁无法通行，大有“一夫当关，万夫莫开”之势。此地配备第二十五军两个师的兵力，构筑有坚强的工事。娄山关虽然天险，且有第二十五军的重兵把守，由于红军作战勇敢，与守军经过几次激烈战斗，卒将守军击溃而占领了娄山关。当时蒋介石在贵阳得知此情况，严令王家烈组织部队反攻，次日双方再经两次激烈的争夺，第二十五军再次败北向南溃退，红军再次占领遵义。这时蒋介石慌了手脚，才命令吴奇伟军（有韩汉英等三个师）越过乌江北岸，配合王家烈的残部，推进遵义西南二三十华里（地名忘记）之处，占领有利地形，阻击南下红军。双方遂展开激战，经两天反复争夺，吴奇伟军败溃退回乌江南岸，把乌江便桥烧毁。蒋介石闻讯后急得如热锅上的蚂蚁，到处调兵遣将到贵阳保驾。他判断红军要攻略贵阳，已准备人夫轿马随时准备弃城而逃。情况如此紧急，我们就电报白崇禧和廖磊，遂即命令第七军周祖晃之第十九师由独山开赴都匀增防。该军部署于都匀西北文德亘杨柳井南至都贵公路之线布防，加强构筑工事严阵以待。

红军再次强渡乌江，避开贵遵公路，经开阳继续南下，是无攻略贵阳的企图，但已使蒋介石感到恐慌万分。各处援军又一时不能到达，贵阳风声鹤唳，人心惶惶，所幸云南龙云派孙度率兵三旅，日夜兼程赶到贵阳，使蒋介石喜出望外，特别犒赏该军，即令孙度率领所部到龙里一带堵截红军。蒋介石又判断红军要经黔南入桂，这符合了他的愿望。当然我们看法也是这样。假使红军出此一举，第七军必然要予以阻击，看来抵挡不住红军的攻势，但该军也不会像在桂北那样，一触即溃了，只要第七军能支持一二日，蒋介石的中央军就可源源南下，使红军腹背受敌，甚至可以形成对红军的四面包围。即使红军能迅速击溃第七军，经黔南入桂，今后的处境也更加不利。红军处在这最严重的关键时刻，红军高级指挥官当机立断，在向南急进中，扭转方向，在贵定麻江之间，通过都贵公路，直指惠水，向西扬长而去，使红军又一次转危为安。红军此举使蒋介石的判断又一次的落空。他真料想不到红军的行动如此神出鬼没，所以事前在黔西没有布置兵力，使红军西进得畅行无阻。本来安顺以西附近地区是第二十五军犹国才师的防地，后来我在贵阳听说，红军过境时，该师暗派副官与红军协商，红军过境为了敷衍蒋介石，向空中乱放一顿枪，也表示鸣枪欢送。红军西渡盘江时，那里有个老牌的游击司令王海平，手下也有一二千喽啰，他们不仅供给红军的给养酒肉蔬菜等，还派人帮红军做向导。所以红军能安全通过黔西，而进入滇境。

蒋介石撵走王家烈

这次红军经湘、桂边境进入贵州，白崇禧派廖磊的第七军进驻独山、都匀，表面说预防湘西红军出援主力，实际为了防蒋，尤其希望保着王家烈继续掌握贵州政权。红军进入贵州后，白知道王家烈的处境相当危险，他希望王家烈将其第二十五军集中于黔东或黔西，与廖磊部保持联络，形成犄[掎]角之势，这样，蒋介石就不敢向王家烈下手。但由于王家烈的警惕性不高，所以白崇禧的这个方案未能实现。于是白就派廖磊到贵阳找王家烈（王当时在黔西）未遇，廖磊遂告诉王天锡（王家烈的亲信）转达白的意图，要王家烈以养病为名，住都匀廖磊部，另派他人代理王的职务。但王家烈畏首畏尾，故白崇禧这个方案又落了空。

蒋介石到贵阳后，直接指挥了第二十五军，调到黔北作第一线，而中央军摆在乌江南岸。所以第二十五军与红军发生过几次激烈战斗，伤亡惨重。最毒的是蒋介石还利用金钱、高官，收买了王家烈部的何知重、柏辉章两个师长，使王成了个有名无实的光杆军长。王家烈迫得向蒋介石呈请辞去贵州省主席兼第二十五军军长职务。蒋立即批准，并任王家烈为军事参议院参议，还要张学良（武汉行营主任）用飞机把王家烈挟持到武汉去。从此贵州政权落入了蒋介石的手里。蒋即派吴忠信为贵州省主席，薛岳为贵州绥靖主任，顾祝同为贵阳行营主任。这算是以蒋介石的胜利，新桂系的失败而告终。所以后来白崇禧说："这次红军过境，我们也出不少的力，不惟稻草捞不到一根，反失去了我们的贵州朋友（指王家烈）。"言之不胜唏嘘。

廖磊部撤回广西

廖磊部在撤回广西之前，派该军篮球队远征贵阳，与贵阳各学校的篮球队连赛六场，均获大胜，使贵阳体育界大为震动，认为很丢脸。场场我都去参观。第七军的球队，球技很好，打得各主队只有招架之功，均皆败北。于是他们挑选健将组成联队，作最后一次角逐，客队为了给主队一点面子，稍负于主队。第七军球队胜利归来，廖磊特别高兴。这也许是对薛岳的一种暗示：第七军实力坚强，是不好惹的；该军在独山、都匀住了半年，一九三五年六月才调回广西。

贵州《黔阳晚报》的创办与停刊

一九三五年六月前后，我在贵阳的两位朋友：杜梓封、杜伯封昆仲，对我说想办一个《黔阳晚报》，苦于经费无着。他们请我代向白崇禧请示，每月帮助多少经费，该报愿为新桂系服务。我想只要在经济上给他们些许滓贴，这个报纸就可以为新桂系当“吹鼓手”，在政治上是有作用的，王哲渔对此也表示同意，遂电报向白崇禧请示。白很快复电，准每月津贴该报二百元，由办事处发给报销。他们的经费既解决了，便开展筹备工作，杜梓封任发行人兼社长，杜伯封为总经理，不久，《黔阳晚报》出版了。这份报纸是以新桂系为政治背景，成了新桂系的喉舌报，电讯新闻多是转载《广西日报》的，发行数量也逐日增多，逐渐引起薛岳为首的贵州当局的注意。

一九三五年十二月，我奉白崇禧命令，率领无线电站回南宁归还建制。白崇禧问我贵州的一些情况，特别问到贵州鸦片出口问题。自从贵州政权为蒋系掌握以后，在经济上予新桂系沉重的打击，贵州鸦片出口改道，一路出湘西常德，一路出川到武汉，因此进入广西的鸦片数量大减。当时广西的经费收入，是以特税（即鸦片烟税）为大宗，自从黔省的鸦片改道出口后，广西特税收入大减，军政费开支几无法应付，这是使新桂系最感头痛的。我就将我所知道的情况向白报告。他即用鼻音“喷喷”的表示很不高兴。他也问到《黔阳晚报》的情况。这次红军过境，蒋、桂钩心斗角，新桂系都是处于不利的地位，蒋、桂的矛盾更进一步激化了，所以李宗仁迫不及待地发表了他写的《论焦土抗战》的文章，这很明显是对蒋介石的一次严重的威胁和打击。贵州的《黔阳晚报》即将《论焦土抗战》的文章发表，由于篇幅关系拟分两段在两日登载。但第一段在该报刊发表后，当晚薛岳即下手令，迫令《黔阳晚报》停刊，所幸薛岳还是给了新桂系一点面子，没有抓人。

（一九八四年十月）

（选自广西区政协文史和学习委员会编：《新桂系纪实》续编，
广西人民出版社 2005 年版）

新桂系阻击中央红军长征

万式炯[①]

一九三四年八月，红军西移前锋，迅速到达赣、湘边境，蒋介石在南昌发出电令，大意是：

1. 西路军何键部留刘膺古纵队于赣西清剿，主力悉调湖南布防，依湘江东岸构筑工事，进行堵剿，并以有力之一部，在粤、湘边境堵击。该路总部移驻衡阳。

2. 南路军陈济棠部，除李扬敬纵队留置赣边清剿外，主力进至粤、湘边之乐昌、仁化间地区截击，该路总部进至韶关。

3. 第四集团军李宗仁、白崇禧部主力，集中桂北，总部移至桂林。

4. 北路军顾祝同部，以第六路军薛岳率所部包括吴奇伟、周浑元两个纵队，担任追击。

追剿军前敌总指挥由薛岳充任，抽出三个军、八个师归薛岳率领。

迨十一月上旬，红军先头部队到达粤、湘边境时，蒋介石令白崇禧在桂北防堵。当红军进据湖南后，蒋即电白崇禧集中主力，于灌阳以北各关口，与湘军合力在湘江东岸打击红军，并要白崇禧至灌阳指挥。这时，蒋介石为了利用桂军，特别发了一大笔军费给桂军。

① 作者当时系黔军团长。

总之，蒋介石是挖空心思，策划湘、桂、粤军联合作战，堵击红军。

十一月二十六日，红军中央机关与其主力军由永安、龙虎、雷口、清水四关进入桂北。其先头部队在双寅铺、江村、山头之线，分路偷渡。

桂军第四集团军总司令部所属军、团番号及官长姓名如下：

总司令李宗仁、副总司令白崇禧，总参谋长叶琪、副总参谋长张任民

第七军军长廖磊

第十九师师长周祖晃

第五十四团团长秦霖

第五十五团团长苏祖馨

第五十七团团长张光玮

第二十四师师长覃连芳

第七十一团团长魏镇

第七十二团团长程树芬

第七十五团团长颜仁毅

第十五军军长夏威

第四十三师师长黄镇国

第一二七团团长粟廷勋

第一二八团团长肖兆鹏

第一二九团团长梁津

第四十四师师长王赞斌

第一三〇团团长莫德宏

第一三一团团长王振朝

第一三二团团长苏新民

第四十五师师长韦云淞

第一三四团团长凌压西

第 ××× 团团长史蔚馥

驻龙州对汛督办李品仙、兼桂省空军司令林伟成、桂林区民团指挥官陈恩元、柳州区民团指挥官尹承纲。

十一月二十七日，红军三军团与桂军在苏江、新圩一带激战。先头仍在双簧、寅铺、山头等处续渡。前卫在文市、蒋家岭间。湘军延伸至全州。

第四集团军副总司令白崇禧电：

1. 在江华南方据工事之红军，昨日拂晓，被我韦师驱逐，向永明西北溃窜。

2. 在桃川与我相持之红军，已于昨日被击破，该军亦向永明西北溃窜。

3. 昨日三峰山向镰刀湾进攻之红军，两次向我扑攻，均被击溃，仍向永明西北溃窜。

4. 飞机报告：滞永明西北之红军为数逾万，现约友军向该方面围剿中。

十一月二十八日红军渡湘水之源，桂军击溃文市、石塘、苏江、新圩之红军，湘军击溃珠兰铺、沙子包之红军。抚河交通恢复。

蒋介石南昌行营俭亥电，严斥桂军放弃职责：

“据恢先（刘建绪）感戌参机电，红军先头部队已于宥、感两日，在勾牌山及山头与上来头一带渡河。迭电固守河源，防红军窜渡。何以全州延至咸水之线，并无守兵？任敌从容渡河，殊为失策。窜渡以后，又不闻追堵部队有何处理，仍谓集结部队，待机截剿。敌已渡河，尚不当机立断，痛予夹击，不知所待何机？可为浩叹！为今之计，惟有一面对渡河之敌，速照恢先、健生（白崇禧号）所商夹击办法，痛予歼除，一面仍击敌半渡，务使后续红军，不得渡河。并以芸樵（何键号）预定之计划，速以大军压迫。敌不可测，速即迟滞敌之行动，使我追军得以追击痛剿。总之，红军一部漏网，已为失策，亡羊补牢，仍期各军之努力，歼敌主力于漓水以东、四关以西地区也。前颁湘水以西地区追堵计划，已有一部之敌西窜，并望即按计划次第实行，勿任长驱西（窜）或北窜为要。中正俭亥行参一印。”

十一月二十九日，红军继续由麻子渡、界首渡河，湘军刘建绪率章、李等部，击敌于路铺，桂军王赞斌协同桂民团击敌于深布坪，蒋军空军轰炸文市之敌甚多，桂军空军炸毁敌界首之浮桥。

十一月三十日，红军中央机关，进集西延大山中，桂军覃连芳师，击溃敌三军团于钟家村古岭头。湘军陶广、章亮基、李觉等部，击敌第一、三军团于尧山、珠兰铺，苦战竟日。

第四集团军副总司令白崇禧披沥堵剿情形东戌电：

“特急，南昌行营委员长蒋、南宁总司令李、衡阳何总司令。某密，倾奉委座俭亥电，拜诵再三，惭悚交集。红军盘踞赣、闽，于兹九载。东西南北，围剿兵力达百余万。此次任敌从容脱围，已为惋惜。迫其进入湖南，盘踞宜章，我追剿各军，坐令优游停止达十余日，不加痛击，尤为失策，及敌于沿五岭山脉西进以来，广西首当其冲。其向桂岭东南之富、贺，仰向东北之兴、全，无从判断。职奉委座电令，谓追剿各军，偏于西北，须防红军避实就虚，南据富、贺西窜，更难对付等因。职以桂、湘边境，线长七百里，我军兵力，不过十七团。处处布防，处处薄弱。故只得以我这一部协同防堵，而以主力集中于龙虎、恭城一带，冀以机动作战，捕捉红军主力而击破之。又虑敌众我寡，顾此失彼，迭经电请进入全州附近之友军推进界、新，并经与湘军协定红军主力侵入界、新之夹击方案。自红军以第一、九两军团由江华、江永方面分扰富、贺边境龙虎关，与我防军接触后，当指挥进击，经两日激战，将其击溃，并判明红军主力穿入四关，即以第十五军全部及第七军主力星夜兼程，转移兴、灌北方之线截击。该敌感日以来，在文市方面新圩之线，我与敌第三、五、八军团主力决战，四日未结局，其经过情形，曾经陆续电呈在案。委座电责各节，读之不胜惶恐骇异，无论职军在历史立场上与共军誓不并存，而纵横湘、赣边境数年之萧克主力，目前为我七军追至黔东，将其击溃。即以此次红军入桂以来，所经五日激战，又何尝非职军之独立担负，不畏螳臂当车之讥，更无敌众我寡之惧。至于全、兴之线，因守兵单薄，被共军击破，则诚有之。谓无守兵，则殊非事实。以我国军百万众，尚被共军突破重围。一渡赣江，再渡耒河，三渡潇水。职军寡少之兵力，何能阻敌不渡湘江？职历来作战指挥，向抱宁为强敌粉碎之志，决无畏难苟安之心。尤其对共军向来深恶痛绝。淞沪清党，频年剿共，事实俱在，可以复按，夙逮委座帡幪，谅邀洞鉴。共军虽多，欲求安全通过桂境，而不遭我军痛击者，无此理也。道程虽远，飞机不难侦察。周司令浑元所部宥日进入道县，本日已进入桂境，通过敌我决战之场，亦可令其实地调查，究竟何军与敌决战，战争经过几日，敌军死伤如何，又何军瞻望不前，何军迟迟不进，便明真相矣。至于遵照原先计划，速为亡羊补牢各节，当遵令执行。惟目前问题，似不全在计划，而在实际，认真攻剿。尤忌每日捷报浮文，自欺欺人。失信邻国，贻笑共军。至若凭一纸捷电，即为功罪论断，则自赣、闽剿共以来，至共军进入桂北止，统计各军捷报所报，斩获敌众与枪械之数，早已超过共军十几倍。何至此次与本军激战，尚不下五六万乎？至于此后追剿，仍当决尽全力，与敌周旋，功罪毁誉，不暇顾及也。白崇禧东戌行印。”

十二月二日，红军主力分窜车田、龙胜，经桂军尾敌追剿，湘军转进西延（即资源）。

桂军追击部队如次：

第四集团军总司令李宗仁、副总司令白崇禧

第一追击指挥官夏威

第四十三师师长黄镇国

第四十四师师长王赞斌

第二追击指挥官廖磊

第十九师师长周祖晃

第二十四师师长覃连芳

第四十五师师长韦云淞

空军司令林伟成

桂北民团指挥官陈恩元

平乐区民团指挥官蒋如荃，调民团八千集中富、贺。

梧州区民团指挥官石化龙，集结民团五千人于苍梧。

柳州区民团指挥官尹承纲，集结民团五千人于长安。

南宁区民团指挥官田子灏，集结民团一万人为总预备队。

十二月三日，红军大部急窜龙胜，其后卫仍据西延（资源）山地，湘军追击于梅溪口，桂军截击于勃塘圩。

十二月四日，红军第三、五、八、九军团，经广塘、雷霹州，越猫儿山、土岗西进。

十二月五日，红军一部扰千家寺、王陲、大溶江等处，均被桂军击溃之。

追剿军何总司令电复白并告全国。何键答复桂白道歉微晨电：

“桂林，白副总司令健生兄：东戍电敬悉。敝处呈委座电，均系根据前方将领所报，即偶有失实，亦犹艳、卅等日，我军已与大股共军在全州西南之勾牌山、珠兰铺、觉山南段及严家、白沙铺、全家之线连日激战，占领各地，更分向大牌头及咸水、界首堵截追剿，而贵处飞机因只见留在寨圩等地之少数防堵部队，尚称艳、卅等日未见敝军南下同一误会。西谚所谓‘事实胜于雄辩’，乞勿介意。此次敝军初于汝桂一带堵剿，及共军绕入宜章，及收汝桂部队及入县之李部、赣南之薛部，急调到零、黄之间堵剿，强行千余里，至感日方到达全州，而共军已于宥日在界首、咸水架桥渡河。敝军名为追剿，实则兼追与堵二种任务。承先迭电嘱我向南延伸，亦以时间兵力两不许可之敌，致留此一线之隙，未能弥缝，竟使残敌窜脱。揆诸天职与素志，只有自恨力薄，决无推过于人之理。所惜者，敌以狡计，先使贵军主力偏于贺、富，及至展开于兴、灌以北地区时，我军原部署于黄、全间之部队，已追敌先进。以前后之相左，致夹击而未能。情报之难实在，判断之不易正确，其亦有事感乎？谨电致歉，诸希谅察！

尔后如何互通情报，协力以赴事机，并乞筹示。弟何键微晨叩。”

十二月七日，红军分三路西进：一路经车田过浔江；一路由唐洞过白竹，向中洞一带；一路由文家洞经李家水过江底。桂军追击之，大捷。

十二月八日，红军进抵湘边黄沙河，桂军占唐洞；红军进占马蹄街，湘军补充总队成铁侠出道县协助桂军围剿东山瑶之红军陈树香。

十二月九日，红军一部进长安营，桂军攻破龙胜马蹄街之红军。

桂军副总司令白崇禧致何键佳电：

“何总司令芸樵兄，微晨电敬悉，某密。此次共军倾巢西进，湘、桂两省首当其冲。贵我两军负责堵剿。过去因情况难明，判断不易，未能将来敌歼灭，彼此俱抱遗恨，但贵我两方面士兵，均能奋勇杀敌，沿途截击，使该敌已受空前莫大打击。日来捷报，已作事实上之证明。以前种种，吾辈置之一笑可也。前因长江大河一带，盛传敝军故意纵敌，甚至有联共之谣。而中央要人及沪宁朋友，亦纷纷来函指责，此必有人故意中伤。弟当时闻听之下，非常愤恨，遂有东戌密电之申辩，此中苦衷，惟兄必能谅我。弟对友军作战，只有隐恶扬善，从未道及友军只字短处。此后贵我两军一切文电，拟请先行会商，不必事先单独向外发电，以期一致。现敌主力在龙胜东北越城岭之金坑一带。我廖、夏两军，已于本日拂晓分途向龙胜东北之江底附近攻击前进，飞机亦开往助战。俟得战报后，再行奉闻。弟白崇禧叩佳晨行印。”

十二月十日，红军进入湘西，其后卫在桂北龙胜属之河口、江底与桂军相持中。

十二月十二日，红军全部离桂境。

（一九八二年八月）

（选自广西区政协文史和学习委员会编:《新桂系纪实》续编，
广西人民出版社 2005 年版）

附录二

国外视角

第一场大战

〔美〕哈里森·索尔兹伯里

在长征的头三场战斗中，红军没有遇到什么困难，便胜利地穿过了蒋介石为阻止他们突围而设置的三道防线。但是，五十年后，正像中国军事博物馆秦兴汉将军所说，长征所遇到的不仅仅是枪林弹雨，长征面临的是同时进行的三种战斗——与蒋介石及地方军阀的斗争，与大自然的斗争，还有最关键的是，在共产党内部领导人与领导人、一种方针政策与另一种方针政策之间的斗争。

决定胜负的因素并不是那么容易确定的，特别是在这个问题上，秦将军沉思地说："即使到今天，许多事情也还是搞不清楚。"

在长征途中，高山悬崖、冰雪雨雾、湍急的河流、莫测的风暴、灼热的沙漠、无底的沼泽、饥饿的威胁、无休止的行军，都使战士们随时面临着比蒋介石的枪弹更大的危险。而在这一"狂飙运动"的背后，一场关于方针、权力和人事的殊死斗争正在最高领导层进行着。

红军的指挥员都是些精明能干和久经锻炼的人。他们参加过多年的游击战争，共同经历过多次战斗。他们熟悉自己的国土，熟悉人民；他们了解敌人，也了解自己的长处和弱点。林彪的一军团在突击和伏击方面是超群的；而在正面作战和短兵相接方面，彭德怀和他的三军团最为擅长。他们学会运用策略和计谋战胜优势的敌人；他们行军神速，当敌人以为他们距离很远时，却又突然出现在敌人眼前；他们行装轻便，不怕艰苦，到处都能生存。他们很年轻，都是壮实的农民出身；他们体格健壮，不怕劳累，能像山羊一样地翻山越岭，可以夜以继日地连续行军，一天只睡几个钟头——或者根本不睡觉——又投入战斗，而且打则必胜。

红军战士都有非凡的理想和抱负。他们全心全意为事业而战，赴汤蹈火，在所不惜。但是一九三四年春夏突击扩军时招来的新兵就不同了。他们仓促应征入伍，军事上、思想上都准备不足，又没人告诉他们要到哪里去，或者去干什么。也许，部分原因是最高领导自己也心中无数。

不论原因如何，付出的代价可不小。那些没有明确目标的人，从一开始就陆续落伍。有些士兵是掉了队，更多的是拔开双腿开了小差，就像传说中一九一七年俄国革命前夕从俄国军队溜回家的农民士兵一样，这些人趁走得不太远，还不至于找不到回家的路时，索性就往回溜了。

按红军的标准来说，开始长征时他们的装备相当不错了。他们拥有步枪、卡宾枪、手枪、冲锋枪和轻重机枪等共计三万二千二百四十三支。其中，六百五十一件是轻重机枪。有三十八门迫击炮，少量火炮（基本上是山炮）。大口径火炮很早就扔掉了，他们携带了积存的一百八十万零一千六百四十发子弹、二千五百二十三发迫击炮弹和七万六千五百二十六枚手榴弹。

这是一支强大的部队，但它的对手却是比它还强大许多倍的军队。据红军指挥员们估计，蒋介石纠集了大约一百个团三十万到四十万人来对付他们。总参谋长刘伯承估计敌人总数为四十万。八军团的莫文骅说，“粗算一下”，人数有三十万到四十万。一九八四年任共产党总书记的胡耀邦，在一九三四年时是一位年仅十八岁的红军青年团领导人，他估计国民党的主力部队达三十万。

蒋介石了解到红军活动的动向和规模后，当即组织部队去遏制红军。十月三十日，他命令两位可靠的中央军将领薛岳和周浑元带领四个师，配合广东的一支南路纵队和湖南军阀何键率领的一支西路纵队，去攻打红军。

两周之后，蒋改变了主意。他封何键为“追剿”总司令，并提出让何键同薛岳和周浑元会合，诱惑并消灭红军于湘江。湘江由南向北，流经广西进入湖南。这几位将军共有十五个师约七十个团的人马。蒋要求广西和广东军阀（他们还有三十多个团）协助把红军拦截在湘江前的全州、兴安和灌阳三个城镇，长约八十英里、宽三十英里的三角地带。

这是蒋介石的一箭双雕的锦囊妙计。如果这一计划得以实现，那么两广的地方军阀在同红军交战中会受到严重削弱，从而给蒋提供一个吞并他们的良机。

踏上征途的红军，已无法隐蔽自己，它不得不勇往直前跨过湘江。过了江就必须按预定目标挥师北上，同湘西的贺龙和二、六军团会合。蒋介石一看地图就可以知道红军的路线，这就是两个月以前六军团经这里同贺龙会合的路线。

五十年后，一九八四年时的解放军总政治部主任余秋里，当年是六军团的一名二十岁的农民战士。他回忆说，六军团绕道去道县，然后一直向西走，在兴安附近过江。他记得当时“没遇到什么麻烦”。他说：“经过一些战斗，我们占领了一个山头，越过这座山，到达江边。江上有一座浮桥。我们从桥上通过，到黄昏时刻过了江。我记得当时士气很高。”

是否有人暗地里对广东和广西军阀打了招呼？没有可靠的证据，可是六军团的行动没有引起广西方面的丝毫反应。就好像有人向他们说过，“我们只不过是暂时借用一下你们的道路”（也许有人说过这些话）。

在湘江的第四道封锁线，处于强烈反共的桂系军阀白崇禧控制的地盘。尽管白崇禧极其仇恨共产党，但他也害怕蒋介石，他首先考虑的还是保存自己。他不愿意上当受骗，不让蒋介石借机削弱和搞垮他。

除了上述因素以外，是否还有什么别的秘密“安排”，使红军得以顺利渡过湘江，翻越前方湘桂交界的五岭禁区？对这个问题，我一直在探索。

没有人提起过周恩来同广东独裁者陈济棠之间有什么秘密交易

这样的具体事情，但有证据表明，同桂系军阀白崇禧和李宗仁之间存在一项谅解。红军第一位历史学家徐梦秋在一九三八年谈到了这点。他说，广西的首领“答应开放一个区域”，那是湘江的界首和全州之间十三英里宽的一条走廊，大约位于道县以西六十至七十英里。北京主要的党史专家胡华的结论是，“关于走廊的说法是有根据的”。他认为，这条“走廊”的存在对于了解湘江战斗是至关重要的。红军为了渡江，在渡口坚守达一星期之久。如果广西方面施加压力，红军是不可能做到这一点的。国防部研究员阎景堂和他的上司秦兴汉将军没有使用“走廊”这个词，但他们承认广西军队通过不寻常的调动留出了一条空白“地区”，从而方便了红军渡江。

何键从一九三四年十一月十四日起全面负责蒋介石中央军的指挥大权。国民党的主要将领薛岳沿共产党军队的右翼或北翼移动，与往西行进的共军平行，并从北面拦截他们。周浑元则在共军的后面不断骚扰他们。

红军以其通常的队形向湘江挺进。林彪率领的一军团和彭德怀率领的三军团几乎是直线前进。九军团正好在行动缓慢的中央纵队前面。中央纵队现在已减轻了一点负担。不少挑夫开了小差，把包括戏装和道具等在内的重担都甩掉了。

八军团里集中了许多夏季入伍的新兵。这个军团在军委和中央纵队的左翼行进。博古、李德、周恩来、朱德、洛甫和毛泽东等多数军事领导人都在这个纵队里。

跟在这个指挥部后面的是拖泥带水的挑夫，他们中有些是受纪律处分被分配来的红军战士，包括一些降职的军官，可能有一些是被关押的军人。

忠实可靠的五军团殿后，他们是后卫，用当时担任翻译的伍修权将军的话说，后卫的职责是挡住国民党的“看家狗”，这些走狗不断对行动迟缓的辎重大队进行袭扰。

伍回忆说：“敌人在紧逼、包抄、堵截和骚扰。”

蒋军有三四个师在与红军赛跑，争夺“走廊”北端湘江岸边的全州市。全州位于湖南和广西的交界处，是一座四周有城墙的古城。当红军侦察兵接近城墙时，发现国民党（何键的军队）已占领了这座城市。

这就引起了红军指挥部的一场争论：应当攻打全州，还是向南转移另找地点渡江？

红军正向湘江的这块铁三角地区集中，他们还不知道这里已被蒋介石圈定为屠杀他们的地方。此处南起桂林以北。桂林境内遍布圆锥形的石山和云雾，是中国画家所喜爱的名胜之地，是大自然爱好者和诗人的仙境。

这里景色的特点是薛石成林，障眼的巨岩直插云霄，指向天际。湘江流域一向是广西到湖南的主要通道。由石灰岩构成的地质，经风雨侵蚀，已形成一条条深水的江河和奇妙的山峦。

兴安以南的灵川，是红军走廊的南分界线。从桂林到灵川，湘江沿岸石山林立，有如徘徊的鬼魂。接着，再往前走，江岸又变换成坚硬的花岗石山峰。圆锥形的丘陵消失了，不时地又突然进入壮观的花岗石山峦的画面之中，就像一群游荡的幽灵在寻找一块可供休憩的场所。

这里是有历史意义的地方。此处有一条运河叫灵渠，据说是公元前二百年，中国历史上第一个皇帝修建的，为的是把湘江和漓江连在一起，这样就出色地造就了一条从长江流域的上海到珠江流域的广州绵延而下的内陆河道。一九八四年，这里仍然运输繁忙。

在这个新月形的三角地带，正在酝酿着长征以来的第一场大战。

如果不是因为那个笨重的、不适当的、多余的辎重队伍拖在后面长达五十英里，红军几乎肯定可以越过湘江，通过蒋介石的第四道也是最后一道封锁线。尽管红军先头部队未能抢先到达全州，他们还是在十一月二十五日在全州以南跨过了湘江。一军团和三军团的部队到十一月二十六日也都过了江。恰在那时，广西军阀白崇禧从兴安把他的部队向南移动，佯作保卫桂林，实际上是开放走廊让红军从兴安前往全州。十一月二十七日晚，三军团和一军团的先遣部队没有遇到多少阻力便并肩渡过了湘江。在他们之后，九军团继一军团，八军团继三军团先后过江，中央纵队跟随在他们中间行动。界首和脚山铺是两大渡口。江水很浅，大部分人索性趟[蹚]水过了江。

本来红军在两三天内就可以全部过江，而且不会有多大损失。但是，行动迟缓的庞大的辎重队伍和那些未经训练的蹩脚新兵改变了这个形势。

当时林彪的一军团第二师四团的年轻政委杨成武可以作证，长征在开始的几个阶段，一切都很顺利。杨成武在长征开始时还是个小伙子，他十七岁离开福建省农民老家参加红军以来，大部分时间是在打游击。红军成为他的学校、他的事业和他的生命。

一九八四年，七十岁的杨成武看上去比他的实际年龄要年轻一些，黑黑的头发夹杂着几丝银发，身着深蓝色的制服衣裤，回忆起往事来确切而了如指掌。他说话流利自如，圆圆的脸有点像已故的毛主席。他一开始就说："长征开始时我二十岁，结束时我二十一岁。对我来说，长征经历了整整一年零两天。"

四团打第一场大仗是在湘江。在潇水西岸的道县县城以东约五十英里处有一个叫祠堂圩的小镇。杨成武的团在那里停留时，接到了紧急通知，命令他们以最快的速度前进，赶在国民党军之前夺取道县和渡口。道县控制着山口，是通往湘江的咽喉要地，必须在第二天早晨拿下来。

他回忆说："时间非常紧迫，在我们下达命令的同时，队伍就出发了。"途中他们遇到一批农民。农民说在道县潇水上有座浮桥，那桥是用铁链子把一些渔船串在一起而建成的。如果浮桥被拉到对岸，四团可以派人凫水过江把它拖回来。

队伍距道县五英里时，天空出现三架国民党飞机。战士们迅速隐蔽起来，没有被飞机发现。黄昏时刻，他们到达道县城郊。一道高高的城墙和很深的护水壕护卫着这座城镇。午夜，一排士兵凫水过江，夺取了船只。拂晓，先头部队进城占领了天主教堂。

杨成武政委走在挤满人群的大街上，听到两位老人在谈话。留胡子的老人问没有胡子的同伴：“他们的子弹都不多，怎么总是打胜仗？”另一个人神秘地答道：“他们日走千里，夜行八百，刀枪不入，他们哪里还靠子弹打仗？”

杨成武继续往前走，到了镇上的一座城隍庙。红军宣传队员们正在为召开群众大会作准备。会上将有讲演，还要把打土豪得来的粮食和衣物分发给穷人。他说，老百姓帮助了红军，没有他们，这座城镇是拿不下来的。

第二天拂晓前，杨成武和他的突击团飞速向湘江挺进。他们毫不费力地过了江。

但是，现在开始出现两种不同的意见。杨成武等许多人都说渡江容易，伤亡不大。

但是，对于那些慢吞吞的人来说，等待着他们的却是一场浴血奋战。八军团政治部宣传部长莫文骅目睹的这场战斗是这样的：八军团经过道县前往湘江，他们比行动迅速的突击队晚了二十四小时。莫文骅看到形势急剧变化。敌人正在步步逼近，国民党飞机在轰炸，而且撒下了大量传单，宣称：“共匪们！听着！司令部命令我们等候你们。我们正等着呢！赶快！我们已经为你们撒下了一个小小的天罗地网。请你们赶快！请你们赶快！”

莫文骅一听就知道，这意味着又一场苦战。八军团奉命从道县强行军赶到湘江。他们不能停留，只能强行通过。离湘江约七十英里，一支国民党纵队在他们北面只有八英里，正与他们争时间赛速度。国民党猛烈的炮火像浇下的“一场弹雨”，但八军团仍在继续挺进。

夜幕刚一降临，八军团就进入山区，在闻名的桂林山水中的一块绿洲——水街镇停了下来。黎明前部队又开拔。莫文骅说：“很遗憾，我们没有时间、也不可能去欣赏这些名胜风光了。”

八军团跟在三军团后面步履维艰地前进，在他们之后是处境日益困难的第三十四师。先头部队正在突破国民党的最后一群碉堡。这些碉堡都是按照德国顾问的设计用钢筋水泥构筑的，机枪火力也打不透。而红军的碉堡则是用木头构筑，用泥土加固，几乎什么也抵挡不了，连一场大雨也挡不住。但他们有一个有利条件：他们的周围有壕沟和一排排错落的尖头竹签，这些竹签非常锋利，可以刺透穿着破鞋的士兵的脚掌。（北越对付美国士兵也用过同样的武器）

为了干掉一个碉堡，红军战士不得不悄悄地爬上墙，从炮眼中把手榴弹投进去。红军的任务就是摧毁这些工事，然后渡过湘江。江水本身并不是很大的障碍。江上有几处地方可以涉水过去，江面大约三百英尺宽，而水深却不超过腰部。江水冰冷，流速湍急。但果敢的战士们还是可以趟[蹚]水过去的。

当八军团向前挺进时，可以听到背后三十四师与敌人交火的枪声。三十四师正在守卫水街。前面也传来了主力部队渡江时战斗的枪声。几小时之后，八军团又听到水街方向传来激烈的枪炮声，这是他们最后一次听到三十四师的战斗声音了。这个师在这场战斗中被消灭，只剩下师长及几个散兵。

经过激战摆脱敌人以后，八军团有一段时间是在没有任何干扰、周围突然静得有些可怕的山野里推进的，但是走不多久，这暂时的寂静被嗒嗒的机枪声打破了。和莫文骅一起走在队伍前头的一位指挥员应声倒地身亡，他是被第一排子弹射中的。而刚刚过去的九军团并没有遇到敌人的袭击。显然，广西军在一个小时内赶到了。他们埋伏在路旁的小山密林中，向红军突然开火。当时是下午三点钟。一群国民党的飞机出现在八军团的上空，距地面不到一千英尺，用机枪向下扫射，但战士们没有止步，队伍继续前进。敌机飞得很低，战士们可以看到飞机底下的炸弹架。直到黄昏时刻，敌人才中止了进攻；精疲力尽的红军指战员们跌跌撞撞，边行军边打瞌睡。

天将破晓时，江岸上出现了依稀的亮光，看上去那是在堤坝上露宿的红军后卫部队。但莫文骅没有看到哨兵或岗哨，也没听到喝问口令的声音。这是红军用的计谋，是由几名侦察兵组成的有名无实的小分队，燃起篝火是为了诱使敌人相信，那里有一支大部队正保卫着渡口。这时莫文骅听到马嘶声，原来是他自己的战马。他的勤务兵已提前到达在那儿等待他的到来。

太阳升起了。莫文骅环顾四周，到处都是书籍和文件——军事手册、地图、兵法书，关于土地问题、中国革命问题和政治经济学的著作，马列主义读物，各种小册子以及英、法、德文书籍。红军的挑夫一路摇摇晃晃挑来的图书馆的书全部在这里了。书页被撕得稀碎，书面沾满了污泥。莫文骅回忆说："我们全部的思想武器，所有的军事文献，都被扔到了一边。"

如果莫文骅留神观察，他也许还会发现杨尚昆将军的夫人李伯钊在湘江岸边为减轻装备而扔掉的剧本。总之，一切都扔掉了。从那以后，红军演出的话剧都是新编的。李伯钊是位矮小的妇女，过湘江有困难，因为个子不高，江水可能会漫过她的头顶，无法蹚水过江。刘伯承看到了，急忙让她揪住他的骡子尾巴过了江。

由于敌情严重，指战员们不吃饭，不睡觉，又继续连夜赶路。上午八点，飞机又出现了。国民党已把他们的指挥基地往前移到衡阳，离这里只有一百英里，使共产党处于不断挨打的态势。队伍冒着敌机的扫射继续前进。除了前进，没有别的选择。如果部队停下来，就无法及时过江，不是被击毙，就是被俘虏，不是现在被杀死，就是以后被杀死，所以他们只有一往直前。莫文骅评论说："最困难的事莫过于在飞机的扫射之下行军，但是我们已顾不得自己，不能考虑生命安全了。我们看到战友们在敌人的射击中倒下，真使人难过。但是，我们相信，飞机能打死打伤我们中的一些人，会使我们的前进更为困难，会夺去一些人的生命，但它们不会最终赢得战争的胜利。"

部队依然前进。然而，当他们到达湘江时，已无法过江了。他们处境险恶，不得不与敌人展开一场新的生死存亡的战斗。

在以后的年代里，一军团政委聂荣臻回忆起一九三四年十一月三十日和十二月一日这两天，认为那是长征途中最危险的时刻。

一军团和三军团的精锐部队顺利地渡过了湘江。可是后续部队再渡江已经没有时间了。行动迟缓的中央纵队、伤病员、妇女，还有辎重队伍都还没有过江。

白崇禧的及时撤退本来已给红军提供了涉水过江的条件。但是，现在一切都在变。不仅何键派了四个师来攻打红军的北翼，而且最令人吃惊的是，白崇禧竟也卷进了这场厮杀，为的是向蒋介石证明，他还是忠于职守的。

这时红军处于典型的军事危机之中——队伍被分割在湘江两岸。何键在十一月二十八日发起进攻，红军在这里进行了三天的激烈战斗。

杨成武的四团和五团接到命令向北进军，保卫中央纵队，使其免受刘建绪指挥的湘军的攻击。国民党嫡系部队沿着湘黔公路向南进攻。杨成武在公路的两侧各部署了一个营。在战斗最激烈时，他右膝受伤。几位战士为了救他也受了伤。最后，他终于爬过了公路，他的警卫员小白把他背到隐蔽处。费了九牛二虎之力才找到了担架，又经过一番争吵，最后，小白威胁要开枪打死抬担架的人，才把杨成武转移到安全地带。十天之后，他又回到部队。

在红军中，聂荣臻是最有才能、最可靠和责任心最强的指挥员。一九三四年，三十五岁的聂荣臻已经算是一个“老人”了。这位红军高级将领出身于重庆附近一个富庶的农民家庭，一九二〇年参加留法勤工俭学小组。他在比利时（应为法国——译者注）施奈德尔军工厂做工，同毛泽东的好友李富春一起研究马克思主义。聂荣臻曾在莫斯科的红军学校学习过，后来在广东黄埔军校做过政治工作。他是一个遇事不慌的人。他随一军团来到湘江，在先头部队到达西岸之后，于十一月二十六日也过了湘江。他接到的命令是让他保卫渡口，阻击国民党部队，直到两个中央纵队和红军大部队全部过江。

十一月三十日，战斗整天都在激烈地进行。一军团全部投入了战斗，并且逐渐被压到了第二道防线。

那天夜间，聂荣臻无法入睡。他心潮澎湃，想到红军主力面临的危险。他和林彪以及其他指挥员花了几个小时来分析形势。十一月三十日午夜前，他们给中央军委发了电报：

朱（德）主席：

……如敌人明日以优势猛进，我军在目前训练装备状况下，难有占领固守的绝对把握。军委须将湘水以东各军，星夜兼程过河。一、二师明天继续抗敌。

十二月一日凌晨三时半收到了复电。电报是以最高军事机关的名义发来的。明确指示：一军团必须坚守阵地。

一日战斗，关系我野战军全部。西进胜利，可开辟今后的发展前途，迟则我野战军将被层层切断。我一、三军团首长及其政治部，应连夜派遣政工人员，分入到连队去进行战斗鼓动。要动员全体指战员认识今日作战的意义。我们不为胜利者，即为战败者。……

十二月一日战斗更加激烈，一军团守住了自己的阵地。大约正午时分，主力部队和中央纵队终于渡过了湘江。

在一军团的历史上，从未遇到过如此巨大的威胁。军团指挥部多年来第一次受到敌人的攻击。指挥部设在一个山坡上。突然，警卫员邱文熙冲进来报告说：敌人上来了。

聂荣臻不相信，认为一定是警卫员搞错了。他连忙出去看了一下。警卫员没有错，一支国民党部队端着刺刀正向山坡上爬来。聂荣臻命令收起电台赶紧离开。他一面组织指挥部一部分工作人员抗击国民党小分队的进攻，一面命令刘辉山（后来成为中央警卫团团长）将敌军进攻的事告诉山下的刘亚楼（后来为空军司令员）。当刘辉山往山下跑的时候，他的草鞋叭哒、叭哒地拍打着快掉下来了，一颗子弹打穿了他的鞋底，但没有伤着他的脚。五十年后聂荣臻还记得这件事，他说："这是我经历过的最奇特的场面。"

一军团不仅要掩护行动迟缓的中央纵队，而且还要掩护新成立的几个军团，特别是八军团和九军团。聂荣臻说："我们既要完成我们自己的任务，又要掩护他们。"

这是长征突围中很多部队面临的共同问题。当八军团指挥部在湘江东岸被阻时，它不得不担负起原来分配给第三十四师的后卫任务。军团宣传部长莫文骅回忆说，三十四师"走了另外一条路"。事实上，他们陷入了敌人的重重包围，几乎全军覆灭。八军团先头部队不得不在湘江岸边接应所有其他部队过江。然后，才跳进齐腰深的冰水里过了江。八军团也遭到了很大的损失。

十二月一日下午，八军团的一位指挥员向聂荣臻请求紧急援救八军团一部分被敌人阻隔在江东的部队。聂荣臻不得不告诉他，此刻已毫无办法，因为夜幕已降临。

十二月二日，聂荣臻获悉，被阻滞在江东的有彭绍辉和萧华政委率领的少共国际师。一军团指挥部派了一支救援部队把他们接过江来。

聂荣臻的结论是："我们行动太慢，敌人来得太快。"少共国际师、三十四师、三军团的十八团，还有八军团的几支重要部队都被打垮了。一军团本身损失也很严重。如长征开始时，第一师第三团有二千八百人。过了湘江后，只有一千四百人了。

湘江这一仗，从十一月二十五日到十二月三日，打了一个星期。根据多数人的记述，这是一场灾难。刘伯承写道："虽然（红军）最终渡过了湘江，但却付出了惨重的代价，人员折损过半。"秦将军说："部队在每道防线损失的准确数字尚不清楚。突破湘江防线时的损失最为严重。红军到达遵义时（大约一个月后）所余兵力只有三万来人。”

萧华将军是当年在湘江覆灭的少共国际师的政委，一九八四年时六十八岁，是一个矮胖而活跃的人。他的头剃得光光的，有点像蒋介石，这一点不大讨人喜欢。虽然他穿着一套讲究的制服，但却带着歉意说，“我没有穿军装”，因为他最感到舒适的服装就是军装。

少共国际师奉命同彭德怀的三军团一起担任后卫，它的一万名年轻的士兵损失大半。最后，幸存者被编进担任前卫的四团。

据零散而且往往互相矛盾的记述表明，许多装备包括X光机和用来给陈毅的伤处拍照的感光胶片，都被扔进了湘江，剩下的较重的枪炮也多半扔掉了。比较沉重的电台设备和发电机可能也在过湘江时扔掉了。辎重队伍大大减轻了负荷，挑夫的数量减少了，军队的机动能力增强了。

彭德怀在回忆录中作了对比，他的三军团与广西军队交火时“战斗艰苦”，“困难重重”；“右翼”的一军团与湘军作战时则“情况比较顺利”。各种记述有许多矛盾。中国专家们认为，一军团和三军团分别位于左翼和右翼。事实上，在渡口，红军部队都紧紧地挤在一起，原有的正规行军序列都搞乱了。

湘江一战究竟损失了多少部队，又有多少人脱离了红军，中国现代的党史专家们众说纷纭，谁也提不出准确的数字。在长征的头十个星期中，如果说红军损失了四五万人（这是种种估计数字的平均值），那么战斗伤亡至少有一万五千人（其中大多数是在湘江伤亡的），这样的估计似乎比较恰当。

红军的新兵部队损失最为严重。据伍修权估计，在离开中央苏区之前的几个月中，新征了五万兵员。

李德估计，红军过贵州省边界时，已损失了一半新兵和百分之七十五的“后备兵”——所谓“后备兵”，他指的是那些挑夫。因为他们已经没有挑东西的任务了，曾经打算把他们也编入红军。李德说，八军团的二十一和二十三师，九军团的二十二师都被消灭了。

据他说，由老兵组成的师损失不大。

湘江战斗之后，李德对军队的绝对控制削弱了，周恩来更多地接管了工作。然而李德没有轻易放弃他的特权。三十四师师长周子昆冲出了敌人的包围回到司令部，李德把他叫到面前辱骂了一顿。他说，周子昆的部下都没有了，而他自己怎么会逃出来？为什么不执行他的命令？为什么全师都消灭了，而他的妻子却仍和他在一起？

李德气愤地说，周子昆应当受到军法审判并枪毙。他命令警卫人员把周子昆捆起来送往军事法庭。可是警卫人员拒绝执行。博古当时在房间里，坐在那里一声不吭。毛泽东也在场。当李德大发雷霆时，毛泽东走向前去，把周子昆从房间带了出去，他说："让我来处理这件事吧！"

李德在他的回忆录里很少谈到湘江战斗。他暗示，尽管红军受到损失，但它的战斗素质提高了，部队还是增强了。他把失败的主要责任归咎于周恩来。他说，周恩来起草了撤离计划，计划要求从中央苏区撤走大量的重型装备，这些装备使红军负担过重，因而迟缓了前进的速度。他不承认，既然他能支配博古，他就对长征的一切组织和作战计划都拥有否决权。

久经战斗的红军指挥员经过湘江一战的惨败之后，个个义愤填膺。这种愤慨将化为要求改变现状的强烈情绪。

不久后就有人说，三十四师被消灭时发出的最后几阵震颤的枪声和红军辎重大队沿途百里丢盔弃甲的惨状，就已经宣告了李德、博古统治的结束。

（选自〔美〕哈里森·索尔兹伯里：《长征——前所未闻的故事》，北京联合出版公司 2015 年版）

举国大迁移

〔美〕埃德加·斯诺

红军成功地突破了第一道碉堡线以后，就开始走上它历时一年的划时代的征途，首先向西，然后向北。这是一次丰富多彩、可歌可泣的远征，这里只能作极简略的介绍。共产党人现在正在写一部长征的集体报告，由好几十个参加长征的人执笔，已经有了三十万字，还没有完成。冒险、探索、发现、勇气和胆怯、胜利和狂喜、艰难困苦、英勇牺牲、忠心耿耿，这些千千万万青年人的经久不衰的热情、始终如一的希望、令人惊诧的革命乐观情绪，像一团烈焰，贯穿着这一切，他们不论在人力面前，或者在大自然面前、上帝面前、死亡面前都绝不承认失败——所有这一切以及还有更多的东西，都体现在现代史上无与伦比的一次远征的历史中了。

红军说到它时，一般都叫“二万五千里长征”，从福建的最远的地方开始，一直到遥远的陕西西北部道路的尽头为止，其间迂回曲折，进进退退，因此有好些部分的长征战士所走过的路程肯定有那么长，甚至比这更长。根据一军团按逐个阶段编的一张精确的旅程表[①]，长征的路线共达一万八千零八十八里，折合英里为六千英里，大约为横贯美洲大陆的距离的两倍，这个数字大约是主力部队的最低行军长度。不要忘记，整个旅程都是步行的，有些是世界上最难通行的小道，大多数无法通行车辆辎辘，还有亚洲最高的山峰和最大的河流。从头到尾都是一场旷日持久的战斗。

有四道主要的防御工程，在钢筋混凝土机枪阵地和碉堡网的支援下，包围着中国西南[②]的苏区，红军必须先粉碎这四道防线才能

---

① 《长征记》，一军团编（1936 年 8 月预旺堡）。

② 为东南之误。——译注

到达西面的没有封锁地区。在江西的第一道防线于一九三四年十月二十一日突破；在湖南的第二道防线于十一月三日占领；一个星期以后，在湖南的第三道防线经过血战之后陷入红军之手。广西和湖南的军队在十一月二十九日放弃了第四道也是最后一道的防线，红军就挥师北上，深入湖南，开始直捣四川，计划进入那里的苏区，与徐向前领导下的四方面军汇合。在上述的日期中间，共打了九次大仗。南京方面和地方军阀陈济棠、何键、白崇禧沿途一共动员了一百一十团的兵力。

在经过江西、广东、广西、湖南的征途上，红军遭到了非常惨重的损失。他们到达贵州边境时，人数已减少了三分之一。这首先是由于大量运输工作所造成的障碍，当时用于这项工作的竟达五千人之多。因此先锋部队被拖了后腿，有时敌人得以在行军途上遍设障碍。其次，从江西出发时一直不变地保持着一条西北向的路线，因此南京方面可以预计到红军的大部分动向。

这些错误所造成的严重损失，使红军在贵州采取了新的战术。他们不再直线前进，而是开始采取一系列的转移视线的运动，使南京的飞机要弄清楚主力部队逐日的具体目标越来越困难。经常有两个纵队，有时多到四个纵队，在中央纵队的两侧从事一系列的声东击西的活动，而先锋部队则采取钳形攻势。装备方面只保留了最低限度的最轻便的必要装备，运输部队由于每天遭到空袭，改为夜间行军，人数亦大为减少。

蒋介石为了防止红军过长江进入四川，把大量部队从湖北、安徽、江西撤出，匆匆西运，要想（从北方）切断红军的进军路线。每个渡口都有重兵设防，每只渡船都撤至长江北岸；所有道路都封锁起来；大批大批的地方清仓绝粮。南京还另派大批部队到贵州去增援地方军阀王家烈的烟枪部队，后者终于被红军几乎全部消灭了。另外又派了军队去云南边境，设立障碍。因此，红军在贵州遇到了一二十万的军队的迎击，后者在沿途遍设障碍。这就使得红军不得不在贵州进行了两次反方向的大行军，对省会作了大迂回。

贵州境内的作战占了红军四个月的时间。他们一共消灭了五师敌军，攻占了省主席王家烈的司令部，占领了他在遵义的洋房，招了二万新战士入伍，到了省内大部分大小村镇，召开了群众大会，在青年中间培养了共产党干部。他们的损失有限，但渡江仍有问题。蒋介石在川贵边境迅速集中兵力，封锁了去长江的捷径短道。他现在把歼灭红军的主要希望寄托于防止红军渡江上面，妄图把红军进一步驱向西南，或者驱进西藏的不毛之地。他电告麾下将领和地方军阀："在长江南岸堵截红军乃党国命运所系。"

〔选自〔美〕埃德加·斯诺著:《西行漫记》(又名《红星照耀中国》),生活·读书·新知三联书店 1979 年版〕

朱德的生平和时代

〔美〕艾格妮丝·史沫特莱

事实、数字和一路上千山万水的名称，都不足以说明红军长征的历史性意义，它们更不能描绘出几十万参加长征的部队的不屈不挠的奋斗精神，以及他们所遭受的苦难。

从长征出发地江西和福建开始，穿过广袤的平原，渡过奔腾急湍的大河，爬过终年积雪的大山，这条路程估计为两万五千里，约八千英里。朱德走得还要远。毛泽东率领主力部队直奔西北以后，朱将军和他的部队还在康藏边界地区多住了一年，一直到离开江西两年之后，才到达西北。

"一九三四年九月初，经过长时间筹划，"朱将军开始叙述了，"我们把各部队的主要政治和军事干部召集到瑞金，通知撤退的计划。苏维埃政府副主席、中央委员会委员项英从东线来到。我们通知他留在中央苏区任司令员兼所有留下来继续战斗的部队的政治委员。在兴国前线率军作战的陈毅也留了下来，负责军事。陈毅的政委聂荣臻正患疟疾，与我们同行。

“留下来的武装力量有：周建平的第二十四师的五千人；福建红军三千六百人；江西军区红军二千四百人；赣南红军二千四百人；另有在江西东北的抗日先锋队二万五千人。

“我们留下许多最能干的军事、政治和群众领导人，有一人是中华总工会主席，七个月后被国民党抓到砍了头。司法委员何叔衡和前任党书记、当时任教育委员的瞿秋白都留下未走。何叔衡已经六十多岁，而瞿秋白身患肺病，健康极差。瞿秋白曾经是五四运动的领导人之一，而且做过孙中山领导下的国民党的中央委员。何叔衡和瞿秋白原要潜入上海。八个月后，他们被国民党抓到，在龙岩就义，另外还有几名妇女领导人也牺牲了。

“我们还留下大约两万名伤员，分散在山区医院里。康复以后，这些人纷纷出院报到，要求工作。残废人员都资遣还乡，每年可以拿到五十元抚恤费。只要我们在江西的同志有钱，这笔费用年年照付。

“敌军用二十个师的兵力占领苏区重要城镇。他们从来没有将武装起来的农村征服，倒是杀了成千上万的老百姓。大批妇女、姑娘被抓起来，以五块钱一个人的代价卖给国民党士兵、军官、地主和妓院老鸨。

“前几年逃跑的地主和二流子都跟着白军回来了，摇身一变做了官，然而他们绝对不敢下乡，农民见着就开枪。白军占领苏区的行动很迟缓，但很残酷，而我们留下来的武装力量从来没有被‘围剿’过。”

十万名男子和三十五名妇女被挑选出来参加长征，内中有百分之八十是身经百战、纪律严明的老战士，其余的则是党和政府的干部，以及在革命运动中积极活动的老百姓。

中央红军兵工厂的总工程师跟我谈起当年组织撤退的经过。他说，他在九月底接到了毁坏某些重型军工设备和大炮的命令。命令执行之后，兵工厂分成六个单位，一个跟随长征，其余五个则分散在江西和福建五个不同地区。一百名军工人员参加长征，其余的跟随机器分散到苏区各地。军工人员连同五百名赤卫团分别组成为连队，在长征期内，始终携带着军工器材和军需品。

“十月十三日，”总工程师说，“中央兵工厂厂长——一位关外工程师，和我站在大草地上，看着我们的六百人络绎出发。每个人携带着五斤口粮，每个人都有一根扁担，两头挑着两小箱弹药或者手榴弹，有的挑着大煤油桶，里面装满我们最重要的机器和工具。每个人的行囊有一条军毯或棉被，一套棉军服，三双结实的布鞋，前系鞋带，后附铁掌。老百姓也送给我们菜干、辣椒等东西。每个人有个水杯，一双筷子插在绑腿里，帽顶里缝着一口针和几根线。所有的人都有一顶晴雨两用的斗笠帽，两层竹子夹一层油纸。许多人在行囊中插一把雨伞。每个人带一支步枪。

“参加长征的，人人都是一样的打扮，一样的装备。人人有枪。

“我们虽然还在苏区里面，老百姓仍然都来送行。我们还是在夜间行军，以便在进入敌区之前熟习夜行军。十月十四日，我们到达集结地点宽田。一向在兴国前线作战、由林彪指挥的红军第一军团和从东线来的彭德怀的第三军团已经出发为主力开路，负责野战的参谋长刘伯承也和他们一起动身。

“后续部队有一些已经到达宽田，其余的也在那一两天内络绎涌到。我看到朱德和周恩来骑马率领总司令部人员来到，后面就是毛泽东和中央委员会人员。毛泽东看来消瘦而憔悴。

“十五日傍晚，我们开始出发，穿山向西南进军。长征命令是由朱德将军发布的。第一纵队是红军大学的一个团，由校长叶剑英亲自指挥。后面紧跟着是总司令部、革命军事委员会和党中央委员会。再后面是苏维埃政府、党员和共青团员，以及反帝联盟的部分人员。随后则是供应部，我们工兵部队，印刷工人和他们的印刷机和器材，政府造币厂，医疗队（里面有医生、护士和一百二十付担架——每付四名担架兵），红军被服厂（许多裁缝带着缝纫机），以及为每一部门运送物资的长列纵队。

“红军第七兵团掩护我们的左翼，第九兵团保护右翼，第五兵团担任后卫①。

“我还记得项英，他是中国早期工人领袖之一，这次随朱德和毛泽东一同来到宽田。项英站在一个小山头上，亲自送我们出发后，才回二十四师。过了几天，他在电台通知朱德，第二十四师在瑞金以南的会昌打垮敌军一个旅，但因敌军过于强大，这一师只好化整为零，展开游击战。

“十月二十一日，我们的第一、第三军团在信丰地区突破敌军第一道防御线。我们也随后通过。十一月三日，我们穿过第二道防御线，再过十天，又在粤汉铁路附近穿过第三道防御线。敌人直到我们穿过第二道防御线时才知道动静，这时，我们已经转到他们后面了。

“进入敌区以后，我们经常夜间行军，避免空袭。如果月色皎洁，轻风拂面，夜行军也是很惬意的事。附近没有敌军的时候，部队就唱起歌来，此唱彼和。如果夜色昏黑，敌军还远，我们就用松枝或竹批燃起火把，那可真好看极了。站在山脚纵目眺望，远远一排亮光就像一条火龙盘在山坡上。到了山顶，我们俯瞰两边山坡，几里地长的火把队活像火浪。行军路径的上空映出阵阵玫瑰色光辉。

“我们穿过江西，沿着湘粤桂边区的山峦前进。我们有几个星期进入平原作战，占领城市，从地主粮仓和敌军军火库补充物资。我们以三路纵队队形前进——第一兵团在右，第三兵团在左，我们位在中央，第五兵团殿后。

---

① 文中的兵团应为军团。

“单是涌到湘南的敌军就有九万人，军阀何键深怕我们和贺龙的红二军团接上手，一口气在八个县实行了焦土政策。何键一边放火一边破坏，却对全国宣称是我们烧光了湘南。广西军阀也把我们行军路线上的农民赶跑，烧光拆光，也说是我们干的。我们在华南时常遇到夷成平地的村庄，而我们从前连到都没到过这些地方，我们也抓住不少在农村放火的广西特务，都枪毙掉。

“我们的第一和第三军团时常强行军，占领城镇，保护村庄。在这些地方，我们总是没收地主和官吏的财产，把我们的粮食补充够了，便把剩下的分给贫农和城里的贫民。每逢占领了大盐仓，部队里人人都把口袋装得满满的，像吃糖一样，放在嘴里吃。我们的医务人员到处搜寻奎宁丸和其他药品，可是永远不够用。

“我们还举行群众大会。文工团给老百姓演戏唱歌，政治工作人员则写标语、散传单。只要我们在一个地方过夜，就教农民学写六个字：‘打土豪’和‘分土地’。

“被占优势的敌军追得紧的时候，我们就白昼行军，这样一来，轰炸机就来炸了。我们分散卧倒，起立前进，接着又分散卧倒，这种动作时刻不停。我们伤亡很多，医务人员的工作非常辛苦。农民们经常帮助我们，要求照料伤病员和垂死的病人。每一个留下来的人都拿到一些现款、弹药和他的步枪，只要康复，就马上组织和领导农民展开游击战。在战斗中，也不时有一两连人与主力部队失掉联系，他们也退进深山，发展游击区。

“朱将军经常到各部队视察，鼓励每一个人。话虽如此，我们的士气一直是高昂的。朱将军虽然是个心肠软的人，看上去很瘦，但十分顽强。他年龄很大了，脸上的皱纹极深。他从来不生病，也永远不悲观。”

其实，朱德在长征那年，是四十八岁。

长征不仅是革命战争史上伟大的史诗，还孕育了伟大的民间文学。在由红军各级人员百余人所写的故事、诗歌、特写和日记所编纂而成的两卷本《长征》中，我发现了这样一个故事：

每逢部队经过窄而险的山路，穿过狭隘的关口，通过小桥，或者是游过飘满冰块的小河时，我们就要经受最艰辛的考验。这时，先头部队减缓了速度，后面的就只好走一步停十步。既不能前进，又不能坐下来休息。有些人站在那里就睡着了。

有时又在暴风雨中行军，狂风大雨猛扑在身上。碰到这种情况，既不能点火把，脚底下的路又滑又险。常常是一天晚上只赶几里路，浑身湿透，还要在露天里宿营。

广西边界上有一座老山界，爬上这座山的陡峭山坡，我完全可以看到前面一个人的脚后跟。山坡上开凿出来踏脚的石磴，每一磴有及腰那样高。政治工作人员上上下下鼓励我们这群拼命的人，还帮助伤病员向上爬。……消息传过来了，先头部队遇到一个陡立的悬崖，马匹没法上去。过了一会儿，命令大家睡觉，天亮再爬。

这条山径哪儿也没有两英尺宽，就是躺下来，一翻身就会掉在山涧里。到处可见巨石嶙峋，就是山径上也满是尖石块。

既然别无办法，我就打开军毯，放在身子底下，打算在山径上蜷卧一阵。哪知身体太累，不知不觉便睡着了。不知睡到夜里什么时候，又冻醒了。我把毯子裹得严严实实，使劲蜷成一个小圆球，这回可睡不着了。我就干躺在那里，看着天上的星星眨眼。这些星星好像缀在黑幕上的宝石，四周的黑沉沉的山峰活像虎视眈眈的巨人。我们就跟躺在井底一样。

山径的上上下下，都有冻得睡不着的人点起的篝火。他们围火坐着，低声谈话。四周太静了，谈话声虽然又低又远，我照样听得清楚。声音时近时远，忽高忽低，有时也像蚕吃桑叶那样悉悉簌簌。我仔细听来，它先是像如泣如诉的山泉，而后又像在远处喃喃自语的海洋。……

第二天早晨，我们这一队也来到昨天晚上阻拦大队前进的悬崖。这地方名叫雷公崖，石崖冲天，足足有九十度角。崖面上凿出来的石阶最多有一英尺宽，没处抓，没处撑，只有干往上爬。崖底周围，躺着不少跌断了腿的马匹。

我们的医疗队最为辛苦，伤病员不得不从担架上下来，不是拉呀、推呀地爬上去，就是由人背上去。医疗队的女同志不停地安慰和帮助她们的病人，没有一点厌烦的样子。……

爬了这么多山，以老山界最为难爬。……可是渡过金沙江，爬过大雪山，穿过大草地，它的确又算不得一回事了。

（选自〔美〕艾格妮丝·史沫特莱著：《伟大的道路——朱德的生平和时代》，生活·读书·新知三联书店 1979 年版）

长征路上（节录）

（1934—1935）

〔德〕奥托·布劳恩（李德）[1]

根据我一九三九年的笔记中记载的一九三四年红军总参谋部的统计数字（机关枪的数字只是粗略的估计），中央红军在出发时的实有兵力是七万五千至八万一千人，其中五万七千至六万一千名战士，有四万一千至四万二千支步枪和一千多挺轻、重机关枪。战斗部队编为五个军团，第一军团由第一、第二和第十五师组成，有一万六千至一万八千名，其中一万四千至一万五千名战士，有九千至一万支步枪和三百至三百五十挺机枪。第三军团由第四、第五和第六师组成，有一万五千人，其中一万二千至一万三千名战士，有九千支步枪和大约三百挺机枪。除此之外，作为突击部队而承

① 作者时任中革军委顾问。

担突围主要任务的这两个军团，还拥有三十至四十门轻迫击炮和大约三千枚我兵工厂制造的迫击炮弹，并且各有两门以上直接瞄准射击的野战炮和几百发炮弹。第五军团由第十三和第三十四师组成，有一万一千至一万二千人，其中一万名战士，有七千支步枪和一百五十至二百挺机枪。新编第八军团由原来的独立二十一师和二十三师组成，有一万人，其中八千名战士，有六千支步枪和大约一百挺机枪。最后是第九军团，由第三和第二十二师组成，有一万一千至一万二千人，其中九千至一万名战士，有七千支步枪和大约一百五十挺机枪。每个战士发了一至二枚手榴弹，每支枪配有七十至一百发子弹，每挺机枪配有三百至四百发子弹，每挺重机枪配有五百至六百发子弹。

所有部队，包括师指挥部，都拥有足够的无线电设备、野战电话和其他通讯器材。两支收容纵队也是这样，而且武器装备也很充足，以便在必要时能够短期独立活动，进行自卫。第一行动纵队，或称中央纵队，包括中央委员会、政府、军事委员会和总参谋部的成员。总参谋部下面设有几个直属部队，其中有一个通讯营、一个主要负责修筑道路和桥梁的工兵营和一个防空连。由军事学院和三个军事学校合编成的干部团负责保卫工作，干部团有两个步兵营和一个特务营，该营拥有六门轻迫击炮、六挺重机枪、相应数量的轻机枪和步枪。这支纵队总共有四五千人，其中二千名战士，有一千五百支枪以及上面列举的武器。属于第二纵队即后勤纵队的是军队的后勤部门，包括一个野战医院、各种机关及党政干部，就数量来说其主要部分是所谓预备师人员。这个师由新招募的挑夫组成，他们负责运送数百包宣传品、银元箱、兵工厂机器、其他工场设备，以及诸如此类的东西。在行军途中，他们的负担部分减少后，往往就要作为战斗人员编入部队，以补充不可避免的减员。这个预备师的人员实际上是没有武器的，因为他们带在身边的梭镖、长矛和大刀也没有多大用处。这个纵队由保卫部队的一个混合团担任掩护，总共有八九千人，其中大约2000名战士，有一千五百支步枪和毛瑟枪以及几挺机枪。这个混合团的人数很不稳定，因为它是根据党、政、军的高级干部对警卫人员和警卫部队的需要而设置的。

所有参加长征的人，身边都带了大约可以用两个星期的给养，主要是大米食盐。给养用完以后，就只能和必须通过购买和没收来开辟地方上的粮食来源了。

这些精确的数字说明，这次行动决不是什么“移民”，或者像埃德加·斯诺在《红星照耀中国》（即《西行漫记》，下同——译者）一书中所写的那样——“整个国家的迁移”，也不像毛泽东后来所说的那样，是一种“惊慌失措的逃跑”。这次行动，是一次经过长期周密准备的军事行动。诚然，它在漫长的过程中带有一种退却的性质，这是原先没有设想到的。

根据毛轻率提出的并在历史记载中至今流行的说法，突破封锁是军事上失利的必然结果，并且是在敌人的压力下进行的。我认为这种说法是错误的。

因为，这不是一支被打垮的、而是一支完整的军队，突破了敌人的封锁。领导者们针对敌人的企图和计划作出这个决定，完全是出自本意，出于明智的考虑，即苏区内的不利的战略总形势。问题非常简单：是应该保卫这个四面被围、资源枯竭和部队行动越来越受限制的地区呢，还是应该保存有生力量和夺取广阔的区域，以进行运动战，使我们有希望打击敌人，创建一个新苏区而又不完全放弃老苏区？如果我们把下面一点作为军事战略上的主要任务，这个问题也就迎刃而解了，这就是：在具体的历史情况下和在全中国的范围内，中央红军作为革命武装的重要部分，根据至今的经验和经济上、政治上、道义上以及技术上的可能，去粉碎敌人的战略企图，并为继续进行武装的阶级斗争创造良好的条件。

人们至多可以说，苏维埃运动在中国遭到了一次政治上的失败。蒋介石的第四和第五次“围剿”的经验说明，在三十年代中期新的国际环境和民族状况中，比较小的和互相隔绝的苏区是不能长期坚持下去的。阶级斗争在以后的年代里，越来越汇合到民族革命解放战争中去，而同时苏维埃运动也越来越被统一战线所代替。因此，坚持苏维埃政权的这项任务在客观上也就不那么重要了。

如果把上面列举的数字和早年的数字比较一下，就会清楚看到，中央红军的战斗部队不仅在数量上，而且在武器装备上都有所增长，战士训练和政治教育也有所提高。可以毫不夸张地说，红军自建立以来在这些方面已经达到了最高水平。出于明显的宣传目的，红军号称有十万战士，这个数字无疑是不准确的，差不多应该打个对折，因为长征参加者的总数大约只有八万人；另外，战斗部队（不包括随军人员）和收容纵队（包括警卫部门和内勤部队）的非战斗人员的比例，大约是三比一。十二个师的战斗力也不相等，第一、三、五和九军团的七个主力师（第一、二、三、四、五、六和十三师）战斗力很强，而另外五个师（第十五、二十一、二十二、二十三和三十四师）则缺乏正规战争的经验。一九三四年刚刚参军的战士，就是在主力师里也占了相当高的百分比。这的确是严重的缺陷和弱点。尽管如此，革命军事委员会在中央红军中还是拥有一支英勇善战的部队，它完全能胜任自己所面临的新任务。

中央红军兵分三路，通过赣州和会昌之间未被敌人占领的缺口，向江西的西南端进发，在信丰一带突破了第一道封锁线，渡过了赣江的一条源流——桃江。这段战线是由广东第一军第一师把守的，我们对他们的阵地以及我们的进军路线和进攻方向都进行了极为详细的侦察，几个夜晚之内我们的部队就到达了他们的前沿阵地。第一、三军团使用了储存的重武器，出其不意地突破了敌人的阵地，击溃了粤军第一师，而自己在战斗中几乎未受损失。这次战斗获得了圆满的胜利，就连毛泽东对此也不得不承认，尽管他感到不甚痛快。

随后，三路大军不停顿地向湘赣交界地区——我们必须突破的第二道封锁线继续进军。根据我们对形势的判断，主力部队向预计在我们前面和左面积极行动的粤军和桂军发动进攻，而用较弱的兵力掩护右翼向北挺进，估计在那里国民党中央军很可能还没有出动追击。因此，中路军由作为突击部队的第三军团以及中央纵队和后勤纵队组成，并以第五军团作为后卫；右路军负责北翼的掩护，由第八军团组成；最后是左路军，它作为第二突击部队，同时作为掩护南翼的部队，必须占领广东边界上设防的山隘口，抵御住粤军和以后桂军可能发动的进攻，由第一军团组成，第九军作为它的后卫。

第三军团从正面顺利地突破了第二道封锁线。第一军团在地形不明的大山里，没有地图可循，被迫在羊肠小道上和狭长的深谷中行进，因而未能占领他们前面设有坚固堡垒的隘口，侧面又受到粤军赶来增援的部队的威胁，而自己却不能展开兵力对付他们。至此，第一军团必须掉转头来暂时拐入中路军的行军路线，以便绕过自然障碍，避开敌人的侧面袭击。这样，就失掉了几乎一个星期的时间。这段时间里，兵力强大的粤军和国民党中央军开始在后面紧紧追赶，使得第五、九军团好几天都陷入损失巨大的后卫战斗之中。

我们以强行军的速度前进，终于成功地在蒋介石大队人马到达之前，在刚刚测定的一段汉粤铁路旁边冲过了由较弱的湖南兵力把守的第三道封锁线。向第四道即大家知道的湘江沿岸的最后一道封锁线的进军，尽管湘桂交界地区道路难行，以及后面紧追不舍的粤军不断给我后卫部队施加压力，我们还是顺利完成了。同时我们通过无线电侦察得知，蒋介石三四个师的兵力由周将军指挥在我一侧平行方向进行追击，并力图夺取位于广西北部的县城全县（全州），同时打算渡过湘江，在这里堵住我主力，乘我军渡江之际消灭我们。

当我们先头部队到县城时，发现周已走在我们的前面了。周的一个旅占领了县城，将主力埋伏在离县城不远的地方。全县四周的城墙又高又厚，就像中国内地大部分古城一样。用我们的武器攻城看来不大可能，至少要消耗很多时间和付出很大伤亡。在全县的近郊进行决战也几乎不能成功，因为在这个地区兵力很难展开，而且此地居民主要是少数民族——瑶族和苗族。

然而这期间又过去了两天宝贵的时间，出敌不意的时机也失去了。而且由于在此期间桂军的大批人马迅速赶来，向我们的左翼发起进攻，局势变得越来越复杂了。虽然第一、五军团能够击退敌人进攻，第三军团也能够突破封锁线，但是，要付出的代价实在太大了。特别是第五军团遭受了很大伤亡。它的三十四师被截断，无法与主力重新会合。这个师未能突破重围回到江西，没有别的办法，只好转向湖南，在那里进行地方性的游击战争，以后加入了第二军团。还有第八军团（第二十一、二十三师）和第九军团的二十二师减员也很严重，但主要不是打仗的结果，因为除了掩护战和后卫以外，他们几乎没有参加大的战斗，而是逃跑和离散、掉队和生病所致。警卫团，特别是后勤纵队预备师的情况也是这样。随军携带的大部分物资，已在突围战斗的近两个月中消耗殆尽，或者成了多余的累赘。此外，为了提高中路军的灵活性，在越过湘、赣边界之后，领导上决定把一部分笨重的机器和工场设备就地丢下，摆脱了沉重负担的挑夫大部分也都留下了，有的留居在当地老百姓中间，有的成群地或单个地返回自己的家乡。

损失最大的是按照周恩来的撤退计划新编成的部队，这些部队主要由动员兵和自愿兵组成，作战经验很少，或者根本没有作战经验。据总参谋部的粗略估计，他们在占领贵州东部县城黎平时损失达到百分之五十，预备师的损失甚至达到实有人数的百分之七十五。向遵义的继续进军看来比较顺利地完成了，他们到达遵义时的人数，同在黎平时一样，减员不多。主力部队，即第一、三、五和九军团久经战斗考验的许多师的减员保持在很小的限度之内。

尽管在突围的最后阶段损失这般严重，但中央红军仍在一九三四年十二月中旬——出发两个月之后，顺利地冲过了在德国军事专家看来是不可攻破的国民党层层封锁。长征队伍这段时期在极其艰难的地区行程达五百公里，历经数十次小仗和三次大仗，终于夺取了广阔的战略区域。蒋介石妄图把红军消灭在堡垒区的计划失败了。我军主力仍然保持着旺盛的战斗力，在笨重的后勤纵队和临时组成的部队把自己的累赘大部分甩掉以后，主力部队在质量上甚至还有所提高了。这些无可辩驳的事实的确为中央红军在长征中和长征以后的最后胜利创造了条件。

（选自〔德〕奥托·布劳恩著:《中国纪事 1932—1939》，现代史料编刊社 1980 年版）

大事记

红一方面军长征过广西

一九三四年十一月六日

我军进入湘南门户之汝城地域。

我军大规模西进，暴露了自己的行动目标。国民党南昌行营发出《鱼亥行战一电令》，妄图依靠湘江天险，将我军歼灭于湘、漓两水以东地区。

十一月十一日

我军占领宜章县城，胜利突破敌人设置在粤汉线上的第三道封锁线。

十一月十二日

蒋介石电令何键为“追剿军”总司令，将嫡系薛岳、周浑元部八个师又一个支队拨归“追剿军”总部指挥，令其组织实施歼灭我军于湘水以东地区的罪恶计划。

十一月十三日

何键发出“追剿计划书”，对湘江战役作了精心部署。以中央军、湘军、桂军、粤军共约廿六个师之众，前堵后追，妄图实现蒋介石歼灭我军于湘江以东的迷梦。

十一月十五日

我军占领临武。

十一月十六日

桂军白崇禧与湘军刘建绪于全州会商湘江防堵计划。议定以黄沙河为界，黄沙河以北由湘军负责，以南由桂军负责。

十一月十九日

由于我军行动迟缓，给了敌人以可乘之机。何键发出《效午衡电》，妄图在天堂圩与道县之间的潇水之滨，给我军以第一次打击。

十一月二十日

李宗仁直接发电给蒋介石，要求将桂军南移恭城。

十一月二十二日

拂晓，我军先敌抢占道县，打破了敌人的第一个恶毒计划，为进军广西造成了有利的态势。

下午，桂军在蒋介石的同意下，撤离湘江防线。

十一月二十三日

我军准备进行湘江战役。军委决定：迅速开辟西进道路，打击尾追之敌。

何键令刘建绪部四个师南下全州。

本日我各军团、纵队之行动和位置如下：

1. 一军团第二师由道州向桂、湘边界的蒋家岭（属湖南道县）、永安关（属广西灌阳县）方向前进。第一师、第十五师移至道州。第一师在潇水东岸之瓶塘、佛祖庙、七星岗地域布置阵地，迎击周浑元部。

2. 三军团先头部队和后方部进至九井渡、新车渡、福禄岩地域。主力控制鸡公神、大坝头、石马神地域。配合第一师突袭追我之敌。

3. 五军团移至桂里园、大欧、周塘营地域，准备钳制和打击湘敌第二十三师。

4. 八军团移至新铺地域。作为五军团的预备队，暂归董振堂、李卓然指挥。

5. 九军团向江华前进。所属一个团渡河占领杨林塘及火烧桥。

6. 军委第一纵队进到消水塘。第二纵队仍在四眼桥。野战司令部于本日晚抵达四眼桥东南之新岩口。

十一月二十四日

我军阻击尾追之周浑元部第九十六师和湘军第二十三师。左翼部队占领江华。

本日我各军团、纵队之行动和位置如下：

1. 一军团主力于黄昏起向永安关方向移动。第二师全部抵蒋家岭、永安关。在河东的后卫第一师转到道州地域。

2. 三军团主力本晚全部西渡潇水，并向通往灌阳及永明以北程义家的平行山路侦察警戒。

3. 五军团于黄昏从福禄岩、下茶园经浮桥渡河，并在九井渡、福禄岩、薛家厂地域阻敌西渡。

4. 八军团于黄昏经下茶园浮桥全部渡过河西至大盘铺地域。

5. 九军团占领江华县城。

6. 军委第一纵队到达福禄岩西岸四里之咀塘。第二纵队到达杨林塘地域。

十一月二十五日

我军正式决定突破敌人第四道封锁线，渡过湘江。

本日我各军团，纵队之行动和位置如下：

1. 一军团主力攻占永安关。第一师仍留道州地域，准备抗击追敌。

2. 三军团第四师拂晓前渡河完毕后，即沿西岸组织防御。师附迫击炮营本日晨抵达小坪，向大江源、邓家岭侦察前进。三军团主力经九井渡、莲花塘、两渡桥拂晓前渡河完毕，随第四师跟进。

3. 五军团拂晓前经薛家厂、福禄岩、两渡桥全部渡河完毕。在河西四个渡桥地区组织顽强防御。

4. 八军团于廿四日半夜前经薛家厂浮桥渡河完毕。本日拂晓进至上江圩，继向永明前进。

5. 九军团在江华之石桥及江底扼阻追敌。

6. 军委第一纵队到达麻园、禾塘。第二纵队随第四师后进抵莫索湾地域。

十一月二十六日

我军分四路纵队向广西进军。

周浑元部万耀煌师占领道县。桂军第十五军之两个师及第七军之独立团返回灌阳。湘军刘建绪部向全州急进。

本日我各军团、纵队之行动及位置如下：

1. 一军团主力进入广西灌阳之文市地域。第一师由道县附近进抵杨家桥。

2. 三军团在邓家源受阻（山道不通），改由永安关、雷口关进入广西，主力到达水车地域。

3. 五军团仍在分江渡至故子江的四个渡桥地区阻击追敌。

4. 八军团攻占永明县城。

5. 九军团主力仍在江华之石桥及江渡。第三师第九团仍留永明附近，以保证主力继续通过永明地域。

6. 军委第一纵队经永安关进抵王家、玉溪地域。第二纵队随三军团最后一个师开至雷口关、茅铺地域。

十一月二十七日

我一军团前锋占领界首至屏山渡共三十公里湘江的渡河点和徒涉场。

三军团前锋第四师占领界首以南的光华铺。

八、九军团在三峰山之镰刀湾为桂军所阻。

湘军刘建绪部进占全州。

本日我各军团、纵队之行动和位置如下：

1. 一军团先头第二师全部进入全州县境，即以第四团抢占湘江重要渡河点界首，第六团由大坪涉渡湘江到达二美滩。控制了从界首至大坪的湘江所有渡口和徒涉点。第五团受命相机占领全州，但湘敌先我到达，这一任务未能实现。军团主力进入全州县境。第一师仍在道县境内扼阻敌周浑元部。

2. 三军团前锋第四师占领界首以南的光华铺，向南警戒兴安县城之敌。第五师经大塘到苗园向马渡桥方向侦察，准备阻击桂军。第六师暂留水车、丁家桥地域。

3. 五军团由潇水西岸向蒋家岭、永安关移动，对追敌进行运动阻击。

4. 八军团攻击三峰山隘路受阻。

5. 九军团由江华向永明移动，随八军团后跟进。

6. 军委第一纵队一部在玉溪休息，一部由桂岩到达文市。第二纵队随三军团的后方部进到丁家桥。

十一月二十八日

下午三时，军委决定我全军三十日前渡过湘江。

八、九军团进攻三峰山受阻后，绕道折回，向雷口关急进，仍在永明，道县之间，致使我军前后相距达一百公里。

为掩护军委纵队向湘江前进，新圩阻击战激烈进行。

蒋介石严斥桂军放弃职责。

湘军刘建绪部以三师之众从全州南下，妄图封锁湘江渡口。

桂军以一师驰援兴安，防我南下。

本日我各军团、纵队之行动和位置如下：

1. 一军团第一师午前开抵文市归还主力。第二师第四团警卫界首，第五团、第六团占领咸水之朱塘铺、坪山地域。第十五师进抵石塘圩。

2. 三军团第四师在光华铺地域与桂军对峙。第五师在新圩西南与桂军激战。第六师到达泡江、长塘坪地域，准备接防第五师。

3. 五军团主力进到蒋家岭、永安关、雷口关地域。后卫部队与敌保持接触，以迟滞追敌。

4. 八军团临近雷口关。

5. 九军团到达永明通灌阳、道县通灌阳两大道交叉处之孔家地域。

6. 军委第一纵队、第二纵队到达石塘圩以东地域。

十一月二十九日

一军团第二师在脚山铺抗击湘军三个师又一个团的进攻。

新圩阻击战仍激烈进行。

本日我各军团、纵队之行动和位置如下：

1. 一军团第二师晨起在朱塘铺、咸水山地抗击湘军。第一师进抵湘江渡河点之大坪。第十五师固守小崇岭、五百岭一线，主力位于文市河西岸。

2. 三军团第四师两个团在界首，一个团在光华铺，抗击桂军。第五师今晚尚在新圩以北。第六师主力移至新圩及其以南地域。

3. 五军团扼守蒋家岭、永安关、雷口关地域。午后，沿两关至文市、水车大道进行运动防御。

4. 八军团下午赶到水车地域与三军团第六师取得联络，并准备经下背田、青龙山向光华铺方向前进。

5. 九军团清晨赶到文市与一军团第十五师取得联络，并准备经古岭头、凤凰咀[嘴]涉渡湘江。

6. 军委第一纵队进至石塘圩以东之官山。第二纵队一部随三军团的后方部到达界首河东；一部随第一纵队之后到达官山。

十一月三十日

本日晨，军委第一纵队从界首渡过湘江。第二纵队午前到达界首以东的月亮山，黄昏时渡过湘江。

一军团第一师凌晨赶到脚山铺和第二师共同抗击湘军。入夜，退守珠兰铺、白沙至夏壁田、水头之第二道阻击线。

新圩方面，由于第六师未能及时赶到接防，第五师苦战三天两夜，于今日撤离阵地。

第四师在光华铺地域顶住了桂军的进攻。

本日我各军团、纵队之行动和位置如下：

1. 一军团之第一、二师在朱塘铺、咸水圩地域抗击由全州出击之湘军。第十五师执行掩护文市、石塘通全州道路的任务。

2. 三军团第四师主力在界首附近，军委要求特别要保持唐家市道路枢纽于我军手中。前卫十团在光华铺地域与桂军发生激战，顶住了敌人的进攻。团长和继任团长光荣牺牲。第五师三时从新圩以北出发，取道陈家背、青龙山、大塘村、唐子头、佳城洞到达渠口。第六师两个团本日晨占领富岁岭、建乡地域；一个团之两个营留红树脚，一个营留泡江之北抗击灌阳之敌。第六师主力于下午四时取道陈家背、青龙山、大塘村尾随第五师到佳城洞、保布坪地域。

3. 五军团第十三师于黄昏时分进到石塘圩。第三十四师本日晨前往接替第六师在红树脚、泡江以北部队的防务。由于敌情变化，没有接上，遂从洪水浸折向西进。

4. 八军团经古岭头向湘江急进，沿途遭桂军截击，下午到青龙山地域宿营。

5. 九军团于昨日在水车渡过灌江后，今日经何家冲、两河圩于午刻进到石塘圩地域。

6. 军委第一纵队本日晨从界首渡过湘江，进抵界首西北之大田地域。第二纵队午前进抵界首以东之月亮山附近，黄昏时分渡过湘江，进抵鲁塘地域。

至晚上止，除军委第一、二纵队已渡过湘江外。全军十二个师，已过江四个师，尚有八个师没有过江。

十二月一日

凌晨一时半，军委向全军下达了紧急作战命令。命令我野战军主力消灭由兴安、全州向界首进攻之敌，钳制桂军及由东尾追而来的周浑元部，保证我军后续部队于二日早通过湘江。

凌晨三时半，中央局、军委、总政又联合下达一定要保证执行军委上述命令的指令给一、三军团。

经过激烈战斗，至本日晚止，我军除八军团之一部被敌击散，三军团第六师之第十八团及五军团之第三十四师被敌切断外，其余部队都已渡过湘江。

何键将其所属湘军和中央军重新进行编组，分为第一、第二两个兵团，以刘建绪为第一兵团总指挥，下辖第一、第四、第五各路，计七个师；以薛岳为第二兵团总指挥，下辖第二、第三两路，计八个师又一个支队。（另有一个预备兵团，辖两个师又一个旅，用以对付我在湘西北之二、六军团）同时，命令上述两个兵团迅速向新宁、城步、绥宁方面转移。

本日我各军团、纵队之行动和位置如下：

1. 一军团主力固守珠兰铺、白沙、夏壁田、水头之第二阻击线，与湘军展开激烈战斗。敌猛攻我阵地被击退后，即转而进攻我第一、二师之结合部，被敌突破，我军被迫向西边大山靠拢。临近中午，第一、二师交替掩护，第一师经木皮口、鹞子江口，第二师经庙山、梅子岭、大湾，分别从两个山隘口退入通西延的大山区。第十五师于本日夜渡过湘江，归还主力。

2. 三军团集中两个师在界首附近桂黄公路及其以西地域，扼阻光华铺之桂军。第六师之一部留河东占领石玉村，以掩护五、八军团及第六师被切断的部队通过湘江。

3. 五军团缺第三十四师本日晨经麻子渡于倒风塘过江，进入咸水地域。

4. 八军团冒着敌机轰炸扫射，从凤凰咀[嘴]过江后，在咸水圩以东宿营。

5. 九军团从石塘圩出发，在凤凰咀[嘴]涉渡湘江，进抵清水、严家地域。

6. 军委第一纵队进抵鲁塘。第二纵队进抵洛江。

十二月二日

我军决定在西延地域休整一两天，以便集结兵力，继续前进，从大埠头出湖南城步，再去和二、六军团会合。

桂军重新进行编组。以第十五军副军长夏威为第一追击队指挥官，下辖两个师，在我军左后方追击；以第七军军长廖磊为第二追击队指挥官，下辖两个师，准备进驻龙胜。

本日我各军团、纵队之行动和位置如下；

1. 一军团由咸水地域经瑶岭及其以北转移到尧家塘、杨梅道、杨岭、西山、黄屋田及清水江地域。对全州县城至咸水圩间进行严密侦察警戒。

第一师于下午开到大埠头及其以东地域，并占领有利地势，阻击敌人，坚守阵地。

2. 三军团转移到鲁塘、洛江、火兑炜地域，以一个师在鲁塘布防，向界首方向占领阵地，准备阻击来犯之敌。

3. 五军团（缺第三十四师，下同）在咸水地域集结，本晚经黄屋田转移到南宅、焦川地域。

4. 九军团转移到油榨坪地域。

5. 军委第一、二纵队本日早进到西延之护卫、枫木地域。

6. 军委令八军团突围的部队及其他失掉联络的部队与人员，当到达某个地域时，受该地域行动兵团首长指挥。

十二月三日

根据敌情变化，我军决定脱离敌人，继续西进，放弃从西延地域出湖南城步的打算，向西深入越城岭山区。

本日我各军团、纵队之行动和位置如下：

1. 一军团移到米产子平，以第一师控制土地坳、大埠头地域。第十五师集结油榨坪地域。一个团扼守青坪界隘口。

2. 九军团集结油榨坪地域并警械青坪界方向。

3. 三军团移到火兑炜、广塘、水埠塘、雷霹州地域。第五师暂留洛江扼阻界首方向来追之敌。

4. 五军团集结于清和岭、洛江、三千界地域。

5. 军委第一纵队仍留枫木。第二纵队移到佘家坪、石丘坪地域。

十二月四日

我军决定继续西进至湖南通道①以南及播阳所、长安堡地域。

军委第一纵队由枫木出发，经塘坊边，于下午从越城岭的最高峰，海拔二千一百四十一点五米的猫儿山附近翻越老山界。

本日我各军团、纵队之行动和位置如下：

1. 一军团主力及九军团进至小地、车田、沐水、打水铺地域。一个师前出至社水。

2. 三军团进至火兑炜、广塘、千家寺地域。第四师前出到中洞。第六师在华江南上土地堂配备警戒。第五师由洛江、大枫桥、岭脚底开到火兑炜。

3. 五、八两军团移枫木、步竹冲、竹子水地域。第十三师撤至护卫岭与洛江间之山隘扼阻追敌。

---

① 当时通道县城在今县溪镇。此处指县溪镇以南及播阳所、长安堡地域。

4. 军委第一纵队经马岭移塘坊边、六洞地域，下午开始翻越老山界。第二纵队移至水埠塘地域。

十二月五日

我军继续西进。

军委第一纵队胜利越过老山界，抵达塘洞。第二纵队随第一纵队之后，向老山界进军。

桂军突入我后卫五军团防地千家寺。

本日我各军团、纵队之行动和位置如下：

1. 一军团主力及九军团进到社水、沐水、茶坪地域。先遣师前进至皮水隘地域。第十五师及九军团一部进至车田地域。

2. 三军团主力进至中洞地域，留一个团在洞上警戒，一个团前出到河口、八滩地域。

3. 军委第一纵队进到塘洞、源头地域。第二纵队沿第一纵队路线翻越老山界。

4. 五、八军团进到水埠塘、千家寺、雷霹州地域，对司门前、火兑炜及大埠头方向密严警戒。

桂军第四十三师由民团带路，经山间小道突然偷袭我五军团指挥机关所在地千家寺。我五军团有两个团被敌截断，卅九团改道经水埠塘、卅八团沿河道突围归还主力。

十二月六日

我军继续西进。

本日我各军团、纵队之行动及位置如下：

1. 一、九军团主力进至皮水隘地域。留第十五师在社水、沐水地域。另一个师前出至横水寨。九军团抵蓬洞。

2. 三军团全部进至河口、八滩地域，在中洞留下一个师向大溶江、灵川方向警戒。

3. 军委第一纵队转移江底。第二纵队全部抵达塘洞。

4. 五军团之第三十七团、八军团及保卫团扼守老山界。五军团之另一部进抵中洞。

十二月七日

我军继续西进。

本日我各军团，纵队之行动及位置如下：

1. 一、九军团主力一部进入芙蓉到达白竹坪一带，其余部队（含第十五师）离开社水继续西进至湖南城步县之蓬洞、杨梅坳地域。

2. 三军团第四师推进至马堤河口[①]、八滩架设渡桥。军团直属队及第五师取道孟东界、李家水、李江到江底、矮岭、马堤河口地域宿营。第六师为后卫留守两渡桥，到十七时取道才喜界至矮岭与马堤河口间宿营。

3. 五、八军团到塘洞。五军团之第三十七团、八军团及保卫团仍扼守老山界。

4. 军委第一纵队仍在江底。第二纵队抵花桥、猴背。

十二月八日

军委已准确地了解到，湘军主力正向新宁、武冈、绥宁、靖县、洪江运动中，判断敌将追我入黔，决定我军九日继续西进。

本日我各军团、纵队之行动和位置如下：

1. 一、九军团两个师进至鸡公界、甘蔗水地域，两个师在城步县境由杨梅坳推进至江头司、横水寨地域。

2. 三军团主力推进至马堤河口地域，以一个团前出至碧林、坪寨。第六师在矮岭与马堤河口地域迟滞追敌。

3. 军委第一纵队进至东寨、坳头地城。第二纵队进至黄强

---

① 龙胜境内两河交汇之处通称河口。此指马堤河与浔江交汇之处。

地域。

4. 五、八军团进至江底地域。

十二月九日

我军继续西进。

左翼三军团以第四师抗击向牛头寨、马堤街进攻之桂军，以第五师抗击向崇林、大湾进攻之桂军。

本日我各军团、纵队之行动和位置如下：

1. 一军团第一师进至广南城、南柴。第二师进到木路口及其以西地域。第十五师进至鸡公界。

九军团进到长安营并派出一个团至大岭、岭柴。

2. 三军团主力黄昏后到三白湾、牛头寨、朗溪地域宿营。军团及直属队至大湾、白竹附近。第四师抗击向牛头寨、马堤街进攻之敌。第五师扼阻向崇林、白岩进攻之敌。下午三时后经大所、串镇、头北到达白岩、碧林地域。第六师进到隘城、甘溪塘、三塞。

3. 军委第一纵队进至洋湾。第二纵队进至横水寨、芙蓉地域。

4. 五、八军团经黄强进到东寨、木林冲、芙蓉地域。

十二月十日

我军按预定计划向通道及其以南地域西进。军委第一纵队进到龙坪，第二纵队进到广南城。本日晚我军宿营地之龙坪、广南城、平溪及流源四地同时遭反革命分子纵火。

二十三时，军委致电各军团：绥宁已到敌第六十三师，第六十二师亦将续到。判断敌有由绥宁以南及向通道截击我军可能。命令全军明日（十一号）继续西进。其中，命令一、九军团进占通道（今县溪镇，下同）及其东南和以南地域。先头侦察部队应前进至岩鹰坡，向新厂、马路口侦察入黔的道路。如通道已有湘军到达，并有强固工事，则一、九军团应进到通道以南及东南，并控制瓜坪以北及地阳坪的西进道路，以掩护野战军通过。命令三军团主力应进到长安堡、陇城地域。其先遣部队应前出至团头、头所地域，侦察通播阳所及黎平的道路。

本日我各军团、纵队的行动和位置如下；

1. 一军团以第二师为先头向通道前进。第一师经长安堡进至通道以南地域。九军团进至临江口、木路口之间。第十五师进至长安营。

2. 三军团主力进到白岩、平寨、石村地域。先头师进到陇城。另以一部扼守甘溪塘隘口。

3. 军委第一纵队进至龙坪。第二纵队经中洞进抵广南城。

4. 五、八军团由芙蓉经潘寨开至昌背及其附近地域。

十二月十一日

根据昨日军委电令精神，我各军团今日继续西进。

本日我各军团、纵队之行动及位置如下；

1. 一军团主力及九军团进占通道及其东南和南面地域，向新厂、马路口侦察入黔道路。

第一师今日占领长安堡，以一个团前出鼓江、黄土塘地域。第十五师进至下乡地域。

2. 三军团主力进至长安堡、陇城地域。后卫师留石村河口。

3. 军委第一纵队至流源。第二纵队至辰口。

4. 五、八军团进至麻隆塘地域。

十二月十二日

晨六时，军委规定了一、三军团的入黔路线。一军团应经岩鹰坡、新厂、马路口入黔；三军团应经团头、播阳所入黔。

本日我各军团、纵队之行动及位置如下：

1. 一军团主力及九军团集结在通道及其附近地域。派出一个团并带电台前出岩鹰坡向新厂、马路口侦察入黔道路。

军团直属队后方部及第一师至双江（今通道县城）之鸭蛋铺宿营。

2. 三军团主力由陇城、包田进抵长安堡、黄土塘、辰口地域。先头师进至团头所地域。

3. 军委第一、二纵队及五、八军团则由流源、辰口、麻隆塘之线继续西进。

十二月十三日

根据昨日十九时半军委电令，我一、九军团和三军匝分两路向黎平县城及其以北地域继续西进。

我军最后一支收容队经广西壕全部离开广西。

本日我各军团、纵队之行动和位置如下：

1. 一军团第二师及九军团前进至新厂、岩鹰坡、溶洞地域。第一师进至贵州省的洪州司向黎平侦察警戒。第十五师进至通道。

2. 三军师主力进至牙屯堡、团头所地域。其先头师进至播阳所、黄垢地域。侦察部队则前出至贵州境内之江口屯。在长安堡、黄土塘地域留下后卫部队。

3. 军委第一、二纵队进至播阳所以北地域。

4. 五、八军团进至土溪之心园地域。

后 记

全面梳理湘江战役历史，是中央交给中央党史和文献研究院的一项重要任务，院长曲青山同志、原副院长魏海生同志等多次作出重要批示，要求认真完成好这项任务。中央党史和文献研究院第七研究部作为牵头部门做了大量工作，中央党史和文献研究院、退役军人事务部、中央军委政治工作部、军事科学院等有关部门承担了相关工作。

中共中央党史和文献研究院第七研究部

2021 年 10 月